策略投资方法论

申银万国策略研究团队 著

山西出版传媒集团

山西人民出版社

图书在版编目(CIP)数据

策略投资方法论 / 申银万国策略研究团队著. —太原：山西人民出版社，2014.8
ISBN 978-7-203-08451-8
Ⅰ.①策… Ⅱ.①申… Ⅲ.①股票投资—基本知识 Ⅳ.①F830.91
中国版本图书馆CIP数据核字(2014)第120224号

山西人民出版社持有本书的简体中文版权，版权受法律保护。

策略投资方法论

著　　者：申银万国策略研究团队
责任编辑：徐晓宇　孙　琳

出 版 者：山西出版传媒集团　山西人民出版社
地　　址：太原市建设南路２１号
邮　　编：030012
发行营销：0351-492220　4955996　　4956039
　　　　　0351-4922127(传真)　　4956038(邮购)
E-mail　：sxskcb@163.com　　发行部
E-mail　：sxskcb@126.com　　总编室
网　　址：www.sxckcb.com

经 销 者：山西出版传媒集团　山西人民出版社
承 印 者：三河市嵩川印刷有限公司

开　　本：787×1092　1/16
印　　张：37.75
版　　次：2014年8月第1版
印　　次：2014年8月第1次印刷
书　　号：ISBN978-7-203-08451-8
定　　价：98.00

如果印装质量问题请与本社联系调换

总 序

陈晓升

我们申万研究希望通过一种传统的方式出版我们关于股票投资策略研究的方法论，是希望向传统致敬，向经典致敬。

作为一家证券研究机构，如果只是为了短期商业的目的，为了名利，就会丢失中国式知识分子的灵魂。所以，正是这种中国式知识分子的追求，驱使我们这个团队去追求一个百年的梦想。就是要培育中国资本市场上最优秀的研究咨询团队，培育一个百年团队。这个团队应该不断为这个市场"出思想"，这个团队能坚守我们自己的坚守。"出思想"要靠分析师的才华展现，要靠团队的共同努力。我们鼓励分析师"出思想"，同样鼓励我们的分析师不断地"建体系"。只有一个不断完善的体系，才能支撑我们的优秀分析师"出思想"。也只有分析师的"出思想"，才能帮助我们的研究团队在"建体系"方面不断深化，继而在新的更高的平台上"出思想"，这样才能培育一个"百年团队"。

凌鹏率领的策略分析师团队，在我们申万研究宏观、债券、各大行业分析师的帮助下，在IT团队的支持下，总结了申万研究历史上优秀分析师的诸多思想，和市场上很多优秀的投资人进行了广泛的交流，历时两年时间，在学习国际投行的策略研究方法的基础上，梳理完成了系列研究报告。这个系列报告，是"出思想"的结晶，是"建体系"的成果，是市场智慧的交融，我们深怀对精英们的感激！

世界总是在变的，我们过去总结的方法论，有很高的价值，但也有更多需要完善的地方。十八届三中全会把市场在资源配置中的作用定位为"决定性"的，这个新的定位意味着资本市场和整个金融市场体系在2013年的秋天正式进入了一个崭新的发展阶段。这个新的阶段给证券研究提出了更高的要求，我们需要从原来比较单纯的"投资研究"转向面向日益繁荣的金融市场的"金融研究"，只有我们的研究能面对利率市场化的环境，能面对人民币资本项下的自由兑换，能面对各种金融产品，特别是各种衍生品的创新所改变的金融市场，能面对由金融市场所"决定的"经济转型的方向，我们的投资策略研究才是与时俱进的。

（陈晓升：申银万国证券股份有限公司首席战略总监，兼申银万国证券研究所总经理）

无尽的探索

凌 鹏

2013年,冰火两重,主板依旧低迷,而创业板牛气冲天。在这个网上盛传"要消灭传统行业研究员、宏观策略无用"的年份,我躲入浦东小楼,终于有时间复盘过去三年不解或者错过的投资机会,暂离市场。

记得二战战史曾经讲到"曼斯坦因计划",曼斯坦因之所以大胆预言能通过一场战役迫使高卢人屈服,是因为其熟悉坦克集团军的使用,所以微观的知识储备会影响到宏观战略视野和计划制定。一个不了解空军和海军的元帅自然只能使用陆军作战,同样的道理,大多策略分析员纠结于宏观经济的微弱波动,本质上是因为其对新兴产业和非周期类子行业并不熟悉。因为不熟悉,所以涨幅一大就容易看空;因为不熟悉,只能用最简单的估值来衡量。

经过了2006年到2009年的大起大落,市场上的大部分投资者都明白,宏观经济的波动将会收敛,周期股的机会越来越小,成长股是主要的赚钱方向。但过去三年,成长股不是越炒越多,而是越炒越少,农林牧渔、纺织服装、白酒、新能源,都炒没了。究其本质,过去三年,不是朝着转型的方向,而是朝着逆转型的方向前进,国进民退、杠杆率不断提升、社会资源还是朝着房地产和地方融资平台的方向集中。在这种背景下,成长股面临的实体环境不断恶化,业绩最终被证伪,与其说成长投资,还不如说是成长投机。

在这个成长投机的年代,宏观策略分析员由于缺乏相关知识非常迷漫,而行业分析员由于精通相关知识也同样迷漫。一个公司或者子行业,稍微露出成长的潜质就开始被热炒,而稍微被证实,估值已经非常高了,投资者被迫在估值和景气中不断抉择。在很多情况下,行业的基本面未必发生变化,但是由于资金流动和情绪波动,估值会发生很大的变化。2013年,这种例子举不胜举,食品在基本面没发生大变化的情况下由于白酒资金的撤离而倍受青睐,传媒不断上涨以致于分析员都不知道什么时候卖出,但转眼间风云突变在景气没有变化的情况下大幅杀跌,软件股让资深的分析员瞠目结舌……

这是我们面临的现实,而这种情况在未来几年还将存在,所以从方法上必须求新求变。所谓策略,就是不断寻找当前环境下最有方案,是多样化的,不能仅仅理解为宏观驱动、投资时钟。

作为投资界的新手,我还是诚惶诚恐、如履薄冰。因为从研究到投资还要跨越交易的环节,中间会涉及心理波动和情绪控制。投资哲学像硬件,子行业和个股的知识像各种应用软件,而交易系统是WINDOWS系统,缺乏这个系统,电脑还是无法正常运行。大部分人依靠自己的逻辑和判断来投资,但即便逻辑正确,市场的反应可前可后,这种偏离可能使一个正确的想法一败涂地。所以大多投资高手都有一个属于自己的交易系统,而这个系统是在无数的成功失败中磨练出来的。纸上得来终觉浅、绝知此事要躬行。

　　申万七年，最荣幸的不是取得新财富，而是留下了这 52 篇文章。这 52 篇文章是笔者自身学习提高的笔记，也是申万历代策略的精髓，更是研究所体系建设的结晶，所以绝非笔者一人的贡献。由于要感谢的人太多，在此就不一一点名。另外，也要感谢山西人民出版社、舵手证券图书的负责人郑义先生和《信息早报》副总编张海冰先生的大力支持，使本书能付梓出版。最后，要感谢我的妻子，在 2011 年最艰难的时刻，正是你的大力支持，才使我走出困境！

2013 年 11 月 15 日夜

目 录

第一部分　策略思考

第一章　打造行业配置的"驱动力"和"信号验证"机制——策略研究的方法和体系 ··· 2

第二章　2010年：经济回到2003年，市场回到2006年——盈利和流动性再平衡下的大类资产和行业变动 ················ 13

第三章　策略如何看煤炭——打造煤炭的"驱动力"和"信号验证"机制 ········ 31

第四章　策略如何看有色——打造有色的"驱动力"和"信号验证"机制 ········ 45

第五章　"煤"飞"色"舞，牛市之始；倒"煤"透顶，"色"即为空——"内""外""左""右"把握上游投资逻辑 ···················· 57

第六章　策略如何看房地产——打造房地产的"驱动力"和"信号验证"机制 ···· 70

第七章　策略如何看乘用车——打造乘用车的"驱动力"和"信号验证"机制 ···· 85

第八章　"可选"为剑、"必需"做盾——下游消费投资逻辑 ·············· 96

第九章　策略如何看钢铁——打造钢铁的"驱动力"和"信号验证"机制 ········ 112

第十章　策略如何看化工——打造化工的"驱动力"和"信号验证"机制 ········ 125

第十一章　宏观缩影，择时为上——中游投资逻辑 ··················· 139

第十二章　策略如何看银行——打造银行的"驱动力"和"信号验证"机制 ······ 156

第十三章　经济为本，资金助势——对风格转换的若干理解 ············· 170

第十四章　策略如何看农林牧渔——打造农林牧渔的"驱动力"和"信号验证"机制 ··· 181

第十五章　策略如何看交通运输——打造交通运输的"驱动力"和"信号验证"机制 ··· 194

第十六章　策略如何看工程机械——打造工程机械的"驱动力"和"信号验证"机制 ··· 207

第十七章　把握行业季节性，判断市场风格转换 ···················· 218

第十八章　对外策略，对内策划——关于申万策略体系和分工的重新阐述 ····· 234

第二部分　宽体策论

第一章　从少林到武当：本轮经济和市场波动特征——宽体策论系列研究之一 ········· 260

第二章　A股篮球论——Show Time选择仓位、垃圾时间把握结构 ············ 272

第三章　这一次，票据贴现利率未必灵 ···························· 284

第四章　春季躁动，四月决断——解密A股市场的年度投资节奏 ············· 295

第五章	基于预测 VS 基于对策——对策略系统的再思考	307
第六章	周期搭台,成长唱戏——对当前 A 股一种战法的若干解释	317
第七章	以己为本,观察价格——对"一致预期"的若干理解	328
第八章	信用利差:可以参考、无法依靠——对一种"看债作股"思路的若干分析	337
第九章	谁主沉浮——从"主导资金"角度看股市表现和风格变化	345
第十章	资金成本下降≠股市必然上升——资金成本与股市关系的进一步解析	356
第十一章	此岸和彼岸:策略研究 f,而非 x	366
第十二章	季末效应有没有	372
第十三章	偶发、推断和借口——三种类型催化剂及其应对策略	383
第十四章	寒冬中,"抱团取暖"未必长久	388
第十五章	西西弗的悲剧——对第5章和第11章的若干补充	400
第十六章	策略是片海——对未来策略方法的一些思考	404
第十七章	短期或可期待,长期难改趋势——对历史上"维稳行情"的解读	408
第十八章	先验与证伪——对研究范式的若干思考	417
第十九章	观察市场,调整 F——对"市场实验"的若干思考	422
第二十章	红海和蓝海——对宽体策论第16章《策略是片海》的若干补充	428
第二十一章	兵无常势,水无常形——对策略框架的再思考	436

第三部分　行业比较思考

第一章	打造基于市场特征的行业比较框架——探索行业比较方法的第三次突破	446
第二章	大处着眼,小处着手——分拆、重构行业比较的基准指数	456
第三章	为什么二月推电子、三月配消费——申万行业比较新视角的应用回顾及再阐释	466
第四章	打开盈利预测的黑匣子	475
第五章	向来有之,未被重视——对过往几年市场特征的回顾	490
第六章	谁更相关——辨析利润增速、毛利率及盈利预测调整与股指的关系	499
第七章	认识市场属性,构建行业配置池	508
第八章	经济下台阶过程中企业盈利能力下滑——海外经济下台阶阶段盈利能力考查	525
第九章	关注股价波动中的非基本面因素——初探基本面与市场表现之背离	536
第十章	不只和经济相关,需关注行业特性——金属产业链盈利能力考查	549
第十一章	探寻经典消费表现的非基本面因素——经典消费品市场特征和行业属性的初步探究	561
第十二章	和经济相关性强,重视自上而下视角——化工产业链盈利能力考查	572
第十三章	实体实验为"术",市场实验重"道"——周期品市场与实体背离的逻辑解释和策略应对	583

第一部分　策略思考

第一章

打造行业配置的"驱动力"和"信号验证"机制
——策略研究的方法和体系

主要内容：

2004年以来，A股策略研究经历了三个阶段，分别是主题策略、宏观策略和行业轮动策略主导的年代。推动策略研究发展的力量是经济周期的变迁、市场结构的变动和研究要求的提高。2010年，我们预计策略研究的重点将回到微观和中观，把握行业轮动和主题投资机会非常关键。

策略分析员必须是一个纵横家，在宏观中观化、行业贯穿化的过程中寻找自己的定位。中观行业始终是策略分析员的本职，策略分析员要特别关注房地产、钢铁、煤炭、有色、银行和航运这六大行业。

卖方策略三大任务、四大配置，行业选择是核心。我们提出"驱动力+信号验证"的行业配置方法。我们认为配置一个行业，是因为预期到某种股价驱动力的出现，但是不可能等"驱动力"出现以后再投资，需要借助"信号"来验证"驱动力"出现的概率。我们运用"驱动力+信号验证"机制解释了煤炭股（2008年7月—2008年11月）的卖出机会和钢铁股（2009年6月—2009年7月）的买入机会。

以损益表为标准构造21个行业的关键假设表，寻找驱动力和信号指标。然后再进行整合，很多行业的驱动因素是相同、因果或者互斥的。每次撰写大的策略报告，需要系统梳理一下所有行业的驱动因素，整理出一条路径，先因子，后核心。然后设计"驱动力"和"信号验证"机制，给出具体的行业配置建议，而行业配置完成了，大势判断也就完成了一大半。报告形成后，组织调研力量去跟踪"信号"，一旦"信号"强化我们的判断，就要持续推荐；而"信号"无法验证，就要反思。

对于买方，结论更重要，对于卖方，逻辑更重要；比逻辑更重要的是对前提的判断；比前提判断更加重要的是验证前提判断的"信号"。一篇好的策略报告，非但要告诉投资者前提、逻辑和结论，更要告诉投资者验证前提的信号。我们应该把目光聚集在这些信号上，通过调研和跟踪核实这些信号，当信号朝着有利于前提的方向前进时，我们的逻辑会强化，结论发生的概率也会增强。

过去五年，我们经历了经济周期的迅速变迁，也见证了资本市场的大起大落。从宏观到微观，都积累了大量的历史数据和资料，只是我们总为短期的波动所扰、为日常工作所困，无暇深度挖掘、总结这些规律。

"策略思考"系列报告，就是要思考一些"重要而不紧急"的问题，希望能站在一个更长期、更超然的位置看待过去、现在和未来。本篇为开篇之作，我们谈谈 A 股策略研究的发展阶段、核心任务和方法论。在以后的各章中，我们会涉及盈利、流动性和若干行业的投资方法。

1. A 股策略研究的发展阶段：2010 年将重回微观和中观

自 2004 年以来，A 股策略研究经历了三个阶段，分别是 2004 年到 2007 年的主题策略主导的年代、2008 年的宏观策略主导的年代和 2009 年的行业轮动策略主导的年代，推动 A 股策略研究发展的背后力量是经济周期的变迁、市场结构的变动和研究要求的提高。2010 年，我们预计策略研究的重点将回到微观和中观，把握行业轮动和主题投资机会非常关键。

1.1 2004 年—2007 年：主题策略主导

2004 年到 2007 年可谓策略研究的启蒙年代，主题投资、国际比较非常盛行。想当年，日本、韩国和美国的历史数据不断被挖掘，同样一个数据库，今天被用来说明"人民币升值"，明天被用来解释"奥运会效应"，后天又被用来阐述"人口红利"。再加上"G 改效应"、"资产注入"、"黄金十年"，各种故事、概念甚嚣尘上。那个年代，中国经济慢慢过热、股市不断上涨，似乎所有的股票都能涨，关键是看谁有想象力，而主题、故事无疑是最能刺激投资者神经的因素。

此间，有三件事情引发了对策略的需求：其一，行业研究方法和体系的成熟。2002 年前，行业研究也缺乏系统的体系和方法，随着行业研究的成熟，行业与行业间的比较日益重要，策略研究也被提上日程。其二，大公司的陆续回归、上市。2007 年来，大量具备行业代表性的龙头公司登陆 A 股，宏观和微观的联动日益加强，市场不再满足自下而上的选股，自上而下的指导、宏观策略变得有意义。其三，大基金的出现。几十亿规模的小基金可以通过自下而上选股完成配置，而数百亿规模的大基金需要宏观、策略。

1.2 2008 年：宏观策略主导

2008 年，黑天鹅频繁出现。经济波动剧烈，上半年还担心过热和通胀，下半年就面临滞胀，开始担心衰退和通缩。

经济的剧烈波动使中观行业配置和微观选股都失去意义，因为这两者都只能避免非系统性风险，而 2008 年是剧烈的系统性风险，所以仓位控制、大类资产配置格外重要。在这点上，宏观分析员无疑有优势，所以 2008 年是宏观策略主导的年代。

1.3 2009 年：行业轮动策略主导

2009 年是真正意义上的策略元年，宏观经济依然重要，但市场表现和经济表现开始脱钩，特别在 2008 年底到 2009 年 4 月份，经济复苏尚未明确，但市场持续上涨。

如果说，2007 年什么股票都涨，所以行业配置不重要；2008 年什么股票都跌，所以行业配置不重要，那么 2009 年行业配置变得异常重要。如果你能在 2009 年一季度配置有色、二季度配煤炭、房地产和银行、7 月份配置中游、8 月配置防御品，那么你的收益一定相当可观(表 1)。

政府投资和流动性推动了股市第一阶段的上涨，房地产和汽车的复苏是第二阶段股市上涨的驱动力，中游的崛起是第三阶段，似乎一切都在按照那个著名的时钟运转。

表1: 2008年11月以后不同行业在不同阶段各领风骚

08.10.31-09.4.2		09.4.3-09.6.30		09.7.1-09.8.5		09.8.6-09.8.31		09.9.1-09.9.30	
行业	超额收益	行业	超额收益	行业	超额收益	行业	超额收益	行业	超额收益
有色金属	77.58%	采掘	17.92%	黑色金属	22.09%	医药生物	16.04%	家用电器	3.62%
机械设备	48.11%	房地产	14.81%	采掘	15.82%	信息设备	11.52%	金融服务	2.86%
信息设备	47.96%	金融服务	9.10%	有色金属	15.28%	食品饮料	10.29%	机械设备	2.41%
综合	47.56%	餐饮旅游	4.03%	化工	11.81%	餐饮旅游	9.72%	信息设备	1.76%
交运设备	45.67%	食品饮料	3.27%	交运设备	4.51%	家用电器	9.60%	房地产	1.25%

资料来源：万得研究，申万研究

综上所述，驱动A股策略研究的最大力量是经济周期的变动。2010年，经济自主复苏和政策退出是主题词，经济周期的波动不再明显，策略将重回中观和微观，行业轮动和主题投资非常关键。

2. 策略研究的核心：先行业、后大势

卖方策略之所以缺乏体系，是因为其缺乏常规工作模式。卖方策略报告之所以没有实战性，是因为策略分析员普遍具有两个先天不足：缺乏行业研究经验和缺乏投资经验。

要增加卖方策略的体系化和实战性，必须先明白卖方策略的定位、附加值和卖方策略的常规任务。我们认为，策略分析员是纵横家，重点是把握中观层面的行业轮动，行业选择是策略分析员最大的常规任务，而卖方策略对买方的附加值不在于指导投资，而在于提供系统的信息和连贯的逻辑。

2.1 策略分析员是纵横家

策略分析员什么都懂一点，什么都不精通，那么他的价值何在？我们认为策略分析员最大的价值在于：站得高、看得广。所谓站得高，是指从宏观自上而下看待问题，把宏观中观化；所谓看得广，是能够从多个行业的联系去看待一个问题，相互验证。所以策略分析员必须是一个纵横家，在宏观中观化、行业贯穿化的过程中寻找自己的定位。

中观行业始终是策略分析员的本职。无论采用哪种行业分类方法，策略分析员脑中的市场永远应该是两大块、六小块，而每块的关注点都不一样(图1)。

图1: 策略分析员脑中的市场结构

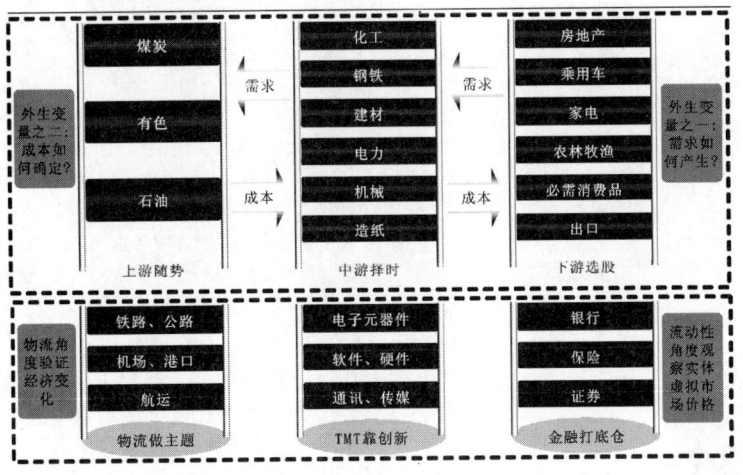

资料来源：申万研究

市场被主要分为制造业和服务业，其中制造业分为下游需求、中游制造和上游能源，服务业分为物流、金融和TMT。

下游需求重点关注需求的产生，特别是房地产和汽车的需求，而这一点要靠宏观判断和微观调研，要形成专门针对需求调研的扩散性指数。中游的需求可以通过下游的订单把握。

中游又分为材料类(钢铁、建材、造纸和化工)和工业品类(机械、建筑)，前者主要把握价格成本差，后者主要把握销售量。由于中游的投资机会比较短暂，弹性又比较大，所以需要重点跟踪价格、库存、现金成本、当前利润水平、产能利用率、产能扩展速度等指标。

上游能源往往体现两种属性，即金融属性和商品属性，前者和流动性相关，后者与经济过热相关。重点关注美元、避险情绪、流动性和库存等指标。

物流系统主要关注港口吞吐量、公路运力等指标，此类指标体现经济的活力。金融系统主要从央行、商业银行、实体部门和出口部门的资产负债表去把握流动性和信用创造。TMT则相对比较独立，主要关注美国的TMT复苏情况。

A股市场结构偏周期行业(表2)，而周期性行业主要看趋势而非估值。所以如何把握宏观经济周期的拐点，对策略分析员非常重要，一个优秀的策略分析员首先是一个经济学家。对于房地产、钢铁、煤炭、有色、银行和航运，策略分析员要特别关注。因为房地产是中国城市化的核心，并且其需求和投资直接决定了中游若干行业的景气；钢铁是中国工业化的核心；煤炭是重要的能源；有色和航运对外部经济的敏感度最大；银行是整个中国经济流动性的来源。

表2: A股市场结构

申万一级	申万二级	二级权重	申万一级	申万二级	二级权重
金融服务 (27.84)	银行	18.02	建筑建材 (3.91)	建筑装饰	2.92
	保险	4.92		建筑材料	0.99
	证券	4.65	有色金属 (3.63)	有色金属冶炼	3.51
	信托	0.25		金属新材料	0.12

一级行业	二级行业	权重	一级行业	二级行业	权重
房地产 (7.67)	房地产开发	6.98	信息服务 (3.61)	通信运营	1.73
	园区开发	0.69		网络服务	0.67
交通运输 (7.44)	铁路运输	1.86		传媒	0.64
	航运	1.47		计算机应用	0.57
	港口	1.08	商业贸易 (3.15)	零售	2.54
	高速公路	1.01		贸易	0.61
	航空运输	0.93	交运设备 (2.62)	汽车整车	1.14
	机场	0.73		非汽车交运设备	0.89
	公交	0.30		汽车零部件	0.44
	物流	0.06		汽车服务	0.15
采掘 (7.16)	煤炭开采	5.50	家用电器 (1.47)	白色家电	1.30
	石油开采	1.66		视听器材	0.17
公用事业 (6.5)	电力	5.58	医药生物 (1.41)	中药	0.89
	水务	0.62		生物制品	0.32
	燃气	0.30		化学制药	0.20
黑色金属 (6.17%)	钢铁	6.17	信息设备 (1.28)	通信设备	0.73
食品饮料 (4.73)	饮料制造	4.00		计算机设备	0.55
	食品加工	0.42	农林牧渔 (0.78)	农业综合	0.47
	食品制造	0.31		种植业	0.31
机械设备 (4.3)	专用设备	2.13	纺织服装 (0.72)	纺织	0.38
	电气设备	1.72		服装	0.34
	金属制品	0.32	综合 (0.66)	综合	0.66
	普通机械	0.13	轻工制造 (0.45)	造纸	0.27
化工 (4.23)	化学制品	1.93		包装印刷	0.13
	石油化工	1.64		其他轻工制造	0.05
	化工新材料	0.34	电子元器件 (0.24)	元件	0.15
	塑料	0.14		其他电子器件	0.09
	化学原料	0.11			
	化学纤维	0.07			

资料来源：万得资讯，申万研究

2.2 策略三大任务、四大配置：行业选择是核心

卖方策略三大任务，即大势判断、行业选择和主题投资。本质上讲，主题投资没有固定方法，所以策略的常规任务就剩下大势判断和行业选择。在经济周期剧烈波动时，系统性风险占主导地位，大势判断比行业选择更加重要，此时大势判断更多是宏观变量的判断。当经济周期进入平缓阶段，大势判断是行业选择的结果。当你推荐零售、医药，回避银行、地产、钢铁、电力、有色时，你对大势就是不看好的，所以行业配置体现了你对大势的看法。由于A股是单边市，所以行业选择往往只重视看好的行业，而忽视看空的行业，忽略大行业的下跌因素将直接影响大势判断。

另外一方面，策略包含四大配置，即国际配置、大类资产配置、行业配置和风格配置。在A股，国际配置基本不需要，大类资产配置需求也不大，风格配置更多是金融工程的产物，所以所谓的策略配置基本上是指"行业轮动策略"（Sector Rotation Strategy）。

综上所述，行业选择是策略分析员最大的常规任务，关键是有没有系统化的方法，而这在某种程度上取决于你的投资哲学。

2.3 投资时钟，可以远观，难以细究

无论是国内还是国外，均缺乏系统化的行业选择方法，投资时钟算是策略研究里程碑式的成就，它对国际资产分配、大类资产分类、行业配置、风格轮动均有所涉及。

但是投资时钟由于如下几个问题，可能缺乏应用价值：

第一，从经济周期直接跳到市场表现，中间省略了行业的业绩表现。一般而言，我们研究一个问题，总是先实体后虚拟，先探究在不同经济周期、不同经济驱动力下行业或者公司的盈利变化，然后再探究这种盈利变化在资本市场上的价值变化。投资时钟用统计的方法直接建立了经济周期驱动力与资产表现的关系，忽略了行业实体的业绩变化。

投资时钟检验的样本时间为1969年到2003年，期间美国已经完成工业化和城市化，消费主导，产业结构相对稳定，所以这种跳跃或许可行。但在中国，直接从宏观总量变动推导股市行业轮动，很难实现，除非经济周期出现了剧烈波动。2009年上半年，投资时钟之所以如此盛行，恰恰是中国的经济周期发生了剧烈的波动，政府推动经济周期从衰退到复苏。2010年，一旦经济复苏进程变得缓慢，投资时钟的解释力会大打折扣。

第二，由于中美行业处于不同发展阶段，即使判断对周期，也未必判断对行业配置。比如说IPP(独立发电厂，independent power producer)，在美国是公用事业(图2)，但在中国，由于IPP的成本主要是煤，需求主要是工业用电，所以呈现很强的周期性(图3)；比如说房地产，国外通常放入Financial，但是国内更多是建筑以及由此形成的上下游拉动，而非财富的概念；还有银行，中国的银行被政府作为调节宏观经济的工具，所以滞后于经济周期……诸此种种，我们很难将投资时钟的结论直接运用到A股市场，即使判断对了经济周期，也很难做出正确的行业配置。投资时钟对国际配置、大类资产配置的借鉴意义大于行业配置。

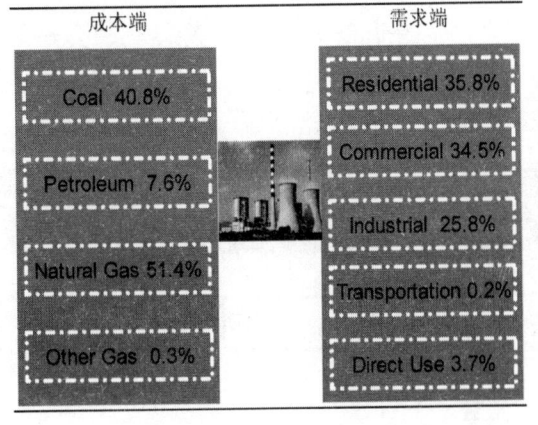

图2:美国IPP的成本和需求结构

资料来源：申万研究

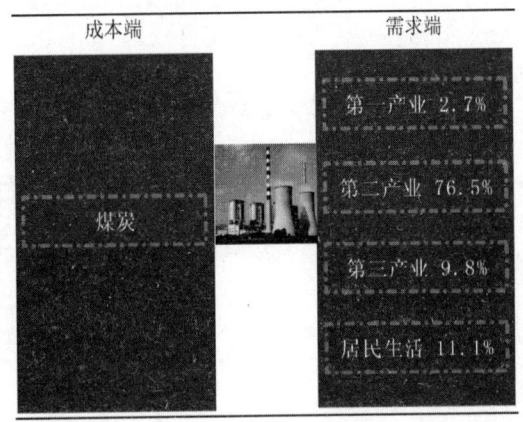

图3:中国IPP的成本和需求结构

资料来源：申万研究

第三，投资时钟忽略了风险的概念。在滞胀和衰退阶段，投资者对现金类资产的偏好，不是因为盈利发生了改变，而是人们的风险偏好下降了。在A股市场，市场开始急剧下跌时，恐惧也会推高这些行业。但是由于恐惧而持有的行业注定不能长久，因为一旦恐惧消

除，周期类行业的反弹幅度会更大，一旦恐惧被证实，这类行业会补跌。所以，在 A 股，除非在市场下跌之始、恐惧之初，才可以购买稳定增长类、防御性的股票。

2010 年投资时钟的解释力会大大下降，因为在投资时钟的逻辑中，驱动行业轮动的原动力是经济周期的变迁，一旦经济周期停下来，投资时钟对行业轮动的解释力也就丧失了。

3. 行业选择的逻辑：驱动力 + 信号验证

3.1 行业选择的逻辑：驱动力 + 信号验证

那么我们的行业选择方法是什么？首先，为什么我们要配置一个行业？我们配置一个行业，是因为预期到某种因素的发生。比如加息或者温和通货膨胀，银行股和保险股会涨；资源价格上涨，资源股受到青睐；汽车销量超预期，汽车股涨。我们把这些促使股价上涨的因素称为"驱动力"。

我们不可能等"驱动力"出现以后再投资，也不可能拍一个方向去赌运气，我们需要"信号"来验证"驱动力"出现的概率。举个例子，预期房地产新开工上涨带动钢价上涨，从而配置钢铁股。这个时候"驱动力"是钢价，原因是房地产新开工上涨。从房地产新开工到真正看到钢价上涨，中间还有很多信号需要确认。其中，房地产新开工上涨是第一层面的信号，钢铁社会库存下降和水泥价格上涨是第二层面的信号，钢铁生产商库存的下降和钢铁期货价格的上涨是第三层面的信号，最后钢铁价格上涨，驱动力出现。再比如说，如果我们判断动力煤价格上涨而配置煤炭，那么"驱动力"是动力煤价，发电量超预期是信号一，电厂电煤库存下降是信号二，秦皇岛库存下降是信号三。同样道理，当信号朝相反方向发展的时候，买入信号也可以成为卖出信号(图 4)。

选择在什么时候投资，取决于投资者的风险承受能力、资金的等待成本和市场的气氛。大基金和自有资金可以在信号一就投资，一般人选择在信号二投资，而更多的人选择在驱动力出现甚至股价上涨以后才投资。在熊市中，投资的时间越来越晚，而在牛市中，投资的信号越来越早，甚至靠想象力来投资。

图 4： 钢铁和煤炭的"驱动力"和"信号验证"

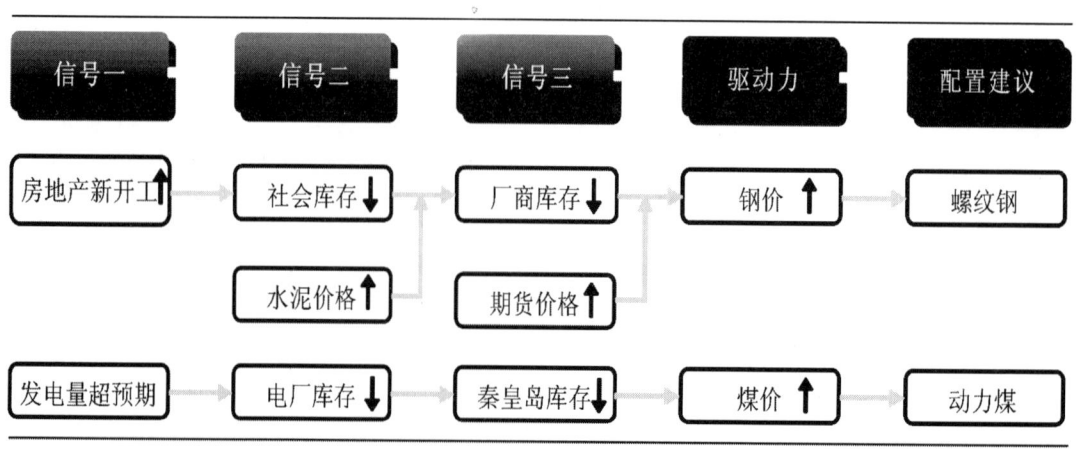

资料来源：申万研究

3.2 煤炭和钢铁的案例

煤炭股在 2008 年 7 月到 2008 年 11 月这 5 个月暴跌,钢铁股在 2009 年 6 月、7 月两月大涨,我们尝试用上述机制来验证。

煤炭行业 2008 年 7 月开始大幅跑输市场(图 5),而煤价直到 2008 年 11 月才开始真正下跌。但在这之前,发电量同比增速从 2008 年 4 月就开始大幅下降(图 6),直供电厂煤炭库存从 2008 年 8 月就开始大幅上升(图 7),秦皇岛库存也在 2008 年 7 月开始大幅上升(图 8)。所以,在 2008 年 4 月就出现了卖出煤炭的第一个信号,2008 年 7 月和 8 月陆续出现第二个和第三个,而"驱动力"直到 2008 年 11 月才出现,所幸市场在 2008 年 7 月就做出了反映。

图 5:煤炭行业超额收益从 2008 年 7 月大幅收窄

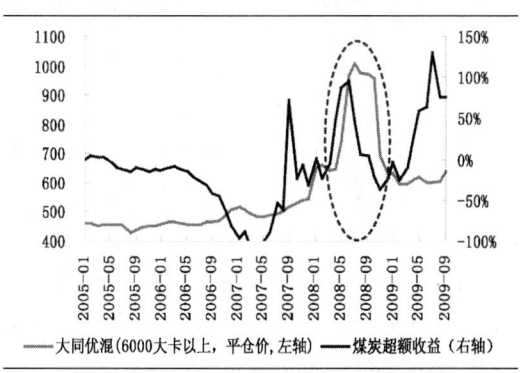

资料来源:申万研究

图 6:发电量同比增速从 2008 年 4 月大幅下降

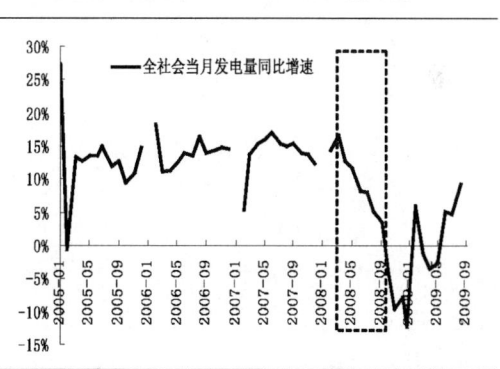

资料来源:申万研究

图 7: 直供电厂煤炭库存从 2008 年 8 月大幅上升

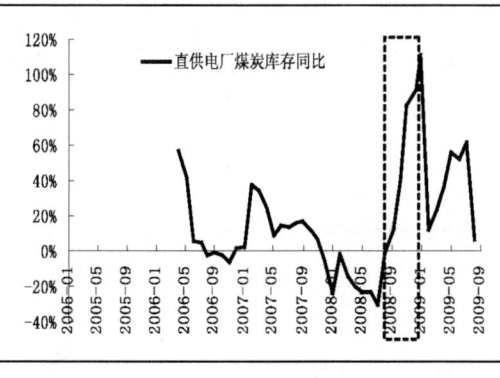

资料来源:申万研究

图 8: 秦皇岛库存从 2008 年 7 月大幅上升

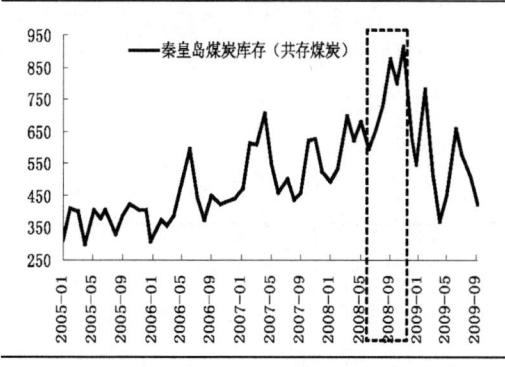

资料来源:申万研究

2009 年 6 月和 7 月,钢铁股行情超出了很多行业分析员的预期,而钢价也大幅上升,似乎出现了"淡季不淡"的情况,很多人把其归结为房地产投资的结果(表 3)。

表 3：钢铁、水泥和库存数据

	25mm 螺纹价格	房地产新开工单月(千平方米)	7 种标号水泥平均价格	钢铁社会库存(万吨)	钢铁生产商库存(千元)	钢铁超额收益
2009-02	3,663	107,984	218	1,133	174,801,219	-10.12%
2009-03	3,474	92,840	216	1,083		-15.29%
2009-04	3,470	77,544	222	972		-20.29%
2009-05	3,671	78,155	214	910	166,063,978	-19.84%
2009-06	3,903	122,693	214	897		-20.66%
2009-07	4,483	70,583	214	944		-5.69%
2009-08	3,839	81,274	209	1,094	168,918,140	-14.76%
2009-09	3,689	100,929		1,123		-23.91%

资料来源：申万研究

从上面的数据可以看出，房地产新开工在 6 月大幅上升，而 7 月大幅下跌，水泥价格持续下跌，社会库存上升。从信号验证的角度，房地产开工导致钢价上升是不成立的，钢铁价格的上升主要来自中间商的囤库、钢材期货的炒作。正是由于这个原因，6、7 月份钢价和钢铁股上涨的基础是脆弱的，8 月份重新跌回来。但是，8 月份以来，房地产新开工持续上升、水泥价格也开始上涨，一旦社会库存开始下降、厂商库存下降，钢铁股会重新上涨，钢铁股的投资机会也来了，而且这轮钢铁股的投资机会会比上一次更扎实。

3.3 以损益表为标准构造行业的关键假设表

当然，现实生活永远比我们想象的复杂。从投资哲学的提出到具备实战性，我们至少还要解决三个问题。

第一，如何筛选每个阶段关键的驱动力和信号？

一个行业同时受若干个驱动力的影响，如何判断哪个驱动力更加重要？历史的案例是否可以借鉴？选取哪些信号为宜？甚至用同比数据还是真实值、用累计值还是用单月值都要经过思考。

第二，当信号出现矛盾时，如何选择？

这个问题本质上也取决于对驱动力和信号重要程度的判断。

第三，当"驱动力"和"信号验证"机制同时显示几个行业出现买点时，如何在行业间进行选择？如何给出具体的配置权重？

虽然有种种问题，但是我们不可能把所有问题都想明白了才去做，很多问题要在做的过程中去解决、去思考，所以关键是现在如何做好第一步。

第一步是分解 21 个行业的关键指标，这些关键指标构成了每个行业的驱动力和信号

这 21 个行业包括上游(电力、煤炭、石油、有色)、中游(钢铁、建材、造纸、化工、工程机械、建筑)、下游(房地产、汽车、农产品价格)、金融(银行、保险)、交通运输(港口、航运、公路、铁路、航空、机场)。我们不能简单地把所有的指标放在一起，而是要系统性、标准化地去梳理。由于 A 股上市公司的损益表是同一标准，所以我们以损益表为标准去整理各个行业的关键指标，这样能够保证不同行业的同一标准，同时也有利于在同一平台上整合。

以煤炭为例子,其中国内动力煤价格指标就是"驱动力"指标,全社会煤炭库存和发电量等指标就是"信号"指标(表 4)。这个工作大概就要花 10 个月完成。

表 4: 煤炭关键假设表

利润表项目	明细指标	外生指标
一、营业收入	产品销售收入	
产量	全国原煤产量	
	分矿井原煤产量	
	分省原煤产量	
	分煤种原煤产量	
	全国焦炭产量	
价格	国内动力煤价格--秦皇岛港 6000 大卡大同优混平仓价,元/吨	发电量、电价
	国内炼焦煤价格--山西古交 2#焦煤坑口不含税价,元/吨	焦炭价格、产量
	国内焦炭价格--山西太原一级冶金焦车板含税价,元/吨	钢铁价格、产量
	国内无烟煤价格--山西阳泉洗中块 7000 大卡坑口不含税价,元/吨	尿素价格、产量
	国内喷吹煤价格--山西阳泉 7200~7500 大卡车板含税价,元/吨	钢铁价格、产量
	国际动力煤价格--澳大利亚 BJ 煤炭 6300 大卡现货平仓价,美元/吨	主要煤炭进口国发电量
库存	全社会煤炭库存	
	直供电厂煤炭库存	
	秦皇岛港煤炭库存	
二、营业总成本		
其中:营业成本	产品销售成本	
营业税金及附加	产品销售税金及附加	
销售费用	产品销售费用	
管理费用	管理费用	
财务费用	财务费用	
资产减值损失		
加:公允价值变动收益		
投资收益		
三、营业利润		
加:营业外收入		
减:营业外支出		
四、利润总额	利润总额	
减:所得税	税金总额	

五、净利润
少数股东损益
归属于母公司所有者的净利润

资料来源：申万研究

第二步，整合

很多行业的驱动因素可能是相同、因果或者互斥的。比如说，银行、地产、保险和汽车都会受制于利率，航空、汽车、航运、石油、化工都会受制于成品油价格的调整。

每次撰写大的策略报告，我们需要系统梳理一下所有行业的驱动因素，整理出一条路径，先因子，后核心。然后设计"驱动力"和"信号验证"机制，给出具体的行业配置建议，而行业配置完成了，大势判断也就完成了一大半。

非但要给出买入的行业，同时也要关注卖出的行业。A股由于没有做空机制，所以策略分析师往往不关注卖出的行业，总是偏乐观。事实上，如果不考虑发出卖出信号的"驱动力"，不考虑卖出的行业，对大势的判断注定是不完全的。

一旦报告形成，接下来就要组织调研力量去关注"信号"，一旦"信号"强化我们的判断，就要持续推荐；而"信号"无法验证，就要反思。

第二章

2010年：经济回到2003，市场回到2006
——盈利和流动性再平衡下的大类资产和行业变动

主要内容：

盈利和流动性是驱动股市的两个轮子。如果用盈利和流动性构造一个二维象限，那么2006年－2007年处于第一象限(盈利好，流动性足)、2008年处于第三象限(盈利差，流动性不足)、2009年处于第四象限(盈利差，流动性足)，股市也经历了牛市—熊市—牛市的轮回，2010年会出现在哪一个象限？是什么因素驱动股市从一个象限到另一个象限？

单从盈利维度看，2005年以来企业盈利经历五个阶段。收入、成本、财务费用和投资收益是决定企业盈利的核心因素，对应的宏观变量是需求(GDP)、物价体系(CPI)、货币政策和股市收益。

单从流动性维度看，2005年以来流动性经历七个阶段。企业、外资和居民是股市的三个参与者，外汇占款、信贷、热钱和居民储蓄是流动性的四个来源，分别受制于出口、货币政策、人民币升值预期和实际利率。

将盈利和流动性结合起来即出现四个象限，而2005年以来七个组合分布在第一、三和四象限内。盈利和流动性的驱动因素有所重合。GDP波动由出口和投资引起、货币政策与物价息息相关、人民币升值与出口关系密切、实际利率由物价和货币政策共同决定。当一个因素发生时，同时引起盈利和流动性变化，这种变化将盈利和流动性的组合从一个象限推到另一个象限，股市也随之变化。整个机制中，出口是最根本的外生变量，CPI是最重要的内生变量。

2010年经济回到2003年，市场回到2006年。根据我们的分析框架，出口复苏的强度和速度决定了2010年的盈利和流动性组合，三种情景分别为(-2，-2)、(1，2)和(2，2)，分别对应2008年3季度—4季度、2006年2季度—2007年1季度和2007年2季度—2007年4季度的情景。根据申万宏观假设，第二种情景出现的概率最大，由于出口增长的强度比不上2006年，所以市场环境类似，但上涨幅度应低于2006年。

盈利和流动性是驱动股市的两个轮子。如果用盈利和流动性构造一个二维象限，那么2006年—2007年处于第一象限(盈利好，流动性足)、2008年处于第三象限(盈利差，流动性不足)、2009年处于第四象限(盈利差，流动性足)，股市也经历了牛市—熊市—牛市的轮回，2010年会出现在哪一个象限？是什么因素驱动股市从一个象限到另一个象限？

本文第一部分分析2005年以来股市的盈利周期和内在驱动力，第二部分解释2005年以来流动性周期和核心驱动力,第三部分将盈利和流动性结合,分析每个象限的内在机理和象限变迁的动力,最终提出2010年的可能组合。

1. 2005年来,盈利增长经历五个阶段

我们用全市场净利润的同比增速描绘股市的盈利波动,同时用制造业和银行的净利润同比增速代表实体经济和金融业的盈利状况。直观上看,2005年1季度到2006年1季度业绩下滑,2006年2季度到2007年4季度业绩大幅增长,2008年1季度和2季度业绩微幅增长,2008年3季度到2009年2季度业绩再次下滑,2009年3季度业绩增长转正(图1-图2)。

图1:2005年以来全市场净利润同比增速(单季值)　　图2:2005年来盈利预期调整

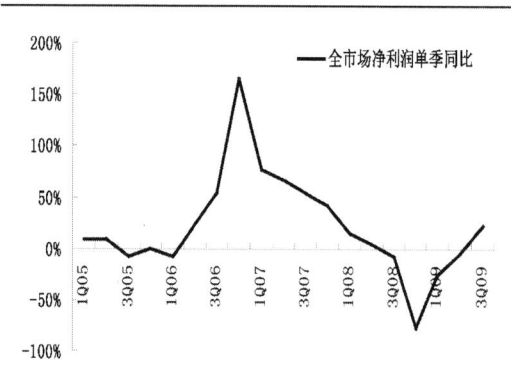
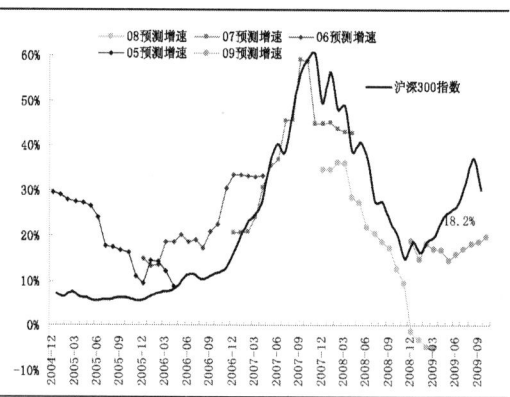

资料来源:万得资讯,申万研究　　　　　　　　　　　资料来源:万得资讯,申万研究

注:图1的数据采用可比口径。图2根据申万盈利预测数据加工而成,用同比增速的正与负表示业绩的好与坏,否则业绩2006年4季度就见顶,股市要三个季度后才开始跌,不太合理。

1.1 需求、成本、财务费用和投资收益决定企业盈利

从损益表出发,影响净利润的核心变量有四个:收入、成本、财务费用和投资收益,这四个变量分别与需求(GDP)、成本(CPI、PPI等价格体系)、货币政策和股市投资收益相挂钩(表1)。通过分析这些宏观变量的变化,可以把握企业盈利水平。

表1:收入、成本、财务费用、投资收益是决定净利润的四大因素

	收入/净利润	成本/净利润	财务费用/净利润	投资收益/净利润
2003	1823.62%	1403.58%	27.18%	15.73%
2004	1832.79%	1431.11%	23.16%	9.86%
2005	2188.00%	1767.08%	27.14%	10.05%
2006	1436.19%	1083.99%	16.92%	9.05%
2007	956.05%	625.12%	9.11%	29.96%
2008	1327.61%	918.57%	15.38%	25.16%
3Q2009	1054.95%	661.22%	11.42%	25.27%

资料来源:万得资讯,申万研究

1.1.1 GDP 和 CPI 决定企业的收入和成本

用 GDP 表示企业的需求，用 CPI 和 PPI 代表物价体系。此处，我们无意争论何种物价指标与股市盈利更相关，只是用 CPI 代表物价变化。

从图 3 和图 4 可以看出：企业收入和成本受到需求(实际 GDP)和价格(CPI)共同影响。2005 年 1 季度至 2006 年 1 季度，尽管需求非常旺盛(GDP 增速处在 10%附近)，但物价因宏观调控下滑，企业收入和成本均出现下降，毛利增速下滑；2006 年 2 季度至 2007 年 3 季度，高增长、低通胀，企业收入保持 20%的高速增长，毛利大幅增长；2007 年 4 季度至 2008 年 2 季度，成本上升的速度超过了收入上升的速度，毛利大幅下滑；2008 年 3 季度至 2009 年 1 季度，在全球金融危机的影响下，出口下滑、需求停滞、物价暴跌，企业收入与成本大幅下滑，毛利负增长；2009 年 2 季度以来，在刺激政策的作用下，需求开始缓慢回升，价格低位徘徊，收入、成本及毛利开始回升。

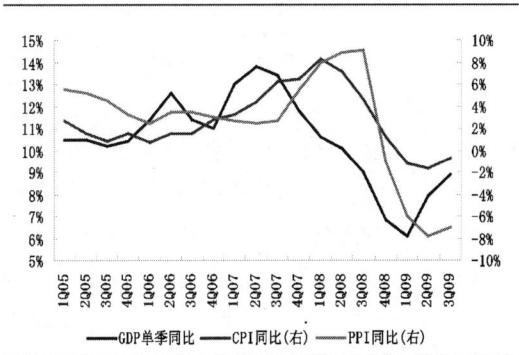

图 3：GDP 和 CPI

资料来源：万得资讯，申万研究

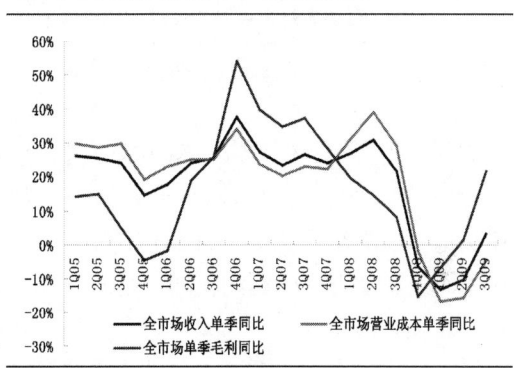

图 4：企业收入、成本、毛利的变化

资料来源：万得资讯，申万研究

综上所述，2005 年来，中国经济经历了量价背离、温和复苏、经济过热、需求缺失和政府推动复苏等若干阶段，企业盈利也随之波动(表 2)。2010 年，经济自主复苏是大概率事件，通货膨胀会处于温和水平，企业盈利会明显改善。

表 2：2005 年—2009 年量、价、收入、成本、毛利的变化方向

时期	量	价	收入与成本	毛利
1Q05-1Q06	→	↓	↓	↓
2Q06-3Q07	↑	↑	↑	↑
4Q07-2Q08	↓	↑	↑	↓
3Q08-1Q09	↓	↓	↓	↓
2Q09-	↑	→	↑	↑

资料来源：申万研究

1.1.2 货币政策决定财务费用

财务费用对制造业是费用,对银行是收入。加息时,整体市场的净利润到底怎么变化?2006年来,银行业对整体市场的净利润贡献举足轻重,所以必须分制造业和银行业两个部门来考虑这一问题。

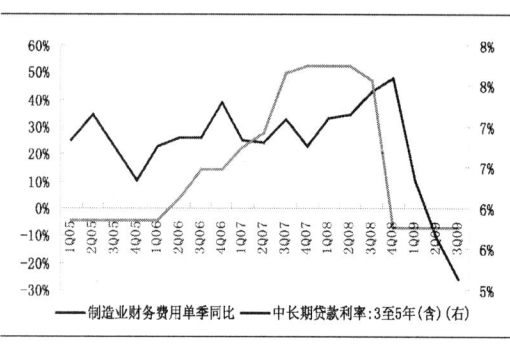

图5:制造业财务费用随利率上升而上升

资料来源:万得资讯,申万研究

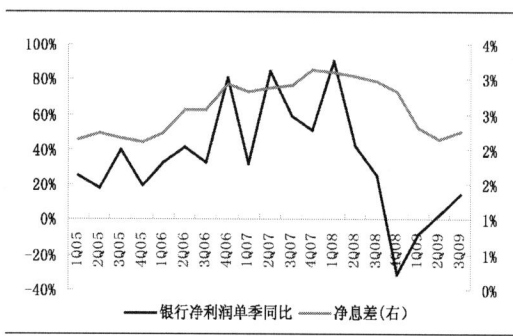

图6:银行利润随息差扩大而扩大

资料来源:万得资讯,申万研究

在中国,银行作为调节经济的工具,银行业的利润变动要滞后于制造业的利润变动。制造业单季净利润在2008年1季度就已经负增长(图5),而银行的利润却维持高位,直到4季度央行大幅降息才转负(图6、图7),市场整体净利润在2008年3季度才转负。所以,2008年1季度和2季度的利润正增长是假象,实体经济已经饱受通货膨胀的困扰,经济过热开始侵蚀企业利润。

2010年,加息幅度不会太大,制造业的财务负担不会太大,但随着货币收紧,银行议价能力加强,货币政策对整体利润是正贡献。

图7:银行业的利润变动滞后于制造业的利润变动

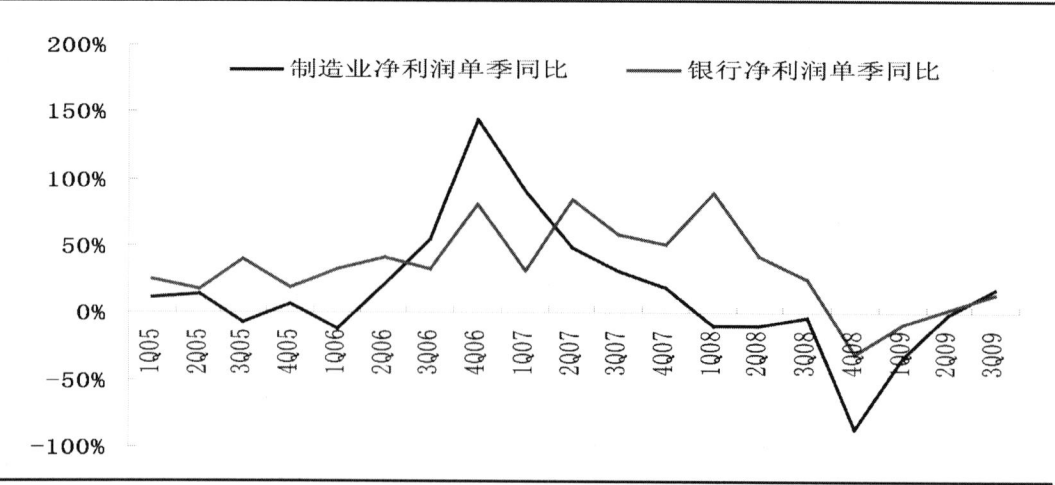

资料来源:万得研究,申万研究

1.1.3 全流通使股市收益对企业业绩日益重要

一般而言，上市公司业绩影响股价，而股价不会影响公司业绩。然而，2007年上市公司的投资收益对其业绩的贡献非常显著(图8)，业绩的虚高又进一步刺激企业的投资欲望，创造出更多虚假的繁荣。这就是所谓的业绩—投资收益—需求—业绩的正循环机制(图9)。一旦这种机制发生逆转，就会对企业盈利造成双重打击。未来几年，由于全流通的解禁效应，我们必须关注投资收益对企业利润的影响。

图8：投资收益对企业盈利影响逐渐显著

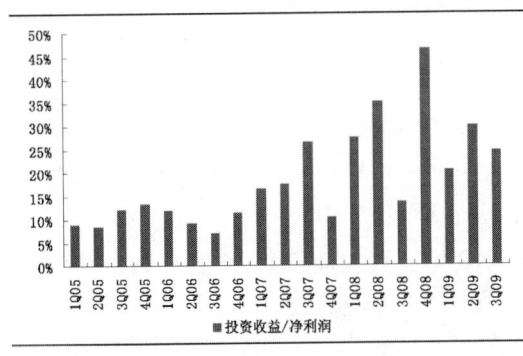

资料来源：万得资讯，申万研究

图9：投资收益与业绩间的存在循环机制

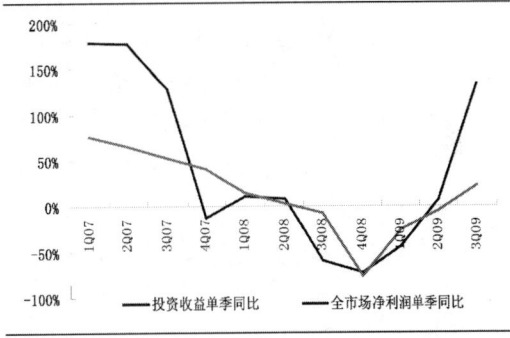

资料来源：万得资讯，申万研究

1.2　2005 年以来，盈利增长经历五个阶段

综合考虑上述因素，对 2005 年来的股市盈利划分为如下阶段：

表 3：2005 年来股市盈利周期划分

时间	整体毛利率	制造业财务费用	制造业利润	银行业利润	投资收益	整体盈利评分
05Q1—06Q1	−	+	−	+	−	−1
06Q2—07Q4	++	+	+	++	++	2
08Q1—08Q2	−	+	−	+	−	−1
08Q3—09Q2	−	−	−	−	−	−2
09Q3—09Q4	+	+	+	+	+	1

资料来源：申万研究

注：最终评分基于五大因素整体评价，而非简单 + 和 − 相加而成

2005 年 1 季度—2006 年 1 季度：整体盈利评分为 −1

这段时期政府采取紧缩政策，经济增速没有下滑，但物价向下，宏观和微观出现背离，企业毛利增长下滑明显，并一度出现负增长。制造业和银行业出现分化，央行紧缩信贷，制造业财务费用明显增加。银行成为最大受益者，依然保持40%左右的利润增长，但当时上市银行数量不多、利润占比规模有限，因此在制造业利润下滑的背景下，A股整体盈利同样经历了负增长。同时股市下跌，投资收益出现负增长。这段时间，研究员也不断下调 2005 年的盈利预测，申万研究员将 2005 年的盈利预测从 +29.04%(2005 年 1 月值)下调至 +12.19%

(2006 年 3 月值)。

2006 年 2 季度—2007 年 4 季度：整体盈利评分为 +2

这段时期是中国经济表现最好的阶段。首先，央行稳步加息推高银行利润增长；其次，需求非常旺盛，价量齐升，毛利大幅增长，使制造业在财务费用不断增加的情况下依然实现强劲增长；再次，股指节节走高，企业获得大量投资收益。

在上述因素的共同作用下，A 股上市公司的利润增长达到了惊人的水平。尤其是 2006 年 4 季度的单季增长超过 150%，以后几个季度虽有回落，但增速依然高达 50% 以上。研究员的盈利预测不断往上调整，申万研究员将 2006 年的盈利预测从 +18.65%(2006 年 4 月值) 大幅上调至 +33.24%(2007 年 4 月值)，将 2007 年的盈利预测从 +20.69%(2006 年 12 月值) 大幅上调至 +44.91%(2007 年 12 月值)。

2008 年 1 季度—2008 年 2 季度：整体盈利评分为 -1

这段时期高企的物价开始侵蚀企业盈利，毛利虽然还能正增长，但增速已经大幅放缓。不断紧缩的货币政策提高了财务费用，制造业利润开始出现负增长。银行利润则伴随净利差提高而走高。

整体而言，银行的良好表现遮蔽了制造业利润负增长的尴尬现实，整体盈利实现小幅正增长，研究员开始下调盈利预测，申万研究员将 2007 年的盈利预测从 +45.12%(2008 年 1 月值) 下调至 +42.81%(2008 年 4 月值)，将 2008 年的盈利预测从 +34.68%(2008 年 1 月值) 下调至 +21.70%(2008 年 6 月值)。

2008 年 3 季度—2009 年 2 季度：整体盈利评分为 -2

在全球金融危机的冲击下，需求迅速萎缩，企业生产停滞，制造业利润大幅负增长。央行大幅降息并放松信贷，净息差收窄，银行利润同样出现负增长。同时股票市场大幅下挫，投资收益对利润负贡献。

整体而言，制造业和银行同时步入负增长，A 股整体盈利大幅负增长，研究员大幅下调盈利预测，申万研究员将 2008 年的盈利预测从 +20.4%(2008 年 7 月值) 大幅下调至 -5.06%(2009 年 4 月值)，将 2009 年的盈利预测从 +18.88%(2008 年 12 月值) 下调至 +15.95%(2009 年 6 月值)。

对 2009 年 3 季度—2009 年 4 季度的判断：整体盈利评分为 +1

在政府政策刺激下，中国经济呈现复苏态势。需求和价格的回升将有利于企业毛利的改善，企业对信贷的需求增加，银行议价能力增强。2009 年 3 季度 A 股整体净利润单季同比增长 22%，分析员也开始上调盈利预测，从 7 月份至今 (2009 年 10 月)，申万分析员已经将 2009 年的盈利预测从 16.9% 上调至 20.1%。

综上所述，单从盈利角度出发，我们将 2005 年来的阶段划分如下图 (图 10)：

图10：2005年以来股市盈利图

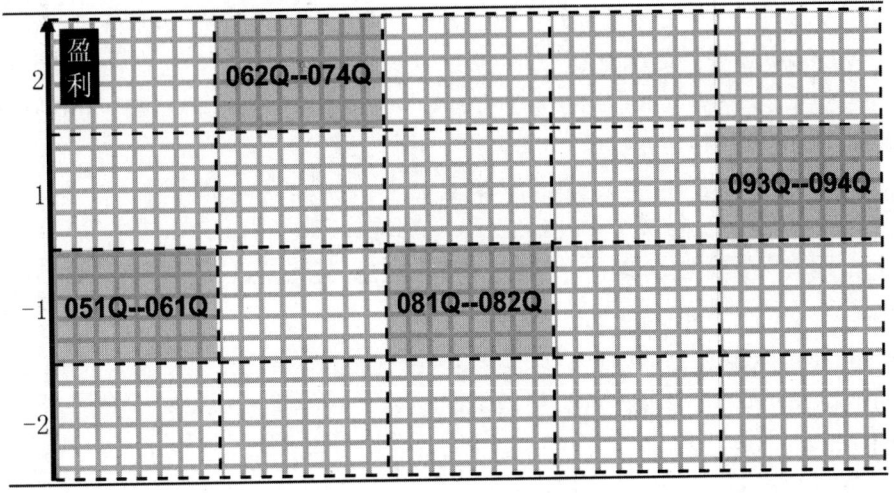

资料来源：申万研究

2. 2005年来，流动性经历七个阶段

用什么来表征股市的流动性？这是一直以来难以回答的问题。交易额只能表示已经交易的金额，隐含ERP(Equity Risk Premium股权风险溢价)和动态PE基本上反映价格的变动。所谓股市的流动性应该是指市场上能被交易的钱，也就是所有A股交易账户的资金。由于无法直接获取这一数据，我们用申万金融工程部编制的"二级市场资金"代替，此数据通过跟踪申万109个营业部的样本数据编制而成。

由于是样本数据，所以具体数值无意义，只有通过其变化来把握A股市场流动性的变化。直观看，2005年1季度到2006年1季度，股市流动性几乎没有变化，2006年2季度到2007年1季度流动性大幅上升，2007年2季度到2007年4季度流动性继续大幅上升，2008年1季度和2008年2季度流动性大幅下滑，2008年3季度和2008年4季度，流动性继续下滑，2009年1季度至今(2009年10月)流动性明显回升(图11)。

图11：二级市场资金变化情况

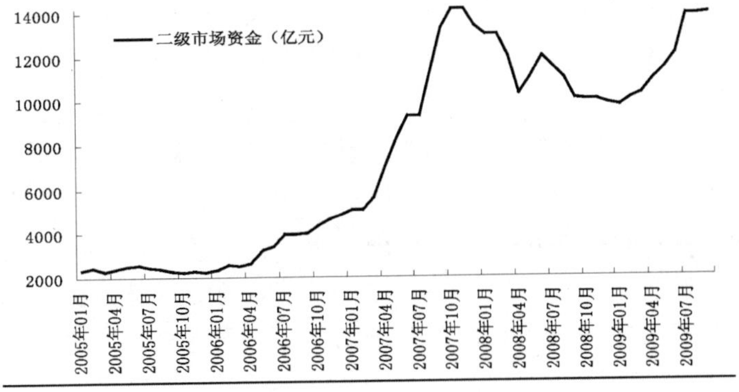

资料来源：申万研究

2.1 股市三大参与者:企业、居民和外资

什么因素影响了股市的流动性?从参与者角度看,分为企业(主要是外汇占款和信贷)、外来投资者(热钱)和居民(包括基金的行为)。所以核心问题是:什么会影响外汇占款和信贷?热钱流入的原因是什么?居民储蓄什么时候分流?从当前资金存量看,我们认为三者重要性的排序是居民、企业和外资。

2.1.1 企业资金:外汇占款和信贷受制于出口和货币政策

中国货币供应的两个渠道是信贷和外汇占款,前者和货币乘数相关,后者与基础货币更加相关。企业通过出口、通过换汇拿到外汇占款,通过贷款拿到信贷,再比较实体经济和股市的预期收益率从而决定是进入股市还是进入实体经济。2009年是典型的情况,实体经济收益率不理想,股市预期收益率较高,企业资金选择进入股市。

从图12中可以看到,外汇占款同比增速从2005年8月高位滑落,2006年5月又开始上升,到达阶段高点(2007年5月),之后再次回落。从月度新增外汇占款看,2006年6月到2008年6月是高峰期,在2000亿以上。

从图13中可以看到,信贷余额同比增速2005年稳中有降,2006年1月一直到2007年10月稳中有升,2007年11月到2008年11月又有所下降,2008年12月到2009年6月大幅上升,之后走平。众所周知,外汇占款与出口息息相关,而信贷则受到国家货币政策影响。

图12:外汇占款余额同比和单月新增外汇占款   图13:信贷余额同比和单月新增贷款

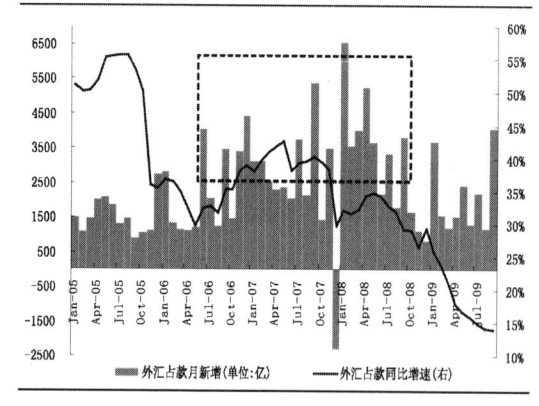 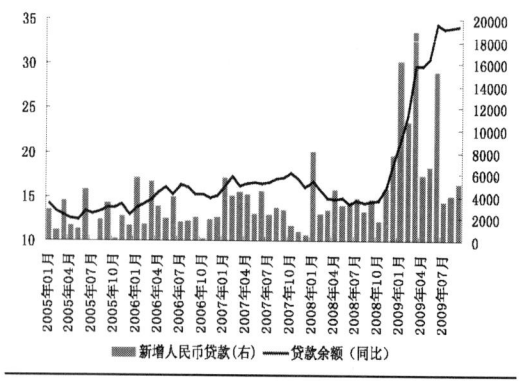

资料来源:万得资讯,申万研究   资料来源:万得资讯,申万研究

2.1.2 外资资金:热钱流入受制于人民币升值预期

热钱流入与人民币升值预期息息相关(图14)。2005年来,人民币一直有升值预期,热钱持续流入。2007年升值预期加剧,热钱加速流入,升值预期在2008年3月达到顶峰,之后掉转向下,2008年8月以后,人民币甚至出现贬值预期,热钱流出中国,2009年后才又有零星的回流。最近,人民币升值预期再次升温。

图14：热钱流入与人民币升值预期息息相关

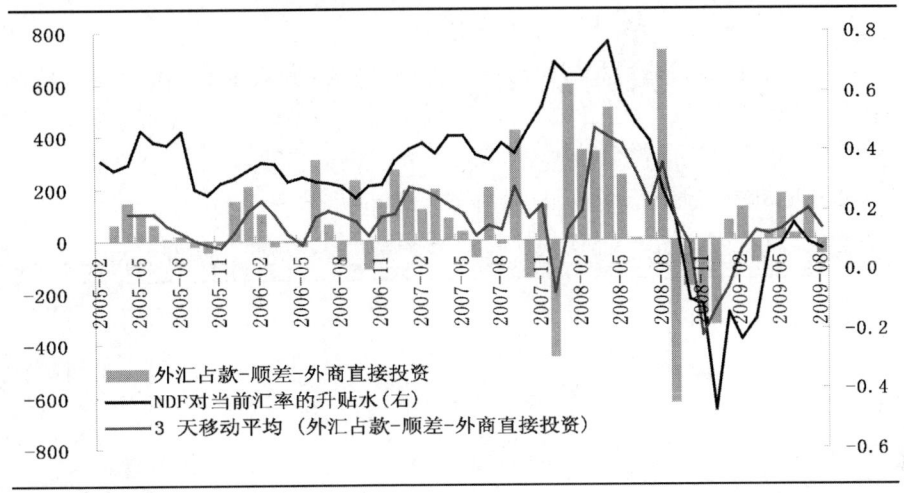

资料来源：万得资讯，申万研究

2.1.3 居民储蓄：储蓄搬家受制于实际利率

我们将基金的资金归属于居民的储蓄，因为居民对基金的申购和赎回直接影响基金的操作，而居民A股新增开户数和基金新增开户数的相关度更达到了0.76(2005年到2009年10月)。

居民储蓄的变化主要受实际利率影响。从图15可知，2006年1月至2007年10月，居民储蓄同比持续走低，特别是2007年4月至10月，居民新增存款均为负值，之后随着实际利率走高，储蓄余额同比增速回升，2009年来又有所下降。与此同时，股票型基金的净申购和新发总金额从2006年3季度开始上升，2007年后三个季度规模巨大，2008年全年和2009年一季度转负，2009年2季度和3季度微幅增长(图16)。

可见，2006年三季度到2007年末是居民储蓄搬家的典型时期，2007年后两个季度是最疯狂的时候。2010年，CPI慢慢转正，而加息迟迟不来，实际利率必然下降，居民储蓄搬家可能再来，幅度取决于通货膨胀的程度。

图15：居民储蓄变化与实际利率息息相关　　　　图16：股票型基金的净申购和新发行金额

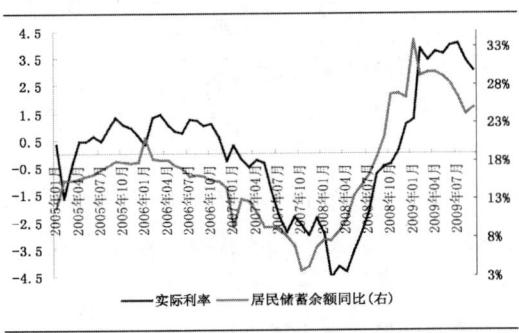 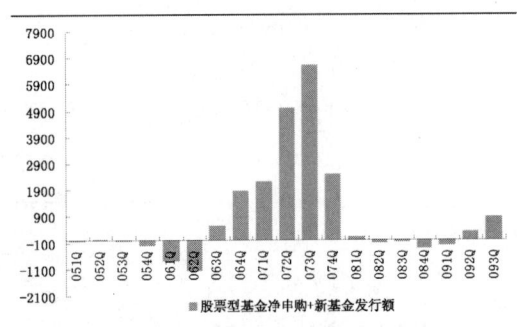

资料来源：万得资讯，申万研究　　　　　　　　　资料来源：万得资讯，申万研究

2.2 2005年以来，流动性经历七个阶段

综合外汇占款、信贷、热钱和居民储蓄，我们将2005年以来的股市流动性状况做综合评价，并且评分如下(表4)：

表4：2005年以来股市流动性情况

时间	信贷	外汇占款	热钱	居民储蓄	整体流动性评分
051Q—061Q	−	0	0	0	0
062Q—071Q	+	+	0	+	1
072Q—074Q	+	+	+	+	2
081Q—082Q	−	+	+	−	−1
083Q—084Q	−	−	−	−	−2
091Q—092Q	+	−	−	+	2
093Q—094Q	−	+	+	+	1

资料来源：申万研究

注：最终评分基于四大因素整体评价，而非简单＋和－相加而成。

2005年1季度—2006年1季度：整体流动性评分为0

这个阶段信贷稳中有降，外汇占款同比增速大幅下滑，但单月增加额变化不大，人民币有升值预期，热钱平稳流入，居民储蓄变化不大，整体而言，流动性变化并不明显。

2006年2季度—2007年1季度：整体流动性评分为+1

这个阶段信贷增速稳中有升，外汇占款同比上升，单月增加额也变大，热钱流入幅度变化不大，居民储蓄开始搬家，股票型基金净流入增加。整体而言，这个阶段流动性上升非常明显。

2007年2季度—2007年4季度：整体流动性评分为+2

这个阶段，信贷增速继续稳步上升，单月外汇占款保持高位，热钱随人民币升值预期而加速流入，居民储蓄搬家明显，股票型基金发行量大增。整体而言，这段时间进入了股市流动性最宽裕的时候。

2008年1季度—2008年2季度：整体流动性评分为−1

这个阶段信贷增速有所下降，外汇占款增速保持稳定，单月增加值继续维持高位，人民币升值预期开始减缓，但热钱继续流入，居民储蓄同比增速开始回升，资金流出股票市场。整体而言，这段时间股票市场流动性开始恶化。

2008年3季度—2008年4季度：整体流动性评分为−2

这段时间是股市流动性最枯萎的时候，似乎所有的因素都变得非常糟糕。信贷下滑，出口下滑导致外汇占款减少，人民币甚至出现贬值预期，热钱流出中国，居民储蓄继续回流。

2009年1季度—2009年2季度：整体流动性评分为+2

这段时间信贷大幅上升，外汇占款和热钱继续萎缩，居民储蓄又开始搬家。这段时间的流动性相当于2007年3季度和4季度的流动性，区别在于之前的流动性主要来自居民储蓄，

而这阶段主要来自银行信贷。

2009年3季度—2009年4季度的判断：整体流动性评分为+1

政府开始收缩信贷，出口有所改善，人民币升值预期重启，热钱流入，通货膨胀预期下居民储蓄继续流入股市(7月、8月和10月新增居民存款都为负值)。但是由于信贷萎缩，整体流动性有所下降。

综上所述，单从股市流动性角度，我们将2005年以来的阶段划分如下图(图17)：

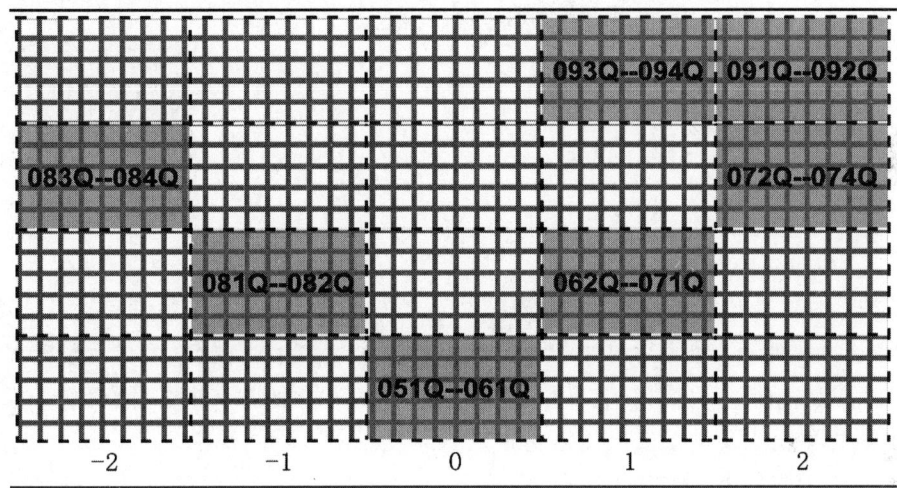

图17：2005年以来股市流动性图

资料来源：申万研究

3.盈利和流动性二维空间中的资产表现

3.1 盈利和流动性构造的四个象限、七个阶段

流动性和盈利并不独立，其中盈利是主导。我们把盈利和流动性结合起来，构造以流动性为横轴、盈利为纵轴的二维空间，综合分析驱动股市两大因素的变化情况(图18)。其中我们用红色方框表示股市上涨，绿色方框表示股市下跌，黄色方框表示股市走平。我们发现2005年来从来没有出现过"盈利上升、流动性下降"的状况。在当前的中国，缺少的不是钱，而是投资的机会，当盈利上升时，钱自然会来到股市，而当盈利下降时，钱也会随之而去。倘若2009年1—2季度没有政府信贷的"井喷"，相信"盈利下降、流动性上升"的情况也不会出现。

需要注意的是，盈利和流动性的驱动因素有所重合。决定盈利的根本因素是GDP、物价体系、货币政策和投资收益，决定流动性的根本因素是出口、货币政策、人民币升值和实际利率。其中GDP波动主要由出口和投资的波动引起、货币政策与物价息息相关、人民币升值与出口关系密切、实际利率由物价和货币政策共同决定。当一个因素发生的时候，同时引起盈利和流动性的变化，正是这种变化将盈利和流动性的组合从一个象限推到另一个象限，股市也随之变化。在整个机制中，出口是最根本的外生驱动变量，CPI是最重要的内生变量。

图18：盈利和流动性的二维空间

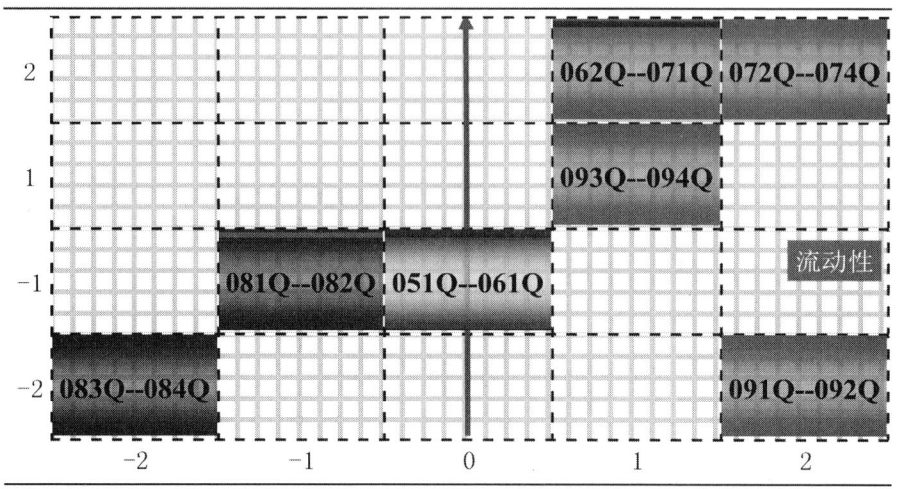

资料来源：申万研究

当出口增加时，与之相关的投资也会增加，一方面顺差带来外汇占款和热钱(人民币升值压力增大)；另外一方面GDP和物价均上升，经济过热，央行开始紧缩货币政策，压缩信贷，提高准备金和利率，导致制造业财务费用和银行利润的增加。同时，随着CPI和利率的变动，实际利率发生变动，居民的储蓄也发生改变，而实际利率也会影响到企业的投资。2003年来，中国的企业盈利和股市流动性就在这一机制中循环，我们接下来详细分析各阶段的变化以及资产的表现(图19)。

图19：盈利和流动性逻辑图

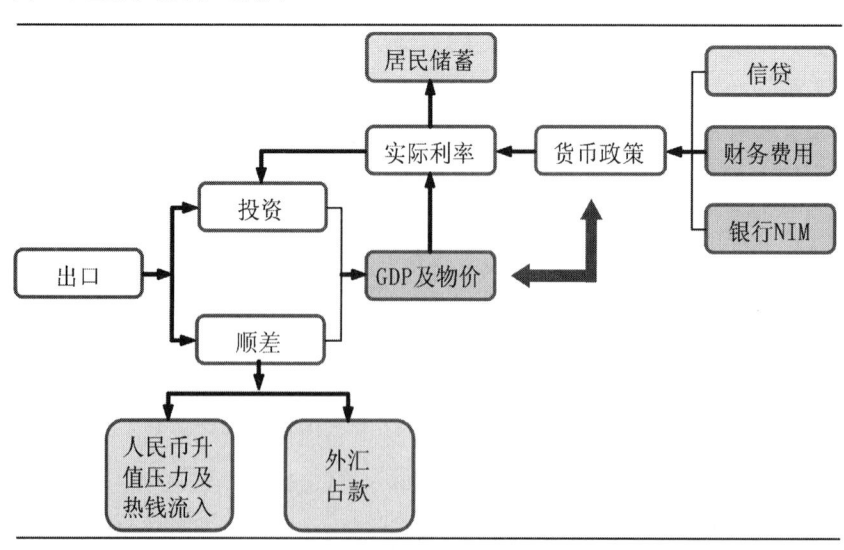

资料来源：申万研究

注：红色代表盈利核心驱动因素，蓝色代表流动性核心驱动因素。

1998年，东南亚金融危机、人民币坚持不贬值，出口和投资双下滑，中国第一次陷入通货紧缩，为了保8，中国实行宽松的货币政策和财政政策，财政部发行了大量国债，央行降息，但信贷并未放松。直到2003年，美国经济和全球经济复苏，中国加入WTO的效用也显现出来，出口大幅增加、外汇占款开始增加、人民币出现升值压力、物价体系开始回升、企业盈利改善。与此同时，投资出现过热，2003年起政府开始压缩信贷、2004年10月加息。

2005年1季度—2006年1季度：流动性和盈利区间为(0,-1)

在紧缩政策下，投资有所下降，但出口持续向好，所以GDP没有下滑，物价向下，造成宏观和微观的背离，制造业财务费用上升，银行息差扩大，但由于当时银行在市值中所占比重太小，所以整体企业盈利有所下滑。流动性方面，信贷虽然有所下降，但出口带来的流动性没有改变，居民购买力、储蓄变化也不大，流动性整体没有变化。

这个阶段，股市温和下跌，而宽货币、紧信贷的状况(宽货币是由于出口带来基础货币的投放增加，紧信贷是由于国家控制信贷和投资)使债券出现大牛市，银行间国债指数从95.61飙到110.11。行业方面，造纸、航运和服装等出口相关行业表现最好，有色和石油等资源品表现最差(图20)。

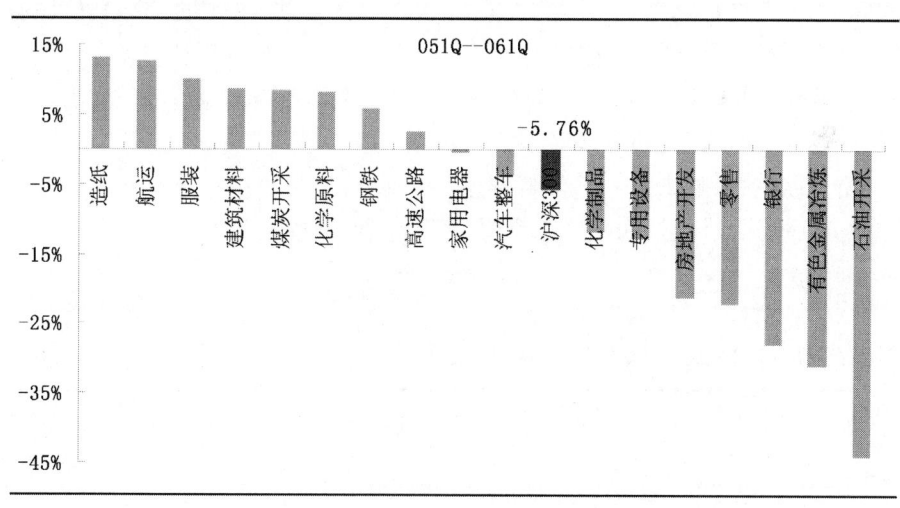

图20：2005年1季度—2006年1季度的行业表现

资料来源：万得资讯，申万研究

注：我们在下游消费、中游制造、上游能源、物流和金融中选择了具备代表性的18个行业，下同。

2006年2季度—2007年1季度：流动性和盈利区间为(1,2)

由于前期物价下滑，企业盈利受到一定影响，2006年开始放开信贷，投资迅速回升，出口依然保持高增长，GDP高增长，CPI温和走高，中国企业盈利进入最好的时候。流动性方面，信贷有所放松，而出口带来的外汇占款有所放大，居民投资热情有所升温。

这个阶段，股市大幅上涨，债券市场微幅上升(国债指数从110.11上升到111.73)。行业中，汽车、机械、建材、房地产等进攻性品种表现良好(图21)。

图21：2006年2季度—2007年1季度的行业表现

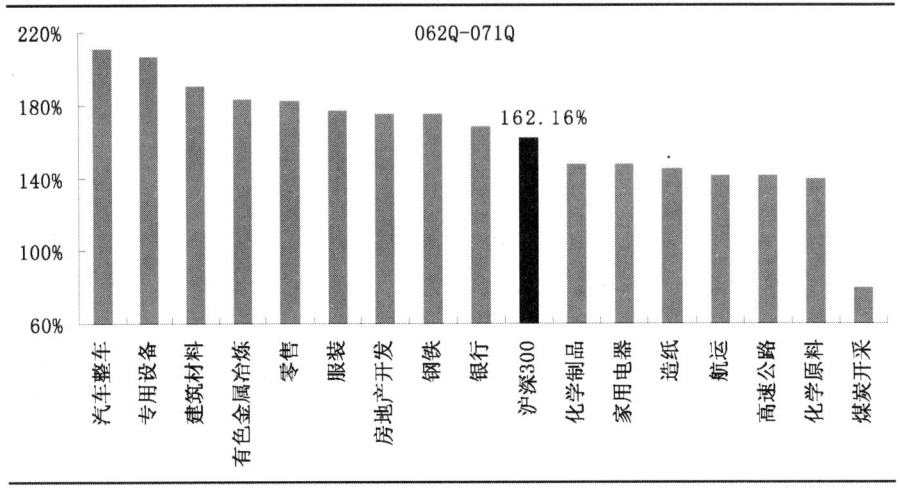

资料来源：万得资讯，申万研究

2007年2季度—2007年4季度：流动性和盈利区间为(2,2)

高增长和出口带来的流动性，最终使成本开始上升，不过此时还能有效转嫁，所以企业盈利始终保持高增长，股市带来的投资收益更加强化了这一虚假的繁盛。流动性方面，出口带来的流动性依然充裕，CPI走高、实际利率走低以及之前股市的赚钱效应使居民储蓄搬家的意愿大大增强，流动性也进入了最宽裕的时候。

此时，股市继续大幅上升，通货膨胀预期的提高使债券市场受到压制(国债指数从111.73降到110.87)。行业方面，资源资产类的股票如煤炭、有色和房地产明显跑赢大市(图22)。

图22：2007年2季度—2007年4季度的行业表现

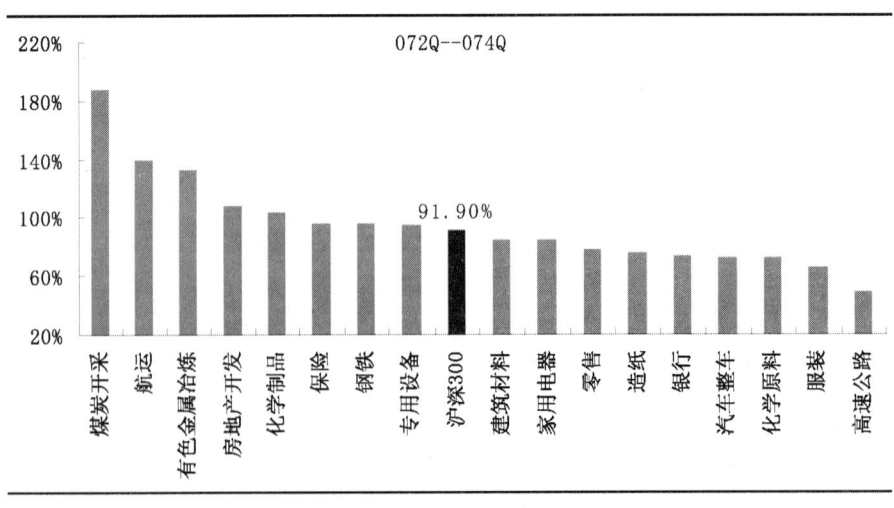

资料来源：万得资讯，申万研究

2008年1季度—2008年2季度：流动性和盈利区间为(-1,-1)

不断提升的成本终于开始挫伤企业盈利，毛利虽然还能维持正增长，但增速已经大幅放缓。央行货币政策不断紧缩提升了财务费用，制造业利润开始出现负增长，而银行利润则伴随净利差走高而依旧高增长。流动性方面，紧缩性货币政策使信贷有所减少，出口尚未下滑，外汇占款没有下滑，但人民币升值预期减缓，央行持续的加息行为使负利率见底回升，居民储蓄开始回流。

此时，股市大幅下跌，债券市场反而温和上涨(国债指数从110.87涨到113.41)。行业方面，煤炭继续上涨，下游防御类行业和银行明显跑赢(图23)。

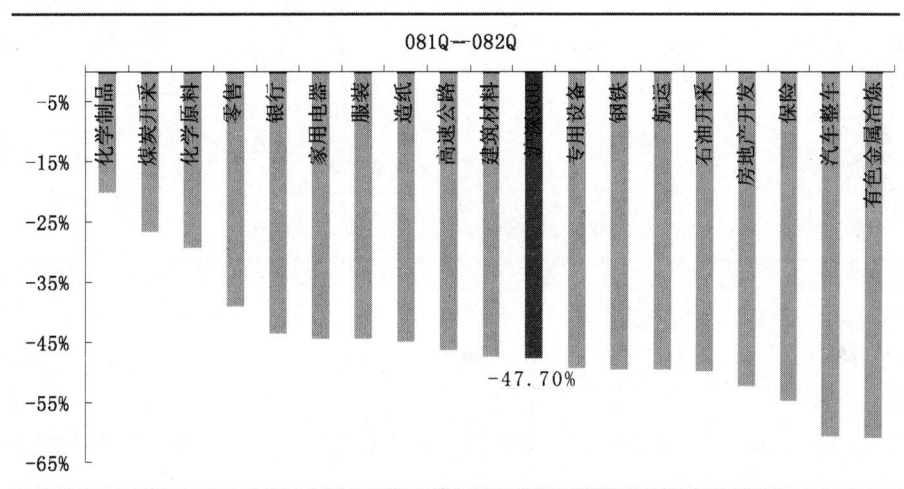

图23：2008年1季度—2008年2季度的行业表现

资料来源：万得资讯，申万研究

2008年3季度—2008年4季度：流动性和盈利区间为(-2,-2)

全球金融危机恶化，美国银行去杠杆、消费下降，中国出口受到打击，2003年来由出口带动的中国企业盈利和股市流动性机制开始反转。2008年四季度，工业生产几近休克，CPI掉头向下，企业盈利大幅下降。流动性方面，出口下滑导致外汇占款减少，热钱流出中国，实际利率上升导致居民储蓄进一步回流，股市流动性几近衰竭。

这段时间，股市继续大幅下跌，而债券由于经济衰退预期而大幅上涨(国债指数从113.41涨到121.3)。行业方面，下游防御类股票跑赢指数，而资源类、出口相关类行业大幅下跌(图24)。

图 24：2008 年 3 季度—2008 年 4 季度的行业表现

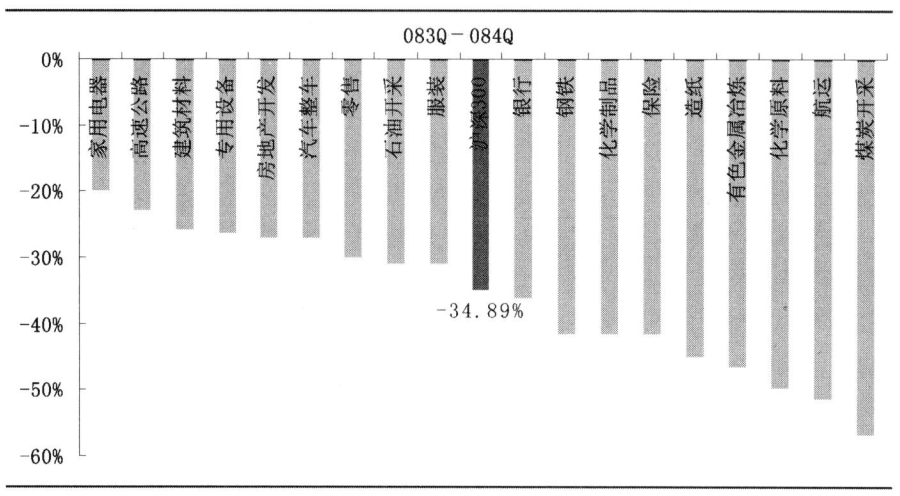

资料来源：万得资讯，申万研究

2009 年 1 季度—2009 年 2 季度：流动性和盈利区间为(2,-2)

面对危机，政府行动迅速，实行宽松的货币政策和财政政策，但是由于美国经济陷入衰退，出口同比负增长，GDP 大幅下滑，通货紧缩，导致企业盈利继续下滑。流动性方面，虽然外汇占款和热钱继续萎缩，但是由于实体经济预期回报率低，信贷流入股市，造成股市流动性充裕。

这段时间，股市大幅上涨，涨幅居前的行业均与政府行为相关，煤炭和有色行业缺乏业绩支持，但是由于流动性泛滥而大幅上涨，汽车和房地产均与政府政策息息相关(图 25)。本阶段，债券市场几乎没有波动，国债指数从 121.3 到 121.34。

图 25：2009 年 1 季度—2009 年 2 季度的行业表现

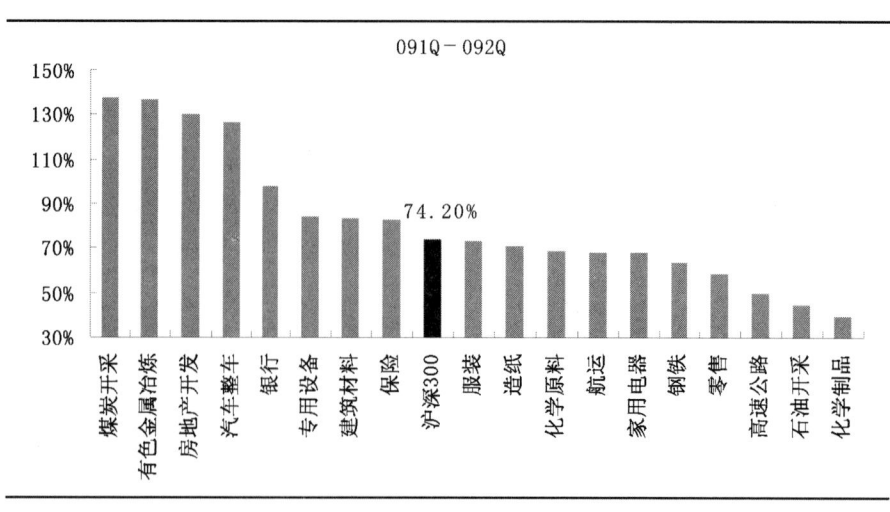

资料来源：万得资讯，申万研究

2009年3季度—2009年4季度：流动性和盈利区间为(1,1)

2009年三季度来，全球主要经济体相继复苏，4季度中国出口恢复明显，政府刺激始见成效，CPI即将转正，三季报企业业绩明显改善。流动性方面，出口恢复带来流动性，人民币升值预期再起，但是信贷开始收缩。

虽然说4季度尚未结束，但是我们相信市场依然有上涨动力，维持上证指数(2700—3400)的看法。业绩增长和流动性退却使稳定增长的行业受到青睐(图26)。

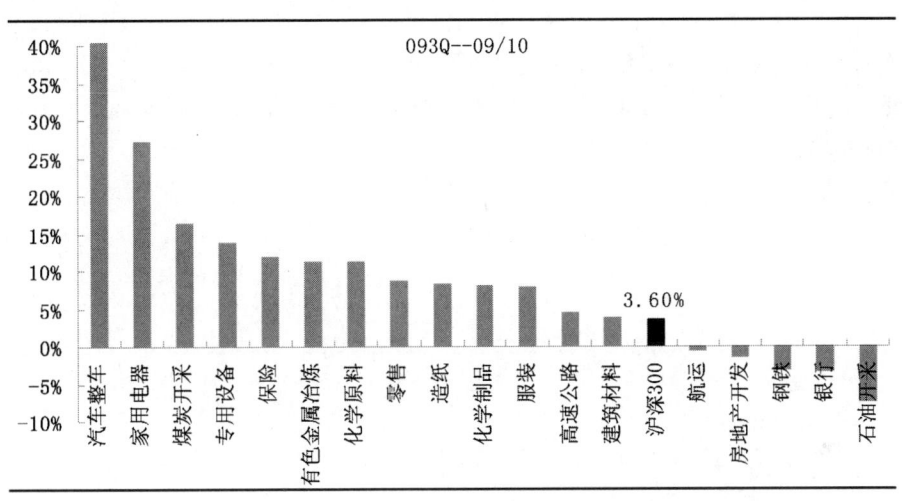

图26：2009年3季度—2009年10月份的行业表现

资料来源：万得资讯，申万研究

3.2 2010年：经济回到2003，市场回到2006

如果2007年是过热，2008年是衰退，2009年是政府推动复苏，那么2010年的主题就是经济自主复苏和政府退出。退出过快，经济可能二次探底，退出过慢，经济就会过热，退出及时有效，经济就会温和复苏。而退出时点的把握还是看美国经济的复苏状况。

2010年，出口依然是最核心的变量，根据我们的分析框架，针对出口复苏的速度和幅度，会出现三种情景。

情景一：出口无法复苏、经济二次探底，盈利和流动性组合为(-2，-2)

出口无法复苏即意味着美国及全球经济无法复苏，政府刺激政策无法引发经济自主复苏，而政府再也无法像今年这么救助，经济二次探底。那么就会再现2008年3季度和2008年4季度的情况，由于GDP和CPI的再次下滑，企业盈利大幅下滑，出口不振使外汇占款减少，避险情绪再现使资金流出中国，而此时信贷也无法再那么宽松，负利率再现使居民储蓄回流，流动性再次面临枯竭。这个时候应该尽量降低股票仓位，配置债券，行业选择也应该配置防御性行业。

情景二：出口复苏、政府退出，盈利和流动性组合为(1，2)

出口缓慢复苏，投资有所减少，消费继续增加，GDP继续回升，CPI转正，企业盈利继续改善。外汇占款增加，人民币升值预期下热钱加速流入，政府开始收缩信贷，但是迟迟不加息，实际利率下降导致储蓄流入股市。这个时候的情况类似 2006 年 2 季度到 2007 年 1 季度。差别在于出口增长不可能像 2006 年那么强，出口更像 2003 年，市场环境虽然类似 2006 年，但是上涨幅度却没有这么大。

这个阶段债券和股票都可以配置，配置股票是因为盈利改善，流动性维持，配置债券是因为"宽货币，紧信贷"的环境再次出现，而加息迟迟不来。行业配置上偏中下游。

情景三：出口快速复苏、政府退出过慢，盈利和流动性组合为(2，2)

倘若美国经济类似 2001 年出现 V 型反转，中国出口也将迅速复苏，那么将再现 2007 年三季度和 2007 年四季度的情景。出口和投资带动 GDP 迅速过热、CPI 突破 4%，需求旺盛使成本能够传导，企业盈利继续改善，外汇占款倍增，热钱加速流入，居民储蓄搬家加速。

这个阶段减配债券、增配股票，行业配置倾向于资产和资源类。

根据申万宏观的看法，我们认为出现第二种情景的概率最大，即经济回到 2003 年，市场回到 2006 年。

第三章

策略如何看煤炭
——打造煤炭的"驱动力"和"信号验证"机制

主要内容：

煤炭行业关注量、价、库存，连接七大行业，主要分析动力煤和焦煤两条线。量重点关注下游耗用量(主要为电力和钢铁)和进出口量；价包括动力煤(坑口和秦皇岛)、焦煤(仅有坑口)、无烟煤和国际动力煤指数；库存分为中转站库存(秦皇岛港口库存)和下游需求库存。

动力煤方面，山西大同坑口含税价和秦皇岛大同优混平仓价是驱动力，火电发电量、水泥产量、布伦特原油现货价、昆士兰—日本海运费是第一层面的信号，进出口量、库存变化(秦皇岛和最下游)是第二层面的信号。焦煤方面，山西古交2号车板价是驱动力，生铁产量(钢铁行业耗煤)、焦炭出口量和炼焦煤净出口量是第一层面信号，重点钢厂煤炭库存是第二层面信号。我们运用2007年来的数据验证了上述机制。

通过历史分析，我们发现煤炭股取得超额收益的第一要务是流动性泛滥。股市流动性泛滥有两种可能：第一种是经济过热、盈利改善并最终导致流动性泛滥。如果是这种可能，投资必然过热，煤炭下游需求肯定非常旺盛，煤价必然上涨，所以"驱动力"和"信号验证"会非常有效，煤炭行业分析员往往能把握这种投资机会。另外还有一种可能是政府主动投放流动性，比如2009年。这个时候实体经济并未复苏，煤炭下游需求非常疲软，煤价不会上涨，按照"驱动力"和"信号验证"机制，煤炭股不会涨，这个时候的投资机会更多需要策略分析员自上而下把握。

《打造行业配置的"驱动力"和"信号验证"机制——策略研究的方法和体系》发表后(2009年10月20日发表)颇受关注，但也引发诸多质疑。主要如下：

(1)如何就"驱动力"和"信号验证"机制给出具体配置建议？
(2)大家对驱动力的认识和选择可能不一致，如何解决？
(3)具体到各行业的投资逻辑，行业分析员更有话语权、更细致，策略的附加值何在？
我们回答如下：
第一，"驱动力"和"信号验证"机制是针对实体经济，关于配置要具体问题具体分析。

实体经济是本，其规律少以人的意志为转移，资本市场的表现会受到人为干扰。做投资，必须先实体后虚拟，很多看起来完美、一步到位的方法其实并无用处。对实体经济的一知半解是投资的大忌,在此基础上的预测推演根本是盲人瞎马、夜半临渊。

举钢铁和煤炭的例子,当下游需求上升,钢铁需求增加,钢价上涨,同时成本较低,毛利率扩张,这是第一阶段;钢铁商见有利可图,大量扩产,产能利用率提升,对上游原材料需求增加,铁矿石和焦煤价格上涨,此时钢价上涨由成本推动,毛利率保持稳定,这是第二阶段;到了第三阶段,高企的钢价挫伤下游需求,需求减少使社会库存大增,厂商降价促销,而高价原料继续到港,钢铁厂商毛利率下降,甚至亏损,最终产能利用率下降,回到原点。这可能是实体经济中的一个规律,反复出现,不以投资者的意志为转移。

到了虚拟经济,现象第一次出现时,投资者跟随钢价和煤价的上涨而陆续投资,股市上钢铁股先涨,煤炭股后涨;当现象第二次出现时,学习效应使大家同时投资煤炭和钢铁,煤炭股和钢铁股同时上涨;而现象第三次出现时,聪明的投资者意识到煤炭股的弹性比钢铁股更大、更持续,所以直接投资煤炭股而舍弃钢铁股,最终煤炭股涨而钢铁股不涨。从经济学角度讲,这是一个从静态预期到适应性预期再到理性预期的学习过程。

因此,想一步到位建立驱动力和股价的关系,会非常失望,没有规律可寻,其根源是人的行为和预期改变了方法的可行性。"驱动力"和"信号验证"机制主要帮助投资者理解和预测实体经济,具体配置建议,需要结合当时的市场预期、情绪,不可能一成不变。

第二,提供模块,投资者可以自行组合,整合后的体系价值巨大,但千里之行始于足下。

我们会提供自己的判断,但不会强迫投资者接受,每个人对驱动力和信号的理解不一致。投资者可以在我们设计的机制上自行选择参数进行组合,得出自己的判断。"驱动力"和"信号验证"机制的基础是损益表,着重对影响企业盈利的因素分析。损益表结构统一,有利于下阶段的体系整合。单一行业、甚至上下游行业分析贡献并不大,该系统真正的价值在于整合,从链式的角度完成从宏观—中观—微观的相互验证,完成行业间的相互验证。

本文着重分析煤炭的"驱动力"和"信号验证"机制,筛选出煤炭中观数据库。第一部分以损益表为核心梳理行业关键指标,打造各环节的"驱动力"和"信号验证"机制,辅以历史验证。第二部分分析历史超额收益来源,把握煤炭行业的投资机会。

1.煤炭的"驱动力"+"信号验证"机制

1.1 煤炭关注量、价、库存,连接七大行业

煤炭属上游行业,在损益表中,主要关注收入指标,其成本(主要为人力、资源费等)缺乏具体跟踪指标。本文主要分析动力煤和焦煤两条线,对化工产业链的无烟煤不做具体分析。煤炭的收入主要关注量、价、库存。

量重点关注下游耗用量(主要为电力和钢铁)和进出口量,不涉及具体品种的供应量。价包括动力煤价格(坑口和秦皇岛)、焦煤价格(仅有坑口)、无烟煤价格和国际动力煤价指数。库存分为中转站库存(秦皇岛港口库存)和下游需求库存。

煤炭与七大行业关联密切:国际煤价和油价存在比价关系,同受美元和世界经济影响;钢铁、电力、建材和化工是煤炭的主要下游,决定煤炭需求量并且影响其价格;铁路和海运对煤炭运输至关重要;港口囤积量是重要观测指标(表2)。

所有指标中,价格是最根本的利润驱动因素,行业分析员需要对其做预测,其调整会影

响所有公司模型的关键假设。其他指标均是影响和预测价格的信号变量。所有指标按照损益表排列如下(表1)：

表1：煤炭的损益表结构

利润表项目		明细指标	外生指标
一、营业收入			
	量	发电累计耗用原煤	
		钢铁行业耗煤	
		动力煤进出口数量	
		炼焦煤进出口数量	
	价格	山西6000大卡大同坑口含税价	火电发电量、水泥产量
		秦皇岛港6000大卡大同优混平仓价	火电发电量、水泥产量
		山西古交2#焦煤车板含税价	生铁产量、焦炭出口量
		山西阳泉洗中块7000大卡坑口不含税价	合成氨产量
		澳大利亚BJ煤炭6300大卡运抵中国价格	澳大利亚BJ煤炭现货价,布伦特原油现货价,海运费
	库存	秦皇岛港煤炭库存-周	
		(秦皇岛港煤炭调入调出-周)	
		直供电厂煤炭库存-周	
		重点钢厂煤炭库存-月	
二、营业总成本			
其中：营业成本			
营业税金及附加			
销售费用			
管理费用			
财务费用			
资产减值损失			
加：公允价值变动收益			
投资收益			
三、营业利润			
加：营业外收入			
减：营业外支出			
四、利润总额			
减：所得税			
五、净利润			
少数股东损益			
归属于母公司所有者的			
净利润			

资料来源：申万研究

注：为保证损益表的完整性，我们保留空白部分，其他行业在这些部分可能有指标。

表2：煤炭与七大行业的关系

行业	与煤炭的关系	主要指标
宏观	美元和世界经济	美元
石油	石油和煤炭的比价关系，同属大宗商品	布伦特原油现货价
化工	煤炭的下游之一，决定煤炭的消耗量	合成氨产量
建材	煤炭的下游之一，决定煤炭的消耗量	水泥产量
钢铁	煤炭的下游之一，决定煤炭的消耗量	生铁产量
电力	煤炭的下游之一，决定煤炭的消耗量	火电发电量
交通运输	铁路、航运与煤炭的运输相关	海运费
港口	港口囤积	秦皇岛港煤炭库存

资料来源：申万研究

1.2 煤炭行业的"驱动力"和"信号验证"机制

选定指标后，我们先从逻辑上把这些指标串起来，打造"驱动力"和"信号验证"逻辑图，主要分动力煤和焦煤两条线。

1.2.1 动力煤的"驱动力"和"信号验证"机制

从动力煤的逻辑图看，山西大同坑口含税价和秦皇岛大同优混平仓价是驱动力，其他指标是一层一层的信号。动力煤价格受两条途径影响：一条是下游需求，通过火电、水泥等主要耗煤产业的产量增长使煤炭的内需增加，影响煤价。在下游需求这条链中，火电发电量、水泥产量是外生变量。另一条途径是进出口，由于中国的动力煤消耗量不能影响全球动力煤价格，所以全球动力煤价格是一个外生变量。国际煤价发生变化时，中国动力煤炭进出口量发生变化，进而影响国内动力煤的需求格局，最终使国内煤价发生变动。在进出口这条链上，布伦特原油现货价、昆士兰—日本海运费是外生变量。

综合而言，火电发电量、水泥产量、布伦特原油现货价、昆士兰—日本海运费是第一层面的信号，进出口量、库存变化(秦皇岛和最下游)是第二层面的信号。整个体系中，第一层面的信号由电力、建材、石油和航运分析员提供，第二层面的信号供煤炭分析员观察，煤炭分析员重点把握各环节的供给并且更新煤价预测，煤价的预测会引起重点公司模型中核心价值的变化，最终引起公司价值的变化。我们可以编制煤炭供给的扩散性指数来完成对煤炭供给跟踪。

动力煤链中重要的比价关系是油煤比价、动力煤坑口和秦皇岛港的价差、BJ到港价和国内到港价的价差。这三个指标是煤价变化的同步指标，不具备领先意义，但是一旦出现极端情况，会有指导意义(图1)。

图1：动力煤的"驱动力"和"信号验证"逻辑图

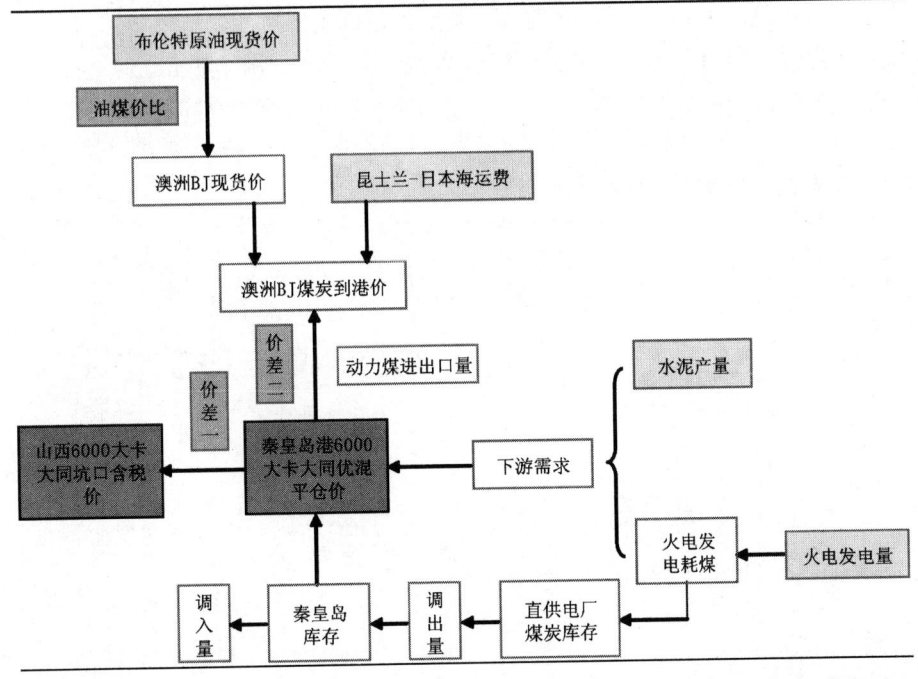

资料来源：申万研究

1.2.2 焦煤的"驱动力"和"信号验证"机制

与动力煤不同，中国的焦煤消耗会影响全球焦煤价格，所以国际焦煤价格不再是外生变量。从焦煤的逻辑图看，山西古交2号车板价是驱动力，生铁产量(钢铁行业耗煤)、焦炭出口量和炼焦煤净出口量是第一层面信号，重点钢厂煤炭库存是第二层面信号。生铁产量是最重要的外生变量，需要钢铁分析员提供，这里比较重要的比价关系是焦煤和焦炭的价差(图2)。

图2：焦煤的"驱动力"和"信号验证"逻辑图

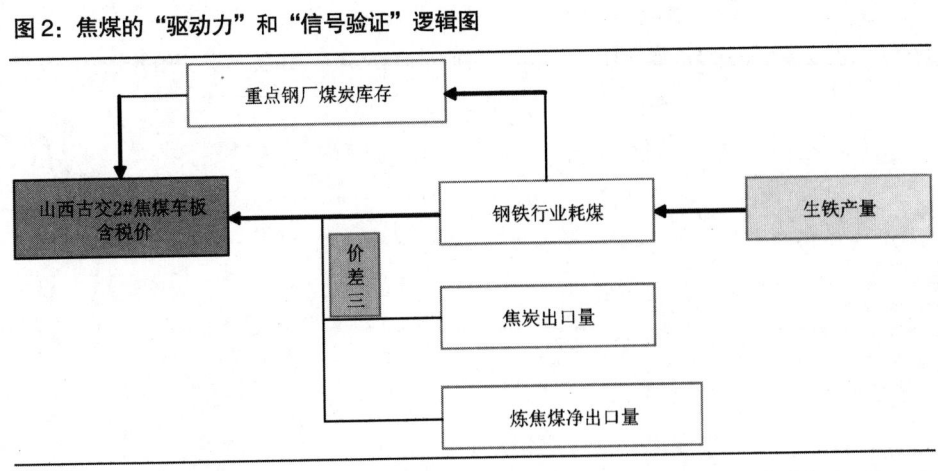

资料来源：申万研究

1.3 煤炭"驱动力"和"信号验证"机制的历史验证

搭建逻辑图后,我们用 2007 年以来的数据验证上述机制。

动力煤:2007 年来煤价经历两次大涨和一次大跌(图 3)。每次均能看到下游需求、库存、原油价格等相关信号的依次变化。

图 3:2007 年以来动力煤价变化主要经历三个阶段

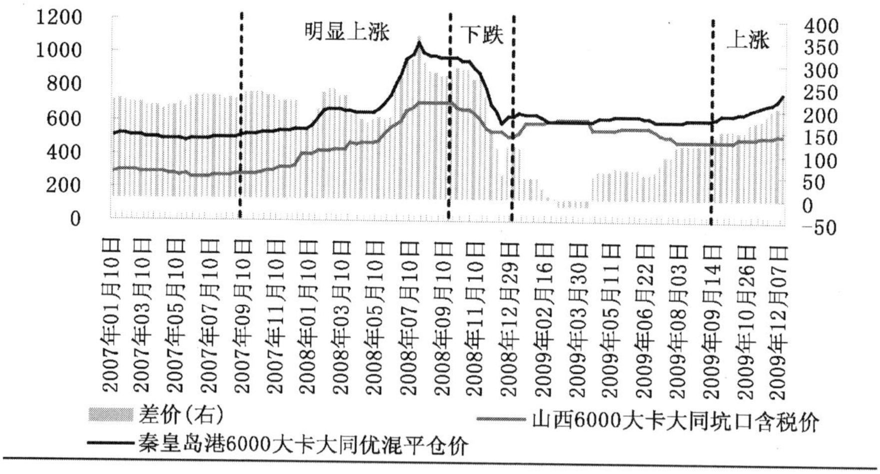

资料来源:资源网,申万研究

2007 年 9 月 30 日后动力煤价大涨

下游需求方面,火电发电量维持 15%左右的高速增长,虽然终端的电厂煤炭库存保持稳定,而秦皇岛港库存从 2007 年 4 月就不断下降(图 4)。

国际方面,澳大利亚 BJ 煤价在 2007 年 5 月末开始上涨,2007 年 9 月、10 月后油价上涨继续推升煤价(图 5)。国内外煤价价差扩大致使中国动力煤净出口量明显增加,进一步增加国内动力煤供给偏紧的局面,导致国内煤价上涨(图 6)。

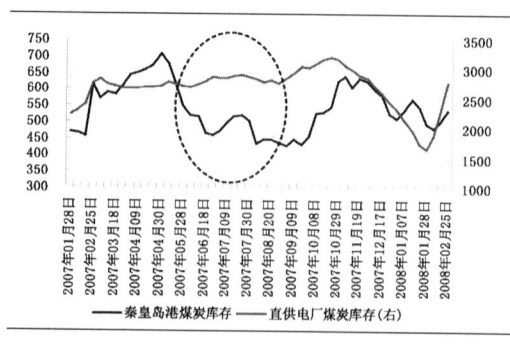

图 4:2007 年 4 月始秦皇岛库存开始下降

资料来源:资源网,申万研究

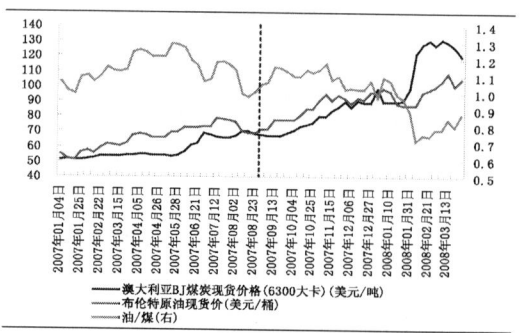

图 5:2007 年 5 月国际煤价开始上涨

资料来源:彭博社,申万研究

图 6：2007 年年中国际国内动力煤价价差扩大，动力煤净出口增加

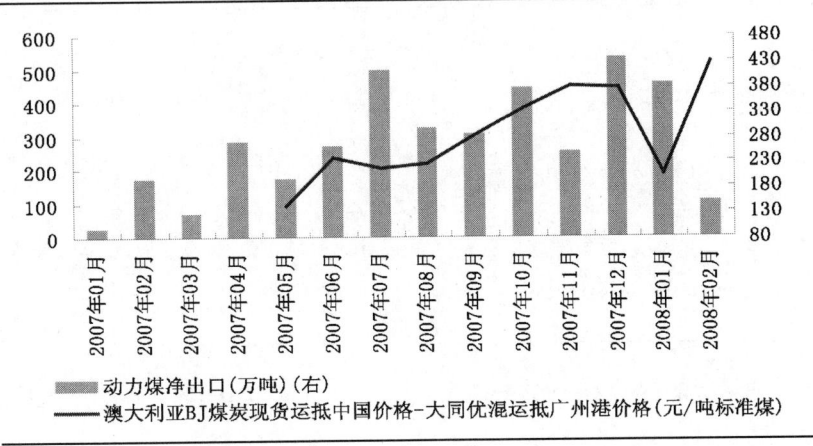

资料来源：资源网，彭博社，申万研究

2008 年 9 月 20 日后动力煤价大跌

下游需求方面，火电发电量增速于 2008 年 4 月就开始下行(图 7)，电厂煤炭库存从 2008 年 7 月 20 日后上升，秦皇岛港库存也在同时期明显增加(图 8)。

国际方面，澳大利亚 BJ 煤价和布伦特原油价格在 2008 年 7 月中冲到历史高点后大幅回落(图 9)，而国内动力煤价依然处于高位。动力煤国际和国内的价差迅速收窄，动力煤净出口量大幅下降(图 10)，进一步加大国内煤价下跌压力。

图 7：2008 年 4 月始火电发电量增速趋势性下滑	图 8：2008 年 7 月后终端和中间库存大幅增加
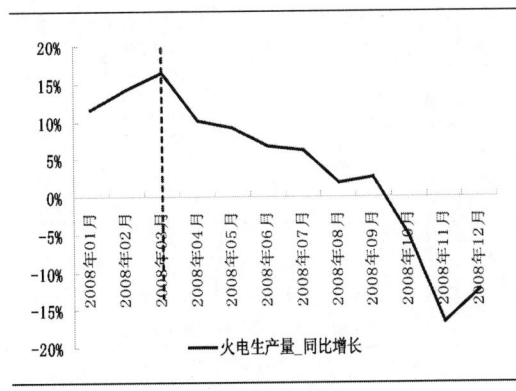	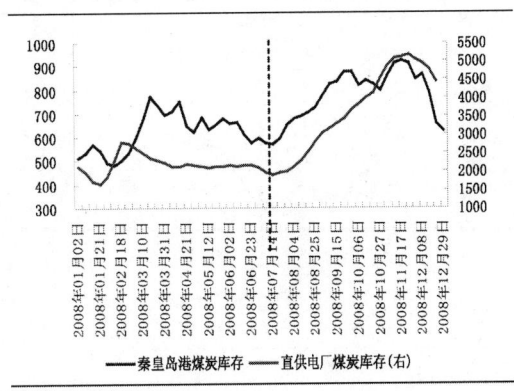
资料来源：华通人，申万研究	资料来源：资源网，申万研究

图 9：大宗商品价格 2008 年 7 月中开始回落	图 10：2008 年中动力煤净出口量明显减少
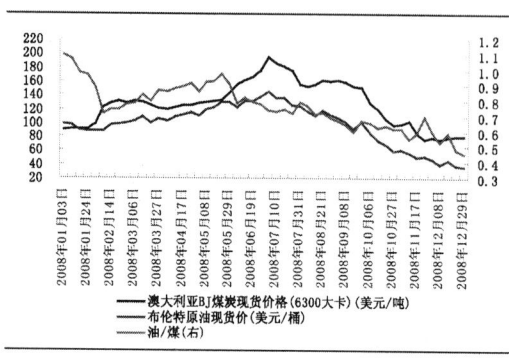	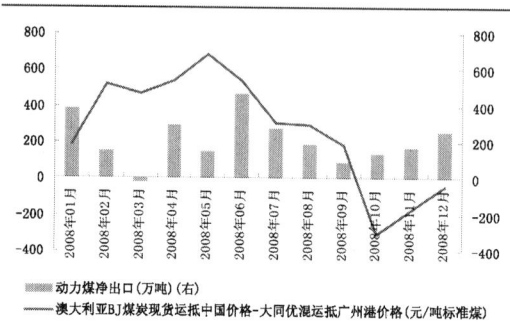
资料来源：彭博社，申万研究	资料来源：资源网，彭博社，申万研究

2009 年 9 月 14 日动力煤价再次上涨

下游需求方面，火电发电量增速从 6 月份始趋势性上行(图 11)，电厂煤炭库存和秦皇岛库存 2009 年来一直维持低位。11 月份以来，秦皇岛港库存上升、电厂存煤下降主要是雪灾影响交通运输，使煤炭困在秦皇岛，并不说明需求下降(图 12)。

国际方面，澳大利亚 BJ 煤价基本维持稳定(图 13)，2009 年大部分时间里动力煤国际价格低于国内价格，因此动力煤进口量大增(图 14)。按照常理，动力煤进口增加会压制国内价格，但这次中国的经济复苏明显早于全球，国内下游需求的旺盛抵消了国外经济的疲软，并且山西整合力度大，使国内煤价下降幅度低于预期，煤价从 9 月份开始上涨。

图 11：2009 年 6 月始火电发电增速趋势性回升	图 12：中间环节和终端的煤炭库存低位运行
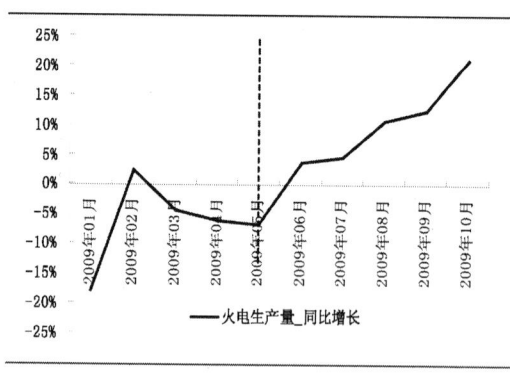	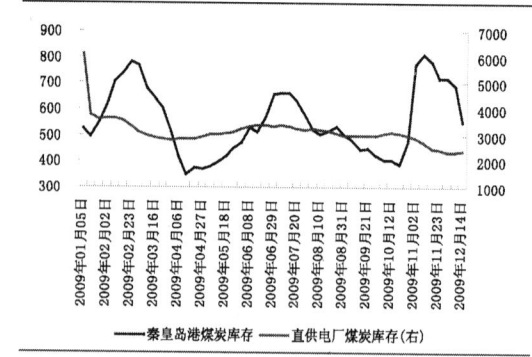
资料来源：华通人，申万研究	资料来源：资源网，申万研究

图13：2009年国际煤价基本稳定　　　　　图14：2009年动力煤贸易主要为进口

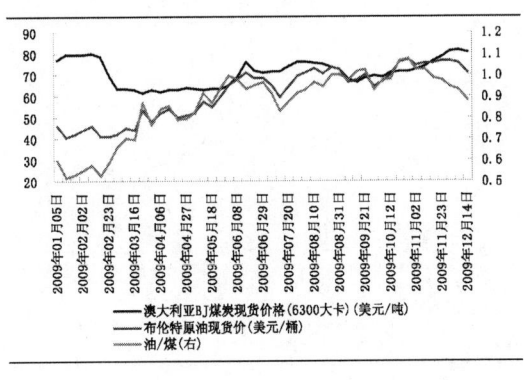

资料来源：彭博社，申万研究　　　　　　　资料来源：资源网，彭博社，申万研究

炼焦煤：2008年以来主要经历两个阶段。每个阶段中，都可以看到下游需求、库存等相关信号的依次变化(图15)。

图15：2008年以来炼焦煤价变化主要经历三个阶段

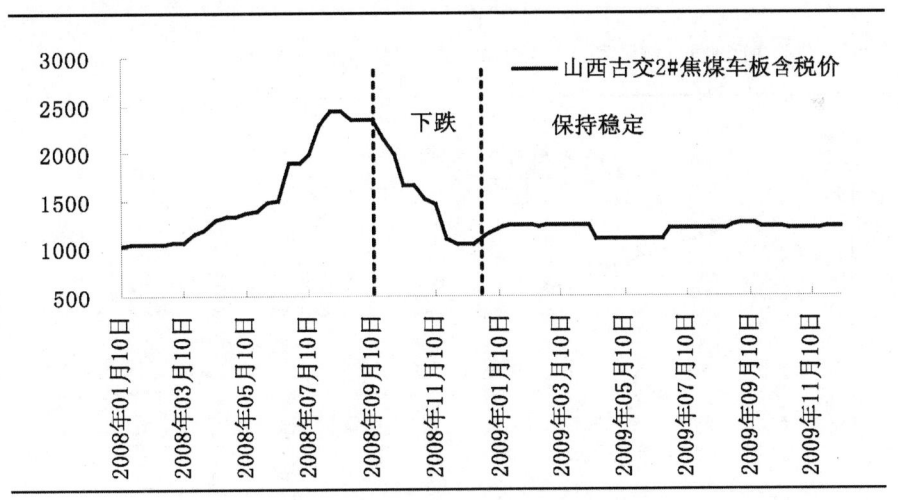

资料来源：资源网，申万研究

2008年9月10日后炼焦煤价大幅下挫

下游需求方面，生铁产量增速从2008年4月开始下跌(图16)，库存方面，钢厂煤炭库存从2008年6月后明显上升(图17)。

图 16：2008 年 4 月始生铁产量增速趋势性下跌　　图 17：2008 年 6 月后钢厂煤炭库存增加

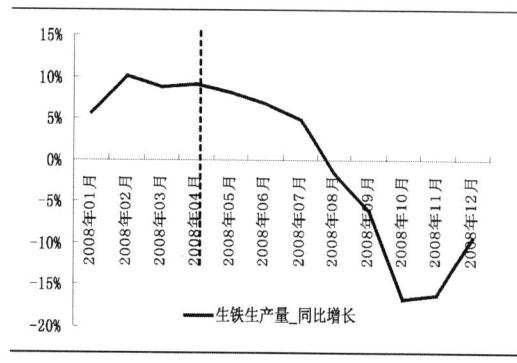 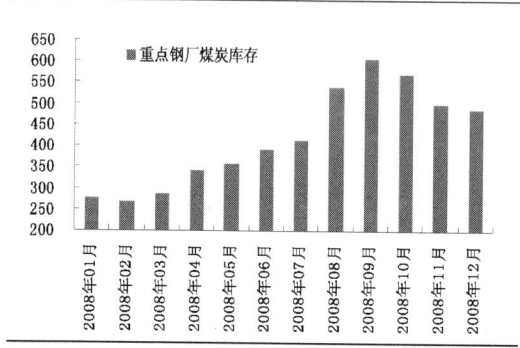

资料来源：华通人，申万研究　　　　　　　　　　资料来源：资源网，申万研究

2009 年 11 月以来，炼焦煤价保持稳定，未来涨价预期强烈

下游需求方面，生铁产量增速在 2009 年 4 月后趋势性上行，库存方面，2009 年 1 月以来钢厂煤炭库存持续下降、低位运行，目前开始增加，主要是由于钢厂因旺盛的生产需求而增加原料采购。

图 18：生铁生产加速、钢厂煤炭库存增加引发未来炼焦煤价上涨预期

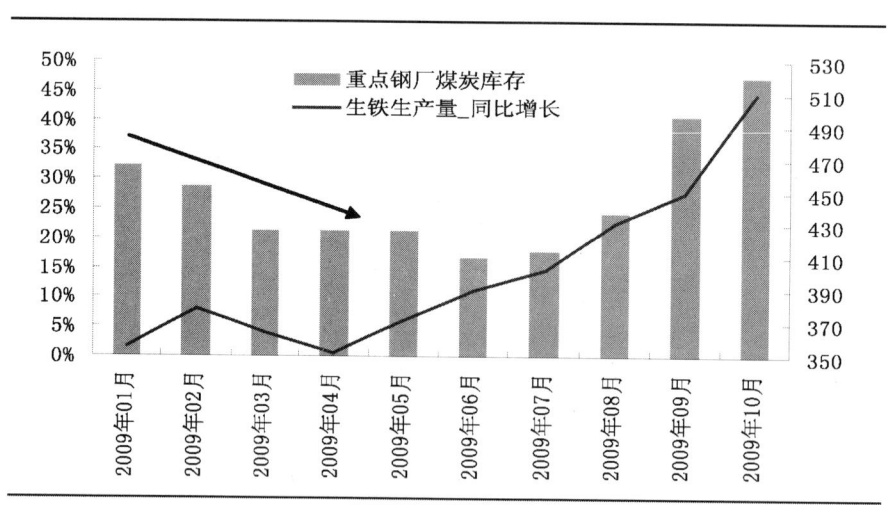

资料来源：华通人，资源网，申万研究

历史经验看，9 月似乎是煤炭的多事之秋。煤炭行业具有典型的季节性因素，动力煤需求的旺季与工业生产和用电高峰有关，一般是每年夏季和冬季；炼焦煤需求的旺季与钢铁行业的旺季有关，集中在每年的第二、三季度；无烟煤需求的旺季与农业生产有关，集中在每年的一季度。

2.超额收益来源：流动性泛滥 + 预期煤价上涨

虽然"驱动力"+"信号验证"机制主要解释实体经济，但是做到这个层面仅是行百里者半九十。本文第二部分，我们尝试分析煤炭超额收益的来源，"驱动力"+"信号验证"在何种情况能被应用？

2.1 超额收益来源：流动性泛滥 + 预期煤价上涨

2000 年来，煤炭股明显跑赢申万A股指数的阶段有三个：2003 年 10 月至 2004 年 10 月，超额收益为 70.93%；2007 年 4 月至 2007 年 9 月，超额收益为 169.74%；2008 年 12 月至 2009 年 7 月，超额收益为 130.55%(图 19)。

图 19：2000 年来煤炭股取得超额收益的三个阶段

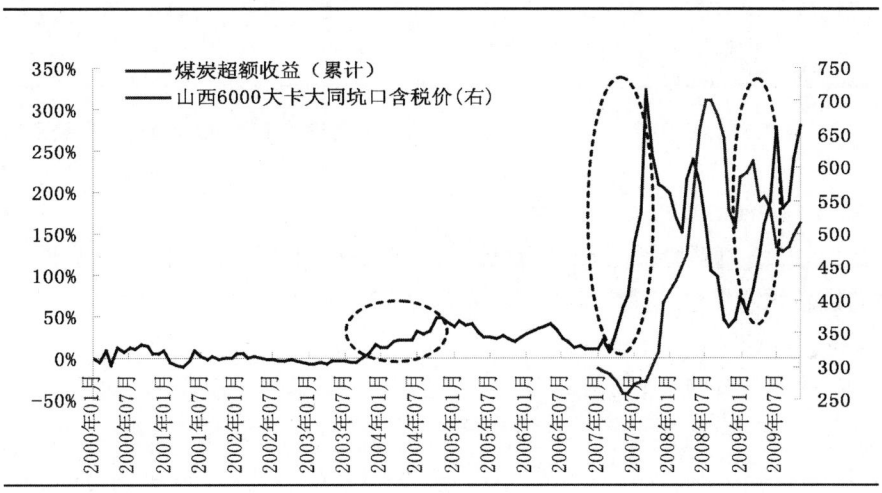

资料来源：资源网，万得资讯，申万研究

注：煤炭采用申万煤炭开采 II 指数，市场采用申万A股指数计算

2003 年 10 月—2004 年 10 月：

这一时期投资过热，对煤炭需求旺盛。国家取消电煤指导价，供需双方自主协商订货，电煤价格逐步放开，促使煤炭行业 ROE 在 2003 年后大幅提升(图 20)。

这段时间表现最好的五个行业是煤炭、机场、港口、航运、石油化工；表现最差的五个行业是汽车、信托、机械、医药、农林牧渔。

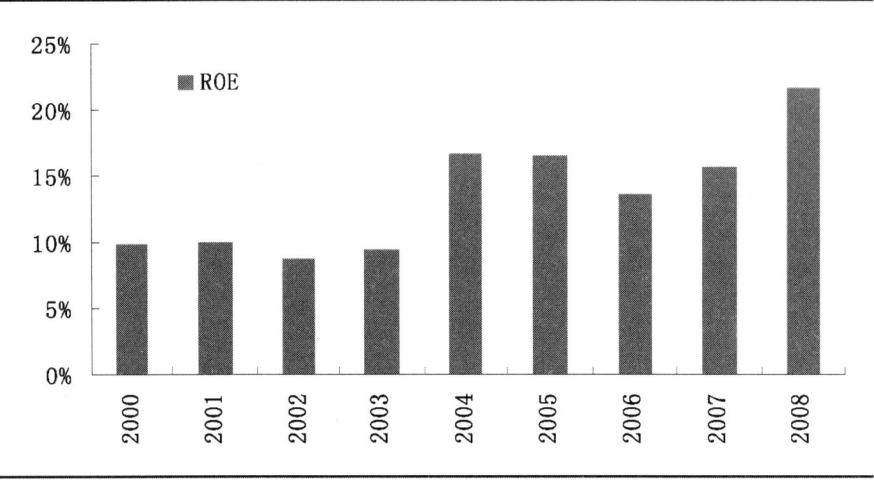

图20：2003年后煤炭行业ROE明显提升

资料来源：万得资讯，申万研究

2007年4月—2007年9月：

中国经济过热、通货膨胀上行、流动性泛滥(图21)。就煤炭股而言，一方面下游旺盛需求致使煤价涨价预期强烈；另一方面作为高贝塔品种，煤炭股受到资金高度追捧，相对估值一路走高(图22)。

这段时间表现最好的五个行业是煤炭、有色、航空、航运、保险；表现最差的五个行业是食品、餐饮、通信设备、电子、港口。

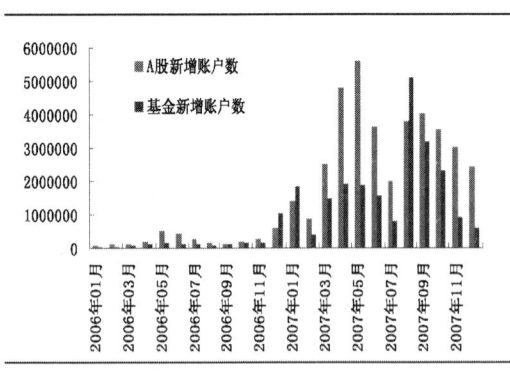

图21：2007年资金蜂拥进入股票市场

图22：资金青睐高弹性的煤炭股

资料来源：万得资讯，申万研究　　　　　　　　　　资料来源：万得资讯，申万研究

2008年12月—2009年7月：

这是一个特殊的年代，全球政府大量投放流动性，但是实体经济缺乏投资机会，于是相当部分资金流入股票，造成股市流动性泛滥(图23)。煤炭股再次成为追逐的对象，尽管此次煤价并没有上涨(仅由于山西限产而跌幅小于预期)。

2009年6月后,下游需求迅速回升,经济进入实质复苏阶段(图24)。煤价也从9月份开始涨,但煤炭股反而不再上涨,原因在于投资者担心流动性退出会促其估值回归。

这段时间表现最好的五个行业是煤炭、有色、汽车、保险、化工;表现最差的五个行业是铁路运输、石油、农林牧渔、机场、高速公路。

图23:2009年股票市场进入流动性宽裕状态

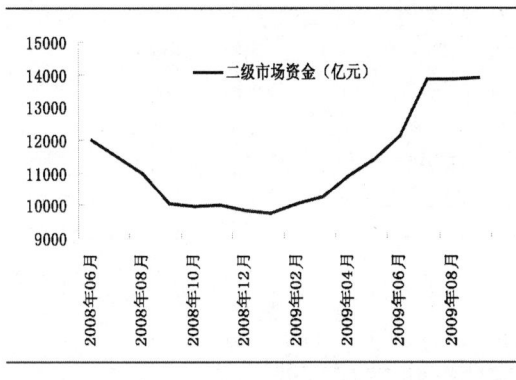

资料来源:申万研究

图24:2009年春季始电力、钢铁生产回升

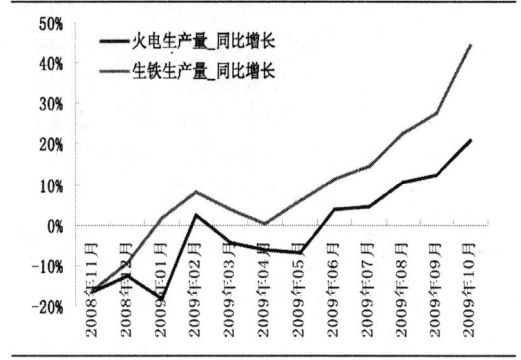

资料来源:华通人,申万研究

通过历史分析,我们发现煤炭股取得超额收益的第一要务是流动性泛滥。股市流动性泛滥有两种可能:第一种是经济过热、盈利改善并最终导致流动性泛滥,关于盈利和流动性互相推动的逻辑详见第二章《2010年:经济回到2003,市场回到2006》。如果是这种可能,投资必然过热,煤炭下游需求肯定非常旺盛,煤价必然上涨,所以"驱动力"和"信号验证"会非常有效,煤炭行业分析员往往能把握这种投资机会。

另外还有一种可能是政府主动投放流动性,比如2009年。这个时候实体经济并未复苏,煤炭下游需求非常疲软,煤价不会上涨,按照"驱动力"和"信号验证"机制,煤炭股不会涨,这个时候的投资机会更多需要策略分析员自上而下把握。

2.2 策略如何看煤炭:跟踪指标、把握流动性

策略分析员不可能像行业分析员那么细致,但是策略分析员必须对行业有大致了解,并且能够从宏观自上而下、其他行业横向等角度去看待这个行业。煤炭行业是策略分析员必须把握的六大行业之一(详见第一章《打造行业配置的"驱动力"和"信号验证"机制——策略研究的方法和体系》)。

根据以上分析,策略分析员需要把握市场流动性,这是行业分析员无法回答的问题。同时,策略分析员应该跟踪指标,根据本文1.2.1部分设计的"驱动力"和"信号验证"机制来分析煤价未来变化。一旦所有行业完成机制涉及,链接起来,策略分析员观察煤炭的视野又会发生新的变化。策略跟踪的煤炭中观数据库结构如下(表3):

表3：策略跟踪的煤炭中观数据库

大类	行业	行业关键指标	数据来源	频度	更新日期
上游	煤炭	发电累计耗用原煤-月	中电联	月	每月15日
		钢铁行业耗煤-月	资源网	月	每月20日
		动力煤进出口数量	资源网	月	每月23日
		炼焦煤进出口数量	资源网	月	每月23日
		国内动力煤价格--山西6000大卡大同坑口含税价	资源网	周	每周一
		国内动力煤价格—秦皇岛港6000大卡大同优混平仓价	资源网	周	每周一
		国内炼焦煤价格--山西古交2#焦煤车板含税价	资源网	周	每周一
		国内焦炭价格--山西太原一级冶金焦车板含税价	资源网	周	每周一
		国内无烟煤价格--山西阳泉洗中块7000大卡坑口不含税价	资源网	周	每周一
		国际动力煤价格--澳大利亚BJ煤炭6300大卡运抵中国价格	资源网	周	每周一
		秦皇岛港煤炭库存-周	资源网	周	每周一
		秦皇岛港煤炭调入调出-周	资源网	周	每周一
		直供电厂煤炭库存-周	资源网	周	每周一
		重点钢厂煤炭库存-月	资源网	月	每月20日
		外生关键指标	数据来源	频度	更新日期
		火电生产量当月同比增速-月	华通人	月	每月20日
		水泥产量增速-月	华通人	月	每月20日
		生铁产量增速-月	华通人	月	每月20日
		焦炭出口量增速-月	华通人	月	每月20日
		合成氨产量增速-月	华通人	月	每月20日
		澳大利亚BJ煤炭现货价	资源网	周	每周一
		布伦特原油现货价	Bloomberg	周	每周一
		昆士兰-日本海运费	clarkson	周	每周一

资料来源：申万研究

在接下来的"策略思考"系列报告，我们会对每个行业"驱动力"和"信号验证"机制中涉及的指标进行归类整理，形成相关行业的数据库。未来当主要行业的数据库都整理好并建立好钩稽关系后，我们会把这一中观行业数据库向客户发送，投资者可在其基础上自由组合相关模块、形成自己的判断。

第四章

策略如何看有色
——打造有色的"驱动力"和"信号验证"机制

主要内容:

有色兼具上游和中游的特征,投资角度是上游,实体角度是中游。有色关注量、价、库存和成本。量方面,用有色的产量和进出口量代表有色行业的表观销售量;价方面,关注期货价格,而非现货价格,主要是LME三个月期货价格和上交所期货价格;库存方面主要跟踪LME和上交所的库存;原料成本和效用成本(即能源价格)是最重要的成本,每种金属均选择国内的一种代表价格,同时跟踪主要产区的电价、焦煤价格和重油价格。

逻辑上讲,期货价格是核心的驱动力,成本和需求决定期货价格。需求方面分为国内下游需求和国际进出口;成本方面主要是原材料价格,而这取决于LME期货价格。通过历史验证,我们发现:有色下游比较分散,很难像煤炭那样找到核心下游;虽然中国因素越来越大,但在矿产定价权没有实质改变的前提下,LME期货价对矿石价格乃至对上交所期货价格的决定作用无从改变;LME能很好地被四大因素解释,但仅有OECD领先指标具备领先意义。期货价格已经反映预期,所以当下游需求、流动性发生变化时,期货价格同步发生变化,很难找到信号再对这一驱动力有领先意义,这一点和煤炭有本质区别,所以煤炭股可以做左侧,而有色股只能做右侧。

通过历史分析,我们发现有色股是牛市的集结号,在行业轮动中,有色通常是第一个动的行业,2005年中—2007年大牛市如此,2009年的大牛市也是如此。和煤炭的投资逻辑类似,流动性泛滥也是有色股获得超额收益的第一要务,只是有色启动的时间比煤炭还要早,煤炭股比有色股更容易把握和赚钱。

有色也是策略分析员必须把握的六大行业之一。虽然有色的行情难以把握,但有色板块的异动对经济和股市行业轮动都有预见意义,所以策略分析员要特别关注有色的变动。有色的数据不像煤炭那么全,所以我们必须编制自己的扩散性数据,选择样本定期对库存(包括产成品、原材料、中间商)、产能利用率、订单情况、未来1—3月的价格预期等进行问卷调研,并形成扩散性指数。极端情况下(如2008年11月),要关注现金成本和完全成本。

本文分析有色金属的"驱动力"和"信号验证"机制,筛选有色金属中观数据指标。第一部分以损益表为核心梳理行业关键指标,打造各环节的"驱动力"和"信号验证"机制,辅以历史验证。第二部分分析历史超额收益来源,把握有色金属行业的投资机会。

1.有色的"驱动力"+"信号验证"机制

根据申万行业分类标准,有色金属行业共57家上市公司,流通市值占比为3.29%,总市值占比为3.8%。有色子行业众多,主要分为贵金属(黄金、白银)、工业金属(铜、铝、铅、锌、锡、镍)和小金属(钨、钼等)。考虑到市值占比、产业链和行业代表性等因素,本文重点研究工业金属中的铜、铝、铅、锌。至于黄金,缺乏实际用处,主要体现金融属性(美元定价、避险工具和防通胀),不做具体分析。

1.1 中国的有色行业是披着上游外衣的中游

有色兼具上游和中游的特征,投资角度是上游,实体角度是中游。中国的有色公司一般拥有矿山、冶炼和加工业务,产业链较长,但由于其矿产自给率低①、缺乏资源定价权,利润容易受挤压,本质上是一个以中游加工为主的行业。从下面两图可知,江西铜业和中金岭南的毛利率高点出现在金属期货高点之前(图1、图2),这说明2007年后期货价格的上扬抬高公司成本,挫伤利润,这是典型的中游特征。

图1:江西铜业毛利率和LME铜期货价格   图2:中金岭南毛利率和LME铅、锌期货价格

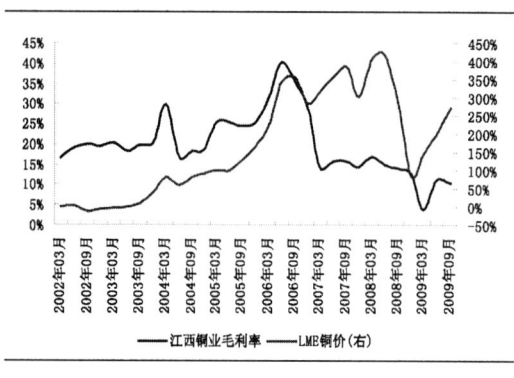
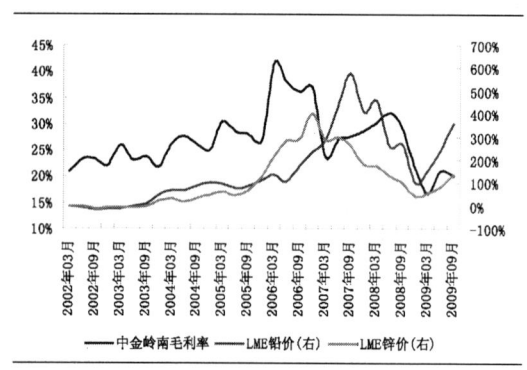

资料来源:公司年报,彭博社,申万研究   资料来源:公司年报,彭博社,申万研究

但是A股投资者倾向于将有色理解成上游资源品,矿山和资源价值的变动会引发整个公司价值的重估,投资者更关心LME金属期货,而非公司的毛利率。当LME金属期货价格上涨时,一般而言,有色股价也会上涨,但未必带来EPS同步增加,所以PE必然上涨。因此,把PE当做投资有色的标准,必将错过很多投资机会。

由于有色兼具上游和中游的特征,我们在构造有色行业的损益表时,要同时考虑上游的资源属性和中游的成本属性,这一点和煤炭有本质区别。

有色关注量、价、库存和成本。量方面,有色基本以产定销,也缺乏下游行业的具体销售数据,所以我们用有色的产量和进出口量代表中国有色行业的表观销售量。价方面,我们关注期货价格,而非现货价格,因为有色厂商一般用期货来给产品定价。从投资和上游属性看,更加关注LME三个月②的期货价格;从直接影响企业收入和利润的角度看,上交所的期

---

① 2009年江西铜业的矿产自给率仅为20%。
② LME三个月期货之所以这么盛行是因为19世纪初智利到伦敦的海运时间为三个月。

货价格更加相关。库存是观察需求、预判价格的中间指标,主要跟踪 LME 和上交所的库存。除人力成本和资源税外,原料成本和效用成本(即能源价格)是最重要的成本。每种金属均选择国内的一种代表价格,能源价格方面,我们也选择了主要产区的电价、代表性焦煤价格[③]和重油价格。

此外,有色与众多领域有关,和石油同属大宗商品、电力和煤炭构成其成本,众多行业(如电力设备、机械、汽车、房地产和 TMT 等)是其下游,矿石运输和 BDI 直接相关,硫酸是铜冶炼中的重要副产品(表 2)。

所有指标按照损益表排列如下(表 1):

表 1:有色的损益表结构

利润表项目		明细指标	外生指标
一、营业收入			
	量	电解铜、电解铝、电解铅、电解锌产量	
		电解铜、电解铝、电解铅、电解锌进出口量	BDI
	价格	LME 金属期货价格、LME 三月期铜、铝、铅、锌价格	美元指数、通货膨胀预期 TIPS(US breakeven 10 year)、OECD 领先指标、中国货币供应量
		上交所铜、铝、锌三个月期货价格	房地产新开工面积、汽车产量、电线电缆产量、家电产量、铁路新建公里数、原材料价格、能源价格
	库存	LME 铜、铝、铅、锌库存	
		国内上交所铜、铝、锌库存	
二、营业总成本			
	其中:营业成本	20-23%江西上饶铜精矿价格、阳泉 85%min 0-30mm 铝矾土价格、国产现货氧化铝价格、河南 60%min 铅精矿价格、河池 50%锌精矿价格	
		南昌、郑州、昆明工业用电价格,山西古交 2#焦煤车板含税价,重油价格	
	营业税金及附加		
	销售费用		
	管理费用		
	财务费用		
	资产减值损失		
	加:公允价值变动收益		
	投资收益		
三、营业利润			
	加:营业外收入		
	减:营业外支出		
四、利润总额			
	减:所得税		
五、净利润			
	少数股东损益		
	归属于母公司所有者的净利润		

资料来源:申万研究

注:为保证损益表的完整性,我们保留空白部分,其他行业在这些部分可能有指标。

[③]这里选择的焦煤价格和煤炭跟踪的焦煤价格一致,为了以后能整合起来,趋势和代表性比具体数值更重要。

表2：有色与其他领域的关系

行业	与有色的关系	主要指标
宏观	价格先行指标	PMI、美国工业产量指数、美元指数、OECD领先指标、CPI、通胀预期(TIPS)、利率、M2
石油	同属大宗商品、成本	WTI原油价格、重油价格
煤炭	成本	山西古交2#焦煤车板含税价
航运	成本	BDI
电力	成本	河南省、江西省、云南省上网电价
电力设备	下游需求	电力电缆产量
建筑	下游需求	铁路新建公里数
机械	下游需求	工程机械产量
房地产	下游需求	房地产新开工面积
家电	下游需求	家电产量
交运设备	下游需求	汽车产量，机车产量，船舶产量
化工	其他	硫酸价格

资料来源：申万研究

1.2 有色行业的"驱动力"和"信号验证"机制

将上述指标画成逻辑图，重现行业分析员脑中的分析框架(图3)。由图可见：LME三月期金属价格和上交所三月期期货价格是最重要的驱动力指标，全年期货均价是行业分析员做公司模型的重要假设。其余指标是预测和跟踪这两个指标的信号指标。对于A股上市公司收入和利润，上交所三个月期货价格最相关，而中游行业的价格一般取决于需求和成本。

需求分为国内需求和国际需求，国内需求主要是下游的房地产新开工面积、汽车产量、电力电缆产量、家电产量、铁路新建公里数，上交所库存是观察和跟踪此价格变化的重要数据；国际需求主要是金属进出口[④]，进出口量关系到BDI指数。

成本方面，主要是原材料价格和能源价格[⑤]。由于中国缺乏定价权，我们认为原料成本是外生的，国际的原材料价格会随LME期货价格波动，中间商(从国际产业链上，中国是中间商)仅赚其中的加工费(所谓的TC/RC[⑥])。所以，通过成本这条链，LME期货价格和上交所的期货价格相关度应该非常大。LME的价格取决定于金融属性和商品属性，金融属性主要表现为美元定价(美元指数)和防通胀(运用反映通货膨胀预期的TIPS[⑦])[⑧]，商品属性集中体现为OECD领先指标和LME库存。2003年来，中国因素对国际金属价格的影响因素越来越大，所以将中国货币供应量也列入影响LME期货的金融属性。

与煤炭不同，有色国内外价格的联系并非通过进出口，而是通过原材料成本进行连接。

[④] 2004年来，铜一直是净进口，铝、铅、锌2009年由于内需旺盛、外需不旺，出现净进口。

[⑤] 同为营业成本中的具体项目，本来应该用国外矿石价，但考虑到数据可得性，采用国内代表价代替，两者趋势一致。

[⑥] TC/RC(Treatment and refining charges for Processing concentrates)是指精铜矿转化为精铜的总费用。TC就是处理费(Treatment charges)或粗炼费，而RC就是精炼费(Refining charges)。

[⑦] 通货膨胀保值债券(简称TIPS)。一般来讲，通胀上升时TIPS也随之上涨，而普通国债价值则随着时间推移被通胀所侵蚀。用于在通货膨胀时保值。

[⑧] 如果是黄金，还要考虑避险情绪，主要跟踪CDS、VIX和美国国债收益率。但是这里不研究贵金属，所以不跟踪。

图 3：有色行业的"驱动力"和"信号验证"逻辑图

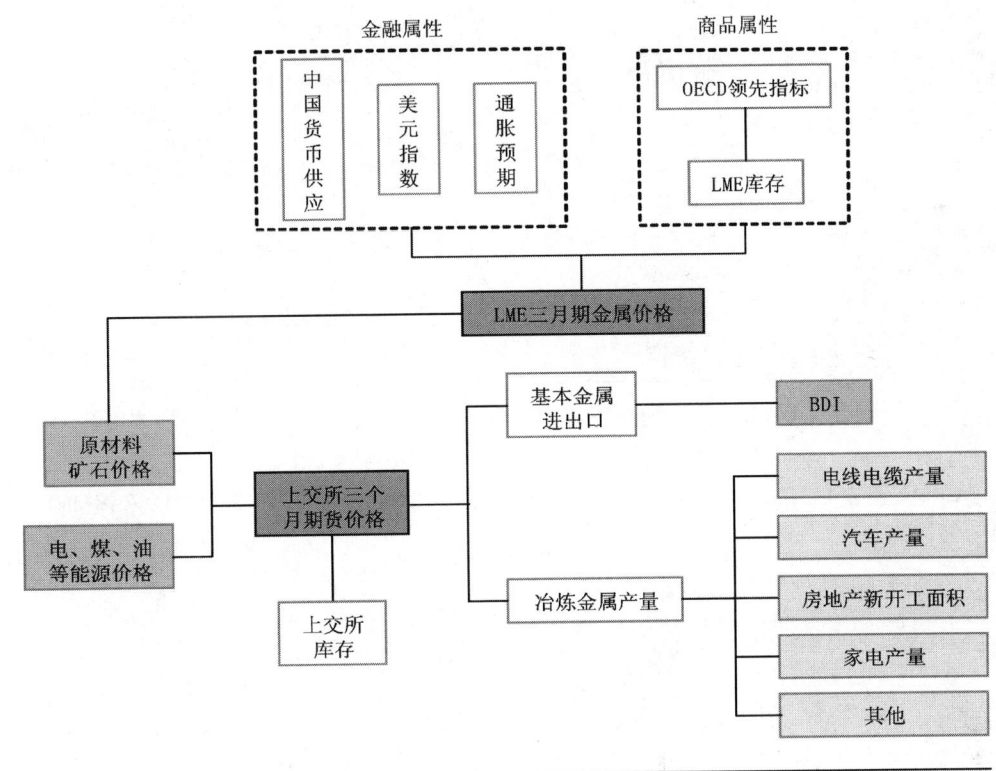

资料来源：申万研究

1.3 有色"驱动力"和"信号验证"机制的历史验证

搭建逻辑图后，我们必须用历史数据来验证上述关系，希望能找到驱动力（期货价格）的领先指标。主要验证如下三层关系。

(1)LME、原料成本和上交所期货走势基本一致，金属价格是外生变量

从图 4 到图 7，可以清晰看出：四种金属的 LME 期货价格、上交所期货价格和矿石成本走势基本一致。

背离仅发生在 2009 年上半年，当时经济国内热而国际冷，上交所期货价格上升、LME 期货价格下跌，巨大的背离使铜、锌的进口量明显增加，铝、铅改变多年净出口的状况，出现净进口。

2001 年以来，中国经济融入全球，De-Couple 的情况鲜有发生。尽管中国因素越来越强，但只要金属资源定价权不改变，那么 LME 期货价影响矿产资源进而影响上交所期货价的格局就不会发生改变，金属价格可视为外生变量。

图4：LME铜期货、上交所铜期货和铜精矿

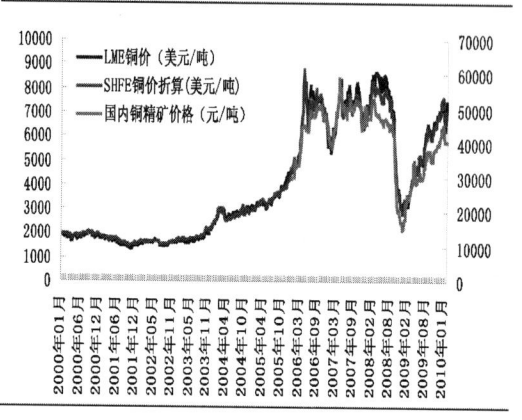

资料来源：彭博社，申万研究

图5：LME铝期货、上交所铝期货和氧化铝

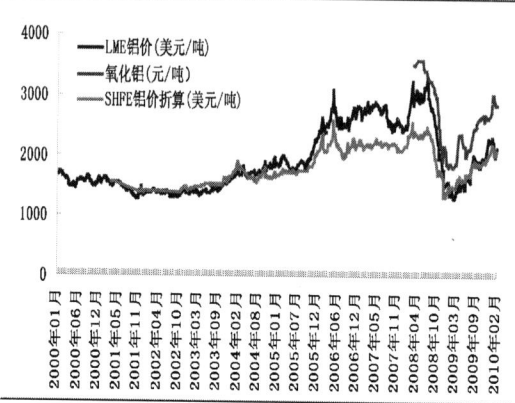

资料来源：彭博社，申万研究

图6：LME铅期货和铅精矿

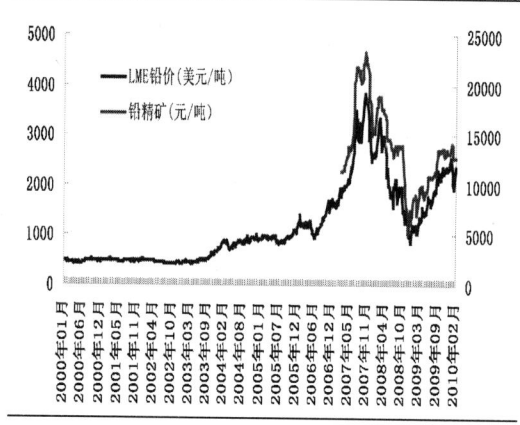

资料来源：彭博社，申万研究

图7：LME锌期货、上交所锌期货和锌精矿

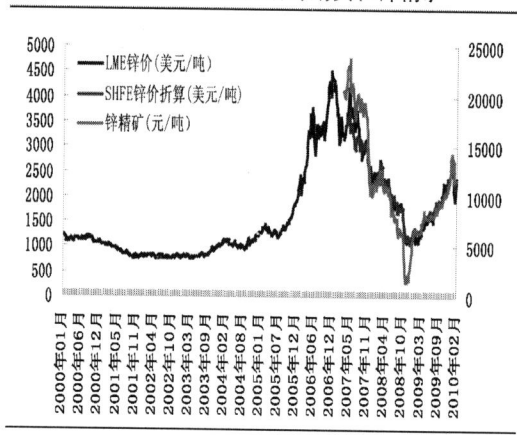

资料来源：彭博社，申万研究

(2)LME价格可由四个因素综合解释，仅OECD领先指标有领先意义

LME价格是核心，其由金融属性(美元、通货膨胀预期)和商品属性(OECD领先指标和库存)共同决定。

经检验：美元指数和铜期货价格构成反向关系(图8)，但美元指数并不领先铜期货价格，铝期货价格的结论相同。从日度数据看，通胀预期有一定领先意义，领先3天的相关性最大，但从月度来看，通胀预期也没有明显的领先作用(图9)。OECD领先指标对LME金属价格有比较明显的领先作用(图10)，领先时间在3个月左右。库存可作为短期判断的重要指标，但长期不具备领先意义(图11)。

图8：LME 铜期货和美元指数反向，但同步
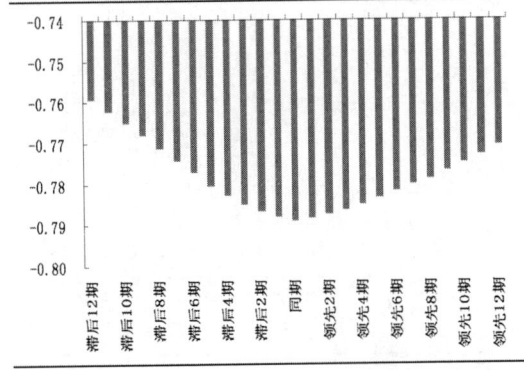
资料来源：彭博社，申万研究

图9：LME 铜期货和通货膨胀预期基本同步
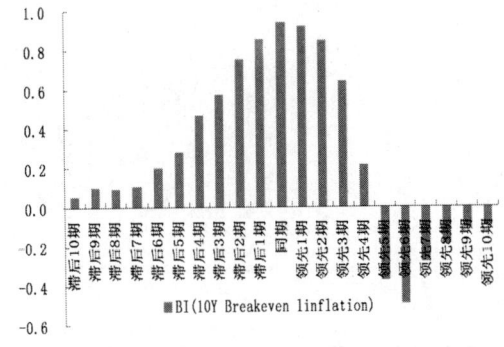
资料来源：彭博社，申万研究

图10：OECD 对 LME 期货价格有领先作用
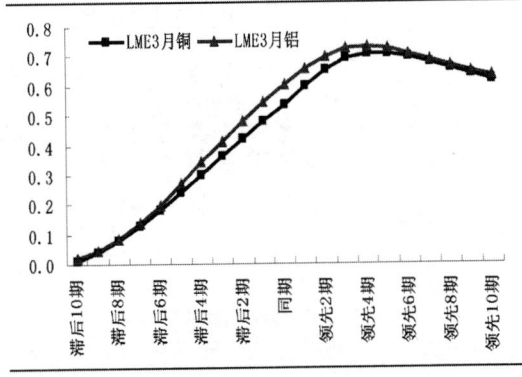
资料来源：彭博社，申万研究

图11：LME 铜和 LME 铜库存反向，并且同步
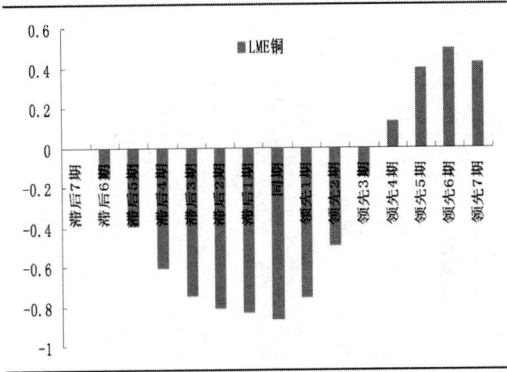
资料来源：彭博社，申万研究

如果用四个因素综合去考虑 LME 的期货价格，发现其解释度达到了 0.83，只可惜仅有 OECD 领先指标在长期具备领先意义，所以判断 LME 的期货价格就必须率先判断美元指数、全球经济景气和通货膨胀等因素，这明显不是一个单纯的有色分析员所能做到。

(3)上交所期货价格和国内下游需求、上交所库存的关系

有色行业下游比较分散，并且由于数据可得性，我们这里选取一些重要的关系进行检验。

从 2006 年来，房地产新开工面积增速和上海期铜价格以及上海期铝价格都有很强的关系。新开工面积领先 1 个月时，和上海铜期货价格的相关系数达到最大的 0.76（图12），和上海期铝价格的相关系数达到最大的 0.75（图13）。

空调产量增速和上海铜期货价格在同步时相关性最强，上海期铜价格和空调产量增速同步（图14）。汽车产量增速对上海期铝价格略有领先，领先 1 个月时相关性最大，相关系数达到 0.61（图15）。

上海铜库存和上海铜期货价格成正向关系。

图12：上交所铜期货价格和房地产新开工   图13：上交所铝期货价格和房地产新开工

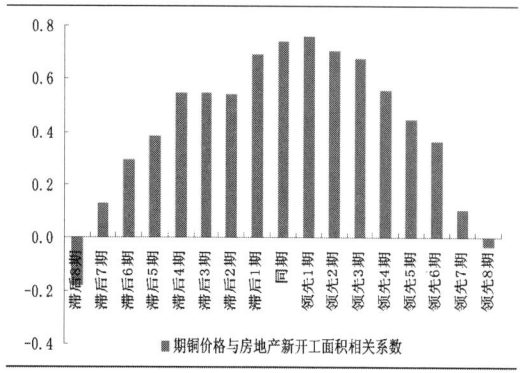 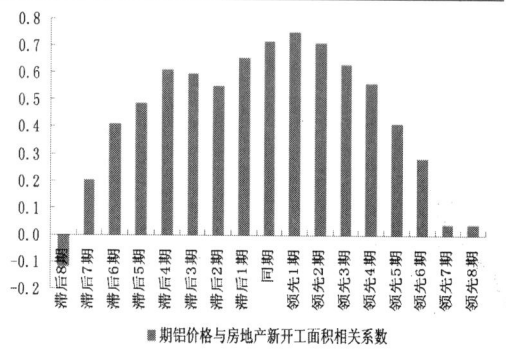

资料来源：彭博社，华通人，申万研究

图14：上交所铜期货价格和空调   图15：上交所铝期货价格和汽车

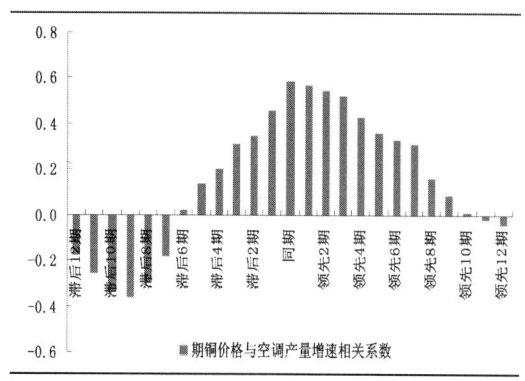 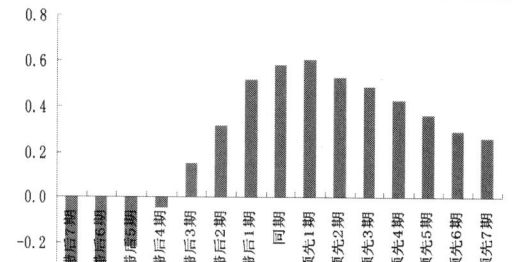

资料来源：彭博社，华通人，申万研究

综上所述：有色下游比较分散，很难像煤炭那样找到核心下游；虽然中国因素越来越大，但在矿产定价权没有实质改变的前提下，LME期货价对矿石价格乃至对上交所期货价格的决定作用无从改变；LME能很好地被四大因素解释，但仅有OECD领先指标具备领先意义。

期货价格已经反映预期，所以当下游需求、流动性发生变化时，期货价格同步发生变化，很难找到信号再对这一驱动力有领先意义，这一点和煤炭有本质区别，所以煤炭股可以做左侧，而有色股只能做右侧。如果真能预测期货价格，又何必投资股票？

由于有色期货难以找到信号指标，只能预测同步指标，一个有色分析员就必须是宏观分析员、策略分析员、世界经济分析员。正是由于这个原因，国内有色分析员通常把更多精力放在自下而上的公司分析上，寻找公司的并购重组和资源注入的机会上，舍弃了对第一驱动力—有色期货价格的判断。

2.超额收益分析：有色暴涨是牛市的集结号

有色股波动剧烈，投资难以踏准节奏，总是在战战兢兢中赚钱，歌舞升平中亏钱。究其根源，有色期货乃至股票对经济复苏、流动性泛滥都太过敏感，所以在经济尚未复苏、流动性过剩尚不明显的时候，期货和股价就已经开始大涨(图16)。这一阶段，投资者很难赚钱，因为他看不到明确的信号，而一旦明确信号出现，估值压力会始终困扰投资者，这个阶段即使赚钱，心里也不踏实。

图 16：有色价格启动早于经济复苏

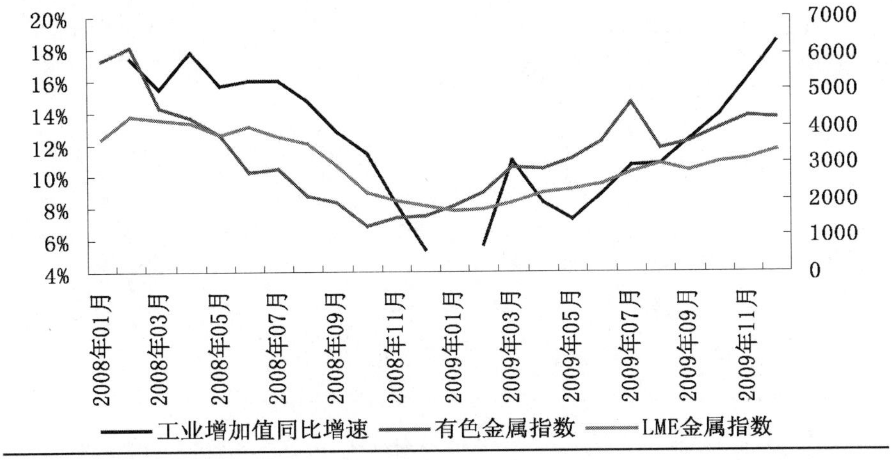

资料来源：彭博社，万得资讯，申万研究

2.1 超额收益分析：有色几乎是牛市第一个启动行业

总结过去十年有色股月度和年度超额收益，发现如下几点结论：

第一，2月份获得超额收益的概率最大，达到80%，这与季节性因素有关，3月份是有色的旺季，2月份会囤货，这个月库存上升并不意味着需求下降。

第二，2006年、2007年和2009年均是有色的大年，分别跑赢基准指数40.17%、95.38%和74.39%。2006年和2007年是全球经济慢慢过热，2009年是流动性泛滥导致。

表 3：有色超额收益

	2000	2001	2002	2003	2004	2005	2006	2007	2008	2009	超额收益概率
1月		-2.81%	-1.90%	0.37%	-1.75%	-1.33%	19.05%	6.23%	-1.51%	7.49%	44%
2月	-8.43%	5.05%	0.69%	0.25%	0.33%	4.74%	-2.91%	9.51%	2.73%	14.42%	80%
3月	4.34%	-1.63%	0.84%	-1.62%	2.36%	-1.76%	10.49%	-3.42%	-7.65%	12.70%	50%
4月	-0.04%	0.24%	-2.38%	-1.36%	-3.76%	-0.38%	19.99%	0.81%	-9.37%	-6.46%	30%
5月	-1.11%	-0.75%	-1.70%	1.17%	1.28%	-2.87%	-3.35%	-0.06%	-3.11%	4.85%	30%
6月	4.76%	-3.44%	1.84%	0.55%	-1.89%	-1.82%	-6.68%	8.43%	-4.52%	2.41%	50%
7月	1.17%	-1.69%	-1.20%	-0.89%	2.95%	-1.74%	0.22%	7.21%	-0.87%	14.01%	50%
8月	1.31%	-1.92%	-0.10%	-0.27%	-2.79%	1.81%	0.17%	16.97%	-9.35%	-5.16%	40%
9月	2.38%	2.65%	0.25%	-0.01%	3.79%	5.28%	-6.58%	9.25%	-1.64%	-0.86%	60%
10月	0.71%	-4.94%	-0.49%	4.82%	-2.73%	-0.81%	1.94%	-1.03%	-8.26%	1.80%	40%
11月	2.34%	0.88%	-0.11%	-0.56%	0.59%	1.64%	-1.77%	-13.25%	6.44%	-0.14%	50%
12月	3.37%	-0.11%	-0.52%	11.13%	-1.54%	2.45%	-7.21%	0.85%	-0.55%	-4.11%	40%
超额收益	15.29%	-6.54%	-4.38%	13.15%	-3.85%	3.22%	40.17%	95.38%	-14.50%	74.39%	
LME 涨幅		-17.04%	5.97%	38.15%	26.28%	23.96%	53.89%	-6.91%	-47.26%	82.89%	

资料来源：彭博社，万得资讯，申万研究

2000年以来,有色股明显跑赢申万A股指数的阶段有三个:2000年5月至2001年2月,超额收益为22%;2005年7月至2007年9月,超额收益为363.39%;2008年11月至2009年7月,超额收益为148.55%(图17)。

图17:2000年来有色股取得超额收益的三个阶段

[图表:有色金属累计超额收益与LME金属指数累积收益]

资料来源:彭博社,万得,申万资讯

2000年5月—2001年2月:

这段时间金属价格并没有明显上涨,行业获得超额收益更多是个股原因造成。个股的表现来看,分化也相当严重。表现好的如金马集团(电解铝,89%),东方钽业(钽,61%),*ST锌业(锌,47%);表现差的如宁波富邦(铝,-31%),中色股份(铝、锌,-20%)。

这段时间表现最好的五个行业是港口、化工、航空、造纸、汽车;表现最差的五个行业是通信、物流、计算机、传媒、铁路。

2005年7月—2007年9月:

中国经济的快速增长导致对基本金属需求急剧膨胀(图18、图19),中国对有色金属的净进口量显著增加(图20)。在此期间,LME金属指数上涨99.8%,国内金属价格大涨。

图18:05-07年中国地产开工和汽车生产旺盛　　图19:中国对铜的旺盛需求推升铜价

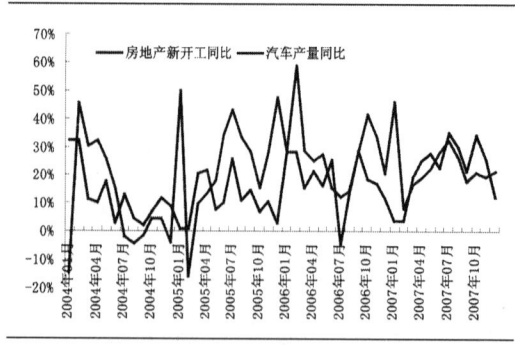 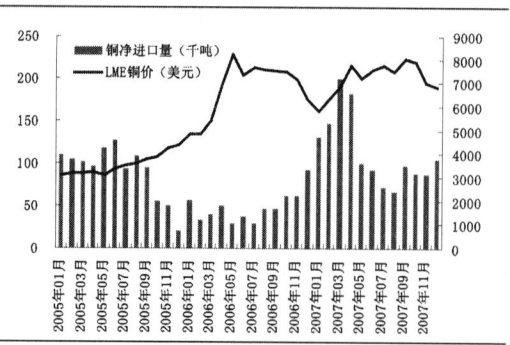

资料来源:CEIC,申万研究　　　　　　　　　资料来源:彭博社,CEIC,申万研究

图20：中国的铝从净出口逐渐变成净进口　　图21：06-07年资金蜂拥进入股票市场

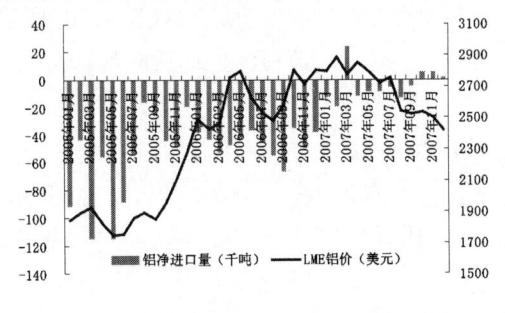
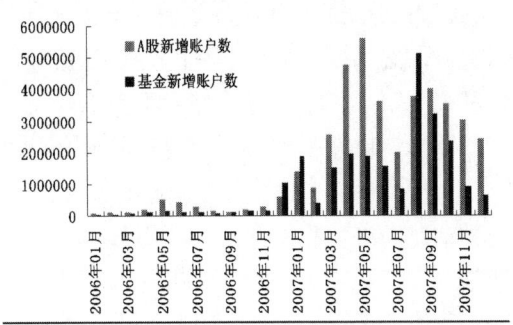

资料来源：彭博社，CEIC，申万研究　　　　　资料来源：万得资讯，申万研究

此外，这段时间中国经济过热，居民存款搬家导致股票市场流动性泛滥，作为高贝塔品种的有色股受到资金的热烈追捧(图21)。

这段时间表现最好的五个行业是证券、有色、房地产、煤炭、化纤，都是资金最喜欢的高弹性品种；表现最差的五个行业是食品、电子、通信设备、餐饮、机场、港口，稳定增长的低弹性品种不受欢迎。

2008年11月—2009年7月：

2008年末，有色金属价格经过前期"断崖式"的下跌后已经接近现金成本。一方面，企业纷纷停产和削减库存，使得金属价格未来继续下跌空间有限(表4)。中国政府迅速出台"四万亿"和有色金属国家收储计划，需求见底回升，悲观的市场预期逐渐得到扭转。

另一方面，在政府大量投放流动性的背景下，相当部分资金流入股票和商品市场，再次出现流动性泛滥的情况，金属价格和有色股价大幅回升(图22)。

这段时间表现最好的五个行业是煤炭、有色、汽车、房地产、化纤，高弹性品种再次领跑市场；表现最差的五个行业是医药、铁路、机场、农林牧渔、食品，稳定增长品种再次受到抛弃。

表4：2008年末金属价格接近现金成本　　图22：过量货币推升资产价格

	产成品不含税价 （元/吨）	现金成本 （元/吨）	完全成本 （元/吨）
铜	23,420	20,000	23,000
电解铝	10,085	12,000	14,000
铅	10,000	9,000	11,500
锌	9,145	9,500	12,000

资料来源：申万研究

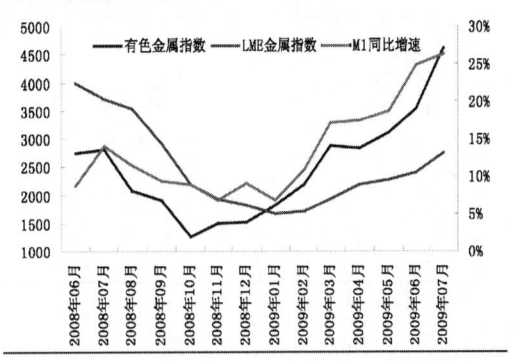

资料来源：彭博社，万得资讯，申万研究

通过历史分析，我们发现有色股是牛市的集结号，在行业轮动中，有色几乎是第一个动的行业，2005年中—2007年大牛市如此，2009年的大牛市也是如此。和煤炭股的投资逻辑类似，流动性泛滥也是有色股获得超额收益的第一要务，只是有色启动的时间比煤炭还要早[9]，煤炭比有色更容易把握和赚钱。

2.2 策略如何看有色：关注有色对股市和经济的领先意义

有色也是策略分析员必须把握的六大行业之一。虽然有色的行情难以把握，但有色板块的异动对经济和股市行业轮动都有一定的预见意义，所以策略分析员要特别关注有色的变动。

此外，有色的数据不像煤炭那么全，所以我们必须编制自己的扩散性数据，要选定样本定期对库存（包括产成品、原材料、中间商）、产能利用率、订单情况、未来1—3个月的价格预期等进行问卷调研，并形成扩散性指数，在极端情况（譬如2008年底去库存的情况下）还要关注现金成本和完全成本。

策略跟踪的有色中观数据库结构如下(表5)：

表5：策略跟踪的有色中观数据库

大类	行业	行业关键指标	数据来源	频度	更新日期
上游	有色	中国基本金属产量（铜、铝、铅、锌）	CEIC	月	每月25日
		中国基本金属进出口量（铜、铝、铅、锌）	CEIC	月	每月25日
		LME金属期货价格（铜、铝、铅、锌，三月期），美元/吨	Bloomberg	周	每周一
		上交所金属期货价格（铜、铝、锌，三月期），元/吨	Bloomberg	周	每周一
		LME基本金属库存（铜、铝、铅、锌）	Bloomberg	周	每周一
		上交所基本金属库存（铜、铝、锌）	Bloomberg	周	每周一
		20-23%江西上饶铜精矿价格	百川资讯网	周	每周一
		阳泉85%min0-30mm铝矾土价格	百川资讯网	周	每周一
		国产现货氧化铝价格	百川资讯网	周	每周一
		河南60%min铅精矿价格	百川资讯网	周	每周一
		河池50%锌精矿价格	百川资讯网	周	每周一
		工业用电价格（南昌、郑州、昆明）	华通人	月	每月25日
		山西古交2#焦煤车板含税价	资源网	周	每周一
		重油价格	资源网	月	每月25日
		外生关键指标	**数据来源**	**频度**	**更新日期**
		BDI	Bloomberg	周	每周一
		美元指数	Bloomberg	周	每周一
		US breakeven 10 year	Bloomberg	周	每周一
		OECD全球领先指数	Bloomberg	月	每月20日
		中国房地产新开工面积	华通人	月	每月20日
		中国汽车产量	华通人	月	每月20日
		中国电线电缆产量	华通人	月	每月20日
		中国冰箱、空调产量	华通人	月	每月20日

资料来源：申万研究

---

[9] 煤炭超额收益分析参见策略思考第三章，我们会在第五篇报告中系统探讨石油、有色和煤炭等的上游投资策略。

第五章

"煤"飞"色"舞,牛市之始;
倒"煤"透顶,"色"即为空
——"内""外""左""右"把握上游投资逻辑

主要内容:

上游行业基本面分析有四个层面。第一层面是世界经济;第二层面是国际价格;第三层面是国内价格,第四层面是下游需求指标。从外生性角度看,石油外生、有色夹生、煤炭内生。石油关注第一层面和第三层面,有色关注第一层面和第四层面,煤炭关注第四层面。

布伦特期油和LME有色期货价同步,领先大同煤价两个月左右。OECD工业产值领先国内工业增加值两个月。石油淡旺季和美国天气、季节消费相关;三月份是下游开工旺季,所以有色2月份会有囤货行为;煤炭与国内下游开工、交通瓶颈和天气变化息息相关。

从股性看,有色最活跃、煤炭次之、石油最差,所以投资者比较偏好有色、煤炭,但是有色行情往往难以把握。煤炭股价指数对煤价有领先意义,有色股价指数和LME期货价格几乎同步。煤炭买左卖左,有色买右卖右。煤炭通过下游需求和供给指标变化,可以潜伏做左侧交易;而投资者无法把握LME期货价格,有色只能跟随,LME期货价第一个高点不急着卖,而且做有色需要技术分析加以辅佐。紧缩之初,不管紧缩能否改变周期,均不宜碰煤炭股。流动性泛滥是有色、煤炭获得超额收益的第一要务。

实体流动性是经济活动和政策调控的结果,股市流动性则与投资意愿有关。经济过热带来被动流动性泛滥,经济衰退带来主动流动性泛滥。但无论是经济周期拐点还是流动性拐点,均是事后谈论容易。换一种逻辑,由于有色对经济周期和流动性最敏感,可以看有色而做煤炭。

煤炭股要重视PE,低PE买入,高PE卖出,一旦市场大肆宣扬资源重估法,就是一个比较危险的信号。有色股全程不看PE,在经济最低谷要把握现金成本,在资源重估时,也要注意风险。

前两章我们着重分析煤炭和有色的研究方法、跟踪指标和关注问题,本章是阶段性总结,重点阐述上游(石油[①]、煤炭和有色)的投资逻辑。

[①] 将中石化也归入石油,所以上游对应申万一级行业有色金属、申万二级行业煤炭采掘、申万二级行业石油开采和中石化,其利润占比和总市值占比分别为23.5%和21.3%。我们不再单独出石油行业报告,但在附件列出关键指标表、行业逻辑图和相关行业表。本文曾和一些资深人士做过交流,感谢这些人士的实战经验。

1.石油外生、有色夹生、煤炭内生

石油、有色和煤炭同属上游,实体上对经济周期敏感,投资上受流动性影响大,但在研究方法和投资逻辑上有很大区别。

1.1 石油外生、有色夹生、煤炭内生

从图1可知,上游行业基本面分析有四个层面。第一层面是世界经济,分别是影响商品价格的商品属性(OECD领先指标和库存状况)和金融属性(美元指数和通货膨胀预期)。第二层面是国际商品价格,其中LME三月期货和布伦特油价②均为期货价,BJ煤炭是动力煤现货价;第三层面是国内价格,分别是上交所期货价、国内成品油出厂价和动力煤价格(以秦皇岛大同优混平仓价代表)。第四层面是中国经济指标,由三个行业的下游需求指标构成③。

逻辑上讲,第三层面的国内价格最重要,是决定国内上市公司利润的核心驱动力,但由于定价权、供需结构、资源自给率和定价机制等原因,三个行业的国内价格形成各不相同。从外生性角度看,石油、有色和煤炭逐级递减。

石油全球定价,美国需求和欧佩克供给是核心因素,国内的成品油定价机制虽然原则上随国际油价变动,但是时间和幅度均不确定。由于国际定价和国内行政调控,国内价格不由国内需求决定,下游需求诸如汽车销售、客运情况、化工需求只能影响成品油的消耗量。因此对于石油,需要关注世界经济政治格局变动对油价的影响,通过对成品油消耗量的跟踪来反证下游经济活力。

有色的下游比较分散,矿产原料定价权在外,LME期货价通过对矿石原料价格进而对上交所期货价格产生影响,世界经济和金融属性的变化始终是有色金属价格变动的决定变量,但2003年来"中国因素"对有色金属价格的影响越来越大。所以,有色是外生和内生共同作用的行业。

煤炭基本上是内需主导的行业,下游需求比较集中(动力煤主要是电力、水泥和合成氨,焦煤主要是钢铁),下游先行指标对于预测国内煤价走势有较大意义。此外,国内供给和煤矿整合力度非常重要。

这种外生性的递减也体现在国内外价格变动的关系上:成品油定价机制使国际价格对国内价格有主导作用;上交所期货价格基本随LME期货价格变动,背离仅发生在2009年上半年,原因在于中国先于全球复苏,上交所期货价格比LME期货价格上涨早;煤价受国内供需影响大,国内外价差会引发进出口变化,从而调节国内供需缺口。

综上所述,基本面上,石油关注第一层面的世界经济和第三层面的成品油消耗量,有色关注第一层面的世界经济和第四层面的下游需求,煤炭关注第四层面的主要下游需求。

---

② 油价有现货和期货,期货产品中最重要的是隔月期货合同,油期货和现货价格差别不大,均有很大交易量,对经济敏感性强。
③ 关于三个行业具体关注指标和逻辑框图参见策略思考第三篇、第四篇和本文附表。

图1：分析上游行业基本面的四个层面

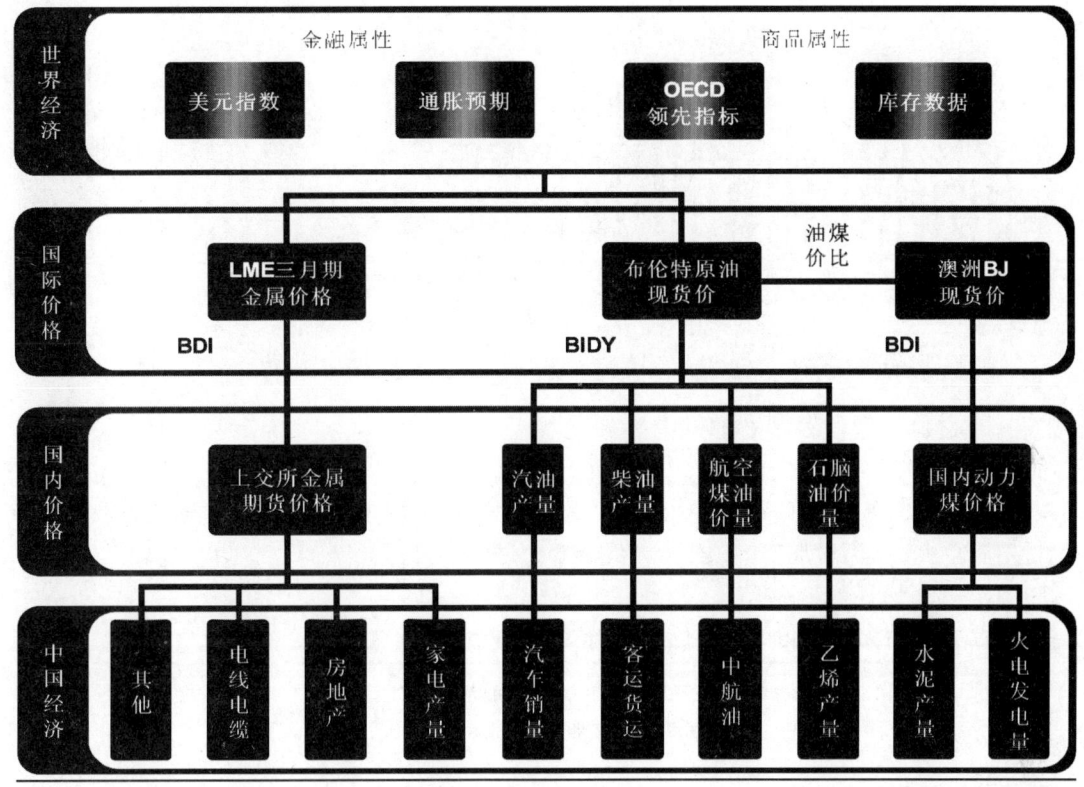

资料来源：申万研究

1.2 布伦特期油、LME有色期货价领先大同优混煤价

布伦特期油价和LME有色期货价由全球经济决定，大同优混煤价由国内经济决定，三者间关系如何？其内在机理是什么？

我们检验了布伦特期油价、LME有色期货价和大同优混煤价的关系，发现布伦特期油价和LME有色期货价基本同步，均领先大同煤价两个月左右(图2)。一方面在于油价和有色价格是期货价格，煤价是现货价格；另一方面是由中国经济在全球经济中的分工定位造成的。2003年以来，美国消费—中国制造—资源国提供资源的全球分工模式逐步形成。就像中游行业的微笑曲线一样，中国处于全球分工中游，复苏往往晚于美国，经常受到成本挤压。

在这个机制中，出口和原料进口是关键，我们检验了OECD工业产值和中国工业增加值的关系，发现OECD工业产值领先国内工业增加值两个月(图3)。背离仅在2009年上半年发生，国内复苏早于国际，国内经济领先国际经济一个季度，国内煤价超出国际煤价，煤炭大量进口。但只要中国经济依然依赖出口，内需无法有效启动，分工模式不发生改变，油价和有色金属价格对国内煤价的领先意义就有可能持续。

图2：Brent 油价、LME 价领先大同煤价 2 个月　　图3：OECD 工业产值领先中国工业增加值 2 个月

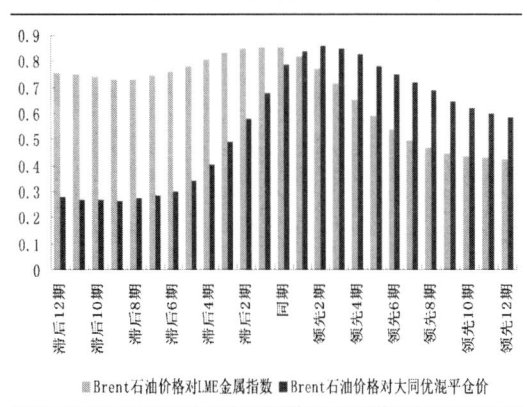
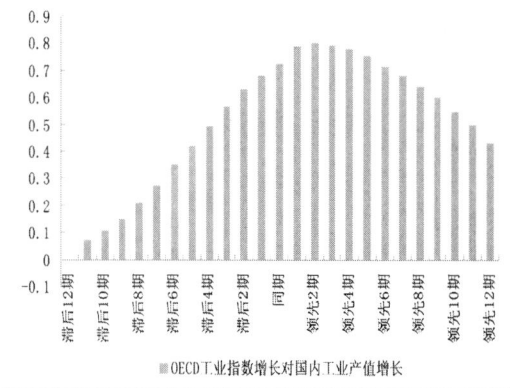

资料来源：彭博社，资源网，申万研究　　　　　　　资料来源：彭博社，申万研究

同时，我们也检验了布伦特期油价、LME 有色期货价和 OECD 工业产值的关系，发现布伦特期油价和 LME 有色期货价领先全球经济 6 个月（图4）。

图4：Brent 油价、LME 价格领先全球经济 6 个月

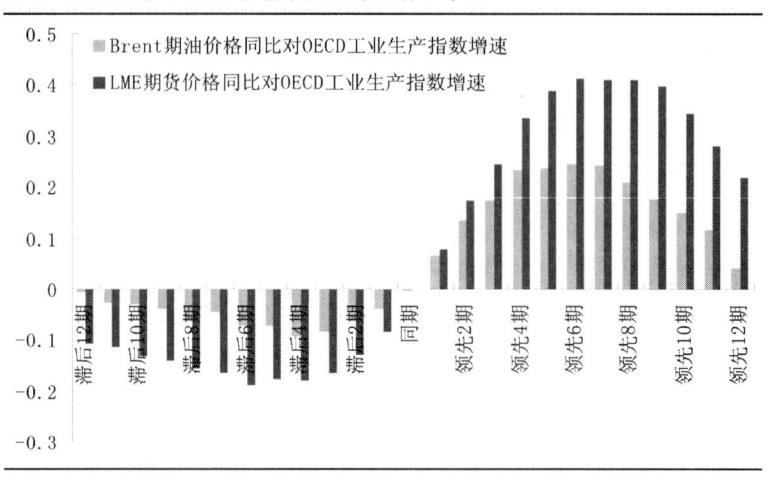

资料来源：彭博社，申万研究

每年石油、有色和煤炭均有需求旺季和淡季。石油淡旺季和美国天气、季节消费有关：汽油旺季是 5—8 月的夏天（图5），馏分油旺季是 12 月至次年 3 月的冬天。有色 2 月会有囤货行为，因为 3 月是下游开工旺季。煤炭与国内下游开工、交通瓶颈和天气变化息息相关：动力煤淡季是 3—5 月，此时虽进入下游开工旺季，但一方面水电发电增加，对动力煤需求减少；另一方面天气转好，交通运输瓶颈缓和，煤炭供给变顺畅。动力煤旺季与工业生产和用电高峰有关，一般是每年夏季和冬季；炼焦煤旺季与钢铁行业旺季有关，集中在每年二、三季度。

图 5：季节性因素分析 汽油旺季 5—8 月

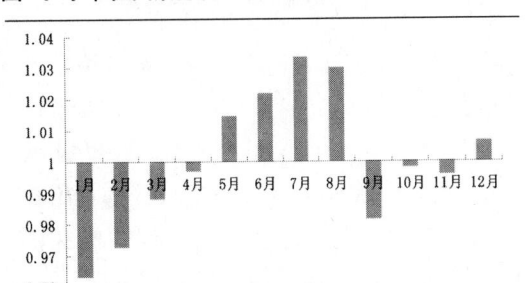

图 6：季节性因素分析 馏分油旺季 12 月至次年 3 月

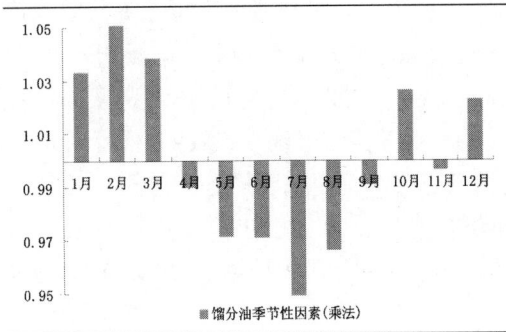

资料来源：彭博社，申万研究　　　　　　　　　　　　资料来源：彭博社，申万研究

注：季节因素以 1 为分界点。若因素大于 1，表明消费量大于趋势值，此时处于旺季；反之处于淡季。

2.煤炭做左侧，有色做右侧，看有色做煤炭

有色指数、煤炭指数和石油指数与申万 A 股指数的 Beta 值分别为 1.15、1.08 和 0.75。从股性看，有色最活跃、煤炭次之、石油最差，所以投资者比较偏好有色、煤炭，但是有色行情往往难以把握。石油投资机会基本属事件性，如成品油调价、并购、发现新油田。所以本文主要分析有色和煤炭的投资逻辑。

2.1　煤炭买左卖左，有色买右卖右

剔除短期干扰，商品价格是投资上游最关注的因素，但股票涨跌未必与商品价格涨跌同步，根本原因在于投资者对商品价格的预期。若投资者预期未来商品价格会下跌，股价就开始下跌，反之股价就上涨。所以，股价涨跌与商品价格涨跌的先后次序取决于投资者能否有效预期商品价格变动。如果投资者能有效预期未来商品价格的变动，那么股价就会领先商品价格变动，这个时候投资者可以做左侧；若投资者难以对未来商品价格的变动形成有效预期，股价就只能跟随商品价格变动，这个时候只能做右侧。

图 7：煤炭开采指数领先煤价

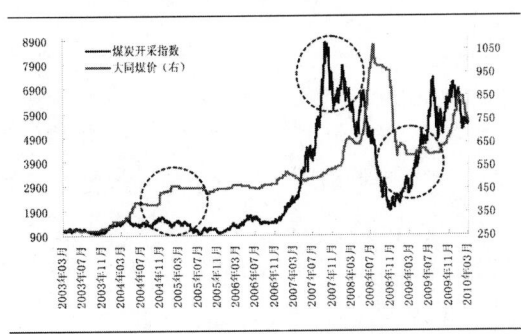

图 8：有色指数同步于 LME 期货价格

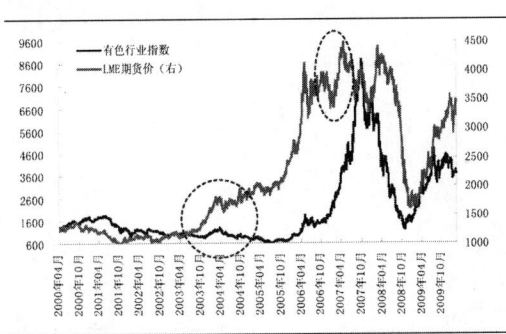

资料来源：万得资讯，资源网，申万研究　　　　　　资料来源：万得资讯，彭博社，申万研究

从上图可见，煤炭股价指数对煤价有领先意义(图 7)，有色股价指数和 LME 期货价格几乎同步(图 8)。这明显与前述机制有关。

煤价是现货价格,没有金融属性,受国内需求和供给主导,国际价格和进出口仅是调节器,无碍大局。投资者可以跟踪下游需求(如火电发电量、水泥产量、合成氨产量)和供给(主要是整合和运输状况)来有效预测未来煤价走势,所以绝大多数时间内股票价格领先煤价变动。2003 年来有两个阶段出现背离,分别是 2005 上半年和 2009 上半年。第一次(2005 上半年)煤价并没有下跌,此后更是进入上升大周期。2005 上半年煤炭股下跌,与市场整体下跌不无关系,但更重要的是受制于 2004 年开始的宏观调控(2004 年 10 月加息一次)。在紧缩预期下(特别是紧缩之初),投资者害怕经济紧缩会打压煤价,倾向于回避周期股。2009 年末煤价不断上升,但是煤炭股却开始下跌,也是出于同一原因。所以紧缩之初投资煤炭股是不明智的。第二次(2009 上半年),煤价非但没有上涨,反而有所下跌,只是由于产能控制,跌价幅度低于预期,煤炭股的上涨(特别是 2009 年一季度)主要是流动性泛滥导致。

LME 价格本来就是期货价格,金融属性强,对经济周期和流动性均非常敏感,要寻找这一指标的领先指标非常困难。有色股投资只能跟随,不能潜伏。2000 年以来,有色价格和股价走势几乎同步,仅有两次背离。第一次背离是 2003 年 5 月到 2005 年 5 月,LME 价格涨而有色股票跌。一方面和 A 股整体下跌大环境有关;另一方面 A 股投资者尚未具备国际视野。香港上市的中资有色股 2003 年就开始随 LME 期货价格上涨而上涨了(图 9),A 股直到 2005 年后才开始关注 LME 期货价格。

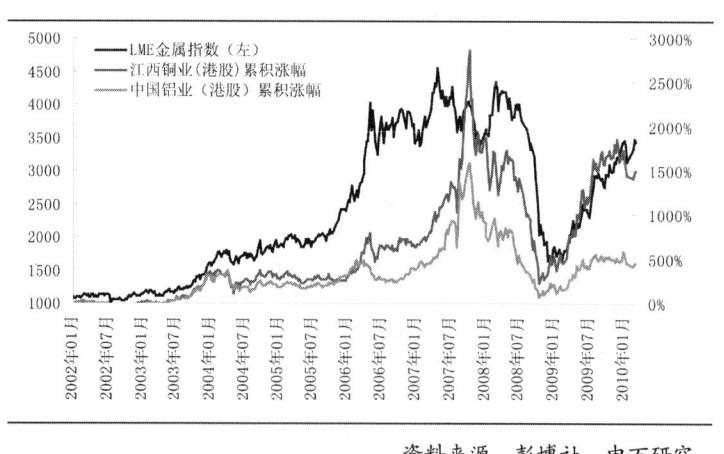

图 9:香港中资有色股 2003 年就跟随 LME 期货价格上涨而上涨

资料来源:彭博社,申万研究

第二次背离是 2007 年 5 月到 2007 年 10 月,主要有两个原因:第一,流动性泛滥继续推高股票价格(图 10),流动性泛滥时代市场喜欢高 Beta 的股票;第二,与煤炭不同(煤价一旦下跌,就会趋势性下跌),LME 期货价格具有资产价格属性,其头部和底部像股市一样都需要磨出来,所以在第一个高点下跌的过程中,市场无法确认头部到来,投资者期待 LME 价格再次上行继续推高股价④。所以有色股可以卖在 LME 价格第一个高点后,煤炭股必须在煤价下跌之前就卖掉。

---

④ 而后有段时间 LME 也确实上行过,造成 M 头。

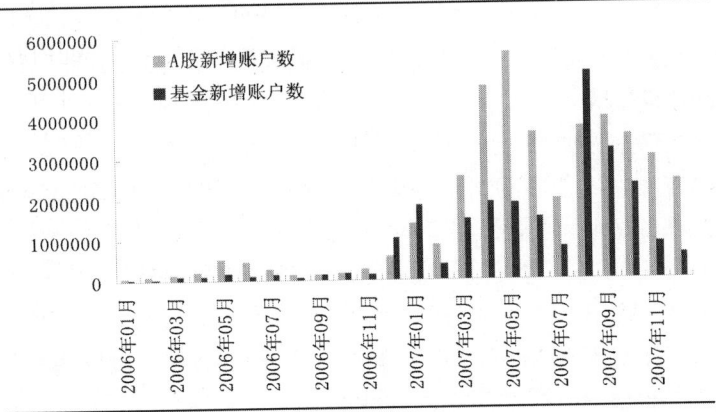

图 10：2006-2007 年资金蜂拥进入股票市场

资料来源：万得资讯，申万研究

综上所述，煤炭和有色股的投资策略主要关注三点：

第一，煤炭买左卖左，有色买右卖右。煤炭通过跟踪下游需求和供给指标变化，可以提前预判煤价变化方向，因此煤炭股可潜伏做左侧交易。但有色无法把握 LME 期货价格，因此只能跟随，LME 期货价第一个高点不急着卖，而且做有色需要技术分析加以辅佐。

第二，紧缩之初，不管紧缩能否改变周期，均不宜碰煤炭股。紧缩政策未必马上改变周期，在初期经济会持续过热，煤价还会继续上涨，迟迟不见掉头，但是这种紧缩预期也会持续，煤价越涨就越担心掉头，所以在经济紧缩之初，惊魂未定之时，投资煤炭股如火中取栗。

第三，无论是煤炭还是有色，流动性泛滥均是其获得超额收益的第一要务。经济层面的流动性泛滥使商品价格上涨，股市层面流动性泛滥使投资者偏好高弹性品种。虽然可以通过跟踪下游需求和供给预测煤价变动，但是股价启动点还是取决于流动性的状况，所以如何把握流动性是投资上游的关键。

2.2 把握流动性是投资上游的关键，看有色做煤炭

我们真能把握流动性吗？不管什么原因引发股价变化，基本面也好，技术面也罢，资金永远是最接近股价的一环。所以倘若我们真能准确预见流动性变化，那么其他分析工具均会变得苍白。然而，妄图系统把握流动性的分析员恰如海边拾遗的无知小孩，拼命地向地平线跑去，希望在那一点一步登天，岂知当他向地平线跑近一步，地平线也会后退一步。

虽然我们不能预测流动性本身，但可以把握引发流动性变化的诸多因素，通过预测这些因素、主观给出各因素权重而推断未来流动性的方向。在分析流动性之前，我们必须先明白两点：

第一，实体流动性是经济活动和政策调控的结果，股市流动性则与投资意愿有关（图11）。实体流动性指经济总体中的流动性，主要是货币，可分拆为基础货币和货币乘数两大变量，前者和出口、外汇占款、热钱、国家对冲等因素相关，后者和信贷、准备金等因素相关。实体中的流动性是经济活动和政府行为的结果，当出口增加，外汇占款自然形成；当政府压缩信贷，货币乘数就会下降；实体流动性最终表现为通货膨胀。而股市流动性和投资意

愿密不可分(表2)，中国长期货币超额供应和居民高额储蓄表明，股市缺少的并不是货币，而是买入的理由。实体流动性是总量的概念，股市流动性是资产配置问题。把握实体流动性要把握经济活动和政策(如出口、对冲和信贷等)，把握股市流动性则关注通货膨胀预期、实际利率、大小非解禁欲望等。

第二，经济过热带来被动流动性泛滥，经济衰退带来主动流动性泛滥。被动性流动性泛滥是经济活动过热带来的，比如2006—2007年，随着出口和相关投资增加，国内工业产值、发电量等煤炭下游产品需求增加，煤炭价格必然上涨；中国出口良好意味着全球经济景气良好，有色金属价格也会上升，这种流动性泛滥必然带来商品价格上涨。同时，随着CPI上升，居民储蓄搬家欲望增强，基金申购增加，股市资金增加，追求高弹性的煤炭有色。所以被动性流动性泛滥下，实体流动性和股市流动性同步，商品价格和股价基本同步。

另外一种是主动性流动性泛滥，恰如2009年，实体经济并未复苏，政府强迫银行发放贷款，由于实体经济没有复苏，煤炭的下游需求非常疲软，煤价不会上涨，资金在实体中找不到投资机会，只能进入虚拟经济，实体流动性和股市流动性发生背离，商品价格和股价也发生背离(表1)。

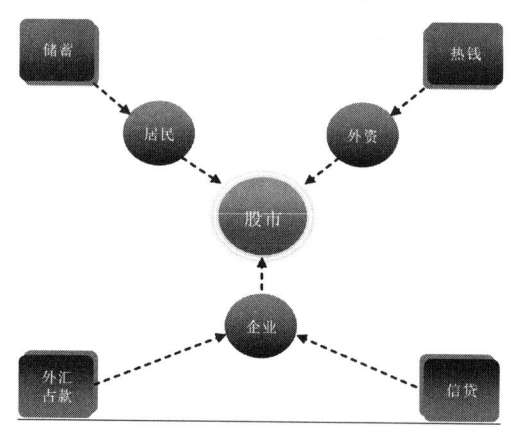

图11：影响股市流动性的三大主体和四大因素

资料来源：申万研究

表1：2005年来股市流动性因素分析

时间	信贷	外汇占款	热钱	居民储蓄	整体流动性评分
051Q—061Q	−	0	0	0	0
062Q—071Q	+	+	0	+	1
072Q—074Q	+	+	+	+	2
081Q—082Q	−	+	+	−	−1
083Q—084Q	−	−	−	−	−2
091Q—092Q	+	−	−	+	2
093Q—094Q	−	−	+	+	1

资料来源：申万研究

注：最终评分基于四大因素整体评价，而非简单+和−相加而成。

表2：股市关注流动性指标

		行业关键指标	数据来源	频度	更新日期
流动性	市场	全市场月末存量资金	申万金融工程部	月	每月末
		全市场成交金额	Wind	月	每月末
		全市场月均换手率	Wind	月	每月末
	宏观-企业	储备货币	人民银行	月	每月中
		M1/M2	人民银行	月	每月中
		新增信贷	人民银行	月	每月中
		贸易顺差	海关总署	月	每月中
		外汇占款	人民银行	月	每月中
		大小非解禁/企业增持减持	Wind	月	每月末
		新股和发募集资金	Wind	月	每月末
	宏观-外资	热钱	申万推算	月	每月中
		12个月NDF	Wind	月	每月末
		美元兑人民币汇率	Wind	月	每月末
	宏观-居民	居民储蓄	国家统计局	月	每月中
		CPI	国家统计局	月	每月中
		一年期存款利率	Wind	月	每月末
		基金净申购与发行	Wind	月	每月末
	债券市场	一级市场央票利率	中债网	周	每周末
		二级市场央票利率	中债网	周	每周末

资料来源：申万研究

无论是经济周期拐点还是流动性拐点，均是事后谈论容易，身在其中却无法把握。让我们换一种逻辑，由于有色对经济周期和流动性最敏感，所以可以将有色期货价格的变动当作全球经济景气和流动性的先导指标[5]，将A股有色的启动当作国内股市流动性的先导指标。因此，有色可作为煤炭的投资向导。由于有色行情难以把握，因此实战中投资者往往将本应配置在有色的资金转配在煤炭上，造成有色低配或者不配、煤炭超配很多的局面。

这样一来，有色和煤炭对股市都具有了领先意义（图12-图13），恰如题目所言，"煤"飞"色"舞，牛市之始，倒"煤"透顶，"色"即为空。

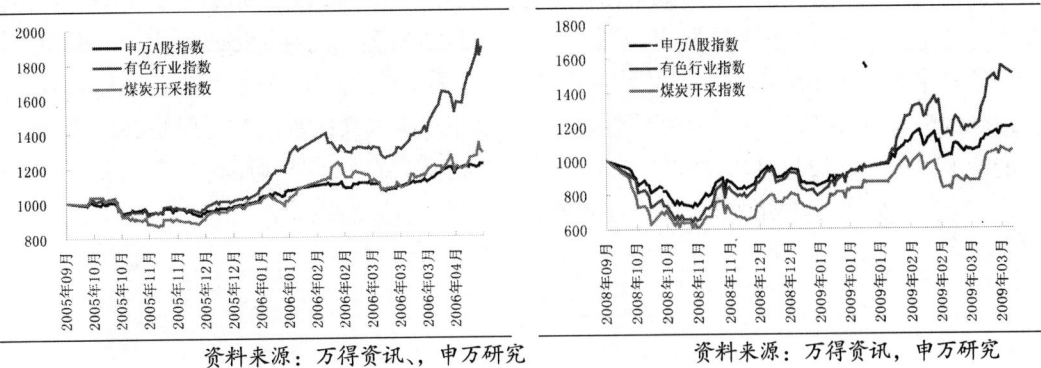

图12：2005年牛市，煤炭、有色强于市场指数　　图13：2009年牛市，煤炭、有色强于市场指数

资料来源：万得资讯、申万研究　　　　　　　　资料来源：万得资讯，申万研究

---

[5] 本文之前做过实证经验，有色LME期货价格领先OECD工业增加值六个月，而且有色期货价格领先国内煤价。

2.3 煤炭看 PE，有色不看 PE，资源重估时即要慎重

不同的阶段，投资者心态会发生很大变化，所用的估值方法也不尽相同。2005 年到 2009 年，市场经历了牛市—熊市—牛市的轮回，心态变化，尽显无疑。

煤炭是纯上游，价格即使波动一般也不会低到现金成本点，所以煤炭的盈利不会太差，估值具有参考意义。煤炭股的启动点往往是经济复苏点，此时整体估值水平很低，随着价格上涨，虽然动态盈利也上调，但上调速度远未及股价上涨速度，造成动态估值上升。从分析员的经验看，煤炭股动态市盈率 15~25 倍属于合理区间(图 14、图 15)。一旦突破 25 倍，流动性泛滥继续推动股价上涨，此时投资者会采用资源重估的方法来解释价格上涨的合理性。但是资源重估法极大依赖于未来资源价格和资源储量的假设，这种估值方法相当脆弱。整体而言，煤炭股要重视 PE，低 PE 买入、高 PE 卖出；一旦市场大肆宣扬资源重估法，就是一个比较危险的信号。

图 14：煤炭股的动态 PE 不会出现极端值	图 15：煤炭股的动态 PB 也需要关注

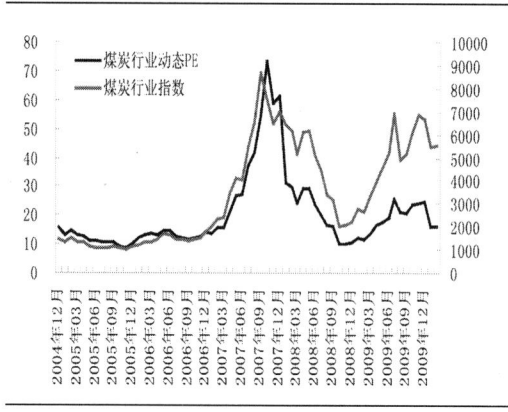 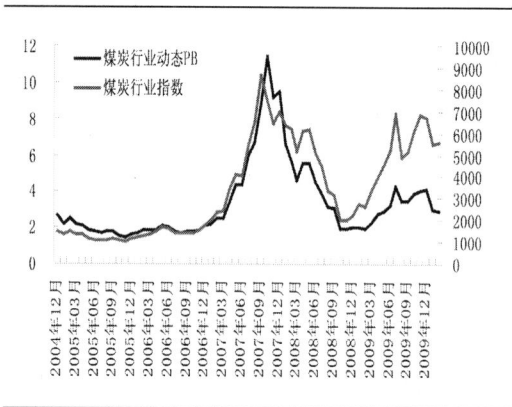

资料来源：万得资讯，申万研究　　　　　　　　　　资料来源：万得资讯，申万研究

有色是披着上游外衣的中游，在极端情况下(经济最萧条的时候，比如 2008 年底)，价格会跌到现金成本点，企业盈利非常糟糕，甚至亏损，此时 PE 极端高甚至为负而没有意义，要关注的是现金成本点和 PB(图 16、图 17)。一旦经济复苏，期货价格迅速上升，股价也跟随上升，盈利虽有所改善，但 PE 依然会很高，此时看 PE 会成为一种羁绊。在 A 股市场，有色被当做资源股[6]，所以估值一直下不来，和香港市场有本质区别。有色股也会出现资源重估的阶段，这个阶段也是流动性泛滥推动，和煤炭股差不多。整体而言，有色股全程不看 PE，在经济最低谷要把握现金成本，在资源重估时，也要注意风险。

---

[6] 关于有色行业的 PE 问题，详细分析见策略思考第四篇《策略如何看有色—打造有色的驱动力和信号验证机制》。

图 16：有色股动态 PE 会出现极端值	图 17：有色股动态 PB
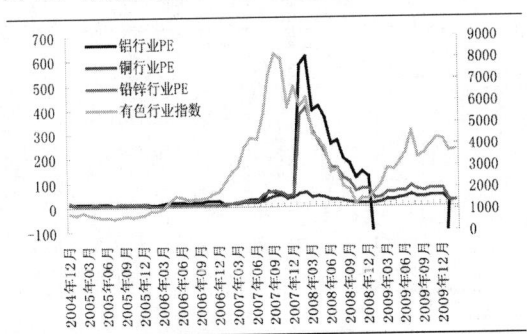	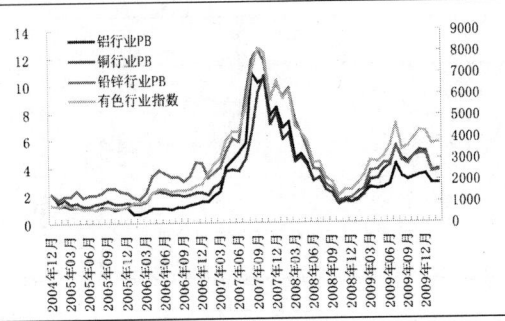
资料来源：万得资讯，申万研究	资料来源：万得资讯，申万研究

综上所述，上游资源品适合自上而下把握投资机会，经济周期的位置和流动性的状况是核心要务。上游资源品存在系统性行业机会，易同涨同跌，所以行业机会甚于个股机会。上游资源品(除石油)股性强，波动大，重仓参与收益较大。煤炭适合左侧交易，有色适合右侧交易。

附表 1：策略跟踪的石油中观数据库

大类	行业	行业关键指标	数据来源	频度	更新日期
上游	石油	国际现货油价（辛塔/WIT/Brent/Dubai）	Bloomberg	周	每周一
		国内汽油出厂价	国家发改委	不定期	
		国内柴油出厂价	国家发改委	不定期	
		国内航空煤油出厂价	国家发改委	不定期	
		国内石脑油出厂价	国家发改委	不定期	
		东南亚石脑油价格	Bloomberg	日	
		东南亚乙烯价格	Datastream	周	
		原油净进口量	中国石油和化工协会网站	月	每月中旬
		原油产量	中国石油和化工协会网站	月	每月中旬
		美国商业原油库存	Bloomberg	周	每周五
		美国成品油库存	Bloomberg	周	每周五
		欧佩克产量及剩余产能	EIA/OPEC	月	
		OECD 商业原油库存	IEA 网站	季	
		外生关键指标	数据来源	频度	更新日期
		BIDY	Bloomberg	日	
		美元指数	Bloomberg	周	每周一
		US breakeven 10 year	Bloomberg	周	每周一
		OECD 全球领先指数	Bloomberg	月	每月 20 日
		玻璃产量	华通人	月	每月 20 日
		中国汽车产量	华通人	月	每月 20 日
		中国管材、型材产量	华通人	月	每月 20 日
		航空里程数	华通人	月	每月 20 日
		旅客/货物周转量	华通人	月	每月 20 日
		工业用电量	中国电力企业联合会	月	每月中旬
		乙烯产量	中国石油和化工协会网站	月	每月中旬
		乙烯净进口量	中国石油和化工协会网站	月	每月中旬

资料来源：申万研究

附图1：石油行业的"驱动力"和"信号验证"逻辑图

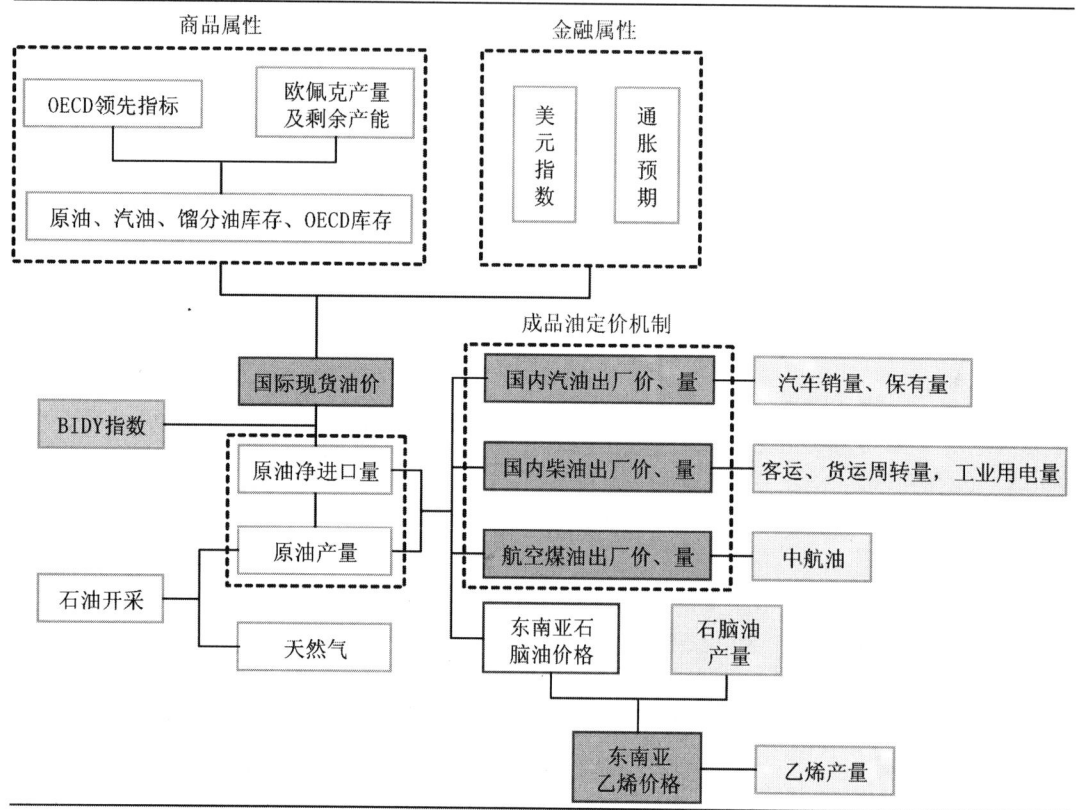

资料来源：申万研究

附表2：石油的相关行业表

行业	与石油的关系	主要指标
宏观	价格先行指标	美元指数、OECD领先指标、通胀预期(TIPS)
化工	下游需求	乙烯产量
建筑建材	下游需求	管材、型材产量
汽车	下游需求	汽车销售量、汽车保有量
航空	下游需求	航空里程数
公路铁路	下游需求	客运周转量、货运周转量
航运	成本	BIDY

资料来源：申万研究

附表 3：石油行业 IS 表

利润表项目		明细指标	外生指标
一、营业收入			
	量	原油产量	
		原油净进口量	
		原油加工量	
		汽油销量	
		汽油净进口量	汽车销量、汽车保有量、客运周转量、货运周转量、工业用电量
		柴油销量	
		柴油净进口量	
		航空煤油销量	
		航空煤油净进口量	
		石脑油销量	
		石脑油净进口量	
		乙烯产量	
		乙烯净进口量	
	价格	国际现货油价（辛塔/WIT/Brent/Dubai）	美元指数、通货膨胀预期 TIPS (US breakeven 10 year)、OECD 领先指标、欧佩克产量及剩余产能
		国内汽油出厂价	
		国内柴油出厂价	政府政策
		国内航空煤油出厂价	
		国内石脑油出厂价	
		东南亚石脑油价格	
		东南亚乙烯价格	
	库存	OECD 商业原油库存	
		美国商业原油库存	
		美国汽油库存	
		美国馏分油库存	
二、营业总成本			
其中：营业成本			
营业税金及附加		暴利税、资源税	
销售费用			
管理费用			
财务费用			
资产减值损失			
加：公允价值变动收益			
投资收益			
三、营业利润			
加：营业外收入			
减：营业外支出			
四、利润总额			
减：所得税			
五、净利润			
少数股东损益			
归属于母公司所有者的净利率			

资料来源：申万研究

第六章

策略如何看房地产
——打造房地产的"驱动力"和"信号验证"机制

主要内容：

房地产行业在美国和中国都意义重大，美国重在影响消费，中国重在影响投资。全国商品房销售面积和全国商品房销售均价是整体性的指标，每周公布的一、二线城市一手房、二手房的量和价是日常跟踪指标。京、沪、深三地的可售量，只可做纵向比较，无法做横向比较。土地成本、营业税、增值税和利息支出体现地方政府、中央政府和银行对房地产行业的影响。销量与竣工、房价同步，领先新开工 5 个月；挖掘机、重卡看新开工；钢铁、玻璃、水泥看竣工；家电看销量。

全国商品房销售面积和销售均价是最核心的两个指标，分析员根据销售率、可售量、开发商资金状况、政策力度和货币供应等情况对这两个指标进行预测，以体现对房地产行业的整体看法。房地产是一场复杂的游戏，其博弈至少涉及六个主体，分别是中央政府、地方政府、开发商、银行、自住客和投机客。2003 年来，调控无力，不在于房子供应不足，而在于过早具备投资属性，大量新房被作为投资品囤积，刚性需求者不得不高价购买。

房地产行业大周期由人口结构决定，小周期由政府政策引起，行业小周期会引发股价大波动。房地产开发商资金链是决定一手房价的根本。打压二手房价，就要降低房产的收益预期，系统性提高投资客持有成本会促其抛售，从而带动房价下跌，最终使房价上涨和下跌概率平衡，房产投资属性下降。房地产销售和 M1 非常相关，略滞后于实际利率。

从月度分布上，3 月份出现超额收益的概率最大。每年 2 月份是传统的销售淡季，3 月份销量会回升，而 3 月—6 月是房地产新开工旺季，这和中游行业的旺季相符。在 A 股，房地产股票具备很强的领先性，甚至比上游的煤炭、有色还要早，因为房地产股票的调整主要源于政府对房地产市场的调控，而房地产调控往往引发投资者对固定资产投资、对中游制造业景气的担忧，进而引发对上游资源价格的担心，过去两个周期，房地产行业均引领 A 股的方向。另外，房地产超额收益与销售同比更加相关。

房地产的需求要通过宏观的逻辑推导和微观的调研指数来判断。房地产数据比较缺乏，且很多数据不具代表性，必须通过调研和其他行业的验证数据来进一步了解事实真相。调研对象主要涉及中介、开发商、银行和相关中游行业。

前几章的内容推出之后,颇受关注,也引发诸多争议。经常被问及的一个问题是,在一个新兴加转轨的国家,很多行业面临巨大变迁,历史规律对未来的昭示意义有多大?其实,从奥古斯特·孔德提出实证主义哲学以来,实证主义(经验主义,Empirical)一直受到质疑。崇尚逻辑推论的哲学家认为经验主义的悲哀在于,即使一个现象1000次重复,也不能证明第1001次必然出现,没有严格逻辑推导的方法缺乏安全感。

我们从来不曾幼稚地认为历史会简单重复,但过去经验、历史规律的总结是有效的逻辑起点。正确的方法应该是:理解总结历史规律→把握变化,提出假设→实地调研,验证假设→等待信号,改变公众预期。

1.房地产的"驱动力"+"信号验证"机制

根据申万行业分类标准,房地产行业共113家上市公司,流通市值占比为4.56%,总市值占比为3.54%,其中房地产开发102家,园区开发11家。

1.1 "房"者道之动——美国重在消费,中国重在投资

无论美国还是中国,房地产行业均非常重要,但意义不同。美国的城市化率在1960年达到70%(图1),个人消费在1980年代成为经济增长主力,城市化完成后,自住性需求减少,房产成为投资品,再加上美国房地产按揭和抵押市场发达,房地产的金融属性非常强①,房产价值直接决定家庭部门的财富,进而影响其消费能力(图2),最终影响GDP。

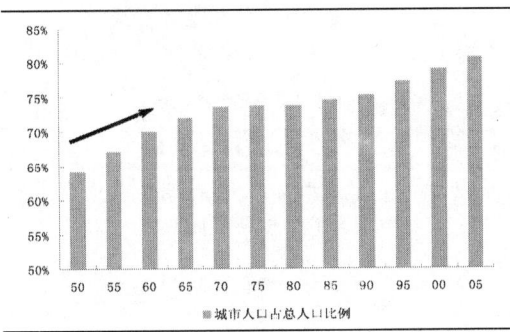

图1:美国的城市化率在1960年达到70%

资料来源:《世界城市化展望2009》,申万研究

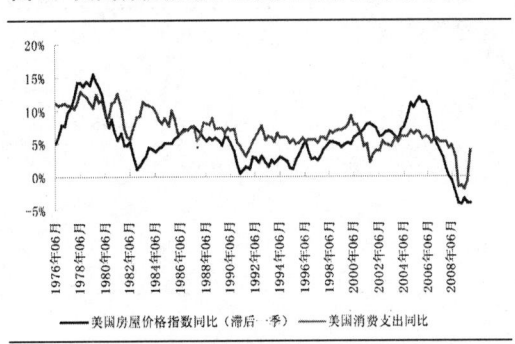

图2:美国房价指数和消费支出同比相关度大

资料来源:彭博社,申万研究

在中国,房地产产业在1998年后得到大力发展(图3)。一方面是应付东南亚金融危机对中国出口的打击;另一方面旨在加大房屋供应,满足居民的自住需求。房地产行业对中国经济的传导路径是影响固定资产投资②(图4),进而影响GDP。

---

① 正由于这种原因,在GICS和ICB的行业分类中,房地产被放入Financial Service中,但中国的房地产与制造业关系更大,不应该归入金融品,而应该和钢铁、水泥、机械等投资品放在一起。
② 房地产本身占固定资产投资20%左右,又会拉动相关产业,有乘数效应。

图 3：1998 年房地产作为扩大内需的重要手段

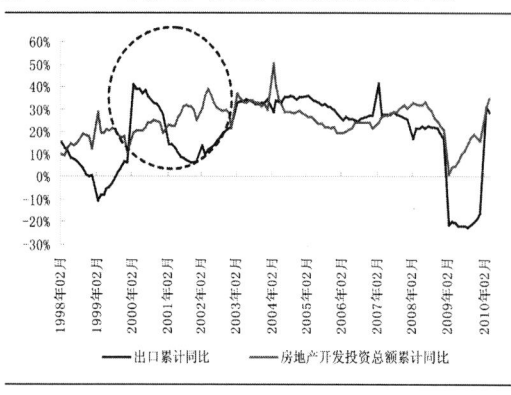

资料来源：CEIC，申万研究

图 4：房地产投资占固定资产投资 20%以上

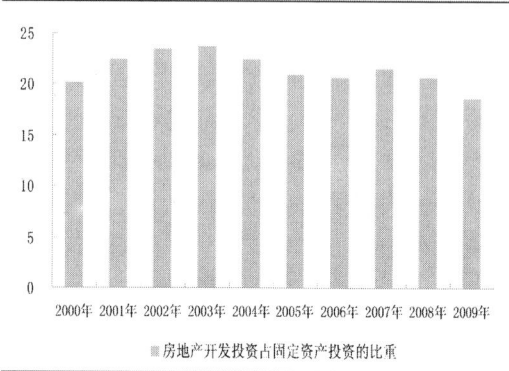

资料来源：CEIC，申万研究

从损益表角度，最关键的指标还是量和价(表1)。全国商品房销售面积和全国商品房销售均价是整体性的指标，每周地方政府公布的一、二线城市一手房、二手房的量和价是日常可跟踪的指标。政府会公布北京、上海和深圳的可售量，但此数据无法横向比较，其统计标准不一致。此外，土地成本、营业税、增值税和利息支出体现了地方政府、中央政府和银行对房地产行业的影响。

表 1：房地产行业 IS 表

利润表项目		明细指标	外生指标
一、营业收入			
	量	北京、上海、深圳、广州、天津、南京、苏州、杭州、成都、武汉一手房和二手房销售（面积）	
		全国商品房销售面积增速	销售率（经济、信贷、收入预期、实际利率）、可售量（两年前新开工）
	价格	深圳、天津、杭州、武汉一手房销售均价	
		全国商品房销售均价	9个月前的新开工面积和当前开发商的可售量、需求状况（调研指数）、开发商资金状况（投资额/资金来源）
	库存	北京、上海、深圳可售量	
二、营业总成本			
	其中：营业成本	土地成本（当时土地购置）、建安成本（PPI指数）	地方政府
	营业税金及附加	营业税及土地增值税	政府
	销售费用		
	管理费用		
	财务费用	利息支出	银行、政府
	资产减值损失	房价和地价减值	
	加：公允价值变动收益		
	投资收益		
三、营业利润			
	加：营业外收入		
	减：营业外支出		
四、利润总额			
	减：所得税		
五、净利润			
	少数股东损益		
	归属于母公司所有者的净利润		

资料来源：申万研究

注：为保证损益表的完整性，我们保留空白部分，其他行业在这些部分可能有指标。

表2：房地产涉及众多领域

行业	与房地产的关系	主要指标
宏观	影响房地产成本与需求	货币供应量、利率、信贷及按揭比率
钢铁	上游	钢筋产量
水泥、玻璃	上游	水泥产量、玻璃产量
机械	上游	铲土挖掘机械产量
汽车	上游、相关需求	重卡产量、轿车产量
家电	派生需求	电冰箱和电视机销量
银行	相关	房地产开发贷款、按揭贷款

资料来源：申万研究

房地产对国民经济意义重大，投资开发阶段拉动投资品，销售入住阶段拉动家电、零售和汽车等行业(表2)。我们这里探讨两个问题：房地产价格、销量、竣工和新开工的关系；房地产销售、竣工、新开工和相关行业的关系。

结论一：房地产销量与竣工、房价基本同步，领先新开工5个月

经检验，全国商品房销量同比增速与竣工同比增速、房价同比增速基本同步(图6)，领先新开工同比增速5个月左右(图5)。一般思维下的传导机制是：房地产销售上升→房地产价格上升→房地产新开工上升→房地产竣工上升。但检验结果显示，竣工领先于新开工，这有统计因素，也可能与开发商的行为模式有关。

根据国家规定，2005年8月始，取得新开工凭证即计入新开工面积，房子预售即计入销售，取得竣工凭证即计入竣工面积。一般而言，从新开工到预售大致6到9个月(快则3个月)，从预售到竣工交房大致一年时间，但预售时间调节幅度非常大。从2003年来，国家一直调控房地产，未来销售变得不确定。所以当销售上升时，开发商并不急着新开新项目，而是加大之前新开项目的施工进度，把原来消极怠工的部分完成，所以竣工的量会先上来，之后才有新开工。

图5：房地产销售同步竣工，领先新开工5个月

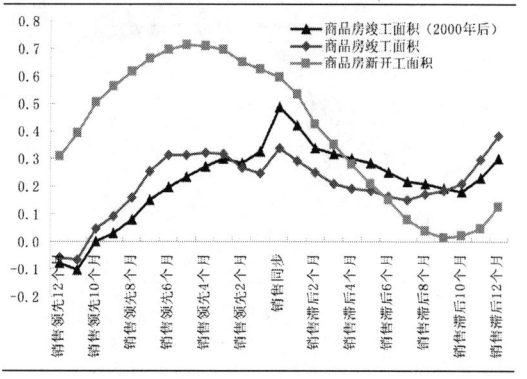

资料来源：CEIC，申万研究

图6：房地产销售和价格基本同步

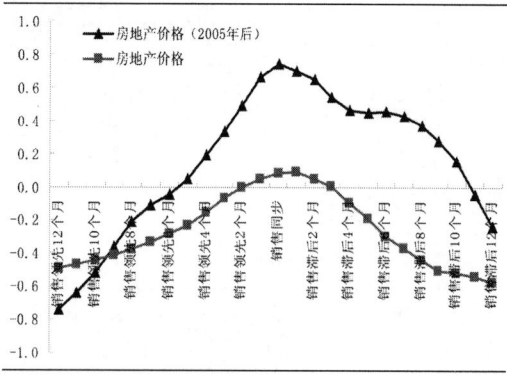

资料来源：CEIC，申万研究

由于新开工环节大量使用挖掘机和重卡，施工环节大量使用钢铁、水泥和玻璃，所以在加大施工力度阶段，钢铁、水泥和玻璃使用量增加。从逻辑上讲，新开工应该领先于重卡和挖掘机，竣工应该领先或者同步于钢铁、玻璃和水泥。将新开工面积作为钢铁、水泥和玻璃的领先指标是一种错误。

图7：房地产开发和销售流程

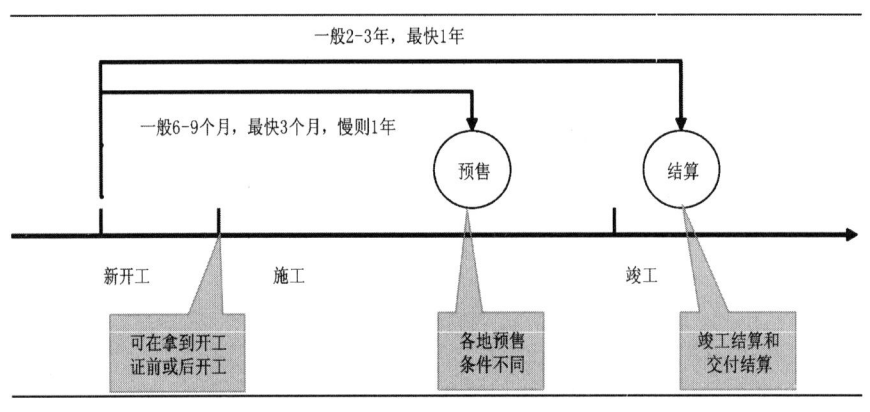

资料来源：申万研究

结论二：挖掘机、重卡看新开工；钢铁、玻璃、水泥看竣工；家电看销量

据分析员的经验，钢材大约30%的销量、水泥大约1/3的销量、玻璃大约2/3的销量用于房地产。我们检验了房地产销售同比、新开工同比、竣工同比和相关行业产销量同比之间的关系③。

从相关度看，房地产新开工领先于重卡和挖掘机(图11、图12)，竣工稍领先于钢铁、玻璃和水泥(图8-图10)，家电和房地产销售几乎同步(图13)。

图8：房地产竣工领先钢铁产量，但新开工滞后　　图9：房地产竣工领先水泥产量，新开工滞后

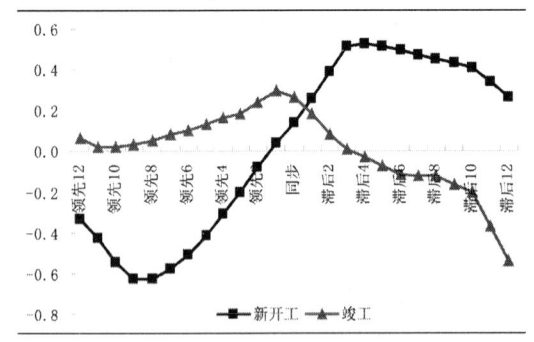 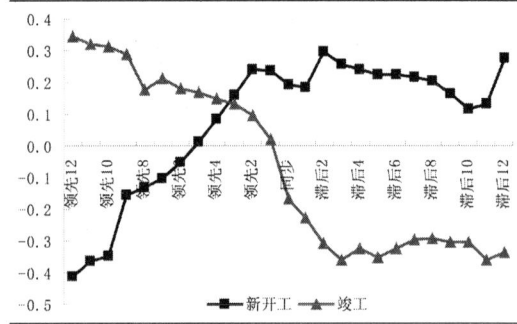

资料来源：华通人，申万研究　　　　　　　　　　资料来源：华通人，申万研究

---

③ 这种单变量检验最大的问题在于忽视了其他驱动因素对这个行业的影响，比如说机械，出口和基础建设对于机械销售收入同样重要。所以我们这里的检验必然是模糊和粗略的，仅能从中得到一些大致的结论。

图 10：房地产竣工领先玻璃产量，新开工同步

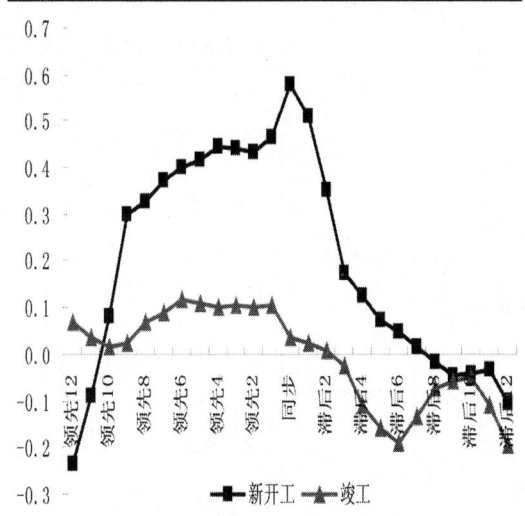

资料来源：华通人，申万研究

图 11：房地产新开工领先挖掘机销量，竣工同步

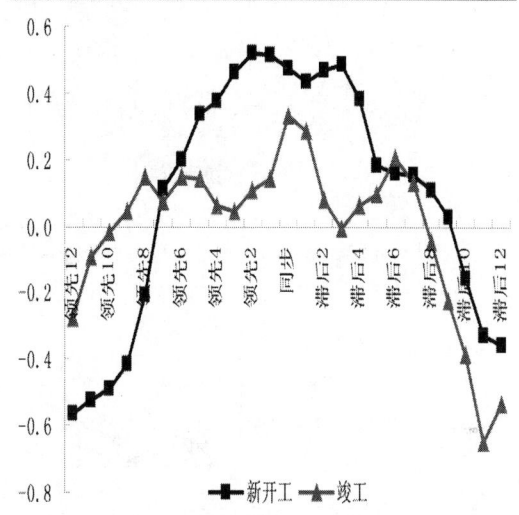

资料来源：华通人，申万研究

图 12：房地产新开工领先重卡销量，竣工同步

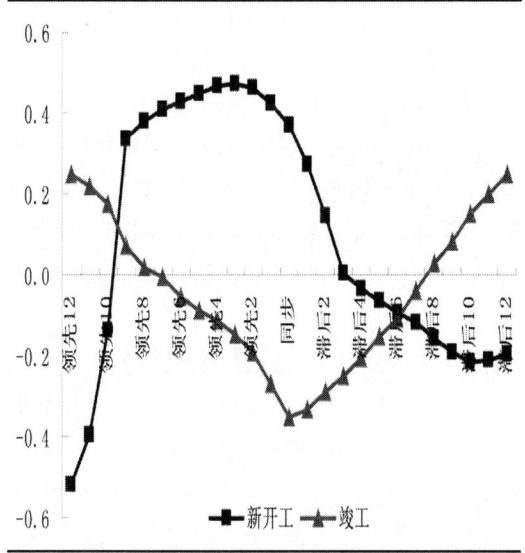

资料来源：华通人，申万研究

图 13：房地产销售和电冰箱销量同步

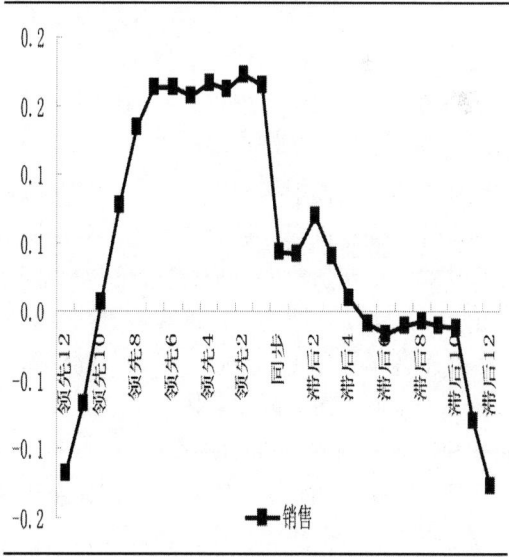

资料来源：华通人，申万研究

1.2 房地产的"驱动力"和"信号验证"机制

房地产行业的逻辑图分为三个层面，分别是中游相关行业数据、房地产行业本身数据、宏观支持和微观调研。

75

图 14：房地产的驱动力和信号验证图

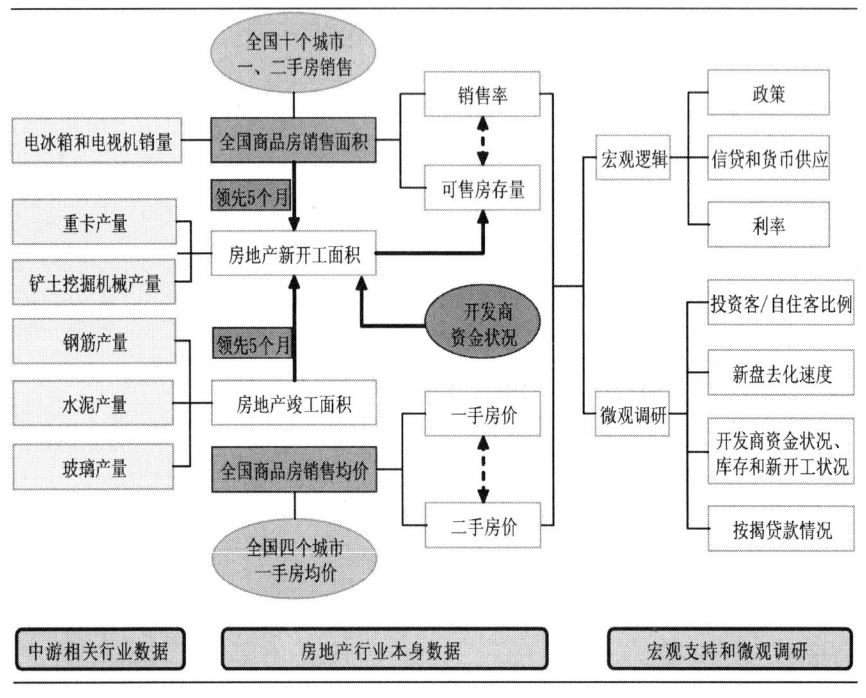

资料来源：申万研究

全国商品房销售面积和销售均价是最核心的两个指标，分析员根据销售率、可售量、房地产商资金状况、政策力度和货币供应等角度对这两个指标进行预测，以体现对房地产行业的整体看法。我们根据销售率和可售量来预测全国商品房销售面积，其中可售量由一到两年前的新开工面积推算，销售率根据宏观逻辑(政策、信贷、利率)和微观调研(新盘销售速度)进行估算。一手房价取决于房地产开发商的资金链，资金链又与新开工、销售和信贷政策息息相关。二手房价取决于投机客的持有成本。

由于各项指标无法量化，所以最终销售面积增速和销售均价增速必然是模糊估算，具体数值并不重要，重要的是数据的修正方向。最后，通过周度公布的若干城市一、二手房销售面积和价格来调节我们的预测。

房地产是一场复杂的游戏，其博弈至少涉及六个主体，分别是中央政府、地方政府、开发商、银行、未购房的自住客和投机客(图15)。政府看重GDP和民生，提供政策；地方政府看重政绩，提供土地；开发商看重利润，提供房子；银行看重利润和资产质量，提供贷款(开发商和购房者)；未购房的自住客希望有房子住，而投机客希望房子增值。

图 15：房价博弈涉及六个主体

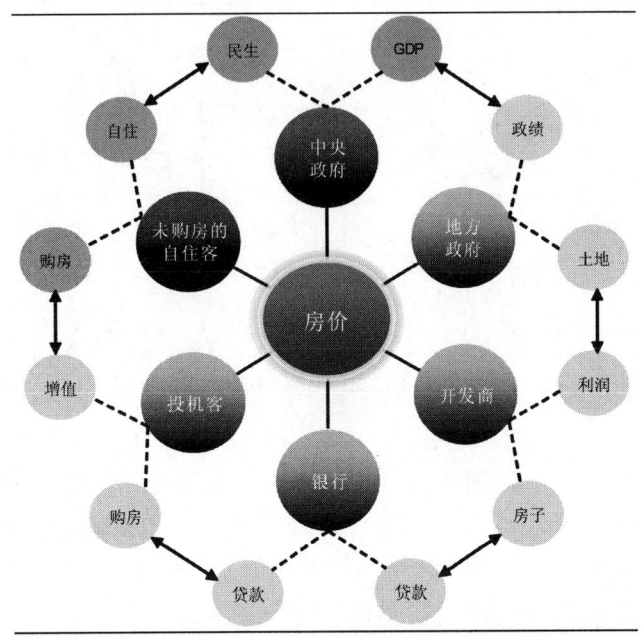

资料来源：申万研究

博弈的焦点是房价。上述六个主体，明确希望房价涨的主体有地方政府、银行、开发商和投机客。明确希望房价下跌的是未购房的自住客。中央政府对房价的态度比较尴尬，房价上涨、房地产景气提高会改善地方财政、提高 GDP，但普通购房者对高房价的抱怨又会引发民生问题。双重目标使政府的态度左右摇摆，当出口萎缩，政府会用各种手段扶植房地产，推动房地产泡沫，一旦出口复苏，民生问题又促使其打压房地产行业。政策的变化集中体现了这种摇摆，这种摇摆引发了房地产行业的小周期，小周期又造成了房地产股票的大波动。

1998 年，东南亚金融危机，政府大力发展房地产；2003 年出口好转，房地产行业发展太快、太不规范，政府开始调控；2003 年到 2007 年，房价越调越高；2008 年底为应付金融危机，政府又开始刺激房地产；2009 年底，基于出口复苏，开始更加严厉地打压房地产。从这一历程看，出口好坏是左右政府房地产政策的根本，如果不是中间的金融危机，政府从 2003 年来对房地产的态度是一直打压的。

之前调控无力是因为没抓住本质，中国房地产的症结不在于房子供应不够，而在于过早具备投资属性，大量新房被作为投资品囤积起来，刚性需求者不得不高价购买。

从美国、日本和英国的历史发现，人口结构变化是房价变化背后最大原因（图 16～图 18）。

图 16：美国 25~35 岁人口增速和房价增速相关

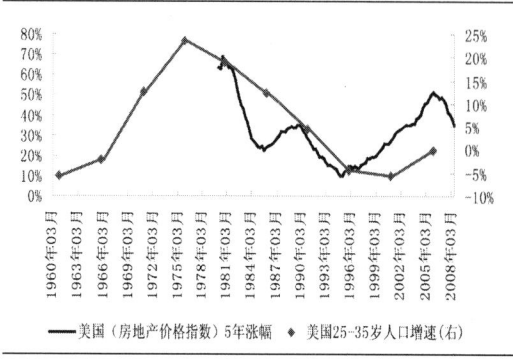

资料来源：CEIC，联合国人口署，申万研究

图 17：英国 25~35 岁人口增速和房价增速相关

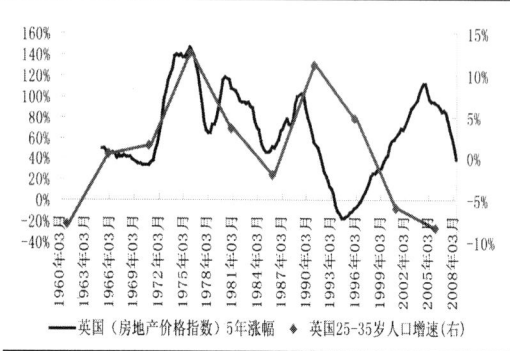

资料来源：CEIC，联合国人口署，申万研究

中国的人口拐点在 2015 年到来(图 19)，如果加上城市化带动的人口迁移，这个拐点可能还要向后推移。所以在过去十年，乃至未来三年，中国房价出现大幅下跌的概率不大。

房价上涨和下跌的不对称性使房子成为一种良好的投资品，加上杠杆，投资房子实在比投资任何其他资产都划算。过去十年，房屋开发和供给力度不可谓不大，但大量房子被囤积在投机客手里，而城市化进程带来的真实需求使囤积的房子最终高价销售。总而言之一句话，在饥荒的年代，大米却被用来酿酒。

图 18：日本人口结构和土地价格周期非常相关

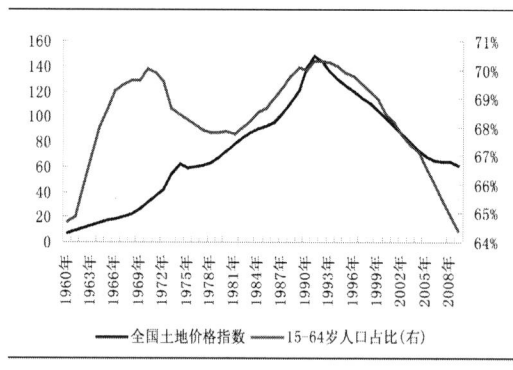

资料来源：CEIC，联合国人口署，申万研究

图 19：中国人口结构拐点在 2015 年来临

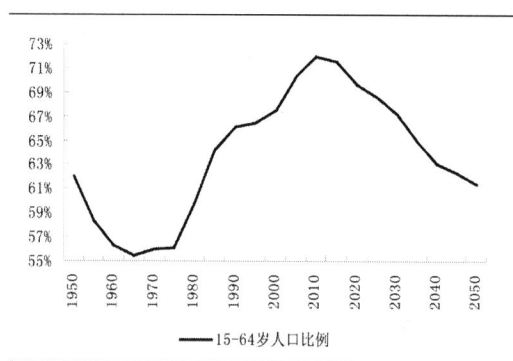

资料来源：CEIC，联合国人口署，申万研究

欲使调控见效，根本的办法就是打破房价不跌的神话。房子分为一手房和二手房，一手房是开发商定价，不管什么原因，开放商降价销售以期迅速回笼现金是根本原因，所以对一手房，开发商的资金状况非常重要。对于二手房，投资客的影响巨大，如果他们选择囤积，会推动房价上涨，如果抛售则有下跌压力。要使投资客抛售，只有两种途径，第一是使房价出现降价预期，或者上涨和下跌概率对称，投资属性下降。第二是系统性提高其持有的成本。

1.3 房地产"驱动力"和"信号验证"机制的历史验证

本部分我们用历史数据来验证上述结论：

第一，房地产行业大周期由人口结构决定，小周期由政府政策引起，行业小周期会引发股价大波动。

政策的核心考虑是经济和民生，一旦出口出现萎缩，基于保增长、促内需的考虑会刺激房地产行业，而平时以调控为主。

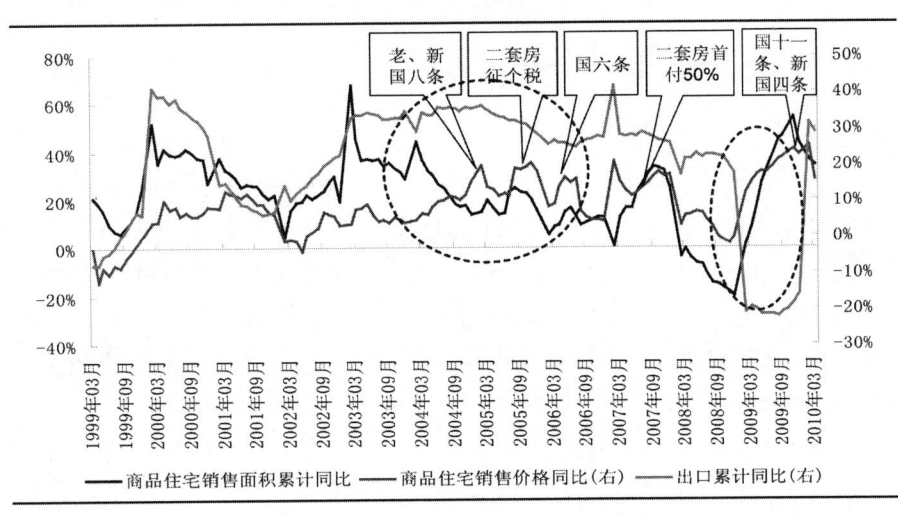

图20：政策引发房地产行业小周期，降低销售和价格增速

资料来源：CEIC，申万研究

如图所示(图20)，政策引发房地产小周期，几乎每次政策出台，均会导致房地产量和价的增速下来。从2003年到2007年，房地产正式调控以来，销量增速下降明显，房价并没有下跌，其增速也是短暂下跌后迅速反弹。究其根源，乃出口良好所致，出口会带动城市化、带来外汇占款和热钱，同时带来实体经济流动性泛滥、CPI走高和人民币升值压力，这些均支持房价上涨[④]。房价负增长仅发生在1999年、2002年和2008年(图21)，也恰好是出口非常不好的年份。当然，打压政策直到2008年才发生作用，一个很重要的原因也之前房价累计上升太快，从2004年来的紧缩政策也积累到一定程度。

第二，房地产开发商资金链是决定一手房价的根本。

观察全国商品住宅价格同比数据，仅在1999年、2002年和2008年出现负增长，而衡量开发商整体资金状况的(投资额／资金来源)数据也在2002年和2008年超过80%(图22)，一般认为此数据超过80%就表示开发商资金紧张。

开发商资金紧张说明两点，第一前期开发力度较大，所以当前房子供应充分，第二资金链有断裂危险，亟待回收现金。此两点均会促使一手房房价下跌。

[④]关于出口对股市盈利和流动性的影响，详细分析见第二章。

图21：商品住宅价格在1999年、2002年和2008年下跌过

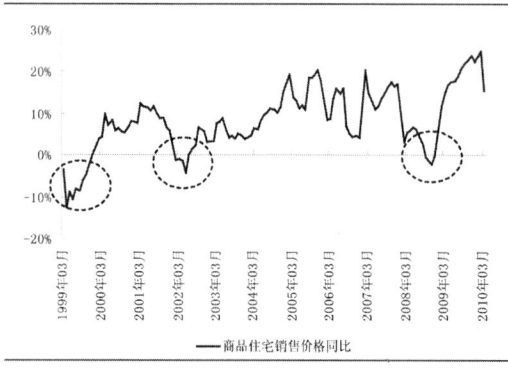

资料来源：CEIC，申万研究

图22：房地产开放商资金链在2002年和2008年紧张

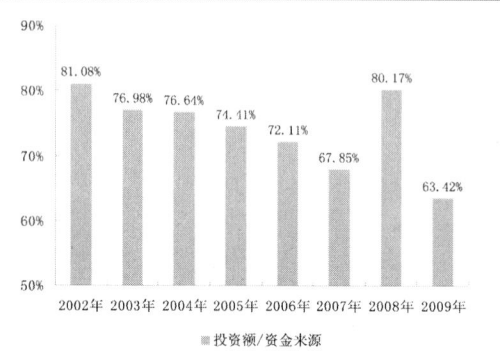

资料来源：CEIC，申万研究

第三，打压二手房价，就要降低房产的收益预期，系统性提高投资客持有成本会促其抛售，从而带动房价下跌，最终使房价上涨和下跌概率平衡，房产投资属性下降。

当前的政策正朝着这个方向前进(表3)。以前段"三套房"政策为例，假设一个150平米的房子，以单价2万元在2009年信贷宽松的时候买入，首付两成，剩余240万元以30年银行信贷，享受利率7折优惠。在本次差别化信贷后，该三套房的利率升到基准的1.2倍，月供几近增加四成，相当于折现后利息负担增加67万元，如果加上可能推出的物业税(假设税率1.2%)，每年的税负折现后相当于增加了54万元。这大大增加了成本，借贷购买的投机客必然选择抛售，而其抛售行为会导致现价下跌，这又会加剧抛售行为，这样就会使房地产的投资属性减弱，房价上涨和下跌的概率持平，从而达到调控的目的。

表3：三套房信贷政策改变使投机客持有成本大幅上升

300万房子的案例				
首付比例	20%			
抵押贷款（百万人民币）	2.4			
期限 （年）	30			
三套房政策影响	月供		年度物业税	
	之前	现在	之前	如果开征
	11,677.65	16,174.10	0.00	36,000.00
持有成本上升（折算现值）	671,170.47		536,373.90	

资料来源：申万研究

第四，房地产销售和M1非常相关，略滞后于实际利率。

图 23：销售同比和 M1 同比非常相关	图 24：实际利率领先销售同比
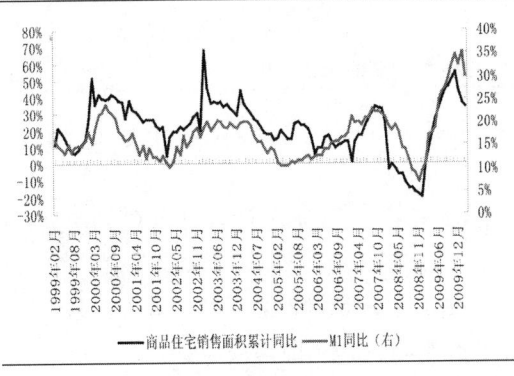	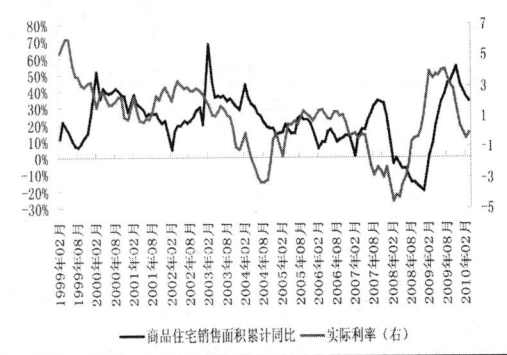
资料来源：CEIC，申万研究	资料来源：CEIC，申万研究

鉴于房地产销售和价格受货币政策影响大，我们检验了利率、CPI、货币供应、热钱和销售、价格的关系，发现销售同比和 M1 同比走势一致(图 23)。但这并不是说 M1 增加导致销售增加，事实恰恰相反。在中国，企业活期计入 M1 而居民活期计入 M2，所以当居民选择购房时，钱从居民储蓄转入企业资金，从(M2－M1)部分转入 M1。很多投资者把 M1 当做是股市的领先指标，但 2009 年 8 月股市就见顶，M1 同比增速却持续走高，此中原因恰是居民选择购房，资金从银行储蓄到房市，与股市无关。

与直觉相悖，实际利率走势略领先于商品房销售同比(图 24)，这令人费解，可能的解释是：如果实际利率上升是由于加息，那么表示经济和收入上升，那么房产销售变旺，如果实际利率上升是 CPI 下行，那么政府会出刺激政策，促进房地产销售上升。

2.超额收益分析：政策为王，销售是本

2.1 房地产收益分析：关注政策和销售

我们计算了过去十年房地产行业的月度超额收益，发现如下两个结论：

表 4：房地产在 3 月取得超额收益概率最大

	2000	2001	2002	2003	2004	2005	2006	2007	2008	2009	超额收益概率
1 月	-1.54%	2.73%	-0.69%	-1.27%	5.13%	6.00%	1.80%	-15.25%	5.65%	1.25%	60%
2 月	1.52%	-1.80%	1.63%	1.09%	2.62%	-2.91%	3.57%	-1.51%	-6.78%	3.13%	60%
3 月	-0.20%	0.31%	4.09%	-1.38%	0.51%	-3.00%	5.90%	5.62%	13.50%	8.92%	70%
4 月	1.31%	0.61%	0.32%	-3.61%	-3.66%	-0.69%	-7.90%	-2.41%	-14.62%	2.12%	40%
5 月	0.20%	-0.53%	-1.16%	-0.51%	-1.72%	-1.69%	-6.91%	26.57%	-6.97%	3.68%	30%
6 月	1.57%	0.79%	2.91%	-2.47%	-0.50%	0.26%	-4.99%	-0.33%	-3.41%	9.66%	50%
7 月	-0.99%	4.01%	-2.01%	-1.87%	-0.41%	3.80%	8.43%	11.88%	2.19%	-7.34%	50%
8 月	-1.56%	-0.12%	-0.72%	1.20%	-0.48%	-0.52%	10.56%	0.43%	-1.69%	-4.81%	30%
9 月	0.00%	-0.85%	-0.19%	-0.10%	-0.36%	1.54%	0.70%	-11.26%	-1.19%	2.81%	33%
10 月	0.29%	-0.67%	0.80%	-1.89%	-1.10%	0.27%	-3.96%	9.50%	8.69%	4.31%	60%
11 月	0.82%	0.94%	-0.99%	-0.99%	-0.43%	3.85%	16.78%	-5.98%	5.76%	-1.72%	50%

12月	0.65%	-0.92%	-0.33%	-5.43%	1.56%	1.80%	0.58%	-11.26%	-5.53%	-11.65%	40%
年超额收益	3.17%	3.64%	2.06%	-15.67%	-0.09%	7.74%	49.52%	-1.90%	-1.33%	10.74%	
价格增速	3.72%	10.04%	0.65%	4.92%	9.95%	15.43%	10.75%	13.78%	1.57%	16.90%	
销售增速	26.90%	22.30%	20.20%	29.10%	13.70%	15.70%	12.20%	23.20%	-19.70%	42.10%	

资料来源：万得资讯，申万研究

第一，从月度分布上，3月份出现超额收益的概率最大(表4)。这和3月份的房地产销售旺季有关。

仔细分析新开工和销售数据，发现每年3月到6月是房地产的新开工旺季(12月份开工数据高是因为年底补记)(图25)，这和中游行业的旺季暗合。从销售数据看，根本不存在所谓的"金九银十"，但每年春节(一般为2月)前后是典型的淡季(图26)，3月份的销售会起来。

图25：每年3月—6月是房地产的新开工旺季   **图26：每年2月是房地产的销售淡季**

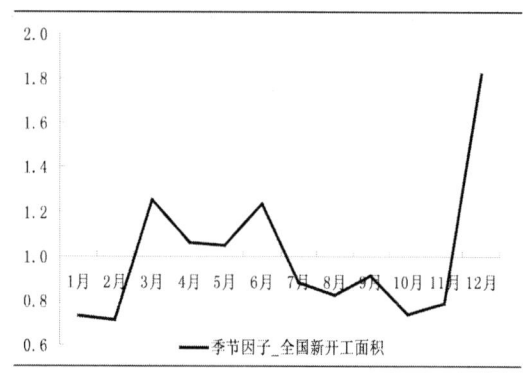 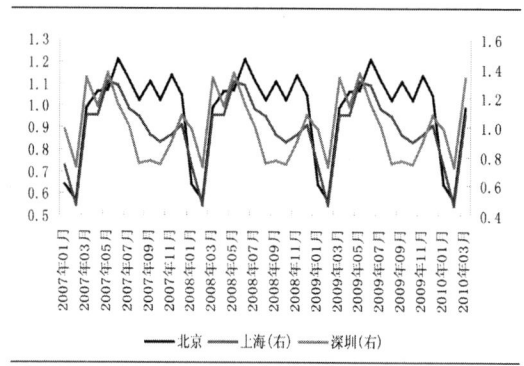

资料来源：CEIC，申万研究　　　　　　　　　　　　资料来源：CEIC，申万研究

第二，从年度超额收益看，2005年、2006年和2009年是大年，超额收益分别达到7.74%、49.52%和10.74%。

2007年，房地产行业的超额收益居然是-1.9%，主要是房地产股从2007年9月份开始调整，把之前的收益全部吐回去了。

2000年以来房地产跑赢申万A指的阶段有两个：2006年7月至2007年8月，超额收益率为219.23%；2008年10月至2009年6月，超额收益率为63.14%。

房地产股票两起两伏都明显和政策有关，2007年9月份的下跌由二套房首付比率提高引致，2008年10月后的行情和政策救助相关，而2009年8月份后房地产股票持续受到政策压制。在A股，房地产股票具备很强的领先性，甚至比上游的煤炭、有色还要早，因为房地产股票的调整主要源于政府对房地产市场的调控，而房地产调控往往引发投资者对固定资产投资、对中游制造业景气的担忧，进而引发对上游资源价格的担心，过去两个周期，房地产行业均引领A股的方向。另外，从图形上看，房地产超额收益与销售同比更加相关(图27、图28)。

图27：房地产超额收益和价格同比相关不大

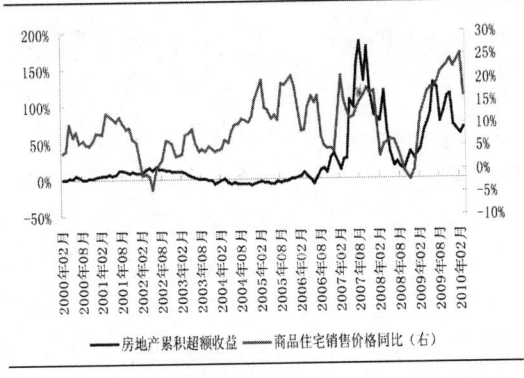

资料来源：CEIC，万得，申万研究

图28：房地产超额收益和销售同比关系密切

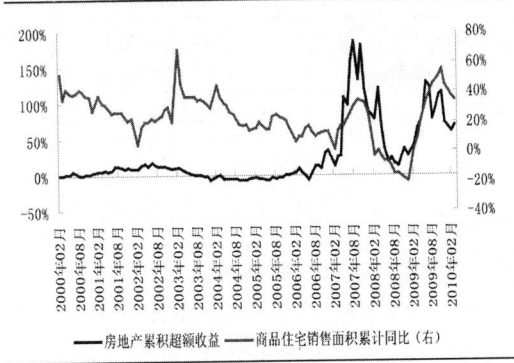

资料来源：CEIC，万得，申万研究

2.2 策略如何看房地产：用宏观推导和调研指数来把握需求

房地产也是策略分析员必须把握的六大行业之一。其销售反映大宗消费能力，对政策极其敏感；其投资决定了中游行业的景气，对FAI[⑤]影响巨大；开发商资金链影响银行体系坏账比例。房地产的研究应该更加看重宏观的自上而下，由于NAV受预期房价和利润结算进度影响太大，所以参考意义并不大。

作为终端消费品，房地产需求意义重大。在整个研究体系中，上游价格大多外生(煤炭除外)，量的消耗来自中游产能的扩张速度；中游价格价一半由成本推动，一半由需求拉动，其量取决于下游需求；而下游的需求只能靠宏观逻辑推导和微观调研指数跟踪。在整个研究体系中，上游价格和下游需求是两个最重要的外生变量，中游的量、价、产能利用率、利润率是很好的观测指标。

房地产的需求也要通过宏观的逻辑推导和微观的调研指数来判断。先由宏观根据出口和物价确定货币政策的基调，然后通过微观调研确定居民的购买意愿、开发商的推盘速度，再根据开发商的资金情况和开工欲望确定房地产的新开工和投资情况，再由宏观形成FAI的整体投资。这个过程会有反复，但只有这样才能不陷入循环引证。

房地产数据比较缺乏，且很多数据不具备代表性，必须通过调研和相关行业的验证数据来进一步了解事实真相。除了统计局和地方网站公布的数据外，主要的调研问题为：

①向地产中介调研看房人群购买需求、按揭贷款情况、投资客/自住客比例；
②向开发商调研资金状况、库存、新开工状况和新盘去化速度；
③向银行(尤其是深圳的银行)调研其房贷情况以及未来动向；
④向钢铁、水泥、玻璃、重卡等数据求证房地产的施工和开工进度。

策略跟踪的房地产中观数据库结构如下。

[⑤]FAI（Fixed Assets Investment）：固定资产投资

表5：策略跟踪的房地产中观数据库

大类	行业	行业关键指标	数据来源	频度	更新日期
下游	房地产	全国商品房销售面积	统计局	月	每月20日
		全国商品房销售额	统计局	月	每月20日
		北京商品房销售面积	北京房地产交易管理网	周	每周二
		天津商品房销售面积、销售金额	天津市国土资源和房屋管理局政务门户	周	每周二
		上海商品房销售面积	上海网上房地产	周	每周二
		南京商品房销售面积	南京网上房地产	周	每周二
		杭州商品房销售面积、销售金额	杭州透明售房网	周	每周二
		苏州商品房销售面积	搜房网	周	每周二
		深圳商品房销售面积、销售金额	搜房网	周	每周二
		成都商品房销售面积	搜房网	周	每周二
		武汉商品房销售面积、销售金额	热线房产网	周	每周二
		广州商品房销售面积	阳光家园	周	每周二
		全国七十个大中城市房屋销售价格指数	统计局	月	每月20日
		全国商品房销售均价	CEIC	月	每月20日
		房地产新开工面积	统计局	月	每月20日
		房地产施工面积	统计局	月	每月20日
		房地产竣工面积	统计局	月	每月20日
		北京商品房库存	北京国土资源管理局	周	每周二
		上海商品房库存	上海网上房地产	周	每周二
		深圳商品房库存	深圳市规划和国土资源委员会	周	每周二
		房地产投资总额	统计局	月	每月20日
		房地产开发投资资金来源	统计局	月	每月20日
		土地购置费	统计局	月	每月20日
		外生关键指标	**数据来源**	**频度**	**更新日期**
		货币供应量(M1、M2)	人民银行	月	每月20日
		利率	人民银行	月	每月20日
		铲土运输机械产量	统计局	月	每月20日
		钢筋产量	统计局	月	每月20日
		载货汽车产量	统计局	月	每月20日
		水泥产量	统计局	月	每月20日
		平板玻璃产量	统计局	月	每月20日
		冰箱、空调产量	统计局	月	每月20日

资料来源：申万研究

第七章

策略如何看乘用车
——打造乘用车的"驱动力"和"信号验证"机制

主要内容：

2009年，汽车股超额收益为207.94%。自2001年以来，乘用车仅在2004年和2008年跑输市场。这两年毛利率均下滑，2004年是需求下滑和供应过剩共同作用所致，2008年主要是需求萎缩。2009年，需求再次爆发，产能不足，供不应求使毛利率达到五年新高。2010年，货币退出、政策到期使投资者始终担心需求下滑，下半年的产能释放使毛利率有下降压力。

从损益表角度，汽车关注需求、价格、库存和成本，需求是核心。需求跟踪汽协、乘联会和公安部的数据，其中汽协和乘联会是厂商销售数据，公安部是汽车的上牌数，更接近终端销售数据。缺乏有代表意义的价格指数，这里选用统计局的轿车出厂价格指数。厂商库存由产销差额数据动态把握，经销商库存依赖调研推断。钢铁、橡胶和玻璃构成主要成本，但成本对汽车毛利率的影响远不如需求大。

人均GDP、人均可支配收入、保有量等长期指标无法解释乘用车短期需求波动，而短期波动恰恰是引发股价变动的重要原因。我们引入申万宏观领先指标、M2和央行储户储蓄欲望指标来把握短期需求变动，前两者和乘用车销量同向同步，后者与乘用车销量同步反向。三者很好地解释了2004年和2008年需求的下滑。

汽车行业的固定资产投资、产能释放和需求有密切关系，呈现蛛网模型态势。汽车厂商根据当前需求进行固定资产投资，投建周期一般是两年。两年后，产能建成，需求如达不到预期，降价幅度加大，毛利率萎缩，产能利用率下降。

投资汽车股要踏准供给和需求的时间差。供不应求，毛利率上行是投资汽车股的最佳时机，恰如2009年；供过于求，毛利率下滑是投资汽车股最差的时候，正如2004年。但需求难以判断，成功的投资不能仅把赌注放在对需求的判断上，供应也是布局的关键。在供应不足的年份，需求稍微不错，毛利率就会上行，超额收益就可能产生；在供应充足的年份，需求必须超乎寻常地好，否则毛利率很难改善。供应能被统计，对供应有了判断后，跟踪需求才是可行之道。供应决定布局，需求决定收益。

2009年，汽车股超额收益达到207.94%。自2001年以来，乘用车仅在2004年和2008年跑输市场，毛利率下滑是这两年的共同特征。2004年毛利率下滑是需求下滑和供应过剩共同作用的结果，2008年毛利率下滑主要由需求萎缩导致。2009年，在政策刺激和货币宽松环境下，需求突然爆发，产能提不上来，供不应求导致毛利率达到五年新高。2010年，货币退出、政策到期使投资者始终担心需求下滑，下半年的产能释放使毛利率有下降压力。

1.乘用车的"驱动力"+"信号验证"机制

根据申万行业分类标准，汽车隶属交运设备。汽车整车共21家上市公司，流通市值占比为1.77%，分为乘用车(包括轿车、MPV和SUV)、载客车和载货车(包括重卡、轻卡等)(表1)。

乘用车、载货车和载客车的投资逻辑截然不同，乘用车与消费相关、载货车与投资相关、载客车相对稳定，与投资和消费行为均无太大关系(表3)。本文着重分析乘用车的研究和投资逻辑。

表1：汽车整车主要分为乘用车、载货车和载客车

申万行业分类	公司数	总市值占比	流通市值占比
Ⅰ交运设备	87	3.48%	3.94%
Ⅱ非汽车交运设备	35	1.55%	1.34%
Ⅱ汽车服务	2	0.04%	0.06%
Ⅱ汽车零部件	29	0.74%	0.76%
Ⅱ汽车整车	21	1.15%	1.77%
Ⅲ乘用车	8	0.79%	1.28%
Ⅲ商用载货车	6	0.25%	0.33%
Ⅲ商用载客车	6	0.09%	0.14%
Ⅲ专用汽车	1	0.02%	0.02%

资料来源：万得资讯，申万研究

1.1 乘用车属于消费、重卡连接投资

从损益表角度，汽车关注需求(产量和销量)、价格、库存和成本，其中需求是核心(表2)。需求旺时，降价幅度小，甚至上涨，传导成本的能力也较强，毛利率扩大。需求方面的数据有三个，分别来自中国汽车工业协会、乘用车联席会和公安部，其中汽协和乘联会是厂商销售数据，公安部是汽车的上牌数，更接近终端销售数据。我们一般跟踪汽协月度数据，乘联会的周度数据仅供参考。

价格受关注程度不大，不同车型、不同地区、不同4S店的报价不同，因此难以找到一个整体性指标综合衡量汽车价格。这里选用统计局的轿车出厂价格指数。

库存涉及两个环节，分别是厂商和经销商。通过乘用车的产销差额数据动态把握厂商库存，通过调研推断经销商库存。一般而言，两个月左右的销售存量是经销商所能承受的极限。倘若能够得到公安部的上牌数，就能较准确地推算生产和流通环节的库存数。

钢铁、橡胶和玻璃是主要的成本，重卡受成本的影响要大于乘用车。但整体而言，成本对汽车毛利率的影响远不如需求那么大。

表2：汽车行业关注需求、价格、库存和成本

利润表项目	核心指标	跟踪指标	下游驱动因素
一、营业收入			
	销量	乘用车销量（辆） 重卡销量（辆）	长期关注人均GDP、人均可支配收入、保有量；短期关注宏观经济景气、货币、央行调研指数 FAI（房地产投资及新开工面积）；公路货运量及货物周转量；BDI；大宗商品（铁矿石/原煤/铜材/粗钢产量和进/出口量）
	产量	乘用车、重卡销量（辆）	
	价格	轿车出厂价格指数	
	库存	产量-销量 经销商库存	
二、营业总成本			
其中：营业成本		薄钢板 丁苯橡胶/平板玻璃	
营业税金及附加			
销售费用			
管理费用			
财务费用			
资产减值损失			
加：公允价值变动收益			
投资收益			
三、营业利润			
加：营业外收入			
减：营业外支出			
四、利润总额			
减：所得税			
五、净利润			
少数股东损益			
归属于母公司所有者的净利润			

资料来源：申万研究

注：为保证损益表的完整性，我们保留空白部分，其他行业在这些部分可能有指标

表3：汽车涉及众多领域

行业	与汽车关系	主要指标
宏观	确定汽车消费	整体经济层面（经济景气指标、人均GDP、人均可支配收入） 投资相关（FAI、房地产新开工面积） 货币层面（M2、消费者信心）
石油	用车成本	国内汽油出厂价
煤炭	决定重卡需求	原煤产量、煤进口量
有色	决定重卡需求	铜材进口、铜材产量
钢铁	制造成本、决定重卡需求	薄钢板价格、粗钢产量、钢材出口量

玻璃	制造成本	平板玻璃价格
化工	制造成本	丁苯橡胶价格
房地产	乘用车相关需求	房地产销售
	开工决定重卡需求	房地产新开工面积
公路铁路	验证重卡使用情况	公路货运量、公路货物周转量
银行	乘用车相关指标	消费信贷
保险	乘用车相关指标	汽车保险

资料来源：申万研究

1.2 乘用车的"驱动力"和"信号验证"机制

和房地产类似，乘用车的逻辑图也涉及三个层面，分别是中游相关行业指标、乘用车本身指标和需求决定指标(图1)。中游相关行业指标和乘用车本身指标均较简单，关键是需求决定指标。

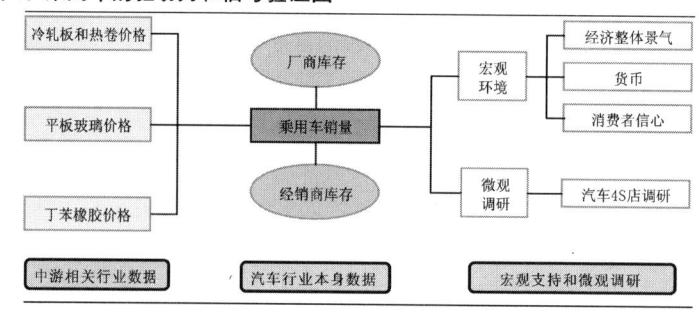

图1：乘用车的驱动力和信号验证图

资料来源：申万研究

和房地产一样，乘用车隶属终端的大宗可选消费品。需求受人均GDP、人均可支配收入、汽车保有量、公路里程等指标影响，但这些稳定的长期指标无法解释短期需求的波动，而正是这种短期的波动变化引发股价变化，所以我们必须尝试对短期波动做出解释。

从逻辑上讲，大宗耐用消费品对经济周期敏感度大，具备一定的投资和金融属性，所以我们可以从经济景气、货币环境和消费者信心等角度出发寻找其短期需求波动的根源。我们运用申万金融工程小组编制的申万宏观领先指标[①]来综合描述经济景气，用M2表示货币环境[②]，运用央行城镇储户调研中的储蓄意愿体现消费者信心。这三个指标相互联系，宏观领先指标中已经包括了M2、储蓄意愿随宏观景气变化。所以我们仅将这三个指标分别跟乘用车销售做比较，不将三者合成。另外，在微观层面，必须跟踪4S店的人流变化推断汽车需求。

---

① 申万宏观领先指标以工业增加值为基准指标，与统计局的领先指标有差异，其分类指标包括M2、货物吞吐量等10个指标。
② 货币环境包括数量和利率两个因素，数量可以有货币供应量、信贷和储蓄等几个维度，房地产受信贷和利率的影响较大。

图2：乘用车的毛利率变化

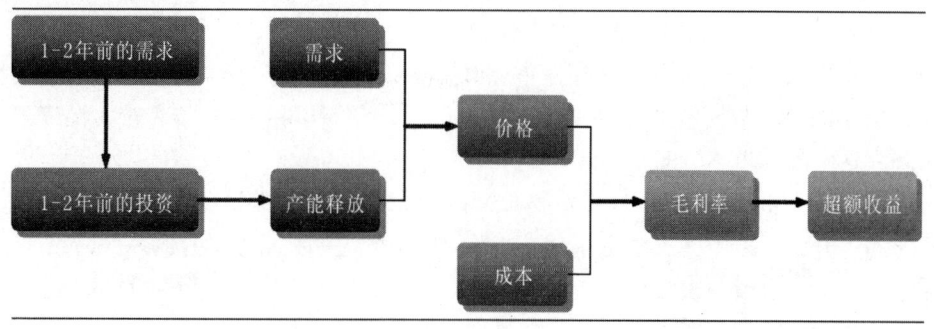

资料来源：申万研究

毛利率非常重要，和超额收益息息相关，跑输大盘的2004年和2008年恰是毛利率大幅下滑的年代。但毛利率只是结果，关键要分析毛利率变化的原因，通过这些因素的预测和跟踪，把握毛利率变化方向(图2)。

根据简单的会计法则，毛利率取决于价格和成本。对于汽车行业，价格比成本重要。价格取决于需求和产能释放速度，所以一方面我们关注短期需求的变化；另外一方面必须关注产能的扩张。

从历史上看，汽车行业的固定资产投资、产能释放和需求有密切关系，呈现蛛网模型的态势。汽车厂商根据当前需求进行固定资产投资，产能投建周期一般是两年[③]。两年后，产能建成，需求如果达不到预期，就有可能导致价格战，毛利率萎缩，产能利用率下降。据分析员经验，一旦产能利用率低于65%，利润会负增长，2005年产能利用率曾经达到55%，2009年底产能利用率达到120%。

另外，我们分析了乘用车和重卡的季节性因素，发现乘用车在三、四月份和十一、十二月份销售较好，主要分布在大的节假日后(图3)。重卡在三至五月销售较好，因为这段时间是房地产新开工的旺季(图4)。

图3：乘用车的旺季在3月—4月和11月–12月　　图4：重卡的旺季在3月—5月

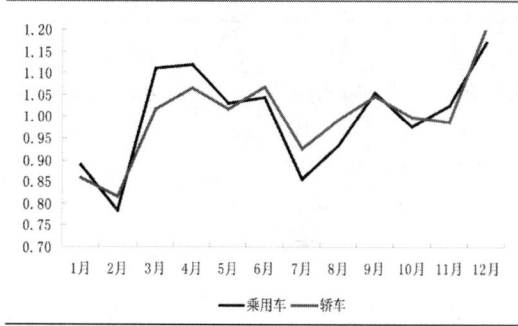 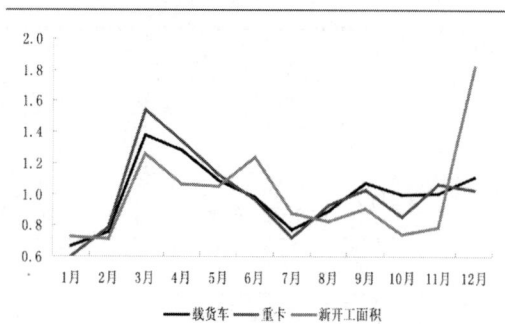

资料来源：中汽协，申万研究　　资料来源：中汽协，申万研究

[③] 汽车和房地产的开发周期均为两年，但是汽车一旦投资，两年后产能必然出来。而房地产开发和销售可以人为控制，这一点有本质区别。

1.3 乘用车"驱动力"和"信号验证"机制的历史验证

根据上述说明,本部分主要验证两个问题:

第一,申万宏观先行指标、M2 和储蓄意愿指标三者能较好解释乘用车需求短期的波动。

将乘用车的月度数据做平滑处理,从趋势上看,2004 年和 2008 年有较大幅度下滑,我们必须解释这两段需求下滑的原因。

从图形上看,我们发现 2004 年和 2008 年宏观先行指标下滑、M2 同比增速下滑、居民储蓄意愿的上升。所以用这三个指标可以把握乘用车的短期需求波动(图 5—图 7)。

乘用车销量之所以与宏观先行指标同步,是因为乘用车销售也是经济的领先指标,乘用车一方面代表下游的消费能力;另外一方面也体现货币环境的微妙变化。

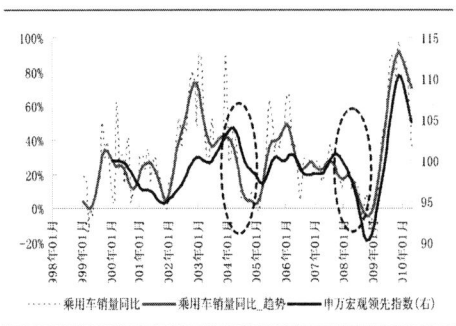

图 5:乘用车销售同比和宏观领先指标同步同向

资料来源:中汽协,万得资讯,申万研究

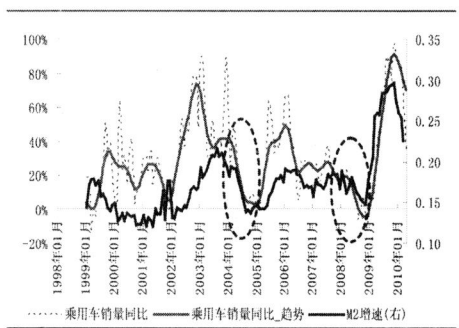

图 6:乘用车销售同比和 M2 同比增速同步同向

资料来源:中汽协,万得资讯,申万研究

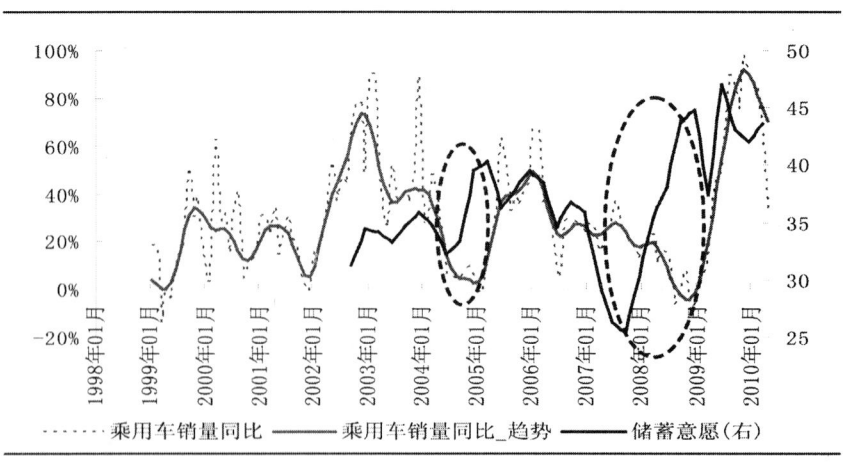

图 7:乘用车销售同比和储蓄意愿同步反向

资料来源:中汽协,万得,申万研究

当然,2004 年销售下滑,除了经济和货币环境恶化、消费者信心下滑外,消费信贷的收紧也是重要原因(表 4)。2004 年汽车消费信贷坏账率突升,银行收紧消费信贷。当时有很多消费者靠银行贷款买车,所以信贷收紧对乘用车销售打击极大。

表4：2004年汽车消费信贷大量减少

	整车主营业务收入	直接消费	信贷消费	信贷占比	信贷净增额
2001	2,458	2,022	436	18%	
2002	3,407	2,257	1,150	21%	714
2003	5,142	3,303	1,839	13%	689
2004	5,491	3,904	1,587	-5%	-252
2005	5,583	4,496	1,087	-9%	-500
2006	7,339	6,331	1,008	-1%	-79
2007	9,254	8,147	1,107	1%	99
2008	10,356	8,773	1,583	5%	476

资料来源：《汽车工业年鉴》，申万研究

第二，2004年毛利率下滑是需求下滑和供应过剩共同作用的结果，2008年毛利率下滑主要由需求萎缩导致。

上市的乘用车公司做了大量的并购，合并报表不能真实反映上市公司主体的盈利情况，所以自下而上的汇总无法反映乘用车的毛利率变化，我们退而求其次，用统计局公布的整车毛利率代替。

从图8可知：汽车整车毛利率在2004年和2008年出现较大下滑，其余时间均稳步上升，2009年更升至近五年来的高点。2004年轿车出厂价格指数也出现较大幅度的下滑，而2008年下降幅度不大(图8)。我们由此可以推断2004年毛利率下滑是需求下滑和供应过剩共同作用的结果，2008年毛利率下滑主要由需求萎缩导致。

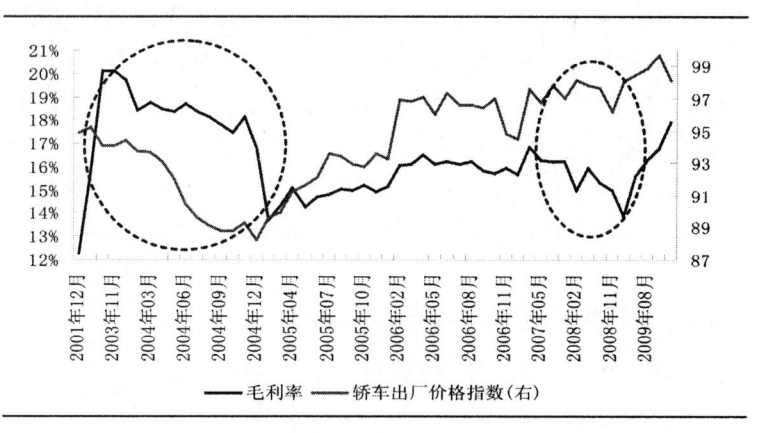

图8：2004年和2008年汽车毛利率出现极大下滑

资料来源：万得，申万研究

以上分析可知：2004年和2008年，经济领先指标、M2均出现下滑，储蓄意愿上升，只是2008年较2004年态势更剧烈。从供给端看，产能释放的高峰期在2004年和2007年，2008年产能释放的压力并不大(图9)。观察汽车行业的投资增速，发现其与乘用车销售增速趋势非常一致，这说明汽车厂商确实是根据当年的销售情况安排投资计划，而这些投资在一到两年后形成产能④(图10)。

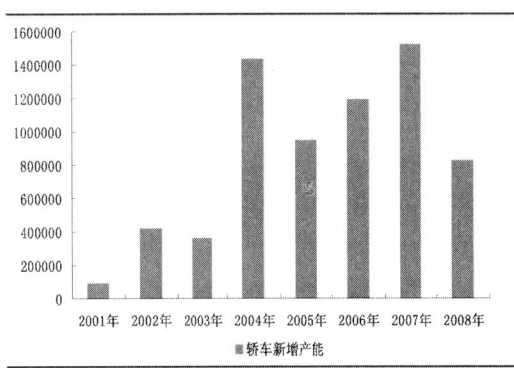

图9：乘用车产能释放在2004年和2007年达到高峰

资料来源：万得，申万研究

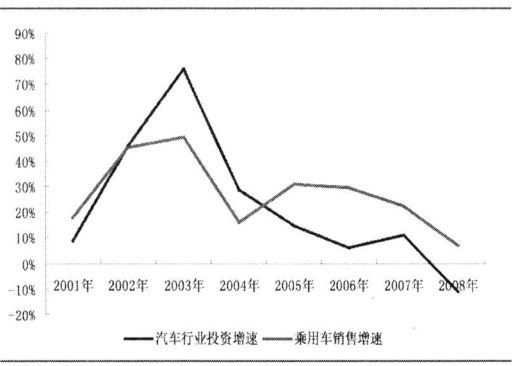

图10：汽车投资增速随销售增速变动

资料来源：CEIC，申万研究

于是完整的图景如下：2001年—2003年，在长期因素的影响下，居民购车需求进入第一轮爆发期，乘用车销售同比增速迅速上升。在此背景下，一方面汽车厂商在2002年和2003年大量投资，这些产能在2004年和2005年投放，形成巨大的供应压力。另一方面，2004年开始宏观调控，宏观经济景气向下、货币环境变差、居民储蓄欲望上升。与此同时，银行收紧汽车信贷，乘用车需求大幅下跌。供过于求导致价格战，汽车毛利率下滑，产能利用率在2005年达到历史最低的55%，利润负增长。恶劣的市场环境使汽车厂商减少行业投资，2004年到2008年汽车行业投资增速不断下滑(2008年是-11%)，所以从2005年到2007年供应环境有所改善，汽车毛利率回升。2008年，需求再次下滑，毛利率再次下降，但这次供应压力并不大，所以价格同比下降幅度不大。2009年，在汽车政策和宽松货币的双重刺激下，需求突然爆发，产能却再遇瓶颈，供不应求使价格下降幅度很小，甚至上升，毛利率上升到五年最高。2009年下半年始，产能利用率达到120%，厂商开始加大投资力度。进入2010年，第一季度的销售依然超预期，但是货币政策收紧、经济景气向下使投资者始终担心销售增速会掉头，而2009年陆续兴建的产能也凸显2010年下半年的供应压力，所以2010年汽车毛利率存在向下的压力，即使全年销售增速还能达到20%。

2.超额收益分析：踏准供应和需求的时间差

2.1 乘用车收益分析：供应影响布局、需求决定收益

我们计算了过去十年乘用车行业月度超额收益，发现如下三个结论：

---

④ 这里是轿车新增产能和汽车行业投资增速，不能一一对应，但是仍然可以看出2002年是投资高峰，2004年是产能高峰。

表 5：乘用车在 7 月取得超额收益概率最大

	2000	2001	2002	2003	2004	2005	2006	2007	2008	2009	超额收益概率
月	-12.15%	6.53%	-0.16%	4.21%	-2.56%	3.96%	4.58%	9.82%	-2.79%	2.91%	60%
月	-9.72%	5.31%	-2.13%	2.75%	2.43%	2.04%	0.27%	21.97%	-6.11%	14.77%	70%
月	1.88%	3.06%	-2.70%	12.97%	-10.52%	-10.07%	-5.10%	-11.28%	-11.29%	8.15%	40%
月	5.58%	-2.53%	5.55%	28.02%	-3.24%	-4.07%	-4.57%	-10.15%	4.51%	17.79%	50%
月	1.81%	-0.14%	2.15%	5.26%	-4.18%	13.19%	10.02%	-2.63%	-6.05%	7.79%	60%
月	3.18%	-5.12%	6.22%	-2.61%	-5.32%	-0.44%	4.65%	7.14%	-13.73%	-11.67%	40%
月	6.01%	0.66%	-1.04%	0.36%	-8.93%	4.72%	1.38%	9.19%	4.68%	10.00%	80%
月	-4.92%	-0.03%	3.15%	-0.21%	5.08%	-4.16%	-5.29%	-2.35%	-4.95%	4.34%	30%
月	-4.53%	1.92%	-1.68%	2.22%	-5.40%	2.84%	-5.74%	14.16%	6.67%	8.33%	60%
月	-2.81%	5.05%	4.40%	5.78%	-19.69%	-3.11%	0.92%	-10.35%	0.06%	9.54%	60%
月	4.25%	-3.34%	8.76%	1.86%	-4.15%	-1.73%	5.31%	4.40%	6.37%	2.79%	70%
月	-0.63%	0.05%	2.93%	0.47%	-3.51%	1.44%	7.71%	-3.69%	-4.35%	3.89%	60%
额收益	-17.64	9.18	22.75	73.59	-40.20	2.13	21.79	62.65	-12.24	207.94	
增速		-2.89%	-8.36%	-4.48%	-9.14%	-8.17%	-3.53%	-2.74%	-2.37%	-1.41%	
增速	19.51%	17.90%	45.48%	49.40%	15.96%	30.85%	29.57%	22.32%	7.14%	52.88%	

资料来源：万得，申万研究

第一，汽车股获得超额收益概率大，需重点关注产生负超额收益原因

过去十年，乘用车指数有七年跑赢申万A股指数，获得超额收益概率大（表5）。从人均GDP、人均可支配收入和汽车保有量等中长期指标看，汽车正在成为家庭必备的生活用品，其销售增速会保持一个较高水准，超额收益也比较稳定。投资汽车股，关键是要分析负超额收益的原因，警惕这些因素的出现。

第二，产生负超额收益的共同点是毛利率下滑

2004年和2008年的年度超额收益分别是-40.2%和-12.24%，其共同特征是毛利率下滑。前者是需求和供给共同作用的结果，2004年销售增速下降到15.96%，价格同比下跌9.14%。2008年，产能释放并不严重，但百年一遇的金融危机使需求下滑更加厉害，销售增速仅有7.14%。毛利率下滑的原因上文已详细分析。从这点可以知道，需求并不一定带来超额收益，2010年需求可能会超预期，但是如果毛利率下滑，那么依然很难产生超额收益。

第三，投资乘用车股就要踏准供应和需求的时间差（图11）

供不应求，毛利率上行是投资汽车股的最佳时机，恰如2009年；供过于求，毛利率下滑是投资汽车股最差的时候，正如2004年。所以踏准供应和需求的时间差是投资汽车股的关键。

虽然我们尽力运用各种指标和微观调研来把握汽车的短期需求波动，但必须承认，下游行业（包括房地产）的需求难以很前瞻地判断，成功的投资不能仅把赌注放在对需求的判断上，汽车供应情况也是布局的关键。在供应不充足的年份，需求只要稍微不错，毛利率就会上行，超额收益就有可能产生；在供应充足的年份，需求必须超乎寻常得好，否则毛利率很难改善。而供应是能够跟踪和计算的，可以根据一到两年汽车行业的投资状况自上而下的判

断,通过跟踪主要厂商的投产计划和生产计划自下而上分析。对供应有了大致的判断后,跟踪需求才是可行之道。所以我们说:供应决定布局,需求决定收益。

图11:踏准需求与供给"错步"的节拍

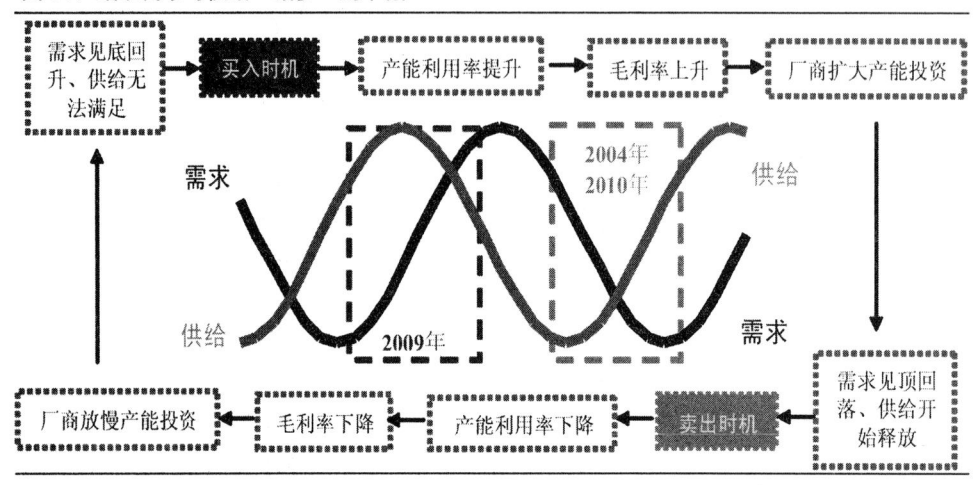

资料来源:申万研究

2.2 策略如何看乘用车:介于房地产和必需消费品之间

乘用车研究需要借助调研了解事实真相:
①向 4S 店询问销售、人流、库存和折扣情况;
②向厂商调研产能投放、资本开支计划、新车型、研发情况等;
③向行业专家咨询行业政策。

乘用车投资要把握三个层次。第一,要关注人均 GDP、人均可支配收入和保有量等长期指标,因为这些指标将影响整个行业的生态环境。第二,要跟踪行业投产计划和年度产能释放节奏。最后,把握短期的需求波动,踏准需求和供应的时间差。过去几年,乘用车需求、投资和产能释放呈现蛛网模型效应,但经过几个周期,汽车厂商也会变得聪明,产能投放的盲目性可能会有所缓解。

汽车和房地产同属大宗可选消费品,但至少有三点区别。第一,房地产对中游制造业和国民经济的拉动作用大于汽车行业,房价关乎民生问题,所以房地产更易成为政策调控工具,受信贷、利率等因素的影响更大。第二,房地产的开工、销售弹性很大,汽车产能释放节奏比较明确。第三,房地产销售受政策影响大,汽车、航空等消费更能反映终端需求的消费能力和意愿。

在整个体系中,下游需求是一个重要的外生变量,上游的需求取决于中游订单,中游的订单取决于下游的需求。一般中上游的需求变化有传导时间,不会突然消失。上游最关注价格(中国基本是价格接受国,定价权在国外),下游最关注需求,中游是观察上游成本和下游需求变化最好的过渡地带。

下游的需求只能通过宏观逻辑推导和微观企业调研来共同把握,在整个体系中,行业分析员更多还是把握供应情况。乘用车的需求介于房地产和必需消费品之间,它不像房地产那样受政策扭曲，也不像必需消费品那样一成不变，乘用车需求变化对经济周期比较敏感，是观察下游需求变化最好的指标。

策略跟踪的汽车中观数据库结构如下(表6)：

表6：策略跟踪的汽车中观数据库

大类	行业	行业关键指标	数据来源	频度	更新日期
下游	汽车	乘用车销量	中国汽车工业协会	月	每月20日
		乘用车销量	乘用车联席会	周	每周
		轿车销量	中国汽车工业协会	月	每月20日
		载货车销量	中国汽车工业协会	月	每月20日
		重卡销量	中国汽车工业协会	月	每月20日
		轿车出厂价格指数	统计局	月	每月20日
		乘用车产量	中国汽车工业协会	月	每月20日
		乘用车产量	乘用车联席会	周	每周
		轿车产量	中国汽车工业协会	月	每月20日
		载货车产量	中国汽车工业协会	月	每月20日
		重卡产量	中国汽车工业协会	月	每月20日
		轿车出口量	中国汽车工业协会	月	每月20日
		重卡出口量	中国汽车工业协会	月	每月20日
		汽车整车制造销售收入	统计局	月	2/5/8/11月
		汽车整车制造销售成本	统计局	月	2/5/8/11月
		外生关键指标	数据来源	频度	更新日期
		货币供应量(M1、M2)	人民银行	月	每月20日
		申万宏观经济领先指标	申银万国证券研究所	月	每月25日
		城镇固定资产投资完成额	统计局	月	每月20日
		房地产新开工面积	统计局	月	每月20日
		原煤产量	统计局	月	每月20日
		煤进口量	海关总署	月	每月20日
		铁矿石原矿量产量	统计局	月	每月20日
		铁矿砂及其精矿进口量	海关总署	月	每月20日
		铜材产量	统计局	月	每月20日
		铜材进口量	海关总署	月	每月20日
		粗钢产量	统计局	月	每月20日
		钢材出口量	海关总署	月	每月20日
		丁苯橡胶价格	中国石油和化学工业协会	月	每月20日
		薄钢板出厂价格	中国联合钢铁网	月	每月20日
		平板玻璃价格指数	华通人	月	每月20日
		公路货运量	交通运输部	月	每月20日
		公路货运周转量	交通运输部	月	每月20日
		BDI	Bloomberg	周	每周一
		城镇储户调查	人民银行	季	每季20日

资料来源：申万研究

第八章

"可选"为剑,"必需"做盾
——下游消费投资逻辑

主要内容:

下游消费需求是整个研究体系最重要的外生变量之一。消费品分可选和必需。长期看,收入增长和人口结构变化是驱动消费增长的核心因素,随着富裕人群壮大、新生消费群体崛起、城镇化提速、老龄化加剧,相关消费行业会受益。短期需求波动对股价影响更大,因此把握短期需求波动非常关键。

消费品研究关键在于把握可选消费品的短期需求变化,需要结合宏观判断、微观调研和行业横向比较做综合评定。宏观判断给出大致方向,微观调研验证并修正宏观假设,行业横向比较避免特殊因素扭曲判断。不同阶段,三种方法的作用不一。与上游的研究逻辑相反,下游消费品的研究逻辑是自下而上的四个层面,关键把握需求。

可选消费品需求随周期波动,有整体性机会,宜自上而下把握,进攻属性明显,牛市增配,弱市低配。具体到各行业,可选消费品各有逻辑,统一性不如上游能源大。总体来看,房地产把握政策拐点、乘用车踏准供应和需求的时间差、航空把握需求、成本、升值和整合四大因素、家用电器更适合自下而上选股。

必需消费品扮演防御角色,牛市是卖点,应降低配置;弱市是买点,应加大配置,但要警惕弱市后期必需消费品的补跌行情。重视选股,强调自下而上,策略分析员的作用弱于行业分析员。创新能力、品牌、营销和渠道分析是选股关键。投资消费公司股票需要关注买卖时点:在业绩爆发增长前夜买入;利用"事件性利空"买入;卖出从成长期转入成熟期的公司股票。

关于消费品的研究报告可谓汗牛充栋,中国消费必将崛起、消费股票具备长期价值的观点被反复论证。但是如何把握消费需求的短期波动?可选消费和必需消费的投资思路有何不同?消费品行业对宏观、策略和研究体系的意义何在?相应的思考和回答寥寥无几。在我们看来,对这些问题的理解是把握消费品行业研究和投资的关键所在。

1.需求研究:下游消费的核心

消费品可分为必需消费品、可选消费品、奢侈消费品和消费服务业,涉及行业、需求波动特征及其驱动因素总结如下(表1)。

表 1：消费品分为必需、可选、奢侈和消费服务业

类别	涉及行业	需求波动特征及驱动因素
必需消费品	食品饮料、中低档服装、普通家化用品、医药	单价较低、消耗量大、购买频繁 与消费群体的生活习惯关系密切、受制度影响 需求增速受制于人均可支配收入等长期因素，平稳
可选消费品	大宗可选：普通住房、轿车	单价较高，购买前需积蓄资金 购买后在相当长时间内不会重复购买 多需要贷款支持，受货币政策影响大
	一般可选：家具、家电、中高档服装、电子产品	与经济周期相关度大，需求短期会产生较大波动
奢侈消费品	高档住宅、珠宝首饰、高档服饰	价格高昂、品牌价值突出、消费者群体固定且较小 除非发生严重经济危机，否则需求增长较为稳定而持续， 在通胀较为严重的时候，需求会阶段性加速
消费服务业	旅游、餐饮、航空、传媒、零售	地区或产品的垄断性较强 一旦获得品牌优势，收入将实现高增长 投资的固定成本较高，而单位变动成本不大，因此客流规模增长将能够带来倍增的利润增长

资料来源：申万研究

零售、餐饮、传媒等消费服务业的收入增长较稳定，类似必需消费品；旅游、航空的收入增长受经济周期、突发事件影响巨大，可归入可选消费品。由此消费品主要分为必需消费品、可选消费品和奢侈消费品。因奢侈消费品特殊性强，涉及上市公司有限，故本文不做分析。

1.1 人口和收入是驱动消费需求的长期因素

毋庸置疑，收入增长和人口结构变化是驱动一国消费增长的核心因素。整体水平收入固然重要，收入结构分布同样关键(富裕人群消费能力更强)；人口的时间分布(年轻人群和老龄化)和空间分布(城镇化)也是重要驱动力。随着富裕人群壮大、新生消费群体崛起、城镇化提速、老龄化加剧，相关消费行业会受益(图2)。之前已有大量宏观研究，在此不再赘述。

图 1：富裕人群壮大、新生消费群体崛起、城镇化提速、老龄化加剧驱动相关消费行业

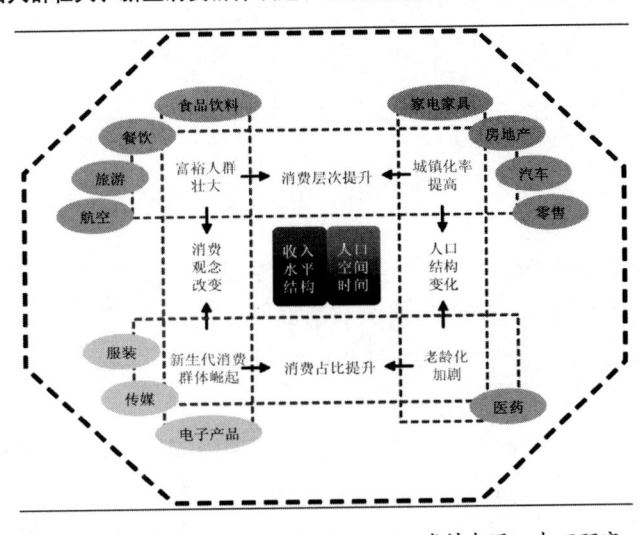

资料来源：申万研究

日韩案例清晰显示出城镇化、老龄化对大宗可选消费和医药的驱动。日、韩分别在1950—1970年代和1970—1990年代步入城镇化加速阶段，人均可支配收入大增，带动服装、饮料、汽车、家具等消费支出明显增加。此外，日韩中老年群体的扩大使医疗保健支出稳步上升(图2-图5)。

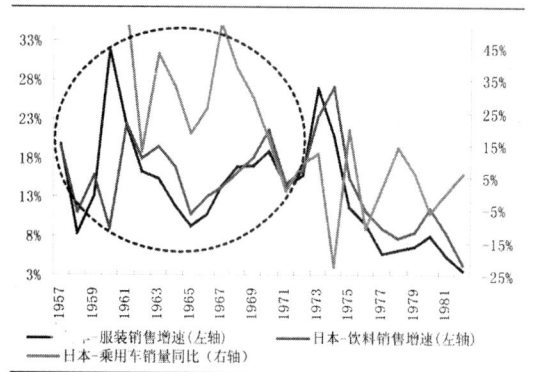

图2：日本1950—1970年代服装、饮料和汽车高增长

资料来源：日本通商产业政策史，申万研究

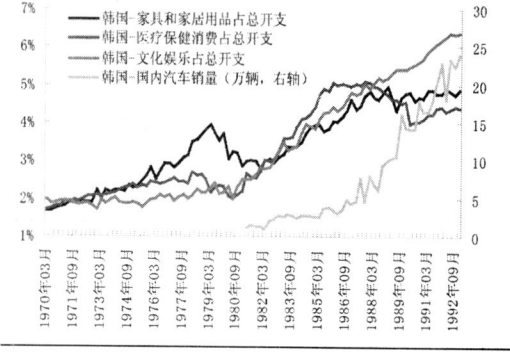

图3：韩国1970—1990年消费开支显著增加

资料来源：CEIC，申万研究

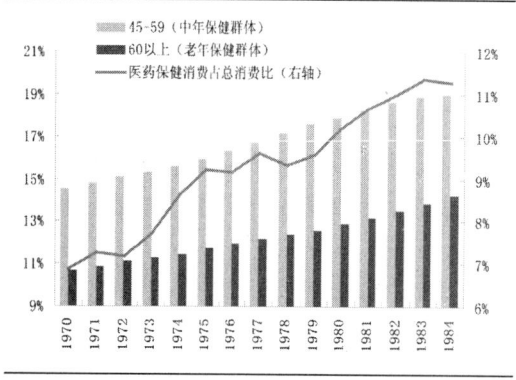

图4：老龄化使日本医疗保健消费增加

资料来源：CEIC，申万研究

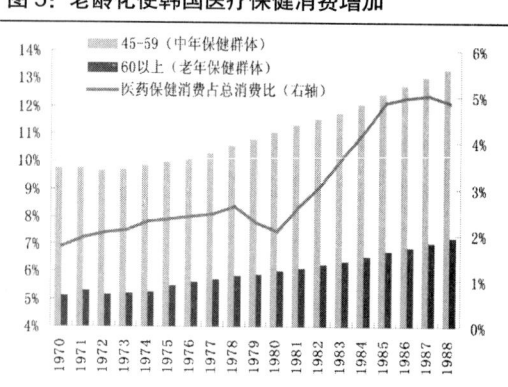

图5：老龄化使韩国医疗保健消费增加

资料来源：CEIC，申万研究

关于新生消费群体崛起和富裕人群比重提高带来消费观念的变化，麦肯锡的微观调研可供借鉴。

所谓富裕人群是年收入超过25万人民币的家庭，2008年在中国有160万，2015年将超过400万。富裕人群与普通大众的消费观念有明显差异，据麦肯锡调研，富裕人群更愿意为高质量产品支付溢价、引领新技术潮流、更多使用借贷消费；富裕人群在个人护理、休闲娱乐、餐饮等高层次消费支出更多(图6)。

另一值得关注的现象是"80后"、"90后"消费群体的形成。目前中国"80后"、"90后"人口数已接近3亿，其消费行为和消费心理与"60后"、"70后"有很大区别。"80后"、"90后"突破了传统的节俭、保守消费理念，提倡超前消费。这些"敢于消费"的新群体崛起，保证中国消费快速增长(图7)。

图6：富裕人群的消费观念、模式明显与众不同　　　图7："70后"和"80后"的消费观念不同

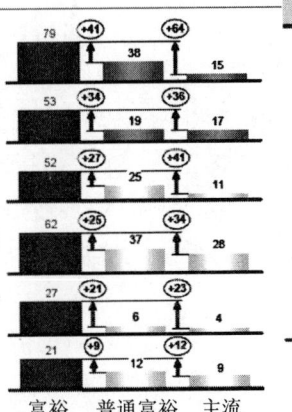

	"70后"	"80后"
消费观念	实用主义	感官主义 时尚主义
消费模式	量入为出	超前消费 透支消费
支付方式	基本依靠个人收入支付	个人支付+父母赞助/买单
购买途径	传统商场卖场	越来越多通过网络购物

"富裕"指的是：家庭年收入超过25万元人民币的消费者；"普通富裕"指的是：家庭年收入介于96000-250000元人民币的消费者；"主流"指的是：家庭年收入72000元人民币以上的四级城市消费者、家庭年收入96000元人民币以上的三级城市消费者、家庭年收入144000元人民币以上的二级城市消费者、家庭年收入192000元人民币以上的一级城市消费者

资料来源：麦肯锡，申万研究　　　　　　　　　　　　　　　　资料来源：申万研究

一般说来，行业发展需经历导入期、成长期、成熟期、衰退期四个阶段，消费品的投资机会集中在处于导入期和成长期。通过与申万消费品分析员自下而上的沟通，我们绘制了中国主要消费品行业所处的生命周期图(图8)。

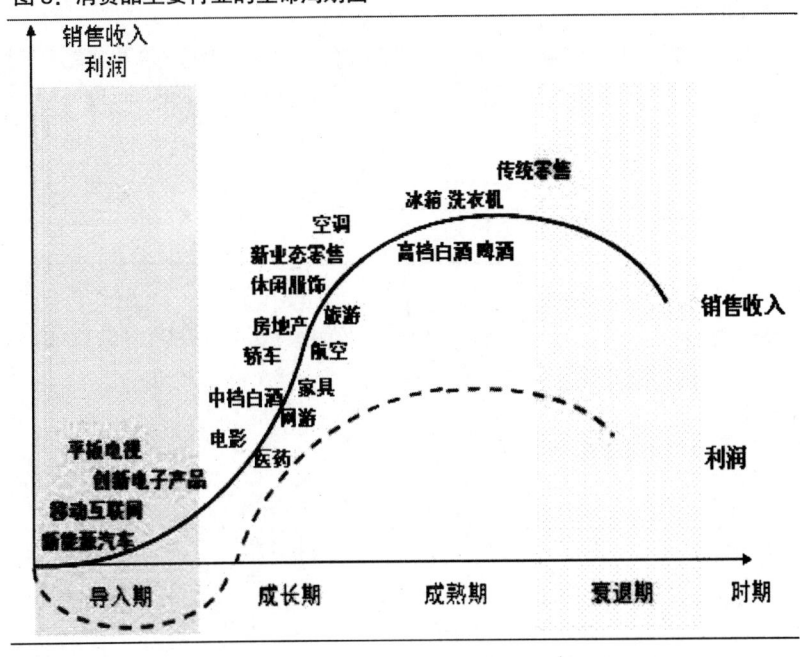

图8：消费品主要行业的生命周期图

资料来源：申万研究

99

1.2 短期需求靠宏观判断、微观调研和行业横向比较

长期因素仅能确定方向，谁也不确定质变什么时候会发生。而短期的需求波动会改变人们对长期的看法，并引发股价波动。所以把握需求的短期波动对整个体系至关重要。

从逻辑上讲，可选消费需求波动大，其固定资产投资对中游行业的拉动明显。研究下游消费的短期需求变动，就是要把握可选消费品的需求变化，我们需要结合宏观判断、微观调研和行业横向比较。

第一，宏观判断给出大致方向，提出可被证伪的假说

可选消费品对经济周期敏感，有一定金融属性，受货币政策影响明显。在第六章、第七章中，我们发现申万经济领先指数、M2、储蓄意愿、M1对乘用车和房地产销售变动关系紧密。所以，宏观应该首先对经济周期、货币政策做大致判断，然后据此判断可选消费短期需求的变化方向。

但这种判断有两个缺陷。其一，房地产、乘用车等可选消费的需求是宏观的领先指标，其变动会影响经济波动，所以用宏观来判断这些需求的变动有本末倒置之嫌。其二，货币政策会根据宏观和微观变化做调整，并非纯粹的外生变量。虽有上述缺陷，宏观判断依然可作为逻辑证伪的起点，否则将陷入毫无结果的循环

第二，微观调研验证宏观判断

微观主体的反应最终导致宏观结果的出现。宏观有了判断后，需要调研微观主体的行为变化和预期变动，验证并修正宏观假设。

对于可选消费品，调研环节通常有两类：销售环节（向地产中介调研看房人群购买需求、按揭贷款情况、投资客与自住客的比例；向4S店询问销售、客流、库存和折扣情况）和生产环节（向房地产开发商调研资金状况、库存、新开工状况和新盘去化速度；向汽车厂商调研产能投放、资本开支计划等）。

另外我们可以根据微观调研编制出调研指数，关注变化。比如申万将员工出差的机票价格编制成指数，反映机票折扣情况，从而说明航空需求的变化（图9）。

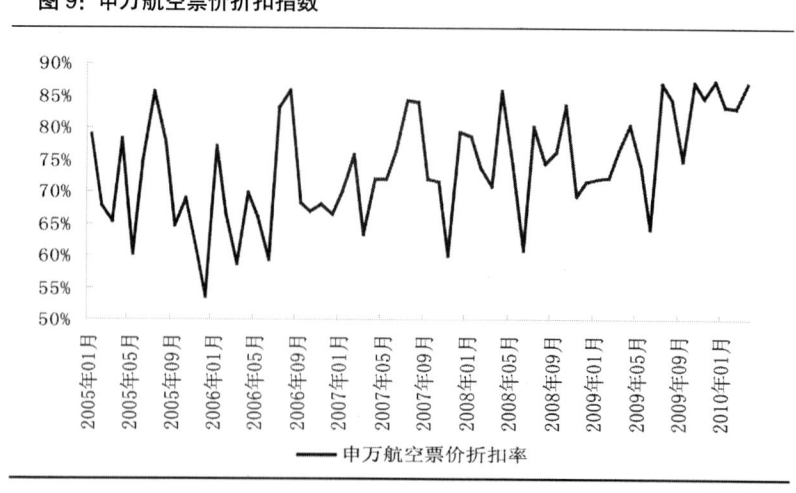

图9：申万航空票价折扣指数

资料来源：申万研究

微观调研有两个缺点：其一，微观主体一般较盲目，不可能太前瞻，对大周期更加无所适从。此时宏观判断更重要，逻辑是唯一的领先指标；其二，样本可能无法反映整体，像房地产等分散度极大的行业，调研样本容易产生偏差。

第三，综合跟踪多个行业，避免行业特殊因素扭曲判断。

每个行业的需求波动都有其特殊的影响因素，这种特殊因素引发的需求波动并不能反映宏观环境和整体需求的变化，所以必须综合几个行业横向比较。房地产需求受政策影响太大，金融属性较强(图10)；航空需求受事件因素影响巨大(图11)。

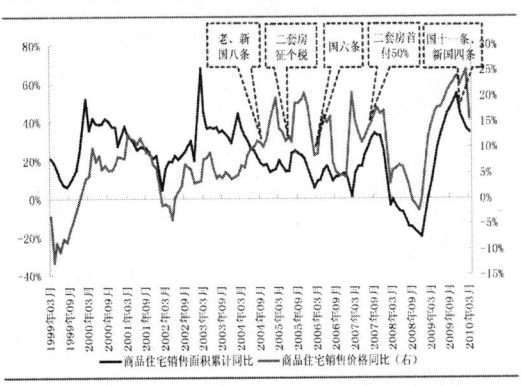

图10：房地产销售受政策影响大

资料来源：CEIC，申万研究

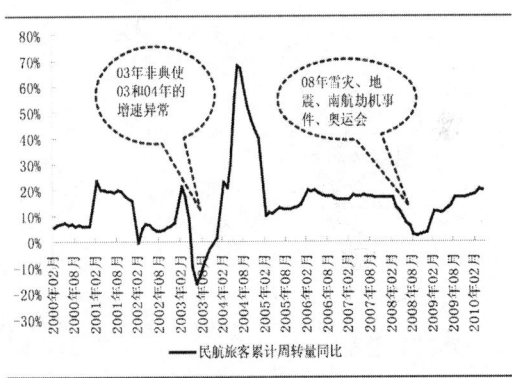

图11：航空需求受事件影响巨大

资料来源：CEIC，申万研究

相对房地产和航空，乘用车的需求变化能够比较真实反映经济周期的变化。从图13可见，1999年来房地产和乘用车的销售趋势基本相同，和经济周期非常一致。但在2006年，随着经济周期走强，乘用车销售变好，房地产销售并没有随之上升，主要是受政策压制所致。

观察可选消费品需求变化，应以乘用车为基石，以房地产和航空为两翼。历史数据表明，乘用车与房地产、航空的需求变化基本一致，领先白色家电(图13)。

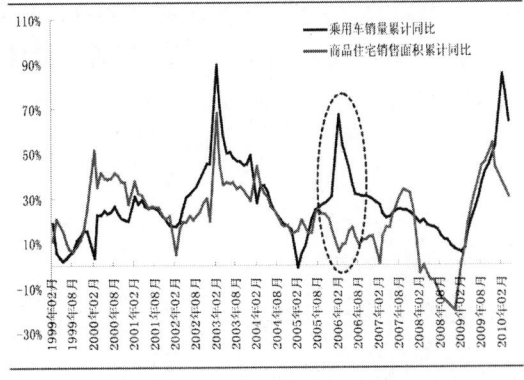

图12：乘用车比房地产更好反映周期变动

资料来源：CEIC，申万研究

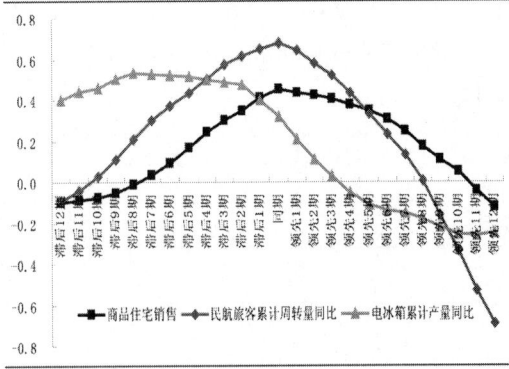

图13：乘用车与房地产、航空同步，领先白电

资料来源：CEIC，申万研究

101

综上所述，三种方法均有缺点，我们需要综合宏观判断、微观调研和行业横向比较来把握下游需求的短期变化。不同阶段，三种方法的作用不一。如 2008 上半年，出口没有下滑、政策没有放松、次贷危机还未深化，但实体需求已发生悄然变化，房地产、乘用车和航空需求数据均开始下滑(图 14)，此时行业横向比较比宏观判断和微观调研更有意义。而 2008 年底需求数据和微观调研均无信心，对"四万亿"等政策力度的信任使宏观做出更前瞻判断。

图 14：2008 上半年微观层面显示需求已经下滑

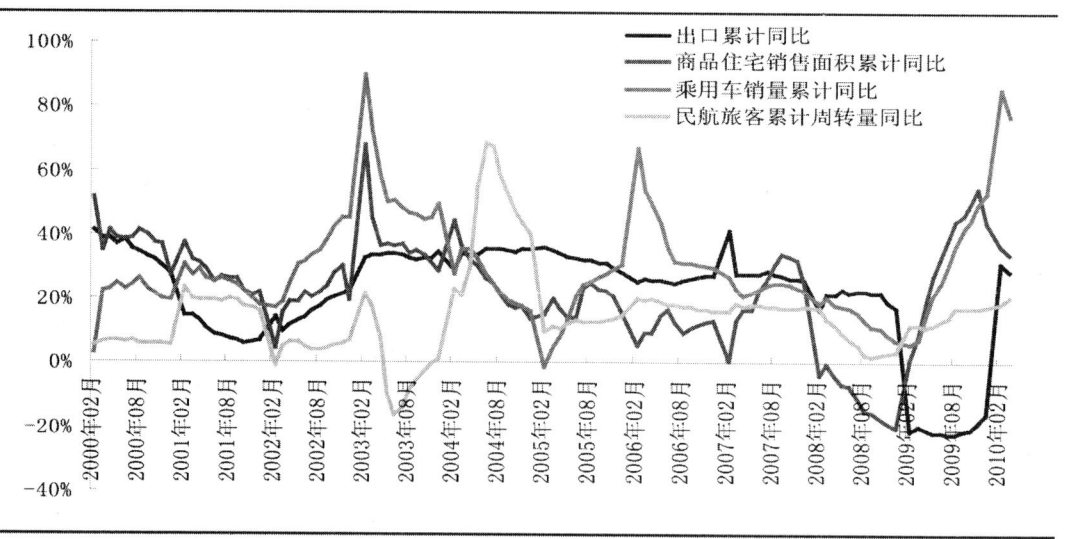

资料来源：万得资讯，申万研究

我们不可能找到简单公式来计算需求变化，也不能仅跟踪单个变量，必须前前后后反复论证，跟踪不同层面数据。

与上游的研究逻辑[①]相反，下游消费品的研究逻辑是自下而上的四个层面，关键把握需求(图 15)。第一层面，借助宏观判断和微观调研给出需求短期变化方向。第二层面，跟踪四大可选消费品的需求变化，对第一层面的判断做修正。第三层面，是可选消费品的供应，需要微观调研产能变化情况，把握从供应到需求的时滞；此外，可选消费的供应是对中游行业的需求，直接影响中游景气。第四层面，是中游行业消耗量，需要通过中游数据反向验证可选消费品产能变化状况。比如房地产施工进度加快会带来钢铁、水泥、重卡、挖掘机的销量增加。

[①] 关于上游投资逻辑，参见第五章《煤飞色舞，牛市之始；倒煤透顶，色即为空——上游投资逻辑》。

图15：可选消费研究自下而上的四个层面

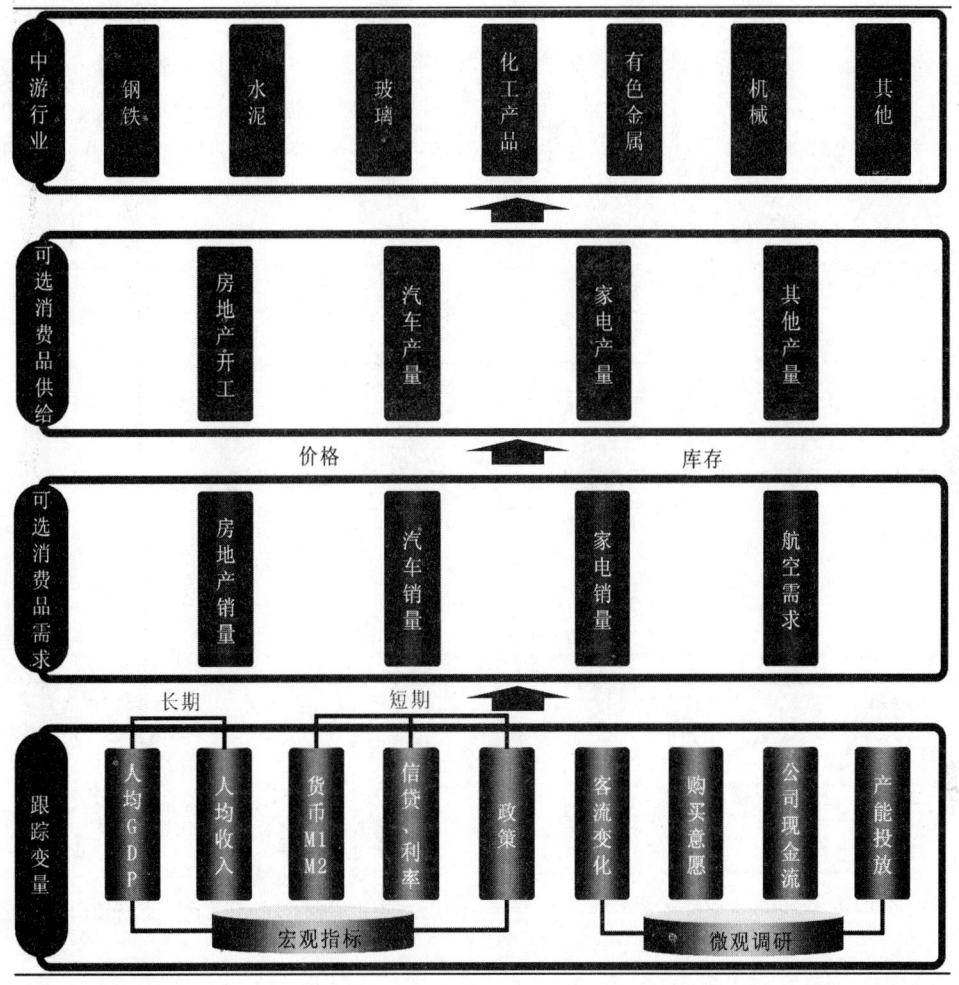

资料来源：申万研究

2. "可选"自上而下进攻，"必需"自下而上防御

可选消费品需求随周期波动，有整体性机会，宜自上而下把握；必需消费品个股特征明显，自下而上选股为主，策略分析员作用弱于行业分析员。

2.1 可选消费品：自上而下进攻

我们用申万A指刻画市场趋势，用行业指数和申万A指的比值代表行业超额收益。比值上升说明行业跑赢指数，获得超额收益。

从下图可清晰看出，2000年以来（特别是2005年以来），房地产、乘用车、家电和航空的超额收益指数与市场指数基本同步（图16—图19）。说明可选消费品（特别是房地产和汽车）体现出明显的进攻属性，在牛市中跑赢指数、熊市中跑输指数。这一点与投资品类似，故可选消费品应牛市增配，弱市低配。

图 16：房地产股票超额收益与市场同向变动

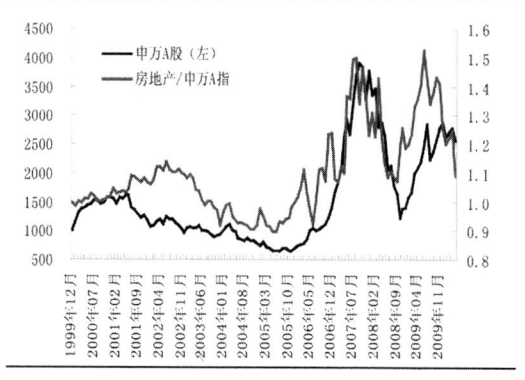

资料来源：万得资讯，申万研究

图 17：汽车股票超额收益与市场同向变动

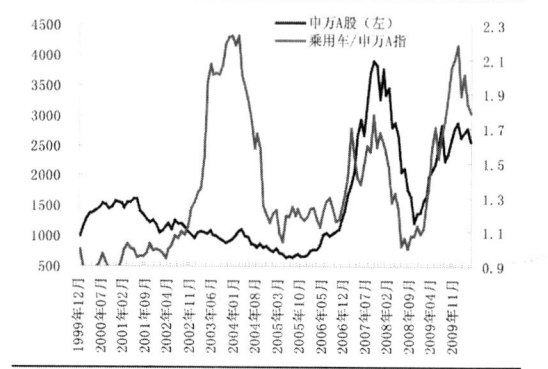

资料来源：万得资讯，申万研究

图 18：家用电器股票超额收益与市场同向变动

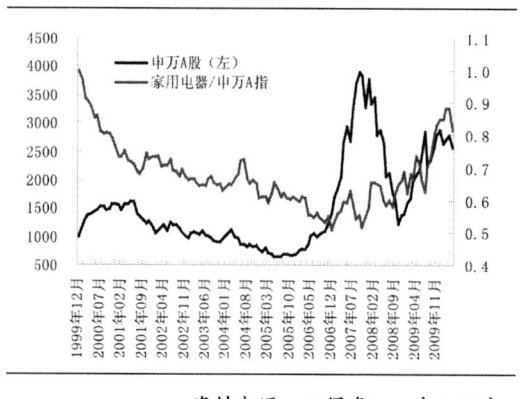

资料来源：万得资讯，申万研究

图 19：航空股票超额收益与市场同向变动

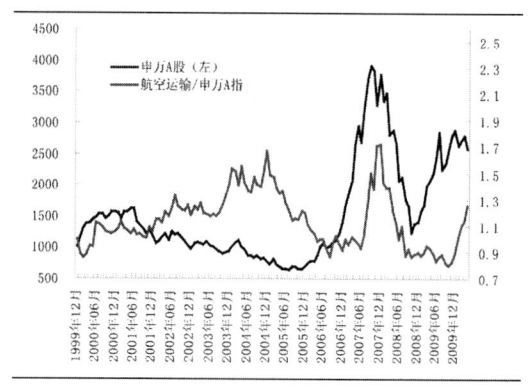

资料来源：万得资讯，申万研究

具体到各行业，可选消费品各有逻辑，统一性不如上游能源大。过去十年，乘用车、家用电器和房地产均跑赢指数，航空跑输指数。乘用车超额收益最大，家用电器累计超额收益超过房地产。

2.1.1 房地产股票投资：关注政策拐点，关注流动性

房地产股票超额收益和房地产销量同比非常相关（图20）。房地产股波动剧烈，赚钱容易，亏钱也快。2007年大牛市中，房地产股票指数居然跑输申万A指1.9%；2009年房地产行业惊天大逆转，量价齐升，但房地产股票指数仅跑赢申万A指10.7%。根源在于这两年的最后几月中房地产股票指数跌幅巨大，吞噬前面积累的超额收益。导致利润回吐的根源是政策变化，所以投资房地产股关键要关注政策变化[②]。

[②] 关于房地产股票的投资逻辑详见第六章《策略如何看房地产——打造房地产的"驱动力"和"信号验证"机制》。

不同阶段投资者的心态不同，运用的估值方法也不同。在最悲观的时候，投资者重视开发商的现金和可变现资产，严重的破产风险使公司债券大打折扣(图21)；待销售企稳，开发商资金链紧张有所缓解，投资者开始用 PB 估值法；待销售回升，房价上涨，投资者觉得 Book Value 不能体现土地增值预期，用 P/RNAV 估值法，RNAV 随房价上涨越调越高；再接下来用 PE 估值法；最后地王频现，投资者直接用"地王 + 利润"法给股票估价。

这是流动性泛滥的正向循环机制，股市的流动性推高股价，楼市泡沫推高房价，使 RNAV 和 EPS 上调速度快于股价上涨速度，所以股票越涨越便宜；而一旦流动性逆转，则越跌越贵。这种现象在下游消费品比较少见，对上游能源品较普遍，即所谓的资源重估法。所以，一旦人民币升值预期起来、流动性泛滥，资源(上游能源)和资产(房地产、带物业的商贸)会得到重估。

图20：房地产超额收益和销售面积同比相关

资料来源：CEIC，申万研究

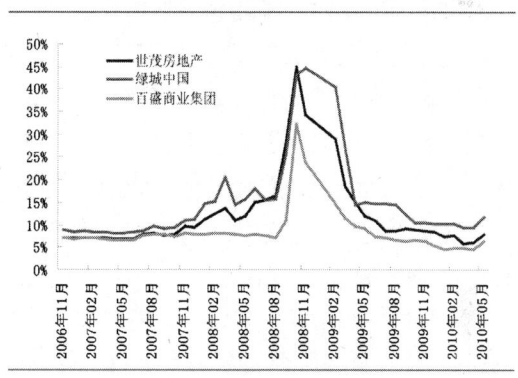

图21：香港内房股债券收益率在 2008 年底飙升

资料来源：彭博社，申万研究

2.1.2 乘用车股票投资：踏准供应和需求的时间差

乘用车的超额收益和毛利率最相关(图22)。2004 年和 2008 年毛利率下滑导致超额负收益，2009 年毛利率达到五年最高，超额收益为 207%。当然，毛利率是结果，由成本和价格决定，价格由需求和供应决定。投资汽车股[3]要踏准供给和需求的时间差(图23)。供不应求，毛利率上行是投资汽车股的最佳时机，恰如 2009 年；供过于求，毛利率下滑是卖出汽车股的时候，正如 2004 年。但需求难以判断，成功的投资不能仅把赌注放在对需求的判断上，供应也是布局的关键。在供应不足的年份，需求稍微不错，毛利率就会上行，超额收益就可能产生；在供应充足的年份，需求必须超乎寻常好，否则毛利率很难改善。供应能被统计，对供应有判断后，跟踪需求才是可行之道。供应决定布局，需求决定收益。

---

[3] 关于乘用车股票的投资逻辑详见第 7 章《策略如何看乘用车——打造乘用车的"驱动力"和"信号验证"机制》。

图22：乘用车超额收益和毛利率变化最相关

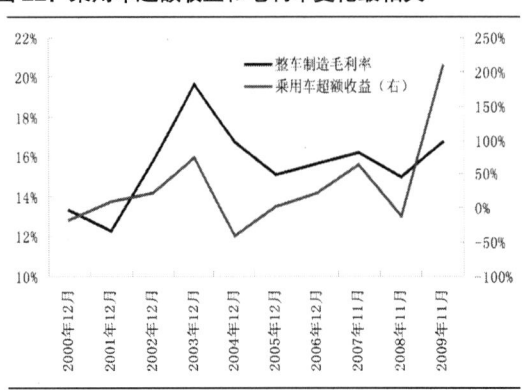

资料来源：CEIC，申万研究

图23：乘用车投资要把握需求和供给的错位

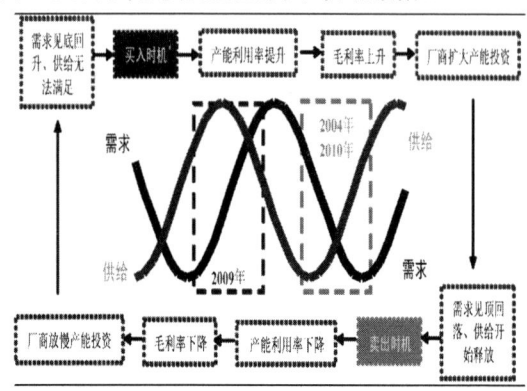

资料来源：申万研究

可选消费品产能投放的周期比较长。一般而言，房地产从开工到竣工结算需要两年、航空从订购到投入使用需要三年，所以供应和需求的时间差应该是一个很好的视角。只可惜房地产从新开到竣工中间有太多可调空间，航空毛利率受成本影响太大，所以只有乘用车比较适合从这一角度把握投资机会。

2.1.3 航空股票投资：需求超预期、油价稳定、升值和整合

过去十几年，航空需求一直稳定增长(图24)，但没有形成相应的盈利增长(图25)，主要是由于：(1)无序的运力扩张，损害了票价和客座率，过于复杂的机型结构也增加了成本；(2)2004下半年-2008上半年，用油成本的快速上升直接带来了毛利率的下降，并导致主业亏损；(3)所有的航空公司IPO之后都无法达到再融资条件，缺乏资本金补充，而过高的资本支出又导致了负债率的不断提高，从而侵蚀净利润；(4)1990年代后期开始的持续不断的航空业重组并购，整合成本消耗过高，尚未形成合适的盈利模式。

图24：1996年—2008年航空需求复合增速为11%

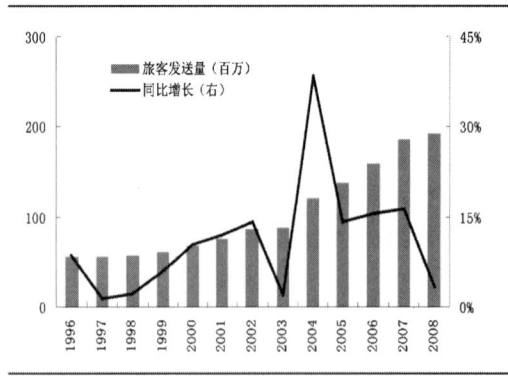

资料来源：万得资讯，申万研究

图25：1996年-2008年，航空业亏多盈少

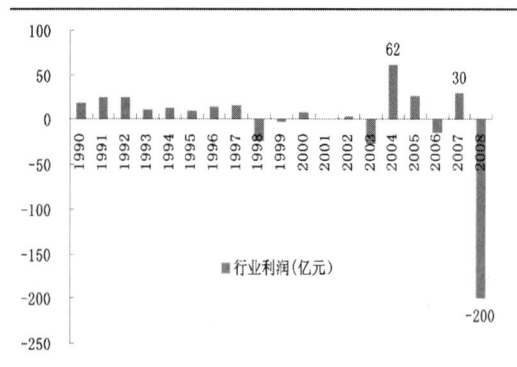

资料来源：万得资讯，申万研究

因此，投资者一直不把航空股当做消费品，非但PE不能用，连PB也不能用，航空股被作为趋势投资的典型代表。航空股最好的投资环境是需求超预期、票价折扣减少、油价稳

定、人民币升值预期强烈、有整合预期(图 26)。这种环境在 2007 年三四季度最明显,航空股也取得了难得的超额收益。

图 26:航空的投资环境是需求超预期、油价稳定、升值预期强烈、整合预期

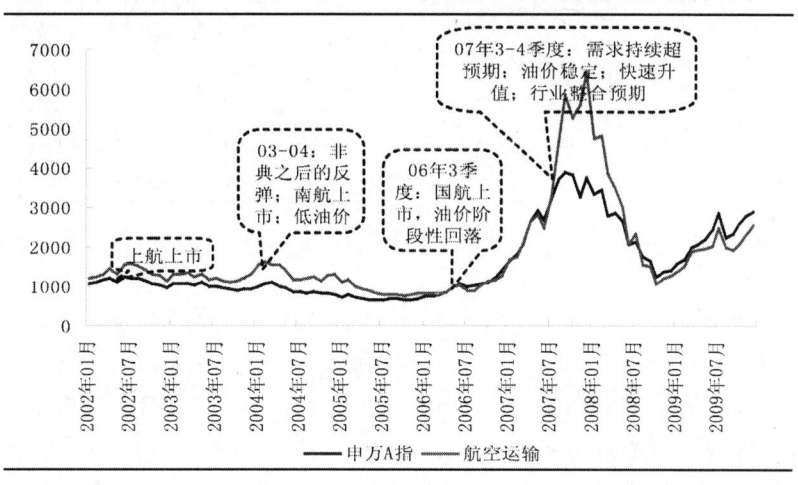

资料来源:万得资讯,申万研究

家用电器尽管属于可选消费品,但在投资中还是更应自下而上把握个股机会。总结来看,房地产把握政策拐点、乘用车踏准供应和需求的时间差、航空把握四要素、家用电器更适合自下而上选股。

2.2 必需消费品:自下而上防御

观察食品饮料、医药、商贸零售、餐饮、传媒等必需消费品超额收益指数和市场指数的走势,发现两者背道而驰(图 27—图 30)。这说明,必需消费品扮演防御的角色。

图 27:食品饮料、医药超额收益与市场反向

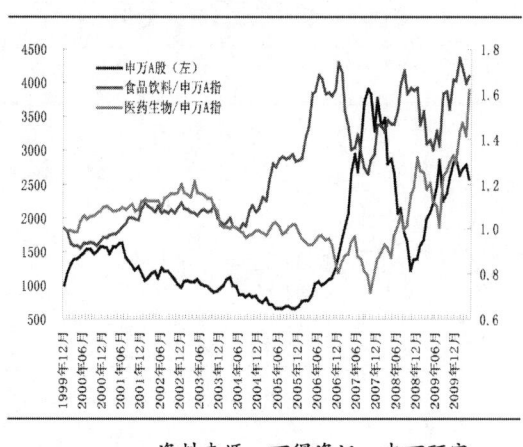

资料来源:万得资讯,申万研究

图 28:商业贸易超额收益与市场反向

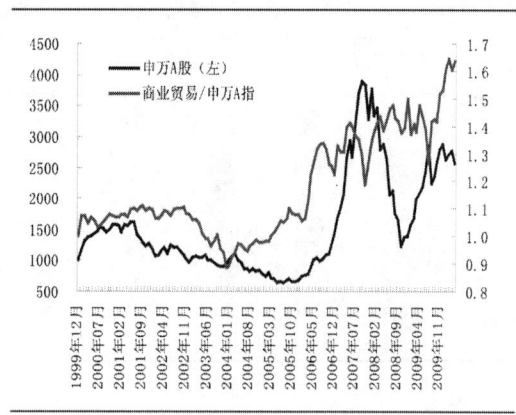

资料来源:万得资讯,申万研究

图 29：餐饮股票超额收益与市场反向　　　　　图 30：传媒股票超额收益与市场反向

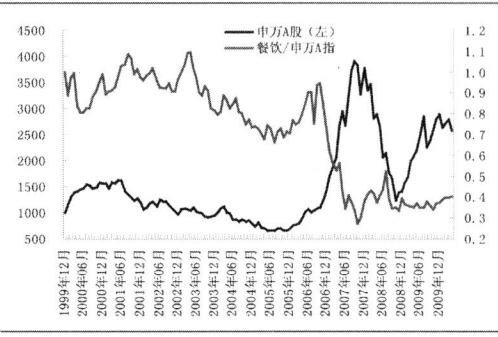
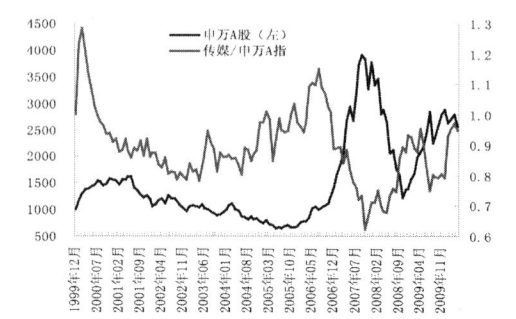

资料来源：万得资讯，申万研究　　　　　　　　资料来源：万得资讯，申万研究

对于食品饮料、医药、服装、商贸零售、餐饮、传媒等必需消费品，牛市是卖点，应降低配置；弱市是买点，应加大配置，但要警惕弱市后期必需消费品的补跌行情。一般而言，防御策略有两种：选择防御性行业和降低股票仓位。在市场下跌初期，投资者不确定环境有多恶劣，往往选择调结构：抛弃进攻性行业，配置防御性行业，此时必需消费品上涨。随着经济继续恶化，预期降到冰点，调结构已不足以规避系统性风险，投资者开始降低股票仓位，前期上涨的必需消费品会"补跌"。

必需消费品重视选股，强调自下而上，策略分析员的作用弱于行业分析员。从菲尔·费舍尔到詹姆士·卡里纳，众多投资大师替我们总结了伟大公司的特征，这里我们不再累述理论，而是借助案例⑤进行分析。

2.2.1 选股法则一：非凡的创新能力带来惊人回报

创新能力非凡的公司的股票估值远超出市场和行业平均水平，投资者更关注收入和利润高增长的持续性，创新是保证高增长持续的关键。对这类股票，传统估值方法并不适用，投资者需要打破固有的思维模式(图31—图32)。

图 31：2005年–2007年间苏宁电器收入利润高速增长　　图 32：高速成长期的谷歌估值突破传统

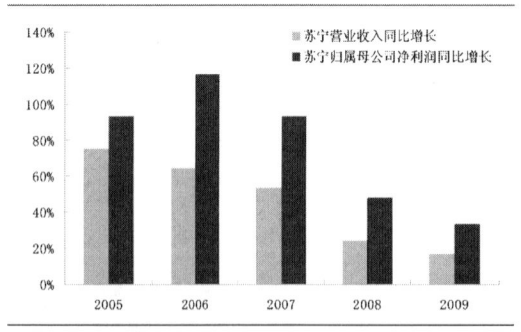
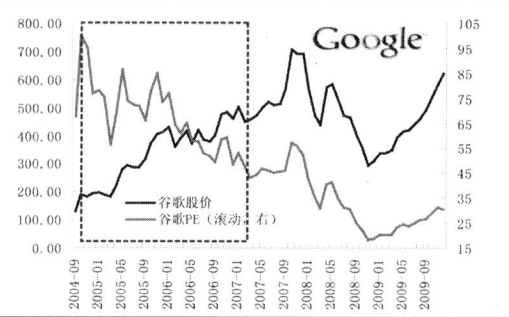

资料来源：万得，申万研究　　　　　　　　　　资料来源：万得，申万研究

---

⑤ 家电和消费电子产品，虽属于可选消费品，但投资上更强调自下而上选股，我们在此一并分析。

2.2.2 选股法则二：成功的品牌是公司收入和利润的稳定保证

品牌影响力是消费品公司赖以创造价值的核心战略。麦肯锡调研发现，中国消费者具有典型的"品牌驱动"特征，中国消费者倾向于选择他们信赖的品牌(图33)。即使对于新产品而言，2/3的中国消费者在购物时只会购买一个或少数几个品牌的物品，这一比例在英国或日本不到一半。品牌影响力不断增强的过程，是公司产品市场占有率不断提高的过程，股票估值也会得到正向提振。2008年来海信在液晶电视的市场份额不断提高，股票相对彩电行业的PE也获得提升(图34)。

图33：中国消费者"品牌驱动"特征明显

图34：海信品牌影响力提升助推股票估值

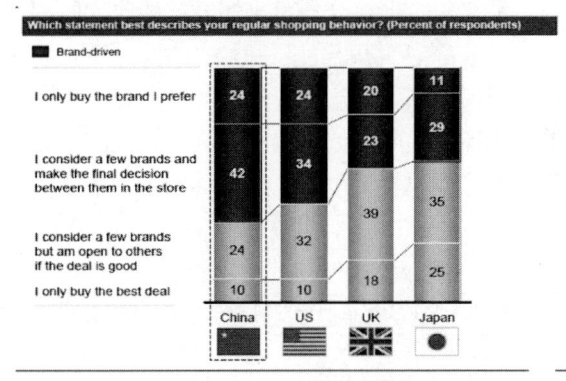

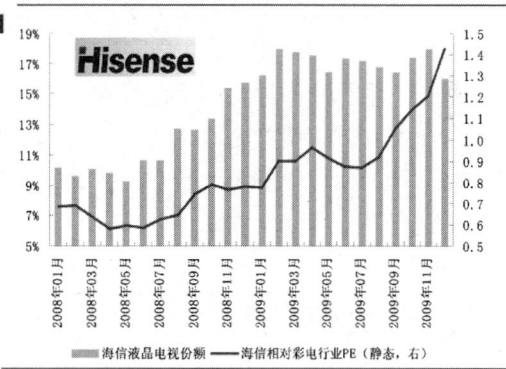

资料来源：麦肯锡，申万研究

资料来源：万得资讯，申万研究

2.2.3 选股法则三：营销和渠道是分析消费品公司的重点

消费行业的分析点不在生产环节，而在销售环节，"能不能卖出去"比"能不能产出来"更重要。合适的营销策略、渠道的广泛程度、渠道模式的选取是关键。麦肯锡调研发现，电视是营销的必要方式，几乎一半的中国消费者只有在电视上看到广告才会去购买新产品(图35)。赞助比赛和电视节目也是有效的方式，蒙牛采取赞助超女的营销效果可谓经典(图36)。市场调研数据显示，在赞助前蒙牛只在10%的消费者心目中是顶级品牌，赞助后这一比例上升至18%，超过了伊利。

图35：电视广告是对中国消费者最有效的营销 图36：蒙牛赞助超女的营销效果非常明显

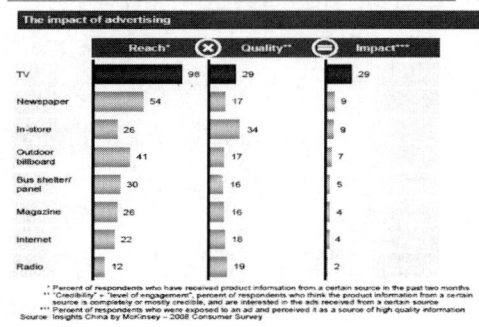

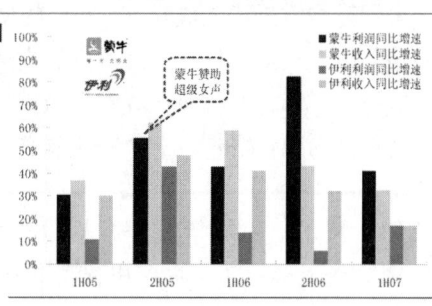

资料来源：麦肯锡，申万研究

资料来源：彭博社，万得资讯，申万研究

此外，公司管理层的激励机制也非常重要。消费品公司的渠道控制和营销费用较高，且普遍不透明，存在较大的内部人利益空间，只有对那些充分了解和掌控这些利益空间的管理层进行激励，才能杜绝利润漏出。

2.2.4 利用事件利空买入，盈利拐点是买卖时点

很多人认为，好的消费品公司股票可以永远持有。但只要是股票，就有被高估的时候，买卖时点永远值得一个成熟投资者关注。从个股角度，消费品公司的买点有两个：

第一，盈利增长爆发前夜买入

收入和利润增速的提升是很好的买点，这会促使估值提升。关键在于，如何判断是爆发前夜？这需要从创新、品牌、营销、渠道和管理层战略等角度去评估，能否在较短的未来使广大消费者接受和购买该公司提供的产品服务，最终是否会给公司带来爆发式的收入和利润增长。

第二，利用"事件性利空"买入长期看好的公

质地良好的消费类公司，因为其具有持续的增长能力，股票估值往往较高，合适的买点不多。所以当"事件性利空"引发股价大幅下跌，只要不改变公司的长期驱动因子，就是一个千载难逢的买点(图37—图38)。

图37：2003年非典对于旅游行业是"事件性利空"　　图38：2008年毒奶粉对乳业是"事件性利空"

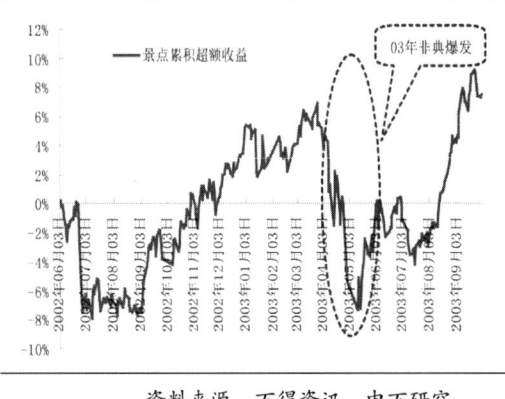
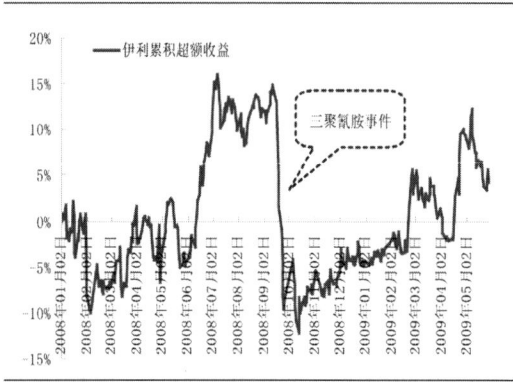

资料来源：万得资讯，申万研究　　　　　　　　　资料来源：万得资讯，申万研究

第三，卖出从成长期向成熟期过渡的公司股票

一个公司从导入期进入成长期，EPS 的增速会提高，市场会给予更高的估值，此时股价享受盈利和估值的双重提升。当公司步入成熟期，EPS 增速会下一台阶，估值也会急剧萎缩，此时股价要下跌。伟大的公司在成熟期依然保持较高增长，但估值无法提高，投资者可以长期持有享受 EPS 的稳定增长。三个阶段赚钱的方式不一样，第二个阶段是卖出公司股票的时机(图39)。

微软便是例证。1990年代，微软的收入和利润高增长，估值提升，股价走高；进入2000年，微软进入成熟期，收入和利润增速下一台阶，估值下降(图40)。任何一个伟大的公司在某个阶段都会让一批投资者蒙受损失，美国1970年代初的蓝筹泡沫(Nifty Fifty)就非常典型。如果投资人买入的时间是1969年的最高点，经历1973—1974年的崩盘后，投

资人必须等待 12 年才能解套。

图 39：卖出从成长期向成熟期过渡的公司	图 40：1990 年代末之后微软结束高成长期
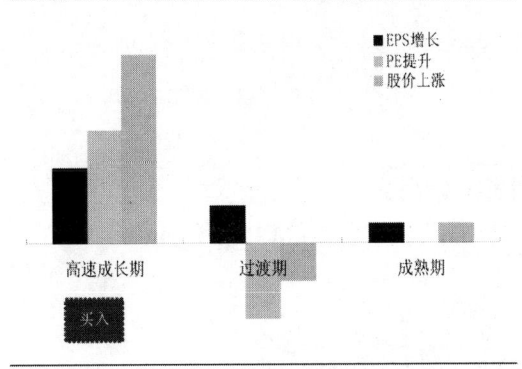	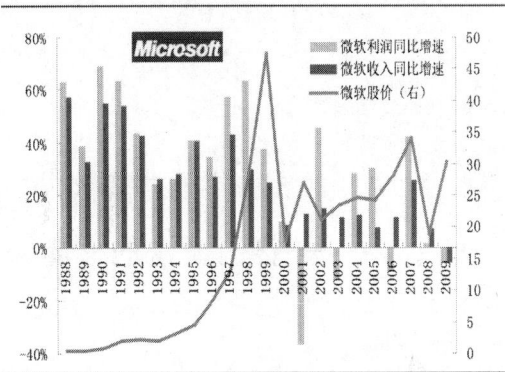
资料来源：申万研究	资料来源：彭博社，申万研究

第九章

策略如何看钢铁
——打造钢铁的"驱动力"和"信号验证"机制

主要内容：

钢铁关注量、价、库存、成本和吨钢毛利，其中库存和吨钢毛利是重点。量包括生铁产量、粗钢产量、螺纹钢产量、热卷产量、冷轧产量和进出口量。价为期货价格、终端销售价格和四大钢厂的出厂价。库存分为钢厂库存、社会库存和终端库存。成本主要是焦炭和铁矿石。中游重毛利，但会计利润滞后，申万钢铁分析员根据钢铁现价和成本模拟吨钢毛利值得关注。

钢铁逻辑图分为下游需求、钢铁本身和上游成本三块。钢铁本身的传导机制是本文的重点，吨钢毛利、库存以及两者结合对宏观周期位置的昭示是钢铁研究价值的体现。

吨钢毛利在两个阶段上升，分别是钢价上涨的第一个阶段和钢价下降的第二个阶段。前者更值得把握，后者无异火中取栗。钢铁从下游需求—社会库存—钢企库存—钢铁产量—发电量—工业增加值存在链式传导，观察钢铁各环节数据对判断经济走向有意义。结合社会库存和吨钢毛利可以从中观角度验证中国经济周期：社会库存下降、吨钢毛利扩大，经济复苏；社会库存上升、吨钢毛利冲高回落，经济从过热到滞胀；社会库存堆积、吨钢毛利萎缩，经济衰退。

2005年后，钢铁股难有长期投资机会，ROE和毛利率难以持续扩张。短期机会把握吨钢毛利变动方向，可以参考下游需求、社会库存、产能利用率和历史数据表现。历史经验表明钢铁相对大盘PB在0.5~0.7的区间内波动。如果判断未来钢铁行业基本面好转，应该买入高贝塔的煤炭股；当市场情绪亢奋、钢铁飙涨，应谨防市场见顶，不宜追高，反应减配。

2009年推出期货螺纹钢，钢铁金融属性增强，未来钢价的波动会放大，货币、信贷将成为下阶段投资钢铁股必须考虑的因素。钢铁数据虽全，但调研指数依然重要。调研涉及三部分：钢企下游订单情况、钢企的产能利用率、钢企的库存情况(包括原材料库存和产成品库存)。

从本章起，我们将研究重点转向中游。上游关注价格、下游把握需求，中游跟踪毛利。钢铁是最重要的中游行业，研究意义远重于投资价值。

其一，最主要的下游和上游均涉及钢铁。下游可选消费品(房地产、乘用车、家电)的产能变动均影响钢铁产量，进而影响上游焦煤和铁矿石消耗量(表3)。

其二，钢铁链条清晰，每个环节均有数据，层层相扣，便于分析和借鉴。

其三，有社会库存、期货和贸易商，金融属性使钢铁产量调整领先其他中游。

其四，钢铁长期平均产能利用率偏低，但需求恢复时产能利用率又会迅速提升，因此毛利率无法持续提升，这是中游的典型特征。

其五，铁矿石定价在外，钢铁景气深受全球经济和大宗商品的影响。

1. 钢铁的"驱动力"+"信号验证"机制

根据申万的行业分类，钢铁(黑色金属)共 33 家上市公司，总市值占比 2.28%(表1)。本文研究螺纹钢、热卷和冷轧。

表1：钢铁分为普钢和特钢，总市值占比达到 2.28%

申万行业分类	上市公司数	总市值占比	流通市值占比
Ⅰ黑色金属	33	2.28%	2.54%
Ⅱ钢铁	33	2.28%	2.54%
Ⅲ普钢	29	2.22%	2.45%
Ⅲ特钢	4	0.07%	0.09%

资料来源：万得资讯，申万研究

注：数据截止 2010 年 6 月 30 日

1.1 钢铁关注库存和吨钢毛利

从损益表结构，钢铁关注量、价、库存、成本和吨钢毛利，其中库存和吨钢毛利是重点(表2)。

量——包括产量和进出口量。产量跟踪生铁产量、粗钢产量、螺纹钢产量、热卷产量和冷轧产量。生铁产量直接影响上游铁矿石、煤炭消耗量；粗钢产量包括长流程产出的粗钢和短流程产出的再生钢，代表钢铁的整体供应；螺纹钢用于建筑，热卷用于机械、船舶和重卡，冷轧用于汽车和家电。

价——分三个层次，分别是期货价格、终端销售价格和四大钢厂的出厂价。期货跟踪螺纹钢期货主力合约价，终端价格盯住上海地区代表品种价格和钢材加权价格[①]。出厂价关注宝钢、鞍钢的板材价和沙钢、河北钢铁的螺纹钢价格。

库存——分为钢厂库存、社会库存和终端库存。钢厂库存一般为两到四周的钢铁产量，公布数据滞后两个月，意义不大。社会库存跟踪 Mysteel 的样本数据，真正的社会库存大约是此样本数据的 4~5 倍，相当于一个月的钢铁产量。终端库存没有公开数据，按经验大致为一月到一个半月的钢铁产量。2008 年来，经济剧烈波动，钢铁的库存周期尤为明显。

成本——主要是焦炭和铁矿石。大钢厂用焦煤、小钢厂用焦炭。铁矿石价格分长协价和现货价，现货又分国内价和进口价。

中游重毛利，但会计利润滞后，无法及时反映基本面变化，我们跟踪申万钢铁分析员根据钢铁现货价和成本模拟的吨钢毛利(该指标剔除固定资产投资，不剔除三项费用)。其中现货吨

---

① 该加权价格是申万钢铁行业分析员按照一定权重合成，以体现钢铁市场的综合价格变动。

钢毛利对需求更敏感，综合吨钢毛利(成本中包含长协铁矿石价格)更接近钢厂当前的利润。

表2：钢铁行业关注量、价、库存、成本和吨钢毛利

利润表项目	核心指标	明细指标	下游驱动因素
一、营业收入			
	产量	生铁产量	
		粗钢产量	
		螺纹钢产量、热卷产量、冷轧产量	
		钢材进出口量	
	价格	国内螺纹期货主力合约价格	M1、M2、人民币信贷
		上海25毫米螺纹钢价格	成本+螺纹钢利润
		上海5.5毫米热卷价格	成本+热卷利润
		上海1.0毫米冷轧价格	成本+冷轧利润
		钢材产品加权价格	
		钢材出厂价格（宝钢、鞍钢、沙钢、河北钢铁）	
	库存	螺纹钢社会库存	
		热卷社会库存	
		冷轧社会库存	
		钢材总社会库存	
二、营业总成本			
其中：营业成本		天津港港口63.5%印度粉现汇车板平均价，湿吨	巴西、澳大利亚长协离岸价、BDI、美元汇率
		唐山地区66%酸性铁精粉含税出厂平均价	
		山西太原古交2#焦煤车板含税价	
		华北山西晋中二级冶金焦含税车板成交平均价	
营业税金及附加			
销售费用			
管理费用			
财务费用			
资产减值损失			
加：公允价值变动收益			
投资收益			
三、营业利润		螺纹钢模拟利润	房地产投资增速、房地产新开工面积、房地产竣工面积、基建投资增速
		热卷模拟利润	机床产量、船舶产量
		冷轧模拟利润	乘用车产量、冰箱产量
		钢铁加权模拟综合利润	FAI、工业增加值、钢铁进出口、PMI：黑色金属冶炼及压延加工业新订单
加：营业外收入			
减：营业外支出			
四、利润总额			
减：所得税			
五、净利润			
少数股东损益			

资料来源：申万研究

注：为保证损益表的完整性，我们保留空白部分，其他行业在这些部分可能有指标。

表3：钢铁涉及众多领域

行业	关系	跟踪指标
宏观（中国、世界、债券、基金）	钢铁行业经济环境	FAI、M1、M2、信贷、GDP、汇率、OECD工业生产指数、工业增加值、PMI
煤炭	成本	山西太原古交2#焦煤车板含税价，华北山西晋中二级冶金焦含税车板成交平均价
电力	成本	
建材	水泥与螺纹钢可互相印证	水泥产量
建筑	下游需求	基建投资增速
机械	下游需求	机床产量
汽车	下游需求	乘用车产量
房地产	下游需求	房地产销售
家电	下游需求	冰箱产量
交运设备	下游需求	船舶产量
港口	铁矿石	国内主要港口铁矿石库存
航运	成本	BDI

资料来源：申万研究

1.2 钢铁的"驱动力"和"信号验证"机制

作为中游，钢铁连接上游和下游，其逻辑图也分为上游成本、下游需求和钢铁本身（图1）。钢铁上游是铁矿石和焦煤。生铁产量对焦煤的影响和传导机制在第三章《策略如何看煤炭》已做过详细分析。铁矿石是内外夹生的产品，虽然中国对铁矿石的需求大，但定价权依然在外，其价格受全球经济(OECD工业增加值)和谈判机制的影响巨大，这一点类似有色[②]。

图1：钢铁的逻辑图分上游成本、下游需求和钢铁本身三块

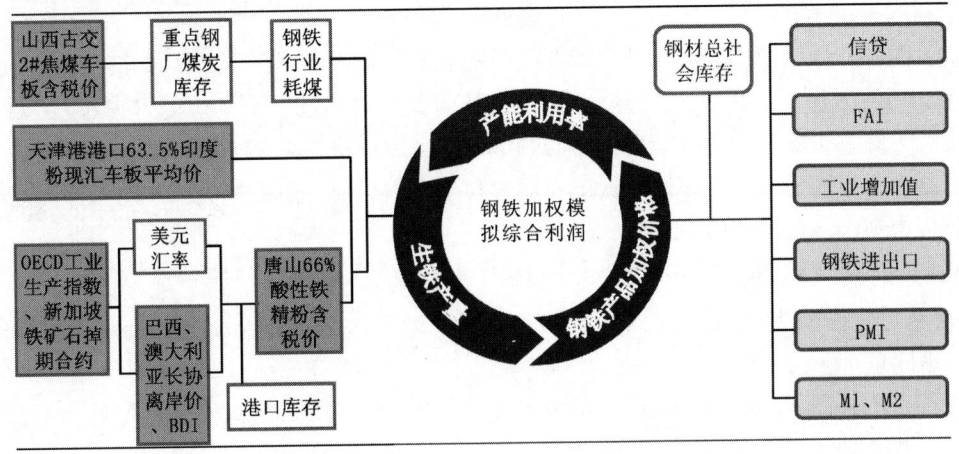

资料来源：申万研究

[②] 关于有色和资源品的分析，详见第四章和第五章。

整体而言，钢铁表观消费取决于房地产销售、固定资产投资(扣除价格)、M2 增速和贷款余额增速等宏观指标，四大指标的拟合的指数③领先钢铁表观消费量大致 3 个月(图 2)。分品种看，螺纹钢对应房地产销售和基建投资、热卷对应机床和船舶产量、冷轧对应乘用车和冰箱产量。

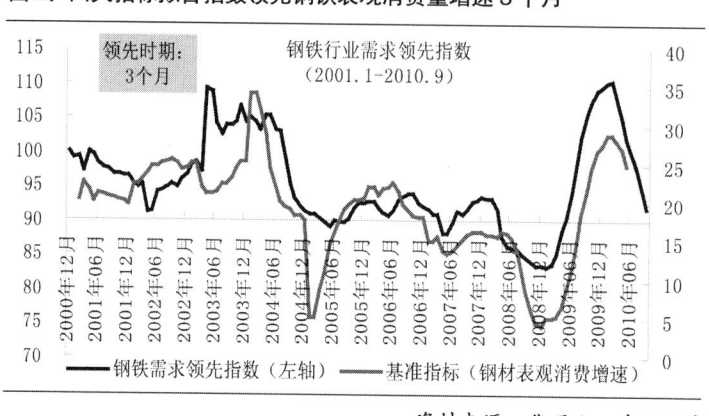

图 2：四大指标拟合指数领先钢铁表观消费量增速 3 个月

资料来源：华通人，申万研究

钢铁本身的传导机制是本文的重点，吨钢毛利、库存以及两者结合对宏观周期位置的昭示是钢铁研究价值的体现。

吨钢毛利是下游需求、产能利用率和产量共同作用的结果。从逻辑上，下游需求上升、拉动钢价上涨、吨钢毛利扩大、厂商提升产能利用率、钢铁产量增加；供应增加一方面压制钢价进一步上行，另一方面拉升原材料价格，两者均使吨钢毛利下降；随着吨钢毛利下降，产能利用率下降，回到起点。由于钢铁产能过剩严重，并且产能利用率提升速度快，钢铁的吨钢毛利无法持续扩张。

钢铁的库存周期值得关注。社会库存既为需求、又是供应。当下游需求持续改善，社会库存也会相应增加。一旦下游需求下行，社会库存的继续堆积便有之后的"去库存"之忧。社会库存下降是去库存的第一阶段，会影响钢铁的现货价格、吨钢毛利，之后钢铁厂商的去库存、减少产量会影响上游焦煤、铁矿石需求和工业增加值。所以把握钢铁的库存周期，有助于把握宏观经济短周期的变动。

1.3 钢铁"驱动力"和"信号验证"机制的历史验证

第一，吨钢毛利在钢价上涨第一阶段和钢价下跌第二阶段均会上升，前者更值得把握(图 3—图 4)

在钢价上升和下降周期，吨钢毛利均有可能上升或者下降。在钢价上升周期，吨钢毛利先上升、再下降、最后持平。第一阶段(2007 年前 5 月，2009 年 4 月—8 月)，下游需求上升、带动钢价上涨，此时产能利用率较低，钢铁成本较低，吨钢毛利迅速上升。第二阶段

---

③ 关于这一领先指标的分析，详见申万提云涛、李鹏 2010 年 7 月 8 日发表的报告《把握领先指标　判断钢铁需求》。

(2007年5月—8月,2009年8月—2010年1月),产能利用率上升,供给增加,原材料价格大幅上升,吨钢毛利快速下滑。第三阶段(2007年9月—2008年5月,2010年1月—4月),钢材需求仍然较好,较高的产能利用率使钢价上涨全部体现在成本上升,实质就是成本推动钢价上涨,吨钢毛利低位徘徊。

而一旦钢价下行,吨钢毛利也经历三个阶段。第一阶段(2008年6月—8月),钢价出现下调,而成本依然坚挺,吨钢毛利迅速下降,甚至有可能为负。第二阶段(2008年8月—10月),产能利用率下降,成本开始下降,钢价继续下跌,吨钢毛利反而有可能出现小幅抬升。第三阶段(2008年11月—2009年3月),钢价和成本均跌至底部,此时成本阻止钢价进一步下跌,吨钢毛利小幅震荡。

吨钢毛利可能在两个阶段上升,分别是钢价上升周期的第一个阶段和钢价下降周期的第二个阶段。一般而言,前者更值得把握,此时需求旺盛、享受低成本;后者无异火中取栗、抓下降过程中的刀。

图3:吨钢毛利在两个阶段出现上升

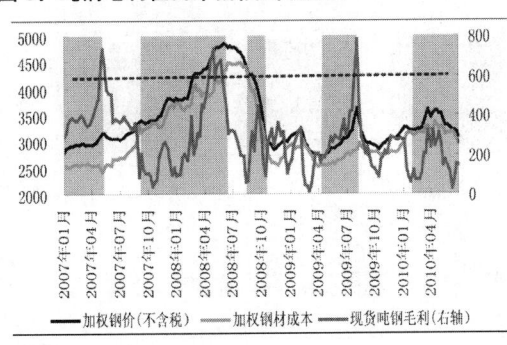

资料来源:CEIC,申万研究

图4:吨钢毛利和产能利用率相互影响

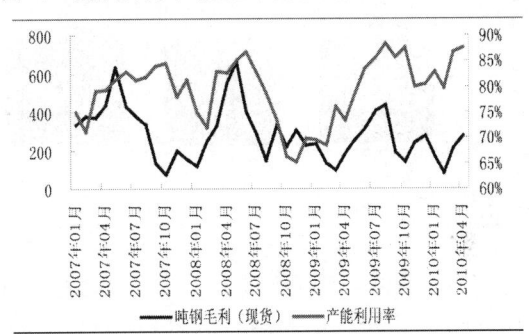

资料来源:CEIC,申万研究

2007年到2010年7月,经济周期大起大落,吨钢毛利、钢铁价格和产能利用率均发生了很大的变化,我们将各种产品的区间列表如下,以备参考(表4)。

表4:吨钢毛利、钢价、产能利用率的波动区间

		螺纹钢模拟利润	热卷模拟利润	冷轧模拟利润	钢铁加权模拟综合利润
按现货矿与长协矿综合成本计算	平均值(元/吨)	381	246	790	370
	最高值(元/吨)	1134	786	1368	940
	最低值(元/吨)	-284	-426	-128	-147
	最高时点	2009年8月	2008年3月	2008年3月	2008年5月
	最高时点产能利用率	88.4%	82.9%	82.9%	85.1%
	最低时点	2008年10月	2008年11月	2009年2月	2008年10月
	最低时点产能利用率	66.4%	65.1%	68.3%	66.4%
	7月16日利润(元/吨)	-33	-243	331	-83
	平均值(元/吨)	286	147	691	273

按现货矿综合成本计算	最高值（元/吨）	1004	841	1165	778
	最低值（元/吨）	-91	-268	-88	-94
	最高时点	2009年8月	2007年5月	2007年5月	2009年8月
	最高时点产能利用率	88.4%	81.2%	81.2%	88.4%
	最低时点	2008年10月	2008年11月	2009年2月	2010年7月
	最低时点产能利用率	66.4%	65.1%	68.3%	
	7月16日利润（元/吨）	-44	-253	320	-94

资料来源：申万研究

第二，钢铁库存周期明显，链式传导，对发电量和工业增加值有前瞻意义(图5)

钢铁从下游需求—社会库存—钢企库存—钢铁产量—发电量—工业增加值存在明显的链式传导，观察钢铁的各环节数据对判断经济走向有意义。

图5：钢铁各环节呈现链式传导

资料来源：申万研究

从长期看，除冷轧外，钢铁整体、螺纹以及热卷的下游需求均略领先其社会库存，说明社会库存长期扮演需求角色(图6—图9)。由于需求领先社会库存，当需求下行初期，社会库存会继续堆积，一旦需求持续下滑，社会库存进入"去库存"环节。譬如2008年的下半年和2009年的上半年。这是链式传导的第一环节。

图6：螺纹钢下游需求略领先螺纹钢库存增速

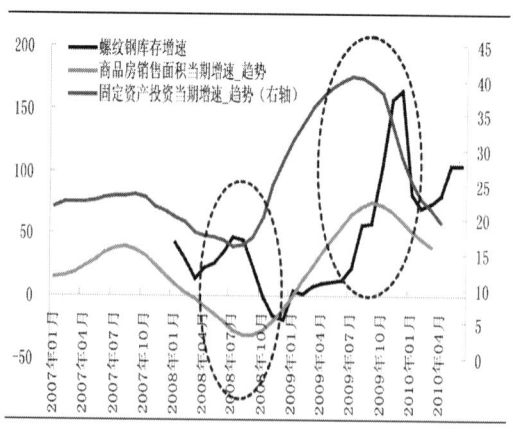

资料来源：华通人、CEIC、万得资讯、申万研究

图7：热卷下游需求略领先热卷库存增速

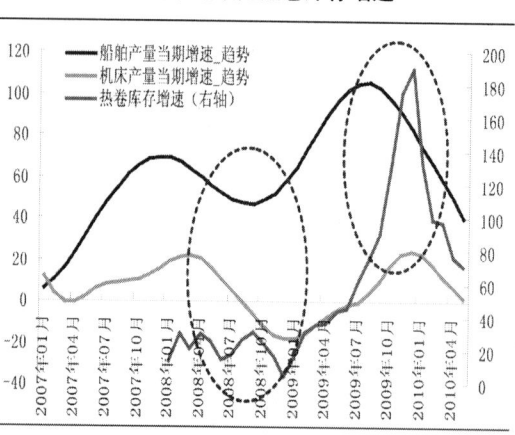

资料来源：华通人、CEIC、万得资讯、申万研究

图8：冷轧下游需求与冷轧库存增速关系不明显　　图9：下游需求略领先钢铁社会库存增速

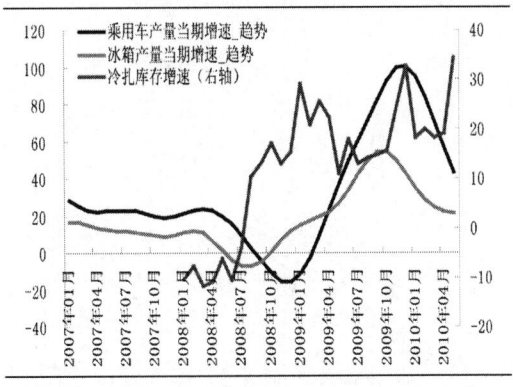 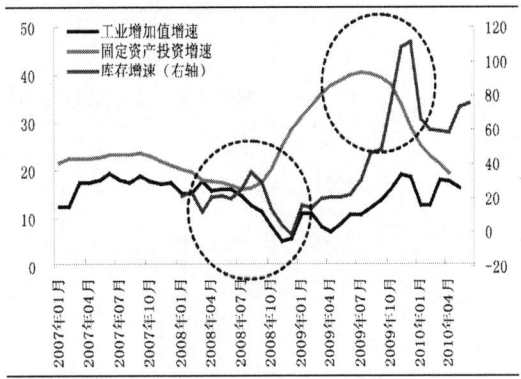

资料来源：华通人、CEIC、万的资讯、申万研究　　资料来源：华通人、CEIC、万的资讯、申万研究

钢铁厂商库存调整滞后于社会库存调整，这是链式调整的第二环节，为"去库存"的第二阶段。第一阶段的社会环节去库存仅影响钢价，而厂商环节去库存会影响发电量和工业增加值(图10—图11)。

图10：钢铁社会库存变化早于企业库存变化　　图11：钢铁表观消费量领先工业增加值

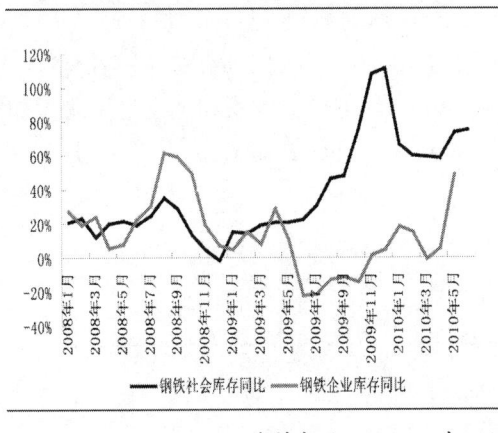 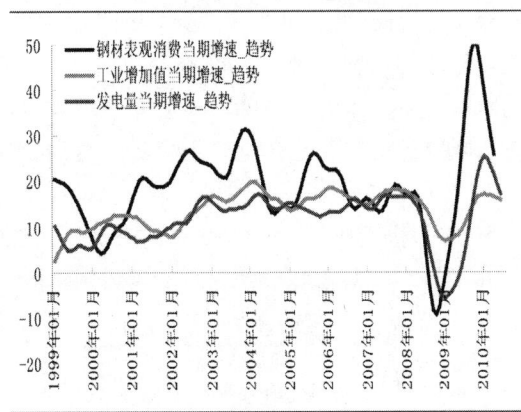

资料来源：CEIC，申万研究　　资料来源：CEIC，中电联，申万研究

第三，结合社会库存和吨钢毛利窥视经济周期位置，从中观把握宏观(图12)。

一般而言，用宏观的量(工业增加值)和价(PPI等)划分经济周期，但宏观的数据比较滞后、无法调研，倘若能用可跟踪、可调研、频率更高的中观数据刻画周期，无疑是一大进步。

鉴于钢铁的核心地位，尝试结合社会库存和吨钢毛利定位中国经济周期：社会库存下降、吨钢毛利扩大，经济复苏；社会库存上升、吨钢毛利冲高回落，经济从过热到滞胀；社会库存堆积、吨钢毛利萎缩，经济衰退。

图 12：结合钢铁社会库存和吨钢毛利变动把握经济周期

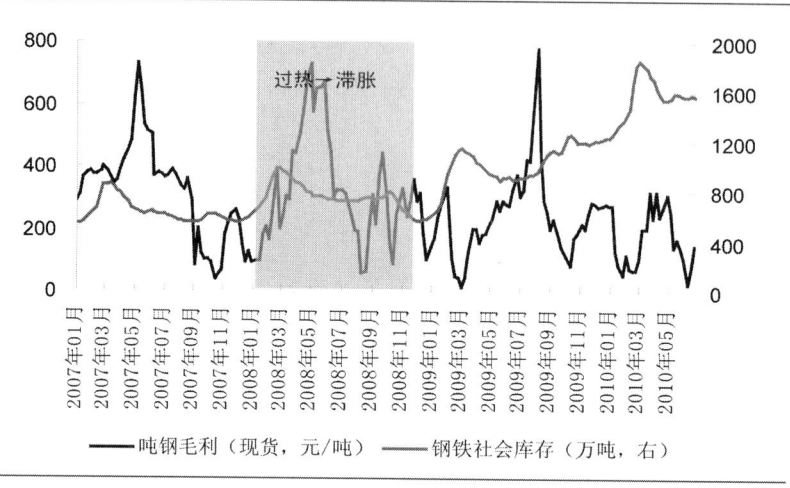

资料来源：CEIC，MySteel，申万研究

经济复苏阶段，下游需求上行，社会库存下降、产能尚未释放、成本维持低位、吨钢毛利持续改善，2009年3月至6月是典型例子。随着需求持续上行，经销商开始补库存，社会库存上行，同时厂商加大开工，成本上行挫伤企业利润，吨钢毛利下行，这是典型的从过热进入滞胀的反应，恰如2008年上半年和2009年7月至2010年3月。最终，过高价格挫伤需求，下游需求持续下降，社会库存堆积，厂商减少生产，钢价、成本和吨钢毛利均萎缩，进入量价齐跌的衰退阶段，对应2008年4季度和2009年1季度(表5)。

表5：从社会库存和吨钢毛利的组合把握经济周期定位

钢铁社会库存		吨钢毛利		经济周期	典型案例
变化	原因	变化	原因		
下降	需求好转 产能未释放	扩大	需求拉升钢价 成本维持低位	复苏	09年3-6月
上升	"补库存" 产能释放	冲高回落	成本推升钢价 毛利受到挤压	过热→滞胀	08上半年 09年7月-10年3月
大量堆积	供应释放 需求恶化 开始"去库存"	极度萎缩	钢价下跌 高价成本	衰退	08年4季度-09年1季度

资料来源：申万研究

2.超额收益分析：买了就要想着卖

2.1 超额收益：难长期持有、根据吨钢毛利找买卖点

钢铁股最波澜壮阔的行情发生在2003年的"五朵金花"年代，当年超额收益达到38.4%(图13)。自此以后，一蹶不振，难以获得长期超额收益，估值中枢也面临系统性下滑。此中缘由，其一，2003年、2004年的产能扩张导致2005年后严重产能过剩，毛利率和ROE无法

持续扩张(图 14)。其二,2005 年后,焦煤价格系统性上升,极大挤压钢铁利润。

图 13:钢铁股的最好年代在 2003 年

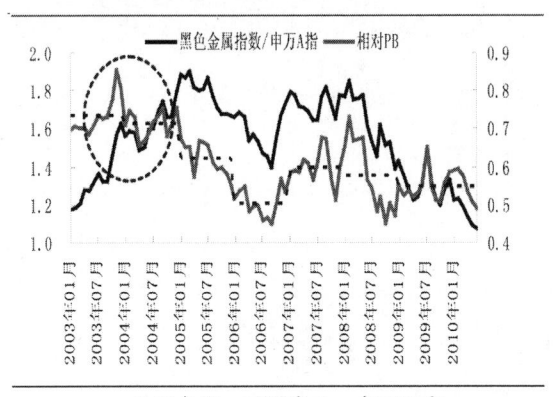

数据来源:万得资讯,申万研究

图 14:2005 年后,钢铁毛利、ROE 无法持续扩

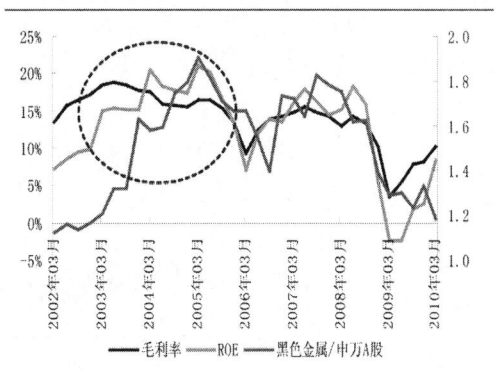

数据来源:万得资讯,申万研究

既然缺乏中长期投资机会,如何把握短期机会就非常关键,我们发现:钢铁盈利预期调整滞后股价变化(图 15),行业超额收益和吨钢毛利最相关(图 16)。

图 15:钢铁行业盈利预期调整滞后于股价变化

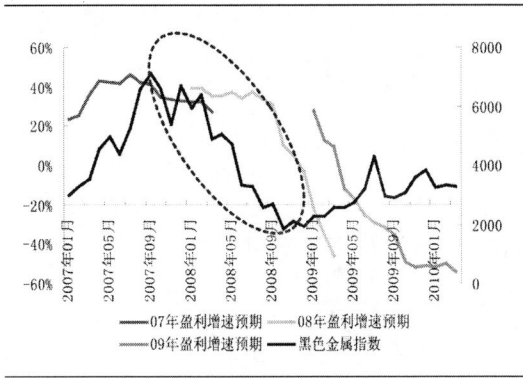

数据来源:万得资讯,申万研究

图 16:超额收益和吨钢毛利(综合)息息相关

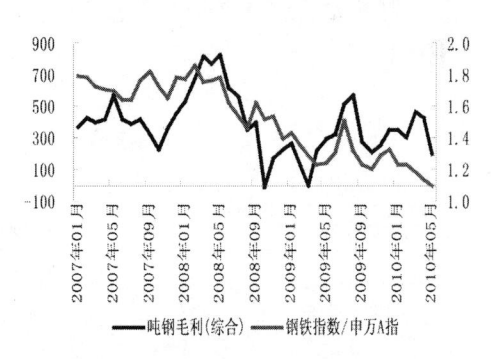

数据来源:万得资讯,申万研究

一直以来,我们都想寻找股价的领先指标,通过这个领先指标来判断未来股价走势。但这无疑在寻找"永动机",一来市场最领先、最有效,二来即使找到这种指标,一旦广泛运用,这种领先效应马上消失。所以,只要找到和市场同步的实体指标,通过预测实体指标未来走向来把握市场走向。实体运行有内在逻辑,可被预测,而市场难以预测。

2007 年来,钢铁短期超额收益和吨钢毛利变化非常相关,所以把握吨钢毛利未来方向就成为把握钢铁股短期买卖点的关键。从上面分析可知,吨钢毛利是需求、产能利用率和成本相互作用的结果,钢价上涨周期的第一个阶段吨钢毛利会迅速扩大。把握吨钢毛利未来方向要关注如下几点:第一,下游需求变化。一旦下游需求指标上行,就要盯住社会库存,如果下降,买点就可能出现,因为吨钢毛利扩大的概率在增大。第二,产能利用率。当产能利用率达到一定程度，成本会加速上行，吨钢毛利会下降，所以一旦吨钢毛利上升，就要把目光转移到厂商的产能利用率，产能利用率有提速迹象，卖点就开始显现。第三根据历史经验（表4），例如螺纹钢利润达到1000，产能利用率达到88%，就要考虑卖出了。

另外，2005年来钢铁相对市场PB一直在0.5~0.7的狭窄区间波动。当这一指数触及上下限，出现反转的概率较大(图17)。

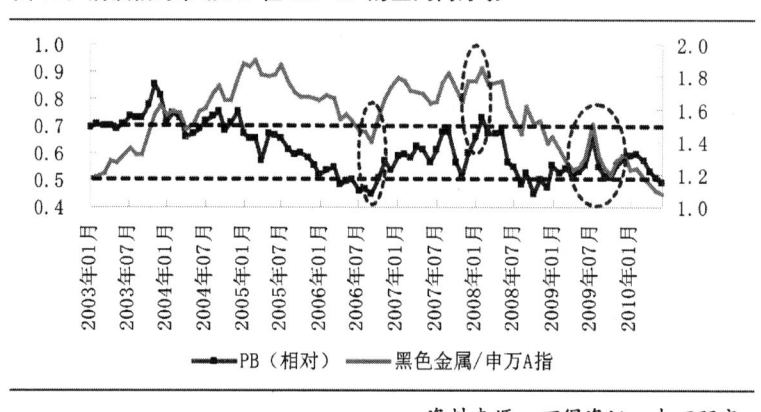

图17：钢铁相对市场PB在0.5~0.7的区间内浮动

资料来源：万得资讯，申万研究

把握钢铁的买点和卖点会难度较大，倘若钢铁股真能阶段性上涨，煤炭股一般能跑赢钢铁股。从图18可见，2006年来，钢铁股上涨的两个阶段，煤炭股大部分时间跑赢钢铁股。

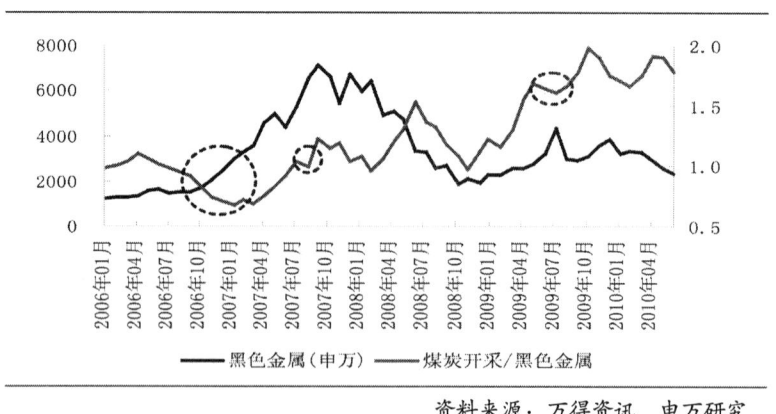

图18：2006年，钢铁股上涨的两个阶段，煤炭股均跑赢钢铁股

资料来源：万得资讯，申万研究

仅有几个时间段，煤炭股跑输钢铁股，分别是2006年7月—2007年1月、2007年8月和2009年6月—7月。这些时间恰逢市场风格极度偏向大盘股，2006年7月—2007年1月是银行股带动大盘股上行，后面两个点均为市场即将见顶，情绪极度亢奋，资金只有进入所谓的估值洼地——银行和钢铁(图19)。

图19：煤炭跑输钢铁恰逢市场风格极度偏向大盘股

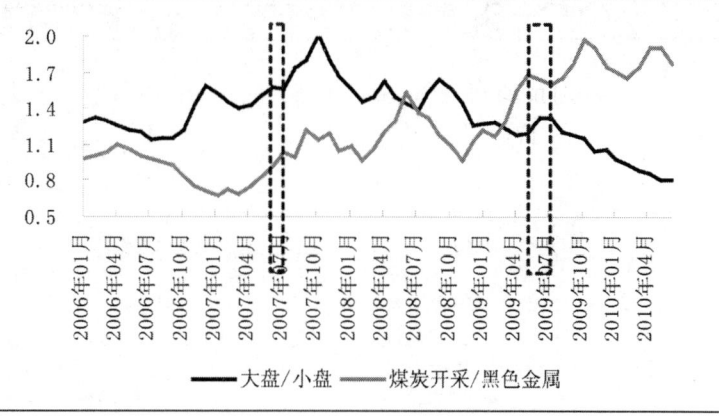

资料来源：Wind，申万研究

综上所述，我们认为钢铁股的投资应把握如下几点：

①2005年后，钢铁股难有长期投资机会，ROE和毛利率难以持续扩张；②短期买卖机会把握吨钢毛利变动方向，可以参考下游需求、社会库存、产能利用率和历史数据表现；③历史经验表明钢铁相对大盘PB在0.5~0.7的区间内波动。④如果判断未来钢铁行业基本面好转，应该买入高贝塔的煤炭股；当市场情绪亢奋、钢铁飙涨，应谨防市场见顶，不宜追高，反应减配。

2.2 策略如何看钢铁：研究意义重于投资价值

钢铁是策略分析员必须掌握的"六脉神剑"[5]之一。由于社会库存、期货和经销商的存在，钢铁库存和产量的调整越来越主动、越来越领先。策略分析员应该通过钢铁各环节的变化来勾画上下游的变动、描绘中国宏观的情形。钢铁股投资境遇有普遍意义。很多中游行业，例如水泥、电力，在2002年、2003年间普遍经过大规模的产能扩展，这些产能始终压制毛利扩张，并且其下游需求很难再出现大规模扩展。所以中游行业成为短期买卖、事件驱动的东西。"五朵金花"已经成为明日黄花。

2009年螺纹钢推出期货，钢铁金融属性增强，未来钢价的波动会放大，货币、信贷将成为下阶段投资钢铁股必须考虑的因素。钢铁数据虽全，但调研指数依然重要。调研涉及三部分：钢企下游订单情况、钢企的产能利用率、钢企的库存情况(包括原材料库存和产成品库存)。

策略跟踪的钢铁中观数据库结构如下(表6)：

---

[5] 关于"六脉神剑"的详细分析见第一章。

表6：策略跟踪的钢铁中观数据库

大类	行业	行业关键指标	数据来源	频度	更新日期
中游	钢铁	生铁产量	CEIC	月	每月20日
		粗钢产量	CEIC	月	每月20日
		螺纹钢产量	CEIC	月	每月20日
		热卷产量	CEIC	月	每月20日
		冷轧产量	CEIC	月	每月20日
		钢材进出口量	CEIC	月	每月20日
		国内螺纹期货主力合约价格	上海期货交易所	周	每周五
		上海25毫米螺纹钢价格	中国联合钢铁网	周	每周五
		上海5.5毫米热卷价格	中国联合钢铁网	周	每周五
		上海1.0毫米冷轧价格	中国联合钢铁网	周	每周五
		钢材产品加权价格	申万研究	周	每周五
		宝钢出厂价格	中国联合钢铁网	月	不定期
		鞍钢出厂价格	中国联合钢铁网	月	不定期
		沙钢出厂价格	中国联合钢铁网	月	不定期
		河北钢铁出厂价格	中国联合钢铁网	月	不定期
		螺纹钢社会库存	mysteel网站	周	每周五
		热卷社会库存	mysteel网站	周	每周五
		冷轧社会库存	mysteel网站	周	每周五
		钢材总社会库存	mysteel网站	周	每周五
		天津港港口63.5%印度粉现汇车板平均价，湿吨	中国联合钢铁网	周	每周五
		唐山地区66%酸性铁精粉含税出厂平均价	中国联合钢铁网	周	每周五
		山西太原古交2#焦煤车板含税价	中国煤炭资源网	周	每周五
		华北山西晋中二级冶金焦含税车板成交平均价	中国联合钢铁网	周	每周五
		螺纹钢模拟利润	申万研究	周	每周五
		热卷模拟利润	申万研究	周	每周五
		冷轧模拟利润	申万研究	周	每周五
		钢铁加权模拟综合利润	申万研究	周	每周五
		外生关键指标	数据来源	频度	更新日期
		OECD工业生产指数	Bloomberg	月	每月20日
		新加坡铁矿石掉期合同			
		巴西长协离岸价		年	不定期
		澳大利亚长协离岸价		年	不定期
		BDI	Bloomberg	周	每周一
		美元汇率	中国外汇交易中心	日	每天
		M1、M2、人民币信贷	中国人民银行	月	每月20日
		房地产投资增速	统计局	月	每月20日
		房地产新开工面积	统计局	月	每月20日
		房地产竣工面积	统计局	月	每月20日
		基建投资增速	申万宏观研究团队	年	
		FAI	统计局	月	每月20日
		机床产量	统计局	月	每月20日
		船舶产量	统计局	月	每月20日
		乘用车产量	中国汽车工业协会	月	每月20日
		冰箱产量	统计局	月	每月20日
		工业增加值	统计局	月	每月20日
		钢铁进出口	CEIC	月	每月20日
		PMI:黑色金属冶炼及压延加工业新订单	CEIC	月	每月20日

资料来源：申万研究

第十章

策略如何看化工
——打造化工的"驱动力"和"信号验证"机制

主要内容：

策略看化工的第一要务是精选子行业。我们选取石油加工中的聚乙烯产业链、化学原料中的纯碱、化学制品中的氮肥和钾肥、化学纤维中的涤纶作为研究对象。化工品产业链长、种类繁多，不同产品具备不同特征：钾肥资源属性最强，纯碱偏上游，聚乙烯、氮肥属于典型的中游制造品，涤纶具备下游行业特征。

化工跟踪产量、价格、成本、价差四类指标，其中产量和价格最重要。化工品的主要原材料为油和煤，下游连接"衣、食、住、行"。这种对应使我们能通过化工品的变动验证宏观各环节。观察乙烯、聚乙烯产量变化求证整体经济强弱；观察涤纶短纤价格变化验证中国出口变化；观察纯碱表观消费量变化验证房地产和汽车的生产情况；观察LDPE与石脑油价差可以窥视宏观经济周期。

严格数据验证发现如下五点：聚乙烯产量增速领先于工业增加值；房地产新开工增速和汽车产量增速分别领先纯碱表观消费量增速4个月和3个月，纯碱表观消费量领先纯碱价格2~3个月；纺织品出口增速与涤纶价格变化基本同步；2006年—2008年上涨周期，国际玉米价格领先国际尿素价格；2004年以来，国内LDPE与石脑油价差有四次达到8000元/吨时，需要注意此时经济可能已经处在过热阶段的中程，增长后续回落的风险开始加大。

作为整体，化工股和所有中游一样，难以取得长期超额收益，把握短期机会更为关键。首先，无法根据分析员盈利预期调整投资化工股。其次，化工股在经济过热阶段取得较大超额收益。最后，涨价预期比实际涨价更重要，持续涨价预期是股价最好的催化剂。以往，化工品涨价，股价上涨；但是现在，只要有涨价预期，股票就会异动，即使这种预期后面被证明是错误的。投资化工品，不得不研究相关化工品涨价预期形成的背景。

策略分析员和化工分析员应协同作战。一方面，由于种类繁多、专业性强，化工成为策略分析员(包括非化工出身的基金经理)畏惧的行业；另一方面，化工行业股性和实体的日益分离使化工分析员苦恼不已。策略看化工的第一法则就是要研究化工品的涨价预期环境，与行业分析员协同作战。化工品对验证经济的各个环节至关重要，通过跟踪这些数据，对于理解宏观经济运行非常关键。

化工子行业多、种类繁杂、专业性强(图1)，策略分析员难以全部把握，这一点类似医药和机械；但另一方面，众多化工品属于强周期行业，受上游(煤、油、盐)和下游(房地产、汽车、出口)影响巨大,股价变动往往领先实际业绩调整,脱离宏观策略环境推荐和投资化工股会吃力不讨好。本章从化工研究对中游和宏观的价值、化工股整体的投资逻辑等角度,给出策略研究员的看法。

1. 化工的"驱动力"+"信号验证"机制

图1:化工品子行业多、种类繁杂

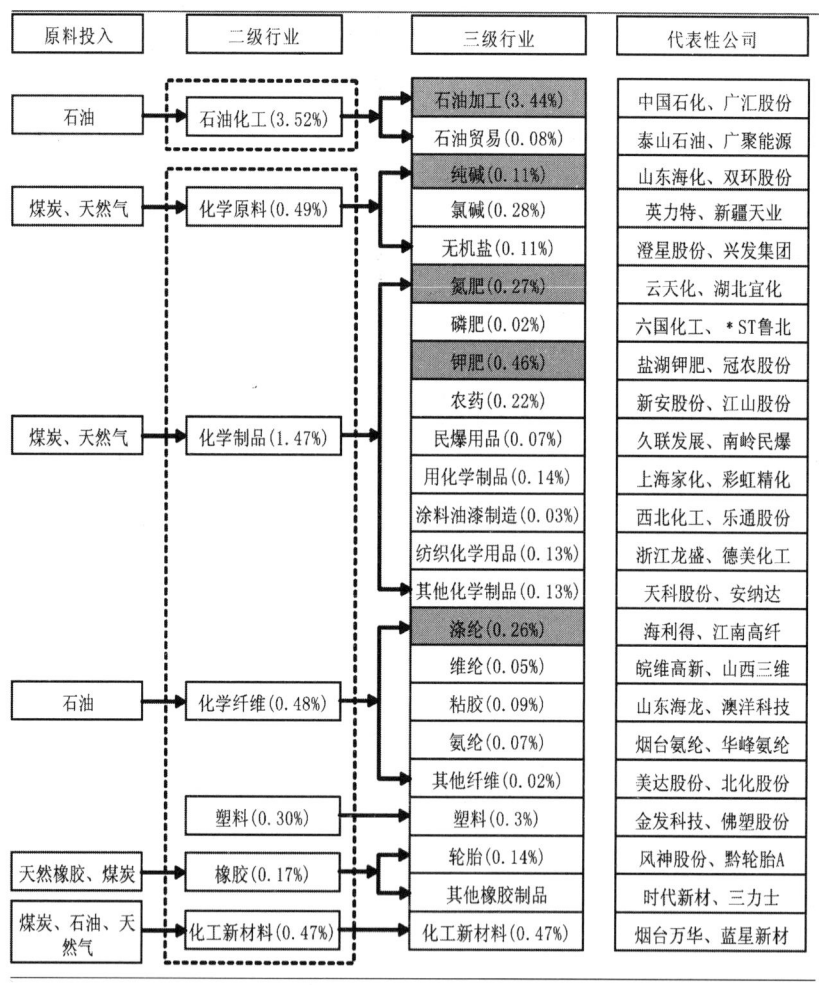

资料来源:万得资讯,申万研究

注:括号中数据为该行业总市值占比(数据截止到2010年8月4日),灰色底纹为申万策略跟踪的化工子行业。

策略看化工的第一要务是精选子行业。策略不为挑选牛股,重在通过化工观察宏观和行业的变化。我们筛选子行业的标准有三(满足其一即可入选):其一市值占比大,如石油加工和钾肥;其二连接上下游,如涤纶和纯碱;其三该品种价差和产量变化对于经济周期有昭示作用,如聚乙烯产业链。

据此,我们选取石油加工中的聚乙烯产业链、化学原料中的纯碱、化学制品中的氮肥和钾肥、化学纤维中的涤纶等五个品种作为研究对象。乙烯号称石油化工之母，其产品广泛运用于下游各个行业，因此石脑油—乙烯—聚乙烯产业链的产量和价差变动能够反映整体经济的变化。纯碱是玻璃的主要原料，与下游房地产、汽车生产密切相关。氮肥、钾肥与下游农业关系密切，受国际农产品价格影响巨大。涤纶约占化纤总产量的80%，对纺织品出口非常敏感。

化工品产业链长、种类繁多，不同产品具备不同特征(表 2)。在我们跟踪的五大品种中，钾肥资源属性最强[1]，纯碱具备上游行业特征(对下游需求敏感，对上游成本不敏感)，聚乙烯、氮肥属于典型的中游制造品(供需变化导致价格和毛利变化)，涤纶具备下游行业特征(对上游成本更敏感)。长产业链和不同的行业特征使我们能够通过观察不同产品产量和价差的变化来推断经济周期。

1.1 化工关注产量和价格

化工跟踪产量、价格、成本、价差四类指标，其中产量和价格最重要(表 1)。

产量方面，跟踪乙烯、聚乙烯、纯碱、尿素、钾肥和涤纶的产量，同时关注尿素出口量和钾肥进口量。

价格方面，跟踪东南亚乙烯价格、东南亚 LDPE 价格、轻质纯碱价格、国际尿素价格、国内尿素出厂价、盐湖钾肥出厂价、氯化钾／温哥华 FOB 和涤纶短纤价格。乙烯全球定价，国内价格追随东南亚价格。中国 10%~15%的尿素用于出口，中国 30%的钾肥依赖进口，因此尿素和钾肥的国际国内价格同样重要。

成本方面，跟踪新加坡石脑油、PTA 和 MEG 价格。石脑油为聚乙烯产业链的原料，PTA 和 MEG 是涤纶的原料(0.85 吨 PTA 和 0.15 吨 MEG 合成 1 吨涤纶)。

价差方面，跟踪乙烯—石脑油价差、LDPE—石脑油价差和涤纶短纤价差。纯碱难以跟踪价差，钾肥和尿素跟踪价差没意义。

表1：化工行业关注产量、价格、成本、价差

利润表项目	核心指标	明细指标	下游驱动因素
一、营业收入			
	产量	乙烯产量、聚乙烯产量	工业增加值，FAI
		纯碱产量	玻璃产量、房地产新开工面积同比增速、汽车产量
		尿素产量、尿素出口量、钾肥产量、钾肥进口量	
		涤纶产量	纺织品出口量
	价格	东南亚乙烯价格，东南亚 LDPE 价格	
		轻质纯碱价格	
		国际尿素价格、国内尿素出厂价	
		盐湖钾肥出厂价、氯化钾/温哥华	国际玉米期货价格

---

[1] 但这种资源属性比不上有色和煤炭，流动性泛滥时，有色和煤炭是资源属性最突出的品种。

			FOB 涤纶短纤价格
二、营业总成本			
其中：营业成本		成本	新加坡石脑油价格 PTA 价格、MEG 价格
营业税金及附加			
销售费用			
管理费用			
财务费用			
资产减值损失			
加：公允价值变动收益			
投资收益			
三、营业利润		价差	乙烯-石脑油，LDPE-石脑油 涤纶短纤-0.85*PTA-0.15*MEG
加：营业外收入			
减：营业外支出			
四、利润总额			
减：所得税			
五、净利润			
少数股东损益			
归属于母公司所有者的净利润			

资料来源：申万研究

注：为保证损益表的完整性，我们保留空白部分，其他行业在这些部分可能有指标

表2：化工涉及众多领域

行业	关系	跟踪指标
宏观（中国、世界、债券、基金）	宏观经济环境	工业增加值、出口、FAI、OECD 工业生产指数、美元指数
石油	成本	Brent 现货油价
煤炭	成本	秦皇岛港 6000 大卡大同优混平仓价
玻璃	下游需求	玻璃产量
汽车	下游需求	汽车产量
房地产	下游需求	房地产新开工面积，房地产开发投资增速
纺织服装	下游需求	纺织品出口量
农林牧渔	下游需求	国际玉米期货价格

资料来源：申万研究

1.2 化工的"驱动力"和"信号验证"机制

化工品的主要原材料为油和煤，下游连接"衣、食、住、行"(图2)。其中，涤纶对应"衣"、化肥对应"食"、纯碱用于汽车和房地产的玻璃制造，对应 "行"和"住"。这种对应使我们能通过化工品的变动验证宏观各环节。

图2：化工品下游连接"衣、食、住、行"

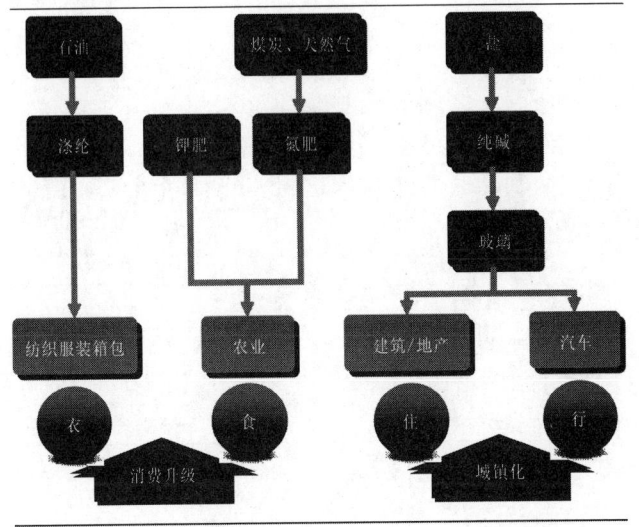

资料来源：申万研究

观察乙烯、聚乙烯产量变化，求证整体经济强弱。作为化工之母，乙烯和聚乙烯的下游涉及国民经济方方面面，这意味着通过观察乙烯和聚乙烯的生产情况，可以验证宏观经济的强弱程度(图3)。观察涤纶短纤价格变化，验证中国出口变化(图4)。涤纶的下游是纺织品，纺织品的国内需求较稳定，而出口波动较大。因此，涤纶短纤价格变化往往由纺织品的出口波动引起。

图3：乙烯和聚乙烯产量可验证宏观经济强弱

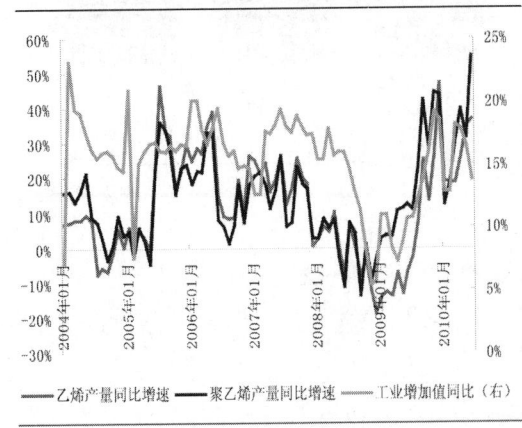

资料来源：石化协会，CEIC，申万研究

图4：纺织品出口与涤纶短纤价格变化相关

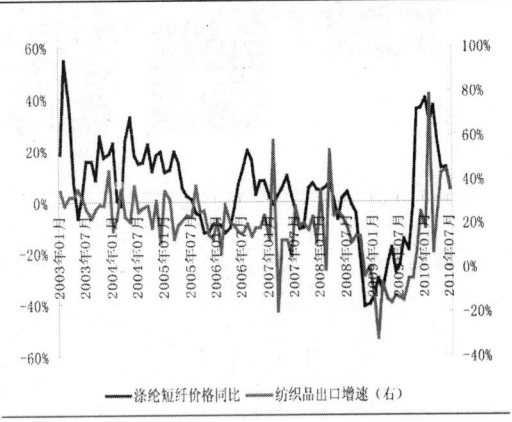

资料来源：石化协会，CEIC，申万研究

观察纯碱表观消费量变化，可验证房地产和汽车的生产情况(图5—图6)。纯碱生产玻璃，对应的下游需求是房地产和汽车。通过观察纯碱表观消费量的变化，可以验证房地产开工和汽车生产情况。

图5：地产开工与纯碱表观消费量关系密切　　图6：汽车产量与纯碱表观消费量关系密切

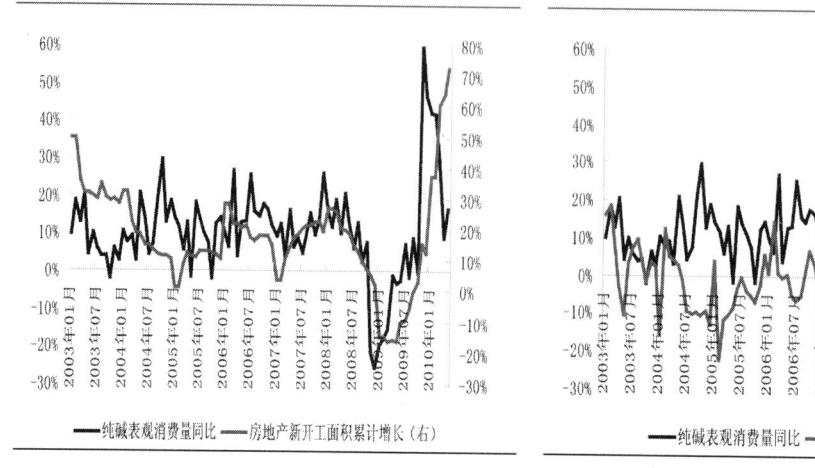

资料来源：石化协会，CEIC,申万研究　　　　　资料来源：石化协会，中汽协,申万研究

此外，观察LDPE[②]与石脑油价差可以窥视宏观经济周期(图7)。就石脑油——聚乙烯产业链看，LDPE与石脑油价差在一定区间波动，8000元／吨基本上是该价差的天花板。当价差超过这一数值时，下游难以承受高昂的价格，需求被挫伤；而现有厂商倾向加大生产力度，供应增加。两者均会使毛利下降，厂商减少生产，经济活动放缓。

图7：LDPE与石脑油价差反映宏观经济周期

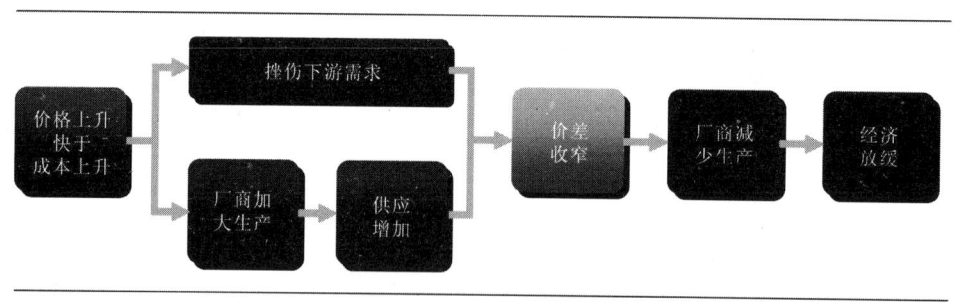

资料来源：申万研究

1.3　化工"驱动力"和"信号验证"机制的历史验证

上面从逻辑上阐述了不同化工品对宏观环节、LDPE与石脑油价差对经济周期的验证，本部分从历史数据加以严格检验。

第一，乙烯、纯碱、涤纶和尿素分别验证工业增加值、房地产汽车、出口和国际农产品价格变化。

---

② 低密度聚乙烯。

(1) 聚乙烯产量领先工业增加值。

经检验，聚乙烯产量同比增速领先工业增加值增速 3 期，而乙烯产量增速和工业增加值增速几乎同步(图 8)。所以跟踪中观层面的聚乙烯、乙烯产量对于把握工业增加值变化有意义。

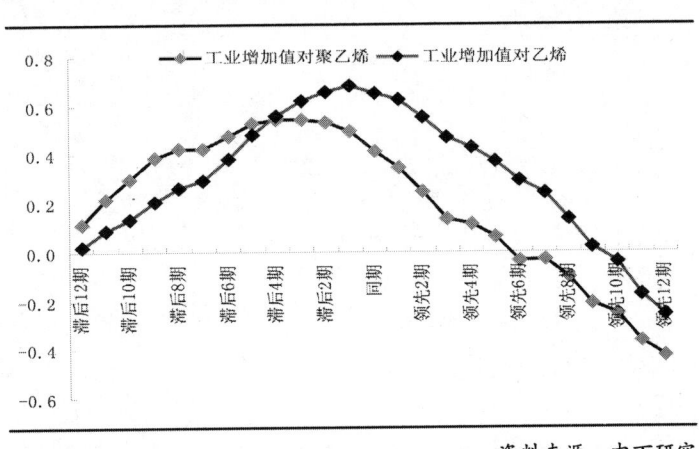

图 8：工业增加值与乙烯产量增速基本同步，滞后聚乙烯产量增速 3 期

资料来源：申万研究

(2) 纯碱表观消费领先纯碱价格 2~3 个月，房地产新开工增速和汽车产量增速分别领先纯碱需求增速 4 个月和 3 个月

从数据上看，纯碱表观消费量变动领先价格变动 2~3 个月(图 9)。而纯碱主要用于平板玻璃和洗涤剂(图 10)。平板玻璃产量增速和纯碱需求(纯碱表观消费量增速，下同)的变动基本同步，洗涤剂产量增速领先纯碱需求 4 个月左右。

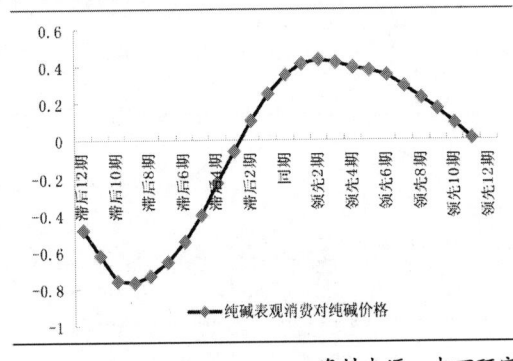

图 9：纯碱表观消费领先纯碱价格 2~3 个月

资料来源：申万研究

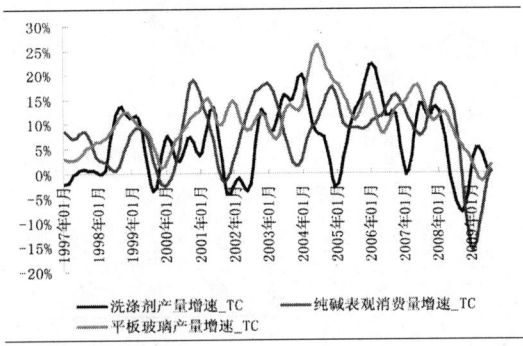

图 10：纯碱表观消费量受洗涤剂和平板玻璃影响

资料来源：世易化工网，石化协会，CEIC，申万研究

注：数据为实际值的趋势值。

进一步推延，房地产和汽车是平板玻璃的主要消费领域。平板玻璃在不同阶段受不同因素主导，2001 年前房地产对其影响更大，2004 年—2008 年汽车对其影响更显著(图 11)。从

交叉相关系数来看,房地产领先纯碱需求 4 个月左右,汽车领先纯碱需求 3 个月左右(图 12)。

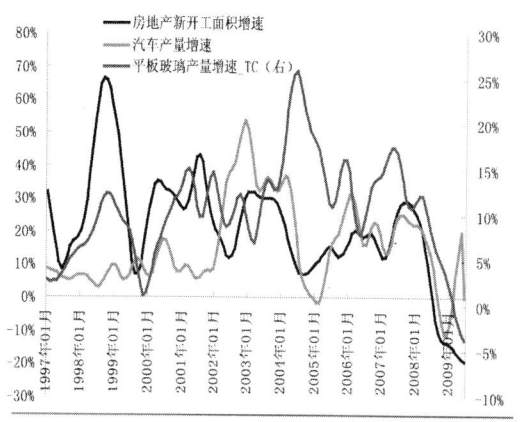

图 11:房地产新开工和汽车产量影响玻璃需求

资料来源:华通人、CEIC、申万研究

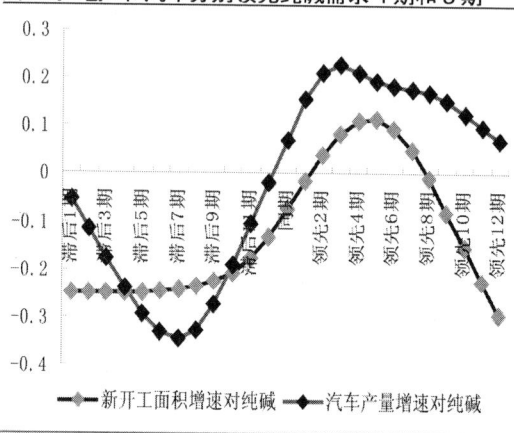

图 12:地产和汽车分别领先纯碱需求 4 期和 3 期

资料来源:申万研究

(3) 纺织品出口增速与涤纶价格变化基本同步

验证发现,纺织品出口增速与涤纶价格变化基本同步,甚至有些滞后,与逻辑相悖(图 13)。我们认为,涤纶价格主要受纺织品国内需求和出口两方面影响,国内需求比较稳定,出口波动较大。2009 年以来的周期是国内经济的变化快于世界经济的变化,所以导致纺织品出口增速与涤纶价格变化的关系不太稳定。

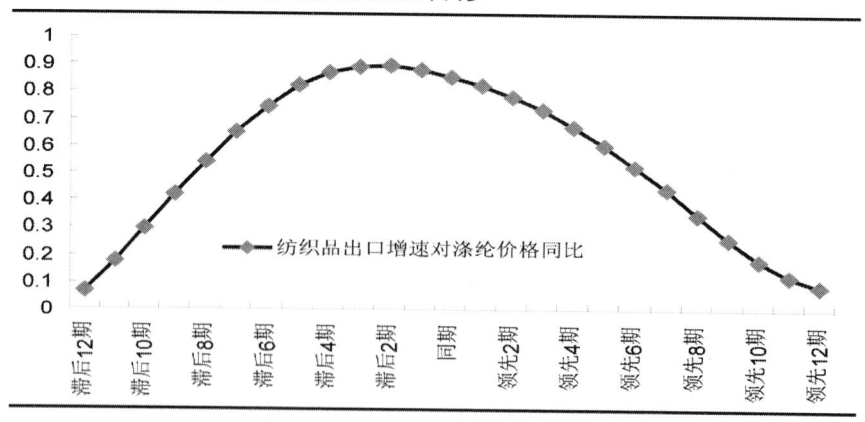

图 13:纺织品出口增速与涤纶价格变化基本同步

资料来源:申万研究

(4) 2006 年—2008 年上涨周期,国际玉米价格领先国际尿素价格(图 14)。

图 14：06-08 年，国际玉米价格领先国际尿素价格

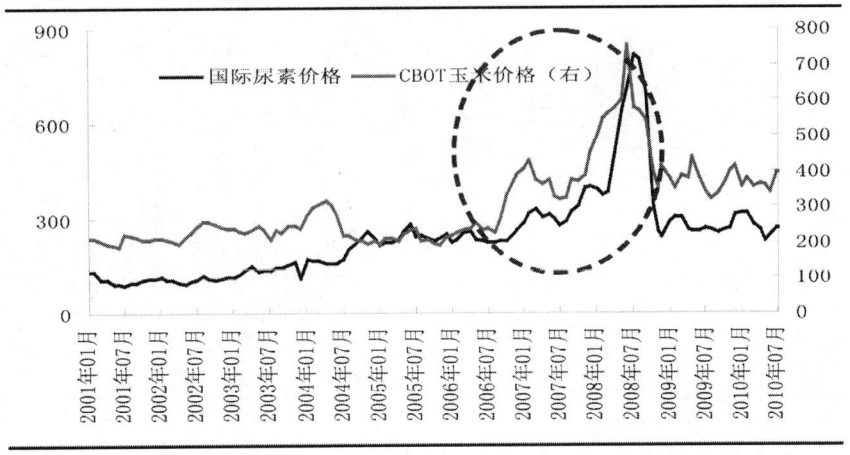

资料来源：彭博社，申万研究

第二，国内 LDPE 与石脑油价差达到 8000 元／吨时，需要注意后续经济可能放缓(表 3)。国内 LDPE 和石脑油价差在 4000～8000 元／吨的区间波动，最高达到 8540 元／吨，最低为 3620 元／吨(图 15)。一旦超过 8000 元／吨，价差便很难持续扩大，反而面临萎缩。

表 3：国内 LDPE 和石脑油价差上下限

	国内 LDPE 与石脑油价差
平均值（元/吨）	5979
最高值（元/吨）	8540
最低值（元/吨）	3620
最高时点	2009 年 4 月
最低时点	2008 年 11 月

资料来源：石化协会，申万研究

国内 LDPE 和石脑油价差分别有四次接近 8000 元／吨：2004 年末、2007 年初、2008 年中和 2009 年中。其中 2004 年末、2007 年初和 2009 年中，当价差接近 8000 元／吨的一段时间后，会看到聚乙烯产量大幅上升，并导致价差收窄，随后会进一步看到生产的回落(图 16)。2008 年中则是下游需求被高价挫伤，聚乙烯产量下降。因此，当聚乙烯与石脑油价差接近 8000 元／吨时，需要注意此时经济可能已经处在过热阶段的中程，增长后续回落的风险开始加大。

图 15：聚乙烯与石脑油价差存在一定波动区间　　图 16：聚乙烯价差与产量变动存在一定关系

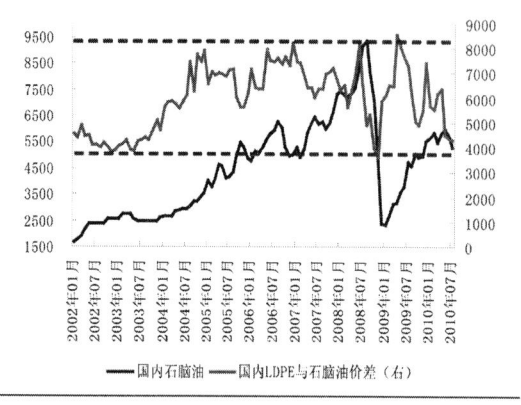
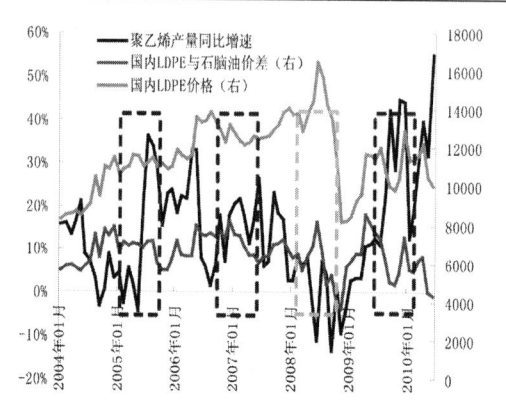

资料来源：石化协会，申万研究　　　　　　　　　资料来源：石化协会，申万研究

2. 化工股投资：经济过热 + 持续涨价预期

2.1 经济过热阶段化工股整体超额收益最明显

2000 年以来，化学制品和石油化工跑赢指数，化纤和化工原料跑输指数。石油化工的长期超额收益主要是因为 2003—2004 年"五朵金花"年代的异军突起；化学制品的超额收益和 2007 年、2008 年大宗商品价格暴涨有关。

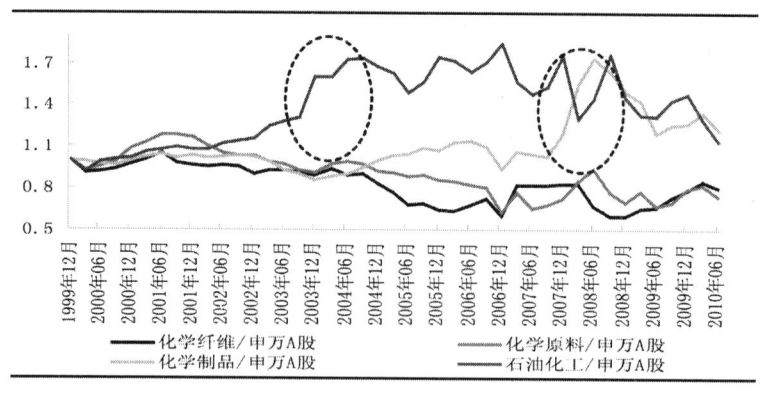

图 17：过去十年化学制品和石化跑赢大盘，化纤和化工原料跑输大盘

资料来源：万得资讯、申万研究

我们承认个别化工股（如烟台万华）会成长为伟大的公司，取得长期超额收益。但是，作为整体，化工股和所有中游一样，难以取得长期超额收益，把握短期机会更为关键。如何把握化工股短期的超额收益？

首先，不应根据分析员盈利预期调整投资化工股。2008 年化工股下跌时，所有化工子行业盈利预期下调均滞后；2009 年指数反转时，除石油化工外，其他三个子行业盈利预期还在不断下调。作为强周期品，化工和钢铁类似，很难根据季报、半年报去估算全年业绩，上市公司也很难对年度业绩做出预测。股价对现货价格和现货成本反应剧烈，一旦市场价格、成本或其预期发生变化，股价便会变动，此时公司盈利尚未受到影响(至少是会计利润)，分析员难以做出前瞻调整。所以通过分析员盈利预测调整来把握股票的超额收益，不适合于强周期品种，从而建立在盈利预测调整基础上的估值体系也无法运用(图18-图21)。

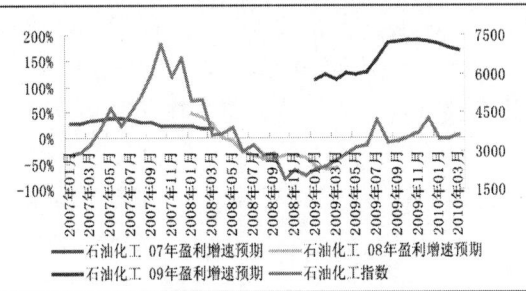

图18：石油化工和盈利增速预期调整不相关

数据来源：万得资讯，申万研究

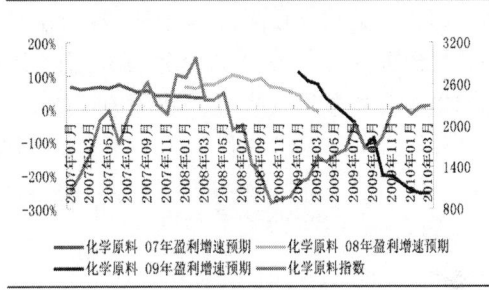

图19：化工原料和盈利增速预期调整不相关

数据来源：万得资讯，申万研究

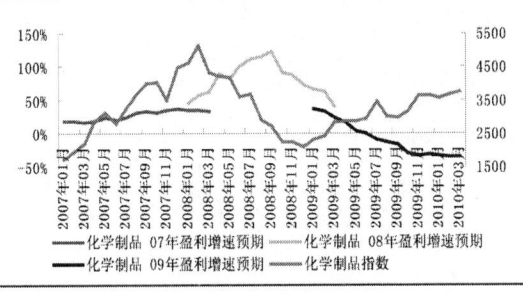

图20：化学制品和盈利增速预期调整不相关

数据来源：万得资讯，申万研究

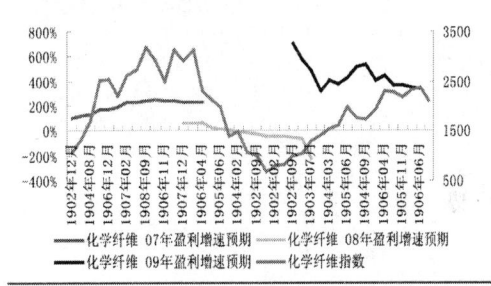

图21：化学纤维和盈利增速预期调整不相关

数据来源：万得资讯，申万研究

其次，化工股整体在经济过热阶段取得较明显超额收益。相对其他中游，化工股对需求更加敏感。在经济过热阶段，旺盛的需求导致化工品价格的大幅上涨，成为化工股获得超额收益的重要催化剂(表4)。

表4：化工股在经济过热期取得超额收益(相对申万A指)

周期	时间	黑色金属	化工	石油化工	化学原料	化学制品	化学纤维
衰退	03.1-03.5	10.16%	-1.81%	6.76%	-4.48%	-9.96%	2.04%
复苏	03.6-03.10	12.60%	0.79%	9.48%	-4.76%	-4.29%	-0.01%
过热	03.11-04.3	9.84%	7.94%	21.30%	5.38%	-0.13%	2.62%
滞胀	04.4-04.10	3.77%	2.92%	4.87%	-1.02%	7.74%	-7.63%
衰退	04.11-05.2	12.17%	-2.42%	-6.22%	-4.64%	1.84%	-4.61%
复苏	05.3-06.12	-12.81%	-7.16%	26.24%	-55.12%	-9.28%	-44.35%
过热	07.1-08.3	2.50%	19.21%	-58.35%	70.63%	127.78%	75.66%
滞胀	08.4-08.8	-10.79%	1.69%	14.83%	-2.38%	4.22%	-16.96%
衰退	08.9-08.12	-3.30%	-8.01%	-7.82%	-11.77%	-7.38%	-1.12%
复苏	09.1-09.7	16.82%	-9.65%	4.76%	3.74%	-38.54%	35.69%
过热	09.8-09.12	-12.03%	7.75%	-0.24%	11.79%	4.33%	12.85%
滞胀	10.1-10.6	-14.36%	-11.71%	-17.52%	-4.61%	-2.40%	1.76%

资料来源：万得资讯，申万研究

再次,涨价预期比实际涨价更重要,持续涨价预期是股价最好的催化剂。以往,化工品涨价,股价上涨;但是现在,只要有涨价预期,股票就会异动,即使这种预期后面被证明是错误的。投资化工品,不得不研究相关化工品涨价预期形成的背景。我们以尿素和纯碱为例子。

从图 22 可知:氮肥超额收益和尿素价格非常相关,但在 2009 年 1 月—6 月出现严重背离,原因在于此段时间并未形成持续的涨价预期。2006 年 9 月至 2008 年 6 月,高油价和生物燃料需求推动国际玉米价格大涨,由于这种需求改变了玉米的传统用途,因此粮食涨价预期明确、持续性长,从而推动化肥股票大涨,超额收益显著(图 23)。而 2009 年 1 月至 6 月间,并没有原因促使市场形成大的持续涨价预期。2010 年 7 月以来自然灾害频发、俄罗斯禁止小麦出口,国际粮食供应短缺预期增强,粮价持续上涨的预期再现,推动了最近化肥股的一波行情。

图 22:尿素价格和氮肥股票超额收益非常相关 图 23:国际玉米价格推动国内尿素价格上涨

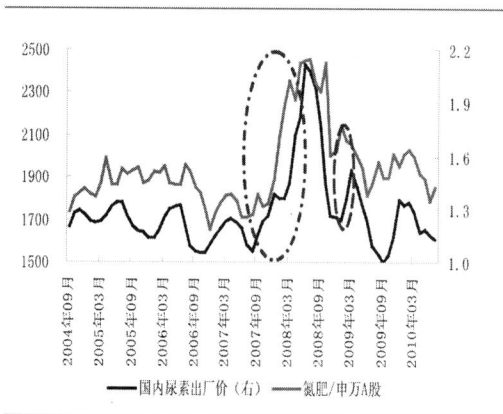 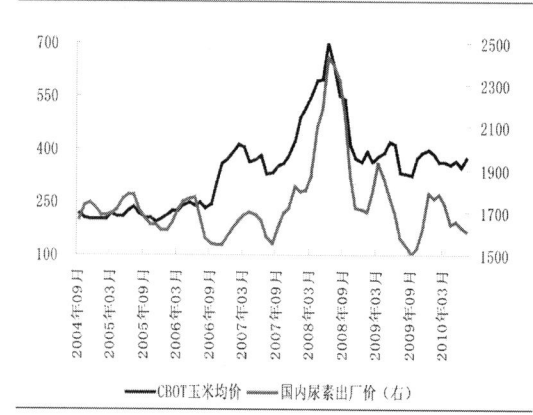

资料来源:中国资讯网,万得资讯,申万研究   资料来源:中国资讯网,万得资讯,申万研究

纯碱价格从 2006 年下半年就开始上涨,但纯碱指数直到 2007 年下半年才开始显著跑赢大盘(图 24),主要是 2007 年下半年房地产开工面积迅速增加,纯碱形成强烈涨价预期,此时股价开始有所表现(图 25)。而一旦投资者看到商品房销售下滑,就会推断未来房地产开工下滑,从而纯碱价格无法维持,此时即使纯碱价格还在飙升,股价也可能下行,恰如 2008 年 3 月—5 月。

图 24：纯碱强烈涨价时纯碱指数有超额收益	图 25：地产开工旺盛带来纯碱涨价预期
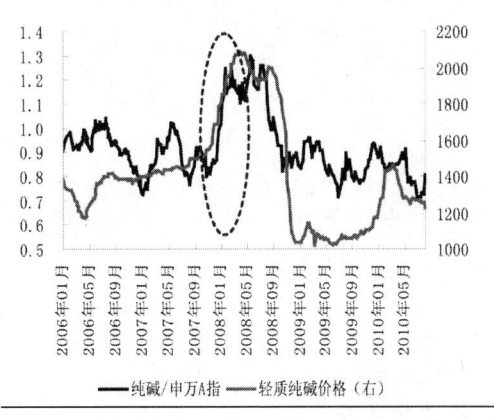	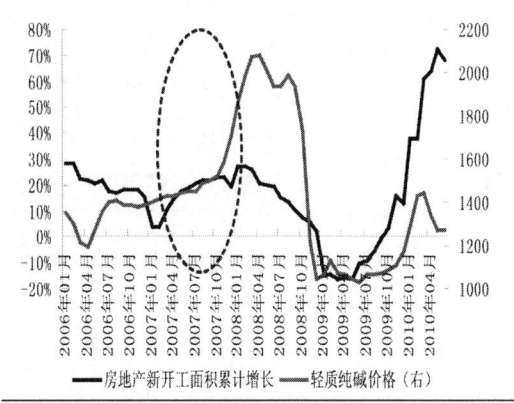
资料来源：万得资讯，中国资讯网，申万研究	资料来源：CEIC，中国资讯网，申万研究

2.2 策略如何看化工：协同作战、填平鸿沟

策略分析员和化工分析员间似乎存在某种鸿沟。一方面，由于种类繁多、专业性强，化工成为策略分析员(包括非化工出身的基金经理)畏惧的行业；另一方面，化工行业股性和实体的日益分离使化工分析员苦恼不已。

起初，化工分析员专注行业基本面、研究利润变化来推荐股票。后来，化工品短期价格异动就会推高股价，即使很明显这种异动不可持续、对全年业绩没有影响，此时跟踪化工品价格成为投资和推荐股票的首要因素。现在，即使化工品的价格不涨，只要存在强烈涨价的预期，股票价格也会启动。在这种情况下，化工股的投资机会已经不是化工分析员所能全部把握的；作为投资品的化工行业，其涨价预期与宏观经济环境、流动性、市场情绪有极大关系，策略分析员必须参与其中。所以策略看化工的第一法则就是要研究化工品的涨价预期环境，与行业分析员协同作战。而化工分析员还是要专注基本面，毕竟由最终无法实现的涨价预期带来的投资机会无法持续。

另外，化工品对验证经济的各个环节至关重要，上文已经从不同层面进行过说明，跟踪这些数据，对于理解和判断宏观经济运行非常关键。

策略跟踪的化工中观数据库结构如下：

表 5：策略跟踪的化工中观数据库

大类	行业	行业关键指标	数据来源	频度	更新日期
中游	化工	乙烯产量、聚乙烯产量	石化协会	月	每月中旬
		纯碱产量	石化协会	月	每月中旬
		尿素产量、尿素出口量	石化协会	月	每月下旬
		钾肥产量、钾肥进口量	石化协会	月	每月下旬
		涤纶产量	石化协会	月	每月中旬
		东南亚乙烯价格、东南亚 LDPE 价格	DataStream	周	每周五
		轻质纯碱价格	中国资讯网	周	每周五
		国际尿素价格、国内尿素出厂价	Bloomberg 中国资讯网	周	每周五

盐湖钾肥出厂价、氯化钾/温哥华 FOB	Bloomberg 中国资讯网	周	每周五
涤纶短纤价格	中国化纤经济信息网	周	每周五
新加坡石脑油价格	DataStream	周	每周五
PTA 价格、MEG 价格	中国化纤经济信息网	周	每周五
外生关键指标	**数据来源**	**频度**	**更新日期**
OECD 工业生产指数	Bloomberg	月	每月 20 日
工业增加值	统计局	月	每月 20 日
美元指数	Bloomberg	周	每周一
平板玻璃产量	华通人	月	每月中旬
汽车产量	中国汽车工业协会	月	每月 20 日
房地产新开工面积	统计局	月	每月 20 日
房地产投资开发增速	统计局	月	每月 20 日
城镇固定资产投资增速	统计局	月	每月 20 日
国际玉米期货价格	Bloomberg	周	每周五
纺织品出口量	统计局	月	每月 20 日
Brent 现货油价	Bloomberg	周	每周五
秦皇岛港 6000 大卡大同优混平仓价	资源网	周	每周一
各省市工业用电价格	中电联	月	每月 20 日

资料来源：申万研究

第十一章

宏观缩影，择时为上
——中游投资逻辑

主要内容：

中游行业研究价值巨大，通过观察其毛利和库存变化可以定位经济波动，跟踪其产量和价格变动能提早推断关键宏观指标的变化方向。投资方面，中游行业产能过剩，毛利无法持续扩张，难以取得中长期超额收益，择时为上，不可恋战。

观察中游可以推断宏观整体。钢铁、水泥、电力、乙烯对应工业生产，纯碱和冷轧分别对应房地产和汽车，箱板纸和涤纶对应出口。跟踪粗钢产量、发电量和聚乙烯产量可判断工业增加值；跟踪箱板纸产量和涤纶短纤价格可判断出口；跟踪纯碱表观消费量和冷轧产量可分别判断房地产和汽车开工。钢铁有社会库存和金融属性，库存调整因素非常突出，会影响厂商的预期和生产行为；水泥以销定产，更真实反映下游开工的变化。

鉴于钢铁在中国经济中的核心地位，我们结合其社会库存和吨钢毛利来定位经济波动：社会库存下降、吨钢毛利扩大，经济复苏；社会库存上升、吨钢毛利冲高回落，经济从过热到滞胀；社会库存堆积、吨钢毛利萎缩，经济衰退。从下游消费到上游资源，要经过社会库存、价格、厂商库存和产量等若干环节。观察每个环节的变化，有助于判断经济所处阶段，我们以房地产—螺纹钢—焦煤产业链为例阐述经济传导过程。

通过2003年"五朵金花"时代和2009年中中游集体上涨两次案例分析，我们总结中游投资逻辑如下：产能过剩压制中游毛利持续改善，因此中游行业投资需注意把握买卖时点。具体行业投资逻辑不一：钢铁重毛利、化工看涨价预期、电力和水泥属事件投资机会。中游投资还需关注风格和情绪，如果判断未来钢铁行业基本面好转，应该买入高贝塔的煤炭股；而一旦钢铁股持续明显跑赢煤炭股，需警惕情绪过度亢奋后的回落风险；化工品在经济过热、市场情绪高涨时易取得超额收益。

根据我们的研究框架，上游看价格、下游重需求、中游求验证（见第1章图1）。上游价格和下游需求有四种组合：量升价跌为复苏、量价齐升是过热、量缩价升即滞胀、量价齐跌乃衰退，每种组合均体现在中游的毛利变化上，所以中游能对经济波动起到验证作用。

中游行业的工业增加值占比超过60%，与中国经济同步。判断中国经济趋势，长期看技术和人口、中期可观察下游可选消费品和出口变化、短期应跟踪中游指标。由于宏观数据的公布相对滞后，而中游指标可跟踪、可调研，因此跟踪中游指标能提早10日左右把握关键宏观数据的变化方向，这对于投资决策而言意义重大，尤其在拐点时期更甚。

经过 2003—2004 年大规模产能扩张，中游行业产能严重过剩，始终压制其毛利的持续扩张，因此难以取得中长期超额收益，策略上应重视择时，不可恋战。

1.研究价值：管中窥豹，一叶知秋

究竟哪些行业隶属中游可谓众说纷纭。投资者一贯把有色当上游炒作[1]，而机械重量不重价。从连接上下游的角度出发，我们将钢铁、水泥、造纸、电力和化工列为重点研究对象。

在上游和下游的研究中[2]，宏观均是起点，中游均是落足点。严格来讲，从下游消费到上游资源，要经过社会库存、价格、厂商库存和产量等中游行业的若干环节，其中产量与工业增加值紧密相连，毛利和产能利用率是关注焦点。

不同行业属性不一、数据公布各有差异，并非每个行业在这四个环节均有数据。钢铁和造纸的数据较全，可作为整个流程最好的观察点。各行业对应宏观经济的不同部分，可以通过各种组合分析更深刻地理解宏观经济，行业彼此间也可相互提示和验证。

图 1：中游连接上下游

资料来源：申万研究

从逻辑图上看，钢铁、水泥、电力、乙烯和纯碱对应房地产和汽车，其生产与工业增加值密切相关；箱板纸和涤纶对应出口(图 1)。电力和水泥还具有明显的区域特征，可以验证区域投资强弱。钢铁有社会库存和金融属性，库存调整因素突出，会影响厂商的预期和生产行为；水泥以销定产，更能真实反映下游开工的变化。

---

[1] 关于有色行业的投资逻辑详见第 4 章。
[2] 详见第 5 章和第 8 章。

社会库存、毛利和产能利用率是重点。社会库存既是需求、又是供应。当下游需求持续改善时，社会库存会相应增加。一旦下游需求下行，社会库存的继续堆积便有之后的"去库存"之忧。社会库存下降是去库存的第一阶段，会影响中游的现货价格和毛利，之后厂商的去库存和减产行为会影响工业增加值和上游资源需求。

毛利是下游需求、产能利用率和产量共同作用的结果。从逻辑上讲，下游需求上升—拉动价格上涨—毛利扩大—厂商提升产能利用率—产量增加；供应增加一方面压制现货价格进一步上行，另一方面拉升原材料价格，两者均使毛利下降；随着毛利下降，产能利用率下降，回到起点。社会库存和毛利的结合有助于我们定位经济波动，这一点在钢铁中尤其明显。

1.1 宏观世界的透视镜

通过观察中游指标和中游组合，可以更及时地把握经济变化和事实真相。

第一，跟踪粗钢产量、发电量和聚乙烯产量提早推断工业增加值变化方向（图2—图3）。

把握经济波动的大方向，需要跟踪下游的房地产和汽车销售数据；在经济拐点期，提前10天推断工业增加值方向，也意义非常。譬如2010年二季度经济开始下滑，工业增加值从3月的18.1%下滑到7月的13.4%，而领先经济的下游可选消费品从8月份开始回暖（汽车销售在8月突然环比大幅上升15%，房地产交易量也放大）。经济何时见底备受关注，月中公布的工业增加值牵动投资者的神经。

事实上，8月的工业行为在当月底就已确定，但数据要直到9月11日才公布，相对滞后。粗钢产量、发电量和聚乙烯产量分别在每月11日、11日和16日公布，和工业增加值的公布时间差不多。但是宏观只能预测，微观和中观则可调研、可跟踪，通过跟踪调研重点钢厂产量和旬发电数据我们可以更早判定工业增加值的方向。根据旬发电量推算，8月发电量可能达到18%，按此推理工业增加值也不低。但考虑到8月天气异常炎热，发电量的高涨很可能是由占比11%的居民用电引起，这不会带来工业增加值的相应增加。必须同时考虑粗钢产量和聚乙烯产量变化，倘若调研发现粗钢和聚乙烯生产行为活跃，那么工业增加值回升的概率就更大。

图2：粗钢产量、发电量与工业增加值关系密切

图3：聚乙烯产量与工业增加值关系密切

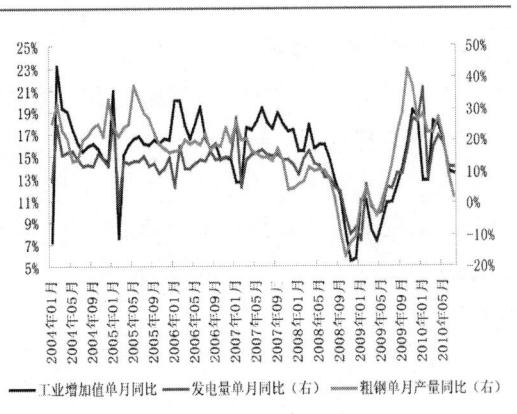

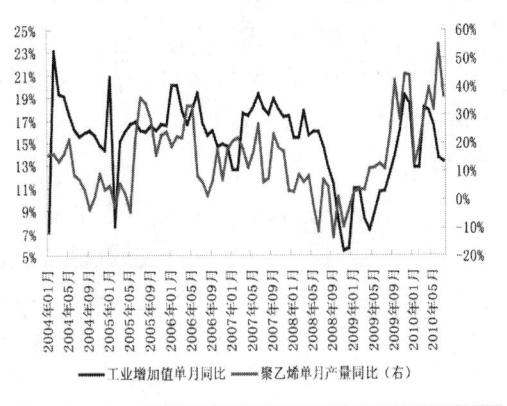

资料来源：CEIC，申万研究

资料来源：石化协会，CEIC，申万研究

发电量和工业增加值的拟合度最高,但发电量只是一个被动变量,其根据工业生产强弱被动增加或减少,无法从当前的发电量做趋势外推。而钢铁生产相对独立,当吨钢毛利扩张时,厂商增产的欲望就会增强,而这会提升发电量,带动工业增加值上行,再加上钢铁有金融属性和库存调整因素,所以对工业增加值有一定领先性(2008年9月以来尤其明显)。因此推算即将公布的工业增加值,通常可用发电量;但要把握未来几个月工业增加值的变化方向,要观察钢铁毛利的变化方向。

第二,跟踪箱板纸产量和涤纶短纤价格提前把握短期出口变化方向(图4—图5)

对出口的判断,从大周期上可以观察美国经济驱动力和全球贸易格局的变化;未来3~6个月的变化,要关注美国PMI指数、广交会和春交会订单、纺织服装和家具长短单变化;至于未来1~2个月的变化,可跟踪港口集装箱数据③、航线价格变化、造纸和纺织服装的变化。

箱板纸用于产品外包装,包装用纸的间接出口总量占其产量比重达到33.2%,所以出口变化会直接体现在箱板纸产量变化上。换而言之,观察箱板纸产量变化可以窥视出口变化。涤纶是最主要的化纤,主要用于纺织品,而国内纺织品需求比较稳定,所以涤纶短纤价格的变动往往由纺织品出口变化引起,通过观察涤纶短纤价格变动可把握纺织品出口变化。

图4:箱板纸产量变化反映出口变化

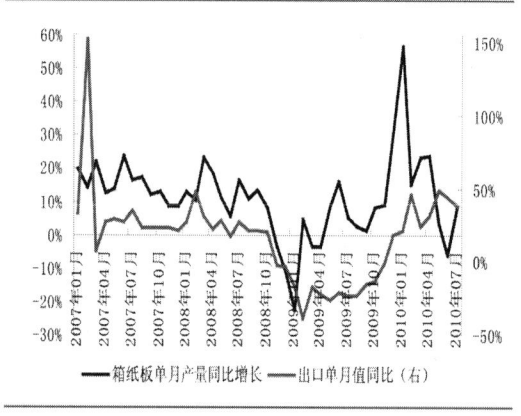

资料来源:CEIC,申万研究

图5:纺织品出口与涤纶短纤价格变化相关

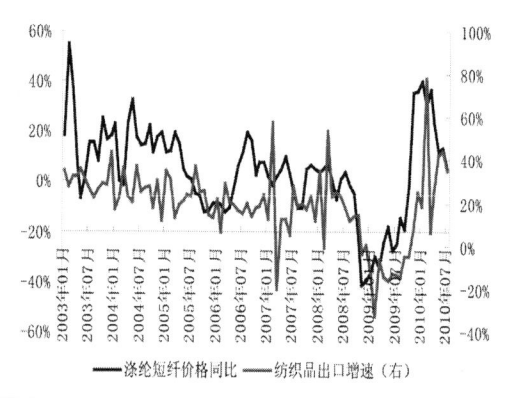

资料来源:石化协会,CEIC,申万研究

第三,纯碱产量求证房地产开工(图6),冷轧产量求证汽车生产(图9)

作为最重要的下游可选消费品,房地产和乘用车的开工直接决定了中游的需求。我们可以调研地产开发商和汽车厂商的开工计划,但中国地产商和汽车厂商的集中度不大,样本调研不能反映全貌。

换一种思路,我们可以从对应的中游产品消耗量来反证房地产和汽车的开工状况。从逻辑上讲,当房地产开工增加时,螺纹钢、水泥、纯碱、挖掘机和重卡消耗量均会增加;当汽车产量上升时,冷轧和纯碱的使用量也会增加(图8)。

但单独一种产品的消耗量会受到特殊因素干扰,不能完全反映房地产和汽车真实开工情

---

③ 关于交通运输对出口的验证,参见第15章《策略如何看交通运输》。

况的变化,因此需要仔细甄别。比如说,螺纹钢和水泥的消耗量会同时受到基础建设和房地产的影响。2008年底至2009上半年,房地产开工并未上升,但"四万亿"导致基础建设大幅增加带动钢铁和水泥产量上升,所以这个阶段钢铁和水泥产量变化并不反映房地产开工状况(图7)。而纯碱主要用于制造平板玻璃和洗涤剂,平板玻璃又主要用于房地产和汽车,因此纯碱产量是验证房地产开工更为纯粹的指标。从数据上看,纯碱表观消费量和房地产新开工面积的相关度达到0.61,远高于钢铁、水泥和房地产新开工面积的相关度。同样道理,冷轧产量是验证汽车开工比较好的指标。

图6:纯碱表观消费量与地产开工关系更为密切

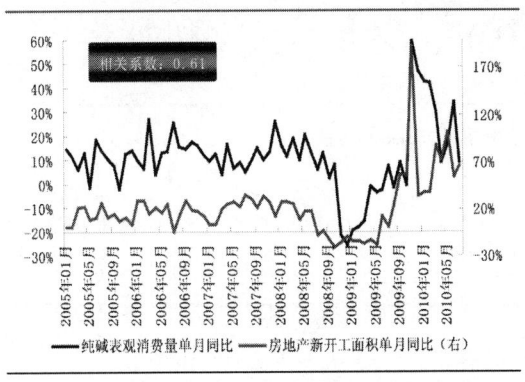

资料来源:石化协会,CEIC,申万研究

图7:螺纹钢、水泥与地产开工关系不如纯碱

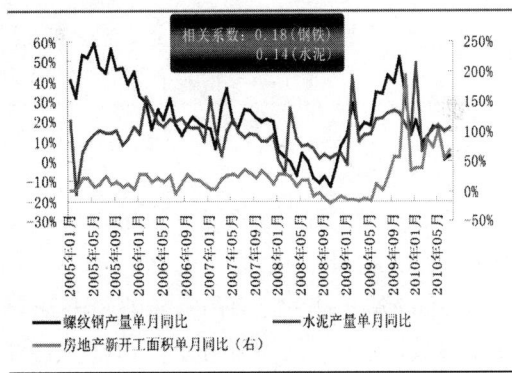

资料来源:华通人,CEIC,申万研究

图8:纯碱表观消费量与汽车产量关系密切

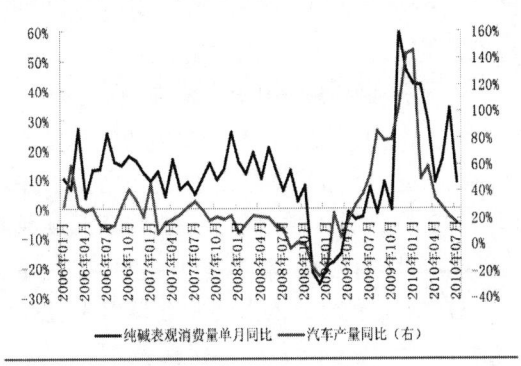

资料来源:石化协会,CEIC,申万研究

图9:冷轧产量与汽车产量关系密切

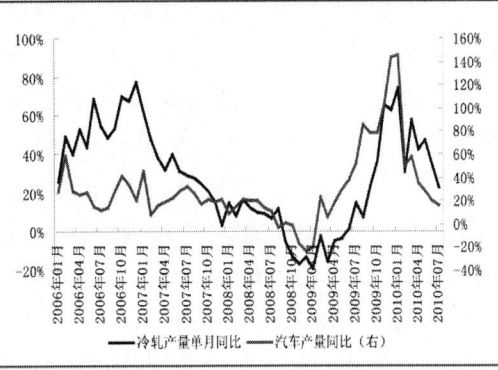

资料来源:中汽协,CEIC,申万研究

第四,螺纹钢生产体现经济主体的预期,水泥真实反映下游开工需求

螺纹钢和水泥都是基础建设和房地产的重要原料,两者下游相似。照理讲,两者的消耗量和产量应同步变化。但螺纹钢有社会库存、有期货,具备一定金融属性,其产量变化不一定来自下游开工变化,有可能是厂商、经销商对经济预期变化的结果。水泥以销定产,其产量变化基本反映了下游开工的真实需求(图10)。我们要注意观察和分析螺纹钢和水泥产量发生背离的情形。

图10：螺纹钢生产可能是对预期变化的结果，水泥生产反映下游开工

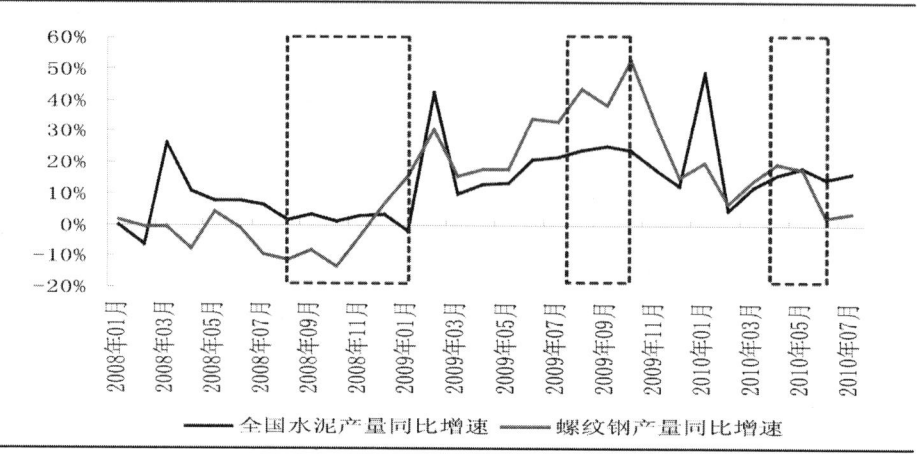

资料来源：CEIC，MySteel，申万研究

剔除水泥每年初的奇异点，2008年以来螺纹钢和水泥的产量增速有三个阶段出现背离，分别是2008年8月—12月、2009年8—10月、2010年4—7月，均与库存调整有关（图11）。2008年8月—12月，雷曼破产导致经济预期降到冰点，从经销商到厂商均很恐慌，去库存导致钢铁产量波动明显大于水泥产量波动。2009年年中，钢铁期货价格和市场价格大涨，吨钢毛利扩张迅速，厂商对经济形势非常乐观，大量生产导致库存累计，但实体经济恢复速度并没有想象中的快，水泥产量从8月后开始下降。2010年4—7月的背离最为典型，在史上最严厉的房地产调控政策出台的背景下，钢铁经销商对未来房地产开工的预期非常悲观，不再进货，厂商主动减产去库存，导致钢铁产量和工业增加值明显下滑。事实上，4—7月房地产开工和投资并未大量下滑，这点从水泥产量变化较平稳中可以看出。

一般而言，经济下滑会经历"下游销售下降—下游开工减少—中游产量减少—工业增加值下降"等几个环节。钢铁由于库存调整导致产量减少，引起发电量和工业增加值下降，给人一种经济急速下滑的感觉，事实上这种急速下滑不过是"假摔"而已。因为下游开工并未迅速恶化，工业增加值的下降是钢铁厂商主动调整生产行为导致的。一旦钢铁经销商发现下游需求没那么差，而库存已经削减到较低水平时，其补库存行为会带动钢价上涨，进而促使厂商生产，工业增加值将会迅速恢复。即使此时下游开工下滑，钢铁的库存调整也已经到位，工业增加值也不一定会迅速下滑。

1.2 经济波动的定位仪

判定经济周期对于投资意义重大，但经济周期往往只能事后确认。一般而言，用宏观的量（工业增加值）和价（PPI等）划分经济周期，但宏观的数据比较滞后、无法调研，倘若能用可跟踪、可调研、频率更高的中观数据确定经济波动所处的位置，无疑是一大进步。

鉴于钢铁在中国经济中的核心地位，我们尝试结合社会库存和吨钢毛利定位经济波动：社会库存下降、吨钢毛利扩大，经济复苏；社会库存上升、吨钢毛利冲高回落，经济从过热到滞胀；社会库存堆积、吨钢毛利萎缩，经济衰退（图11、表1）。

图 11：结合钢铁社会库存和吨钢毛利变动定位经济波动

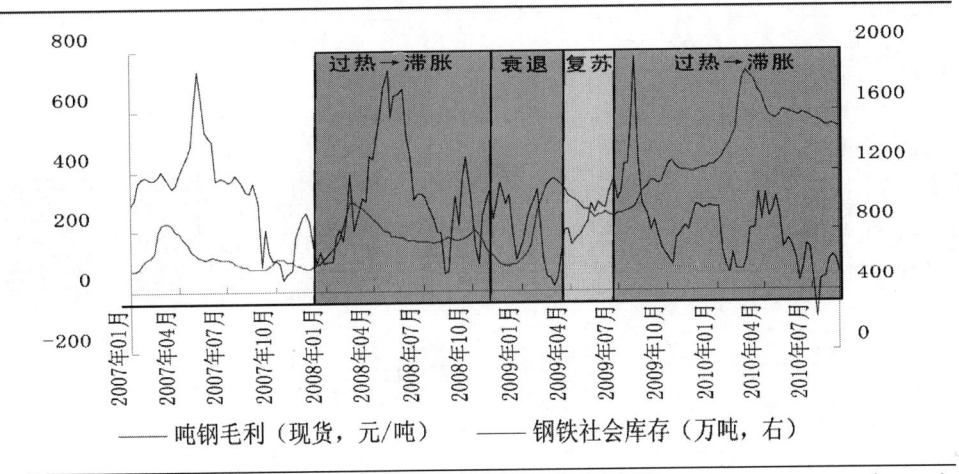

资料来源：CEIC，MySteel，申万研究

经济复苏阶段，下游需求上行，社会库存下降、产能尚未释放、成本维持低位、吨钢毛利持续改善，2009 年 3 月至 6 月是典型例子。随着需求持续上行，经销商开始补库存，社会库存上行，同时厂商加大开工，成本上行挫伤企业利润，吨钢毛利下行，这是典型的从过热进入滞胀的反应，恰如 2008 年上半年和 2009 年 7 月至 2010 年 3 月。最终，过高价格挫伤需求，下游需求持续下降，社会库存堆积，厂商减少生产，钢价、成本和吨钢毛利均萎缩，进入量价齐跌的衰退阶段，对应 2008 年 4 季度和 2009 年 1 季度(表 1)。

表 1：从社会库存和吨钢毛利的组合把握经济周期定位

钢铁社会库存		吨钢毛利		经济周期	典型案例
变化	原因	变化	原因		
下降	需求好转 产能未释放	扩大	需求拉升钢价 成本维持低位	复苏	09 年 3-6 月
上升	"补库存" 产能释放	冲高回落	成本推升钢价 毛利受到挤压	过热→滞胀	08 上半年 09 年 7 月-10 年 3 月
大量堆积	供应释放 需求恶化 开始"去库存"	极度萎缩	钢价下跌 高价成本	衰退	08 年 4 季度-09 年 1 季度

资料来源：申万研究

经济从下游消费到上游成本环环相扣、层层递进，观察每个环节变化，可以清晰知道经济所处阶段。我们一季度研究上游、二季度梳理下游、三季度整理中游，在此以房地产—螺纹钢—焦煤产业链为例阐述经济传导过程(图 12)。

图12：房地产—螺纹钢—焦煤链条的渐次波动

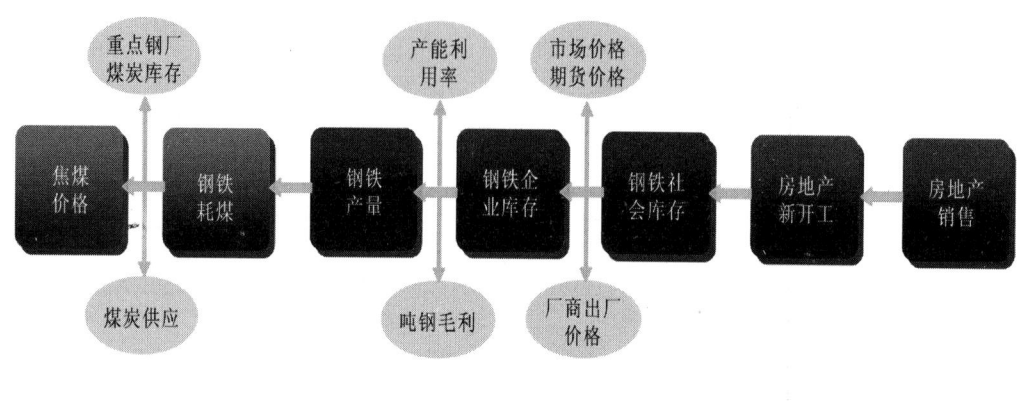

资料来源：申万研究

房地产销售的波动④是该链条变化的起源，历史数据显示房地产销售领先房地产新开工五期；随着新开工面积上行，螺纹钢社会库存也上行，此时社会库存可视为需求；需求上行带动市场价格上行，厂商提高出厂价，钢铁毛利扩张，厂商加大生产，钢厂库存累计；钢铁产量增加带动焦煤消耗量增加，在供给不发生变化的情况下，拉动焦煤价格。从图14到图17，我们清晰看到从房地产销售—房地产新开工—螺纹钢社会库存—螺纹钢厂商库存—螺纹钢产量—山西焦煤产量在"量"方面的层层传递。价格由于受到诸多因素影响，结果不显著。

图13：地产销售变化引起新开工变化　　图14：地产开工变化作用于钢铁库存

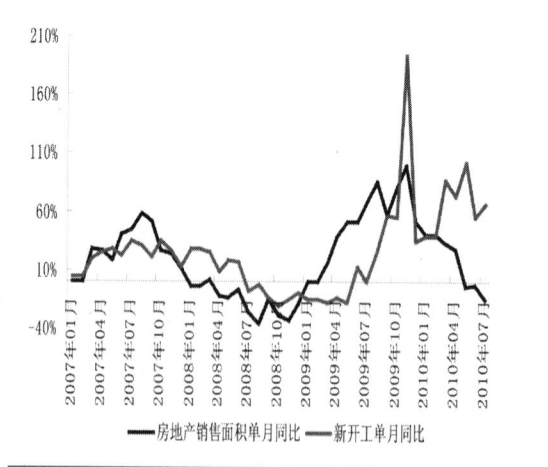 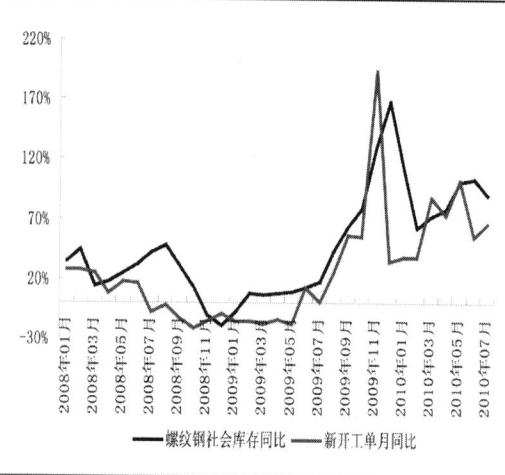

资料来源：CEIC，申万研究　　　　　　　资料来源：CEIC，申万研究

---

④ 因此如何把握房地产销售非常重要，我们可以结合宏观判断、微观调研和行业横向比较。参见第6章和第8章。

图 15：从螺纹钢社会库存传导到企业库存	图 16：钢铁厂商行为最终影响到上游焦煤
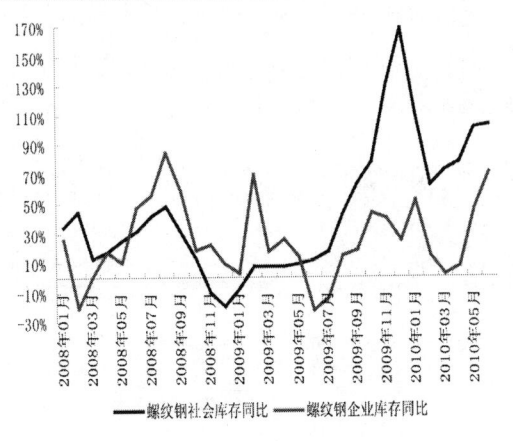	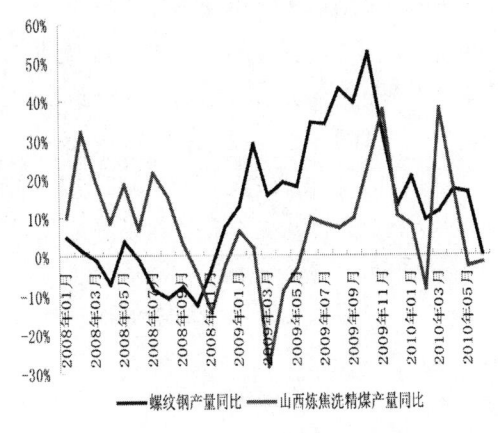
资料来源：CEIC，MySteel，申万研究	资料来源：资源网，CEIC，申万研究

从房地产销量调整到煤炭价格下跌会有时滞，但资本市场会提早反映，我们经常看到房地产股和煤炭股同涨同跌。煤炭从实体上看属晚周期，从股市上看属早周期，股价往往远远领先煤价变化(图17)。

经常有人会问：从房地产销量调整到煤炭价格调整需要多少时间？房地产开工 1 平方米，会拉动钢价上涨多少？事实上这种问题无法精确回答，因为当中有太多环节、干扰和不确定。螺纹钢存量和当前产能利用率都只是分析员的推算，假设模糊注定结论模糊。更关键的是，中游产能过剩、毛利无法持续扩张，其短暂的投资机会主要来自需求突然起来、产能一下子提不上来、从而毛利扩张，而其中的具体关系难以计算。这种计算只能给出一个大致的范围，在极端的情况下才有意义。我们的方法更简单——观察信号：首先密切跟踪下游，下游需求变动后转向跟踪其开工，开工变动后转向跟踪中游社会库存，库存变动后转向跟踪中游价格，价格变动后转向跟踪中游产能利用率……这才是信号机制的真正意义。

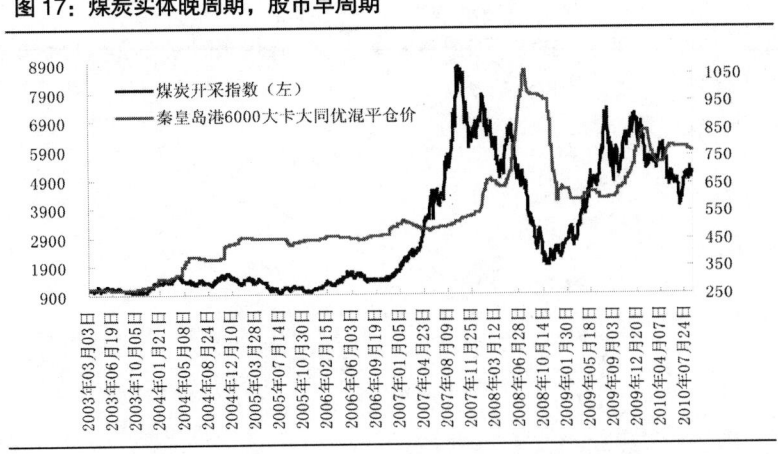

图17：煤炭实体晚周期，股市早周期

资料来源：资源网，万得资讯，申万研究

2. 投资策略：取舍有道，进退有时

中游在历史上出现过两次系统性机会。第一次是 2003 年"五朵金花"时代，第二次是 2009 年 6 月—7 月的上涨。前者持续时间长，收益稳定；后者疯狂而短暂，犹如"过山车"。仔细分析两次行情的背景、过程，能给我们诸多启示。

2.1 取而不舍，忍看金花成黄花

2003 年，出口好转，经济过热，煤电油运全面紧张。股市上以钢铁、汽车、石化、银行和电力为代表的"五朵金花"在漫漫熊市中异军突起(图 18)。

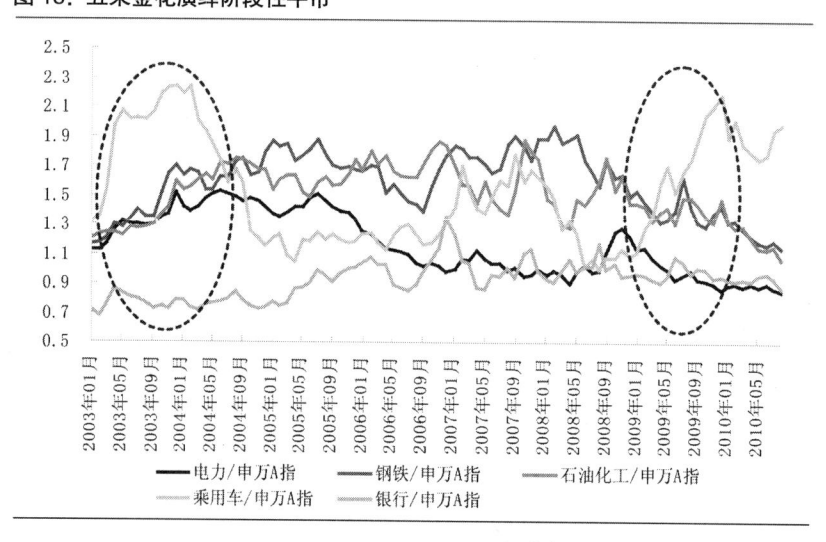

图 18：五朵金花演绎阶段性牛市

资料来源：万得资讯，申万研究

供不应求使厂商加大投资，这些投资在 1~2 年后形成大量的产能，导致后续严重供过于求，毛利趋势性下滑。从此电力、钢铁和石化再也没有恢复当年的风光，无法取得长期超额收益(图 19—图 20)。

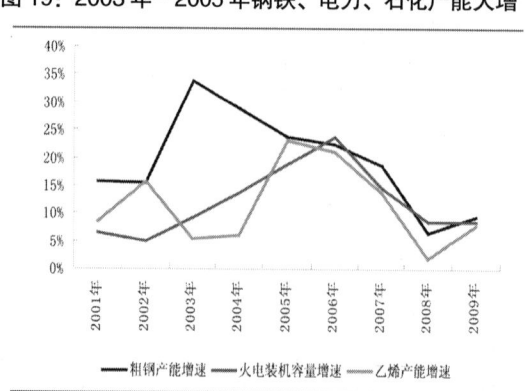

图 19：2003 年—2005 年钢铁、电力、石化产能大增

资料来源：中电联，CEIC，申万研究

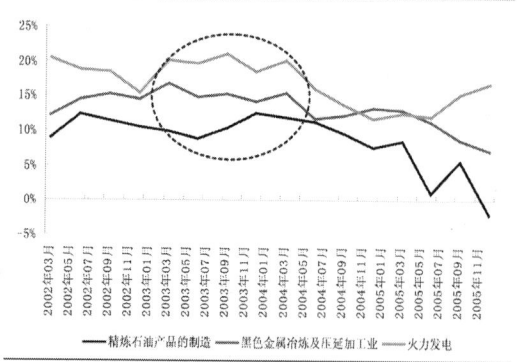

图 20：三大行业毛利 2003 年后持续下滑

资料来源：CEIC，申万研究

而同为"五朵金花"的汽车却在 2009 年王者归来,以年度超额收益 209%独占鳌头。究其根源,主要是中游(钢铁、电力、石化等)和下游可选消费(汽车)属性不同。钢铁、电力和石化是投资品,如果投资无法系统性上升,这些产品的需求无法持续扩大,其毛利扩张始终受制于产能。而随着中国消费崛起,需求成倍扩张,当年汽车的过剩产能得到消化,2009 年汽车毛利创五年新高(图 21—图 22)。

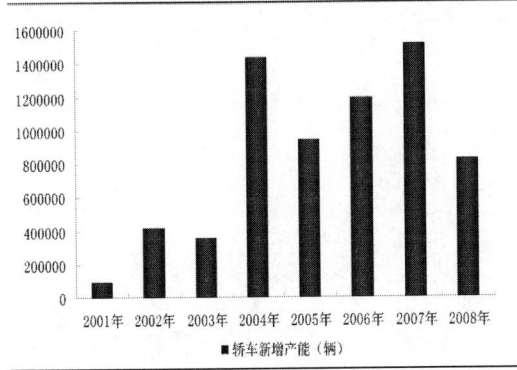

图 21:乘用车产能释放在 2004 年和 2007 年达到高峰

资料来源:万得资讯,申万研究

图 22:2009 年汽车毛利率回到五年新高

资料来源:万得资讯,华通人,申万研究

投资启示一:"五朵金花"时代不复重来,中游行业难以取得长期超额收益,把握短期机会是投资的关键。随着中国经济转型,投资和消费此消彼涨之势不可逆转。之前累计的产能会始终压制中游行业的毛利扩张,一旦下游需求增加,带动中游产品价格上涨和毛利扩张,其产能必然立即大量释放,一方面压低价格,另一方面带动成本,所以毛利必然萎缩,意味着投资时间变得短暂。

2.2 进而不退,直叹高处不胜寒

2009 年六七月份,中游群起,以钢铁最甚;但 8 月风云突变、急转直下,之前追涨的投资者不过是纸上富贵、浮云一场。

6 月初,钢铁率先启动;7 月初,化纤和纯碱随之起舞(图 23);在此期间,水泥、电力和造纸波澜不惊(图 24)。

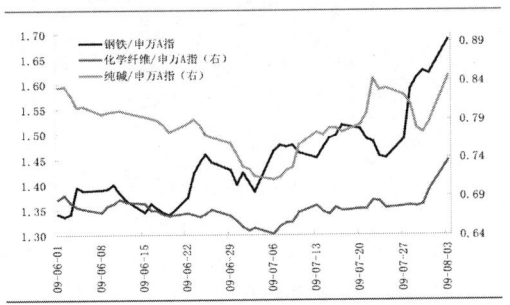

图 23:钢铁、化纤、纯碱跑赢大盘

资料来源:万得资讯,申万研究

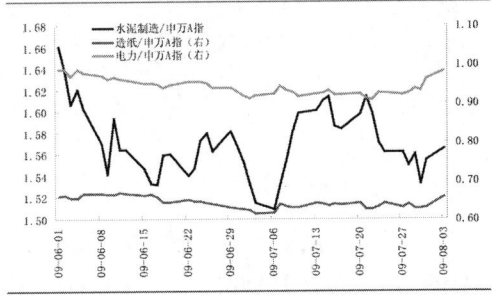

图 24:水泥、造纸和电力波澜不惊

资料来源:万得资讯,申万研究

外冷内热是中游行情启动的宏观环境。1998年以来,外需变化是引发中国经济周期变动的重要原因,实证表明OECD工业指数领先国内工业增加值2个月(图25)。在美国消费—中国制造—资源国提供原料的模式下,中国经济受两端挤压,虽然能取得较高的GDP增长,但利润水平不高。中游行业尤其典型,只能赚微薄的加工费,一旦全球经济好转,利润就会向上游资源国转移。

但2008年底全球经济陷入衰退,中国政府的执行力和"四万亿"投资使国内工业生产率先反弹,领先全球经济复苏一个季度。正是这种难得的"外冷内热"的时间差使中游毛利在一定阶段内快速上升,具备了爆发性行情的基础(图26)。

图25:OECD工业指数领先国内工业增加值2期

图26:2009年国内工业生产率先反弹,外冷内热

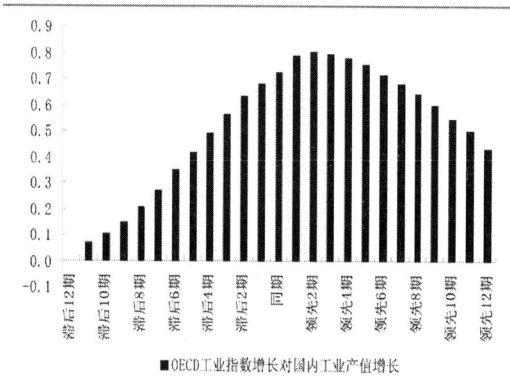

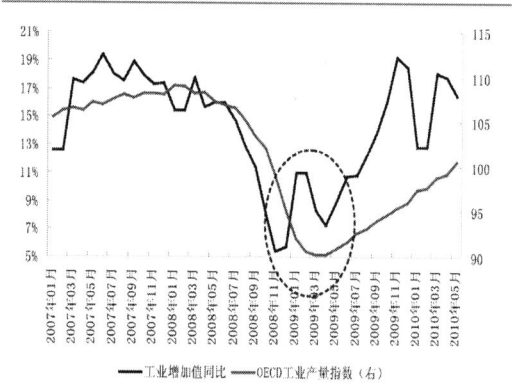

资料来源:申万研究

资料来源:彭博社,万得资讯,申万研究

钢铁期货价格先行带动现货价格上行,毛利扩张,钢铁股飙升。2008年12月房地产销售回升,2009年5月房地产新开工开始回升(图27),6月初螺纹钢期货价格跳升,带动钢铁现货价格上涨,吨钢毛利随之扩大(图28)[5],钢铁股受此刺激大涨,此时的产能利用率只有80%左右。此后产能利用率不断上升,8月份达到88%的历史高位,吨钢毛利下降带动股价迅速下跌。

---

[5] 钢铁超额收益取决于吨钢毛利,如何把握吨钢毛利第9章《策略如何看钢铁——打造钢铁的"驱动力"和"信号验证"机制》。

图 27：房地产销售和新开工呈现 V 型反转　　图 28：钢铁毛利在 6 月迅速上升

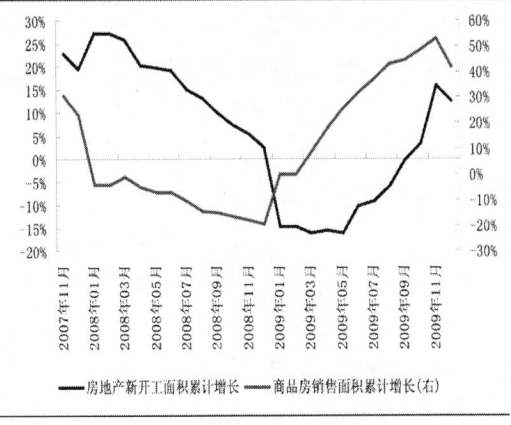 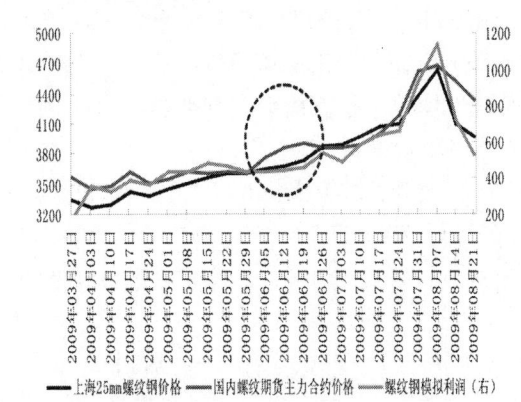

资料来源：CEIC，申万研究　　　　　　　　资料来源：Mysteel，万得资讯，申万研究

钢铁股带动、涨价预期和市场情绪亢奋使化工股被炒作。当盈利模式较简单的钢铁、煤炭被热炒后，资金开始关注基本面更复杂、专业性强、子行业多的化工行业。基本面上，投资者期待出口成为继政府投资、房地产投资之后带动经济继续上涨的第三个驱动力，涨价预期氛围开始形成。此时出口由于季节因素有所恢复，涤纶价格上涨(图 29)，涤纶股票启动；随着房地产开工逐步回升，市场对纯碱价格上涨的预期越来越盛(图 30)，纯碱股票也开始飙升。

市场方面，投资者情绪极其亢奋，分析员开始用单月最好盈利乘以 12 来估算全年业绩。这种方法明显不合理，因为忽视了季节因素和产能过剩等问题，但在当时对股价上升确实起到了明显的催化作用。化工股的股性和实体的背离使当时很多专注基本面研究的行业分析员无所适从[6]。

图 29：出口季节因素导致涤纶价格短暂上涨　　图 30：纯碱价格当时并未上涨

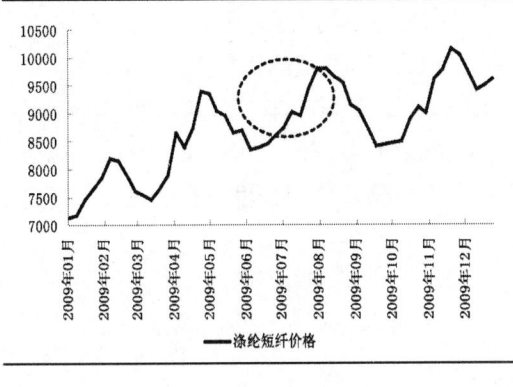 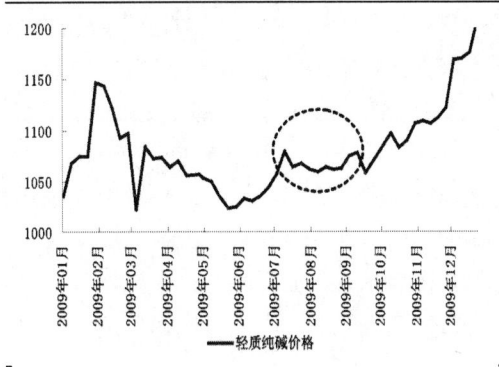

资料来源：石化协会，申万研究　　　　　　　资料来源：石化协会，申万研究

[6] 关于化工股的投资逻辑，详见 第 10 章《策略如何看化工——打造化工的"驱动力"和"信号验证"机制》。

在此过程中，股性较差的水泥股和电力股并未受到投资者青睐。从历史上看，2003年后水泥股和电力股的投资机会多为事件驱动型。如2008年底"四万亿"投资和近期拉闸限电限产对水泥股的影响(图31)，如电价上调对电力股的影响(图32)等。且电力股和水泥股的进攻性不如钢铁股和化工股强。

图31：水泥股受四万亿、拉闸限产等事件因素驱动　　图32：电力股电价上调影响大

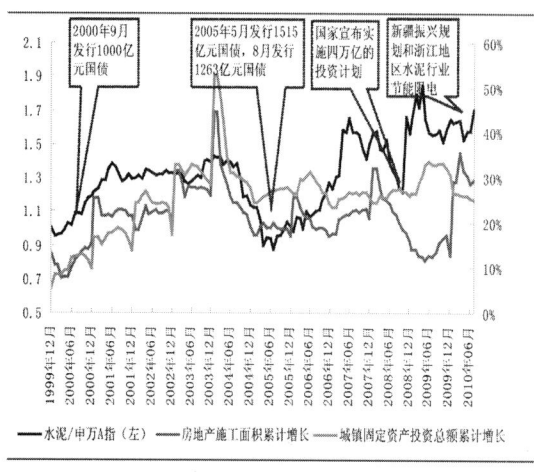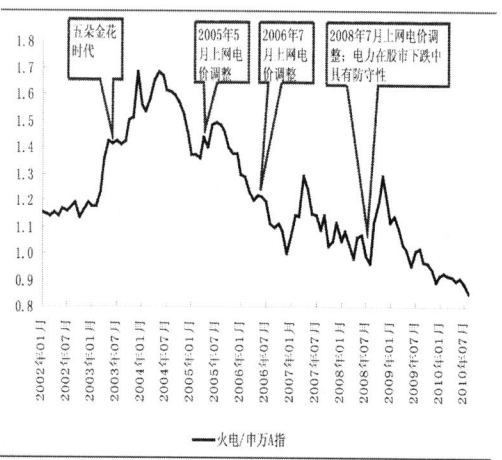

资料来源：万得资讯，申万研究　　　　　　　　　　　资料来源：万得资讯，申万研究

投资启示二：钢铁、化工、电力和水泥的投资逻辑不一致。钢铁关注吨钢毛利；化工强调涨价预期，过热阶段超额收益明显；电力和水泥重事件性投资机会，防御性大于进攻性。

一般而言，买钢铁不如买煤炭。钢铁股持续大幅上涨，非但不可追，反而应注意市场后续回落风险。投资者普遍认为买钢铁不如买煤炭，此中逻辑非常简单：钢铁股上涨的前提是钢价上涨、毛利扩张，而钢价持续上涨的前提是下游需求旺盛、经济过热，这必然导致煤价上涨。而钢铁股毛利扩张的弹性不如煤炭股大，钢铁股的投资时间也不如煤炭股长，所以一旦投资钢铁股的机会出现，不如买入弹性更充足和时间更持续的煤炭股。

2006年以来，在钢铁股上涨的阶段，煤炭股大部分时间都跑赢钢铁股(图33)。仅有几次煤炭股跑输钢铁股，分别是2006年7月—2007年1月、2007年8月和2009年6月—7月(图34)。这几个阶段的共同特征都是市场风格极度偏向大盘股，2006年7月—2007年1月是银行股带动大盘股上行，后面两个点均是市场即将见顶，情绪极度亢奋，资金只有进入所谓的估值洼地——银行和钢铁。

投资启示三：如果判断未来钢铁行业基本面好转，应该买入高贝塔的煤炭股；当市场情绪亢奋、钢铁飙涨，应谨防市场见顶，不宜追高，反应减配。

图33：钢铁股上涨的大多阶段，煤炭股跑赢钢铁股

图34：煤炭跑输钢铁时市场风格极偏向大盘股

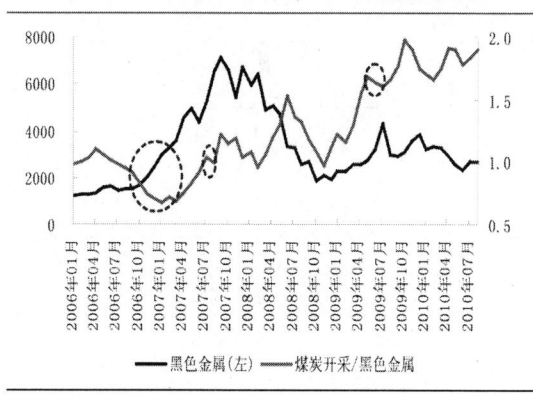
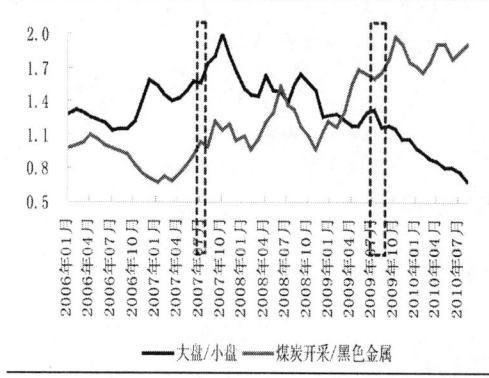

资料来源：Wind，申万研究　　　　　　　　　　　　　　　资料来源：Wind，申万研究

我们的中游投资逻辑综合如下：产能过剩压制中游行业毛利持续改善，缺乏长期投资价值，短期把握买卖时点，不可恋战。具体行业投资逻辑不一：钢铁重毛利、化工看涨价预期、电力和水泥属事件投资机会。中游投资还需关注风格和情绪，如果判断未来钢铁行业基本面好转，应该买入高贝塔的煤炭股；而一旦钢铁股持续明显跑赢煤炭股，需警惕情绪过度亢奋后的回落风险；化工品在经济过热、市场情绪高涨时易取得超额收益。

过去一季度，我们完成了对钢铁、水泥、化工、电力和造纸行业的整理，但仅出了钢铁、化工和本篇综合的投资逻辑，现将水泥、电力和造纸的重要指标罗列如附表。

附表1：水泥行业重要指标和损益表结构

利润表项目	核心指标	明细指标	下游驱动因素
一、营业收入			
	产量	分地区水泥产量	
	价格	分地区PC32.5、PO42.5水泥价格	
	库存	全国重点水泥企业产销率	
二、营业总成本			
其中：营业成本		秦皇岛港6000大卡大同优混平仓价	
		各地区销售电价	
营业税金及附加			
销售费用			
管理费用			
财务费用			
资产减值损失			
加：公允价值变动收益			
投资收益			
三、营业利润		水泥煤炭价格差	铁路运输业固定资产投资增速，道路运输业固定资产投资增速，房地产开发投资增速，FAI，M2

加：营业外收入
　　减：营业外支出
四、利润总额
　　减：所得税
五、净利润
　　少数股东损益
　　归属于母公司所有者的
净利润

资料来源：申万研究

注：为保证损益表的完整性，我们保留空白部分，其他行业在这些部分可能有指标。

附表2：电力行业重要指标和损益表结构

利润表项目	核心指标	明细指标	下游驱动因素
一、营业收入	发电量	全国发电量	工业增加值
		全国火电发电量	
	用电量	全国用电量	粗钢产量，十种有色
		全国第二产业用电量	金属产量，水泥产量
二、营业总成本			
其中：营业成本	燃料价格	秦皇岛港6000大卡大同优混平仓价	
	燃料库存	直供电厂煤炭库存及天数	
营业税金及附加			
销售费用			
管理费用			
财务费用			
资产减值损失			
加：公允价值变动收益			
投资收益			
三、营业利润			
加：营业外收入			
减：营业外支出			
四、利润总额			
减：所得税			
五、净利润			
少数股东损益			
归属于母公司所有者的净利润			

资料来源：申万研究

注：为保证损益表的完整性，我们保留空白部分，其他行业在这些部分可能有指标。

附表 3：造纸行业重要指标和损益表结构

利润表项目	核心指标	明细指标	下游驱动因素
一、营业收入			
	产量	全国机制纸及纸板产量 箱纸板产量	工业增加值 出口
	价格	国内双胶纸终端价格 国内铜版纸终端价格 国内白卡纸终端价格 国内箱板纸终端价格	成本、库存
	库存	双胶纸、铜版纸、白卡纸、箱板纸厂商库存 双胶纸、铜版纸、白卡纸中间商库存 双胶纸、铜版纸、白卡纸、箱板纸下游印厂库存	
二、营业总成本			
其中：营业成本	成本	国内针叶浆、阔叶浆出厂均价 美国针叶浆、阔叶浆价 美废进口报价	美元、BDI
营业税金及附加			
销售费用			
管理费用			
财务费用			
资产减值损失			
加：公允价值变动收益			
投资收益			
三、营业利润	毛利	双胶纸实时毛利 铜版纸实时毛利 白卡纸实时毛利 箱板纸实时毛利	
加：营业外收入			
减：营业外支出			
四、利润总额			
减：所得税			
五、净利润			
少数股东损益			
归属于母公司所有者的净利润			

资料来源：申万研究

注：为保证损益表的完整性，我们保留空白部分，其他行业在这些部分可能有指标。

第十二章

策略如何看银行
——打造银行的"驱动力"和"信号验证"机制

主要内容：

银行研究关注量、净息差和拨备。量需要关注存、贷款的数量和结构，净息差受经济景气、货币政策、债券收益率和股市表现等因素共同影响。信贷成本非常重要，每年拨备的计提和释放均会干扰最终的净利润，但拨备的研究恰恰是银行研究的难点。

净息差变动的来源主要有三个：基准利率和债券收益率的变动、贷款利率上下浮动比率的变化、资产负债结构的调整。银行的净息差变动受经济景气、货币政策、债券收益率和股市表现共同影响。经济景气上升，银行贷款议价能力提升、企业存款活期化均会提升净息差；经济景气下滑，企业贷款需求下降，银行被动投放信贷，票据融资比率上升，拖累净息差。经济过热时，货币政策收紧，进入加息周期，若对称加息(活期存款不调整)，净息差会迅速扩大，债券到期收益率也会提升。经济复苏过程中股市上涨，通胀预期增强导致居民存款活期化，净息差扩大。这些因素并不独立，而是相互影响，使得对银行净息差变动的分析尤为复杂。

2000年以来，除2008年在市场下跌过程中跑赢指数外，银行共有八次跑赢大盘，但2006年6月前后的投资逻辑截然不同。2006年6月之前，银行股权重不大，可作为单独板块投资。2006年6月之后大量银行上市，市值占比接近20%，对银行股的投资不再仅关注净息差、信贷量和不良贷款形成预期，还要考虑股市流动性和风格转换等因素。

我们对银行股的投资策略总结如下：第一，经济向好、净息差上升是根本；第二，紧盯有色、煤炭把握股市流动性，做好资金准备；第三，小盘股、概念股被充分炒作，银行估值优势体现，特定事件促发风格转化；第四，行情可能自我强化，关注后续资金流入和钢铁股表现；第五，若看好银行股，小资金或可增配保险和证券股，当然也要结合考虑该行业基本面情况。

银行的研究对于观察经济景气、体会资本市场活跃程度意义非凡，经济景气、货币政策、债券收益率和股市表现均会影响银行净息差，从而影响银行利润。投资方面，把握银行股启动时点尤为关键。一来银行市值巨大，连续上涨必然带动大盘上扬、触发风格转换，公募基金只能加仓跟随；二来投资银行股占用极大资金，若短期无法上涨，持有者必然倍受煎熬、错过其他投资机会。

1. 银行的"驱动力"+"信号验证"机制

上市银行主要分大型商业银行、股份制银行、城商行三类，业务差异很小。但银行板块市值占比在整个市场中排名第一，对指数影响举足轻重(表1)。

表1：银行分为大型商业银行、股份制银行和城市商业银行

	家数	A股总市值占比	A股流通市值占比
大型商业银行	5	13.34%	11.84%
股份制商业银行	8	4.52%	5.83%
城市商业银行	3	0.55%	0.88%
合计	16	18.41%	18.55%

资料来源：申万研究

注：数据截止到2010年10月22日。

1.1 银行研究关注量、净息差和拨备

银行利润表和制造业不同，但可相互比照。由于中间业务收入占比较小，故利息净收入相当于制造业的主营业务收入，拨备类似资产减值损失。为了格式统一，我们在这里依然沿用制造业的IS表来构造银行业的IS表。银行研究关注量、净息差和拨备(表2)。

表2：银行研究关注量、净息差和拨备

利润表项目	核心指标	明细指标	下游驱动因素
一、营业收入			
其中：利息净收入	量	M1、M2	
		新增人民币贷款	
		票据融资/贷款	工业企业ROE
		企业活期定期存款增速差	工业增加值、企业家信心指数
		居民活期定期存款增速差	上证指数、未来物价预期指数
	价	加权贷款利率、	
		贷款利率上下浮区间比	
		一年期存贷款利率	
		10年期国债收益率	存款增速-贷款增速、CPI
二、营业总成本			
其中：营业成本			
营业税金及附加			
销售费用			
管理费用			
财务费用			
资产减值损失	拨备	不良贷款比例及余额、拨备覆盖率	
加：公允价值变动收益			
投资收益			
三、营业利润			
加：营业外收入			
减：营业外支出			

四、利润总额	
减：所得税	
五、净利润	
少数股东损益	
归属于母公司所有者的净利润	

资料来源：申万研究

注：为保证损益表的完整性，我们保留空白部分，其他行业在这些部分可能有指标。

负债业务和资产业务是银行最核心的两大主营业务。负债业务包括存款、发行金融债券和同业拆借，资产业务包括贷款、债券投资、同业拆借和央行准备金。

量需要关注存贷款的数量和结构。数量受经济状况和央行货币政策影响，结构影响净息差。惯常的认识是存款决定贷款，即银行先吸收存款再发放贷款。但在预测未来存贷款数量时，分析员的做法是先根据央行公布的年度货币增长目标推算新增贷款量，再在此基础上调节几个点确定存款量。贷款和存款的关系还会受到存贷比等政策的约束。

净息差相当于制造业毛利率，是反映银行景气的关键指标，受经济景气、货币政策、债券收益率和股市表现等因素共同影响。央行货币政策执行报告中的加权贷款利率和各银行披露的净息差全面反映了银行业净息差变化，平常需要跟踪贷款上下浮动比率、十年期国债收益率、基准利率和存贷结构等变化。

银行信贷成本非常重要，每年拨备的计提和释放均会干扰最终净利润，但拨备的研究恰恰是银行研究的难点。首先，虽然国家对银行业的不良贷款计提有五级分类标准，但各家银行具体执行方案有差异，因此不能简单横向比较各家银行的不良贷款比率和拨备覆盖率。其次，不良贷款比率、拨备覆盖率仅能反映已有的情况，无法体现正在形成的不良贷款状况。经济下滑是否一定形成不良贷款？程度有多大？现在的拨备是否充足？这些问题均很难回答。

策略也无法解决这一问题，在此我们仅提示几种惯用的方法：

首先，必须持续跟踪每季度公布的不良贷款比例、余额和拨备覆盖率的变化。虽然数据在公布时点上有所滞后，但也反映部分信息。

其次，关注制造业利息保障倍数的变化。制造业是银行首要的贷款流向方，其利息保障倍数的下降可能引发银行不良贷款比率上升(图1)。

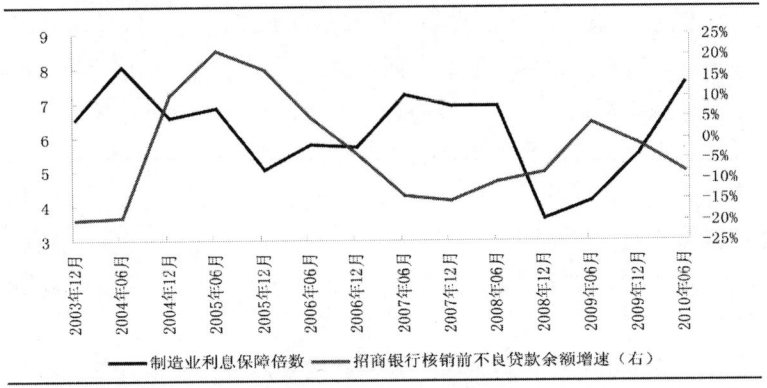

图1：招行核销前不良贷款余额增速和制造业利息保障倍数呈反向变化

资料来源：万得资讯，申万研究

注：利息保障倍数 =(税前利润 + 财务费用)/ 财务费用。

再次，观察银行"关注类贷款"增速的变化。银行贷款的恶化总是先从"关注类贷款"开始，然后扩散到后三类的不良贷款(图2)。

最后，关注中小银行的资产质量变化(图3)。以城商行、信用社为代表的中小银行中，贷款利率上浮比例和幅度远高于大型国有银行，更高的收益率也意味着更大的信用风险。

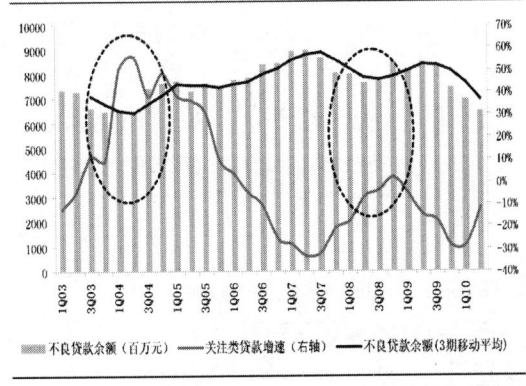

图2：浦发关注类贷款增速变化先于不良贷款余额

资料来源：浦发银行定期报告、申万研究

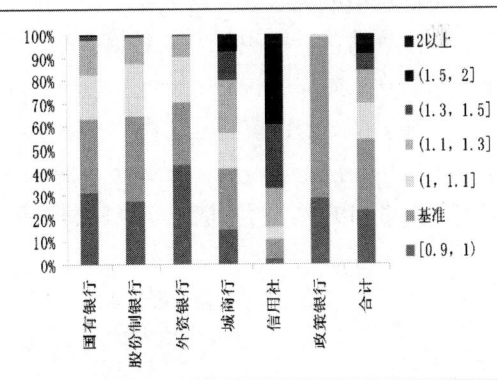

图3：中小银行贷款高收益意味着更高信用风险

资料来源：央行货币政策执行报告、申万研究

1.2 银行的"驱动力"和"信号验证"机制

净息差变动的来源主要有三个：基准利率和债券收益率的变动、贷款利率上下浮动比率的变化、资产负债结构的调整。

基准利率和债券收益率的变动是货币政策的结果。利率变动对银行净息差的影响最甚，且有滞后效应[①]。除关注一年期存、贷款利率之外，利率结构同样重要，不同期限的加息幅

---

① 一般而言，贷款调整比存款快，贷款一般要一年时间。

度不同必然引起资产负债结构调整,最终影响净息差变化。债券收益率受存贷增速差、基准利率和通胀预期等因素影响。货币紧缩之初,基准利率不动而信贷受压缩,存贷增速差扩大,债券收益率下降,对银行净息差影响负面;随着紧缩深化,央行上调基准利率,债券收益率也会上升,对净息差贡献正面。一般而言,银行持有债券到期,所以期间的收益率变动影响有限,所以我们应重点关注利率调整对净息差的影响。

中国的利率并未完全市场化,但企业贷款利率可以下浮10%、上浮无限制,上下浮贷款数量占比的变动能体现银行议价能力。通常来看,经济景气上行时,企业贷款需求增加,银行议价能力提升,上浮贷款数量占比增加。但该比率和市场竞争、资产负债结构②也有关,比较复杂,需要具体甄别。

贷款、债券和存款是银行的主要业务。在银行的资产种类中,贷款利率一般比债券收益率高,当其他条件不变时,债券占比上升会导致净息差下降。在贷款和存款的结构中,贷款中的票据占比、存款中的企业活期定期比和居民储蓄活期定期比是核心。票据占比大幅上升通常和银行被动信贷投放有关,此时实体经济缺乏投资机会,真实贷款需求并不强烈。企业存款活期定期比体现经济活力,景气上升时企业家信心增强,将定期存款转成流动性更强的活期存款从事生产经营活动。居民存款活期定期比与股票市场上涨和通胀预期有关。

整体而言,银行净息差变动非常复杂,受经济景气、货币政策、债券收益率和股市表现共同影响。经济景气上升,银行贷款议价能力提升、企业存款活期化均会提升净息差;经济景气下滑,企业贷款需求下降,银行被动投放信贷,票据融资比率上升,拖累净息差。经济过热时,货币政策收紧,进入加息周期,若对称加息(活期存款不调整),净息差会迅速扩大,债券到期收益率也提升。经济复苏过程中股市上涨,通胀预期增强导致居民存款活期化,净息差扩大(表3)。

困难的是,上述核心驱动力并不独立,而是相互影响。股市受经济和货币政策影响,货币政策又与经济走势反向。比较现实的做法是先单独分析各变量的影响,然后再综合考虑,哪些因素影响更大不得不取决于经验和主观判断。

表3:净息差受经济景气、货币政策、债券收益率和股市表现共同影响

驱动力	驱动力指标	净息差影响指标	对净息差影响
经济景气↑	工业增加值	贷款议价能力↑	+
	企业家信心↑	企业存款活期化↑	+
		票据融资比↓	+
	通胀预期↑	居民存款活期化↑	+
货币政策↓	基准利率	加权利率、债券收益率↑	+
	信贷↓	配置债券↑	−
		贷款上浮比率↑	+
股票市场↑	上证指数	居民存款活期化↑	+

资料来源:申万研究

注:灰色底纹表示下面做单独实证检验。

---

② 在中国,固定资产投资带动景气上升,中长期贷款比重上升,但很多大客户的利率未必上浮,所以整体上浮比率反而下降,如2005年−2007年。

1.3 银行"驱动力"和"信号验证"机制的历史验证

按照上述逻辑,我们先验证单变量之间的关系,再进行综合,分七个阶段分析2003年以来的净息差变动。

第一,经济景气上行促使企业存款活期化、票据融资比率下降,提升净息差

工业增加值累计同比增速可作为经济景气度的表征,2003年以来,工业增加值累计同比增速和企业存款活期定期增速差趋势相同③(图4)。2007年以来这一关系更加明显,央行公布的企业家信心指数和企业存款活期定期增速差也关系密切(图5)。

图4:经济景气上行促使企业存款活期化   图5:企业家信心增强与企业存款活期化同步

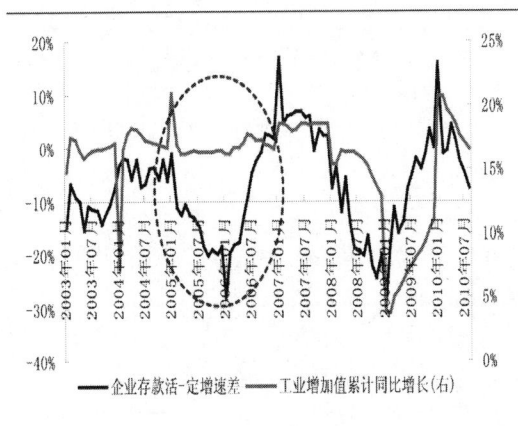 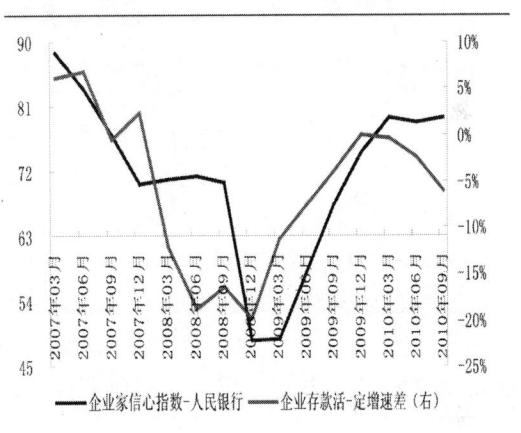

资料来源:CEIC,申万研究   资料来源:CEIC,申万研究

票据融资收益率低,故在银行贷款中所占比重不大。但2009年上半年,银行被动投放巨额信贷,在微观企业缺乏投资意愿和动力的背景下,票据融资比率大幅上升,致使票据融资利率甚至低于一年期存款利率,出现罕见的套利机会(图6),拖累银行净息差。由于此时经济尚未真正复苏,实体收益率低下,相当部分资金流入股市,造成股市流动性泛滥(图7)。票据融资比率是区别银行主动或被动信贷投放、观察股市流动性的重要指标。

---

③ 这一关系在2005年—2006年出现严重背离,主要与当年宏观调控有关。2005年国家针对投资过热的宏观调控十分严厉,严控信贷、禁止与钢铁、水泥、电解铝等新项目上马,企业只能将存款转为定期。2006年情况改善、通胀缓解,调控放松,企业投资活动增强,存款转回活期。

图6：2009上半年票据利率低于一年存款利率　　图7：2009上半年票据融资大增基于经济尚未复苏

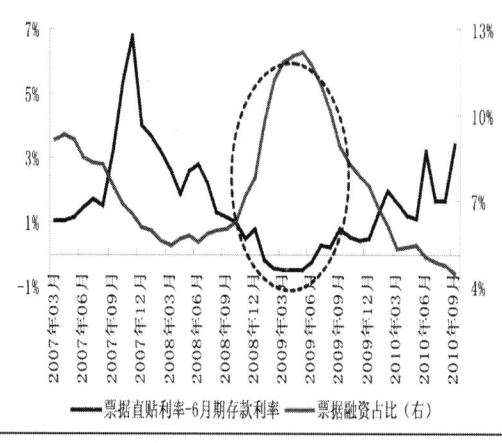
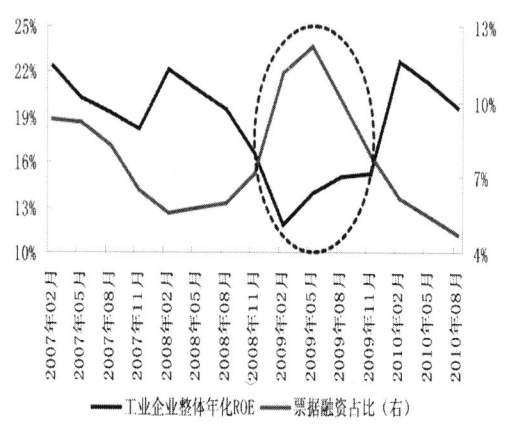

资料来源：CEIC，申万研究　　　　　　　　　　　资料来源：CEIC，申万研究

第二，股市上涨、通胀预期促使居民存款活期化，提升净息差

当股市上涨、通胀预期上行时，居民倾向于将定期存款转换成活期存款，随时备用。这一状况在2007年5月—10月最明显（图8—图9）。

图8：未来物价预期与居民存款活期化程度同步　　图9：股市涨跌与居民存款活期化程度同步

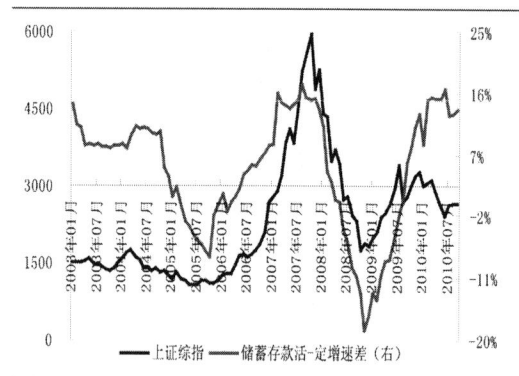

资料来源：CEIC，申万研究　　　　　　　　　　　资料来源：CEIC，申万研究

第三，贷款利率上、下浮比率大体反映银行议价能力变化，尤其是在2008年后

2005年以来，贷款利率上、下浮比率出现过四次变化④（图10）。2005年2季度至2008年1季度，上浮比率系统性下降。208年2季度至3季度，上浮比率有所上升。2008年4季度至2009年4季度，上浮比率再次下滑。2010年以来，上浮比率回升。

---

④　由于上浮比率和下浮比率一般反向变动，我们只用上浮比率变化划分阶段。

图 10：2005 年以来，贷款利率上、下浮动比率变化经历了四个阶段

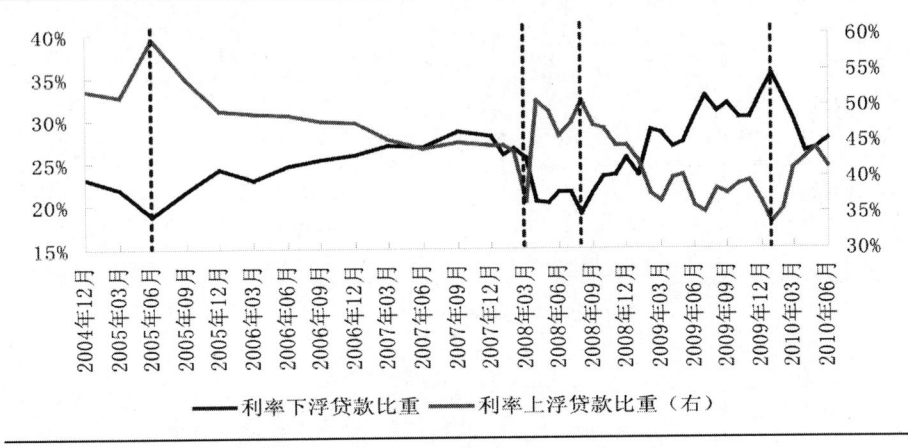

资料来源：央行货币政策执行报告，申万研究

第一阶段是中国经济持续向好的阶段，银行议价能力反而下降，看似令人费解。其中很重要的原因是国家加大基础设施投资，导致银行缺乏议价能力的中长期贷款比重上升。此外，这一时期中国商业银行开始大力推进市场化改革，竞争加剧使得各家银行争相下调利率以吸引客户、抢占市场份额；另一方面经济向好使得企业经营状况良好，破产风险下降，从而风险溢价消失。第二阶段银行议价能力的短暂上升是由于银行紧缩信贷投放，世界经济下滑端倪显现，对经济基本面担忧加剧，从而要求更高风险溢价。第三阶段，经济缓步复苏，在央行指导下商业银行被动投放大量信贷，导致议价能力下滑；另一方面，银行主动回避高收益、高风险的贷款。第四阶段，经济回升势头稳固，企业贷款需求旺盛，央行再次紧缩信贷，议价能力重归上升。

第四，2003 年来，净息差变化分七个阶段，受经济、货币政策和股市影响(图 13)

以 2003 年为起点，按工业增加值和 PPI 两个维度，经济共经历三个周期(图 11)；从加息到降息共一个周期，期间伴随着信贷宽松和收紧(图 12)；股市则经历两轮牛熊。

图 11：2003 年来经济波动经历三个周期

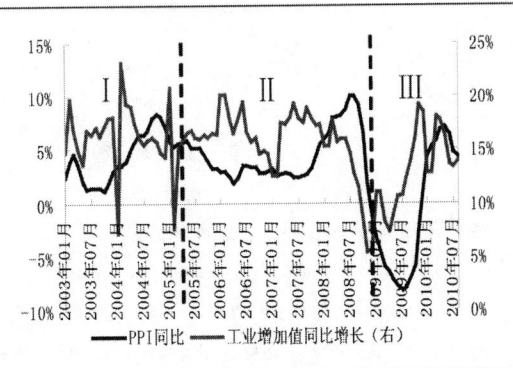

资料来源：华通人，申万研究

图 12：2003 年至今经历一个货币周期

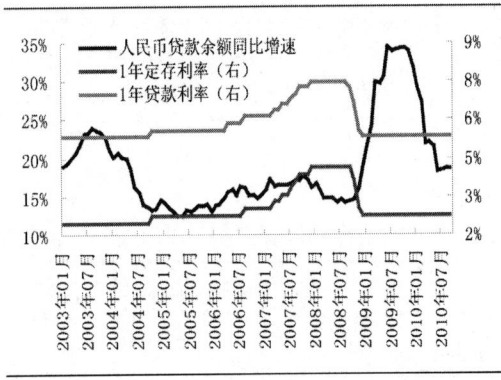

资料来源：万得资讯，申万研究

我们无法获得银行业整体的净息差，只能汇总上市银行公布的数据。但银行直到 2006 年后才大量上市，之前数据代表性不足，且缺乏连续性。鉴于此，申万金融工程小组根据所有可得数据合成了上市银行整体季度净息差，具体方法见脚注[5]。

图 13：2003 年来银行净息差变动分七个阶段

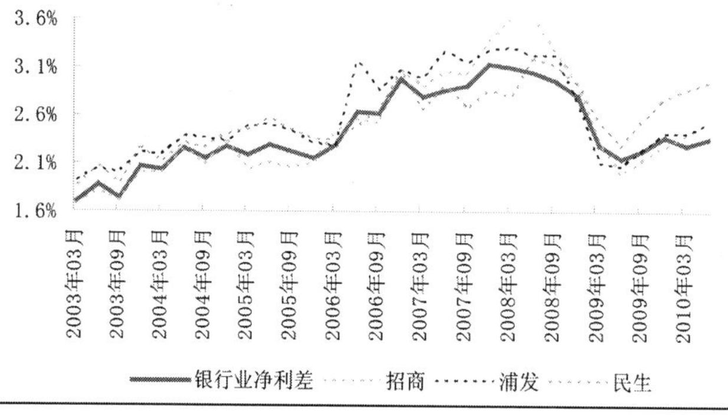

资料来源：各银行季报，申万研究

2003 年以来，净息差变化可分为 7 个阶段，每阶段主导因素不同，总结如下(表 4)：

表 4：2003 年来，银行净息差变动分为七个阶段

时间	NIM 变动	经济景气	货币政策	股市表现	综合评价
03Q1-04Q2	+56BP	复苏到过热	信贷收紧	结构性行情	信贷需求旺盛；但信贷供给受限制，银行贷款议价能力提高
04Q3-05Q4	-10BP	投资过热	加息一次	创低点后反弹	加息有利净息差；国家严控信贷和项目投资，企业存款定期化增加，不利净息差
06Q1-07Q1	+63BP	过热势头出现	加息三次	持续上升	加息促使 NIM 扩大，经济过热使银行贷款议价能力提高
07Q2-07Q4	+35BP	经济过热	加息五次	持续高涨后回落	加息和存款活期化扩大 NIM，过热提高银行贷款议价能力
08Q1-08Q3	-17BP	由过热到滞胀	信贷紧缩	持续下跌	经济堪忧，存款定期化出现
08Q4-09Q2	-82BP	衰退后复苏	降息、信贷宽松	反弹	大幅降息，银行被动信贷创造，议价能力大幅降低
09Q3-10Q2	+22BP	过热后滞胀	信贷正常化	震荡	被动信贷结束，经济回升使贷款议价能力恢复；存款重定价

资料来源：申万研究

[5] 上市银行净利息收入总和除以生息资产总和得出净息差时间序列。由于上市银行不断扩充，净息差数据进行调整后才可比。净息差时间序列分为 3 段：2003Q1-2006Q4、2007Q1-2007Q3、2007Q4-2010Q2；分别对应银行的 3 个组合：2003 年之前上市（A 组）、2007 年之前上市（B 组）、2007 年 Q3 之前上市（C 组、样本全体）。分别计算 3 组银行 2007Q4-2010Q2 的 NIM 均值，将 A、B 组均值与 C 组相减，得出 A、B 组与样本全体的系统性差异。2007Q4-2010Q2 的 NIM 数据不作调整，2003Q1-2006Q4，2007Q1-2007Q3 的 NIM 数据分别扣除 A、B 组银行相对 C 组的系统性差异，得出可比的时间序列。

2. 银行股投资：把握净息差、流动性和风格

2.1 净息差扩大、流动性充裕、概念小盘已被暴炒

2000年以来，除2008年在市场下跌过程中跑赢指数外，银行共有九次跑赢大盘（图14），但2006年6月前后的投资逻辑截然不同。2006年6月之前，银行股权重不大，可作为单独板块来投资。2006年6月之后大量银行上市，市值占比接近20%，银行股投资不再仅关注净息差、信贷量和不良贷款形成预期，还要考虑股市流动性和风格转换等因素。我们着重分析2006年6月后跑赢指数的三个阶段。

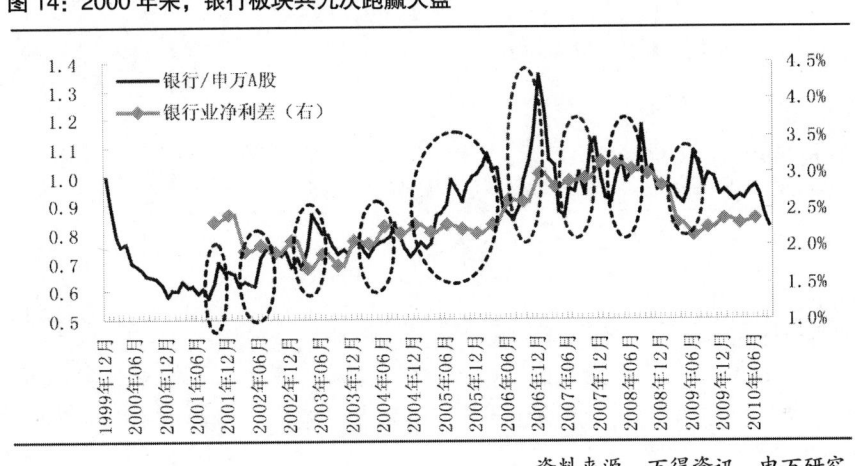

图14：2000年来，银行板块共九次跑赢大盘

资料来源：万得资讯，申万研究

2006年7月—12月，经济从复苏到过热，央行加息、企业存款活期化使净息差迅速扩大，中行和工行上市带动银行股集体上扬（图15），促使风格由小盘向大盘转换（图16）。

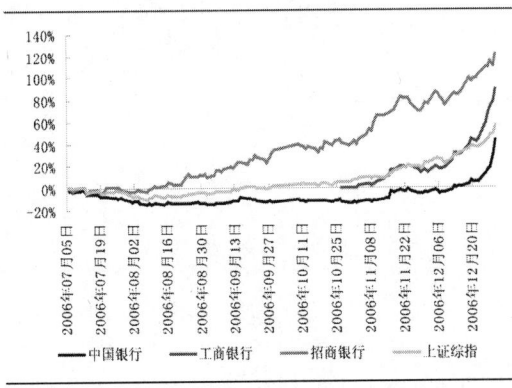

图15：工行上市后银行股加速上涨

资料来源：万得资讯，申万研究

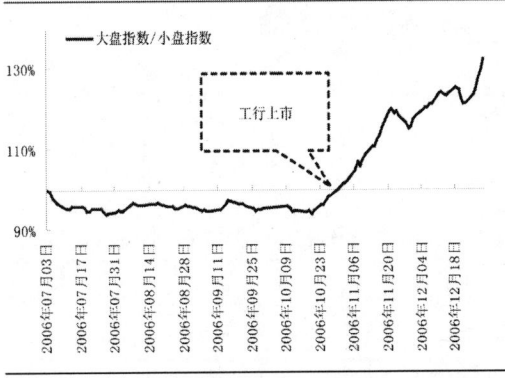

图16：工行上市直接促成风格转化

资料来源：万得资讯，申万研究

2007年6月—10月，经济过热、央行持续加息，净息差继续上升。股市大涨的财富效应导致居民"存款搬家"（图17），定期存款甚至出现负增长，流动性环境极其宽松。上调印

花税促使风格转化(图18),大量资金从前期爆炒的小盘股中流出,回到估值相对安全的大盘股上。

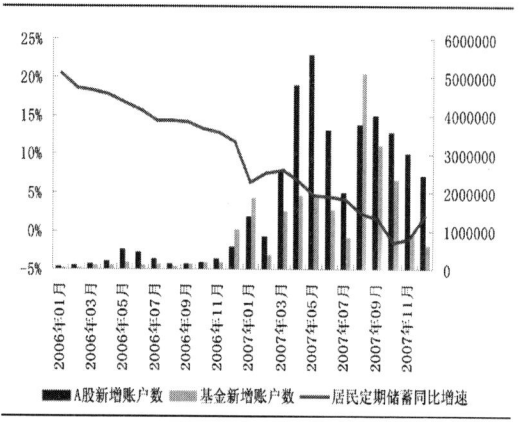

图17：2007年居民"存款搬家"

资料来源：华通人，万得资讯，申万研究

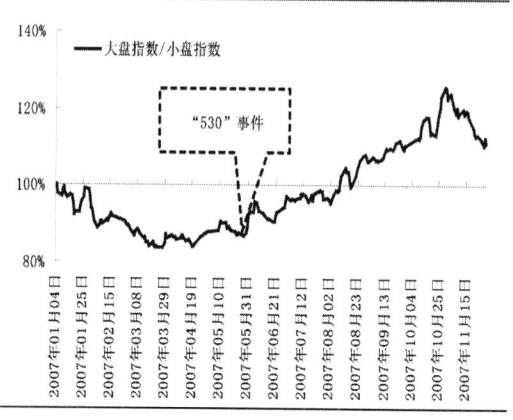

图18：上调印花税促成市场风格转化

资料来源：万得资讯，申万研究

2009年5月-6月，宏观经济企稳回升，票据融资比率开始下降、市场预期净息差见底。同时，以新能源为代表的中小股票涨幅巨大、估值高企，银行估值优势明显。五六月新增信贷持续超预期(图19—图20)，流动性环境保持宽松，银行上涨再次引领大盘风格从小盘到大盘。

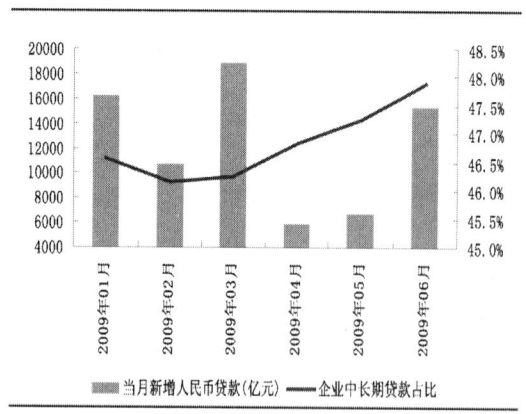

图19：新增信贷超预期，企业活力回升

资料来源：华通人，万得资讯，申万研究

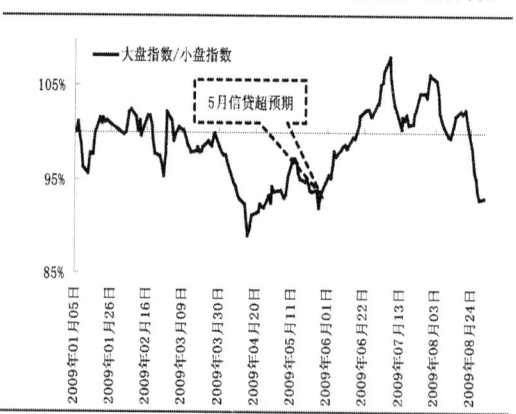

图20：2009年5月新增信贷超预期促成风格转化

资料来源：万得资讯，申万研究

结合基本面、流动性和风格，将2006年6月后银行跑赢大盘的时间、涨幅、原因总结如下(表5)：

表5：银行股跑赢指数需要综合基本面、流动性和风格转换三因素

时间	银行涨幅	申万A指涨幅	原因		
			基本面	流动性	风格
06.7-12	125.80%	41.70%	经济高涨、持续加息、企业存款活期化致使净息差持续上升	信贷增速维持高位	中行、工行陆续上市促成风格转化
07.6-10	67.20%	30.40%	经济过热、持续加息、居民定期储蓄存款流出、国债收益率攀升继续推高净息差	居民存款搬家、股票和基金开户数大幅上升	小盘股估值高企、"530"事件刺破小盘股泡沫
09.5-6	40.80%	17.70%	经济复苏、存款活期化预示净息差见底	09年上半年银行巨量信贷投放	以新能源为代表的小盘股积累巨大涨幅、5月信贷超预期改变投资者情绪

资料来源：申万研究

我们对银行股的投资策略总结如下：

第一，经济向好、净息差上升是根本。银行业务涉及经济活动各个层面，银行基本面等同于宏观经济基本面，买银行等同于买经济。无论是2006年7月—12月和2007年5月—10月的经济复苏、过热，还是2009年5月—6月的经济见底，景气上升的预期均非常明确。2010年来，银行持续下跌虽有再融资、地方融资平台、利率市场化等因素干扰，但经济增速回落是根本问题。

第二，紧盯有色、煤炭把握股市流动性，做好资金准备。配置银行需消耗大量资金，股市流动性充裕必不可少。有色和煤炭股票对股市流动性最敏感，2006年、2007年和2009年，有色和煤炭股均领先银行股上涨（图21—图22）。在实体经济中有色期货价格也是最敏感的，能够更早确认经济复苏，提前于银行净息差的改善。

图21：2006年、2007年有色煤炭早于银行上涨

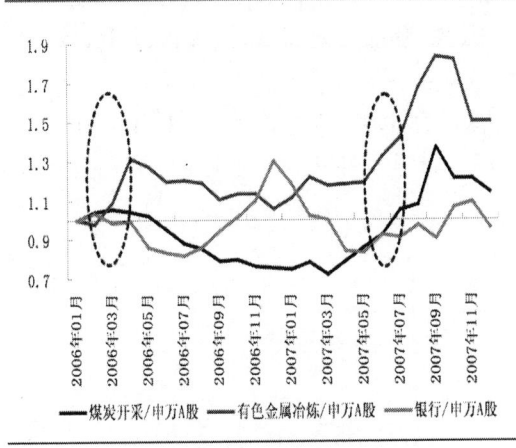

资料来源：万得资讯，申万研究

图22：2009年上半年有色煤炭早于银行上涨

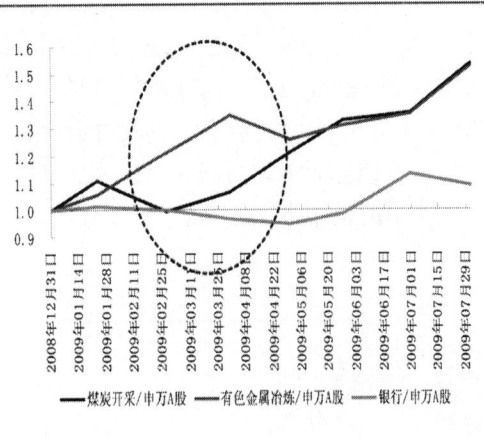

资料来源：万得资讯，申万研究

第三，小盘、概念股被充分炒作，银行具备估值优势，特定事件促发风格转化。风格转换是结果，而非原因，银行股上涨必然带动风格转换。期间需要特定事件触发风格转换，但是事先永远无法预测。唯一确定的是，风格转换之前，小盘和概念股被爆炒，估值远高于正常水平，银行股相对估值优势凸显(图23)。

图23：小盘股估值大幅快速提升为后续风格转化埋下伏笔

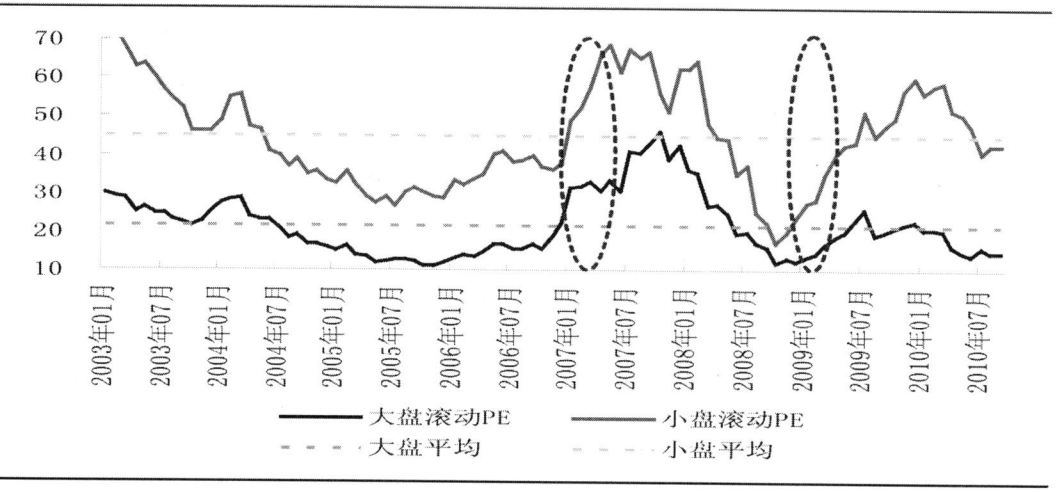

资料来源：万得资讯，申万研究

第四，行情可能自我强化，关注后续资金流入和钢铁股表现。银行股持续上涨，指数定然飙升，公募基金必须跟随，牛市氛围吸引场外资金，行情可能自我强化。此时，银行股投资演变成资金的博弈游戏，需要关注后续资金能否持续流入，比如客户保证金、基金发行(特别是指数型基金)等。同时，投资者应观察钢铁股⑥的表现，一旦钢铁股随银行股狂涨，表明市场情绪亢奋到顶点，整个市场再也找不到绝对的"估值洼地"，回落风险加大。

第五，若看好银行股，小资金或可增配保险和证券股，当然也要结合考虑该行业基本面情况。如同看好钢铁的投资环境更应该投资煤炭股一样，看好银行的投资环境更应投资保险和证券股，因为它们弹性更大、更适合小资金。银行股上涨需要明确经济景气上升，这时往往已有过热倾向，会伴随货币紧缩预期。这种紧缩对银行既有利(净息差扩大)，又有弊(不良贷款风险)，所以在投资银行股时会有犹豫。但这对保险而言几乎是有百利而无一害，故买银行不如买保险(图24)。同时，银行股上涨意味股市流动性充裕、交易活跃、指数加速上涨，牛市的氛围使券商股受到青睐(图25)。

---

⑥ 关于钢铁股的投资策略详见第九章。

图 24：保险股弹性高于银行股

图 25：银行股与券商股之间存在一定联动关系

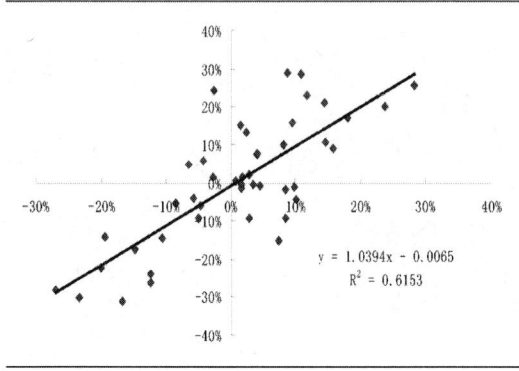

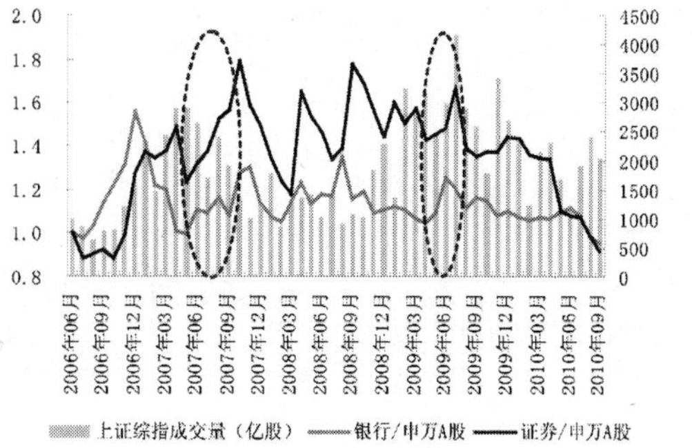

资料来源：万得资讯，申万研究

资料来源：万得资讯，申万研究

2.2 策略如何看银行：银行分析师是半个策略研究员

一个优秀的银行分析师，不但要了解宏观经济、货币政策、债券收益率、资金充裕程度，还需要把握流动性、知道风格转换，所以一个优秀的银行分析师就是半个策略研究员。

至此，我们完成了上游(第3~5章)、下游(第6~8章)、中游(第9~1章)和银行的分析。我们越来越发现：流动性是研究A股市场回避不了的问题。过去几年，市场也积累了很多关于流动性的研究方法，我们会在下面的章节中行系统阐述，提出我们分析的框架和逻辑。

策略跟踪的银行中观数据库结构如下：

表 6：策略跟踪的银行中观数据库

大类	行业	行业关键指标	数据来源	频度	更新日期
金融	银行	M1同比增速，M2同比增速	中国人民银行	月	每月11日
		月度新增人民币贷款	中国人民银行	月	每月11日
		票据融资余额、人民币贷款余额	中国人民银行	月	每月中下旬
		活期存款同比增速、定期存款同比增速	中国人民银行	月	每月11日
		居民活期储蓄余额、居民定期储蓄余额	中国人民银行	月	每月中下旬
		人民币贷款加权平均利率，人民币贷款利率上下浮区间占比	中国人民银行	月	2、5、8、11月
		1年期贷款基准利率、1年期存款基准利率	中国人民银行	不定期	不定期
		10年期国债到期收益率	中国债券信息网	周	每周五
		商业银行不良贷款余额、比例，拨备覆盖率	银监会	季	1、4、7、10月
		外生关键指标	数据来源	频度	更新日期
		工业增加值同比增长	国家统计局	月	每月11日
		CPI同比	国家统计局	月	每月11日
		工业企业ROE	国家统计局	季	3、6、9、11月
		企业家信心指数	中国人民银行	季	3、6、9、12月
		城镇居民未来物价预期指数	中国人民银行	季	3、6、9、12月
		上证综合指数	上海证券交易所	月	每月末
		人民币存款同比增速，人民币贷款同比增速	中国人民银行	月	每月11日

资料来源：申万研究

第十三章

经济为本，资金助势
——对风格转换的若干理解

主要内容：
  风格转换是策略研究的核心问题之一。当风格转向大盘周期股，市场迎来系统性上涨机会，当风格转向小盘成长股，概念和主题大行其道。因此，风格转换涉及大势判断和主题投资。

  风格的标准是行业而非市值。我们将申万的三级行业进行梳理归纳，分成周期、成长和防御三类股票。市场风格在周期股和成长股间的转换构成风格转换的主旨，周期股的"买"和"卖"是风格转换的切入点。

  经济景气预期是风格转换的原动力。当经济刚刚复苏、投资者对经济前景莫衷一是时，对经济和资金特别敏感的煤炭和有色率先上涨、场内资金开始活跃、换手率上升，风格开始转向周期和大盘。随着经济复苏渐成共识，煤炭有色等周期品的业绩出现上调，煤炭和有色等资源品会迎来上涨的第二波，场外资金受财富效应吸引流入场内。随着经济慢慢过热，银行、钢铁和石化等行业的基本面得到改善，资金开始追逐这些前期滞涨的大盘股，大盘加速上扬，情绪亢奋到极点。成本上升挫伤利润，国家的紧缩政策悄然而至，一旦经济预期改变，在汹涌而至的场外资金的掩护下敏感性资金开始撤退，周期敏感型行业(煤炭有色)率先下跌，市场进入反向循环，风格重回成长和小盘，直到产业资本增持、政策放松，经济预期重新改善，新的轮回开始。

  既然经济预期是风格转换的第一原动力，那么如何把握宏观经济波动至关重要。跟踪中观和微观的数据是在当下把握经济方向的重要途径，特别适用于短期。宏观无法调研，但是微观和中观可以调研，只有宏观判断和中微观验证相结合才是比较理想的途径，中微观是宏观的具体内容。

  风格转换是策略研究的核心问题之一。当风格转向大盘周期股，市场迎来系统性上涨机会，当风格转向小盘成长股，概念和主题大行其道。因此，风格转换涉及大势判断和主题投资。

1. 周期股"买"和"卖"是风格转换切入点
1.1 确认风格的标准是行业而非市值
要解决复杂问题，选择良好的切入点是关键。风格转换的标准是什么？投资者通常将风格转换理解为大小盘之间的转换。按此标准,风格转向大盘,医药应跑赢房地产,因为房地产市值比医药小。这明显和投资者理解的风格转换不同,因此讨论风格应是行业概念而非市值概念。

研究风格转换,需要将行业进行重新分类。我们将申万的三级行业进行梳理归纳,分成周期、成长和防御三类股票(表1)。市场风格在周期股和成长股间的转换构成风格转换的主旨。从市值比重看,周期类占56%、成长类占24%,周期和成长的转换近似大盘和小盘的转换;但确认风格的标准应为行业。

表1:A股可分为周期、成长和防御三类股票

周期类			成长类			防御类		
申万行业名称	级数	A股流通市值(%)	申万行业名称	级数	A股流通市值(%)	申万行业名称	级数	A股流通市值(%)
金融服务	I	25.67%	医药生物	I	4.78%	电力	II	2.56%
煤炭开采	II	5.91%	食品饮料	I	3.79%	铁路运输	III	0.95%
有色金属	I	5.16%	商业贸易	I	3.17%	港口	III	0.89%
房地产开发	II	4.28%	信息服务	I	2.80%	高速公路	III	0.60%
石油化工	II	4.12%	电气设备	II	2.50%	机场	III	0.20%
专用设备	II	2.37%	电子元器件	I	2.08%			
黑色金属	I	2.31%	信息设备	I	1.90%			
化学制品	II	1.70%	家用电器	I	1.39%			
乘用车	III	1.46%	服装	II	0.58%			
航空运输	III	1.33%	其他轻工制造	II	0.40%			
纺织	II	0.56%	装修装饰	III	0.18%			
化学纤维	II	0.56%						
造纸	II	0.39%						
纯碱	III	0.19%						
合计		56.00%	合计		23.56%	合计		5.21%

资料来源:申万研究

注:数据截至2010年10月29日。只选择了部分代表性强的行业,加总市值达到85%,可以代表市场。

我们将周期股、成长股和防御股编制成指数,2005年到2010年,周期股共有四次阶段性跑赢成长股,与申万大、小盘比价指数类似(图1)。这四次分别是2005年11月18日—2006年4月6日、2006年10月11日—2007年1月4日、2007年5月31日-2007年10月30日、2009年1月5日—2009年7月31日,期间大盘加速上扬。

图1：2005年—2010年，周期股四次阶段性跑赢成长股

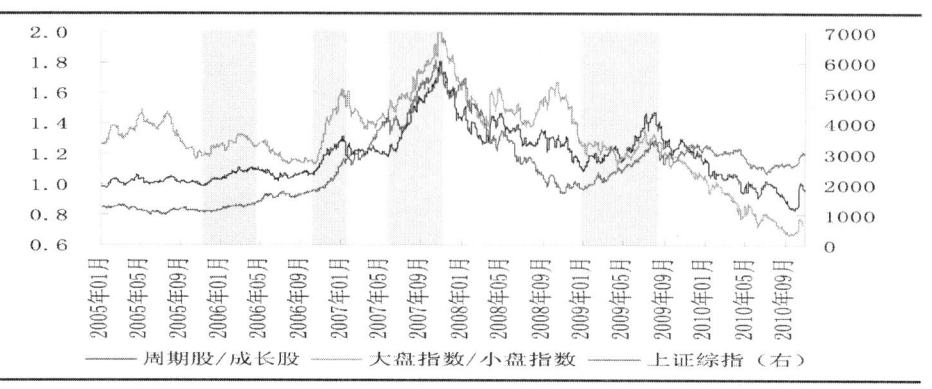

资料来源：万得资讯，申万研究

1.2 周期股的"买"和"卖"是短期行业配置的关键

三类股票的业绩增速和波动差别很大(表2)。一般而言，周期股业绩增速变动最大，景气时可超过100%，差时负增长；成长股的业绩增速较高并且稳定；防御股业绩增速也很平稳，但增速太低，远不及市场平均水平。

表2：周期、成长和防御类股票的业绩增速和波动差异很大

	类别	累计利润增速均值(1Q03-3Q10)	累计利润增速标准差(1Q03-3Q10)	累计利润增速均值(1Q07-3Q10)	累计利润增速标准差(1Q07-3Q10)
煤炭开采	周期类	30.50%	0.37	29.45%	0.27
房地产	周期类	40.95%	0.44	46.34%	0.40
医药生物	成长类	22.84%	0.22	39.13%	0.18
食品饮料	成长类	29.32%	0.27	35.41%	0.20
港口	防御类	12.59%	0.21	5.61%	0.26
高速公路	防御类	16.58%	0.15	13.94%	0.16
A股整体(剔除ST)		26.41%	0.28	26.42%	0.33

资料来源：万得资讯，申万研究

业绩增速和波动的不同决定了三类股票的投资逻辑迥异。周期股的业绩波动和经济景气变动息息相关，随经济景气变动买入卖出；成长股可长期持有，除非基本面恶化；防御股不受青睐，唯有突发事件(如电价上调)带来短暂机会。一旦构造投资组合，考虑到资金的最有效配置，周期股的"买"和"卖"决定了其他两类股票的仓位。成长股可以一直持有，但一旦周期股买点出现，部分投资者会卖掉成长股、增配周期股，恰如2010年10月；防御股投资机会不大，但一旦经济极度恶化，投资者抛弃周期股和成长股，仓位降无可降，避险情绪暂时推高防御股股价，恰如2008年8月-10月。

对于投资时限为3-6个月的组合，把握周期股的买点和卖点是关键。一旦买点或卖点出现，配置需要发生变化；倘若没有变化，配置也不用大变，自下而上精选成长股、寻找主题投资和挖掘周期股外延式增长机会是更优的策略。

至此,风格转换研究的切入点转移到"把握周期股的买点和卖点"。当周期股买点出现,增配周期减配成长使风格转向周期,大盘系统性上涨;当周期股卖点出现,减配周期增配成长使风格转回成长,主题投资盛行。

2. 经济为本、资金助势

周期股还可以继续细分,情绪和资金也是投资者讨论风格转换经常涉及的话题。我们分析了 2005 年来四次风格转换中①行业板块表现和资金情绪变动,系统描绘风格转换过程中的一系列特征。

2.1 煤炭、有色、钢铁、石化和银行走势值得关注

我们选择有色、煤炭、石化、钢铁、纯碱、电力、汽车、房地产、证券、银行、保险、高速公路、医药、食品饮料和港口等 15 个行业,观察这些行业在风格转换前后两周的表现,若一周连续五天跑赢市场则计为 1 次。以此类推,若该行业在 2005 年来四次风格转换前后两周均连续跑赢市场,则计为 8 次。总结代表性行业跑赢市场的概率,可以揭示风格转换期间行业轮动特征。

风格转换之初,煤炭和有色大概率上跑赢大盘,银行和证券也会有所表现(表 3)。

表 3:风格转换之初,煤飞色舞、银行证券上涨

行业名称	风格转换初期	风格转化前 2 周	风格转化后 2 周	行业类型
有色金属	5/8	2/4	3/4	周期类
煤炭开采	5/8	2/4	3/4	周期类
证券	5/8	2/4	3/4	周期类
银行	4/8	1/4	3/4	周期类
保险	2/4	1/2	1/2	周期类
纯碱	3/8	1/4	2/4	周期类
汽车	3/8	2/4	1/4	周期类
房地产	2/8	2/4	0/4	周期类
食品饮料	4/8	3/4	1/4	成长类
医药生物	3/8	3/4	0/4	成长类
黑色金属	2/8	2/4	0/4	周期类
石油化工	2/8	2/4	0/4	周期类
高速公路	1/8	1/4	0/4	防御类
电力	1/8	1/4	0/4	防御类

资料来源:万得资讯,申万研究

风格转换期间,保险、煤炭、有色、证券、银行超额收益最大(表 4)。

---

① 这里将"风格转换"定义为周期股跑赢成长股,因此风格转换之初就是周期股开始跑赢成长股。

表4：风格转换期间，保险、煤炭、有色、证券和银行超额收益最大

	阶段Ⅰ	阶段Ⅱ	阶段Ⅲ	阶段Ⅳ	各阶段平均	行业类型
保险			126.60%	109.25%	117.93%	周期类
有色金属	70.72%	20.16%	90.15%	188.86%	92.48%	周期类
煤炭开采	37.31%	26.69%	85.25%	195.30%	86.14%	周期类
证券	56.80%	78.83%	75.38%	123.24%	83.56%	周期类
银行	32.02%	68.76%	76.12%	114.26%	72.79%	周期类
房地产	42.00%	51.08%	33.96%	134.92%	65.49%	周期类
汽车	23.94%	41.80%	24.70%	168.90%	64.83%	周期类
石油化工	24.04%	49.46%	60.08%	103.04%	59.15%	周期类
黑色金属	21.84%	65.03%	32.53%	107.74%	56.79%	周期类
食品饮料	38.73%	34.22%	24.41%	68.56%	41.48%	成长类
港口	11.49%	33.13%	-3.73%	79.91%	30.20%	防御类
纯碱	28.57%	2.95%	2.50%	82.96%	29.25%	周期类
电力	6.95%	21.71%	9.83%	55.16%	23.41%	防御类
高速公路	7.00%	24.03%	-3.73%	57.20%	21.12%	防御类
医药生物	11.47%	6.41%	-9.66%	51.94%	15.04%	成长类

资料来源：万得资讯，申万研究

风格转换之末，石化、钢铁等中游行业跑赢，高速等防御类股票大幅上涨，钢铁跑赢煤炭、银行跑赢保险[②]（表5、图2）。

表5：风格转换之末，石化、钢铁上涨、防御类股票上涨

行业名称	周期跑赢成长后期	结束前2周	结束后2周	所属类型
石油化工	6/8	2/4	4/4	周期类
食品饮料	6/8	2/4	4/4	成长类
高速公路	5/8	1/4	4/4	防御类
纯碱	5/8	2/4	3/4	周期类
黑色金属	4/8	1/4	3/4	周期类
医药生物	3/8	0/4	3/4	成长类
汽车	3/8	0/4	3/4	周期类
房地产	5/8	3/4	2/4	周期类
证券	4/8	2/4	2/4	周期类
港口	2/8	0/4	2/4	防御类
电力	2/8	0/4	2/4	防御类
银行	4/8	3/4	1/4	周期类
保险	3/8	2/4	1/4	周期类
有色金属	3/8	2/4	1/4	周期类
煤炭开采	2/8	2/4	0/4	周期类

资料来源：万得资讯，申万研究

---

② 钢铁和煤炭、保险和银行的相对走势非常值关注，详见第9章和第12章。

图2：转换之末，银行跑赢保险、钢铁跑赢煤炭

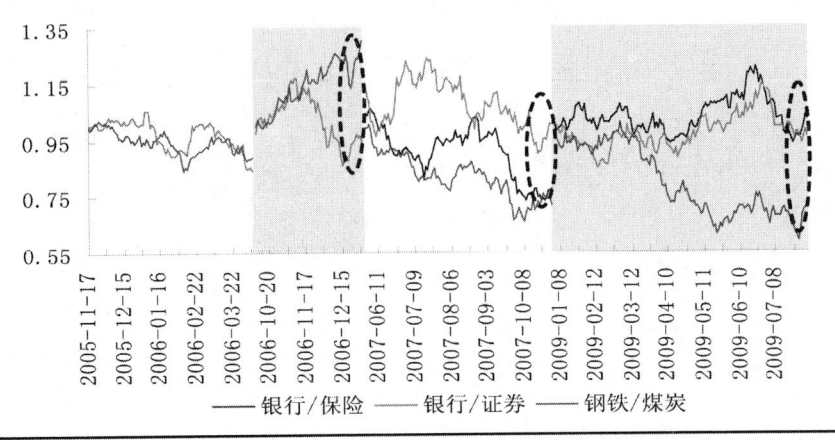

资料来源：万得资讯，申万研究

从风格转换不同阶段行业板块的表现，我们可以得到如下启示：

第一，煤飞色舞[3]现象值得关注。几乎每次成长转周期、大盘大幅上涨时，煤炭和有色总是率先剧烈上涨，可将煤炭有色大幅上涨视为风格转换的确立。

第二，一旦风格转换确定，金融和资源成为强势板块，轻易不要卖出。煤炭和有色会不断上涨，估值界线一次次被打破，直至最后疯狂；保险和证券[4]在牛市氛围中也会受到追捧。

第三，一旦钢铁[5]、石化等中游异动、跑赢煤炭，银行跑赢保险和证券，就要警惕风格转换的结束，成长股可能会重新受到青睐。

综合而言，风格转换始于煤炭、有色，终于钢铁、银行和石化。当然行业轮动并非每次如此，但其中有内在逻辑和经济基本面、市场情绪、投资者行为均相关。我们时常为一个问题所困扰：股市反映了怎样的经济预期？市场当前一致预期是什么？其实Wind或者朝阳永续统计的卖方分析员盈利预测不代表市场一致预期，众多大、小投资者的"看法"也不太重要，直接观察股市估值和代表性行业的表现更有意义。市场一致预期是投资者"做了什么"而不是"说了什么"，所有做的行为均已经反映在股价中了。

2.2 资金和情绪只强化趋势，不决定方向

周期股大涨需资金配合，所以情绪和资金成为研究风格转换的重点之一。

一般而言，当风格转向周期股时，换手率同步提高(图3)、代表场内资金的现有A股账户交易变得活跃(图4)、以大盘指数为标的的创新型基金折价率缩小甚至出现溢价(图5)、最后新增股票账户增加、场外资金流入(图6)。

---

③ 关于煤炭、有色的上游投资逻辑参见第5章。
④ 关于保险和证券的投资逻辑参见第12章。
⑤ 关于钢铁的投资逻辑参见第9篇。

图 3：换手率是同步指标

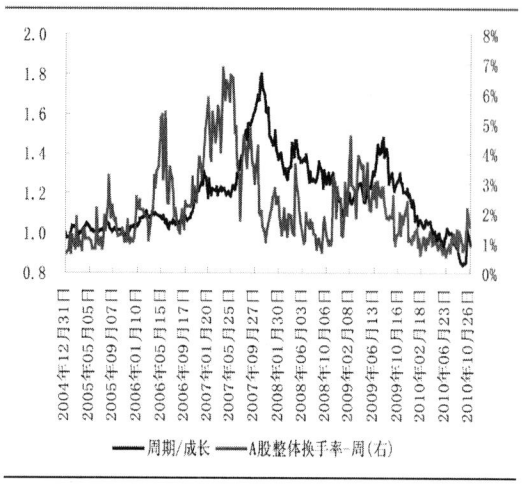

资料来源：万得资讯，申万研究

图 4：现有 A 股账户交易程度率先提高

资料来源：万得资讯，申万研究

图 5：指数型创新基金折价率反映市场情绪

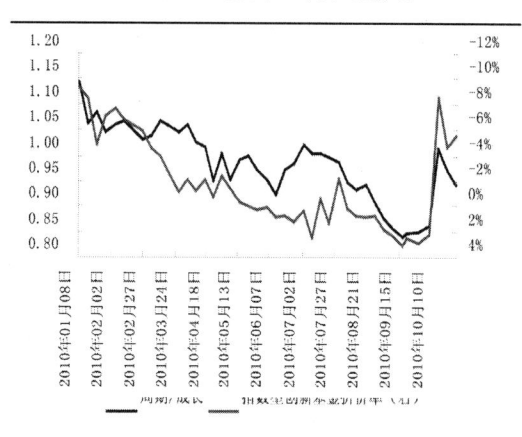

资料来源：万得资讯，申万研究

图 6：新增股票账户反映场外资金流入意愿

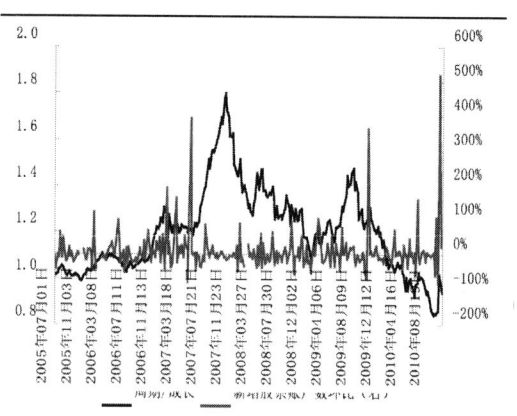

资料来源：万得资讯，申万研究

但几乎一切都是同步或者滞后指标，既无法对未来的情绪和资金走向做出预测，现在的资金、情绪亢奋状况也无法决定风格转换的进程。外围资金疯狂流入、情绪极度亢奋时周期股可能会突然大跌，市场也可能阶段性见顶。2007 年 10 月和 2009 年 8 月股票型基金的发行量是阶段高点(图 7)，同时居民定期储蓄同比也是阶段低点(图 8)，这均说明此时的场外资金流入最剧烈，但充裕的资金并未使周期股继续上涨，风格转换戛然而止、大盘开始下跌，原因何在？

图 7：2007 年 10 月和 2009 年 8 月股票基金巨量发行　　图 8：2007 年 10 月和 2009 年 8 月储蓄搬家最剧烈

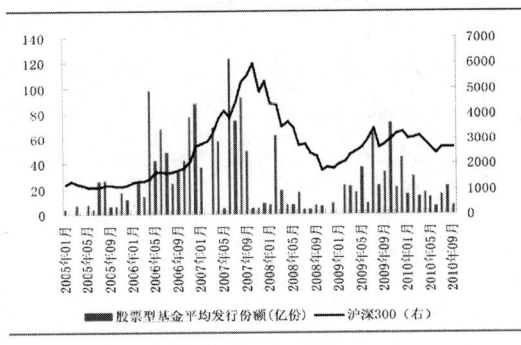
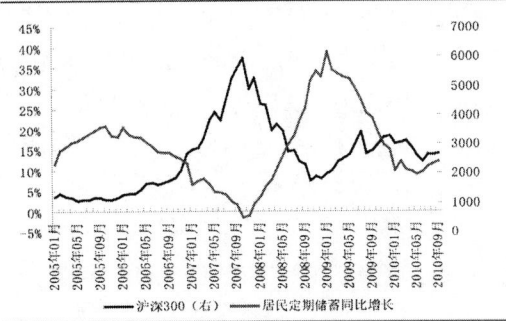

资料来源：万得资讯，申万研究　　　　　　　　　　　资料来源：万得资讯，CEIC，申万研究

道理很简单：市场的方向永远不是后知后觉的场外资金所能把握。经济预期才是风格转换的原动力，资金和情绪只强化趋势，根本不能决定方向。2008 年上半年，上市公司收入保持高增长、但毛利率下滑，说明成本上升已经挫伤经济和企业盈利(图 9)。2009 年 7 月，政策出现微妙变化(表 6)。两者均会改变经济预期。

图 9：2008 年上半年成本上升挫伤利润增长　　　　　表 6：2009 年 7 月国家政策出现微妙变化

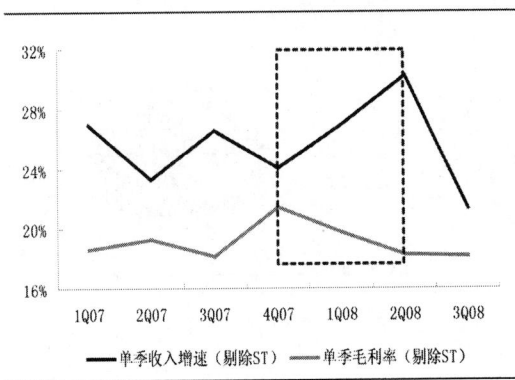

日期	事件
7月初	杭州率先收紧对二套房贷首付和利率方面的优惠政策，上海、南京、广州、深圳、成都等城市相继跟进
7月6日	银监会规定，商业银行理财资金不得投资于境内二级市场公开交易的股票或与之下相关的证券基金
7月9日	1年期央票重启
7月10日	IPO重启
7月15日	人大财经委会议表达对通胀的担忧
7月16日	人民银行向多家商业银行发行近千亿定向央票
7月17日	银监会要求严守拨备覆盖率底线，严格执行"二套房"标准
7月19、20日	人民银行年中工作会议"防通胀"列为下半年工作重点之一
7月27日	银监会颁布《固定资产贷款管理暂行办法》、《项目业务指引》，加强对固定资产投资贷款的监管
7月27、29日	四川成渝、中国建筑两只大盘股完成IPO

资料来源：万得资讯，申万研究　　　　　　　　　　　资料来源：申万研究

2.3 经济预期是风格转换的原动力

至此，风格转换的全景图片已经形成，经济景气预期是风格转换的原动力(图 10)。当经济刚刚复苏、投资者对经济前景莫衷一是时，对经济和资金特别敏感的煤炭和有色[6]率先上涨、场内资金开始活跃、换手率上升，风格开始转向周期和大盘。此时，估值高企始终是投资者重仓煤炭有色的担忧，微弱的经济复苏尚不足使分析员上调盈利预测，市场在战战兢兢中上涨，多数投资者将这段行情归于资金推动或者流动性泛滥。随着经济复苏渐成共识，煤炭有色等周期品的业绩出现上调，煤炭和有色等资源品会迎来上涨的第二波，场外资受财富

---

[6] 从实体上讲，煤炭属于晚周期行业，煤价上涨是经济滞后指标，但煤炭股价上涨远早于煤价上涨。有色金属价格是期货，对经济景气更加敏感。详细分析见第 5 章。

效应吸引流入场内。随着经济慢慢过热，银行、钢铁和石化等行业的基本面得到改善，资金开始追逐这些前期滞涨的大盘股，大盘加速上扬，情绪亢奋到极点。而此时恰恰是最危险的时候——成本上升挫伤利润，国家的紧缩政策悄然而至。一旦经济预期改变，在汹涌而至的场外资金的掩护下敏感性资金开始撤退，周期敏感型行业（煤炭有色）率先下跌，市场进入反向循环、风格重回成长和小盘，直到产业资本增持、政策放松，经济预期重新改善，新的轮回开始。

图10：经济预期变化是风格转换的源动力

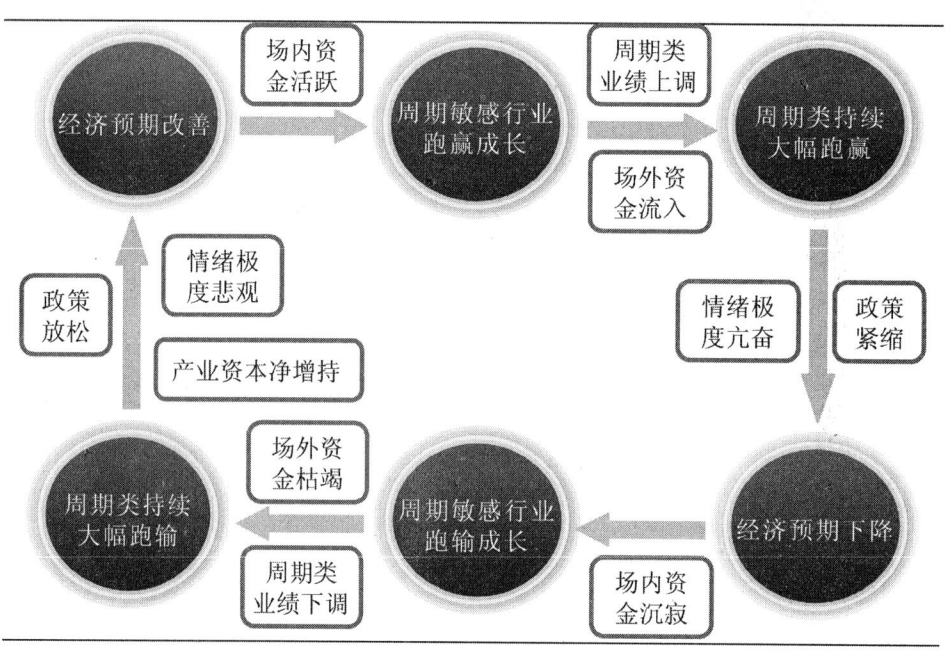

资料来源：中万研究

以上是风格转换的完整逻辑，在2007年和2009年的市场中得到完美演绎；2010年10月的风格转换也是如此，只是11月份通货膨胀上升过快导致国家调控超预期，投资者担心脆弱的经济复苏会戛然而止。

3. 利用中观和微观把握当下经济波动

既然经济预期是风格转换的第一原动力，那么如何把握宏观经济波动至关重要。众所周知，宏观经济周期往往只能事后确认，这种确认对投资并无意义，关键是如何在当下确定经济方向？要做到这点，就要理解为什么股市是经济的晴雨表。

很多时候，投资者购买股票或者行业并不是先想明白宏观，而是通过紧密的微观或中观调研跟踪，因为微观调研远比宏观思考更直接可靠。当8月份汽车反季节旺销，汽车股随之上涨；当钢铁毛利改善，大家买入钢铁股；当房地产成交量活跃，投资者配置房地产……诸此种种，一些微观和中观的数据使行业和股票上涨，股市也随之上涨，而这些改善的微观和中观数据最终汇集成整个宏观基本面,经济复苏得到确认。很多时候,股市和经济是同时复苏的,只是经济复苏要事后确认。

理解这一点,就能明白跟踪中观和微观的数据是在当下把握经济方向的重要途径,特别适用于短期(图11)。诚然,宏观经济有完整的理论积累,自成体系,预测中长期的经济变化,无法依靠微观和中观数据观察,理论推导和逻辑判断更加关键。但是中长期的宏观理论推导也只能给出方向,具体落足何处,还是需要中观和微观的验证。例如,按照宏观理论推导,中国的人口红利拐点可以发生在2012年、2015年甚至更远,莫衷一是、无法共识。不如换个思路,当拐点出现时,微观和中观会出现什么现象,当多种现象重复出现时,拐点出现的概率就非常大。宏观无法调研,但是微观和中观可以调研,只有宏观判断和中微观验证相结合才是比较理想的途径,中微观是宏观的具体内容。

图11:经济从下游—中游—上游的传导路径

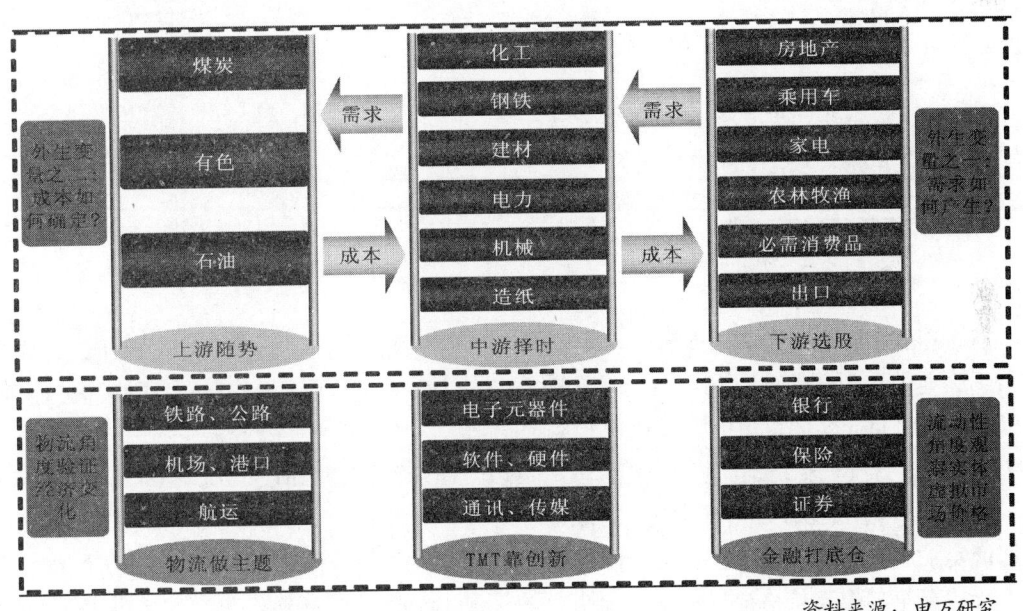

资料来源:申万研究

在当前中国经济结构中,下游由出口、房地产和汽车共同驱动,倘若三者均熄火,政府须靠财政支出和基础建设来刺激;中游产能过剩,中游的制造业代表中国经济;上游资源价格多为国际定价,但中国话语权在上升。综合而言,下游是领先指标、中游是同步指标、上游是滞后指标,所以把握中国经济的关键是要把握下游可选消费品的销售开工数据、中游产量和毛利数据、上游价格数据,同时中游的库存调整尤为重要。我们必须上上下下,中观结合宏观不断求证、试错。

譬如2010年8月以来的经济改善,就可以通过此种方法把握。首先通过螺纹钢和水泥产量增速的背离确定上半年经济下滑为库存调整引起(图12)。2010年4—7月,螺纹钢产量增速急剧下滑而水泥增速保持不变。在史上最严厉的房地产调控政策出台的背景下,钢铁经销商对未来房地产开工的预期非常悲观、不再进货,钢铁厂商主动减产去库存,导致钢铁产量和工业增加值明显下滑。这种急速下滑不过是"假摔"而已,因为下游开工并未迅速恶化,工业增加值的下降是钢铁厂商主动调整生产行为导致的(图13)。一旦钢铁经销商发现下游需求没那么差,而库存已经削减到较低水平时,其补库存行为会带动钢价上涨,进而促使厂商生产,工业增加值将会迅速恢复。

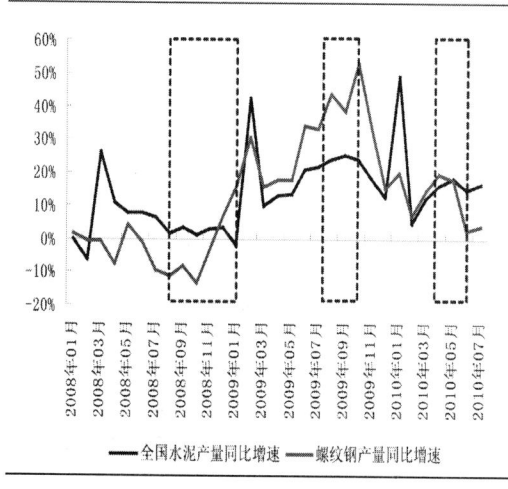

图12:2010年4-7月水泥和螺纹钢产量增速背离　　图13:2010年上半年经济下滑为库存调整导致

资料来源:华通人,申万研究　　　　　　　　　　资料来源:万得资讯,申万研究

补库存的基础是下游需求改善,目光转向汽车和房地产销售。既然确定经济下滑是去库存,那么要关注中游的库存和下游需求,因为一旦下游需求改善,中游补库存会随之而来。所以我们要将目光转向下游的汽车销售和房地产销售,通过周度的数据跟踪,基本可以确定9月公布的8月汽车和房地产销售数据均超预期。通过跟踪8月旬度的发电量可以确认9月11日公布的8月工业增加值和发电量可能出现跳升。事实上,9月1日、9日和11日公布的数据证实了这种看法,接下来中游出现补库存的行为,汽车销量持续超预期、PMI连续3个月上行、秦皇岛煤炭价格提早上涨,而央行的加息也确认了经济复苏,给市场更大的信心。中观跟踪使我们对宏观数据有前瞻性判断,开始提前布局,等到宏观数据公布真正改变市场预期的时候,已然从中获利。

第十四章

策略如何看农林牧渔
——打造农林牧渔的"驱动力"和"信号验证"机制

主要内容：

农林牧渔和通货膨胀休戚相关。实体层面，相关行业指标(特别是粮食和猪肉)直接关系通胀的走势；虚拟层面，通胀预期是农林牧渔板块投资最大的催化剂。

CPI中权重最大的子项是食品，可用商务部周度公布的"食用农产品价格指数"进行追踪。影响CPI食品走势的品种主要有粮食、猪肉和蔬菜，可分别用商务部的"食用农产品价格指数——粮食分项"、"鲜猪肉批发价格"和"食用农产品价格指数——蔬菜分项"对应跟踪。这种跟踪模拟能帮助我们提早几天知晓当月CPI的变动方向，对于中长期通胀走势的并无预测作用。中长期的预测只能通过宏观逻辑推导，但怎么确认宏观逻辑的正确性？中微观高频数据有助于验证宏观的判断，特别在拐点期，对于3~6个月的策略配置很有价值。

农林牧渔的投资需要把握三点：第一，通货膨胀是农林牧渔板块取得超额收益的大环境：一方面，通胀上行有利于农林牧渔公司的收入和利润增长；另一方面，通胀过高时周期股盈利恶化，促使风格转向成长股，农林牧渔因业绩增长稳定而获得青睐。第二，投资种子股要关注粮价变化预期，同时关注化肥股的投资机会。第三，渔业股的成长性最强，在市场风格偏好成长股的阶段，会取得较好的超额收益。

2007年后，农林牧渔摆脱个股行情，渐成板块投资之势，和通货膨胀休戚相关。实体层面，农林牧渔相关行业指标(特别是粮食和猪肉)直接关系通货膨胀的走势；虚拟层面，通胀预期是农林牧渔板块投资最大的催化剂。本文将从这两个层面，对农林牧渔相关行业的指标和投资逻辑做梳理。

1. 农林牧渔的"驱动力"+"信号验证"机制

农林牧渔子行业众多、业务繁杂。其中水产养殖和种子生产因公司同质性强、业绩较好最受投资者关注(表1)。

表1：水产养殖和种子生产是最受关注的农林牧渔子行业

类别	总市值占比	流通市值占比
农林牧渔	1.20%	1.45%
II 林业	0.04%	0.06%
III 林业	0.04%	0.06%
II 农产品加工	0.21%	0.27%
III 果蔬加工	0.08%	0.10%
III 粮油加工	0.11%	0.16%
III 畜禽加工	0.02%	0.01%
II 农业综合	0.34%	0.38%
III 农业综合	0.34%	0.38%
II 饲料	0.18%	0.14%
III 饲料	0.18%	0.14%
II 渔业	0.20%	0.25%
III 海洋捕捞	0.02%	0.03%
III 水产养殖	0.18%	0.23%
II 种植业	0.24%	0.35%
III 种子生产	0.12%	0.17%
III 果蔬生产	0.01%	0.01%
III 其他种植业	0.11%	0.17%

资料来源：申万研究

注：数据截止到 2010 年 12 月 01 日。

1.1 通过农林牧渔中观行业指标确认通货膨胀走势

尽管有诸多争议，统计局公布的 CPI 依然是衡量通货膨胀水平最综合有效的指标。CPI 中权重最大的子项是食品，可用商务部周度公布的"食用农产品价格指数"进行追踪。影响 CPI 食品走势的品种主要有粮食、猪肉和蔬菜，可分别用商务部的"食用农产品价格指数——粮食分项"、"鲜猪肉批发价格"和"食用农产品价格指数——蔬菜分项"对应跟踪(表2)。

这种跟踪模拟能帮助我们提早几天知晓当月 CPI 的变动方向，对于中长期通胀走势的并无预测作用。中长期的判断只能通过宏观逻辑推导，但怎么确认宏观逻辑的正确性？中微观高频数据有助于验证宏观的判断，特别在拐点期，对于 3-6 个月的策略配置很有价值。

表2：农林牧渔关注食品、粮食、猪肉和鲜菜价格指数

利润表项目	核心指标	明细指标	下游驱动因素
一、营业收入			
	价	CPI	
		CPI：食品	
		食用农产品价格指数	
		CPI：粮食	粮食产量,粮食播种面积,农村居民现金收入
		食用农产品价格指数：粮食类周环比	

	CPI：猪肉 商务部鲜猪肉批发价格	生猪存栏数、能繁母猪存栏数，玉米批发价格、CBOT 玉米期货价
	CPI：鲜菜 商务部18种蔬菜批发价格 食用农产品价格指数：蔬菜类周环比	
二、营业总成本		
其中：营业成本		
营业税金及附加		
销售费用		
管理费用		
财务费用		
资产减值损失		
加：公允价值变动收益		
投资收益		
三、营业利润		
加：营业外收入		
减：营业外支出		
四、利润总额		
减：所得税		
五、净利润		
少数股东损益		
归属于母公司所有者的净利润		

资料来源：申万研究

注：为保证损益表的完整性，我们保留空白部分，其他行业在这些部分可能有指标。

1.2 农林牧渔的"驱动力"和"信号验证"机制

商务部公布很多价格指标，有周度环比、有绝对价格、还有指数。我们需要对这些指标进行筛选，跟踪与 CPI 子项最相关的数据，及时形成和修正对当月 CPI 的判断(图1)。

图1：通过商务部周度数据提前把握当月 CPI 走势

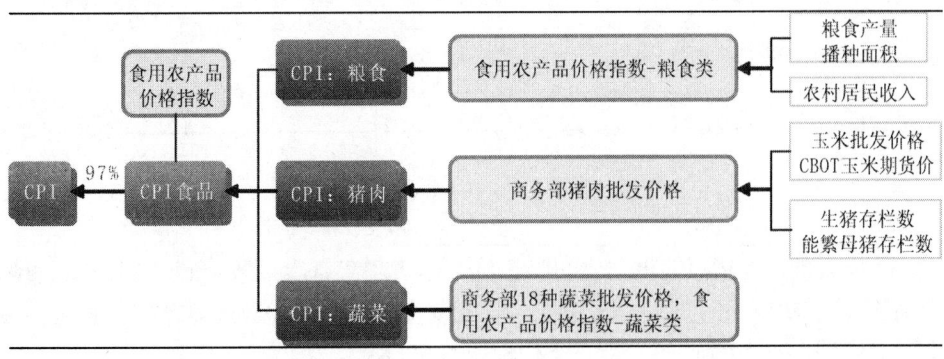

资料来源：申万研究

在 CPI 中，食品支出的权重达到 1/3，食品的走势基本决定了 CPI 的波动方向，从 2001 年来，两者相关度达到 97%(图 2)。商务部的"食用农产品价格指数"和"CPI 食品项"的走势吻合(图 3)，所以可用周度公布的数据模拟 CPI 食品走势。

图 2：食品走势决定 CPI 波动

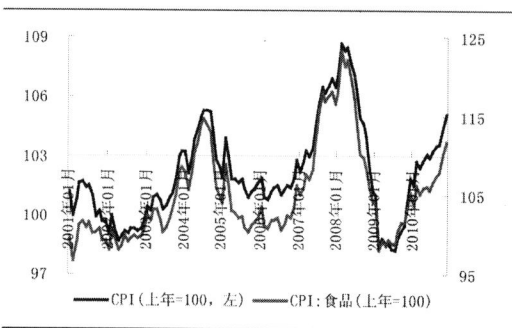

资料来源：国家统计局，申万研究

图 3：食用农产品价格指数与 CPI 食品基本吻合

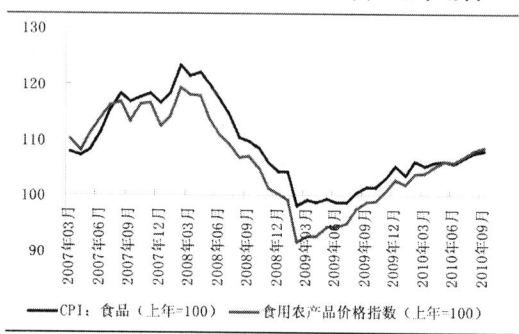

资料来源：商务部，国家统计局，申万研究

详细来看，食品中波动最主要的品种是粮食、猪肉和蔬菜。就粮食而言，商务部的"食用农产品价格指数——粮食分项"与"CPI——粮食分项"的相关度最大。我们将食用农产品价格指数中的粮价环比增速转换成粮价的定基指数，进而做成同比，再与 CPI 粮价同比指数进行比较，两者相关度高达 95%(图 4)。

图 4：食用农产品价格指数：粮食价格周环比可为 CPI 粮食分项的代理变量

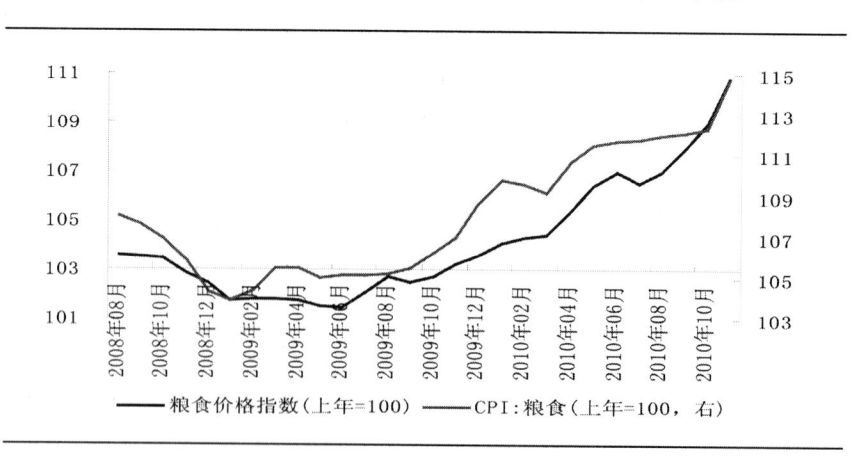

资料来源：商务部，国家统计局，申万研究

商务部每周公布鲜猪肉的批发价和零售价，两者趋势基本一致(图 5)，我们选择鲜猪肉批发价(零售价 2010 年 4 月后停止公布)。取批发价的月度平均数计算其同比指数，发现与 CPI 猪肉指数的拟合度达到 99%，故可为代理变量(图 6)。

图 5：鲜猪肉批发价格与零售价格趋势一致

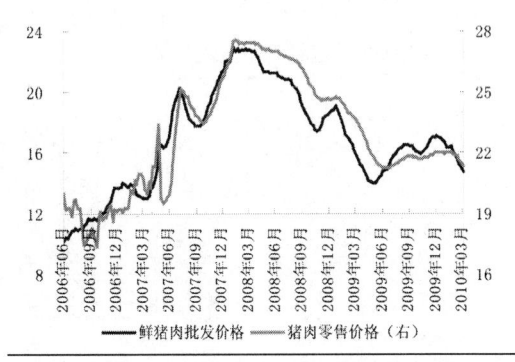

资料来源：商务部，申万研究

图 6：猪肉批发价可为 CPI 猪肉指数之代理变量

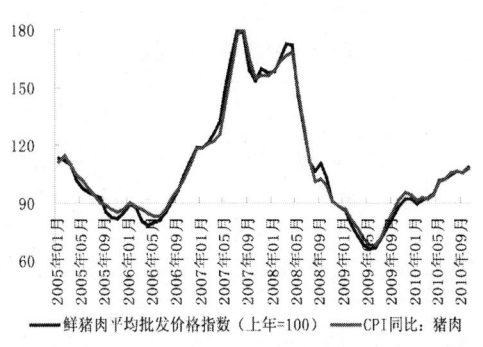

资料来源：国家统计局，商务部，申万研究

商务部公布两个蔬菜价格：其一是食用农产品价格指数——蔬菜分项；其二是 18 种蔬菜批发价格。我们将蔬菜分项周环比做成定基指数，计算其同比增速；将 18 种蔬菜价格简单平均并制作同比增速，发现两个指数趋势基本吻合(图 7)，但与 CPI——蔬菜指数的走势在 2009 年 6 月后出现偏差，相关度仅为 75%(图 8)，勉强可为 CPI 蔬菜指数的代理变量。

图 7：蔬菜价格指数和 18 种蔬菜价格指数吻合

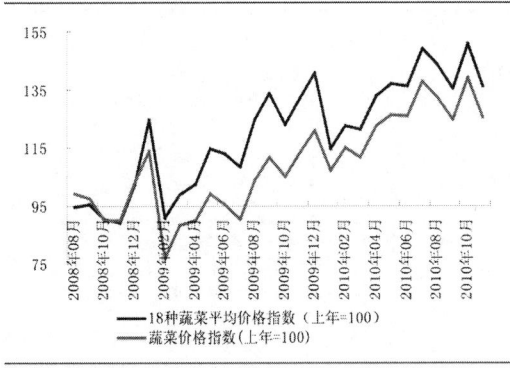

资料来源：商务部，申万研究

图 8：商务部蔬菜价格指数与 CPI 蔬菜高度相关

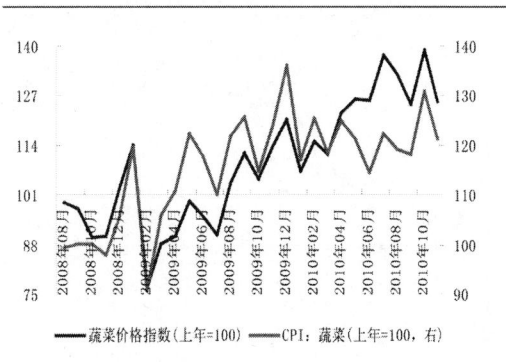

资料来源：国家统计局，商务部，申万研究

综上所述，我们可以利用相关周度数据对 CPI 中粮食、猪肉和蔬菜指数进行追踪模拟，有助于提前把握当月 CPI 的变动趋势。

1.3 农林牧渔"驱动力"和"信号验证"机制的历史验证

近年来国家将每年的 CPI 目标定为 3%，超过 3% 即面临调控压力。过去十年，有三个阶段 CPI 同比增速超过 3%，分别是 2004 年 3 月—10 月、2007 年 3 月—2008 年 10 月和 2010 年 7 月至 2010 年 12 月。三轮通胀均由食品价格飙升引致，但具体机理不一。

2004 年的通货膨胀由粮食价格快速上升引起(图 9)。CPI 中粮食价格最高上涨 34%，远大于同期蔬菜和肉类的涨幅。同期批发市场粮食价格同比涨幅更是高达 40% 以上。粮价大幅上涨的主要原因之一在于 2003 年粮食减产(图 10)，自此国家建立粮食收储计划，补贴农民生产，粮食连续七年增产，粮食很难成为下一轮通货膨胀的主因。

图 9：2004 年通胀主要由粮食价格带动

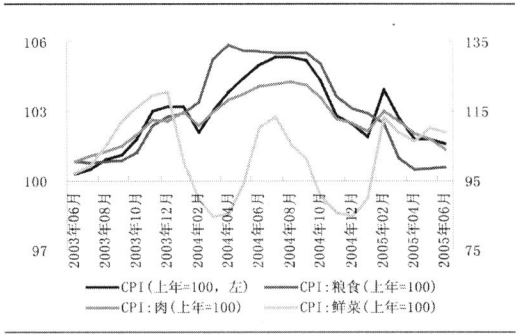

资料来源：国家统计局，申万研究

图 10：2003 年我国粮食明显减产

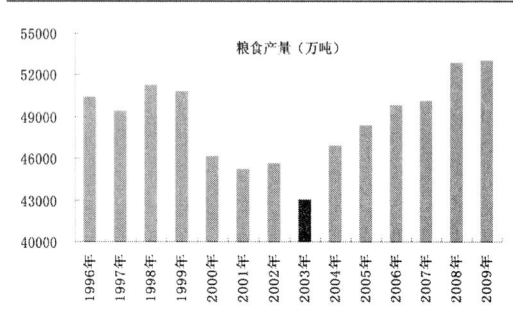

资料来源：华通人，申万研究

2007-2008 年的通货膨胀由猪肉价格快速上升引起(图 11)。2007 年猪肉价格快速上升，直到 2008 年 3 月才开始回落(图 12)。猪肉价格的上涨有两个推动因素：上游粮食价格上涨抬高猪粮比的基数(图 13)、猪肉供应短缺(图 14)。

图 11：2007-2008 年通胀由猪肉价格推动

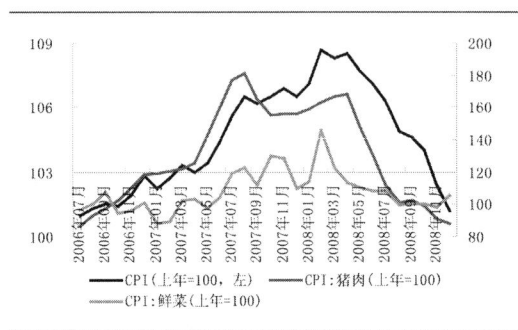

资料来源：国家统计局，申万研究

图 12：商务部猪肉批发价格显示肉价快速上升

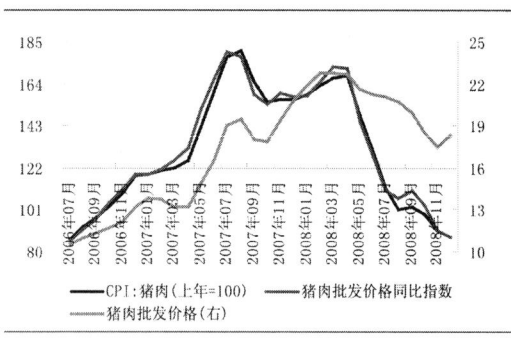

资料来源：统计局，商务部，申万研究

图 13：成本因素是猪肉价格上涨的因素之一

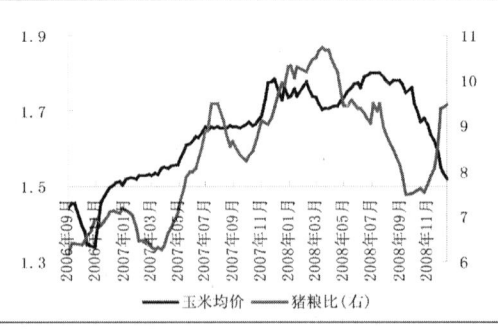

资料来源：中国畜牧业信息网，申万研究

图 14：供应短缺是猪肉价格飙涨的重要因素

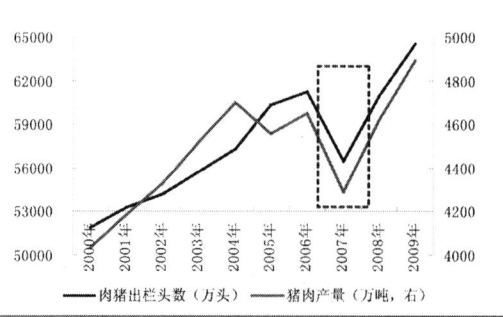

资料来源：国家统计局，申万研究

本轮通货膨胀的原因尚有争议，一种说法认为是劳动力成本抬升导致，另一种说法认为纯属货币炒作。我们倾向于第二种判断。倘若通胀真为成本推动，农户收入增速应该上升、上市公司劳动力成本占比应该上升，但是这两种现象均未发生(图15—图16)。本轮通胀的致因是蔬菜，蔬菜价格上涨始于2009年，最先上涨的品种是易储存炒作的大蒜、绿豆和生姜。其实当2008年的四万亿投资、2009年的十万亿信贷出来时，具备全局视野的投资者就应该会预见到经济快速复苏和通货膨胀是接下来的必然结果。

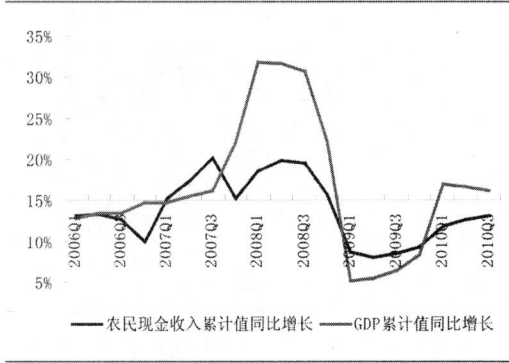

图15：农民收入增长慢于名义GDP增长

资料来源：国家统计局，申万研究

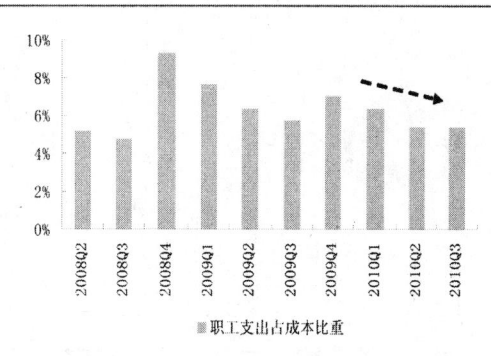

图16：非金融性上市公司劳动力成本未明显上升

资料来源：万得资讯，申万研究

2. 农林牧渔投资：通胀驱动、风格使然

2.1 农林牧渔投资：通胀驱动、风格使然

通货膨胀是农林牧渔板块取得超额收益的重要环境。过去十年中2月份农林牧渔板块跑赢市场的概率达到90%(表3)。

表3：过去十年，2月份农林牧渔跑赢市场的概率达到90%

农林牧渔	2000	2001	2002	2003	2004	2005	2006	2007	2008	2009	超额收益概率
1月	5.45%	-1.77%	-4.14%	0.37%	1.76%	-2.88%	-3.16%	5.86%	18.16%	-0.41%	50%
2月	10.45%	1.09%	2.07%	-1.04%	1.33%	1.16%	2.32%	4.99%	10.15%	3.46%	90%
3月	-2.62%	-1.56%	2.09%	-2.52%	1.53%	-0.63%	-4.50%	1.03%	0.66%	-6.91%	40%
4月	4.03%	-0.79%	-0.24%	-1.45%	-1.33%	-4.46%	4.11%	0.14%	5.41%	-8.31%	40%
5月	-3.15%	-0.11%	-0.97%	-7.12%	-0.20%	2.35%	6.48%	1.84%	2.20%	-2.95%	40%
6月	-3.12%	-2.17%	-2.66%	-0.35%	-2.73%	-1.74%	2.21%	-14.61%	0.09%	-5.92%	40%
7月	2.09%	-0.16%	-0.85%	-3.65%	-3.05%	-4.87%	-1.13%	2.97%	6.05%	-4.47%	30%
8月	4.03%	3.28%	0.67%	0.02%	0.79%	6.44%	-1.53%	-6.53%	-10.13%	12.36%	70%
9月	2.11%	-12.92%	-0.98%	-1.28%	0.04%	2.60%	2.73%	-4.32%	-3.48%	-6.00%	40%
10月	-1.61%	-1.80%	0.53%	0.49%	-3.58%	1.17%	-4.83%	-7.29%	0.69%	-0.55%	40%
11月	-1.48%	-2.09%	-0.09%	-1.61%	0.80%	-3.75%	-7.29%	9.54%	7.76%	9.91%	40%
12月	-0.29%	-0.85%	-0.16%	-6.74%	-1.76%	2.05%	-5.83%	9.92%	3.57%	-0.62%	30%
年超额收益	22.65%	-14.74%	-4.32%	-21.64%	-6.19%	-3.52%	-21.37%	-5.10%	16.29%	-14.47%	20%

资料来源：万得资讯，申万研究

不可否认，农林牧渔板块的"二月效应"与每年年初的中央一号文件相关。但一号文件始于 2004 年，无法解释之前四年的"二月效应"。通货膨胀是更为重要的因素。由于春节需求和天气因素，每年 2 月份往往是食品价格和 CPI 的环比高点，通胀预期强烈。2005 年后，农林牧渔共有两次长时间跑赢市场，和通货膨胀的时间暗合。因此，通货膨胀是农林牧渔投资的市场背景。

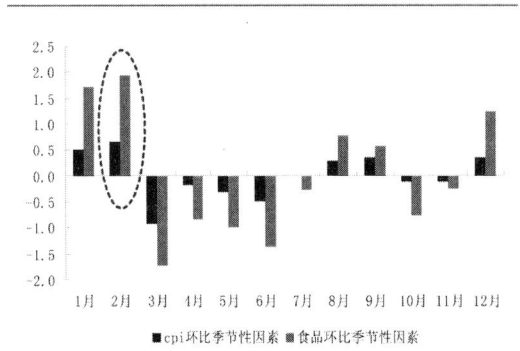

图 17：2 月份是食品及 CPI 环比的季节性高点

资料来源：万得资讯，申万研究

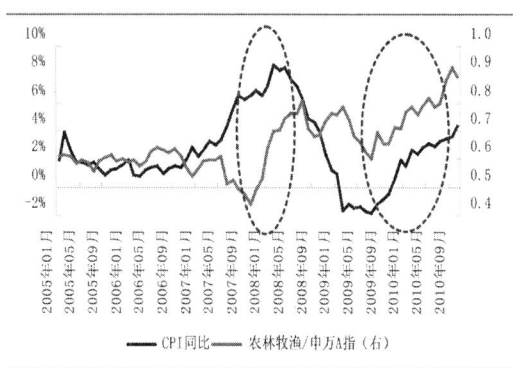

图 18：农林牧渔投资：把握 CPI 趋势上行阶段

资料来源：万得资讯，申万研究

通货膨胀阶段中农林牧渔板块取得超额收益的原因有二：其一，通胀改善了农林牧渔行业的盈利状况。2003 年以来，农林牧渔行业的收入增速和 CPI 食品同比增速非常相关。2007 年 3 月后，行业利润增速和 CPI 食品同比相关性也大大增强。因此 2007 年后，通胀有利于改善行业盈利情况，绝非单纯炒作。

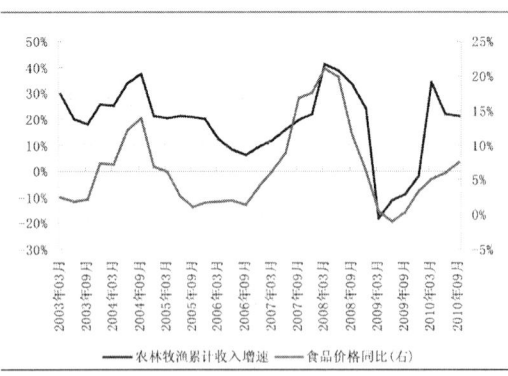

图 19：行业收入增速与食品价格变动关系密切

资料来源：万得资讯，申万研究

图 20：2007 年后利润增速与食品价格变动关系密切

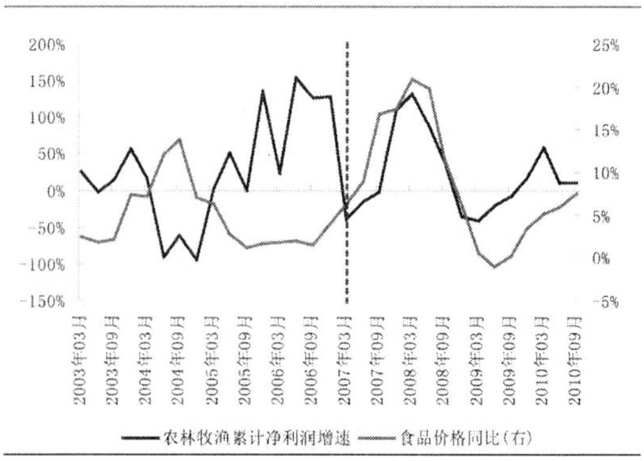

资料来源：万得资讯，申万研究

2007 年后利润增速和通货膨胀相关度大增的根本原因在于上市公司结构变化。2007 年后，资源类上市公司数量占比提升(图 21)，纯加工类公司占比下降，因此食品价格上涨有利于资源类公司的利润上升。

图 21：2007 年之后资源类上市公司数量占比进一步提升

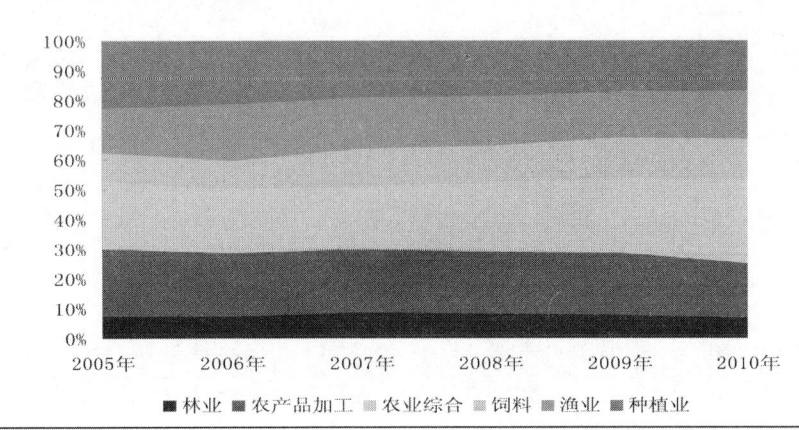

资料来源：万得资讯，申万研究

其二，通胀上行强化宏观调控预期，经济预期下行打压周期股投资机会，市场风格向成长股倾斜。我们在第 13 章《经济为本、资金助势——对风格转换的若干理解》中详述了风格转换的机理：通胀上行→政策转向→经济受损无疑是风格从周期转向成长的一个重要原因，农林牧渔的业绩增长比较稳定，属于成长股，所以从风格上讲通胀上行亦会使其受益（图22）。

图 22：风格上，通胀使农林牧渔获益

资料来源：万得资讯，申万研究

整体而言，通胀是农林牧渔投资的最大催化剂，但是具体到各子行业，投资逻辑各有差别。2007 年以来，农林牧渔有两波长时间跑赢指数，可以细分为四次(2007 年 10 月—2008 年 3 月、2008 年 4 月—7 月，2009 年 10 月—2010 年 5 月，2010 年 7—9 月)(图23)，领涨板块和内在逻辑也不完全一样。

图23：2007年以来农林牧渔板块四次持续跑赢市场

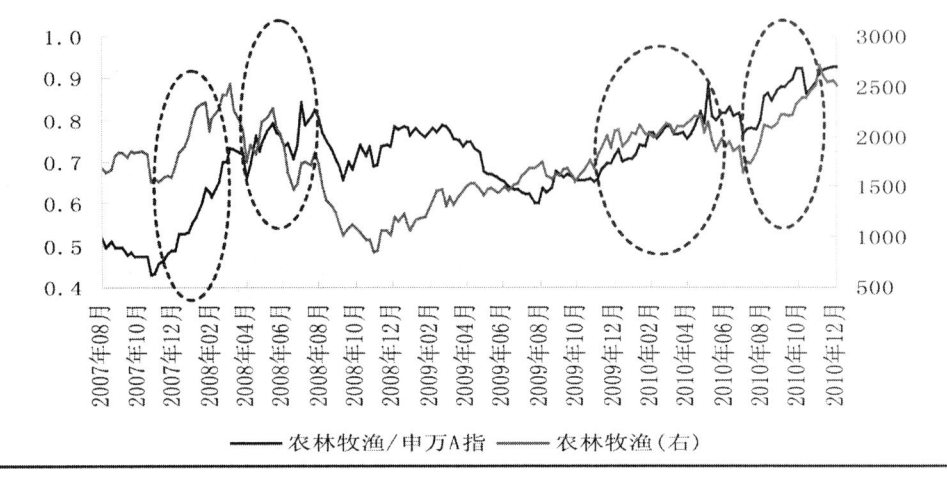

资料来源：万得资讯，申万研究

上述四个阶段中，领涨板块和原因各有不同(表4)。

表4：农林牧渔跑赢市场的四个阶段中，领涨板块各有不同

累计超额收益	2007.10.26-2008.3.7	2008.4.3-2008.7.4	2009.10.30-2010.5.7	2010.7.2-2010.9.30
林业	30.40%	10.29%	23.94%	30.89%
农产品加工	91.56%	13.63%	32.15%	19.55%
农业综合	39.88%	15.15%	23.19%	31.77%
饲料	52.43%	23.01%	35.70%	7.09%
渔业	49.55%	-2.31%	62.43%	39.93%
种植业	113.11%	53.58%	30.58%	17.79%

资料来源：万得资讯，申万研究

2007年10月26日至2008年3月7日期间农林牧渔的超额收益来自通胀高企带来的主题性机会。2007年3季度CPI同比超过6%，农林牧渔上市公司利润增速大幅提高(图24)，投资者选择受益通胀的农林牧渔板块，板块逆市上涨。

2008年4月3日至2008年7月4日期间农林牧渔的超额收益更多体现为防御特征。在经济增速放缓背景下，周期行业利润增长急速下滑，农林牧渔的利润增长依然较高(图25)，相对优势非常明显，板块跌幅较小。

图 24：2007 年末—2008 年初农林牧渔利润高增长　　图 25：2008 年经济下滑，农林牧渔业绩平稳

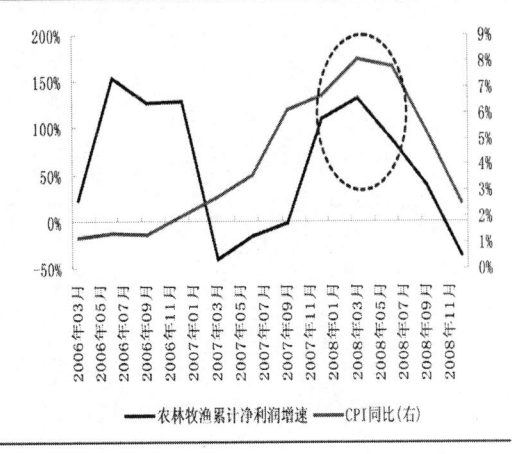

资料来源：万得资讯，申万研究　　　　　　　　　　　　　资料来源：申万研究

上述两个阶段，种植业子板块表现最好，这与粮食价格大涨密切相关。种植业中种子公司市值占比最高，2007 年末至 2008 年中，油价飙升导致生物燃料盛行，玉米需求大幅增加，种子价格跟随大涨(图 26)。2010 年 4 月以来，种子股又出现一波行情，主要与小麦价格上涨有关，只是此轮的推动力来自供给而非需求(图 27)：今年以来国内国际自然灾害频发，7月初俄罗斯宣布禁止小麦出口。

图 26：2007 年末—2008 年中油价大涨使玉米价格飙升　　图 27：2010 年中粮价跳升源于供给短缺预期增强

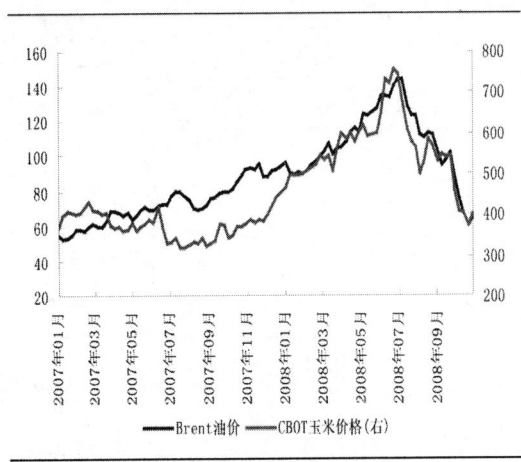
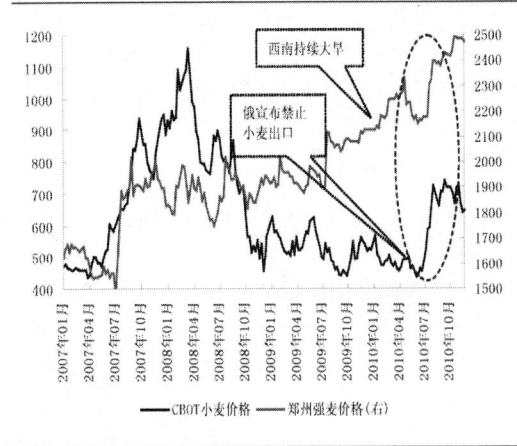

资料来源：彭博社，申万研究　　　　　　　　　　　　　资料来源：彭博社，申万研究

因此，投资种子股的关键是把握粮食供需基本面和粮食价格的变化(图 28)。另外，种子股和化肥股存在联动关系(图 29)，投资者倾向于相信"粮价上涨——粮食播种面积上升——化肥使用量上升——化肥价格上涨"的逻辑。

图 28：粮价大涨带来种子股良好表现　　　　　图 29：种子股与化肥股存在联动关系

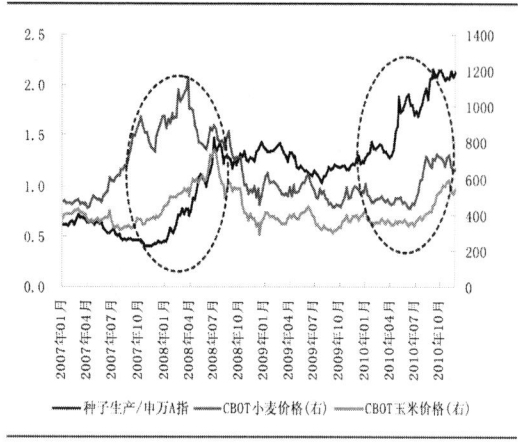

资料来源：彭博社，万得资讯，申万研究　　　　资料来源：彭博社，万得资讯，申万研究

后两个阶段，农林牧渔板块中表现最好的是渔业股。一方面，2009 年 4 季度以来渔业上市公司盈利增速大幅提升(图 30)，龙头公司獐子岛的业绩更是持续超越市场预期；另一方面，期间市场风格明显偏向成长股，渔业在农林牧渔子行业中最具有成长股的特性(图 31)。

图 30：2009 年下半年来渔业公司盈利增速大幅提升　　图 31：渔业和农业综合板块的成长股特性明显

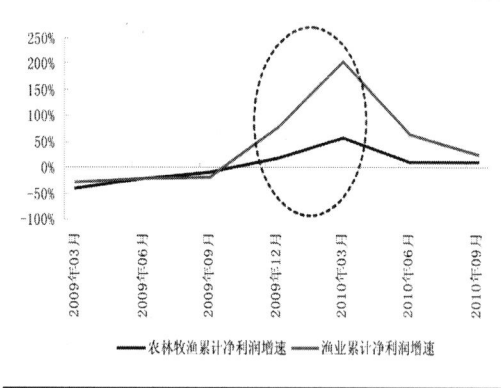

资料来源：万得资讯，申万研究　　　　　　　　资料来源：万得资讯，申万研究

总结来看，对于农林牧渔的投资应把握如下几点：
(1)通货膨胀是投资农林牧渔板块的大环境。一方面通胀有利于农林牧渔公司的收入和利润改善；另一方面通胀促使风格转向成长股，农林牧渔板块稳定的业绩增长获得青睐。
(2)投资种子股要关注粮价变化预期，同时化肥股投资机会值得把握。
(3)渔业股的成长性最强，在市场风格偏向成长股时超额收益明显。

2.2 策略如何看农林牧渔：把握通货膨胀

策略思考系列报告的一个重要任务就是帮助投资者从全局去理解经济、从中观去验证宏观。对于宏观而言，最关键的变量是工业增加值和CPI，它们刻画了经济行为的两个维度。第9章、第10章和第11章全面分析了如何从中观验证工业增加值，本篇详述了如何从农林牧渔验证CPI。当然这种验证只是短期，中长期的趋势还要依赖宏观推导。

2007年以后，农林牧渔逐渐作为一个板块受到投资者关注。农林牧渔板块投资受通胀预期的影响最大，同时和市场风格有关。种子股有一定的资源属性，适合进攻；渔业股稳定成长，着重防御。

策略跟踪的农林牧渔中观数据库结构如下：

表5：策略跟踪的农林牧渔中观数据库

大类	行业	行业关键指标	数据来源	频度	更新日期
农业	农林牧渔	消费者物价指数（CPI）	国家统计局	月	每月11日
		CPI:食品、CPI:粮食、CPI:猪肉、CPI:鲜菜	国家统计局	月	每月11日
		食用农产品价格指数	商务部	周	每周二
		食用农产品价格指数:粮食类、蔬菜类周环比	商务部	周	每周二
		鲜猪肉批发价格	商务部	周	每周二
		18种蔬菜批发价格	商务部	周	每周二
		外生关键指标	**数据来源**	**频度**	**更新日期**
		夏粮产量	国家统计局	年	当年7月
		秋粮产量	国家统计局	年	次年1月
		粮食产量	国家统计局	年	次年10月
		粮食播种面积	国家统计局	年	次年10月
		农村居民人均现金收入	国家统计局	季	2、5、8、11月
		生猪存栏数、能繁母猪存栏数	农业部	月	每月13日
		CBOT玉米期货价格	Bloomberg	周	每周一
		批发市场玉米均价	郑州粮食批发市场	周	每周一

资料来源：申万研究

第十五章

策略如何看交通运输
——打造交通运输的"驱动力"和"信号验证"机制

主要内容:

物流作为经济的血管,是经济景气的同步指标。经分析筛选,我们认为港口集装箱吞吐量、民航旅客周转量、主要路段货运周转量、港口铁矿石库存是需要关注的中观数据。通过对这些数据的跟踪调研,可以洞悉出口、区域经济、经济周期和库存调整的状况。

交运数据对经济的验证体现在:通过调研六大港口集装箱吞吐量判断当月出口变化;航运价格数据和供应端的变化相结合来把握世界经济;民航客运周转量与乘用车、房地产销售共同作为可选消费表征,指明需求波动方向;观察主要高速公路的货运周转量把握区域经济变迁;关注港口铁矿石库存情况,可作为观察库存调整的重要环节。

历史上交运行业曾有三次跑赢大盘(2003年5月—2005年7月、2008年6月—9月、2010年1月—3月),原因各不相同,给我们诸多投资启示。第一,交运很难重现2003-2005年的黄金时代,未来的投资机会(特别是如高速公路等防御类子行业)将主要来自防御性和主题投资,而这是策略分析员的重要抓手。第二,风格方面,交通运输分为体现防御特征的机场、港口、公路、铁路和体现进攻特征的航运、航空。航空和航运的弹性更大,行业分析员通过把握周期拐点来提示投资机会。第三,交运行业蕴含诸多主题投资概念,人民币升值炒航空、重大事件炒相关机场和公交、区域经济炒高速公路、资产注入和整合机会频繁。

与钢铁、银行和石化等行业类似,交通运输的研究价值巨大。行业分析员往往会寻找交通运输行业外延式的并购机会,或者把主要精力花在把握航空的波段操作上,而疏于跟踪港口、航运等数据。事实上,这些数据对于认识经济至关重要。另外,交通运输股票的异动对于观察市场情绪和风格也有帮助,一半是海水、一半是火焰,防御和主题恰为情绪的两端。情绪极度悲观时,防御推动交运板块向上;情绪趋向乐观时,主题机会频出。

在整个研究框架中,一方面,交通运输行业的作用在于从物流角度验证经济的活跃程度。航运和港口数据揭示出口好坏、高速公路物流反映区域经济强弱、航空周转率体现需求波动。交运数据作为观察经济活力不可或缺的信息,研究价值巨大。

另一方面,大多数交通运输子行业由于盈利增速较低、板块弹性小而倍受冷落,防御价值和主题炒作成为其主要的投资机会。

1. 交通运输的"驱动力"+"信号验证"机制

交通运输子行业众多,航空、港口、航运、铁路和高速公路所占权重较大(表1)。

表1:航空、港口、航运、铁路和高速公路在交通运输中市值占比较大

	A股总市值占比	A股流通市值占比
交通运输	4.25%	4.49%
航空运输	1.08%	1.09%
港口	0.83%	0.75%
航运	0.70%	0.91%
铁路运输	0.60%	0.80%
高速公路	0.59%	0.49%
机场	0.18%	0.17%
物流	0.14%	0.13%
公交	0.13%	0.16%

资料来源:万得资讯,申万研究

注:数据截止到2010年12月31日

1.1 物流数据验证经济活力

物流作为经济的血管,是经济景气的同步指标。经分析筛选,我们认为港口集装箱吞吐量、民航旅客周转量、主要路段货运周转量、港口铁矿石库存是需要关注的中观数据(表2)。通过对这些数据的跟踪调研,可以洞悉出口、区域经济、经济周期和库存调整的状况。

表2:交通运输需关注港口、航运、航空和高速公路数据

利润表项目	核心指标	明细指标	下游驱动因素
一、营业收入			
	量	沿海港口集装箱吞吐量	
		大连、天津、青岛、上海、宁波、深圳港口集装箱吞吐量	出口
		民航旅客周转量	
		各地区道路货运周转量	
		宁沪高速、济青高速、郑州黄河公路大桥、成渝高速月度车流量	工业增加值
		主要港口铁矿石库存	生铁产量
二、营业总成本			
其中:营业成本			
营业税金及附加			
销售费用			
管理费用			
财务费用			
资产减值损失			
加:公允价值变动收益			
投资收益			

| 三、营业利润 |
| 加：营业外收入 |
| 减：营业外支出 |
| 四、利润总额 |
| 减：所得税 |
| 五、净利润 |
| 少数股东损益 |
| 归属于母公司所有者 |
| 的净利润 |

资料来源：申万研究

注：为保证损益表的完整性，我们保留空白部分，其他行业在这些部分可能有指标。

1.2 交通运输的"驱动力"和"信号验证"机制

逻辑上看，交通运输各子行业直接联系经济各环节：港口和航运数据反映出口变化；高速和铁路周转量体现投资波动；航空、机场数据和乘用车、房地产销售共同观察可选消费变化，领先经济波动(图1)。但现实中很多数据由于各种原因，无法达到理想效果。通过不断校验，我们发现如下几点较有意义。

图1：交运数据可验证出口、消费、区域和库存四大环节

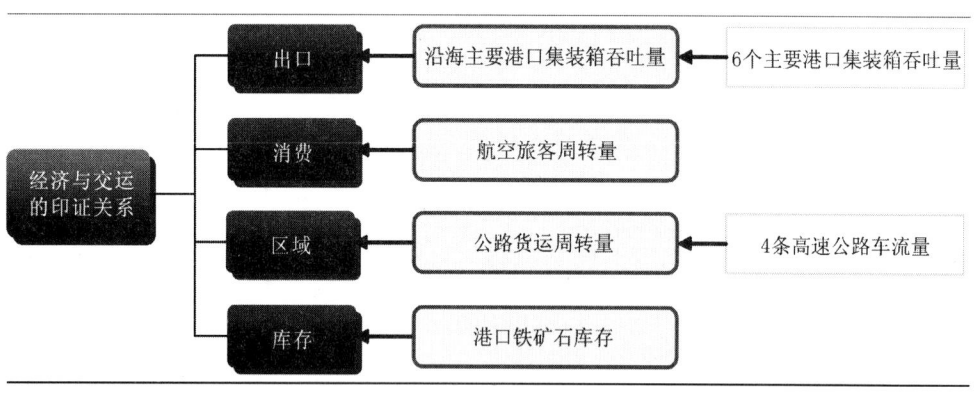

资料来源：申万研究

第一，港口集装箱吞吐量反映短期出口变化

目前出口依然是影响中国经济波动和政府决策的核心变量之一。对于出口的预测，应该形成长、中、短期的分析框架和验证机制。长期(1～3年)的出口形势需要分析全球经济和区域结构变化，是宏观分析的重点之一；中期(半年左右)的出口形势需要跟踪广交会、春交会和主要产品(机电、电子、纺织服装、家具)的订单；短期(1～2个月)出口变化可参考港口集装箱吞吐量和箱板纸产量的变化。

2005年以来，沿海主要港口集装箱吞吐量同比增速与出口金额同比增速的相关度高达0.91，与出口数量同比增速的相关度达到0.88，跟踪沿海主要港口集装箱吞吐量数据可以很好把握当月出口变化(图2)。遗憾的是，吞吐量数据的发布时间晚于出口数据，因此必须建立日常调研机制以把握集装箱吞吐量的动态变化。我们选取了最具代表性的六个港口——大连港、天津港、青岛港、上海港、宁波港和深圳港，六大港口集装箱吞吐量占沿海主要港口集装箱吞吐量的70%左右，2007年以来六大港口数据和主要港口数据基本一致(图3)。

图2：港口集装箱吞吐量与出口高度相关

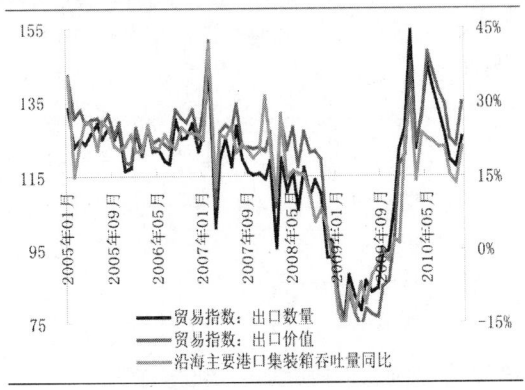

资料来源：海关总署，交通部，申万研究

图3：样本港口集装箱吞吐量良好表征整体变化

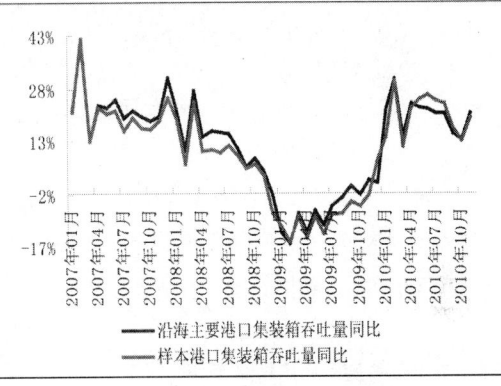

资料来源：交通部，申万研究

第二，航运价格指数不足以反映全球经济，因受供给和人为控制干扰

衡量干散货运价的BDI(波罗的海干散货指数)和衡量集装箱运价的CCFI(中国出口集装箱运价指数)备受关注，投资者期待从这些价格的变动上获悉全球经济的景气变化。事实上，BDI和CCFI除了受需求影响外，还受其他因素(如运力供给、短期人为控制等)干扰，无法直接反映全球经济景气变化(图4—图5)。因此在运用航运价格指数时要充分考虑供应和其他干扰因素。上海航交所在2010年10月16日发布的SCFI(上海出口集装箱运价指数)指数衡量上海出口集装箱即期市场的运价变化，对供需变化的灵敏度较高，短期内受供给影响较小，因此跟踪SCFI对于验证我国出口状况有一定的指导作用。

图4：BDI与OECD工业生产并非完全一致

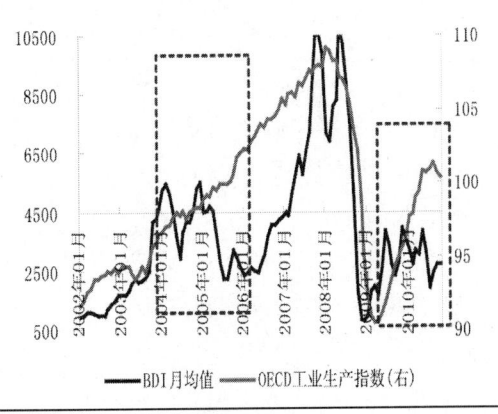

资料来源：万得资讯，申万研究

图5：CCFI与OECD工业生产并非完全一致

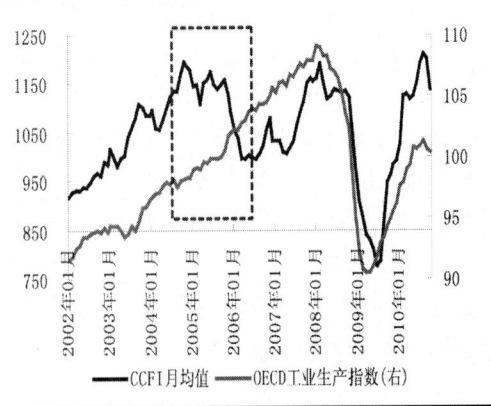

资料来源：万得资讯，申万研究

第三，民航客运周转量与乘用车、房地产销售共同作为可选消费表征，指明需求波动方向

近年来航空的消费属性日益增强，民航旅客中公务出行的比率明显下降(图6)。与乘用车销量和房地产销售面积一样，民航客运隶属可选消费，是经济波动的先行指标。综合考虑乘用车、房地产销售和民航客运周转量的变化，可以更好把握经济脉动(图7)①。由于航空集中度高，通过调研三大航空公司的数据即可一窥全豹，比乘用车和房地产数据更及时主动。

2008年初投资者对经济一片乐观，但房地产销售、乘用车销售和航空需求已悄然回落。尽管当时很多人认为地产销售下降是受政策打压、航空需求回落是受南航劫机等事件影响，但三大可选消费需求同时下滑，应该引起高度重视。2009年9月至今，市场预期在经济过热和二次探底间走了几个轮回，房地产销售在几次政策高压下出现脉冲式回落，乘用车销售也经历了季节性低潮，唯独航空数据一直靓丽，事后证明经济并无二次探底之忧，2010年二季度工业增加值的回落也仅为库存调整的结果，并非下游需求回落引致。

图6：航空公务旅客占比持续下降

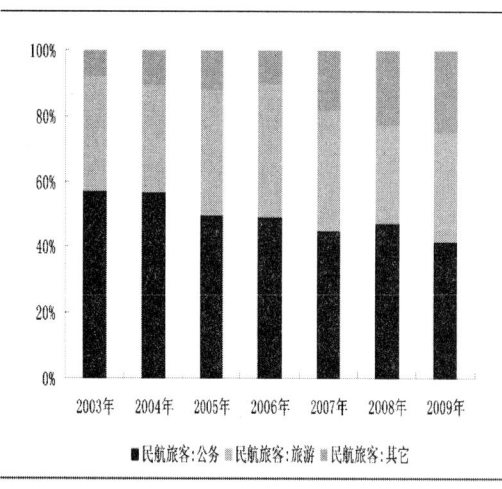

资料来源：申万研究

图7：三大可选消费需求必须相互验证

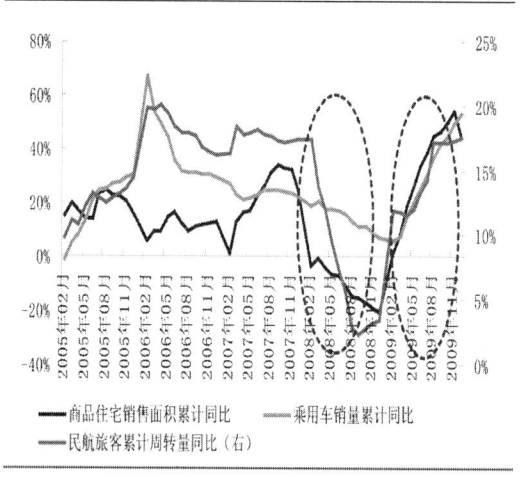

资料来源：CEIC，申万研究

第四，观察主要高速公路的货运周转量，把握区域经济变迁

2008年以来，中国经济在区域增长的层面逐渐体现出结构性变化。2008年下半年，世界经济恶化使外部需求大幅下滑，对外依存度高的东部地区率先受到冲击，随后扩散到中部和西部地区(图8)。社会零售总额方面，东部下降幅度比中西部大(图9)；房地产销售上中、西部增速均比东部高(图10)；汽车保有量上中、西部的增速在2008年后也要高于东部(图11)。这说明随着中西部地区的经济增长加速，对可选消费品的需求愈加旺盛。

---

①具体分析，详见策略思考第八篇《可选为剑、必需做盾——下游消费品投资逻辑》。

图 8：2010 年中、西部工业增加值增速比东部高

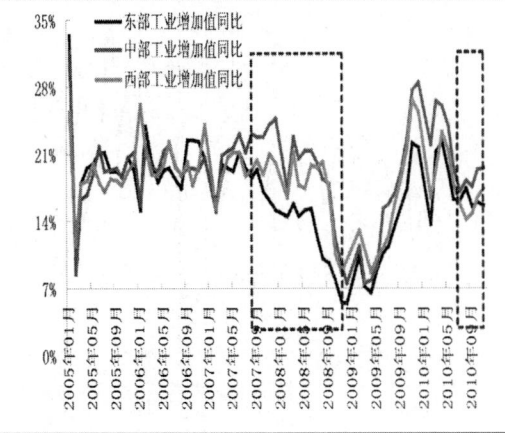

资料来源：国家统计局，申万研究

图 9：2008 年东部社零总额下降更快

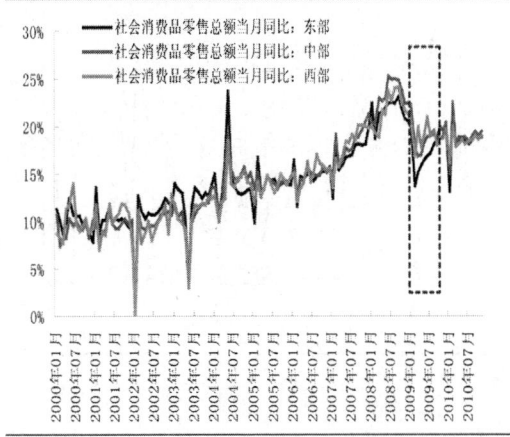

资料来源：CEIC，申万研究

图 10：2008 年来，中、西部房地产销售更好

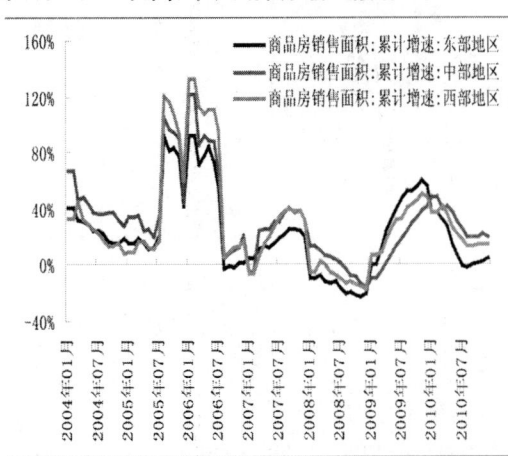

资料来源：万得资讯，申万研究

图 11：中、西部汽车保有量提高更快

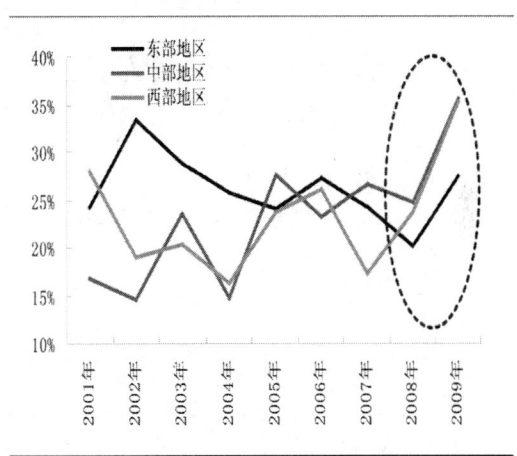

资料来源：CEIC，申万研究

区域的投资和消费变化会在车流量变化上得到体现。相较于交通部公布的公路货物周转量，我们倾向于跟踪更可靠的上市公司数据。通过筛选，我们确定东部地区的样本为沪宁高速和济青高速、中部地区为郑州黄河公路大桥、西部地区为成渝高速。东部和中部的调研样本很好验证该区域工业增加值的变化(图 12- 图 13)，而西部地区的高速公路验证效果略差(这与汶川地震的特殊原因有一定关系)(图 14)。从三个地区车流量看，沪宁高速和济青高速在 2007 年下半年开始下滑，中西部直到 2008 年才下降。2010 年 4 季度，西部和中部高速公路车流量增速在 7 月、8 月份出现上升，东部只到 9 月、10 月份才改善。通过跟踪这几家高速公路车流量的变化，对于我们把握地区经济的脉动大有裨益。

图12：东部高速公路车流量印证东部工业生产　　图13：黄河大桥车流量与中部工业生产高度一致

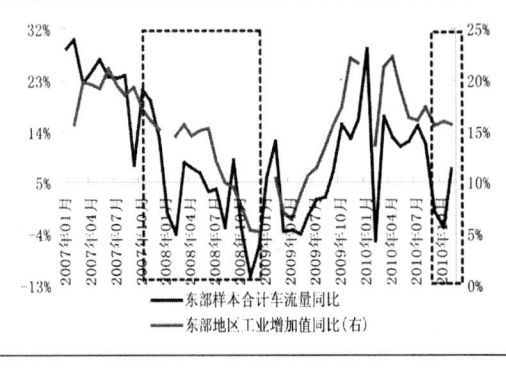

资料来源：万得资讯，申万研究

图14：西部地区高速公路对工业生产的验证略差

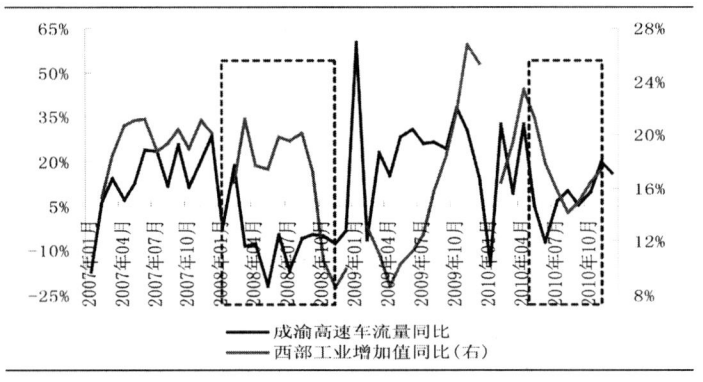

资料来源：万得资讯，申万研究

第五，关注港口铁矿石库存情况，可作为观察库存调整的重要环节

库存调整对于经济波动和3~6个月的投资尤其重要。2008年四季度的去库存、2010年二季度的去库存均伴随着工业增加值的迅速下滑和周期股的暴跌。但是仅用PMI中的库存指数和季度公布的工业企业库存数据实在太过单薄，必须结合中观行业的库存数据才能完整把握库存周期。

从下游的汽车库存，到中游的社会库存、厂商库存，再到中上游的电厂存煤天数、秦皇岛库存、港口铁矿石库存，最后到上游的石油、有色等库存，整个库存调整形成链式结构。港口铁矿石库存是链式结构中的重要一环。当钢厂产量减少，而港口铁矿石不断堆积，便有去库存之忧，需要警惕。

2.交运投资：防御价值和主题炒作

2.1 交运投资：行业研究的无奈，策略研究的舞台

历史上交运行业曾有三次跑赢大盘(2003年5月—2005年7月、2008年6月—9月、2010年1月—3月)，原因各不相同，给我们不同的投资启示(图15)。

图15：2003年来交通运输三次跑赢大盘

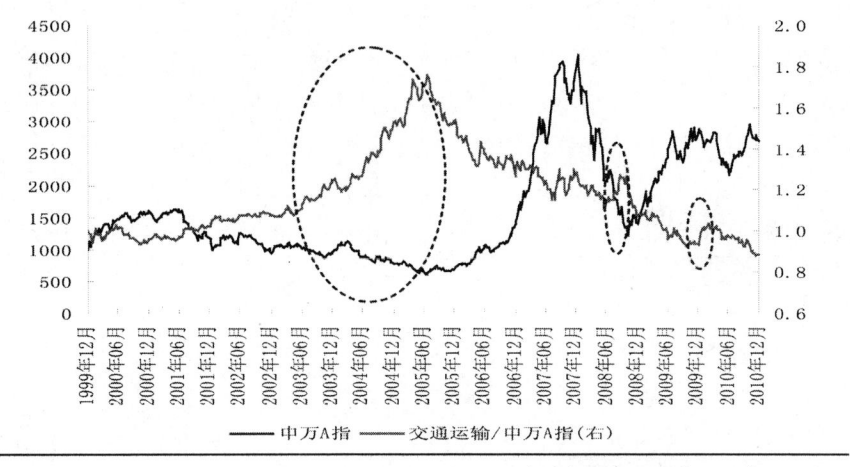

资料来源：万得资讯，申万研究

表3：2003年5月至2005年7月间机场、港口、高速公路超额收益排名前三

2003.05.23-2005.07.22	子行业超额收益
机场	90.46%
港口	62.94%
高速公路	26.52%
物流	23.15%
航运	21.69%
铁路运输	9.13%
公交	8.50%
航空	3.62%

资料来源：万得资讯，申万研究

2003年—2005年，交通运输行业以稳定的业绩增长成为当年漫漫熊市中的一抹亮色，与"五朵金花"一起推动结构性牛市(表3)。但连续几年的高额投资使其产能过剩，业绩增速开始下滑，风光不再(图16—图17)。

图16：2000年-2002年交运高FAI奠定后续高增　　图17：2003-2005年机场、港口、高速盈利稳定增长

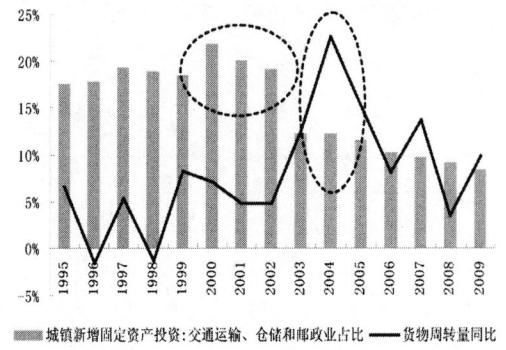

资料来源：万得资讯，申万研究　　　　　　　　　　资料来源：万得资讯，申万研究

2006年之后，随着食品饮料、医药生物行业的快速发展、上市公司数量大幅增加、公司质地明显改善，投资者开始越来越偏好这些成长性更佳的行业，交通运输行业当年的优势一去不返。从相对估值来看，机场、高速公路等交运子行业的相对估值经历了系统性下移，均值从2003年—2005年的1.6倍相对PE下沉到目前仅约1倍的水平(图18)。而食品饮料和医药生物的相对估值则经历了系统性的抬升(图19)。

图18：机场、高速相对PE经历系统下移

图19：白酒和中药相对PE经历系统性上移

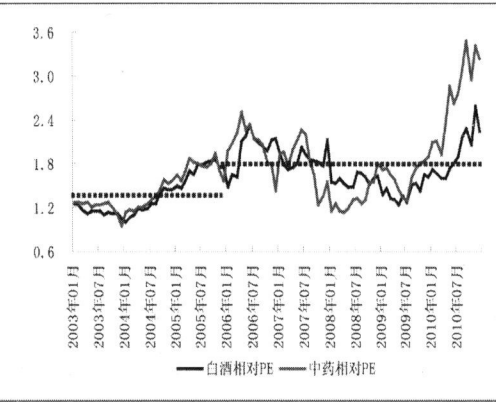

资料来源：万得资讯，申万研究　　　　　　　　　资料来源：万得资讯，申万研究

由于成长性和创新性无法和其他行业相比，交通运输行业恐怕很难再现2003年—2005年长期跑赢大盘的辉煌，需要从其他角度把握投资机会。

第二个阶段大幅跑赢的交通运输子行业有机场、铁路运输和高速公路(表4)。当时经济不断恶化，公募基金仓位降无可降，不得不配置业绩相对稳定、估值相对便宜的行业(图21)。此时交运行业跑赢大盘主要靠其防御属性(图20)。

表4：2008年6月至9月间机场、铁路运输、高速公路超额收益排名前三

2008.06.20-2008.09.19	子行业超额收益
机场	35.93%
铁路运输	25.53%
高速公路	16.26%
物流	14.18%
港口	12.25%
公交	2.15%
航空	-0.76%
航运	-4.09%

资料来源：万得资讯，申万研究

图20：铁路运输与高速公路具有防御特性

资料来源：万得资讯，申万研究

图21：2008年机场铁路公路业绩相对稳定

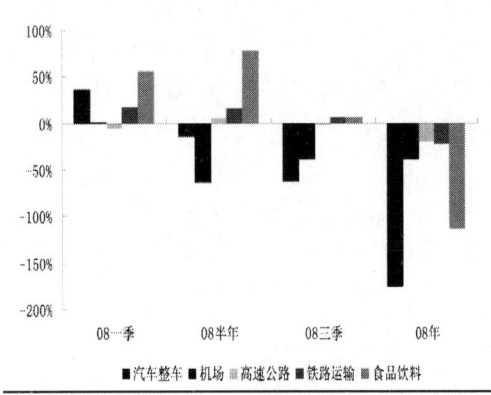

资料来源：万得资讯，申万研究

2010年1-3月，超额收益居前的子行业是航空、公交和高速公路(表5)。这段时间的超额收益源于主题投资。一方面，区域主题使相关高速公路公司被爆炒；另一方面，世博主题直接刺激上海机场、申通地铁、大众交通等上海本地股。

表5：2010年1月至3月间航空、公交、高速公路超额收益排名前三

2010.01.01-2010.03.05	子行业超额收益
航空	23.30%
公交	18.13%
高速公路	16.87%
机场	14.32%
港口	9.94%
物流	7.17%
航运	4.52%
铁路运输	-0.09%

资料来源：万得资讯，申万研究

此三役对交运行业的投资启示如下：

第一，交运投资渐成行业分析员的无奈、策略分析员的舞台

未来一段时间，交通运输行业很难重复2003年—2005年的黄金时代，行业分析员越来越难以推荐该行业。交通运输行业，特别是防御类子行业(机场、港口、公路和铁路)的投资价值更多体现在风格和主题方面，而这恰恰是策略分析员进行配置的重要抓手。

第二，从风格角度，交通运输分为体现防御特征的机场、港口、公路、铁路和体现进攻特征的航运、航空

航空和航运的弹性更大，行业分析员乐于把握其周期拐点。航运的盈利增速、股价表现和BDI走势密切相关，这一点在香港市场更加明显(图22-图23)。

图 22：航运盈利增速与 BDI 关系密切　　　　　　　图 23：航运股表现与 BDI 关系密切

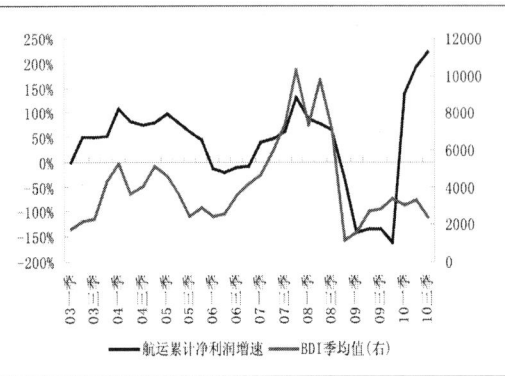

资料来源：万得资讯，申万研究　　　　　　　　　　资料来源：万得资讯，申万研究

航空是下游和中游的结合。说是下游，主要是直接服务终端消费者，有一定的粘性和品牌效应。说是中游，主要是成本中 40%是油，直接连到最上游，中间没有经过中游的传递。油价处于 70 美元~90 美元是航空股最好的投资阶段，油价过高使毛利率受到侵蚀，油价过低代表经济疲弱、需求不振。虽然民航旅客中公务出行的比率明显下降，航空的消费属性日益增长，但投资者依然将航空视为周期股，很少有人拿半年以上。

第三，交运行业蕴含大量主题投资机会。历史上的主题机会有如下几点：

(1) 人民币升值主题，有利于航空股表现。其一，升值预期往往来自国内经济景气上行阶段，具备可选消费特征的航空需求必然旺盛；其二，升值使航空公司成本下降；其三升值有利于出境游。三方面因素均会推升航空公司业绩预期，带动股价上涨。2007 年中航空股大涨与人民币升值有一定关系(图 24)。

图 24：航空股表现与人民币升值主题有一定关系

资料来源：彭博社，万得资讯，申万研究

(2)重大事件主题,有利于相关机场和公交个股表现。比如北京奥运会、上海世博会、广州亚运会等持续时间较长、影响力重大的事件,会使投资者预期这类事件将给相关公司带来大量客流、明显提升当年业绩,因此相关个股在EPS尚未变动时率先迎来PE的大幅提升(图25—图26)。但需要注意的是,在投资节奏上需要较早布局,在事件即将召开前坚决离场。

图25:世博主题利于相关个股

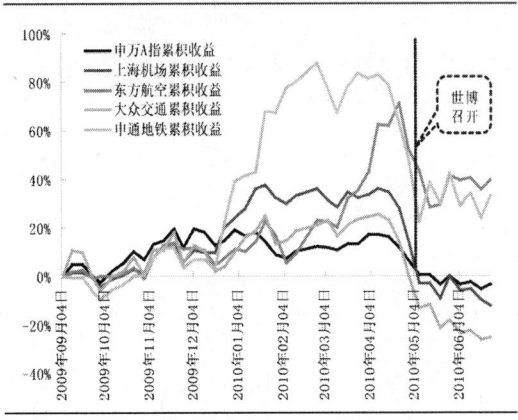

图26:亚运主题利于相关个股

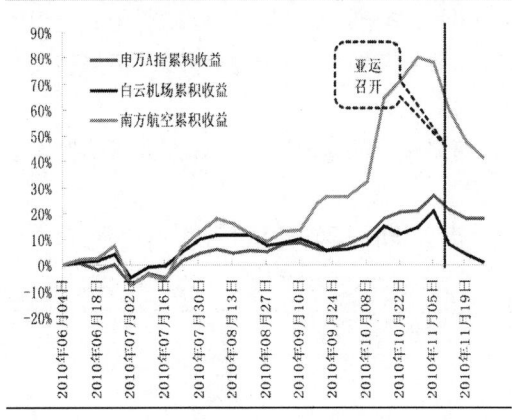

资料来源:万得资讯,申万研究

(3)中西部区域经济主题,有利于区域内的高速公路个股。2009下半年以来,市场逐渐意识到中国经济在区域上发生的结构性变化,在相关政策的刺激下,新疆、海南、成渝等区域经济主题投资此起彼伏,该区域的高速公路股票是炒作时自然联想到的标的(图27)。

对于这类主题投资,想要精确把握爆发时点非常困难。可行的策略是在市场开始追逐某一区域主题时,寻找其他类似的区域概念股票,在行情尚未启动时提前埋伏并耐心等待,在股价快速拉升过程中逐步兑现收益。一旦主题投资氛围冷却,必须坚决离场。

图27:高速公路股是区域经济主题投资的主要标的

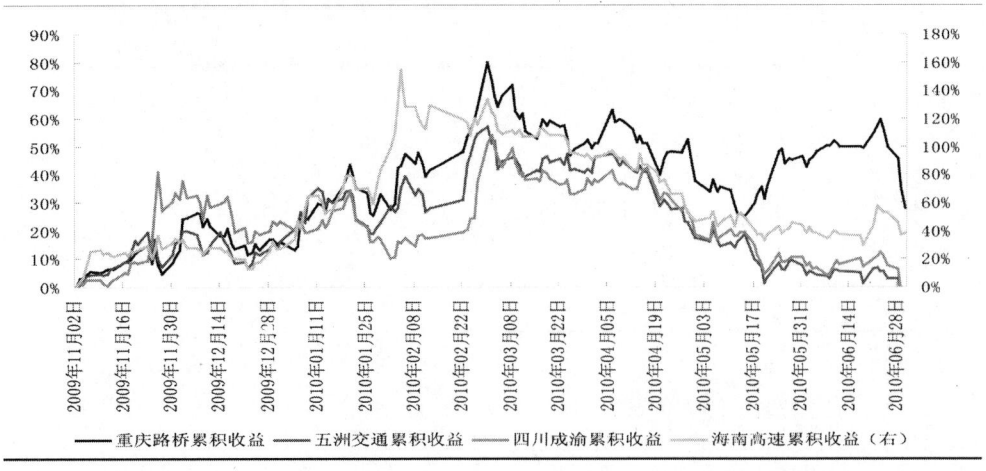

资料来源:万得资讯,申万研究

(4)资产注入和整合主题。交运行业中的很多上市公司都具有中央或地方国资背景,蕴含大量资产注入和整合机会。这方面具体投资标的的筛选更多需要依赖行业研究员的跟踪。

2.2 策略如何看交通运输：研究验证出口、投资把握主题

与钢铁、银行和石化等行业类似,交通运输的研究价值巨大。行业分析员往往会寻找交通运输行业外延式的并购机会,或者把主要精力花在把握航空的波段操作上,而疏于跟踪港口、航运等数据。事实上,这些数据对于认识经济至关重要。

另外,交通运输股票的异动对于观察市场情绪和风格也有帮助,一半是海水、一半是火焰,防御和主题恰为情绪的两端。情绪极度悲观时,防御属性推动交运板块向上；情绪趋向乐观时,主题机会频出。

策略跟踪的交通运输中观数据库结构如下：

表6：策略跟踪的交通运输中观数据库

大类	行业	行业关键指标	数据来源	频度	更新日期
物流	交通运输	沿海主要港口集装箱吞吐量	交通部	月	每月11日
		大连、天津、青岛、上海、宁波、深圳港口集装箱吞吐量	交通部	月	每月11日
		民航旅客周转量	中国民用航空局	月	每月21日
		各地区道路货运周转量	交通部	月	每月11日
		宁沪高速、济青高速、郑州黄河公路大桥、成渝高速月度车流量	高速公路上市公司	月	每月上旬
		主要港口铁矿石库存	Mysteel	周	每周一
		外生关键指标	数据来源	频度	更新日期
		出口同比增长	海关总署	月	每月11日
		工业增加值同比增长	国家统计局	月	每月11日
		生铁产量	国家统计局	月	每月13日

资料来源：申万研究

第十六章

策略如何看工程机械
——打造工程机械的"驱动力"和"信号验证"机制

在申万行业分类中，工程机械称为建筑机械，归在专用设备下。工程机械品种繁多，主要分土方机械、混凝土机械、装载机械和起重机械四大类，其中挖掘机、推土机、装载机等产量较大。

基建、房地产新开工和出口是工程机械的三大需求。挖掘机和推土机国内销量累计增速与房地产新开工面积累计增量均高度同步，分析员可以通过调研其销量验证房地产的开工情况；难以从工程机械销售与基建投资的数据间发现明显的关系或规律；推土机和汽车起重机是主要的出口品种，通过跟踪、调研推土机和履带式起重机的销售，有助于判断我国出口的景气程度。

成本方面，由于工程机械行业呈典型的寡头垄断格局，具备一定的成本转嫁能力。2008年以来钢材价格波动剧烈，但工程机械行业的毛利率波幅仅为5%左右。正因为成本端的变动对行业利润影响不大，所以工程机械行业研究的重点应该集中在需求端的变化上，这是工程机械行业与其他中游行业的明显区别。

工程机械股票兼具周期和成长属性。一方面，行业利润增速与房地产开发投资、工业生产以及国内信贷状况密切相关，呈现周期性波动的特征；另一方面，过去四年以建筑机械、专用机械、电力设备为代表的机械类和以农林牧渔、家电和食品饮料为代表的消费类是收益率最高的两类股票，工程机械高速成长给投资者带来的长期回报远非一般周期品行业所能实现。总体来看，工程机械的投资策略既简单又复杂：从战略的角度，投资者应用投资成长股的方式，买入并长期持有；从战术的角度，投资者可观察有色、水泥等周期股的表现，把握合适的进退时机。

机械制造业是中国经济的重要支柱产业，同时也是中国在世界上具备比较优势的行业之一，本篇报告中我们集中探讨工程机械行业的研究和投资逻辑。在研究体系中，工程机械位于产业链的中下游环节，与房地产和钢铁关系密切，能够对下游开工的活跃程度起到很好的验证作用。投资方面，工程机械兼备成长股和周期股的特性，这使得其投资策略相对我们之前探讨过的行业都更为复杂有趣。

1. 工程机械的"驱动力"+"信号验证"机制

从市值占比来看，机械设备行业在A股市场的地位举足轻重。由于机械种类复杂且差异明显,策略研究员对其进行全面系统的研究既无可能也无必要。鉴于工程机械与固定资产投资和宏观经济运行的关系密切,我们将工程机械作为研究对象(表1)。在申万行业分类中,工程机械称为建筑机械(本文我们统称为"工程机械"),归在机械设备中的专用设备项下。

表1:建筑机械(工程机械)是我们的重点研究对象

申万行业分类	A股总市值占比	A股流通市值占比
Ⅰ机械设备	8.11%	4.75%
Ⅱ电气设备	3.60%	1.88%
Ⅱ专用设备	2.60%	1.74%
Ⅲ建筑机械	1.35%	1.10%
Ⅱ普通机械	1.46%	0.86%
Ⅱ金属制品	0.34%	0.20%
Ⅱ仪器仪表	0.11%	0.07%

资料来源:万得资讯,申万研究

注:数据截止到2011年2月14日。

工程机械品种繁多,主要分土方机械、混凝土机械、装载机械和起重机械四大类,其中挖掘机、推土机、装载机等产量较大。2007年以来挖掘机、推土机和装载机的合计销量增速与工程机械行业主营业务收入变动基本一致(图1)。销量数据月度公布,而收入数据季度公布,跟踪销量有助于预判行业收入变化情况。

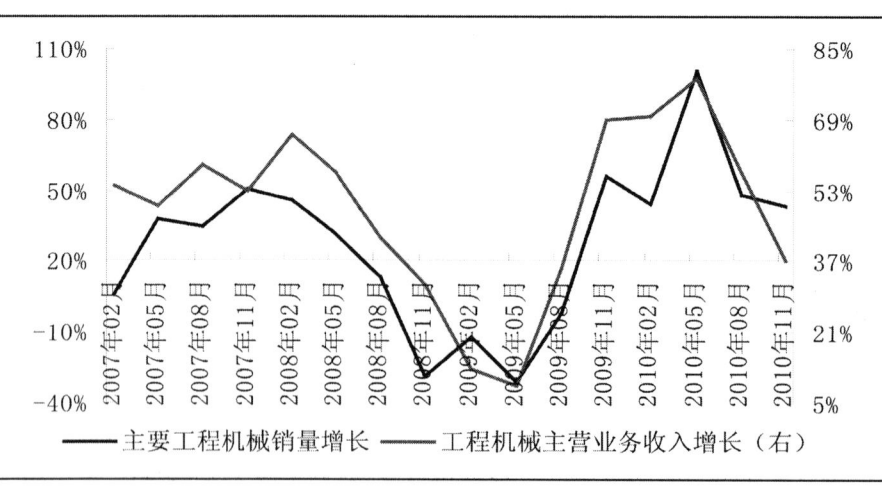

图1:跟踪主要工程机械销量变化判断工程机械行业收入增长

资料来源:国家统计局,中国工程机械商贸网,申万研究

1.1 工程机械下连地产基建,上承钢铁生产

工程机械在产业链中处在中游偏下的位置,销售主要取决于下游地产和基建开工的活跃

程度,此外还包括部分出口需求;成本端主要受钢铁价格影响(表2)。

工程机械销售存在明显的季节性。每年的3月—6月是销售旺季,主要原因在于施工方会在此时进行集中采购;到10月又会因为下一年的储备需要而出现一个小旺季。

成本方面,工程机械直接用钢成本占总成本超过20%,加上外购零部件的间接用钢,钢材成本占总成本的比重达50%~60%。

表2:工程机械行业主要关注地产基建、出口和钢铁价格

利润表项目	核心指标	明细指标	下游驱动因素
一、营业收入		工程机械主营业务收入	
		挖掘机、推土机、装载机销量	城镇固定资产投资增速,房地产新开工面积增速,基建投资增速
		履带式起重机销量、推土机出口量	CRB指数,出口增速
二、营业总成本			
其中:营业成本		20mm 普板平均价格	
营业税金及附加			
销售费用			
管理费用			
财务费用			
资产减值损失			
加:公允价值变动收益			
投资收益			
三、营业利润			
加:营业外收入			
减:营业外支出			
四、利润总额			
减:所得税			
五、净利润			
少数股东损益			
归属于母公司所有者的净利润			

资料来源:申万研究

注:为保证损益表的完整性,我们保留空白部分,其他行业在这些部分可能有指标。

1.2 工程机械的"驱动力"和"信号验证"机制

对于行业研究员和策略研究员来说,工程机械销量、房地产开工、基建投资、出口都是需重点关注的指标(图2)。从行业研究的角度看,研究员需要判断房地产开工、基建投资、出口的变化,来推测工程机械销售的好坏进而判断行业的景气强弱;从策略研究的角度看,工程机械销量能够对投资和出口起到验证作用,通过中观数据验证宏观判断,研究价值重大。

图2：房地产、基础设施和出口是工程机械行业的主要需求端

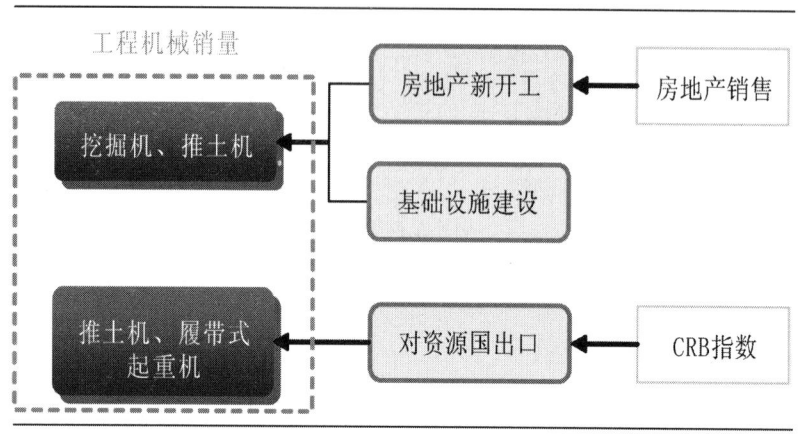

资料来源：申万研究

房地产投资和基础设施建设投资①占据了我国固定资产投资 50%的份额，房地产投资和基础设施投资的变动，与固定资产投资的变动高度相关。同时房地产和基础设施投资构成了工程机械最主要的下游需求。

图3：房地产、基建投资增速与固定资产投资增速关系密切

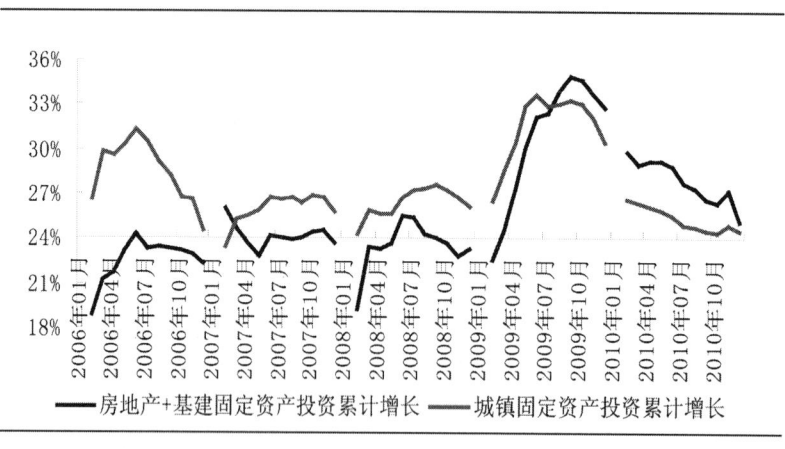

资料来源：国家统计局，申万研究

房地产投资需要使用混凝土机械、挖掘机和推土机，是工程机械最重要的需求端，房地产新开工与相关的工程机械销售直接关联。由于混凝土机械销售数据缺乏，我们采用挖掘机和推土机国内销量的数据来验证与房地产新开工增速的关系。我们发现，挖掘机和推土机国

---

① 基础设施投资包括电力、煤气、及水的生产和供应业，交通运输、仓储和邮政业，水利、环境和公共设施管理业固定资产投资。

内销量累计增速与房地产新开工面积累计增量均高度同步(图4—图5)。由于工程机械的行业集中度较高，因此策略研究员可以通过调研，从另一个角度验证房地产的开工情况。由于房地产销量对新开工具有明显的领先关系[②]，对于行业研究员而言，可以通过跟踪销售数据来推断未来新开工的变化，进而推断工程机械销售的变化。

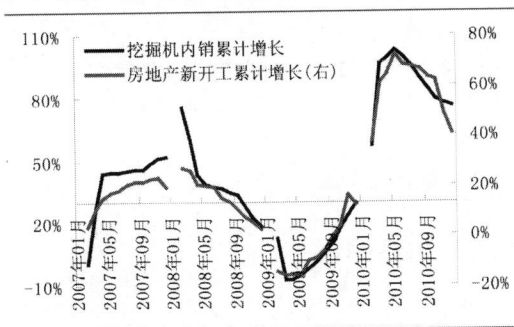

图4：挖掘机国内销售与房地产新开工密切相关

资料来源：国家统计局，工程机械商贸网，申万研究

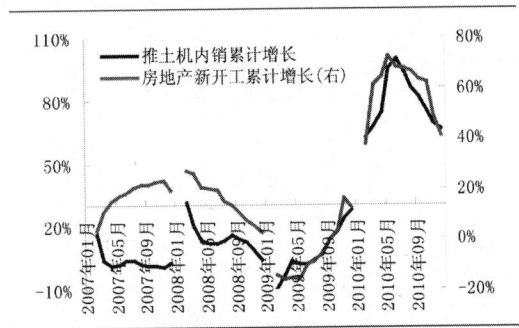

图5：推土机国内销售与房地产新开工密切相关

资料来源：国家统计局，工程机械商贸网，申万研究

基建投资是固定资产投资的另一重头。更关键的是，基建投资是中国政府用于缓冲经济波动的重要政策工具。一般情况下基建投资变动不大，然而当政府担忧房地产投资等经济内在驱动器遭遇显著下行风险时，基建投资作为经济稳定器的作用就会凸显，最典型的例子就是2009上半年的"四万亿"投资。遗憾的是，我们难以从工程机械销售与基建投资的数据间发现明显的关系或规律，主要原因在于基建投资通常处于平稳增长的状态下。一旦发生经济剧烈下挫，基建投资的迅速扩张将改变工程机械的需求端结构。

房地产和基建是工程机械和建筑材料(如水泥)的共同下游需求，因此工程机械和水泥间可以横向相互验证(图6)。通过观察挖掘机销量与水泥产量间的关系，我们发现挖掘机销量对水泥产量存在一定领先性。我们一直以来反复强调，不同行业多角度的相互验证，有助于降低犯错的概率。

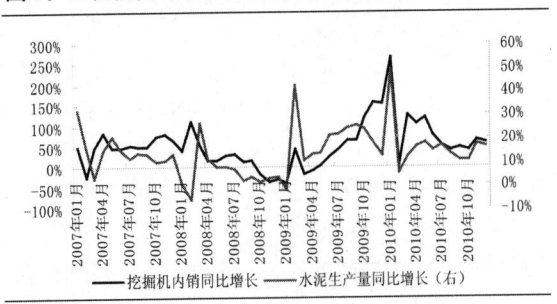

图6：工程机械与水泥行业间可互相验证

资料来源：国家统计局，中国工程机械商贸网，申万研究

---

② 全国商品房销量增速领先新开工增速5个月，详见策略思考第6章《策略如何看房地产》。

出口是工程机械需求的又一来源。由于成本方面的比较优势,我国工程机械主要出口到发展中的资源品国家。推土机和汽车起重机是主要的品种,出口占比重最大的是履带式起重机,达到80%左右,对资源国家的销售占比达60%左右。资源国经济景气与大宗商品价格直接相关,因此国际大宗商品价格上涨有利于推土机和履带式起重机出口(图7—图10)。同时,国际经济景气程度会在大宗商品价格上得到体现,从而也影响了我国出口的整体方向。因此跟踪和调研推土机和履带式起重机的销售,有助于判断我国出口的景气程度。

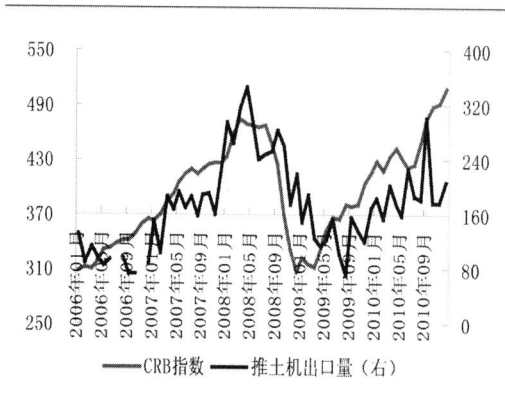

图7:推土机出口量与CRB走势基本一致

资料来源:万得资讯,工程机械商贸网,申万研究

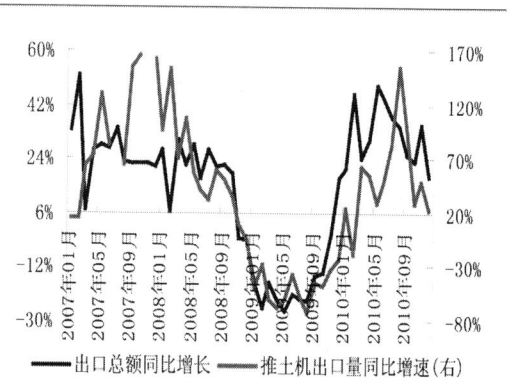

图8:推土机出口增长与出口总额密切相关

资料来源:国家统计局,工程机械商贸网,申万研究

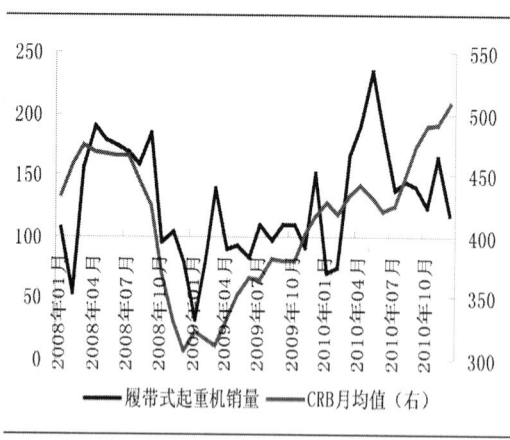

图9:履带式起重机销量与CRB趋势基本一致

资料来源:万得资讯,工程机械商贸网,申万研究

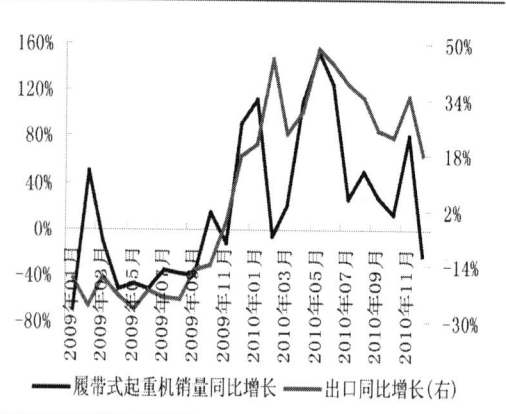

图10:履带式起重机销量增长与出口密切相关

资料来源:国家统计局,工程机械商贸网,申万研究

成本方面,由于工程机械行业呈典型的寡头垄断格局,因此具备一定的成本转嫁能力。可以看到,2008年以来钢材价格波动剧烈,但工程机械行业的毛利率波幅仅为5%左右(图11)。正因为成本端的变动对行业利润影响不大,所以工程机械行业研究的重点应该集中在需求端的变化上,这是工程机械行业与其他中游行业的明显区别

图11：工程机械毛利率较为稳定

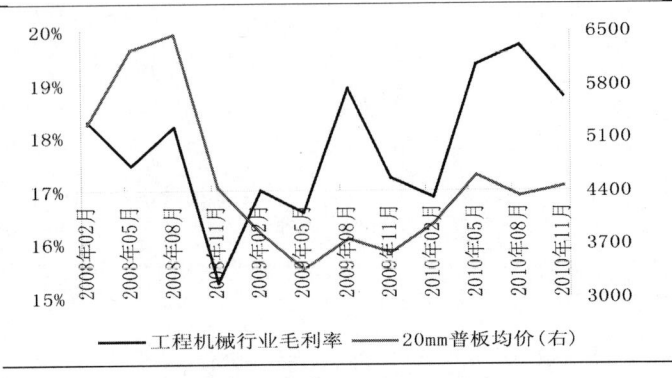

资料来源：上市公司年报，中国联合钢铁网，申万研究

2. 工程机械投资：双面娇娃，简单却又复杂

2.1 工程机械投资：成长战略，周期战术

从基本面的角度，工程机械无疑是典型的周期性行业，其利润增速与房地产开发投资、工业生产以及国内信贷状况密切相关。建筑机械行业在2006-2007年以及2009-2010年净利润增速大幅上升，恰好对应向上的经济周期(图12—图13)。

图12：2006年–2007年及2009-2010年经济周期向上　　图13：工程机械利润增速在两个阶段大幅上升

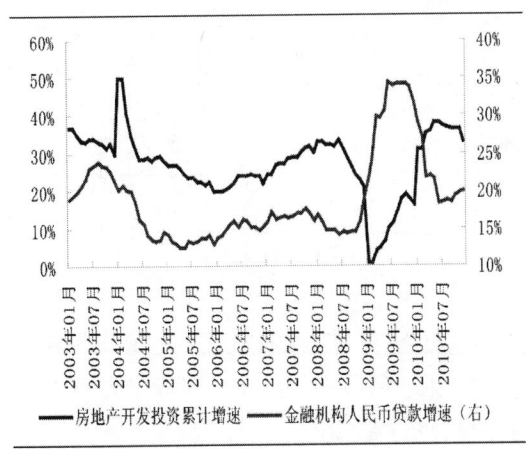
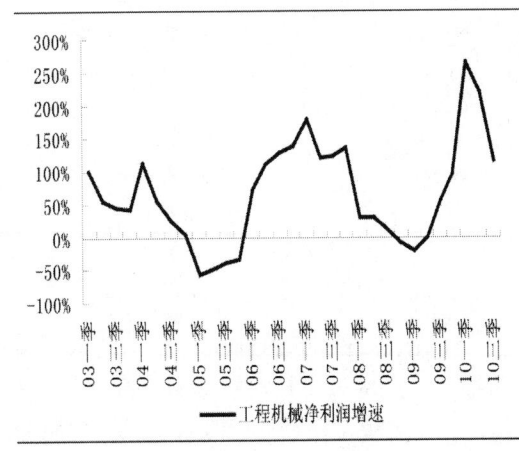

资料来源：万得资讯，申万研究　　　　　　　　　　资料来源：万得资讯，申万研究

但在行业指数表现上，工程机械行业没有表现出典型的周期股特性，反而更类似成长股(图14)。从2006年至2010年间申万三级行业的收益率来看，两类行业收益率最高：一是以建筑机械、专用机械、电力设备为代表的机械类；二是以农林牧渔、家电和食品饮料为代表的消费类(表3)。由此可见，工程机械行业的高速成长给投资者在长期中带来了良好的回报，这远不是大起大落的周期品行业所能实现的。

213

图 14：建筑机械股走势与典型的周期股走势不一致

资料来源：万得资讯，申万研究

表 3：工程机械长期实现高额回报

排序	申万三级行业	收益率（06-10）
1	果蔬生产	1899.66%
2	建筑机械	1447.47%
3	空调	1022.66%
4	洗衣机	968.19%
5	种子生产	919.73%
6	其他轻工制造	916.76%
7	白酒	913.37%
8	装修装饰	851.20%
9	其它专用机械	844.45%
10	其他电力设备	834.38%

资料来源：万得资讯，申万研究

工程机械行业表现如此靓丽的原因在于整个行业还处在高速成长阶段。随着我国城镇化的推进以及房地产开发投资的持续增长(图 15)，再加上我国工程机械出口竞争力的不断增强，整个工程机械行业远没有达到成熟阶段。建筑机械行业利润占全部工业企业利润的比例在 2005 年之后持续上升(图 16)，充分说明了行业仍处在高速成长期。随着十二五规划出台，政府对保障房建设、水利工程建设、高铁建设等基建投资又将掀起新一轮狂潮，未来工程机械行业仍将持续高增长。

图 15：我国城镇化率仍处在较低水平

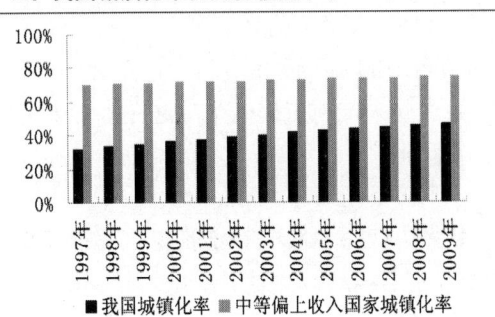

资料来源：万得资讯，申万研究

图 16：2005 年之后建筑机械利润占比持续提升

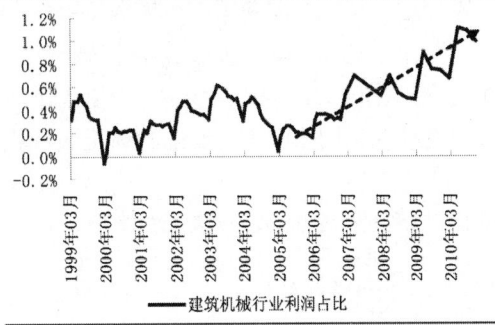

资料来源：万得资讯，申万研究

既然工程机械成长的特性依然存在，那么对于该行业的投资策略，最简单的方法就是类似食品饮料、医药生物等行业一般择机买入并长期持有。但有意思的是，由于工程机械又具备周期的特性，其表现与周期股存在联动关系，短期内具有很强的爆发力，因此如何把握启动时点非常关键。

图 17：2005 年以来建筑机械有三波明显跑赢大盘

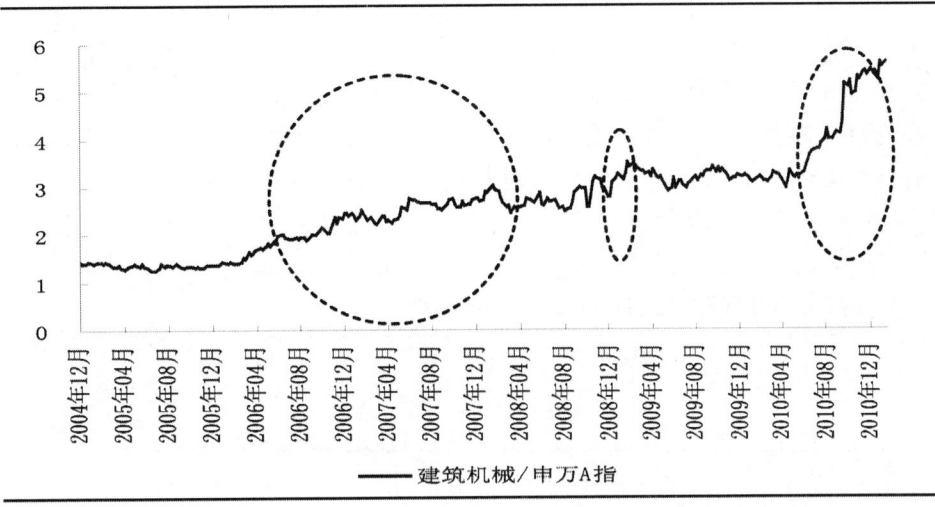

资料来源：万得资讯，申万研究

2005 年以来工程机械跑赢大盘主要有三段：2006 年 2 月至 2008 年 2 月，2008 年 12 月至 2009 年 2 月，2010 年 7 月至今。第一段时期经济快速增长的周期直接带动工程机械行业高速成长，我们主要分析后两次，希望能从中找到启示的线索。

第一，工程机械应同时关注水泥行业的基本面和股价指数表现。

2008 年 12 月，在"四万亿"基建投资计划的刺激下，市场率先追捧直接受益于该计划的水泥和工程机械行业。实际上，建筑机械行业指数相对大盘走势与水泥股相对大盘走势的相关度非常高(图 18)。原因在于水泥和工程机械面临同样的下游需求：房地产投资的活跃直

215

接有利于水泥和工程机械的景气提升；若地产投资下滑，政府会加大基建的力度以保证投资稳定，这又使得水泥和工程机械股票会受到政策事件性的刺激而有所表现。

与市场通常认识相反，工程机械与房地产指数表现的相关度并不高，这在 2010 年以来尤为突出(图 19)。因此投资者不应根据房地产指数表现来推断工程机械，这在接下来房地产股票继续受到国家政策抑制的背景下更应摒弃习惯思维。

图 18：工程机械股与水泥股走势相关度高

资料来源：万得资讯，申万研究

图 19：工程机械股与房地产股走势相关度不高

资料来源：万得资讯，申万研究

第二，紧跟周期股领头羊有色的步伐

2010 年市场在 7 月和 10 月出现过两波上涨行情，都是在没有重大事件影响下，市场对经济和流动性变化的自主反应。我们一直强调，由于对宏观经济、流动性、资金的高度敏感性，有色股在整个周期板块中始终扮演领头羊的角色。有色股的上涨，也会激活工程机械板块的周期特性，因此观察有色的表现有助于把握工程机械行情启动的机会(图 20)。

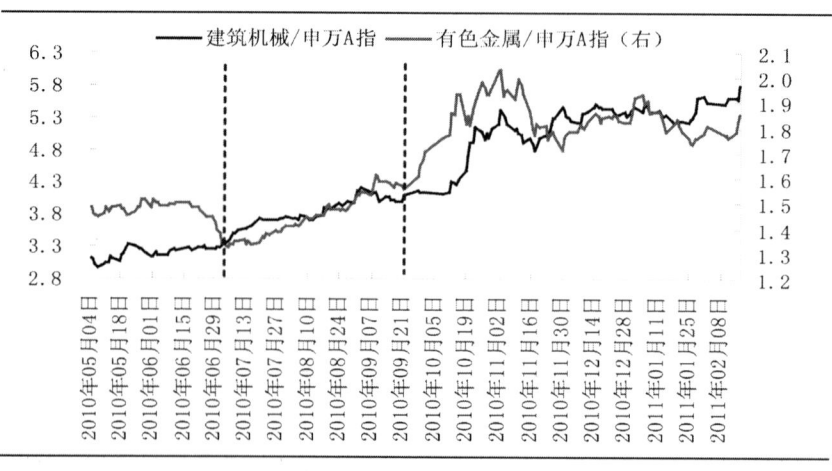

图 20：观察有色表现有助于把握工程机械行情

资料来源：万得资讯，申万研究

总体来看，工程机械的投资策略既简单又复杂。因此从战略的角度，投资者应用投资成长股的方式，买入并长期持有；从战术的角度，投资者可观察有色、水泥等周期股的表现，把握合适的进退时机。

2.2 策略如何看工程机械：验证下游需求的重要一环

工程机械行业集中度高，通过调研几家龙头企业的销量就可以一览行业全貌，信息采集的效率非常高。另外，工程机械单价高，一般不会囤积库存，所以能比较真实反映下游需求变化，是观察和验证经济活力非常重要的指标。

策略跟踪的工程机械中观数据库结构如下(表4)：

表4：策略跟踪的工程机械中观数据库

大类	行业	行业关键指标	数据来源	频度	更新日期
中游	工程机械	工程机械主营业务收入	国家统计局	季	每年3、6、9、12月
		挖掘机、推土机、装载机、履带式起重机销量	中国工程机械商贸网	月	每月15日
		推土机出口量	中国工程机械商贸网	月	每月15日
		20mm普板平均价	中国联合钢铁网	周	每周五
		外生关键指标	**数据来源**	**频度**	**更新日期**
		城镇固定资产投资增速	国家统计局	月	每月11日
		房地产新开工施工面积增速	国家统计局	月	每月11日
		基础设施建设投资增速	国家统计局	月	每月15日
		出口总额同比增速	海关总署	月	每月11日
		CRB指数	Bloomberg	周	每周五

资料来源：申万研究

第十七章

把握行业季节性，判断市场风格转换

主要内容：

对于策略研究，大是大非的问题是判断市场风格，而风格转换的源动力来自经济景气的变化。打造"驱动力"+"信号验证"机制的主要目的在于及时把握经济景气变动，为策略观点提供坚实有力的实体实验支撑。

时间序列变动的来源可以分为四个部分，包括趋势性因素、周期性因素、季节性因素和不规则因素。季节性变动是常规变动，周期行业的变动是周期性和季节性并重，而稳定成长行业主要体现为季节性变动。

周期行业的波动构成我国宏观经济波动的主旋律，趋势性和周期性变动构成宏观景气变动的内涵。因此辨别中观指标变动的季节因子，把握周期性变动是中观印证宏观的首要任务。

下游行业是经济景气的先行指标，中游是同步指标，上游是滞后指标，因此把握中、下游行业的变动就可以把握经济景气的变动。房地产旺季在2、3季度，乘用车销售旺季在1、4季度，家电旺季在2、3季度。水泥生产的季节性与下游房地产投资基本一致。钢铁社会库存在1季度上升，随后下降；厂商库存季节性不明显；钢材产量在上半年季节性上升，在下半年季节性下降。第二产业用电量的季节性看，高点出现在7月和12月。

把握周期股投资的关键在于抓住宏观景气的变化方向。中观指标判断宏观景气把握两点：其一剔除季节因子的周期行业变动是基础变量；其二中观行业之间的层层传导是印证线索。通过中观指标分析可以确认2008年以来我国宏观景气向上的拐点出现在2009年1月和2010年8月，此后市场风格转向周期。实战中需要盯住更高频数据，运用季节因子调整，把握景气变动方向。

经济景气不明朗的阶段，投资者的风险厌恶情绪逐步高涨，但对市场怀有期待，此时是投资成长股的最佳时机。行业轮动的先后顺序主要取决于市场对于行业催化因素的理解。经济景气不明朗期间，一方面可以配置确定性较高的医药生物、商业贸易等行业；另一方面密切关注行业层面催化剂和主题投资机会的出现。

前16章按照"驱动力"+"信号验证"的大逻辑对各行业的研究逻辑和投资思路进行了系统梳理，并且精选行业关键指标构造中观策略数据库。打造"驱动力"+"信号验证"机制的初衷不是取代行业分析师对行业景气进行独立判断，这是策略分析师无法完成的任务。对于策略研究，大是大非的问题是判断市场风格，而风格转换的源动力来源于经济景气的变化。但经济景气似乎是一个模棱两可的概念。统计局公布的 GDP 和工业增加值同比增速是对经济景气较好的刻画，但存在两大硬伤，其一经济周期轮换迅速，同比数据无法真实反映经济景气的变化，其二低频的宏观数据和高频的市场交易存在不可调和的矛盾。打造"驱动力"+"信号验证"机制的主要目的在于及时把握经济景气变动，为策略观点提供坚实有力的实体实验支撑。中观数据是策略研究体系的敲门砖。中观指标的变动有季节因素，也有周期因素。当周期因素出现时，是趋势性的，值得关注，季节因素只是常规，所以要把握周期因素，关键是要先了解季节因素的分布。分析和识别中观行业的季节因子，剔除季节性扰动，把握行业周期性和趋势性变动方向是中观层面印证经济景气的首要任务。

1. 周期行业偏重周期，稳定行业偏重季节

宏观经济是所有经济活动的总和，而行业经济则是宏观经济的组成要素。对于宏观经济的分析分为三个层面，即总需求、总供给和市场摩擦。宏观经济的行业部件可以整合成两大块、六小块。两个大块，一个是描述总供求关系，另一个表示市场摩擦和技术进步。总供求模块，分为下游、中游、上游三个小部分。总需求自下而上传导，而总供给通过成本因素自上而下传导。因此总供求模块是宏观经济运行的基本要素，也是我们分析经济景气的基本立足点。市场摩擦和技术进步模块包括物流、金融和 TMT 三个小部分。物流、金融机构就是宏观经济运行的润滑剂，而 TMT 等新兴产业则代表了推动经济发展的技术力量(详细内容参见第 1 章)。

总供求模块基本构成了宏观经济景气的全貌。在我国下游需求向上传导的通道比较顺畅，而成本向下传导存在阻塞，因此目前我国经济波动主要由下游策动。下游行业是经济波动的先行指标，中游行业是宏观经济的同步指标，而上游行业是滞后指标。构成宏观经济景气的上、中、下游行业，按照与经济景气的关系可以分为周期性行业和成长性行业。周期性行业体现出明显的周期性和不规则变动，成长性行业则表现出更多季节性和稳定成长的特征。鉴于周期性行业与成长性行业在季节性因素方面差异明显，我们将分别考察两类行业的季节性因素。

1.1 周期行业季节性自下而上传导

周期性行业包括下游的房地产、汽车、家电和出口等；中游的钢铁、水泥、电力等；上游的石油、煤炭和有色。这些行业的波动构成了我国宏观经济的波动的主旋律。下游房地产、汽车、家电和出口代表了终端需求的波动，而上游煤炭、有色、石油等资源品则代表了上游成本的波动，中游行业作为制造业的主体决定了整体经济最终的变动方向。由于我国还是过剩型经济体，因此上游成本向下传导的通道不畅，而中上游对于下游需求的变动却异常敏感。在这样的经济结构下，下游需求就成为宏观经济的领先指标，而中游制造是同步指标，上游资源是滞后指标。

从中观的层面可以跟踪到经济运行中从下游需求，向中游制造最终导致宏观经济景气变动的层层传导。房地产产业链是固定资产投资的重要组成部分。这条产业链的变动发端于房地产销售，房地产销售的景气将决定房地产开工的景气，从而影响到对螺纹钢水泥等建筑材料的需求，最终体现为工业生产景气的变化(图 1- 图 4)。

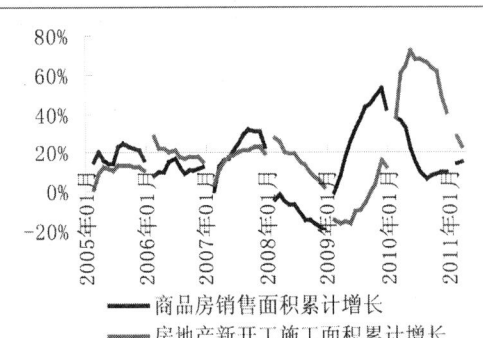
图1：房地产销售领先于房地产新开工
资料来源：国家统计局，申万研究

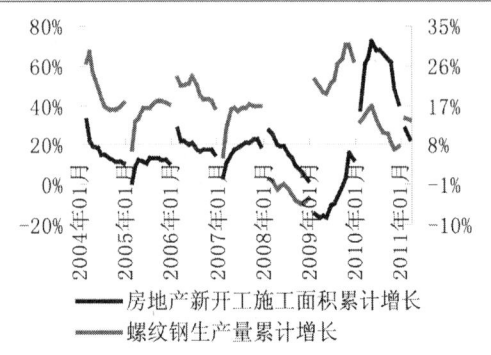
图2：房地产新开工略领先于螺纹钢生产量
资料来源：国家统计局，申万研究

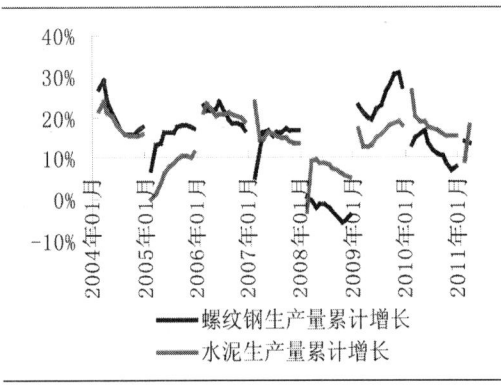
图3：螺纹钢生产与水泥生产相辅相成
资料来源：国家统计局，申万研究

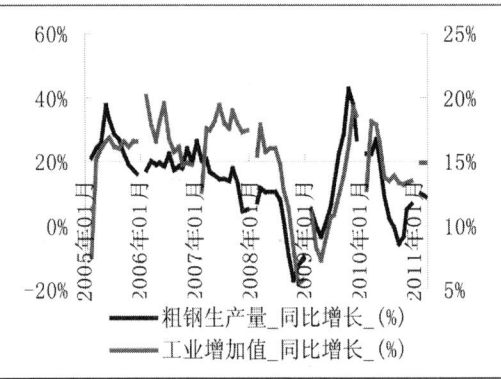
图4：钢铁产量与工业增加值同步变动
资料来源：国家统计局，申万研究

周期性行业变化是经济景气波动的内涵，因此把握周期品行业的景气就等于把握了宏观经济的景气。然而由于周期性行业的变化中不仅包含周期性因素，还存在明显的季节性，因此把握周期行业的季节性是把握行业周期变动的先决条件。我们按照自下而上的顺序分析周期性行业的季节性。

下游行业是景气波动的源头，其季节性主要受天气、节日、生活习惯等因素的影响，我们主要考察房地产、汽车、家电和出口等领域。房地产行业内部的传导分为终端销售、房地产新开工和施工投资三个环节。房地产统计数据存在两个显著特点，第一由于春节因素一般仅统计前两月的合计数据，第二受上报因素的影响，12月份统计数据都非常高。因此我们对房地产数据季节因素的考察主要集中到3月份—11月份。从季节性变动看，房地产销售旺季发生在6月，以及所谓的"金九银十"；房地产在3月份进入开工、施工投资旺季，高峰在6月份，随后由于天气炎热开工施工将受到显著抑制，进入9月气候宜人施工量有所上升，10月以后北方地区天气转冷，施工进入淡季(图5)。

图5：房地产销售出现两个季节性拐点，新开工与施工主要受天气因素影响

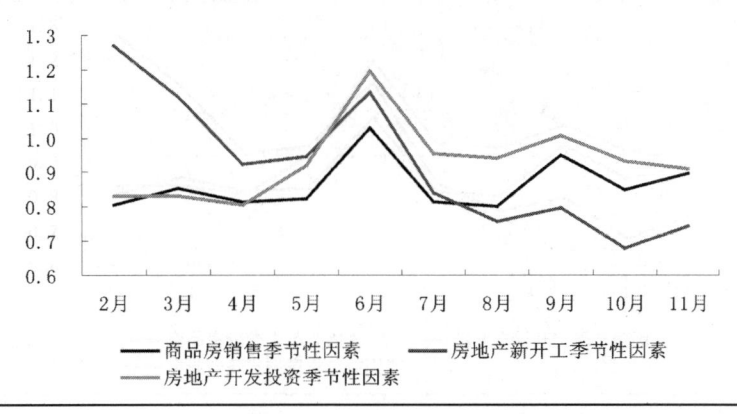

资料来源：国家统计局，申万研究

乘用车市场同样分为销售和生产两个环节，目前跟踪的数据是中国汽车工业协会统计的汽车厂商生产和销售数据。由于生产厂商一般以销定产，因此汽车销售和生产存在高度一致性(图6)。尽管如此，由于汽车厂商对下游需求比较敏感，因此中汽协的汽车数据仍然能够很好地反映汽车行业景气和季节性因素的变化。乘用车消费属性较强，对于下游需求的变动具有更强的指示性，因此选取乘用车作为主要研究对象。从乘用车销售和生产的季节性看，七八月份是乘用车销售的低点，9月份开始乘用车销售状况渐入佳境，季节性的销售旺季将持续到次年3月，随后乘用车销售将逐月转淡。因此，乘用车销售的季节性拐点为4月和9月，这是判断乘用车销售景气的重要时点(图7)。

图6：汽车厂商生产、销售高度同步

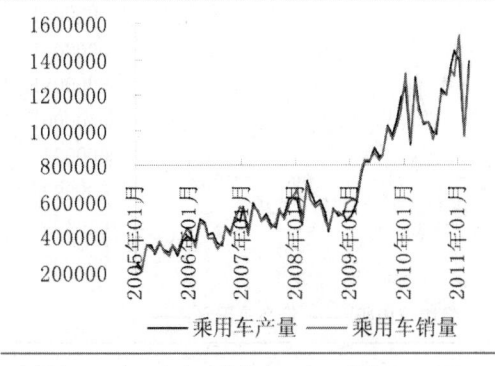

资料来源：中国汽车工业协会，申万研究

图7：春节前后是乘用车销售旺季

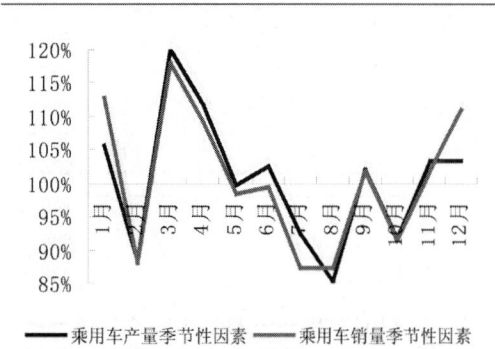

资料来源：中国汽车工业协会，申万研究

家电行业，特别是空调是季节性因素非常显著的行业。空调销售和生产的季节性主要由天气和经销商预期决定。每年的3月—7月是空调产销的旺季，其中4月是高点。主要原因在于5月份天气开始炎热，经销商在此之前将备足货源，一方面满足迅速上升的终端需；另一方面也防止空调厂商旺季提价。进入夏季之后，由于经销商库存充足，厂商的生产和销售

221

反而逐步下降，8月份空调产销则进入淡季(图8)。空调销售的季节因子波动很大，按照乘数法则计算，季节因子高点达到1.9，而低点仅为0.57，相差约3倍。因此季节因子是判断空调需求景气的重要扰动因素，必须予以重视。

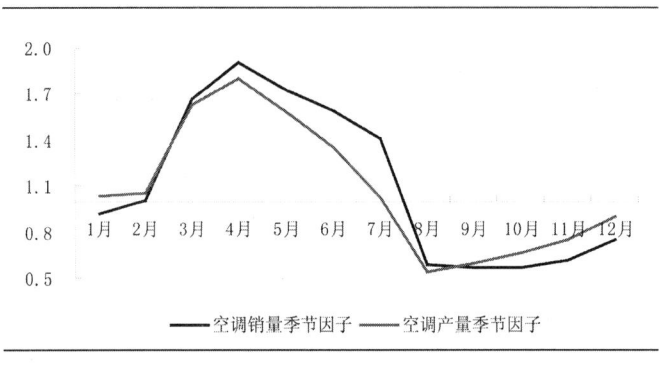

图8：空调季节性因素领先于天气变化

资料来源：产业在线，申万研究

外需波动是改变我国下游需求景气的重要因素，特别从2005年以来外需影响愈发明显。但是由于我国对外贸易的快速增长，季节性因素基本被向上趋势掩盖(图9)。因此从季节因子看，从1月到12月进出口总额都呈现上升趋势。同时由于受中西方节日差异的影响，每年一季度我国进口季节性好于出口，而四季度出口季节性好于进口。因此，从季节上看上半年贸易顺差远低于下半年。

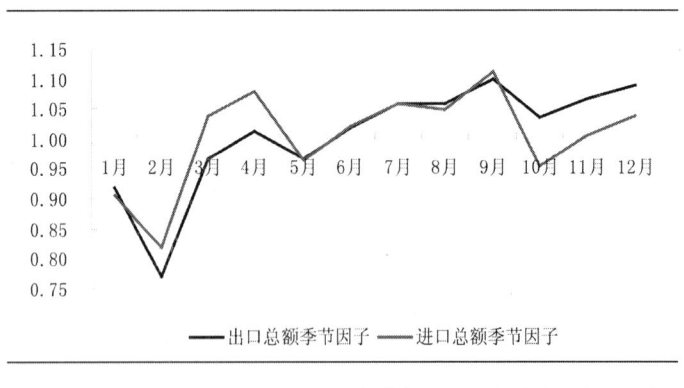

图9：进出口上升周期掩盖季节性因素

资料来源：海关总署，申万研究

综上，房地产旺季在2、3季度，乘用车销售旺季在1、4季度，家电销售旺季在2、3季度，贸易顺差高点一般出现在4季度。

下游需求的季节性将延着产业链向中游传导，因此在没有库存，没有其他扰动因素的情况下，中游行业的季节性与下游季节性将存在一致性。水泥是最贴近下游需求的中游行业，而且库存因素的扰动较少,因此水泥生产的季节性与下游房地产施工投资的季节性基本一致(图10)。由于春节和天气因素叠加,2月份是每年水泥产量的低点,3月份随着开工旺季的到来水泥产量持续上升,进入夏季后水泥产量由于限电和施工进度下滑而降低,进入四季度基本维持稳定。水泥行业与下游需求联系紧密的特性,使得水泥行业成为观察下游变化的重要指标,也为观察库存调整等因素的变化提供了参照的标准。

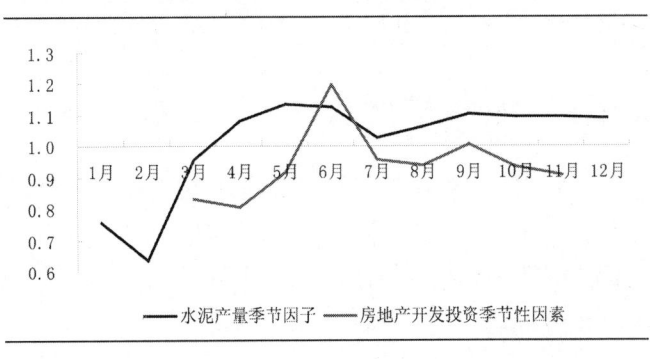

图10:水泥季节性与房地产开工投资基本一致

资料来源:国家统计局,申万研究

钢铁行业的季节性较为复杂,复杂性来源于两个方面,其一钢铁行业对应的下游需求比较分散,包括房地产、汽车、机械等等;其二,钢铁行业存在大量的库存,库存变动对于钢铁行业景气的影响巨大。下游需求向钢铁行业的传导经历如下过程,首先感受到需求变化的是钢材经销商,经销商库存和经销商采购行为随之发生变化,钢铁厂商生产计划和钢厂库存受到影响,最终传导至钢铁产量。因此,钢铁行业的季节性需要从社会库存、钢厂库存和钢材产量三个环节进行分析。

钢材库存是与下游需求变动最直接的环节(图11),库存的第一个层面是社会流通库存,第二个层面是钢厂库存。社会流通库存与下游最直接相关,从季节性看,每年的1月—3月下游开工处于淡季,但钢材经销商会为旺季的到来进行囤货,随后钢材社会库存就处于下降的通道。同时各钢材品种由于对应的下游需求不同,还存在一定的差异性。如螺纹钢对应下游基建需求,因此开工施工旺季到来之后库存处于不断下降的过程中;而冷轧对应于汽车生产,汽车生产的季节波动较小,因此冷轧季节性波动同样较小,而且汽车产销旺季一般跨年,因此冷轧库存会形成两个高点。钢铁厂商库存的季节性并不明显(图12),主要原因在于钢铁产量调整不灵活,厂商往往按惯性生产而经销商按照预期进货,所以导致钢铁厂商库存不规则变动较多,但钢材社会库存与厂商库存的相对变化可能提示经济景气的变化方向。

图11：钢材社会库存季节性与下游开工密切相关	图12：钢材厂商库存及季节性变动不明显
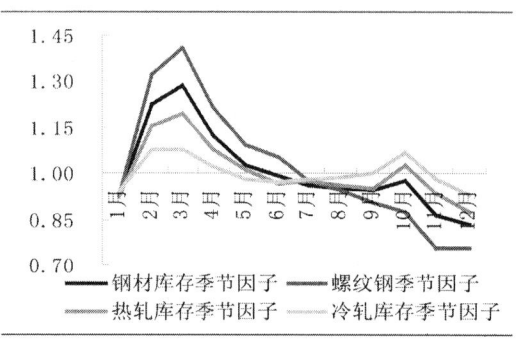	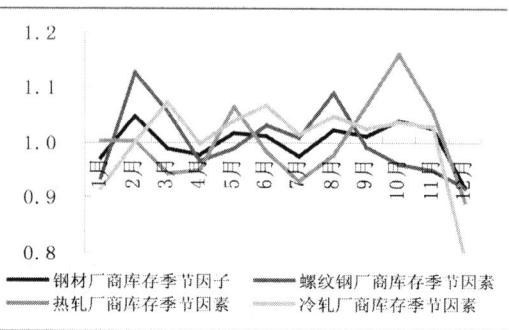
资料来源：Mysteel，申万研究	资料来源：中钢协，申万研究

受库存因素的扰动，下游需求的季节性没有直接影响到钢铁生产的季节性，钢铁生产的季节性体现出人们对于未来钢铁需求的预期(图13)。钢材产量在上半年会呈现季节性上升，而在下半年则出现季节性下降。从具体品种看，由于基建领域用钢量集中且确定性大，因此螺纹钢生产季节性并不显著，而热轧和冷轧则表现出较强的季节性。

图13：钢铁产量季节性受到下游需求、经销商行为和预期的共同影响

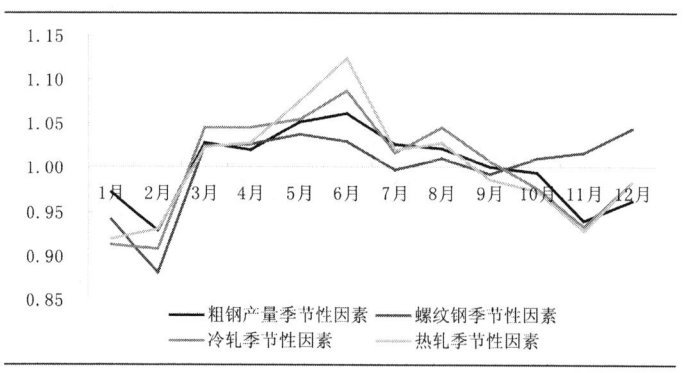

资料来源：国家统计局，申万研究

由于钢铁、水泥连接宏观经济中最重要的下游需求，因此钢铁、水泥对于宏观经济景气能够起到很好的印证作用。中游行业中的电力行业更是与宏观经济密切相关的行业。电力是当今世界最重要的能源利用方式，用电量和发电量与宏观经济变动密切相关。我国电力基本自给自足，因此发电量与用电量数据基本相当。由于发电量数据连续性较好，因此总量方面通过发电量数据考察电力行业的季节性。发电量季节性显示，我国发电量主要受三个因素的制约，其一经济景气，其二天气情况，其三发电设备容量(图14)。因此我国发电量在2月份达到低点，随着开工施工旺季的到来，发电量逐月回升。进入夏季由于天气炎热，居民用电大幅攀升，发电量达到年中高点，随后电力需求逐步趋淡。工业用电是电力消耗的主要部分，也是我国经济景气的重要衡量指标。从第二产业用电量的季节性看，高点出现在7月和12月，7月工业用电量高点的主要原因在于天气，而12月份用电量飙升的主要原因可能在

于出口行业(图 15)。

图 14：发电量受经济景气、天气、发电产能影响

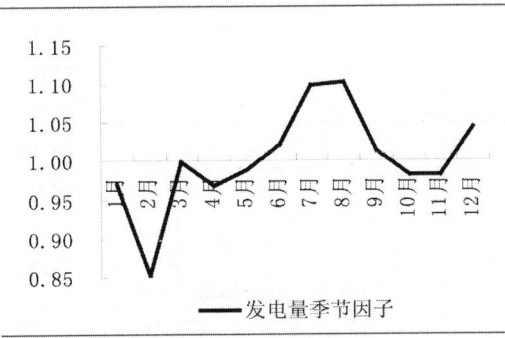

资料来源：国家统计局，申万研究

图 15：7 月和 12 月是第二产业用电量的高点

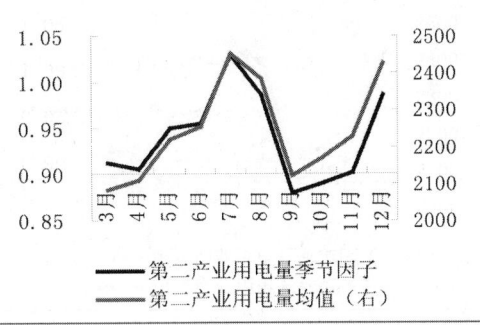

资料来源：国家统计局，申万研究

从判断宏观经济景气的角度，观察下游行业和中游行业的景气变化已基本足够。上游行业作为后周期品种，从判断宏观经济拐点的角度没有太多的实用性，因此不再进行细致的分析。从下中游季节性因素看，下游变动是最原始的动因，因此对于经济景气的判断应该紧盯下游行业变动，并且通过中游行业的变动进行验证(表 1)。

表 1：周期行业季节因子汇总

大类	行业	指标	季节性特征	原因
下游	房地产	销售	旺季在 6 月、9 月和 10 月	天气，终端需求
		新开工	旺季在 3-6 月、9-10 月	
		施工		
	汽车	乘用车销量	旺季在 9 月-次年 3 月	国庆、春节等节日
		乘用车产量		
	家电	空调销量	旺季在 3-7 月，4 月是高点	天气、经销商提前备货
		空调产量	1-3 月为下游旺季的到来进行囤货，随后处于下降通道	经销商提前备货
中游	钢铁	社会库存		
		钢厂库存	季节性并不明显	钢铁产量调整不灵活
		产量	上半年季节性上升，下半年季节性下降	下游需求、经销商行为和预期
	水泥	产量	2 月是低点，3 月持续上升，进入夏季后降低，四季度维持稳定	下游开工施工
	电力	发电量	3 月逐月回升，夏季到达高点	经济景气、天气、发电产能

资料来源：申万研究

1.2 节日和物价是消费品行业季节性的关注点

认识周期性行业的季节性可以帮助我们判断宏观景气，而稳定成长类行业的季节性可以提示行业的季节性变化。一般而言，稳定成长类行业增长比较稳定，因此季节性变动是其最

主要的变动方式。

从社会零售总额看,春节前后是零售的高点,消费零售额低点出现在炎热的七八月份,季节性因素呈现 U 形。服装和食品饮料消费季节性体现出同样的趋势,因此春节前后的消费情况是每年最需要跟踪的重点(图 16)。

图 16:社会零售总额、服装和食品销售春节因素明显

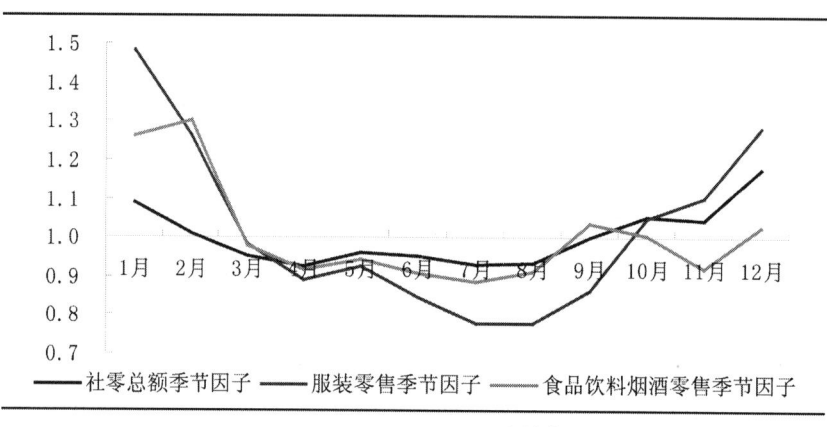

资料来源:国家统计局,申万研究

当然还有一些稳定成长类消费行业属于被动型消费,如医药行业。从医药销售的季节性,季节转换之交是医药消费的旺季,如春夏之交的 4 月份,夏秋之交的 9 月,秋冬之交的 12 月(图 17)。

图 17:季节角度的时点是医药消费的高点

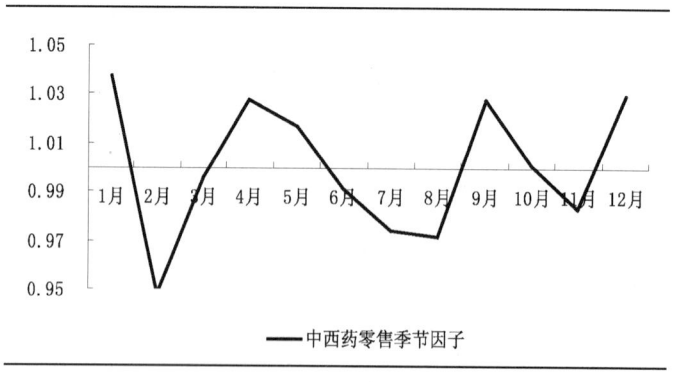

资料来源:国家统计局,申万研究

从消费品的销售情况很难对宏观景气进行分析判断,但是消费品与另一个宏观变量却高度相关,即 CPI。由于我国 CPI 核算中,食品波动较大,而非食品价格波动较小,因此我国 CPI 的季节性同样受食品价格决定。每年食品价格的波动具有一定的规律性,一般而言,受供给减少和春节需求增加的影响,12 月到次年 1 月,价格水平将上升。3 月份开始,随着春

节因素减退和食品供应的恢复，价格出现回落，在 7 月份达到最低点，随后物价水平处于基本平稳的状态(图18)。因此，每当食品价格出现反季节性变动的时候，很可能是 CPI 发生趋势变化的时刻。

图18：一年中 CPI 高点和低点一般出现在 2 月和 7 月

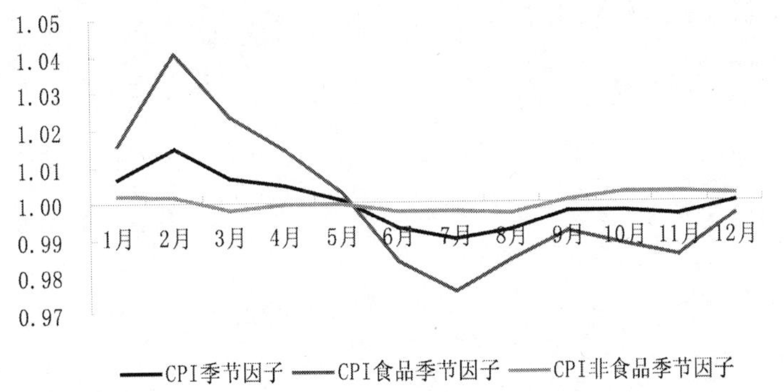

资料来源：国家统计局，申万研究

表2：稳定成长类行业季节因子汇总

大类	行业	指标	季节性特征	原因
稳定成长类	零售	销售	旺季在春节期间及前后	春节等节假日
	服装	销售		
	食品	销售		
	医药	销售	旺季在季节转换之交	天气因素

资料来源：申万研究

1.3 周期行业和稳定行业变动方式迥异

时间序列的变动可以分为四个部分，包括趋势性因素、周期性因素、季节性因素和不规则因素。季节性变动是常规变动，周期性变动则是经济景气变动的重要表征。周期行业和成长行业的时间序列变动体现出明显的差异性(图19-22图)。周期行业的变动是周期性和季节性并重，而成长性行业主要体现为季节性变动。经济景气变动的重要表征就是周期性行业的周期性变动。因此剔除周期行业的季节性变动，特别注意反季节因素是判断经济景气变动的重中之重。若周期性行业的变动超出季节性因素，需要判断超季节性变动的原因何在，周期是否发生改变，周期的力量是否会持续。当然最初的判断仅仅是逻辑的推断，需要通过中观数据进行一步步的验证。

图19：乘用车销售不规则变动较显著

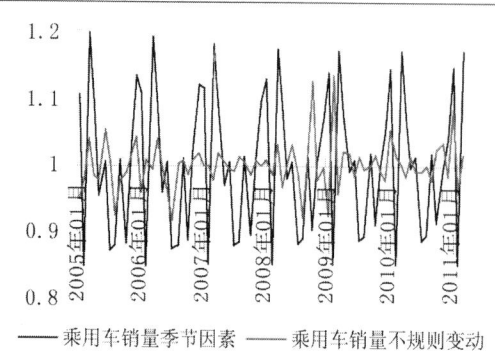

资料来源：中国汽车工业协会，申万研究

图20：粗钢产量不规则变动较显著

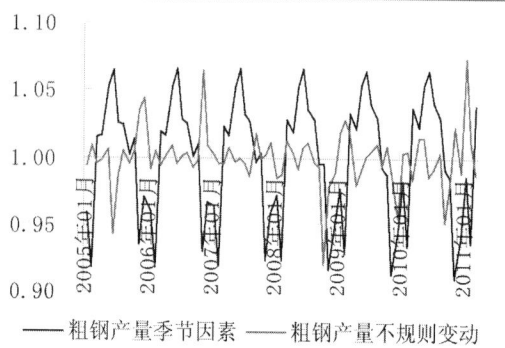

资料来源：国家统计局，申万研究

图21：社零总额不规则变动很小

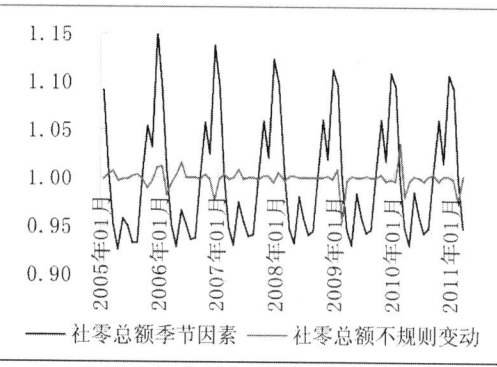

资料来源：国家统计局，申万研究

图22：中西药销售季节性因素不显著

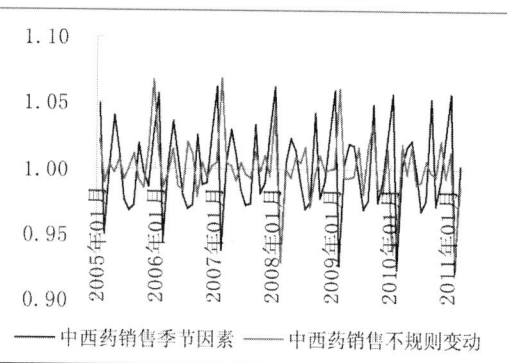

资料来源：国家统计局，申万研究

2. 剔除中观指标季节性，把握市场风格变换

周期性行业和稳定成长性行业的季节性分析存在不同的目的性。周期品的季节性分析，在于剔除季节性，把握周期性行业的趋势性和周期性变动。而对于稳定成长类行业则需要辨别行业季节性因素带来的行业波动。

对于市场风格的判断是策略研究大是大非的问题。而风格转换的关键点在于周期股何时跑赢成长股。周期股行情的源动力来自宏观经济景气的变化。周期性行业的变动就是揭示宏观经济景气变动的钥匙。从长期看，稳定成长类行业跑赢周期性行业是大概率事件，稳定成长类行业的投资机会主要来自三个方面，其一自身业绩的快速增长；其二主题性的投资机会；其三市场风格偏向成长。从季节性的角度，可以在一定程度上识别后两个层面的投资机会。

2.1 跟踪周期行业周期变动，把握周期股投资机会

把握周期股的投资机会在于抓住宏观经济景气的变化，而中观行业之间的层层传导是把握宏观景气方向的重要线索。经济景气的变动总是从下游可选消费，如房地产、汽车等行业开始发动。下游需求的变动影响到对中游基础工业品的需求，需求变动首先体现为社会库存

和销售价格的变动,随后导致厂商库存和产量的变化,最终影响到中游厂商的原材料采购和上游资源价格的变化,从而影响到整个宏观经济景气的变化。在宏观景气变化过程中,下游需求一般最先变动,是宏观景气的先行指标,中游行业是同步指标,而上游行业是滞后指标。因此紧盯下游行业的变化趋势,通过中观行业库存、生产等环节印证,并且把握作为政策决定性变量的通胀,就可以对宏观经济景气和市场的变动方向有一定的判断。

通过中观指标把握宏观景气变动方向,有两方面的好处:其一,宏观仅仅是结果,中观才是其真正的内涵。中观行业所表现出的宏观经济变动更加真实,更加形象;其二,由于景气在中观行业之间层层传导,可以提前把握宏观景气变化,从而及时地调整投资策略。但是中观指标存在一个重要缺陷就是存在明显的季节性,只有将季节性剥离才能更好的利用中观数据观察宏观景气的变化。这也是我们分析周期性行业中观指标季节性的重要原因。

中观时间序列包含四项变动,趋势性变动、周期性变动、季节性变动和不规则变动。趋势性变动发生概率较低,但影响巨大。周期性变动是把握行业乃至宏观景气的重中之重。这两者是通过中观把握行业景气的关键。季节性变动是中观指标的常规性变动,是判断行业景气的障眼法。不规则变动则是偶发因素对中观指标的扰动。经季调后的中观数据能够反映行业景气趋势性和周期性变化,但依然包含不规则变动的扰动因素,因此需要通过产业链传导的逻辑线索进行层层验证。

以2008年以来的经济作为样本进行实体实验。从季调数据看,下游行业景气经历两波上升行情。汽车方面,汽车生产和销售在2009年和2010年8月—12月处于上升周期(图23)。房地产的景气程度主要取决于房地产的销售情况,2009年1月—8月以及2010年8月—11月是房地产销售景气上升的两个阶段(图24)。而且房地产销售带动房地产投资同样经历了略显滞后的两波上升。因此,从下游行业的情况看,两轮经济景气的拐点可能出现在2009年初和2010年8月。当然这仅仅还只是推断,需要通过产业链的线索进行验证。

图23:2008年以来汽车产销经历两波上升周期

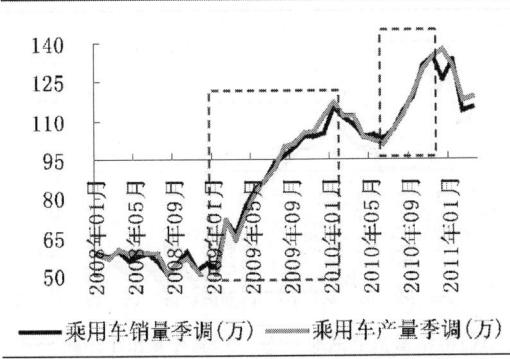

资料来源:中国汽车工业协会,申万研究

图24:2008年以来房地产销售经历两波上升

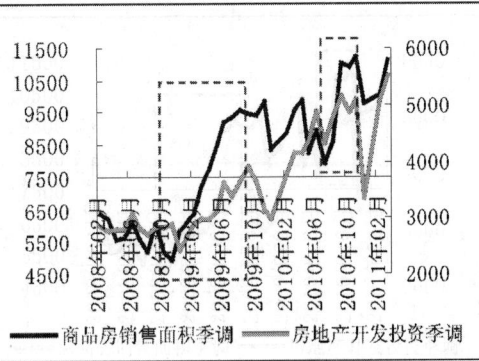

资料来源:国家统计局,申万研究

2008年以来下游行业好转的两个阶段,中游行业均对其形成很好的印证。2009年金融危机后的经济复苏,经季节调整的发电量在全年持续攀升,表明宏观经济持续好转。2010年九十月份经季节调整后的发电量数据在徘徊半年多时间后拐头向上,也显示下游需求的好转已经传导至中游行业,并真实地反映到宏观景气之中(图25)。钢铁行业的情况更为复杂。在2009年下游房地产和汽车需求还未好转之前,钢铁生产在11月份已经出现拐头向上的趋势(图26)。主要原因有二,其一是"四万亿"等经济刺激政策的提出与实施;其二是经济运行中对基础工业品正常的补库需求。钢铁行业生产的上升趋势维持到2009年10月,期间钢铁企业库存维持低位,表明下游需求良好的预期。2010年下半年,钢铁生产的复苏确实由下游需求带动,经季调后的钢铁产量在10月份出现趋势性上升,对宏观经济景气起到很好的确认作用。

图25:发电量数据印证宏观景气向上

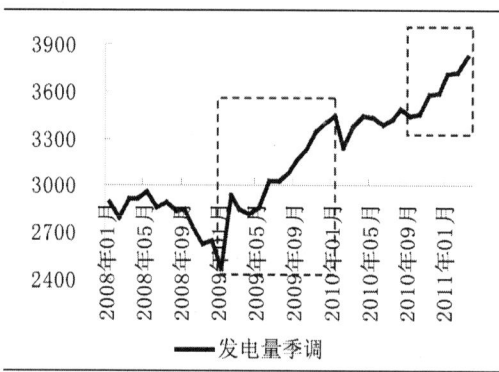

资料来源:发改委能源局,申万研究

图26:钢铁产量印证宏观景气向上

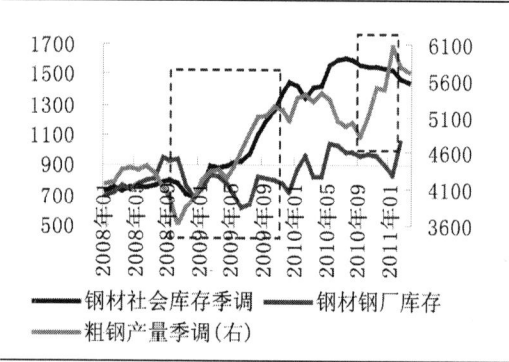

资料来源:国家统计局,申万研究

因此,通过剥离中观指标的季节性因素,并且通过产业链逻辑验证,可以确认2008年以来我国宏观经济景气向上的观点出现在2009年1月和2010年8月,从当时起逐步配置周期品将获得较好的收益(图27)。

图27:经济景气拐点,周期股跑赢成长股

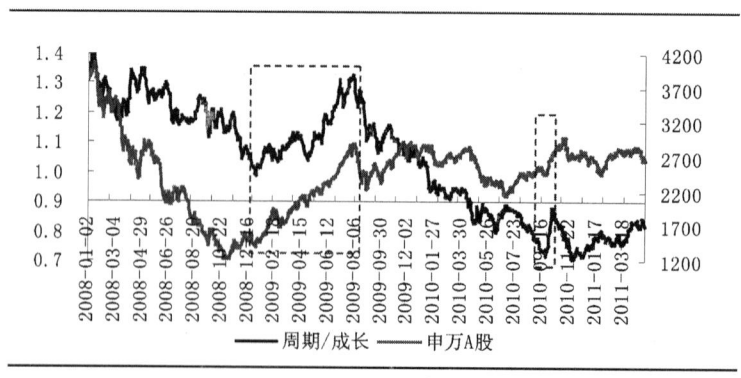

资料来源:国家统计局,申万研究

然而从2008年以来的两波周期股行情看,市场表现并没有贯穿经济景气好转的始终。2009年市场在8月份出现大幅调整,主要原因在于随着经济的逐步恢复,市场开始担忧经济刺激政策的退出(图28)。而2010年的宏观景气向上应属于经济内生增长的结果,此时市场对于政策紧缩的担忧导致行情的结束,那么在经济内生增长的过程中,政策预期就成为市场能否持续的焦点。为在这种经济情况下,通胀水平就成为重要的政策变量。2010年周期股唯一一次大行情在11月物价水平超预期上涨之后归于沉寂。

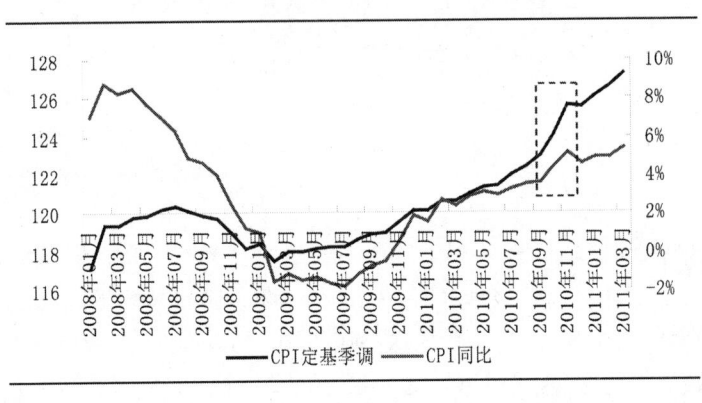

图28:2010年11月CPI超季节性上行,引发政策紧缩担忧

资料来源:国家统计局,申万研究

通过中观指标判断宏观经济景气还有一个不容回避的问题。以上所有中观数据公布时间均晚于宏观数据时间,在宏观数据公布之后再去跟踪中观指标就完全没有意义了。但是宏观只是结果,而中观可以调研,可以通过跟踪乘联会汽车周度数据,重要城市房地产销售周度数据,钢铁产量、库存旬数据,水泥企业产销量,国家电网用电量旬数据、食用农产品价格周数据等中观指标,及时密切的跟踪中观和宏观层面的变化。这也是分析重要中观指标月度季节性因素的主要原因。

2.2 宏观景气不明朗是投资成长股的经济环境

宏观景气好转是周期股投资的时机。那么是否在宏观经济向下的过程中就是投资成长股的阶段?从超额收益的角度看,这个判断是合理的。在经济景气下滑的过程中,稳定增长的成长股具有较强的防御属性。但是从绝对收益的角度,在宏观景气向下时降低仓位才是最好的选择。2008年以来,成长股在上涨过程中跑赢市场的阶段主要有两个,其一2008年11月—12月;其二2009年9月—2010年4月(图29)。两个阶段最主要的特点是宏观景气变动方向不确定。2008年11月—12月,金融危机爆发后,宏观经济下滑至底部。随着经济刺激政策的不断推出,投资者对于宏观景气的预期进入观望期。具体的表现就是房地产销售,钢铁产量出现止跌回升。2009年9月—2010年4月,提出季节因素后,房地产销售、发电量、粗钢产量均处于徘徊的阶段,宏观景气变动没有明确的方向,在此阶段成长股经历了波澜壮阔的成长股行情。

图 29：2008 年以来成长股投资机会出现两次

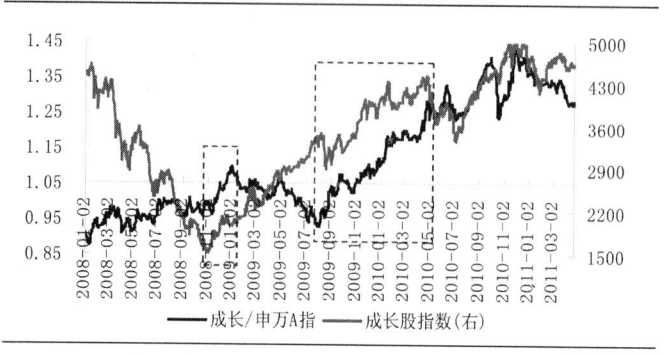

资料来源：Wind，申万研究

成长股最佳的投资阶段应在宏观景气不明朗之时。为什么此时是投资成长股的最佳时机？原因在于，经济运行至景气不明朗阶段，投资者的风险厌恶情绪逐步高涨。由于周期性行业存在很强的周期性和波动性，因此会遭到市场抛弃。而稳定成长行业，具有较强的稳定性。在经济前景不明朗，但人们对市场抱有期待的情况下，稳定成长的品种会受到青睐。商贸零售、服装、食品饮料是典型的稳定成长性行业，剔除季节性因素之后，三个行业的销售均平稳增长(图30—图31)。在行业整体景气平稳向上的情况下，上市公司作为行业的中坚公司，市场对其必然将产生很强的想象力，因此成长股投资机会出现的时候往往是主题投资盛行之时。

图 30：社会零售总额平稳增长

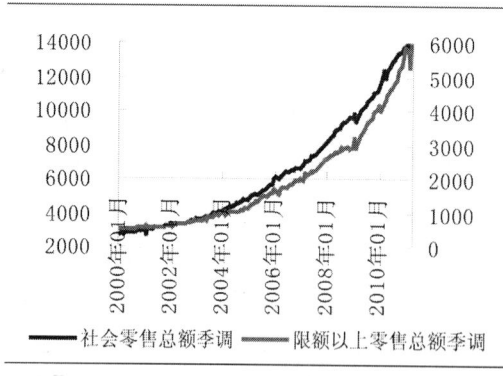

资料来源：国家统计局，申万研究

图 31：食品饮料、服装零售总额平稳增长

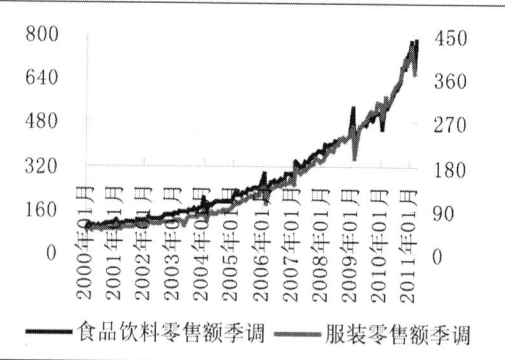

资料来源：国家统计局，申万研究

那么在稳定成长性行业出现投资机会的过程中，是否也会像周期性行业那样呈现出比较显著的股性差异和行业轮动特征？从各行业的期间超额收益看，新兴的、主题机会频出的电气设备、信息设备、电子元器件行业表现出较强的弹性，而稳定增长类的服装、食品饮料、信息设备则表现出稳定的市场特征。但是弹性较好的行业在两个阶段表现迥异，产生差异的主要原因在于主题热点的转移(表3)。2008年底，主题性机会主要来自产业振兴规划等政策刺激因素。而2009年下半年至2010年上半年则是消费品主题横行。从行业轮动情况看，2008年11月—12月装修装饰是领涨板块，接下来电子元器件、电器设备、信息设备、医药生物相继上涨，而在2009年8月—2010年4月，领涨板块是医药生物、食品饮料，随后才是其他行业的相继上涨。因此成长股行情中，行业轮动没有稳定的规律，成长性行业涨跌的先后顺序主要取决于市场对于行业催化因素的理解。因此，在宏观景气方向不明朗，成长股出现较高投资价值的情况下，一方面可以配置确定性较高的医药生物、商业贸易等行业，同时密切关注行业层面催化剂和主题投资机会的出现。

表3：成长股投资阶段，各成长性行业超额收益

行业	阶段Ⅰ超额收益	行业	阶段Ⅱ超额收益
电气设备	37.9%	医药生物	60.9%
信息设备	27.4%	电子元器件	52.6%
装修装饰	17.4%	装修装饰	52.3%
其他轻工制造	17.3%	其他轻工制造	47.9%
医药生物	16.3%	信息设备	43.0%
商业贸易	10.1%	家用电器	36.0%
电子元器件	8.3%	商业贸易	31.6%
家用电器	7.7%	食品饮料	28.2%
信息服务	3.5%	服装	27.6%
食品饮料	0.0%	电气设备	26.2%
服装	-0.6%	信息服务	13.1%

资料来源：万得资讯，申万研究

季节性因素对于投资主要的价值在于，通过季节性分析剔除季节性，从中观层面把握宏观景气的变动方向，从而判断市场风格变换方向。因此周期行业的趋势性和季节性变动就显得至关重要。当宏观景气向上的过程中，周期股是良好的投资标的，而且整个行业轮动过程体现出从周期敏感型的资源品向迟钝型品种的演进。随着经济景气逐渐模糊，成长股的投资机会来临，一方面建议配置稳定成长的医药生物、商业贸易，另一方面密切跟踪主题性投资机会。

第十八章

对外策略，对内策划
——关于申万策略体系和分工的重新阐述

前17章中，我们对煤炭、有色、房地产、汽车、钢铁、化工、银行、农林牧渔、交通运输、工程机械等十个行业的研究方法和历史超额收益环境做了梳理，精炼了数据指标，提供了策略看待行业的视角，对上中下游投资逻辑、风格转换和季节因素等问题也进行了探讨。本章是阶段性总结，阐述我们对策略的最新理解，总结前阶段体系建设的成果。

策略的三个层次：寻找强势板块、把握市场风格、优化投资组合；策略是对策而非预测，除了预测实体变化，判断市场对此种变化的反应也同样重要，策略是实体实验和市场实验的综合；建立框架的目的是有一个稳定的思维模式和信息存放的基础，使我们对任何问题都有一个比较快速、稳定和良好的反应，而不是建立选股口诀，直接从股价变化出发建立框架是错误的。

实体实验的重要成果是中观数据库的建立。中观数据库连接宏观和微观，共分三大层、11小层和116个常规指标。中观数据库的运用中，强调模糊正确、纵向把握、重在维护解读。本章分七大问题进行总结。

市场实验在于寻找市场一致预期方向。强调从价格和估值出发寻找市场一致预期；强调跨市场资金流动、更广阔角度俯视A股；强调卖方分析员行为的变化；强调不同行业和股票对流动性敏感度的不同；建立客户群，把握交易动机变化。

结合实体实验和市场实验，一份优秀的策略报告要分四个层面。第一层面从各市场、各行业的价格变化推断当前市场的预期。第二层面是抛开市场，研究这些市场关心的问题在未来的可能变化。第三层面是提示可能改变市场趋势的实体信号点。最后是将市场可能发生的情绪变化补充进去。

前17章中，我们对煤炭、有色、房地产、汽车、钢铁、化工、银行、农林牧渔、交通运输、工程机械等十个行业的研究方法和历史超额收益环境做了梳理，精炼了数据指标，提供了策略看待行业的视角，对上中下游投资逻辑、风格转换和季节因素等问题也进行了探讨。

接下来，我们还将从"实体实验"和"市场实验"两个维度继续策略思考。本文是阶段性总结，阐述我们对策略的最新理解，总结前阶段体系建设的成果。卖方策略，对外策略，对内策划，只有不断提高对策略的哲学认识、重视方法论、优化组织架构，才可以做好。

1. 策略是对策，实体实验和市场实验的综合

1.1 策略的任务和分工：从三大任务到三个层次

在"策略思考"第一章《打造行业配置的"驱动力"和"信号验证"机制》中，我们提出策略研究的三大任务是大势判断、主题投资和行业选择。现在想来，这种划分不尽合理，因为三者相互重叠、不可分割。大势是一个最终结果，由行业和个股构成，大势判断和行业选择必然重叠；主题投资需要特定的投资环境，本身涉及大势的判断，而主题往往容易出现在消费品、TMT等行业，主题投资和行业选择也脱不了干系。基于三大任务的团队分工，最终必然是不清晰的。

策略研究应该分为三个层面。第一层是寻找强势板块，强势板块往往成为未来一到两年的主流，成为一个牛市的特征板块，如1996年—1997年的家电、1999年的TMT、2003年的五朵金花、2006年—2007年的金融和资源。这种强势板块的出现和当时的时代经济背景有关，对这块的研究实质上是对经济和社会科学的把握，超出常规策略的范畴，重思想和远见。对于这块的挖掘有四个途径：美国和日本的国际比较、发展经济学的文献综述、自下而上看待新兴行业的变化、国家的政策方向。如果能把握强势股，可以赚大钱，是大策略分析师干的事情，需要宏观和远大的视野，不是每天干的事，仅需每过半年甚至一年去审视一下。

第二层面是把握风格，在当前格局不发生变化的情况下，如何在各板块间进行选择。A股市场的板块主要分周期股、成长股和防御股，各自的投资逻辑不同，风格转换的关键是周期股的买卖机会，而促发风格转换的根本是投资者对经济的预期[①]。当然，风格转换非常复杂，除了经济预期，还要把握政策、资金、情绪和相对估值结构等因素，这一块会涉及3～6个月的配置，所以构成策略分析员的重点工作，我们的分工也围绕于此。

第三层面是优化组合。策略研究的最终还是要构造组合，所有的故事要落实在业绩和组合上，否则虚无缥缈。倘若在强势股和风格转换均未出现时，策略不需要过多发表观点，改善组合就成为日常工作，在周期股中寻找并购机会、在成长股中优化，这需要天天思考，类似组合经理的工作。

上述三个层面中，策略团队最核心的任务可能还在第二层次。向上是一个经济学家的任务，向下更多是行业分析员的强项(图1)。

[①] 第13章《经济为本、资金助势——对风格转换的若干理解》。

图1：策略的三个层面：寻找强势股、把握风格、优化组合

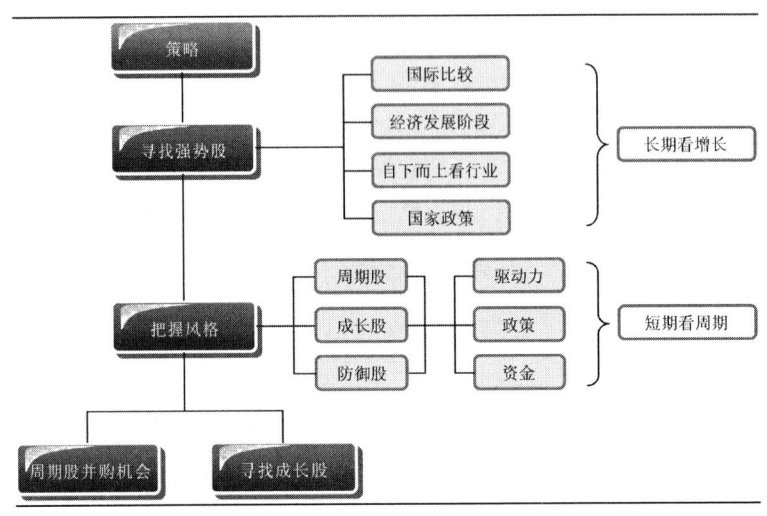

资料来源：申万研究

1.2 策略是对策，实体实验和市场实验的综合

经常有人希望去预测和判断市场，并将正确与否作为评价策略研究工作的主要标准。事实上，站在今天的时点，对未来所有的预测均带有很强的不确定，判断要下，但是更加关键的是要准备应对之策，知道在事实尘埃落定之前什么信息、什么时点最为关键。策略不是站在现在赌一个方向，而是对未来做一个大致判断，然后在行进过程中慢慢验证和修正判断，并且在验证和修正的过程中调整仓位和结构，抓住主升浪。所以策略更多是对策，而不是预测。

从研究到投资可能要经过两个层面，第一个层面是预测实体会发生什么变化，第二是判断投资者如何理解这种变化。在我们的研究中，比较强调第一层面而忽视第二层面。其实，第一层面对卖方比较重要，第二层面对买方更加重要，特别是有投资时间限制的公募基金。有时候，我们看对了经济和实体，但却做错了投资，原因是市场根本不关心我们所关心的问题，或者市场还未对我们关心的问题做出反映。

由于这两个层面都是在对未来做预测，并且未来到来之前均无法确认，需要做实验，所以我们将这两个层面的研究分别称为实体实验和市场实验，策略就是实体实验和市场实验的结合。

举个实际的例子，如何把握2010年下半年的行情？现在看来，2010年下半年股市上涨最重要的原因是经济见底回升。但是如何在当时而不是现在预测这一点，如何把握经济拐点，如何在市场上涨的主升浪抓住机会？从实体实验和市场实验的角度分两个问题，其一是经济何时见底回升？其二市场何时意识到这个问题，作何反应？

判断经济拐点分如下两步：

第一，辨析经济下滑的原因，只有明白经济下滑的原因才可以集中精力判断这种力量在什么时候衰竭，当这种力量衰竭之时，或许就是经济见底回升之时。

2010年4月，很多人担心欧债危机导致出口下滑、房地产调控导致投资下滑，全面看

空中国经济,而二季度工业增加值的变化似乎验证这种逻辑。事后看来,这种判断是错误的,因为出口、房地长投资、房地产新开工从来没有下来过。但是事后解释没意义,如何在事中把握最关键?观察水泥和螺纹钢的产量使我们了解这一轮下跌的真正原因,并且这种观察在事中而不是事后就可以明晰。

图2:2010年4月—7月水泥和螺纹钢产量增速背离　　　图3:2010年上半年经济下滑为库存调整导致

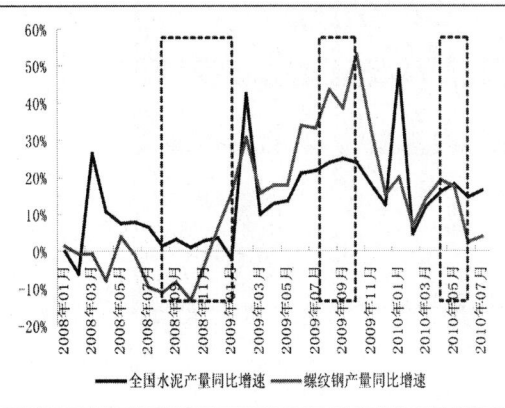 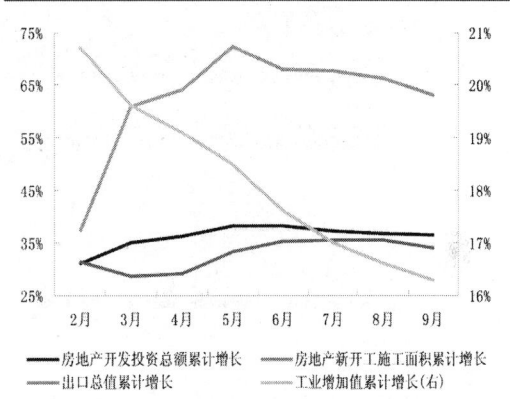

资料来源:华通人,申万研究　　　　　　　　资料来源:万得资讯,申万研究

2010年4月—7月,螺纹钢产量增速急剧下滑而水泥增速保持不变,出现背离(图2)。在史上最严厉的房地产调控政策出台的背景下,钢铁经销商对未来房地产开工的预期非常悲观、不再进货,钢铁厂商主动减产去库存,导致钢铁产量和工业增加值明显下滑。所以,工业增加值的下降是钢铁厂商主动调整生产行为导致的(图3)。一旦钢铁经销商发现下游需求没那么差,而库存已经削减到较低水平时,其补库存行为会带动钢价上涨,进而促使厂商生产,工业增加值将会迅速恢复。

第二,经济回升取决于库存水平和下游需求好转

一旦明晰了经济下滑的原因,就可以知道经济上升的动力就是补库存,而补库存的基础是下游需求改善,所以目光转向汽车和房地产销售。通过周度的数据跟踪,基本可以确定9月公布的8月汽车和房地产销售数据均超预期,通过跟踪8月旬度的发电量可以确认9月11日公布的8月工业增加值和发电量可能出现跳升。所以基本就可以确定经济会在8月份见底回升。至此,我们在8月底就完成了实体实验,确认了经济的拐点大致在8月份,但是所有数据要在9月上旬公布,所有的推论届时等待最终检验。

此时开始进入市场实验,对于8月经济见底的预测,一些投资者认为要清仓,因为经济好、政策会强化、市场要跌;而另外一些投资者认为要满仓,因为经济拐点已现、周期品估低。所以,即使面对同样实体实验的结果,投资者依然会做出不同的选择,而市场是所有投资者交易行为的综合,最终市场会选择哪种决策还是要等待市场实验的信号。

我们将9月1日、9月9日的汽车数据、9月11日的工业增加值和10月8日的PMI等数据设为我们的观察点(图4)。发现市场在一步步强化,所以市场在慢慢认同经济拐点出现、周期股投资机会来临的观点。

图 4：市场实验的点

09月01日	09月09日	09月11日	10月08日
汽研销量环比15%↑ PMI 51.7% 沪市0.60%	汽协销量 环比6.3%↑ 沪市1.44%	工业增加值 同比13.9% 沪市0.94%	PMI 53.7% 沪市3.13%
10月18日	**10月19日**	**11月01日**	**11月11日**
秦皇岛动力煤价 每吨上涨10元 沪市0.54%	存贷款利率 上调0.25% 沪市0.07%	PMI 54.7% 沪市2.52%	准备金上调0.5% 工业增加值 同比13.1% 沪市1.04%

资料来源：申万研究

这里一个很重要的问题就是要判断行情的级别，如果是小行情，你必须在左侧交易或者不做，如果是大行情，你可以等待更久、确认更多。对于大基金，可能要提前布局，但是对于一般的投资者，如果能在最后启动点确认并且重仓高弹性的品种，也非常有意义。

由于策略是两个流程的结合，所以对于买方和卖方就有了分工。卖方很重要的任务就是将实体实验做好，而买方根据自己的性质和特征寻找最佳决策（图5）。不同的人有不同的投资策略，策略是一个人的事，卖方写出来的投资决策更多是一个描绘和预测性的情景，而不是针对个人的最佳投资决策。

图 5：卖方强调实体实验、买方重在市场实验

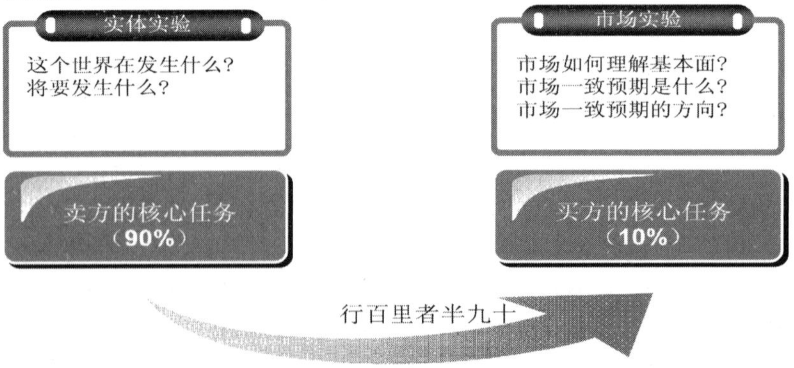

实体实验	市场实验
这个世界在发生什么？ 将要发生什么？	市场如何理解基本面？ 市场一致预期是什么？ 市场一致预期的方向？
卖方的核心任务 （90%）	买方的核心任务 （10%）

行百里者半九十

资料来源：申万研究

1.3 框架的意义：信息存放和思维方式，而非口诀

框架的建立是为了帮助我们更快、更好和更稳定地思考问题，而不是设计投资口诀。框

架建立的原则要摒弃两大误区:

误区一:寻找股市的领先指标。投资者期待寻找到股市的领先指标,从而一劳永逸得解决问题,事实上这种指标可能根本不存在,或者被大家熟知后马上失效。以这种原则去建立框架不切实际,真能找到,也是短暂(图6)。

图6:寻找领先股市的指标是不切实际的

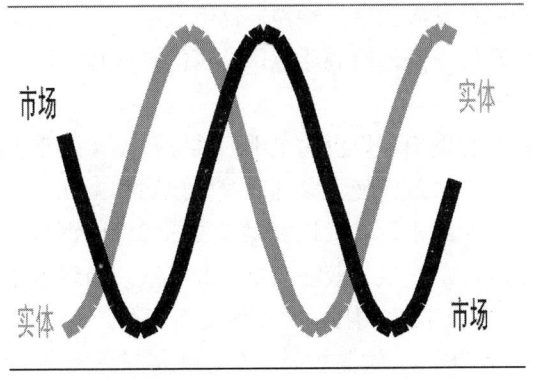

资料来源:申万研究

图7:钢铁的超额收益和吨钢毛利息息相关

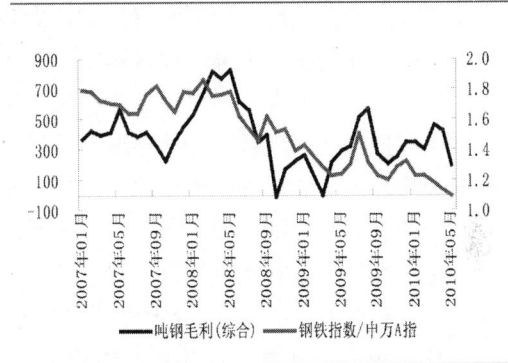

资料来源:申万研究

事实上,能找到股市和实体的同步指标就非常不错了。比如吨钢毛利和钢铁超额收益息息相关(图7)。倘若这种关系稳定,判断钢铁吨钢毛利的方向就等于判断了钢铁股的投资机会。而吨钢毛利是下游需求、产能利用率和产量共同作用的结果,可以被推断(图8)。对吨钢毛利的推断涉及对房地产新开工、产能利用率、铁矿石和焦煤价格的判断,正是由于投资者对于这几个因素的判断不一致导致交易、导致投资、导致有人亏有人赢。对这些变量的判断才是体现个人价值的地方,框架只是告诉我们投资钢铁应该吨钢毛利及其影响因素。

图8:钢铁的吨钢毛利是下游需求、产能利用率和产量的共同作用结果

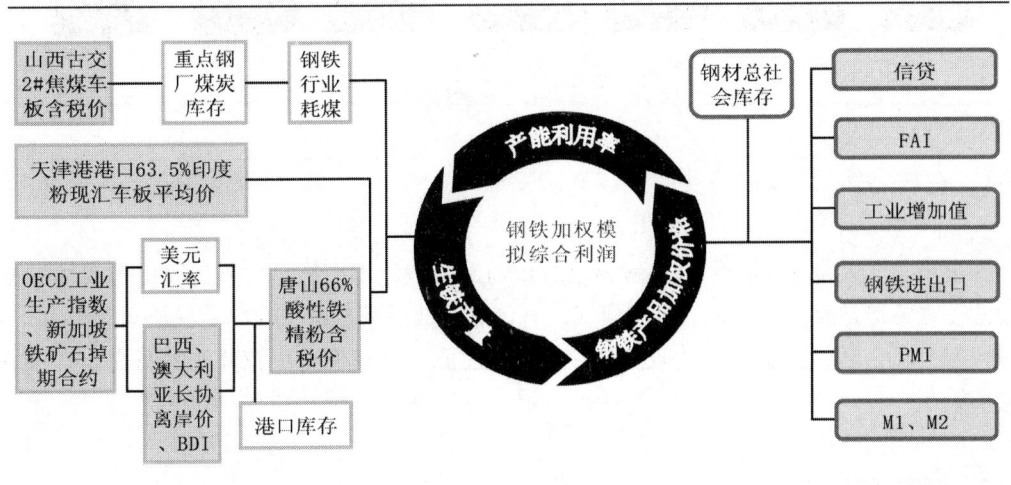

资料来源:申万研究

误区二：直接从股价出发来建立框架。所有的研究，最终都是为了预测股价的涨跌，所以投资者往往希望从股价直接出发去寻找和建立框架。但事与愿违，直接从股价出发往往无法发现问题的本质，导致南辕北辙。举钢铁和煤炭的例子(图9)，当下游需求上升，钢铁需求增加，钢价上涨，同时成本较低，毛利率扩张，这是第一阶段；钢铁商见有利可图，大量扩产，产能利用率提升，对上游原材料需求增加，铁矿石和焦煤价格上涨，此时钢价上涨由成本推动，毛利率保持稳定，这是第二阶段；到了第三阶段，高企的钢价挫伤下游需求，需求减少使社会库存大增，厂商降价促销，而高价原料继续到港，钢铁厂商毛利率下降，甚至亏损，最终产能利用率下降，煤炭和铁矿石价格开始下降，回到原点。这可能是实体经济中的一个规律，反复出现，不以投资者的意志为转移。

到了虚拟经济，现象第一次出现时，投资者跟随钢价和煤价的上涨而陆续投资，股市上钢铁股先涨，煤炭股后涨；当现象第二次出现时，学习效应使大家同时投资煤炭和钢铁，煤炭股和钢铁股同时上涨；而现象第三次出现时，聪明的投资者意识到煤炭股的弹性比钢铁股更大、更持续，所以直接投资煤炭股而舍弃钢铁股，最终煤炭股涨而钢铁股不涨；当现象第四次出现，投资者意识到工业品价格上涨，经济过热，国家调控，周期股反而下跌。

同样一个实体现象，反映在股市会出现四种结果，关键是投资者的学习效应和预期变化。我们如果直接从股价的最终表现出发来建立框架，最终可能一无所获，无法了解实体中唯一不变的现象。更好的办法是先辨析实体相对不变的本质，然后根据当时市场预期做决策。

图9：房地产 – 螺纹钢 – 焦煤链条的渐次波动

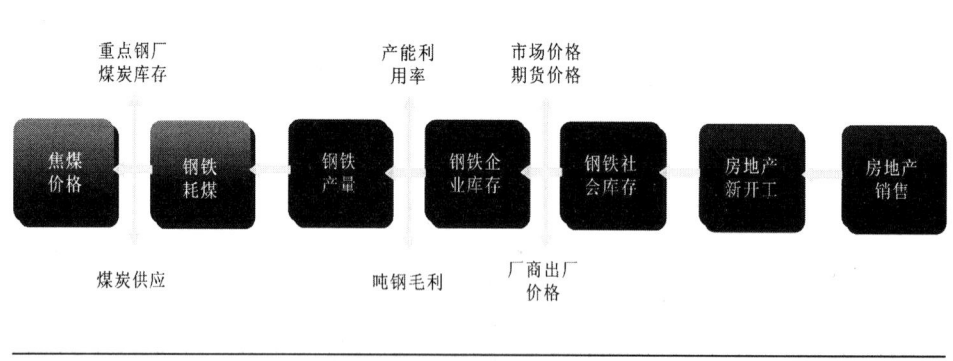

资料来源：申万研究

综上所述，建立框架的原则不应该以股价为出发点，不应该寻找领先股价的实体指标。框架的设置关键是有一个稳定的思维模式，有信息存放的基础，使我们对任何问题都有一个比较快速、稳定和良好的反应，减少处理信息的时间，使我们有更充分的时间去观察市场、去做决策。

2. 实体实验和市场实验

我们围绕实体实验和市场实验建立体系、组织团队分工。前面我们主要研究实体并对市场实验有若干思考,将来策略部行业比较小组继续细化实体实验的内容,体系配置小组将着力打造市场实验的分析框架。

2.1 实体实验——从中观出发链接微观和宏观

2.1.1 中观数据库链接宏观和微观

实体实验的一个重要成果就是建立了中观数据库。当前,宏观指标库和微观数据库(上市公司年报数据和盈利预测)比较成熟,但是缺乏一个统一精炼的中观数据库。策略分析员往往清楚下周公布的宏观指标,但却无法知道下周会公布哪些中观行业指标。策略分析员不熟悉中观指标、缺乏一个可持续跟踪的中观数据库,最终只有和宏观分析员去争论宏观问题,只有陷入被动地接受各种信息,无法去验证宏观的逻辑,也无法去把握行业的投资机会。中观数据库至少有如下几个重要之处:

其一,中观数据库更高频、更主动,可以验证宏观判断的正确性。宏观的逻辑判断非常重要,但是具体落实到何时、是否正确均无证明,中观数据库可以跟踪、可以调研,通过观察这些数据,可以对宏观的逻辑推断做出某种验证。

其二,中观指标是行业景气和行业投资的重要参考。将毛利率、ROE和净利润增速视为行业的景气指标可能并不实用,因为这些会计指标均是滞后值,是景气的结果和表现。而中观的指标是行业景气的真正代表,例如煤炭的价格、房地产的销售和价格、汽车的销售等,当这些指标上行表示行业景气好转,会计指标只是最终的确认(图10-图11)。在过度挖掘的A股市场,股价的反应一般不会等到会计指标公布,中观数据变动甚至预期中观数据变动均会引发股价的调整。所以必须打造一套基于中观数据的逻辑推断和跟踪系统。

图10:房地产超额收益和销售同比关系密切

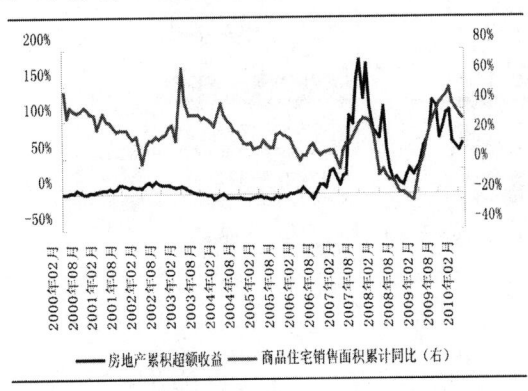

资料来源:CEIC,万得资讯,申万研究

图11:煤炭股价领先煤价

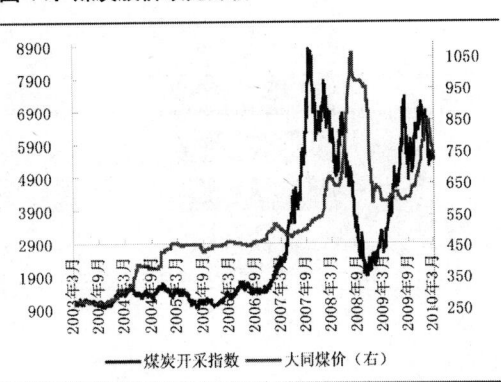

资料来源:万得资讯,资源网,申万研究

其三,中观指标变动使分析员调整重点公司的盈利预测。中观指标往往是公司盈利预测的关键假设,这些指标的变动引起盈利预测和公司价值的变动。

综上所述,中观数据是联系宏观和微观的桥梁。但是,中观数据库太难建立,不同行业有不同的标准,数据来自不同的专业网站,公布时间也经常变化,单个行业就有成千上万指标,所有行业汇总在一起根本无法跟踪。正是由于上述难处,这个市场始终缺乏一个持续稳定、可以长期跟踪运用的中观数据库。

2.1.2 分三步建立中观数据库

第一步：对行业进行筛选和排列

并非所有的行业均需要跟踪中观行业指标，相对而言，投资品、金融业、可选消费品的中观指标更有意义，必需消费品的公司缺乏同质性，行业数据和公司业绩的相关度不如周期品大。

我们将 A 股市场的行业分为两大块和六小块，其研究和投资的目的都不一样(图12)。从研究的角度，每一块均构成经济的一部分，可以持续跟踪，并和相应的宏观指标形成验证。这两大块、六小块分别是制造业(上游能源、中游制造和下游需求)和服务业(交通运输、TMT和金融)。其中下游把握需求、上游盯住价格、中游观察毛利变化，交通运输从物流角度验证经济活力，金融从流动性角度体现实体和虚拟经济价格变动，TMT可跟踪美国和台湾的电子产业。上游可选消费是经济的领先指标，中游的产量是经济的同步指标，上游能源价格是经济的滞后指标。

图12：研究体系包括两大块、六小块，构成经济的观察的各自部分

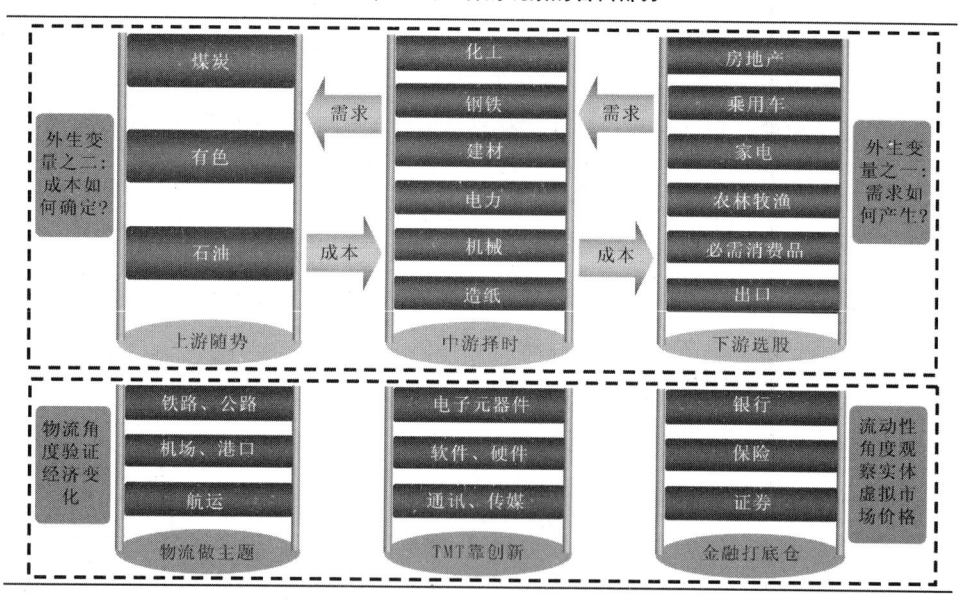

资料来源：申万研究

这个框架和当前中国经济的驱动力相符合，即下游以出口和可选消费(房地产、汽车、家电、航空等)驱动，同时有一个体现政府力量的基础建设。中游有两条主线，即以钢铁、水泥、电力和机械为代表的物理一条线，以化工为代表的化学一条线。上游主要是煤炭、有色、石油和铁矿石。交通运输也是同步指标，主要从物流的角度衡量经济的活力变化，其中比较关键的是航运和港口数据对于出口数据的验证。TMT相对而言和经济的相关度不大，金融主要是从流动性的角度思考股市和实体的流动性，实体的流动性很大部分来自银行的信贷，而股市的流动性很多来自居民的存款，所以银行和债券是流动性研究的重要一环。中观数据库重点关注的行业是煤炭、有色、石油、化工、钢铁、水泥、电力、工程机械、房地

产、汽车、农林牧渔、出口、港口、航运、银行等 15 个行业，其中银行和债券与流动性有关，我们将其指标单独分列在 7 月份单出的流动性数据库。

第二步：分行业以利润表为核心筛选精炼行业关键指标。

由于利润表格式和项目统一，并且我们认为最终对行业利润有重大影响的指标才是关键指标，所以以利润表为核心筛选每个行业的关键指标。以煤炭为例，我们梳理的指标如下（表 1）：

表 1：煤炭的损益表结构

利润表项目		明细指标	外生指标
一、营业收入			
	量	发电累计耗用原煤	
		钢铁行业耗煤	
		动力煤进出口数量	
		炼焦煤进出口数量	
	价格	山西 6000 大卡大同坑口含税价	火电发电量、水泥产量
		秦皇岛港 6000 大卡大同优混平仓价	火电发电量、水泥产量
		山西古交 2#焦煤车板含税价	生铁产量、焦炭出口量
		山西阳泉洗中块 7000 大卡坑口不含税价	合成氨产量
		澳大利亚 BJ 煤炭 6300 大卡运抵中国价格	澳大利亚 BJ 煤炭现货价，布伦特原油现货价，海运费
	库存	秦皇岛港煤炭库存-周	
		(秦皇岛港煤炭调入调出-周)	
		直供电厂煤炭库存-周	
		重点钢厂煤炭库存-月	
二、营业总成本			
其中：营业成本			
营业税金及附加			
销售费用			
管理费用			
财务费用			
资产减值损失			
加：公允价值变动收益			
投资收益			
三、营业利润			
加：营业外收入			
减：营业外支出			
四、利润总额			
减：所得税			
五、净利润			
少数股东损益			
归属于母公司所有者的净利润			

资料来源：申万研究

注：为保证损益表的完整性，我们保留空白部分，其他行业在这些部分可能有指标。

在这些指标中，价格是最核心关键的指标，主要把握焦煤和动力煤两条线。根据行业间的勾稽关系，把各指标画成逻辑图(图13)。煤炭分析员核心把握行业供应，其需求由建材、石油、公用事业和航运分析员共同提供。

图13：动力煤的"驱动力"和"信号验证"逻辑图

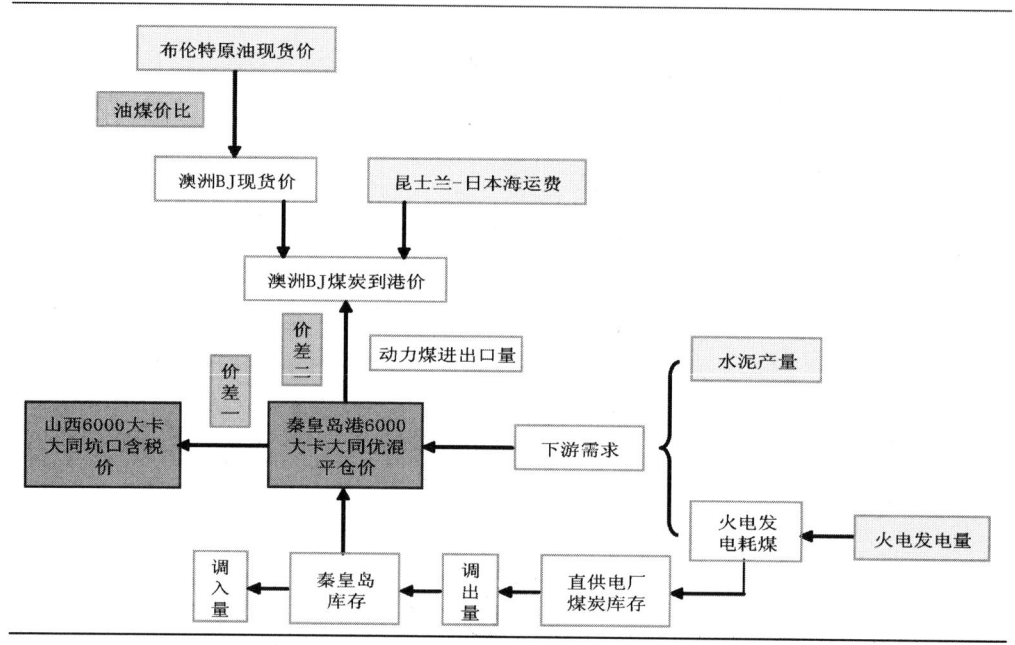

资料来源：申万研究

第三步：将主要行业串起来，去掉重复指标、进行精炼

当前中观数据库的指标共有116个指标，共分三大层(下游需求、中游制造、上游能源)和11小层次(下游需求—下游开工—社会库存—中游价格—中游利润—厂商库存—中游产量—上游库存—国内上游价格—航运价格—国际上游价格)。

2.1.3 中观数据库分为11小层、共116个指标

中观数据库可以观察经济变动，主要分为三大层、十一小层和116个具体指标，每个层次的关注焦点都不一样，我们分七个问题进行论述。

问题一：下游消费决定需求变化，是经济的领先指标

终端消费由三类构成：外需(出口)、内需和政府投资，内需又分为可选消费和必需消费。政府投资在国民经济中举足轻重，但很难推测、没有详细指标跟踪，一般跟踪"城镇固定资产新开工项目数"。我们将其视为经济自生增长的对冲力量，而外需和内需更多体现经济自生的力量，并且有充足的数据可供跟踪，成为我们关注的重点。一般而言，我们更多关注可选消费，因为其波动大、对中游拉动明显。所以，出口和四大可选消费(乘用车、房地产、航空、白色家电)的变动成为下游需求跟踪的重点。

对于出口的预测，应该形成长、中、短期的分析框架和验证机制。长期(1～3年)的出口

形势需要分析全球经济和区域结构变化,是宏观分析的重点之一;中期(半年左右)的出口形势需要跟踪广交会、春交会和主要产品(机电、电子、纺织服装、家具)的订单;短期(1~2个月)出口变化可参考港口集装箱吞吐量和箱板纸产量的变化。2005年以来,沿海主要港口集装箱吞吐量同比增速与出口金额同比增速的相关度高达0.91,与出口数量同比增速的相关度达到0.88,跟踪沿海主要港口集装箱吞吐量数据可以很好把握当月出口变化(图14)。遗憾的是,吞吐量数据的发布时间晚于出口数据,因此必须建立日常调研机制以把握集装箱吞吐量的动态变化。我们选取了最具代表性的六个港口——大连港、天津港、青岛港、上海港、宁波港和深圳港,六大港口集装箱吞吐量占沿海主要港口集装箱吞吐量的70%左右,2007年以来六大港口数据和主要港口数据基本一致(图15)。

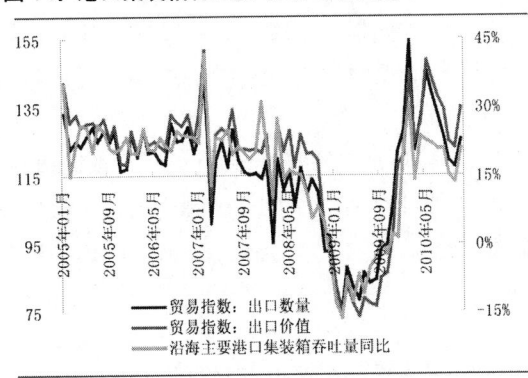

图14:港口集装箱吞吐量与出口高度相关

资料来源:海关总署,交通部,申万研究

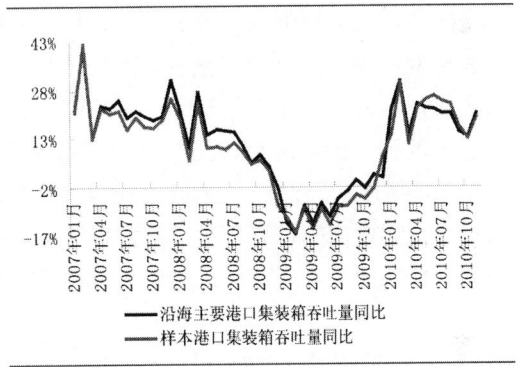

图15:样本港口集装箱吞吐量良好表征整体变化

资料来源:交通部,申万研究

房地产行业需要越来越关注三四线城市的变化。当前的房地产数据过多集中在一、二线城市,如周度公布销售面积、价格的全国十大城市,另外主要地产上市公司大多集中在一、二线城市。但随着2009年来的地产调控,一、二线城市土地流转、房屋开发的模式慢慢走向尽头,限购使三、四线城市房地产市场的变化和一、二线城市出现背离(图16—图17)。一、二线城市的房地产变化不足以代表全国,忽略三、四线城市会对地产销售、投资乃至政策产生比较大的错判,只可惜这部分市场缺乏常规数据,需要倒推。

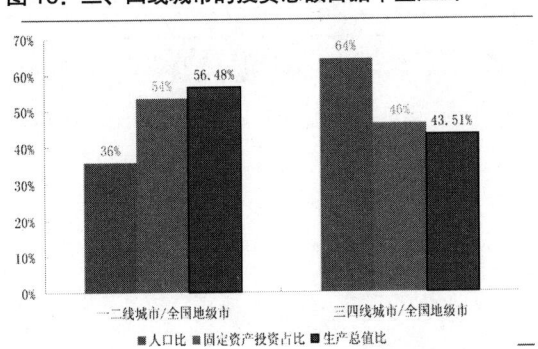

图16:三、四线城市的投资总额占据半壁江山

资料来源:CEIC,申万研究

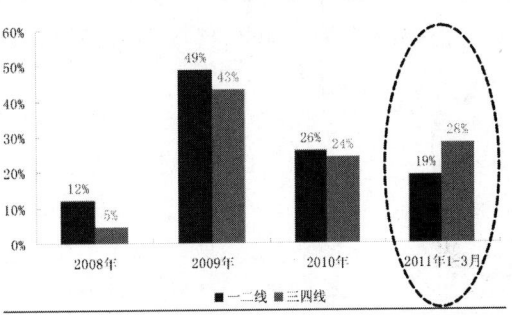

图17:三、四线城市土地溢价已超过一、二线

资料来源:CERIS,申万研究

汽车销售的数据有三个来源：分别是中国汽车工业协会、乘用车联席会和公安部，其中汽协和乘联会是厂商销售数据，公安部是汽车的上牌数，更接近终端销售数据。市场一般以月度公布的汽协数据为准、周度跟踪乘联会的数据，但周度乘联会数据由于晚报、漏报等因素并不准确。汽车分为乘用车(包括轿车、MPV 和 SUV)、载客车和载货车(包括重卡、轻卡等)，乘用车与消费相关、载货车与投资相关、载客车相对稳定，与投资和消费行为均无太大关系。我们比较关注乘用车和重卡的变化。

航空数据要综合考虑周转率和客座率，因为客座率和产能投放有一定关系。白色家电主要跟踪空调的销售数据。

下游需求很难把握、预测，缺乏领先指标，我们需要结合宏观判断、微观调研和行业横向比较来综合判断。

(1) 宏观判断给出大致方向，提出可被证伪的假说。可选消费品对经济周期敏感，有一定金融属性，受货币政策影响明显。我们发现申万经济领先指数、M2、储蓄意愿、M1 对乘用车和房地产销售变动关系紧密(图18—图21)。所以，宏观应该首先对经济周期、货币政策做大致判断，然后据此判断可选消费短期需求的变化方向。

但这种判断有两个缺陷：其一，房地产、乘用车等可选消费的需求是宏观的领先指标，其变动会影响经济波动，所以用宏观来判断这些需求的变动有本末倒置之嫌；其二，货币政策会根据宏观和微观变化做调整，并非纯粹的外生变量。虽有上述缺陷，宏观判断依然可作为逻辑证伪的起点，否则将陷入毫无结果的循环。

图 18：乘用车销售同比和宏观领先指标同步

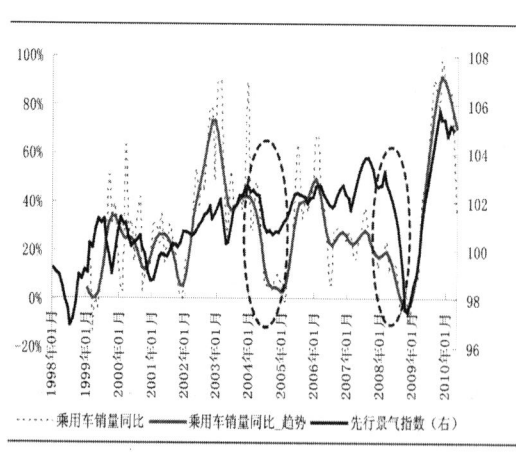

资料来源：中汽协，万得资讯，申万研究

图 19：乘用车销售同比和 M2 同比增速同步

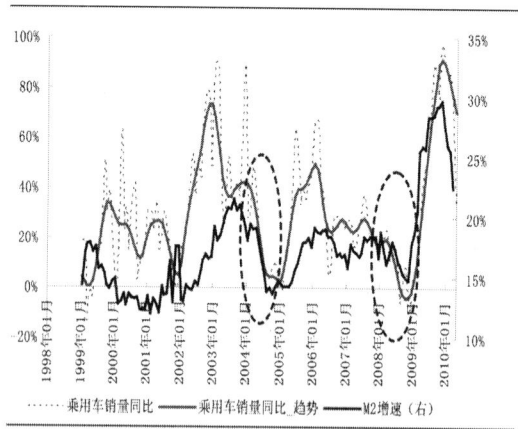

资料来源：中汽协，万得资讯，申万研究

图 20：乘用车销售同比和储蓄意愿同步反向　　图 21：房地产销售同比和 M1 同比非常相关

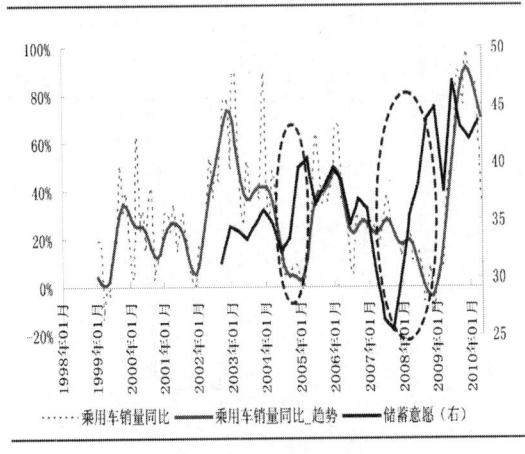

资料来源：中汽协，万得资讯，申万研究　　　　资料来源：CEIC，申万研究

(2) 微观调研验证宏观判断。微观主体的反应最终导致宏观结果的出现。宏观有了判断后，需要调研微观主体的行为变化和预期变动，验证并修正宏观假设。

对于可选消费品，调研环节通常有两类：销售环节(向地产中介调研看房人群购买需求、按揭贷款情况、投资客与自住客比例；向 4S 店询问销售、客流、库存和折扣情况)和生产环节(向房地产开发商调研资金状况、库存、新开工状况和新盘去化速度；向汽车厂商调研产能投放、资本开支计划等)。

微观调研有两个缺点：其一，微观主体一般较盲目，不可能太前瞻，对大周期更加无所适从。此时宏观判断更重要，逻辑是唯一的领先指标；其二，样本可能无法反映整体，像房地产等分散度极大的行业，调研样本容易产生偏差。

(3) 综合跟踪多个行业，避免行业特殊因素扭曲判断。每个行业的需求波动都有其特殊的影响因素，这种特殊因素引发的需求波动并不能反映宏观环境和整体需求的变化，所以必须综合几个行业横向比较，只有几个行业出现类似的变化才体现周期的力量。

综上所述，三种方法均有缺点，我们需要综合宏观判断、微观调研和行业横向比较来把握下游需求的短期变化。不同阶段，三种方法的作用不一。如 2008 上半年，出口没有下滑、政策没有放松、次贷危机还未深化，但实体需求已发生悄然变化，房地产、乘用车和航空需求数据均开始下滑，此时行业横向比较比宏观判断和微观调研更有意义(图 22)。而 2008 年底需求数据和微观调研均无信心，对"四万亿"等政策力度的信任使宏观做出更前瞻判断。我们不可能找到简单公式来计算需求变化，也不能仅跟踪单个变量，必须前前后后反复论证，跟踪不同层面数据。

图 22：2008 上半年微观层面显示需求已经下滑

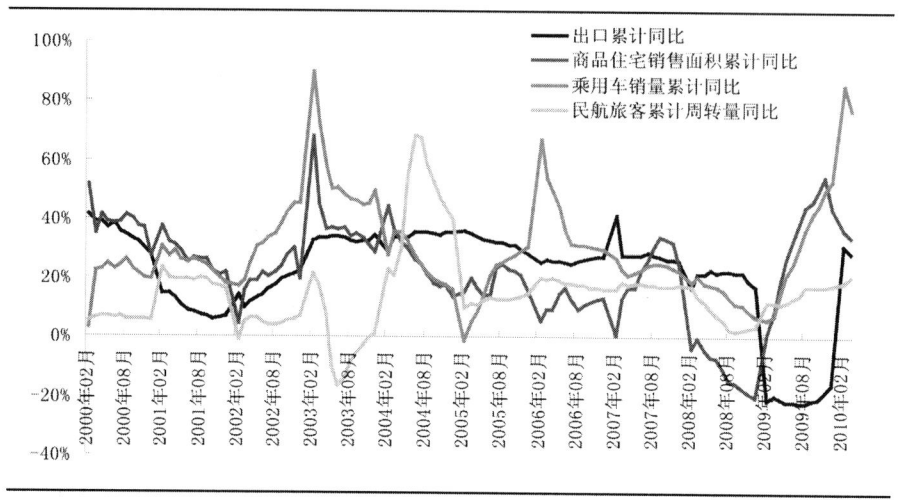

资料来源：万得资讯，申万研究

问题二：下游开工是引发中游生产的直接需求，从下游需求到下游开工传导时间无法精确计算

跟踪下游需求变化的目的是为了预测下游开工变化，因为只有下游开工的调整才会引发中游库存、产量的变化，最终引起投资、工业增加值等经济同步指标的变化。从逻辑上讲，下游需求的变化最终会反应在下游开工上，但是此中时滞无法精确测算，因为下游厂商（主要是房地产和汽车）的开工意愿还会受到资金链、宏观经济预期等因素的影响。

我们可以先根据下游需求变化做推断、然后调研地产开发商和汽车厂商的开工计划，但中国地产商和汽车厂商的集中度不大，样本调研不能反映全貌。换一种思路，可以从对应的中游产品消耗量来反证房地产和汽车的开工状况。从逻辑上讲，当房地产开工增加时，螺纹钢、水泥、纯碱、挖掘机和重卡消耗量均会增加；当汽车产量上升时，冷轧和纯碱的使用量也会增加。在这里，需要综合看几种产品的产量变化来做大致推断，因为单独一种产品的消耗量会受到特殊因素干扰，不能完全反映房地产和汽车真实开工情况的变化。比如说，螺纹钢和水泥的消耗量会同时受到基础建设和房地产的影响。2008 年底至 2009 上半年，房地产开工并未上升，但"四万亿"导致基础建设大幅增加带动钢铁和水泥产量上升，所以这个阶段钢铁和水泥产量变化并不反映房地产开工状况。而纯碱主要用于制造平板玻璃和洗涤剂，平板玻璃又主要用于房地产和汽车，因此纯碱产量是验证房地产开工更为纯粹的指标。从数据上看，纯碱表观消费量和房地产新开工面积的相关度达到 0.61，远高于钢铁、水泥和房地产新开工面积的相关度。同样道理，冷轧产量是验证汽车开工比较好的指标（图 23—图 26）。

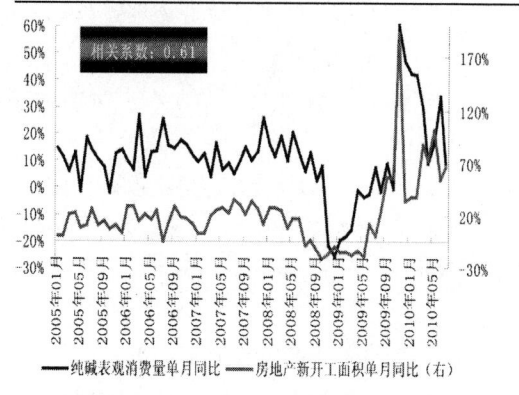
图23：纯碱表观消费量与地产开工关系更为密切

资料来源：石化协会，CEIC，申万研究

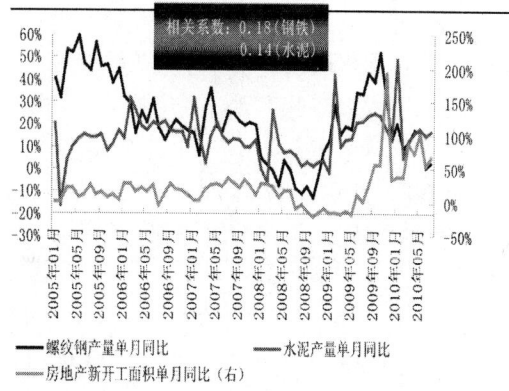
图24：螺纹钢、水泥与地产开工关系不如纯碱

资料来源：华通人，CEIC，申万研究

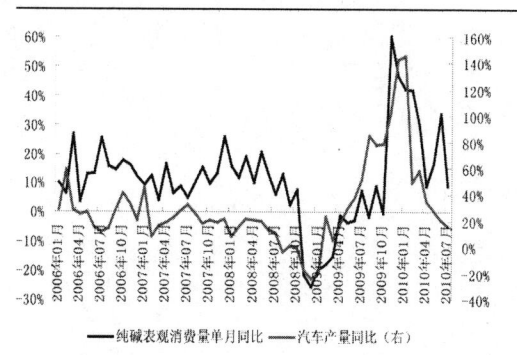
图25：纯碱表观消费量与汽车产量关系密切

资料来源：石化协会，CEIC，申万研究

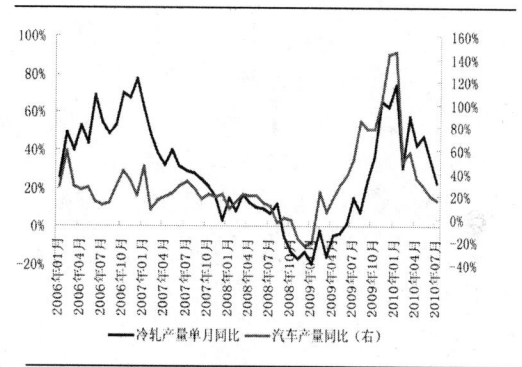
图26：冷轧产量与汽车产量关系密切

资料来源：中汽协，CEIC，申万研究

问题三：库存需要综合判断，强调数据的连续性

众所周知，经济周期分为长周期、中周期和短周期，短周期就是库存调整周期，这种库存调整会对中国经济和周期品投资产生比较大的影响。

全面综合的库存研究包括宏观层面、中观层面和调研数据。所谓宏观层面主要是PMI库存指数、工业企业的库存数据和上市公司库存数据；中观层面公布的数据主要有钢铁的社会库存、钢铁厂商库存、水泥产销率、重点电厂存煤天数、秦皇岛港口煤炭库存、重点钢厂煤炭库存、LME金属库存、上交所基本金属库存、铁矿石港口库存等；而微观调研数据主要集中在中下游，分别为汽车的经销商库存、厂商库存、氨纶库存、挖掘机销售和利用小时数的区别、重卡的库存、家电库存等。只有综合考虑这些库存的变化，才可以对库存的状况有所分析，库存分析要注意以下几点：

（1）库存只是结果，分析库存的目的是为了说明需求不行的情况下，库存调整对经济有多大影响，需求始终是第一位的，这个无法通过观察库存变化直接得出，库存要区别产成品库存和原材料库存。

(2) 中下游的库存比上游的库存重要，下游的库存直接关系需求变化，而中游的库存调整容易引发工业增加值的波动。下游最重要是汽车和白色家电，中游主要是物理这条线的钢铁、水泥、工程机械和重卡，化工这条线的化工。

(3) 库存要看相对水平，不能看绝对水平，随着经济体量的增加，库存水平必然增加，所以绝对值意义不大。

问题四：中游价格是 PPI 向 CPI 传导的重要途径，是判断经济是否过热的重要依据。

中游价格是 PPI 指数的一部分，中游价格是判断经济是否过热的重要依据。中游主要包括钢铁、水泥、化工品、电力和机械，其中电力价格受调控，机械重量不重价，所以钢铁、水泥和化工品是主要可被跟踪的中游价格。

就钢铁而言，价分三个层次，分别是期货价格、终端销售价格和四大钢厂的出厂价。期货跟踪螺纹钢期货主力合约价，终端价格盯住上海地区代表品种价格和钢材加权价格。出厂价关注宝钢、鞍钢的板材价和沙钢、河北钢铁的螺纹钢价格。水泥有区域之分，我们关注全国平均价格和华东的水泥价格。化工种类繁杂，我们选取石油加工中的聚乙烯、化学原料中的纯碱、化学制品中的氮肥和钾肥、化学纤维中的涤纶等五个品种跟踪价格。其中乙烯号称石油化工之母，其产品广泛运用于下游各个行业，因此石脑油－乙烯－聚乙烯产业链的产量和价差变动能够反映整体经济的变化。纯碱是玻璃的主要原料，与下游房地产、汽车生产密切相关。氮肥、钾肥与下游农业关系密切，受国际农产品价格影响巨大。涤纶约占化纤总产量的 80%，对纺织品出口非常敏感。

问题五：中游利润是观察制造业利润和经济周期位置的重要变量

中游的利润变动意义非凡，在 A 股，由于上游和金融占比较大，所以在经济过热、通胀挫伤需求、周期开始向下的初期，整体盈利还会向上，此时依据整体盈利增速调整来判断股市会有所滞后(图 27)。

中游利润对经济周期最敏感，中国的中游受成本需求两端挤压，一旦经济过热显现，中游毛利很难继续扩展。而中游利润中，最值得观察的还是钢铁、水泥和化工的毛利，化工由于对于需求更敏感，所以可能会在经济周期偏晚的时候毛利才下降，钢铁毛利在早些时候就会向下。

图 27：银行业利润变动滞后于制造业的利润变动

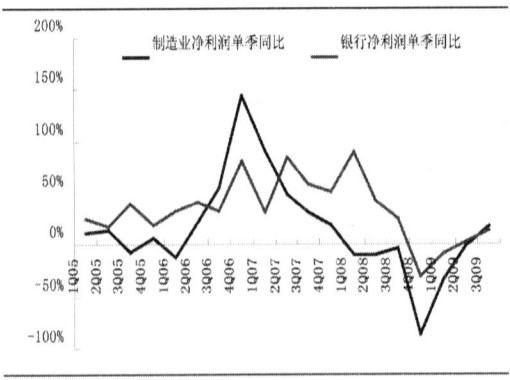

资料来源：CEIC，申万研究

图 28：用钢铁社会库存和吨钢毛利把握经济周期

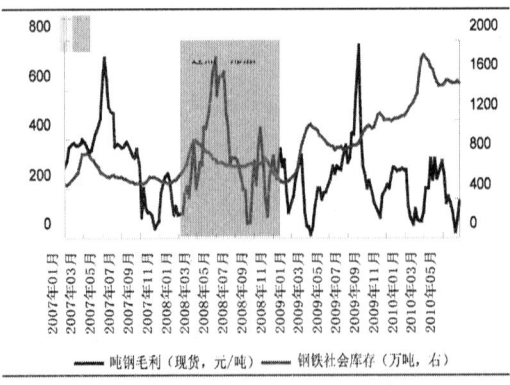

资料来源：CEIC，MySteel，申万研究

鉴于钢铁的核心地位,尝试结合社会库存和吨钢毛利定位中国经济周期(图28、表2):社会库存下降、吨钢毛利扩大,经济复苏;社会库存上升、吨钢毛利冲高回落,经济从过热到滞胀;社会库存堆积、吨钢毛利萎缩,经济衰退。经济复苏阶段,下游需求上行,社会库存下降、产能尚未释放、成本维持低位、吨钢毛利持续改善,2009年3月至6月是典型例子。随着需求持续上行,经销商开始补库存,社会库存上行,同时厂商加大开工,成本上行挫伤企业利润,吨钢毛利下行,这是典型的从过热进入滞胀的反应,恰如2008年上半年和2009年7月至2010年3月。最终,过高价格挫伤需求,下游需求持续下降,社会库存堆积,厂商减少生产,钢价、成本和吨钢毛利均萎缩,进入量价齐跌的衰退阶段,对应2008年4季度和2009年1季度。

表2:从社会库存和吨钢毛利的组合把握经济周期定位

钢铁社会库存		吨钢毛利		经济周期	典型案例
变化	原因	变化	原因		
下降	需求好转 产能未释放	扩大	需求拉升钢价 成本维持低位	复苏	09年3-6月
上升	"补库存" 产能释放 供应释放	冲高回落	成本推升钢价 毛利受到挤压	过热→滞胀	08上半年 09年7月-10年3月
大量堆积	需求恶化 开始"去库存"	极度萎缩	钢价下跌 高价成本	衰退	08年4季度-09年1季度

资料来源:申万研究

问题六:用中游产量验证工业增加值

中游行业的工业增加值占比超过60%,与中国经济同步。由于宏观数据的公布相对滞后,而中游指标可跟踪、可调研,因此跟踪中游指标能提早10日左右把握关键宏观数据的变化方向,这对于投资决策而言意义重大,尤其在拐点时期更甚。同时,不同中游产量的背离也能提供很多信息。

(1) 跟踪粗钢产量、发电量和聚乙烯产量提早推断工业增加值变化方向(图29—图30)。发电量和工业增加值的拟合度最高,但发电量只是一个被动变量,其根据工业生产强弱被动增加或减少,无法从当前的发电量做趋势外推。而钢铁生产相对独立,当吨钢毛利扩张时,厂商增产的欲望就会增强,而这会提升发电量,带动工业增加值上行,再加上钢铁有金融属性和库存调整因素,所以对工业增加值有一定领先性(2008年9月以来尤其明显)。因此推算即将公布的工业增加值,通常可用发电量;但要把握未来几个月工业增加值的变化方向,要观察钢铁毛利的变化方向。

图29：粗钢产量、发电量与工业增加值关系密切　　图30：聚乙烯产量与工业增加值关系密切

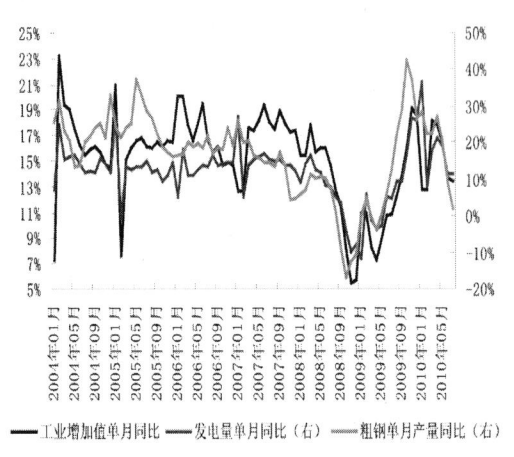 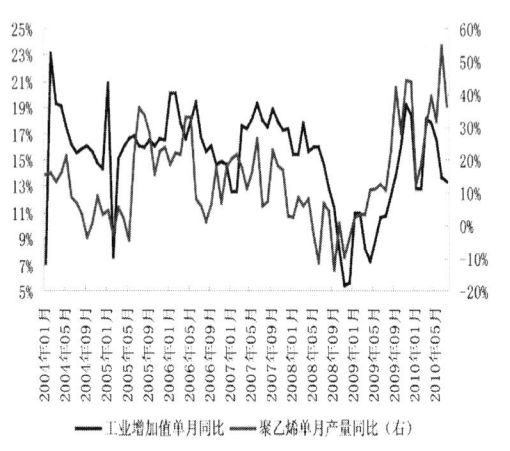

资料来源：CEIC，申万研究　　资料来源：石化协会，CEIC，申万研究

(2) 螺纹钢生产体现经济主体的预期，水泥真实反映下游开工需求(图31)。螺纹钢和水泥都是基础建设和房地产的重要原料，两者下游相似。照理讲，两者的消耗量和产量应同步变化。但螺纹钢有社会库存、有期货，具备一定金融属性，其产量变化不一定来自下游开工变化，有可能是厂商、经销商对经济预期变化的结果。水泥以销定产，其产量变化基本反映了下游开工的真实需求。我们要注意观察和分析螺纹钢和水泥产量发生背离的情形。

图31：螺纹钢生产可能是对预期变化的结果，水泥生产反映下游开工

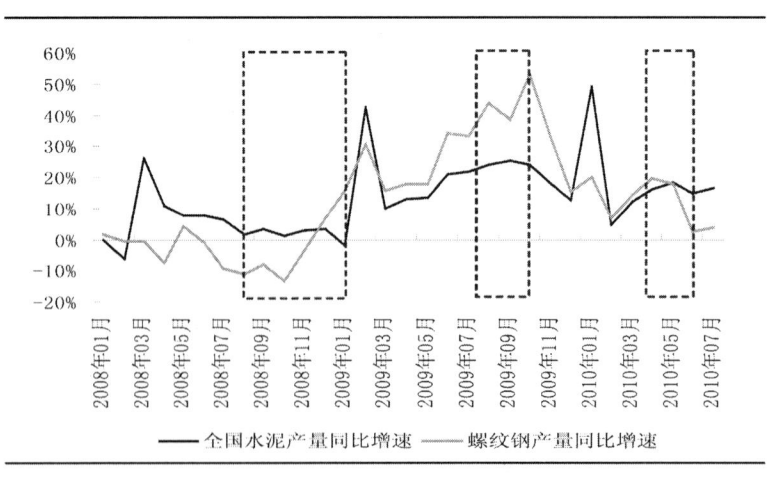

资料来源：CEIC，MySteel，申万研究

剔除水泥每年初的奇异点，2008年以来螺纹钢和水泥的产量增速有三个阶段出现背离，分别是2008年8月—12月、2009年8月—10月、2010年4月—7月，均与库存调整有关。2008年8-12月，雷曼破产导致经济预期降到冰点，从经销商到厂商均很恐慌，去库存导致

钢铁产量波动明显大于水泥产量波动。2009年年中，钢铁期货价格和市场价格大涨，吨钢毛利扩张迅速，厂商对经济形势非常乐观，大量生产导致库存累计，但实体经济恢复速度并没有想象中的快，水泥产量从8月后开始下降。2010年4月—7月的背离最为典型，在史上最严厉的房地产调控政策出台的背景下，钢铁经销商对未来房地产开工的预期非常悲观，不再进货，厂商主动减产去库存，导致钢铁产量和工业增加值明显下滑。事实上，4月—7月房地产开工和投资并未大量下滑，这点从水泥产量变化较平稳中可以看出。

问题七：上游价格，除煤炭外，石油、有色和铁矿石大多定价权在外

石油全球定价，美国需求和欧佩克供给是核心因素，国内的成品油定价机制虽然原则上随国际油价变动，但是时间和幅度均不确定。由于国际定价和国内行政调控，国内价格不由国内需求决定，下游需求诸如汽车销售、客运情况、化工需求只能影响成品油的消耗量。因此对于石油，需要关注世界经济政治格局变动对油价的影响。

有色的下游比较分散，矿产原料定价权在外，LME期货价通过对矿石原料价格进而对上交所期货价格产生影响，世界经济和金融属性的变化始终是有色金属价格变动的决定变量，但2003年来"中国因素"对有色金属价格的影响越来越大。所以，有色是外生和内生共同作用的行业。

煤炭基本上是内需主导的行业，下游需求比较集中（动力煤主要是电力、水泥和合成氨，焦煤主要是钢铁），下游先行指标对于预测国内煤价走势有较大意义。此外，国内供给和煤矿整合力度非常重要。

布伦特油价和LME有色期货价由全球经济决定，大同优混煤价由国内经济决定，三者间关系如何？其内在机理是什么？我们检验了布伦特油价、LME有色期货价和大同优混煤价的关系，发现布伦特油价和LME有色期货价基本同步，均领先大同煤价两个月左右（图32）。一方面在于油价和有色价格是期货价格，煤价是现货价格；另一方面是由中国经济在全球经济中的分工定位造成的。2003年以来，美国消费—中国制造—资源国提供资源的全球分工模式逐步形成。就像中游行业的微笑曲线一样，中国处于全球分工中游，复苏往往晚于美国，经常受到成本挤压。我们检验了OECD工业产值和中国工业增加值的关系，发现OECD工业产值领先国内工业增加值两个月（图33）。

图32：Brent油价、LME价领先大同煤价2个月　　图33：OECD工业产值领先中国工业增加值2个月

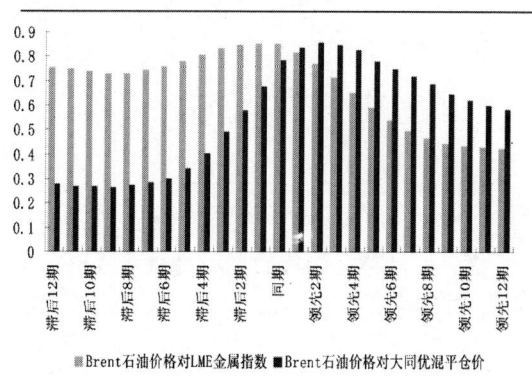
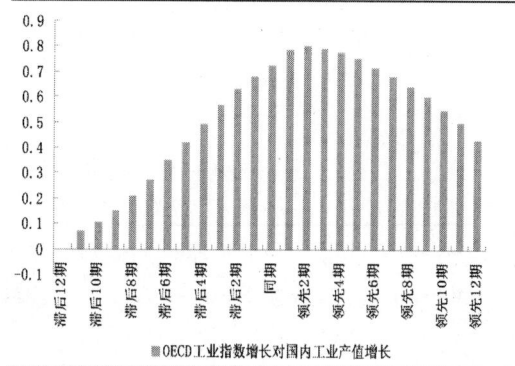

资料来源：Bloomberg，资源网，申万研究　　资料来源：Bloomberg，申万研究

2.1.4 中观数据库的使用法则：模糊正确、纵向比较、重在解读

在使用中观数据库的时候，要注意以下几点：

第一，模糊的正确比精确的错误重要

经常有人会问：从房地产销量调整到煤炭价格调整需要多少时间？房地产开工1平方米，会拉动钢价上涨多少？事实上这种问题无法精确回答，因为当中有太多环节、干扰和不确定。螺纹钢存量和当前产能利用率都只是分析员的推算，假设模糊注定结论模糊。更关键的是，中游产能过剩、毛利无法持续扩张，其短暂的投资机会主要来自需求突然起来、产能一下子提不上来、从而毛利扩张，而其中的具体关系难以计算。这种计算只能给出一个大致的范围，在极端的情况下才有意义。我们的方法更简单——观察信号：首先密切跟踪下游，下游需求变动后转向跟踪其开工，开工变动后转向跟踪中游社会库存，库存变动后转向跟踪中游价格，价格变动后转向跟踪中游产能利用率……这才是信号机制的真正意义。

第二，行业分析员往往是横向看，策略分析员更关注纵向比较(图34)

行业分析员往往横向看，关注其上下游，是其成本和需求。但是很多时候，我们必须纵向看，因为只有如此才能明白上下游的变化。比如说，钢铁分析员往往关注焦煤和房地产开发，但是如果钢铁分析员对房地产开发的估计只是来自房地产分析员的预测，那么有很大风险，如果房地产开工能起来，那么除了钢铁，还应该看到水泥、挖掘机、重卡和纯碱的变化，所以纵向的变化值得关注。而且单个行业的变化可能有其特殊的原因，但是纵向都出现这种情况，就是宏观层面的问题，蕴含着很大的投资机会。比如，当前出现的中游行业产能偏紧，就有深刻的时代背景。

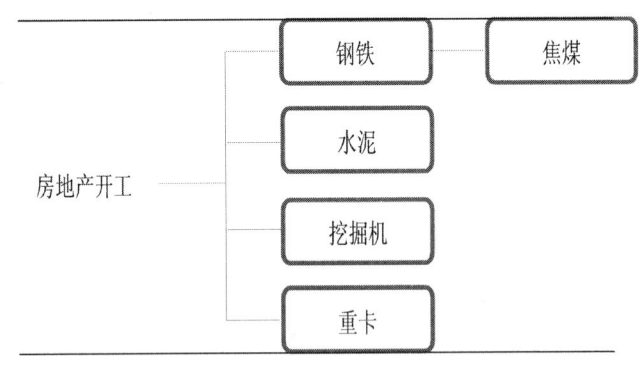

图34：策略分析员应该纵向看待行业

资料来源：Bloomberg，申万研究

第三，关键是要有维护机制，因为所有的数据都只是"桩"

虽然已经有116个指标，但是这些指标都只是"桩"，对这些指标的解读、跟踪、调研是关键，问题的深入分析需要更加细致的指标。策略分析员必须和行业分析员深入沟通，全局思考这些问题。数据背后的经济含义比数据本身重要得多。

第四，缺乏世界经济、流动性等指标

这个体系将上游海外价格和下游需求视为外生变量，事实上这两个非常重要，受世界经

济、资金流动和政府政策的影响。而银行间市场的流动性也是非常重要的变量，而这些东西我们会在专门的推出流动性数据库中跟踪。

第五，政策的作用在于下游和中游，对上游和出口无法控制

在中国，政府政策对股市的影响很大，政府的货币政策和财政政策控制下游，中游产业政策对中游产能实现限制，对于出口和上游是无能为力的。正是由于这个原因，中国如果由于内部调控导致的经济下滑是从来不值得担心，因为政府的控制力很强，很容易将经济打上去，真正担心的是由于外围经济和出口很差带来的经济萧条，以及由于外围经济很好带来商品价格上涨对经济和利润的侵蚀。

2.2 市场实验——寻找市场一致预期

对3~6个月、对冲式的投资策略而言，市场预期是一个非常重要的指标，我们对实体的理解是一部分，市场对实体的预期更加重要。关于这部分的研究，我相信如下几个想法需要重视：

第一，从价格和估值本身去体会市场一致预期

分析员的盈利预测调整不能代表市场的一致预期，卖方分析员并不直接参与交易，体会市场一致预期最直接的方法是观察价格本身，因为价格是所有投资者交易的结果。

第二，强调跨市场的资金流动，站在更广阔的市场来俯视A股市场

资金是逐利、无所不往的，仅限于A股市场去看待流动性变动不会有任何结果。其实，A股市场从来不缺少流动性，关键是缺乏购买的理由，所谓购买的理由就是相对于其他市场的收益率优势，所以必须综合几个市场来观察流动性的变动。

不同市场由于投资者结构不同，对事情和信息的反映程度、反映速度不同，给A股提供了缓冲的时间。以市场参与主体为标准来划分资金的属性，以投资工具为标准划分市场，交易主体分为居民、非金融企业、银行、保险、基金、非银保的金融机构、政府和外资，交易工具分为债券、股票、房地产、基金、商品和汇率等。

单就A股市场而言，流动性至少分四块，即大宗商品对应的流动性、银行债券市场的流动性、汽车房地产对应的流动性和股市本身的交易换手、基金申购赎回、IPO和大小非解禁代表的流动性。这四块中，前三块分别连接全球大宗商品和资金流动、银行间和债券市场、汽车和房地产市场。

第三，卖方分析员的行为和调整依然需要跟踪

虽然说卖方的盈利预测调整不代表市场一致预期，但是卖方的行为依然值得关注。比如说，对于煤炭，股票的启动点往往是经济复苏点，此时整体估值水平很低，随着价格上涨，虽然动态盈利也上调，但上调速度远未及股价上涨速度，造成动态估值上升。从分析员的经验看，煤炭股动态市盈率15~25倍属于合理区间(图35)。一旦突破25倍，流动性泛滥继续推动股价上涨，此时投资者会采用资源重估的方法来解释价格上涨的合理性。但是资源重估法极大依赖于未来资源价格和资源储量的假设，这种估值方法相当脆弱。整体而言，煤炭股要重视PE，低PE买入、高PE卖出；一旦市场大肆宣扬资源重估法，就是一个比较危险的信号(图36)。

图 35：煤炭股的动态 PE 不会出现极端值	图 36：煤炭股的动态 PB 也需要关注
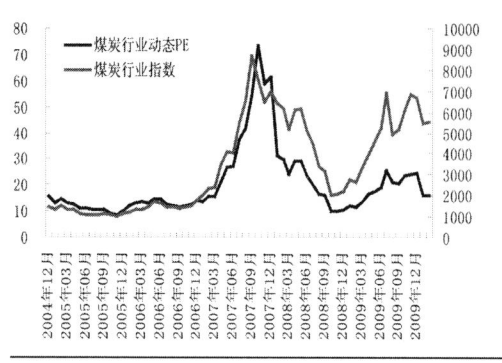	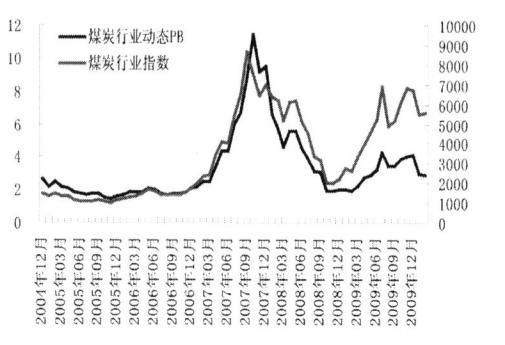
资料来源：万得资讯，申万研究	资料来源：万得资讯，申万研究

第四，不同的行业和股票对流动性的敏感程度不同

一般而言，煤炭有色对于经济和流动性较银行、钢铁敏感。经济刚刚复苏、投资者对经济前景莫衷一是时，对经济和资金特别敏感的煤炭和有色率先上涨、场内资金开始活跃、换手率上升，风格开始转向周期和大盘。此时，估值高企始终是投资者重仓煤炭有色的担忧，微弱的经济复苏尚不足使分析员上调盈利预测，市场在战战兢兢中上涨，多数投资者将这段行情归于资金推动或者流动性泛滥。随着经济复苏渐成共识，煤炭有色等周期品的业绩出现上调，煤炭和有色等资源品会迎来上涨的第二波，场外资金受财富效应吸引流入场内。随着经济慢慢过热，银行、钢铁和石化等行业的基本面得到改善，资金开始追逐这些前期滞涨的大盘股，大盘加速上扬，情绪亢奋到极点。而此时恰恰是最危险的时候——成本上升挫伤利润，国家的紧缩政策悄然而至。一旦经济预期改变，在汹涌而至的场外资金的掩护下敏感性资金开始撤退，周期敏感型行业(煤炭有色)率先下跌，市场进入反向循环、风格重回成长和小盘，直到产业资本增持、政策放松，经济预期重新改善，新的轮回开始(图37)。

图 37：经济预期变化是风格转换的源动力

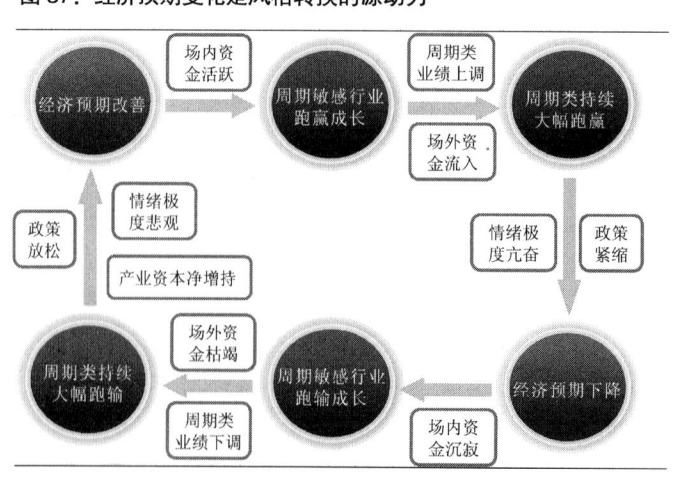

资料来源：申万研究

第五，要建立客户群，从客户的交易情绪体会市场流动性变化

申万拥有市场上最广泛的买方资源。通过接触客户，特别是将客户划分类型对于我们帮助很大，而且申万对于流动性的研究散落到金融工程、基金研究、策略、债券、银行等不同部门，我们需要通过数据库、通过逻辑将其串连起来。

我们认为一份优秀的策略报告要分为如下四个层面：第一层面从各市场、各行业的价格变化推断当前市场的预期；第二层面是抛开市场研究这些市场关心的问题在未来如何变化；第三层面是提示未来改变市场的实体信号点；第四层面是将市场可能的情绪变化还原过去。

第二部分　宽体策论

第一章

从少林到武当：本轮经济和股市特征
——宽体策论系列研究之一

主要观点：

A股投资者的定势思维框架：经济恶化—约束放宽(通胀或房价约束)—政策放松—经济预期改善—经济见底并且加速—约束出现—政策加紧—经济预期恶化—再次循环……

每一环节通过相关信号验证，不同属性的投资者在不同的时间点出手。

框架的形成机理：与中国经济特征和政府调控模式相关：(1)政府力量对经济的影响力极大；(2)政府对维持社会稳定和经济增长都高度重视。

框架的强化：2008-2010年的两波行情。2008-2010年的市场基本按照框架节奏一步一步向前演绎。在学习效应下，该框架在投资者思维中不断强化。

框架的受挫：2011年市场持续回落，投资者开始怀疑框架。2011年先后出现了经济回落<5月>、约束放宽<8月>和政策放松<10月>的信号，按照传统的框架思路，这三个信号都应都是买入时机，但实际情况是投资者三次出手都血本无归。

反思：大框架仍在起作用，但需要修正——投资者逻辑推演由慢变快，基本面的演绎却由快变慢。

框架的立足点并未改变：中国经济特征和政府调控模式未变。

框架的传导机制并未改变：三大拐点在2011年先后看到。

症结是：投资者的惯性逻辑在加快推演，而基本面的实际演绎却在变慢，投资者预期发生的变化迟迟得不到验证，最终反而加剧了悲观预期。

本轮的重要改变：经济可能不是V型，而是"李宁型"，通胀粘性。

推演2012：经济见底后，结构性行情真正展开

目前处于经济见底的阶段，市场尚有争议，股市有机会。

见底以后，发现也没有上升动力，进入"李宁型"的下面波动阶段，结构性行情更重要。

2011年，很多人都认为是结构性行情，经济波动不大，市场波动不大，宏观的判断不再重要。回头一看，2011年最重要的还是宏观判断和仓位选择，少有成长股能幸免遇难。原因很简单，经济尚处于"李宁型"下降的1过程，这种下降足以让市场下跌1000点。

策略分大势判断、行业选择和主题投资。大势判断不能简单地理解为看多看空，更不是

猜测上证综指的点位，而在于描述未来一段时间A股的主要特征和核心问题，只有这种特征的表述和把握才能引导投资者的行为，并对行业选择[①]和主题投资做出指导。

大势判断注定是自上而下的，鉴于A股市场的结构（周期和金融权重很大），宏观的拐点成为大势判断的第一要务。宏观分为经济周期的定位和货币流动性的变化，中间掺杂政府行为的干扰。宏观大逻辑的演变争议不大，但具体变量何时发生、市场什么时候开始Price in这一变量众说纷纭。宏观变量发生的具体时间向前向后挪动2个月对于宏观大逻辑的演进无足轻重，但对市场的影响巨大。因此，大势判断的重点不在于描述宏观，而在于后面两者。

大势判断涉及仓位选择，此时市场进入主升和主跌的Show time[②]，行业选择和主题投资不是最重要的。A股的仓位选择就意味着更大类资产的重新配置，2008年四季度配债券，2011年中段配理财产品，所以我们需要用更宽的视野来定位A股市场，此之谓"宽体策论"。开篇之作，表述过去投资者形成的思维框架和本轮的修正，整体而言，大框架依然起作用，但由快入慢，恰如勇猛刚烈的少林拳到以静制动的太极掌。

1. 框架的形成：受制于经济特征和政府调控模式

1.1 框架的传导路径和观察信号

近几年来，很多投资者形成了一种定势思维的投资框架，即"经济恶化—约束放宽（通胀或房价约束）—政策放松—经济预期改善—经济见底并且加速—约束出现—政策加紧—经济预期恶化"。同时，这个框架的路径传导过程也对应着不同的风格特征——当经济加速下滑和约束放宽阶段，消费品开始补跌；当政策开始放松但实体尚未复苏，市场炒作流动性受益标的（区域、金融和中小盘股）；当经济真正触底回升，周期股（尤其是中游行业）开始加速上涨（图1）。

投资者通过观察不同信号的变化来验证框架路径的传导进程，并根据个人喜好、性格和资金属性选择出手点。一般而言，经济的恶化通过外贸、工业增加值、发电量等数据来验证；约束条件的变化通过CPI、PPI和房价来验证；政策变化主要观察货币政策和新的行政调控方针；经济预期改善伴随着资金利率下降（民间借贷利率、货币市场利率等）；经济的触底回升通过地产、汽车等可选消费品的需求变化来验证。投资者的喜好和性格不同（比如左侧和右侧投资者、激进和稳健性投资者），大家选择出手的时点各不相同——有些人看到经济恶化就出手、有些看到约束释放就出手、有些看到政策放松出手、有些要等到经济明确复苏出手（图1）。

[①] 我们认为行业选择有三个层面，最后一个层面的行业选择与A股特征的描绘最相关，是自上而下的，此时看不到行业基本面的变化，这个层面的行业比较应该成为研究的重点。关于这个问题的详细分析，参见《行业比较思考篇》的内容。

[②] 关于Show time和垃圾时间的论述参见2011年最后一期一周回顾和展望《复盘2011》，我们将会在《宽体策论篇》后面各章详细论述。

图1：A股投资的传统框架

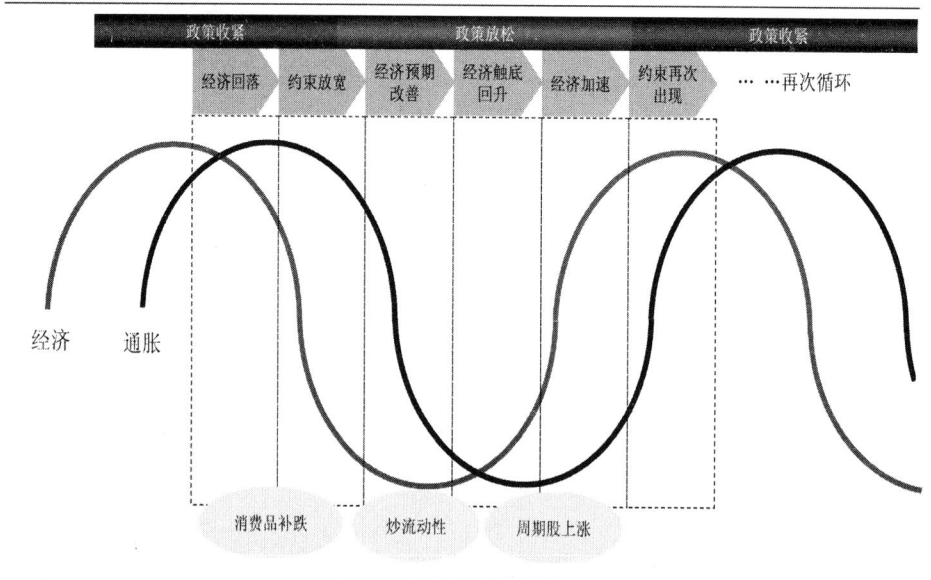

资料来源：申万研究

1.2 框架的形成机理：与中国经济特征和政府调控模式相关

这种思维框架的形成有一定稳定性，受制于中国经济的特征和政府的调控模式。中国经济有一个明显特征：政府力量的强势，使得其调控对经济的影响力极大。说A股纯粹是政策市并不公正，但由于政府对资源的控制力，在短期确实会影响经济的波动方向，主导投资者的经济预期，对于投资视野仅在1~3个月的投资者来讲，政策确实是不得不考虑的变量。

其次，政府对维持社会稳定和经济增长都高度重视，政策的钟摆需要在紧缩和放松之间来回摆动。由于通胀高企、房价暴涨容易引发社会问题，而经济减速会导致失业增加和人民收入下降，这些都是政府不愿意看到的。为了既维持社会稳定又保持经济增长，政策的钟摆需要适时地在调控和放松之间来回摆动。A股的排名机制使很多投资者都想占据先机，越聪明的投资者越希望能前瞻一步。宏观经济是中观行业指标和微观业绩的领先指标，所以不需要等到中微观起来，只需要宏观能起来就可以做了；政策会改变经济的演进方向，所以不需要等到经济真正起来，只需要看到政策改善就可以做了；政策受制于约束条件，只要约束条件下来，政策大概率就是要松，所以只要看到约束放松，就可以出手了；约束受制于经济，经济下滑了，通胀也会下来，所以只要看到经济下滑了，也可以做左侧。层层向前，最终中国的股市形成"逆宏观"的怪圈，很多人不是看到经济好去投资，而是看到经济不好去投资。而这种模式在2008年底、2009年初和2010年中的两次反转中都得到了体现，投资者的思维进一步强化。而2011年，这种模式受到极大挑战。

2. 框架的强化：2009年初和2010年中的行情

2.1 2008-2009年的V型反转

2008年下半年，经济下滑促成约束放宽，大力度的政策放松促成经济回升。2008上半年,由于通胀高企,货币政策持续紧缩。但从2008年三季度开始,在海外经济危机的冲击下,国内的经济增长从2008年三季度开始明显减速,此前高企的通胀也随之开始回落。随着约束的放宽和经济下滑幅度的加大,最终紧缩政策转向,并随之出台大量刺激性政策。在政策刺激下,经济最终在2009年一季度触底,二季度开始回升。

股市的演绎:政策拐点后市场即企稳,经济回升前炒流动性,经济见底后大盘启动(图2)。从2008年9月开始,利率和准备金率均进入下降通道,而房地产政策也在10月底完全放松,这个阶段股市处于稳定类补跌的最惨烈阶段;2008年11月中旬"四万亿"的出台和货币政策的进一步放松,市场触底,但由于当时投资者对刺激政策的有效性仍存较大争议,因此市场震荡仍然较为剧烈。09年初信贷和PMI数据大大改善投资者的经济预期,虽然经济尚未见底,但市场进入了炒流动性的阶段,很多流动性相关板块取得巨大超额收益。2009年一季度末,随着房地产销售持续放大,房价开始上涨,经济真正见底,大盘如钢铁和银行开始启动。2009年一季度后才杀入的后知后觉者已经明显落后,此轮的教训使他们更重视政策和流动性的改善,不再一定要看到经济见底,这些投资者在后面变得更加激进。

图2:2008-2009年不同阶段的市场走势

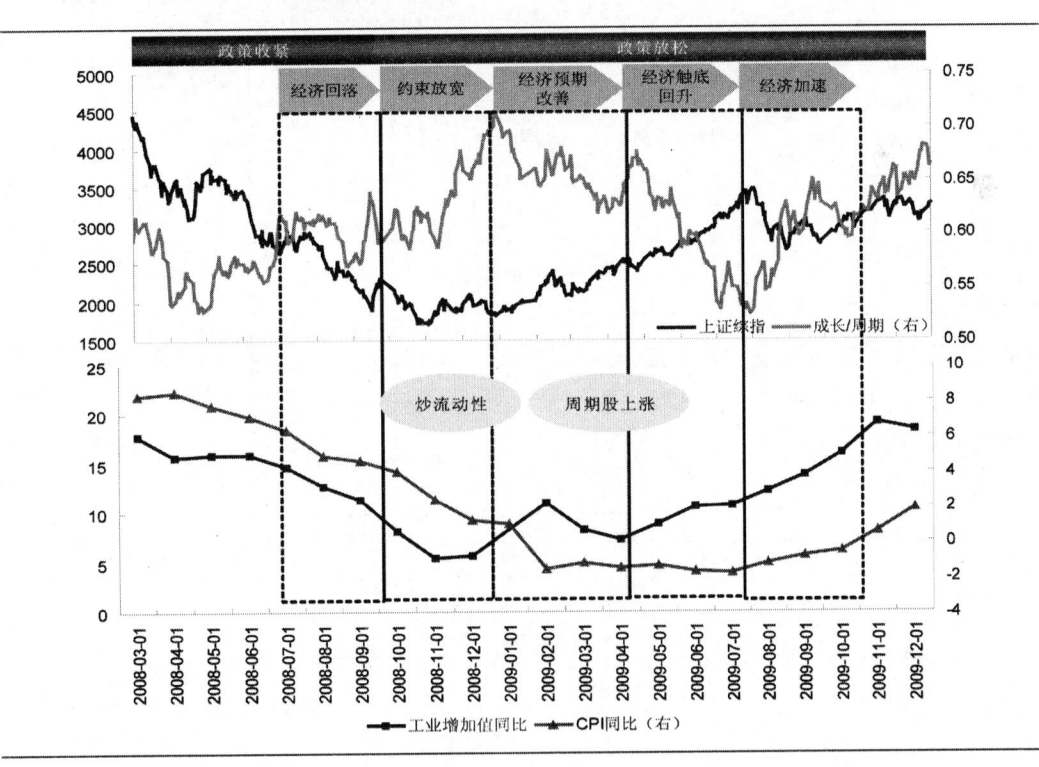

资料来源:WIND,申万研究

2.2 这一框架在2010年的实战中再次得到验证

对2008-2009年行情的学习效应使得投资者的逻辑推演加快,政策拐点成为最重要的信号。2008-2009年的市场反转,使得投资者对政策的有效性深信不疑。因此,当2010年4

月中旬政府开始强力打压房地产之后，投资者对经济的悲观预期加剧，市场大幅下跌，从此房地产和银行板块的风光日子也一去不复返(事实上，房地产和银行业绩的高增长一直持续到今天<2012年2月>，地产投资增速在最近才下来，所以宏观判断的具体落足点可能偏差很大，这一点对于市场判断影响很大)。在2010年二季度，房价增速开始回落，同时经济增速也确实出现下滑，约束条件似乎放松(当时并没有通胀担忧，而且大家对房地产市场的韧性理解不够)，当高层领导在6月的一系列公开场合上强调"保增长"的重要性之后，投资者再次产生了政策放松的预期，政策也确实有些放松(信贷和财政项目，可以说这一次政府对危机后中国经济的韧性是估计不足的)，市场也随之触底回升(当然，10月份的周期品爆发式行情也叠加了美国QE2预期的加强)。进入2010年四季度以后，经济增长开始保持平稳，但通胀在迅速恶化，央行最终在10月下旬加息，市场也再次回落(图3)。这波对于6月底(经济尚在恶化)的投资者，无疑是思维上的强化。

图3：2010年不同阶段的市场走势

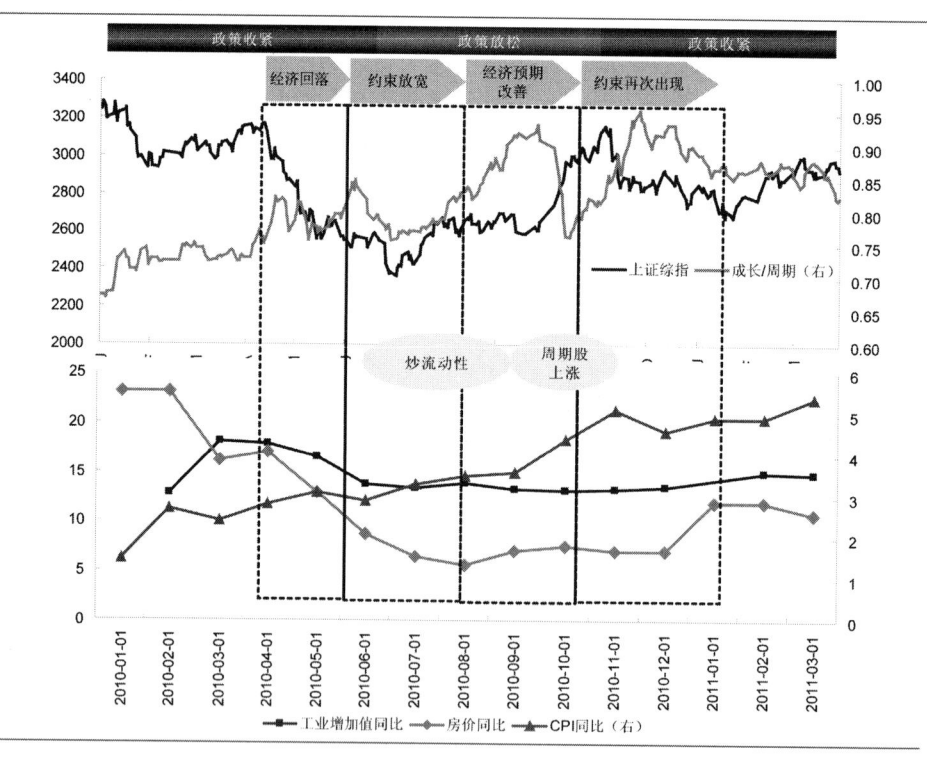

资料来源：WIND,申万研究

3. 框架的受挫：2011年市场持续回落，投资者开始怀疑框架

经历了2008—2010年的洗礼，进入2011年，"经济下滑—约束放宽—政策放松—经济预期改善"的投资框架已成为投资者的定势思维。并且在学习效应下，许多投资者相信股市会越来越提前反映预期，因此选择在这条传导链条的前端就出手，以享受最大的收益，但实际情况却"惨不忍睹"：

(1) 4月份工程机械数据(这个数据5月初就知道)的大幅下行结束工程机械和重卡之争，确认经济下滑，由于预期未来通胀约束也会放宽，部分投资者选择在2011年5月第一次出手。我们就属于这第一批投资者，5月份就坚持市场见底、估值安全，6月份见到通胀高点后就可以做了，应该做左侧。

(2) 8~9月通胀高点得到初步确认，由于预期未来调控政策也会有进一步放松，部分投资者选择在2011年8月中再次出手。事实上，通胀比2011年年初预期的来的晚了一个月，而正是这一个月的耽搁使投资者对通胀的高点产生质疑，记得8月底还有大量的券商专门组织通胀调研，事实上，等这批报告报告出来(大约是9月份)，通胀已经不是主导市场的核心变量了。所以，宏观的大逻辑没错，货币紧缩、经济下滑确实导致通胀下滑了，但是就这滞后一个月就足以造成一波主跌浪(当然中间还有其他因素，如动车、美债评级和准备金范围扩大)。我们是在8月中下旬翻空的，原因就是看到了通胀迟迟不下，另外8月份准备金范围还在扩大，使我们对这轮经济周期和市场调整的速度产生担忧，决定戒急用忍，事后证明，这种思路帮助我们躲过了2011年下半年的两波主跌浪。从投资角度，躲过这两波主跌浪意义很大。

(3) 10月中旬温总理宣布"预调微调"之后，政策拐点得到确认，由于预期未来经济增长会由于政策放松出现改善，很多投资者选择在2011年10月中旬第三次出手，之后是准备金下调，冲进去的人更多。我们在10月25日提出《蜜月行情》，认为市场能涨一个月，到了11月月中就会下来[3]，11月17日的年会报告《从无为到有为》认为市场还有主跌浪，12月1日的准备金点评《降准难改弱势局面》是市场为数不多认为降准应该撤的机构。事后看，蜜月行情的意义不大，从我们的逻辑上看，就仅有10几个交易日，所以应该撤，而之后几篇报告是把握住了市场的节奏。其实，准备金后两个交易日内，依然有撤的机会，之后才是主跌浪。

框架出了什么问题？2011年先后出现了经济回落的信号、约束放宽的信号和政策放松的信号，按照传统的框架思路，这三个信号应该都是买入的时机，但实际情况却是，即使投资者等到政策放松拐点显现之后再出手，也要承受相当大的投资损失(图4)。

---

[3] 具体的逻辑参见当时的报告。

图4：2011年不同阶段的市场走势

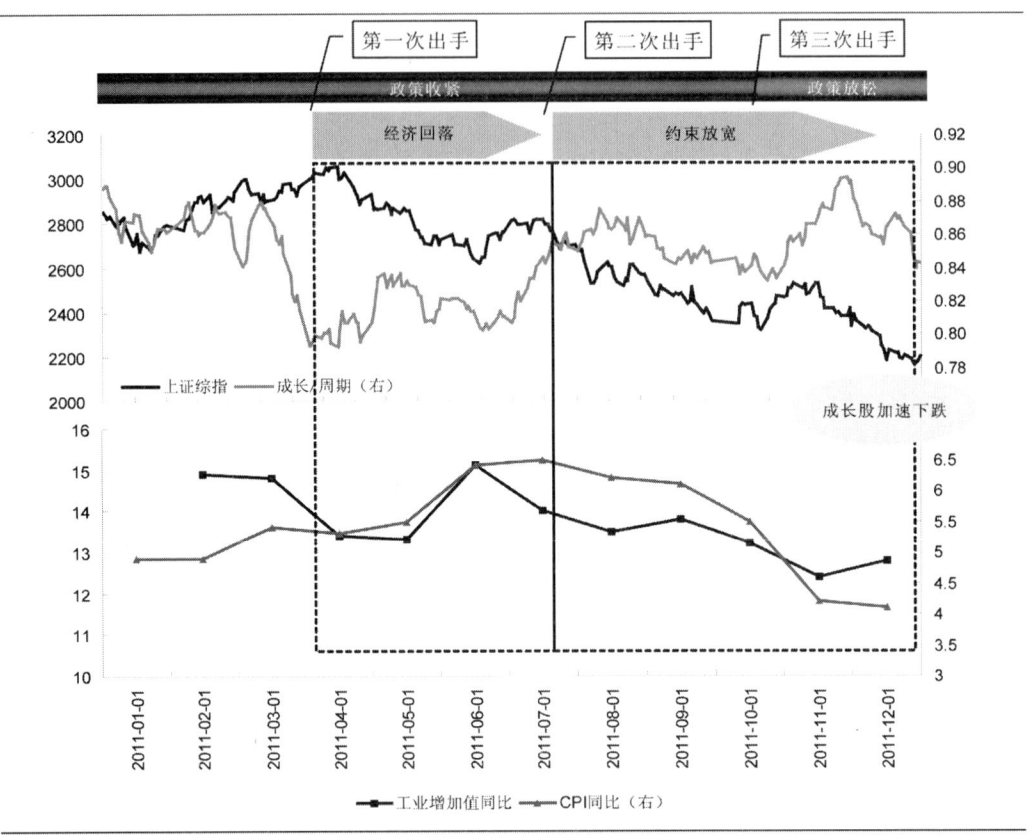

资料来源：万得资讯，申万研究

在2011年10月政策出现拐点之后，成长股并没有超额收益，反而加速下跌。从2008—2010年两次行情来看，每当政策放松之时，市场都会形成流动性放松的预期，并且会热炒成长股，主题投资盛行。但是2011年10月中旬出现政策拐点之后，成长股非但没有上涨，反而是加速下跌。

4. 反思：大框架仍在起作用，但需要修正——投资者逻辑推演由慢变快，基本面的演绎却由快变慢

2011年的实战使很多投资者对原有的投资框架产生怀疑，但我们认为，也许该框架本身并没有问题，只是投资者思维逻辑的加快推演再加上2011年基本面的滞后演绎，使得投资者在2011年按照框架投资屡屡失手。

4.1 框架的立足点并未改变：中国经济特征和政府调控模式未变

原有框架的核心立足点，一是政府力量的强势，使得其调控对经济的影响力极大；二是政府对维持社会稳定和经济增长的高度重视，我们认为，只要政府仍然以保持社会稳定和经济增长为核心工作任务，只要政策调整仍然强力有效，那么这个大的投资框架也将仍将有效。去年以来，就有很多争议，说新一届政府的行为模式会如何？这一点无法证伪，只有等

新一届政府运行一段时间之后才知道。

4.2 框架的传导机制并未改变：经济下滑、约束放宽和政策放松的拐点在2011年先后看到

2011年5月，宏观和中观数据数据确认经济下滑；到2011年7月，通胀也终于见到前年高点；2011年10月，不断收紧的政策也开始出现放松迹象。这一切表明大的框架本身的传导路径并没有问题，接下来经济预期的改善和经济趋势的实际触底应该也能先后看到。

4.3 但对框架的节奏需要修正：投资者逻辑推演由慢变快，基本面的演绎却由快变慢

2011年投资者按照原有框架投资屡屡失败的症结是：投资者的惯性逻辑在加快推演，而基本面的实际演绎却在变慢，投资者预期发生的变化迟迟得不到验证，最终反而加剧了悲观预期。经过了2008-2010年的两轮行情，学习效应使得投资者对该框架的逻辑推演不断加快，有的人将经济预期改善作为投资股市的信号，有的人将政策转向作为投资股市的信号，甚至有的人将经济的下滑作为投资股市的信号。但基本面的实际情况却是：各个关键节点的传导时间明显变慢。

4.3.1 经济下滑的确认时点变慢——重卡与工程机械之争

2010年1月和4月，货币政策和房地产调控政策先后收紧，此时市场也开始担忧经济会出现问题，并等待后期数据的验证。实际情况是：工业增加值虽然从2010年4月从高点回落，但2010年三季度后便企稳，并持续稳定在13%左右的水平，之后几个季度经济都超预期，房地产投资也没有下来，大家搞不清楚"经济到底会不会由于调控而下来"（图5）。

最为典型的案例便是2011年一季度的"重卡与工程机械之争"——进入2011年1月以后，重卡的销售数据陡然变差，而同期工程机械的销售增速却屡创新高(图6)。针对这一矛盾，当时市场上曾进行了激烈的"论战"，对于未来的经济走势无法形成一致预期。直到进入2011年二季度，当工程机械销售增速也开始迅速恶化之后，此时市场才终于对经济下滑趋势达成一致。

图5：政策收紧后很长一段时间经济仍然平稳

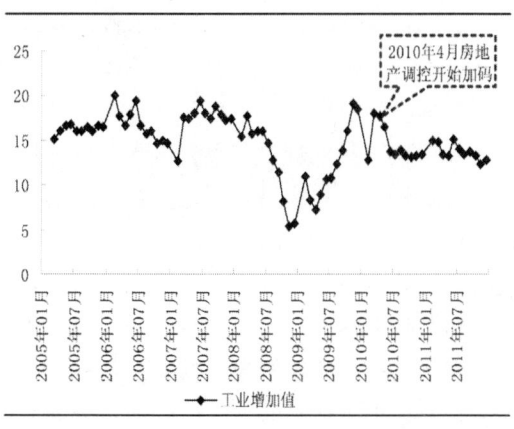

资料来源：CEIC，申万研究

图6：2011年一季度工程机械与重卡销售背离

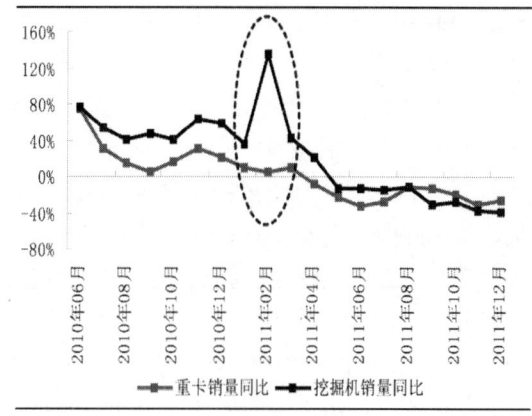

资料来源：CEIC，申万研究

4.3.2 从经济下滑到通胀回落的传导时点变慢——2011年的通胀高点较此前预期延后了一个月

观察 2000 年以来工业增加值和 CPI 的关系可以看出,在经济见高点之后,往往通胀也会随之回落。但通胀回落的时点却不断地在延后——2004 年的通胀高点滞后经济高点 4 个月,2008 年的通胀高点滞后经济高点 8 个月,而 2011 的通胀高点滞后了经济高点整整 16 个月(图 7)。尤其是在 2011 年上半年,市场已普遍预期 6 月会是全年的通胀高点,但 7 月的通胀却再创新高(图 8)。这完全打乱了投资者对政策节奏的预期——此前投资者普遍预期通胀在下半年开始回落之后,政策环境也将逐渐宽松。但 7 月通胀的创新高直接导致 7 月初的存贷款利率再次上调,投资者对政策放松的预期时点被迫延后,这个行为也改变了商业银行的投放资金节奏,他们不愿意在货币市场上拆出资金,最终导致原本下滑的资金利率再次飙升。

图7:通胀回落的时点在不断延后

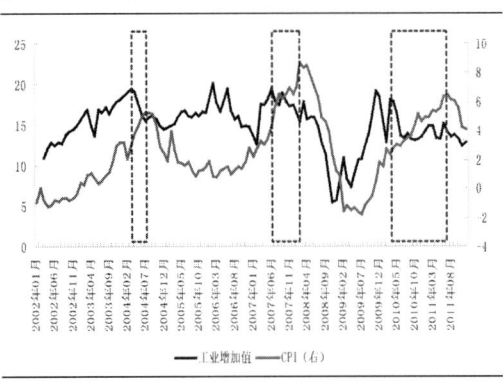

资料来源:CEIC,申万研究

图8:2011年CPI的高点较预期延后了一个月

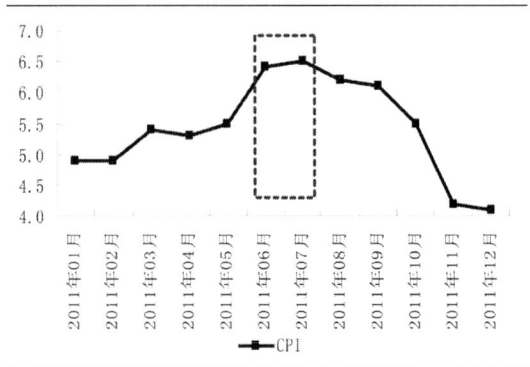

资料来源:CEIC,申万研究

4.3.3 政策放松的节奏变慢——流动性始终无法趋势性改善

2008 年和 2010 年的政策调整方向明确,力度较大。在 2008 年下半年,由于通胀和房价的约束极小,而经济又在加速下滑,因此政策放松的力度也是空前之大;而在 2010 年二季度,虽然监管层加大了房地产调控力度,但由于对经济保持增长没有十足的把握,这段时期的货币政策并没有进一步加码,反而是在 6 月监管层公开表态将"保增长"放在首要位置之后,发改委新批项目和信贷投放都有所加快。

2011 年的政策放松时点晚于预期,并且仅限预调微调,流动性没有得到根本改善。反观 2011 年,由于约束放宽的时点本身就晚于预期,政策放松也随之推后,并且为了巩固调控成果,货币政策的调整仅限于一次准备金的下调以及对中小企业信贷的定向放松。此外,由于银行受到贷存比的约束,新增信贷依然始终无法放量。其造成的后果是,货币市场和实体经济层面的资金成本维持在高位,流动性无法得到根本改善(图 9)。最后,货币的松动从 11 月份开始,但是 12 月份碰到年底结账,1 月份又碰到春节提前,所以资金的需求非常旺盛,在资金供应不足、需求很旺的情况下,票据贴现利率并未马上下行。而这个数据基本成为 A 股市场很多投资者判断流动性的指标。

图9：2011年资金成本始终处于高位

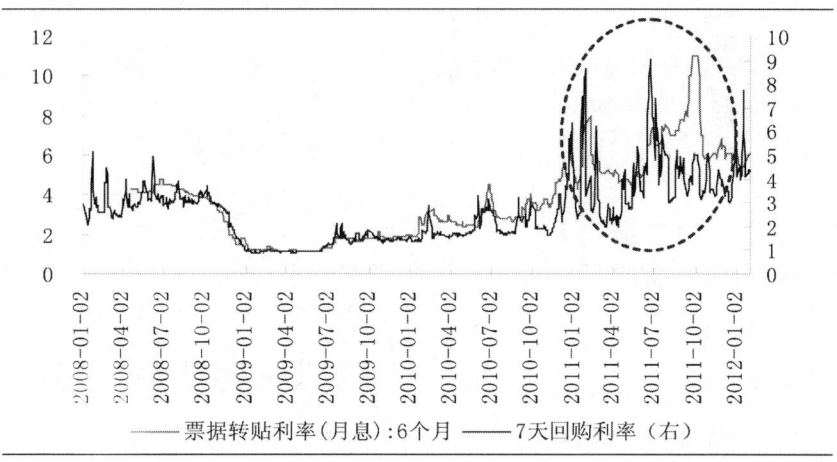

资料来源：万得资讯,申万研究

4.4 中长期的修正：经济"李宁型"和通胀的韧性

综上所述，大的框架依然起作用，只是基本面的变化变得迟缓，投资者必须忍受这种变化，调整自己的节奏。此外，如果说这轮真的有大变化，我们觉得是经济"李宁型"和通胀的韧性，这一点需要关注，会对未来的投资模式产生影响。

以往，投资者见到的中国经济都是V型变化，所以找到底部就可以做了，后面有较大的空间。而这一次，我们担心中国经济是"李宁型[④]"（图10）。以往几次，通胀随经济下滑，政府的放松可持续，并且幅度较大，造成中国经济持续向上。但是这次通胀估计会有韧性，劳动力成本的上升毋庸置疑，这会制约中国政府的刺激力度(图12)。"预调微调"将在很长一段时间成为调控的主基调，并且房地产调控不会放松。一个典型的案例是：2012年年初，外汇占款已连续两个月负增长，并且春节前银行资金压力巨大，市场已普遍预期央行会再次下调准备金来应对，但央行最终却选择逆回购的方式来阶段性的改善流动性状况。以往，货币政策放松，就伴随着下游可选消费的回升，房地产和汽车是先头兵，但是这次房地产还在下降的过程，政策估计很难明确放松房地产，失去房地产这一动力，经济很难持续向上(图11)。经过2011年一年的去化，中游的库存已经很低了，但是缺乏下游需求的持续向上，中游的补库存可能不持续。所以，通胀粘性、房地产向下，政策刺激不连续，都将导致中国经济难以再现前几次V型反转。

---

④ 参见李宁的LOGO，和L型比较相似，只是底部有波动。

图10：经济趋势也许是"李宁型"而不是V型

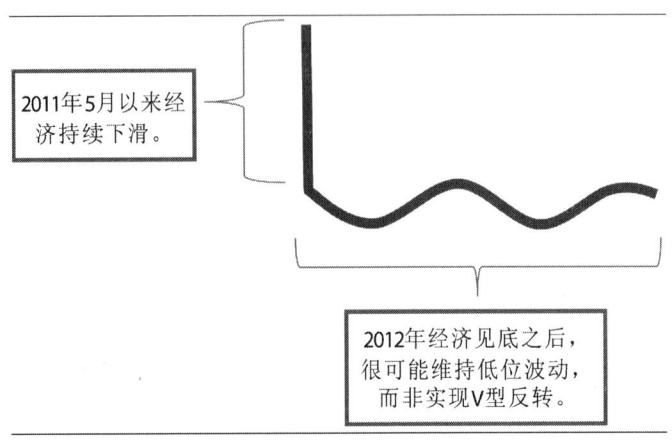

资料来源：万得资讯,申万研究

退一步讲，即使中国经济能实现V型反转，估计也是放开房地产。在经济新的增长动力没有出来之前，这种V型反转很难"又好又快"，所以周期股的业绩会不错，但是估值难以提升。

图11：房地产政策变化对房地产市场的影响

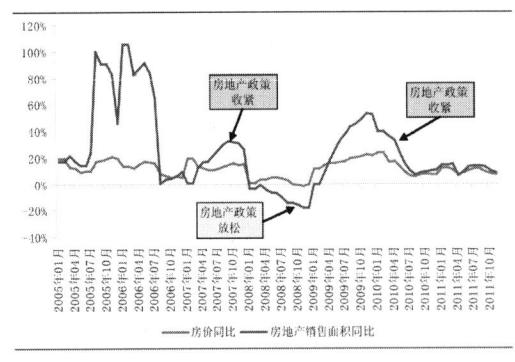

资料来源：CEIC，申万研究

图12：调控政策的变化轨迹

政策放松起点	
时间	事件
2008年9月	利率和准备金率首次下调
2010年7月	发改委新批项目和新增信贷增加
2011年12月	准备金率首次下调

政策收紧起点	
时间	事件
2010年1月	准备金率首次上调
2010年10月	利率首次上调

资料来源：申万研究

5. 2012年，经济见底后步入结构行情

回顾我们在2011年的策略推荐，在8月以前也犯了一些大的错误。尤其是在6月17日的中期策略报告《左侧出手，龙头为上》中，提出"向上500点"让人记忆深刻。出错的原因就在于我们对传统框架的逻辑推演过快，认为6月就能见到全年通胀高点，此后的政策放松和经济预期改善也将顺理成章的来临，因此市场将会迎来较大的估值修复。但此后通胀高点的延后和政策变化的缓慢使我们开始反思，并慢慢对这个框架的修正产生了一定的想法。最终，我们在8月下旬将观点转向谨慎，并在接下来的报告中不断向投资者强调要"戒急用忍"。直到1月9日，我们才将对市场的看法由悲观转向中性。事实证明，在对传统框架进

行修正之后，我们基本都踏准了市场的节奏(图13)。

图13：2011年8月以来的市场走势及申万策略的判断

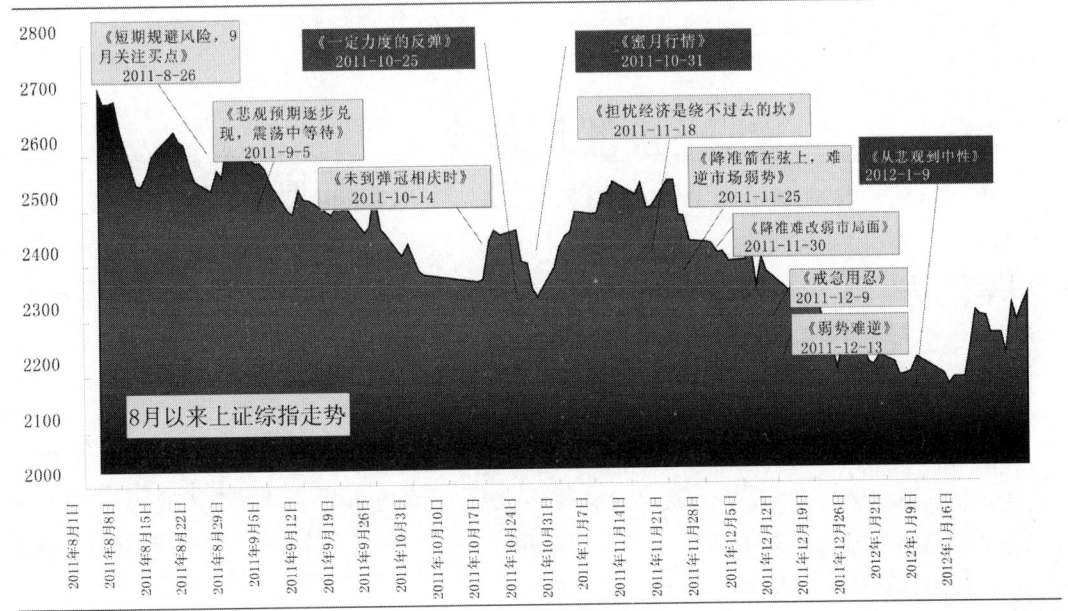

资料来源：万得资讯，申万研究

1月9日提高仓位的原因是：(1)经过前期暴跌，风险得到释放，我们年会报告《从无为到有为》担心的经济加速下滑被逐步Price in，市场结束Show time，进入垃圾时间，此时策略的要务不再是仓位，而是结构，蓝筹较好；(2)由于货币放松，经济底部会逐步探明，12月份的先行数据如PMI、汽车销售和房地产销售已经改善，之后的同步数据如工业增加值、工业企业利润也会抬头。在未来一个多月的数据真空期，经济见底的信号会强化。所以市场还会有机会。只是对于不同类型、不同仓位的投资者，选择会不一样。如果你像我们在1月9日就提高仓位，那么到2月就会比较从容，选择HOLD住就可以了。但是如果之前没有提高仓位，到2月已经落后人家不少，可能要采取更加激进的方式，比如说加仓成长股。

之后，经济确实是见到底了，但是也起不来，经济真正陷入窄幅波动，此时结构选择更加重要，这是一个战略布局的问题。策略的三大任务是大势判断、行业选择和主题投资，但是不同阶段对不同任务的侧重不一样。2011年，很多人都认为是结构性行情，经济波动不大，市场波动不大，宏观的判断不再重要。回头一看，2011年最重要的还是宏观判断和仓位选择，少有成长股能幸免遇难。原因很简单，经济是处于"李宁型"下降的1过程，这种下降足以让市场下跌1000点。但是接下来，经济如果真正步入窄幅波动，此时大势判断需要让位于行业选择和主题投资，成长股可能真正成为布局的主要方向，更何况，过去一年，成长股跌了不少。根据任务不同，申万策略也在调整自己的兵力部署，过去半年我们花了较大精力在大势判断，有了一些心得和体会，在未来的"宽体策论"各章中，我们将逐步展示。

第二章

A 股篮球论
——Show Time 选择仓位、垃圾时间把握结构

主要观点：

投资 A 股如打篮球：

24 秒必须要出手。投资者必须重视时间约束，未来 3~6 个月的收益和风险是最核心的考虑对象，1~2 月内指数上涨或者下跌 15%必须把握。

SHOW TIME 与垃圾时间交替。Show Time 市场反映某一核心变量，进入主升或者主跌浪，此时仓位控制更重要；垃圾时间市场缺乏方向，主题和行业精选是关键。

好的策略分析员不是整天喊多看空，而是在 Show Time 之前提示下阶段的核心变量，在垃圾时间中保持淡定，挖掘主题和细分行业。

2009 年以来的 5 次 Show time 及其启示：

2009 年上半年的主升浪:驱动因素是政策放松、经济触底回升

2009 年 8 月的主跌浪:驱动要素是政策转向预期

2010 年 4 月的主跌浪:驱动因素是地产调控和欧债危机导致经济下滑预期

2010 年下半年的主升浪：驱动要素是政策再松和经济再起

2011 年三波主跌浪:核心驱动要素经济下滑、通胀超预期和经济加速下滑

启示：1.核心驱动力大多是宏观变量，关键是何时发生、是否被 PRICE IN；2.错误的逻辑短期如果无法证伪，不要轻易去纠错，要顺势而为。

2009 年以来的 2 次垃圾时间及其启示

2009Q4-2010Q1 垃圾时间:市场震荡，新能源与区域经济成主题投资热点

2010 年 11 月~2011 年 2 月垃圾时间:市场震荡，制造升级成主题投资热点

启示：垃圾时间中策略的任务有两个：考虑下一个驱动力、寻找结构性机会。考虑下一个驱动力的根本还是要回到宏观，看看从宏观逻辑推断的角度出发，下一个最有可能出现的变量是什么？然后跟踪中观数据，看是否逐步出现。寻找结构性机会的方法有很多，把握残存的记忆是其中之一。譬如在 2011 年初，2010 年的成长泡沫已过，但下一个驱动力还没出现，市场很能接受"制造升级"的逻辑；2011 年一二季度的供应故事也同此理——水泥的收益已经让大家瞠目结舌，所以稀土、氟化工、钛白粉、黄磷、铅蓄电池的故事也同样能为大家接受，甚至扩大到电力和钢铁。但是后面当需求下滑，所谓牢不可破的供应瓶颈也顷刻间瓦解，经济本身没有变化，市场的思维变化了，核心驱动因素变化，进入了另外一段 Show Time 和垃圾时间。

1. 表演时刻和垃圾时间交替的 A 股市场

巴菲特说投资如打棒球,选择最好的球从容挥棒,如果来球太高或太低,就任其飞过。事实上,投资 A 股更像打篮球,24 秒必须出手,否则就换人。而且也不能只选择自己舒服的方式出手,必须在真假难辨、充满对抗的情况下投篮。领先时,可以从容点,讲点战术理念,落后时,不得不采取激进点的方法。在这片场地上,节奏非常重要,投资者必须承认约束、遵守规则,从策略的角度来看,未来 3~6 个月的收益和风险是最核心的考虑对象,1~2 月内指数上涨或者下跌 15%必须把握。

同时,A 股是 Show Time 和垃圾时间交替的市场。所谓 Show Time,是指市场开始反映某一核心变量,这种变化可能很小,颇有争议,但对市场影响极大,市场进入主升或主跌浪。此时,仓位的选择远远重于行业选择和主题配置。所谓垃圾时间,是指市场缺乏方向,前一个核心驱动力被市场充分反映,后一个核心驱动力尚未出现,股指不上不下、不死不活、乏善可陈。但此时如果能在垃圾中淘得黄金(好的主题或者细分子行业),就可以极大拉开与对手的差距,所以主题和行业精选是垃圾时间的关键任务。

好的策略分析员不是整天喊多看空,而是在 Show Time 之前提示下阶段的核心变量,在垃圾时间中保持淡定,挖掘主题和细分行业。区分垃圾时间和 Show Time、找到下阶段驱动股市的核心变量是 A 股策略的任务,挖掘主题、配置行业是主题小组和行业比较小组的责任,申万策略团队也因此而设。本文具体分析从 09 年以来的案例所得到的若干启示。

2. 2009 年来出现 5 次 Show Time

我们认为,2009 年来市场共出现 5 次 Show Time,分别是 2009 年上半年的主升浪、2009 年 8 月的主跌浪、2010 年 4 月的主跌浪、2010 年下半年的主升浪和 2011 年全年的三波主跌浪(图 1)。

图 1:09 年以来的五次 SHOW TIME

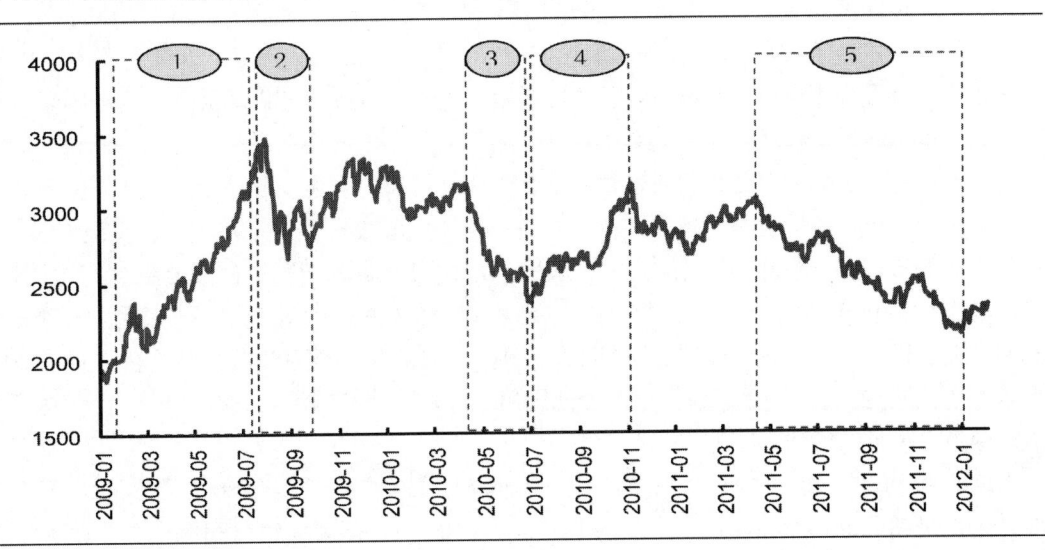

资料来源:万得资讯,申万研究

2.1 2009年上半年的主升浪——驱动因素是政策放松、经济触底回升

从2008年9月开始,利率和准备金率均进入下降通道,而房地产政策也在10月底完全放松,随后还出台了"四万亿"政策。但当时投资者对刺激政策的有效性仍存较大争议,因此市场震荡仍然较为剧烈。转折点出现在2009年初,1月信贷的超量投放和PMI数据的改善都使得投资者对经济见底回升的预期加强(图2、图3),此后半年时间里,市场上涨了近一倍。

这个过程又分为两块,一季度前市场对于政策放松能否导致经济回升尚存争议,在政策已经松动、经济未明确起来之前,市场炒了一波流动性行情。而一季度后,随着房地产销量的持续回升、房价开始上涨,投资者对银行风险的担忧开始缓解,居民储蓄由于股市的赚钱效应开始搬家,股市迎来"大象跳舞"的行情。所以,在这波主升浪中,经历了政策放松导致流动性改善和经济明确见底回升两波行情。

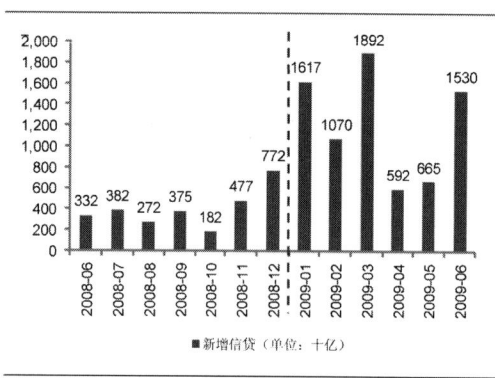

图2:09年初以后新增信贷大幅扩张

资料来源:CEIC,申万研究

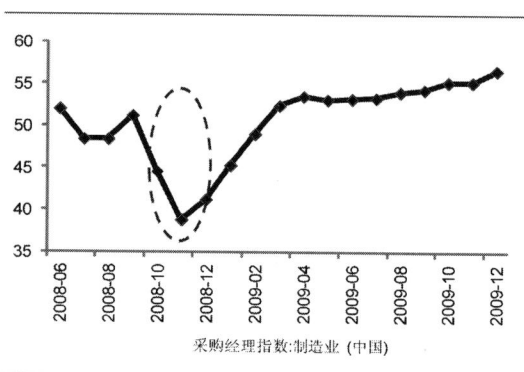

图3:PMI出现向上拐点

资料来源:CEIC,申万研究

2.2 2009年8月的主跌浪——驱动因素是政策转向预期

2009年初的行情始于政策放松和流动性改善,但8月份风云突变,单月市场大跌22%,至今仍成为投资者津津乐道、不断反思的经典案例。回头看,促使市场大跌的驱动因素可能是货币政策转向预期和对经济二次探底的担忧。

虽然从当时实际公布的政策内容看,没有任何要转向的表述。但是投资者从一些中观数据中似乎观察出一些端倪——首先,在6月新增信贷大幅投放了1.5万亿以后,7月的信贷投放仅为3559亿,远低于前几月的平均水平,这使得投资者产生了信贷要收缩的预期(图4);其次,2008年12月以后一直停发的一年期央票在7月重新发行,并且此后一个月发行利率持续上行,与此同时银行间市场利率也出现了大幅飙升,这使得投资者产生了货币政策要收紧的预期(图5);最后媒体报道部分地区房地产信贷有所收紧,这使得投资者产生了房地产政策要收紧的预期。

8月中公布的房地产数据不及预期,钢价开始大跌,投资认为经济会二次探底。事后证明,经济仍朝着过热的方向发展,市场也回到了3400点,但诸如银行和地产等股票再没辉煌过。

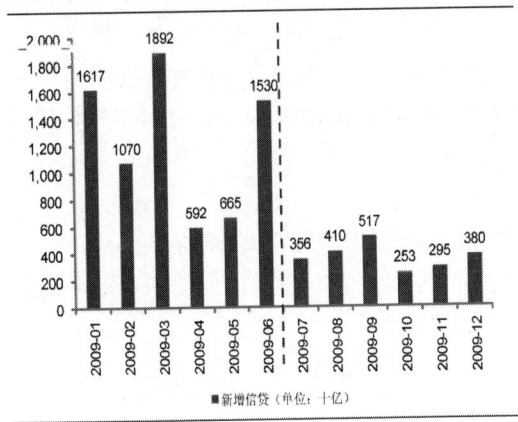

图4：2009年7月以后新增信贷回落

资料来源：CEIC，申万研究

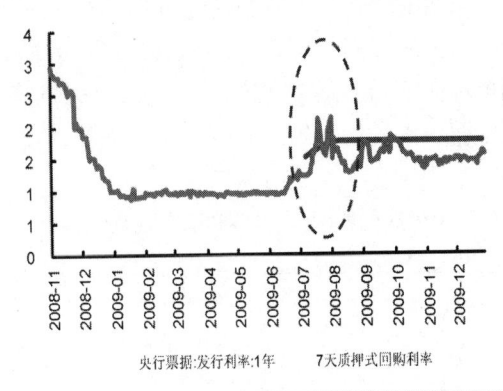

图5：1Y央票发行重启，银行间市场利率飙升

资料来源：CEIC，申万研究

2.3 2010年4月的主跌浪——驱动因素是地产调控和欧债危机导致经济下滑预期

2010年4月份，国内出现史上最严厉房地产调控(表1)，海外出现了欧债危机，投资者觉得房地产和出口会双哑火，经济预期迅速恶化，而二季度的工业增加值持续向下似乎验证了这个逻辑，所以整个二季度A股下跌23%。

表1：2009年12月以来出台的地产调控政策

时间	单位	政策
2009-12-14	国务院常务会议	要求遏制房价上涨
2009-12-17	财政部等五部委	《关于进一步加强土地出让收支管理的通知》
2009-12-23	财政部、国税总局	《关于调整个人住房转让营业税政策的通知》
2009-12-25	上海银行同业公会	叫停房贷返点
2010-1-21	国土资源部	《关于改进城市建设用地申报与实施工作的通知》
2010-3-9	财政部、国税总局	《关于调整房地产交易环节税收政策的通知》
2010-3-10	国务院	《关于促进房地产市场平稳健康发展的通知》
2010-3-10	国土资源部	《关于加强房地产用地供应和监管的通知》
2010-3-18	国资委	央企退出房地产市场
2010年4月	五大商业银行	取消首付7折利率
2010-4-15	国务院常务会议	收紧房贷标准
2010-4-15	国土资源部	大幅提高住房用地供应
2010-4-18	国务院	进一步收紧房贷标准
2010-4-30	北京市政府	《北京市人民政府贯彻落实国务院关于坚决遏制部分城市房价过快上涨文件的通知》

资料来源：申万研究

事后看来，这种判断是错误的，因为出口、房地长投资、房地产新开工直到2011年末才下来。2010年4~7月，螺纹钢产量增速急剧下滑而水泥增速保持不变，出现背离(图6)，由于钢铁有库存而水泥没有，所以这种背离是由于库存调整导致。在史上最严厉的房地产调控政策出台的背景下，钢铁经销商对未来房地产开工的预期非常悲观、不再进货，钢铁厂商主动减产去库存，导致钢铁产量和工业增加值明显下滑(图7)。所以，工业增加值的下降是钢铁厂商主动调整生产行为导致的，但是这种下降被投资者直接理解为房地产调控和欧债危机所致。

图6：2010年4-7月水泥和螺纹钢产量增速背离　　图7：2010年上半年经济下滑为库存调整导致

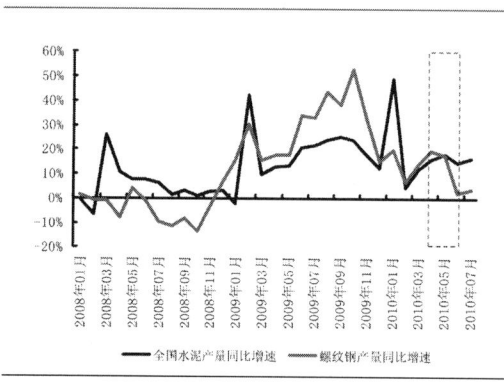
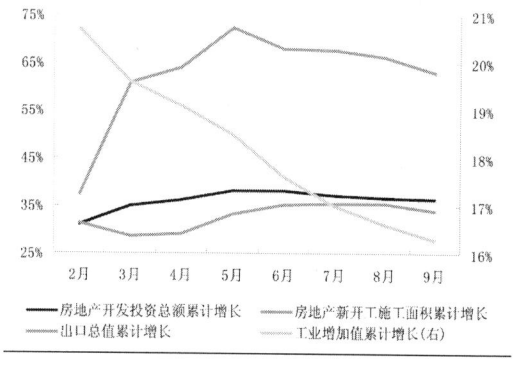

资料来源：华通人，申万研究　　　　　　　　　资料来源：万得资讯，申万研究

2.4 2010年下半年的主升浪——驱动要素是政策再松和经济再起

由于二季度的经济下滑，特别是外汇占款流出和PPI环比负增长，使众多投资者(包括决策层)相信经济可能二次探底(图8)。因此，当高层领导在6月的一系列公开场合上强调"保增长"的重要性之后，投资者再次产生了政策放松的预期，并且当时有迹象显示信贷投放和发改委新批项目的速度有所加快。市场也随之触底回升，延续到10月份时，叠加美国QE2预期加强之后，周期股又迎来了一波爆发式的行情。

事后证明，当时投资者(包括决策层)对经济存在误判。从整体上看，中国经济处于过热而非衰退的阶段，因此信贷的稍微放松、项目的批复使经济快速上升，并且在十月份出现通胀加速的迹象。这种误判的根本还是在于参与者对于危机后中国经济复苏的不信任，担心这点风吹草动就会夭折。不过，经此一役，对投资者和政府的行为产生了根本影响。投资者开始强化"经济下行—政策出手—经济复苏"的逻辑，提前出手，而政府在确认中国经济的韧性后越来越坚定调控，越来越晚出手，基本面的变化越来越慢，从而造成了投资者逻辑运行和基本面实际运行不匹配的结果，造成了2011年的三波主跌浪[①]。

---

① 关于这一块的详细论述参见宽体策论第一篇《从少林到武当——本轮经济和股市运行特征分析》。

图8：10年2Q外汇占款和PPI的下滑让人们开始担心经济可能二次探底

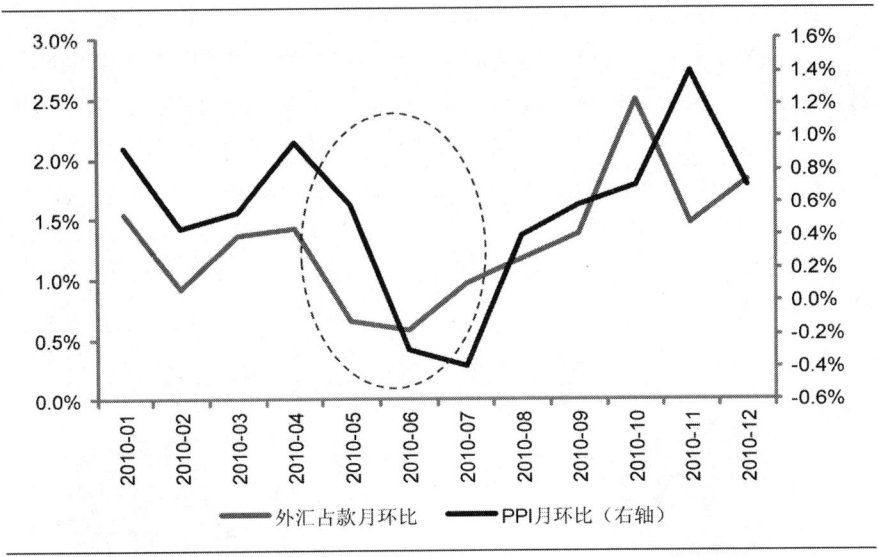

资料来源：CEIC,申万研究

2.5 2011年的三波主跌浪——核心驱动要素是经济下滑、通胀高于预期和经济加速下滑

2011年的三波主跌浪始于4月、7月和11月，4月份下跌的核心驱动因素是一季度市场对经济趋势的争议基本结束(图9)，经济下滑的预期得到加强；而进入7月份，高频数据显示市场一致预期的6月通胀高点可能会延后(图10)，并且为了遏制通胀央行也再次加息。在对通胀超预期的恐慌下，市场再次进入主跌浪；到了2011年11月，虽然监管层已公开表态要进行"预调微调"，但越来越多的经济数据显示经济正在经历加速下滑，投资者开始担心紧靠政策微调无法扭转经济下行的趋势，因此市场进入2011年的第三次主跌浪。

图9：机械销售大幅下行结束经济走势的争议   图10：通胀高点预期延后

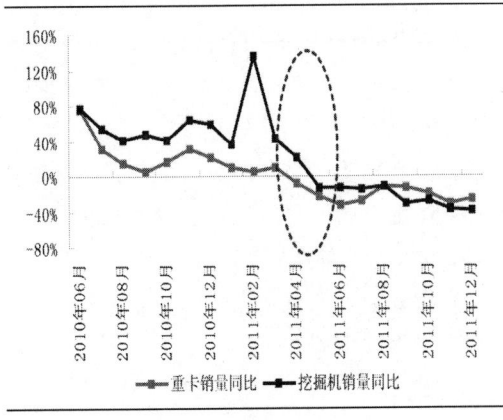
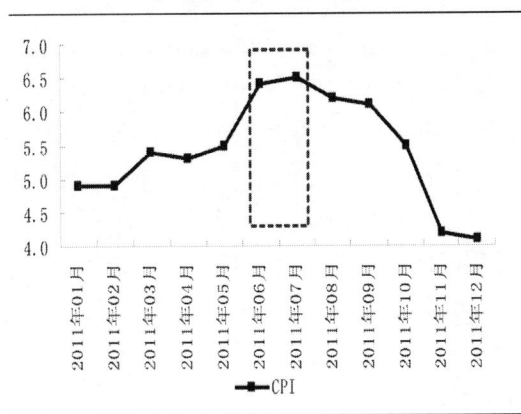

资料来源：CEIC，申万研究   资料来源：CEIC，申万研究

2.6 Show Time 的启示：宏观主导、重视短期无法证伪的错误

上面五次 Show Time 的表现，给我们诸多启示：

启示一：核心驱动力大多是宏观变量，关键是何时发生、是否被 PRICE IN

回顾过去 5 次 SHOW TIME,这些因素无外乎是经济增速、通胀水平、货币/财政政策等宏观变量。究其根源，在于 A 股的市值结构和利润结构中，金融、资源、地产产业链这三个与宏观经济密切相关的行业的市值占全市场的比重接近 55%(图 11)，而利润占比更是高达 68%(图 12)。

图 11：金融、资源、地产产业链的市值占比

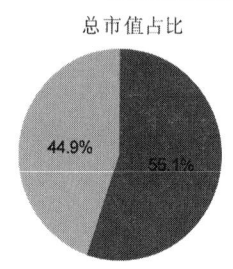

资料来源：万得资讯，申万研究

注：金融、资源、地产产业链指申万一级行业中的金融服务、采掘、有色金属、黑色金属、房地产、建筑建材

图 12：金融、资源、地产产业链的利润占比

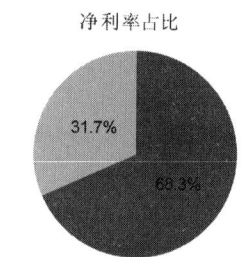

资料来源：万得资讯，申万研究

注：金融、资源、地产产业链指申万一级行业中的金融服务、采掘、有色金属、黑色金属、房地产、建筑建材

宏观变量的关系和逻辑要尽量简单、符合大的经济规律和常识，不要刻意去创造新思维。难点在于变量何时发生，市场是否已经 PRICE IN，前者可以辅助中观数据验证，后者则要从市场本身去寻找，但尚无完美方法。我们举两个例子说明此点：

案例一：2011 年国内通胀高点滞后一个月，对市场的严重冲击

2011 年上半年，市场逐步形成一致预期，6 月份将是全年通胀高点，此后将见顶回落。但进入 7 月以后，高频的食品价格数据显示通胀形势并没有大家想得这么乐观，央行也在 7 月上旬再次加息，市场在短暂的反弹后再次进入主跌浪。

事后来看，虽然最终 2011 年的通胀高点只是晚了一个月出现，但 8 月通胀回落的要等到 9 月中旬才确认，这比大家之前预期的 6 月中旬整整晚了 3 个月时间，在这段时间里，投资者开始陷入了"通胀不言顶"的恐慌，对市场造成了很大的冲击(图 13)。

所以，有了宏观逻辑只是第一步，宏观逻辑并不能准确定位变量在何时发生。但是，对于 A 股市场，2~3 个月的偏离至关重要，这部分可能要借助中观数据库。

图 13：通胀高点晚于预期对市场的冲击

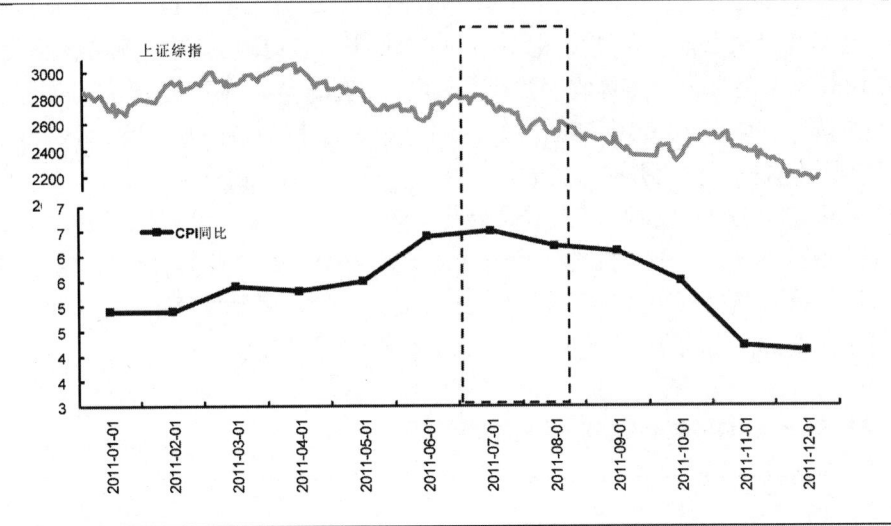

资料来源：万得资讯申万研究

案例二：2011 年 11 月中旬经济加速下滑导致市场大跌

2011 年三季度，投资者逐渐认识到经济还在不断下滑，2012 年一季度业绩和经济增速都会非常差。但是由于 10 月底政策已经开始"预调微调"，甚至下调准备金，所以很多投资者认为一季度经济不好不会对市场产生影响，已经被 PRICE IN 了。事实上，当 11 月中旬公布的宏观数据显示经济正在加速下滑以后，市场再次进入了主跌浪(图 14)。

为什么都已经想到的事情还会对市场有这么大的杀伤力？因为想到而未做的事情不能算是市场一致预期。并且，A 股市场有严重的散户化倾向，投资精英的逻辑推断不能代替普通大众的思维，在熊市中，还是慢一点比较妥当。

图 14：2011 年 11 月中旬市场再次进入主跌浪

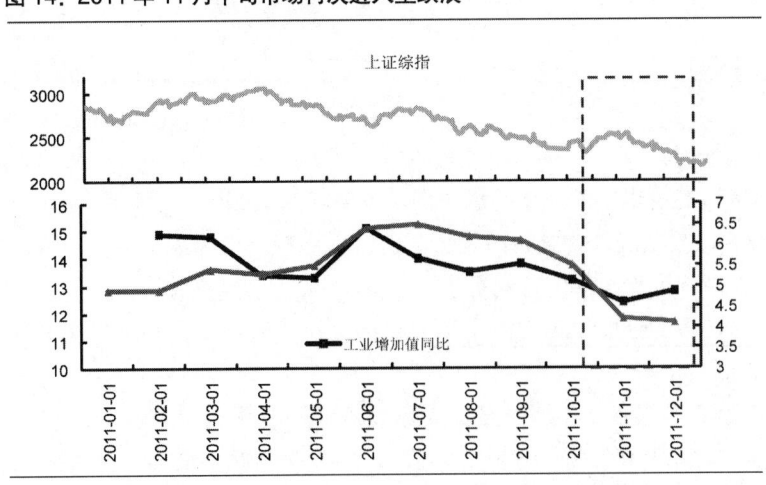

资料来源：万得资讯，申万研究

很难找到一个方法精确刻画市场 PRICE IN 多少变量。但价格本身是连续的，从市场本身出发是比较正确的方向。准备金下调后，市场高开低走就值得注意，后面两天的低迷也可以出逃，之后才是主跌浪。即使美国 1987 年 10 月 19 日的黑色星期一也并非毫无征兆（图15）。从 1987 年 8 月以来，纽约股市就开始出现较大的波动，尤其是 10 月份的前两周股票价格不断下降，在 10 月 5 日至 9 日，道·琼斯工业平均指数就下跌了 158 点。10 月 14 日，有媒体称美国众议院拟取消并购融资的税收优惠政策，同时美国商务部发布的 8 月份贸易赤字数据大大超过了人们的预期，当天道琼斯指数又下跌了 95 点。10 月 15、16 日，市场在焦虑的情绪中继续下跌，一些投资者开始把钱从股市腾挪到更为安全的债券市场；很多采取"组合保险"策略的投资者在这个时候也开始大量卖空股票和股票期货，期货市场的交易量已经变得不太正常，10 月 16 日当天道琼斯指数又暴跌了 108 点。

图 15：美国 1987 年黑色星期一之前的市场征兆

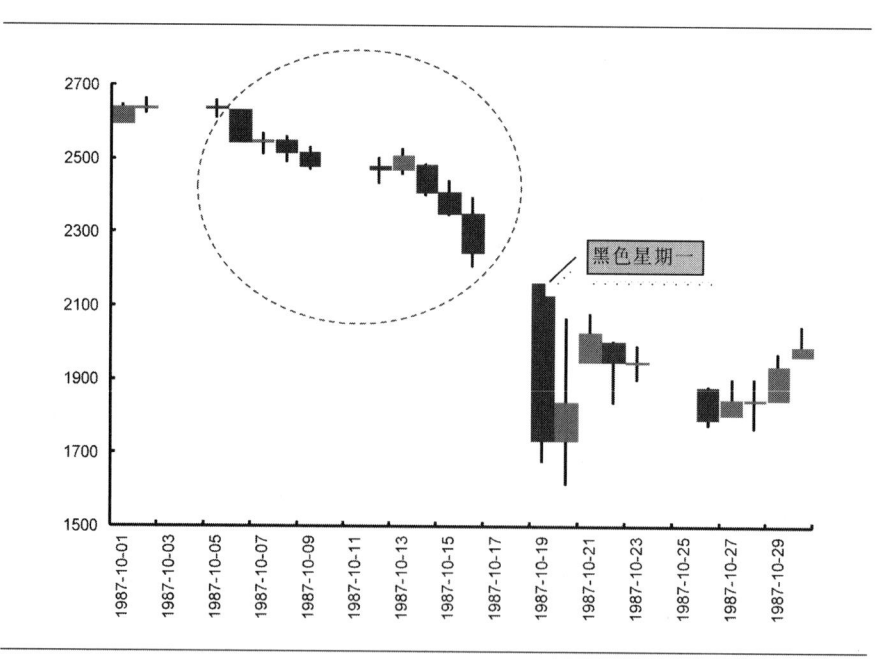

资料来源：Bloomberg,申万研究

启示二：错误的逻辑短期如果无法证伪，不要轻易去纠错，要顺势而为

2009 年 8 月，投资者认为货币政策会全面转向，经济会二次探底。事后证明货币政策没有明显变化，而经济朝着过热的方向行进；2010 年 4 月，投资者认为欧债和房地产调控会导致经济迅速下滑，事后证明仅为中游主动去库存所致，地产投资和出口在之后一年多都未下滑。

市场最终会纠错。2009 年四季度，大家发现经济没那么差，股市逐步回升到 3400 点；2010 年三季度，大家发现经济迅速回升，股市逐步回升到 3100 点。但如果错误逻辑在短期无法被证伪，投资者需要警惕，要顺势而为。否则，已经死在当中。当然，最聪明的投资懂得去利用波动。

比如说，2009年8月初，确实有很多迹象表明货币政策要转向，而房地产、钢铁的数据也表明经济不行，逻辑很容易强化。2010年4月份有地产调控和欧债危机，而工业增加值也确实下降了，两者可能没有直接关联，但又有多少投资者能清楚辨析？绝顶高手能在8月初或者中将钢铁剁掉，9月初将煤炭加回来。

3. 2009年来经历两次垃圾时间

我们认为，2009年以来市场共出现了2次垃圾时间，分别是2009年四季度到2010年一季度和2010年11月到2011年2月。

图16：2009年以来的两次垃圾时间

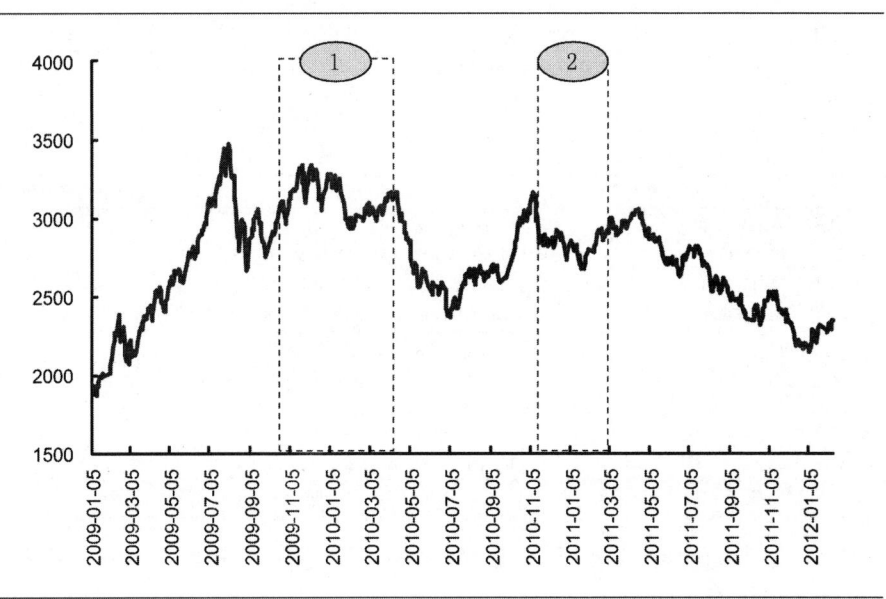

资料来源：万得资讯,申万研究

3.1 2009Q4-2010Q1的垃圾时间——市场震荡，新能源与区域经济成主题投资热点

政策转向预期被证伪后，主跌浪后市场会出现一定的修复。在经历了2009年8月的主跌浪以后，投资者逐渐发现政策收紧的力度其实并没有想象中的大，准备金率、存贷利率等核心的货币政策以及首付比例、房贷利率等核心的房地产刺激政策都没有发生变化，央票发行利率和银行间市场利率也都开始企稳。因此，造成8月大跌的核心驱动因素——刺激政策大幅转向的预期在一定程度上被证伪，之后市场确实也迎来了一定力度的修复。

但接下来市场也无法看到基本面和政策面进一步改善的空间，新的核心变量没有出现，市场进入垃圾时间。从2009年四季度到2010年一季度的6个月时间里，市场仅上涨了10%，并且在 2009 年 11 月下旬开始,市场基本处于持续震荡的格局,喊多喊空没有意义。

但此时主题投资盛行,新能源和区域经济是热点(表2、表3)。进入 2009 年下半年,随着经济的企稳,政府对保增长的强调力度在减弱,对调结构的强调力度在加强。因此在 2009 年四季度到 2010 年一季度这段垃圾时间里面,涉及结构调整的板块取得很好的收益,主要便体现在新能源板块的轮动和区域经济热点的轮动。

表 2:2009 年下半年新能源子板块的轮动

月份	新能源板块中涨幅最大行业	超额收益
2009 年 7 月	核能核电	15.85%
2009 年 8 月	风力发电	10.38%
2009 年 9 月	锂电池	11.74%
2009 年 10 月	核能核电	8.11%
2009 年 11 月	智能电网	7.84%
2009 年 12 月	智能电网	1.51%

资料来源:WIND,申万研究

09Q4 到 10Q1 的区域板块交替表现特征明显

月份	涨幅最大区域	超额收益	区域规划	国务院批复时间
11 月	鄱阳湖	9.85%	《鄱阳湖生态经济区规划》	2009-12-12
12 月	皖江城市带	1.34%	《皖江城市带承接产业转移示范区规划》	2010-1-21
1 月	海南旅游岛	14.22%	《国务院关于推进海南国际旅游岛建设发展的若干意见》	2009-12-31
2 月	海峡西岸	11.68%	《支持福建加快建设海峡西岸经济区的若干意见》	2009-5-14

资料来源:万得资讯,申万研究

3.2 2010 年 11 月~2011 年 2 月的垃圾时间——市场震荡下行,制造升级成主题投资热点

2010 年 10 月,国内政策放松的预期再叠加美国 QE2 推出的预期,使市场演绎了一波强劲的资源股行情。但在此后,一方面国内通胀问题开始逐渐严重,10 月下旬央行首次加息,这使得市场对国内政策的走向判断出现混乱;另一方面,随着美国 QE2 在 11 月的正式推出,投资者的预期也最终兑现。因此主升浪结束,市场再次进入垃圾时间——从 2010 年 11 月到 2011 年 2 月这四个月时间里,市场波幅收窄,仅下跌了 2.5%,但周期大盘股表现都较差,缺乏系统性配置的机会。

市场再次对经济转型产生了浓厚的兴趣,不过 2009 年炒的是新能源与区域,10 年的炒作热点变成了制造升级——高铁建设、重型精密机械等高端制造业受到市场追捧,超额收益明显(图17)。

图17：高端装备制造超额收益明显

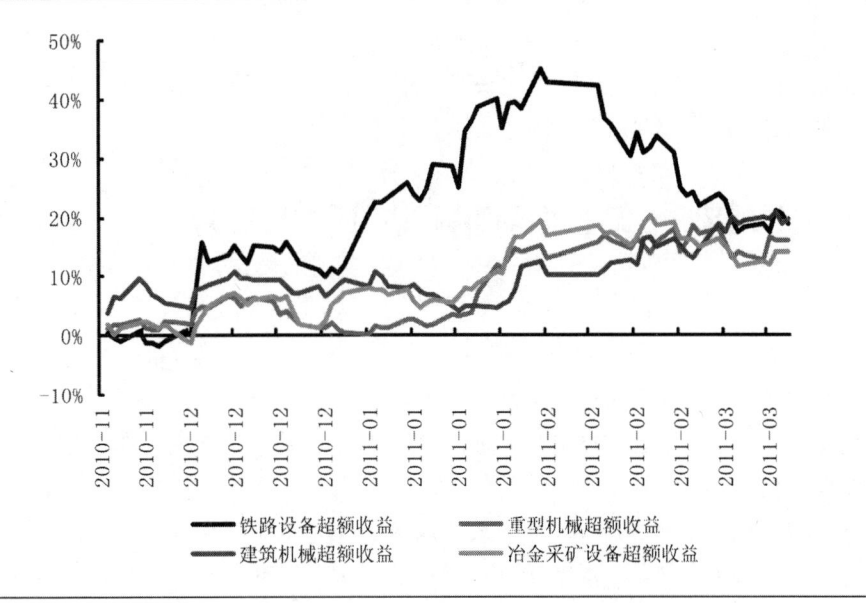

资料来源：万得资讯，申万研究

3.3 垃圾时间的启示：寻找下一个驱动力、把握结构性机会

垃圾时间中策略的任务有两个：考虑下一个驱动力、寻找结构性机会。考虑下一个驱动力的根本还是要回到宏观，看看从宏观逻辑推断的角度出发，下一个最有可能出现的变量是什么？然后跟踪中观数据，看是否逐步出现。寻找结构性机会的方法有很多，"把握残存的记忆"是其中之一。譬如在2011年初，2010年的成长泡沫已过，但下一个驱动力还没出现，市场很能接受"制造升级"的逻辑，所以我们当时推荐的高端装备制造主题取得了很好的收益；2011年一二季度的供应故事也同此理——水泥的收益已经让大家瞠目结舌，所以稀土、氟化工、钛白粉、黄磷、铅蓄电池的故事也同样能为大家接受，甚至扩大到电力和钢铁。但是后面当需求下滑，所谓牢不可破的供应瓶颈也顷刻间瓦解，经济本身没有变化，市场的思维变化了，核心驱动因素变化，进入了另外一段Show Time和垃圾时间。

第三章

这一次，票据贴现利率未必灵

主要观点：

票据利率下降常被投资者当作投资股市的重要信号。

票据贴现利率的下降往往伴随着股市的上涨，因此很多投资者看到票据利率下降，就认为股市有做多的机会。

从 2008 年到 2011 年，票据贴现利率大致经历了 3 次比较明显的下降过程，并且都伴随了股指的一波上涨行情。在学习效应下，这种投资思维得到不断强化，但其背后的机理往往被投资者忽视了。

票据贴现利率下跌伴随股市上涨的内在机理：

错误的机理：多余货币流入虚拟市场。有的投资者认为票据利率下降意味着实体需求萎缩、货币供给增加。此时实体收益率不高，所以实体经济多余货币流入虚拟市场导致股市上涨。但这在实际中未必成立，因为银行贷款管理很严格，企业能够挪用的资金余地很小。

正确的机理：经济能够实现 V 型反转。有两个因素导致票据贴现利率下降，其一是经济下滑，其二是货币政策放松。一般而言，一旦经济下滑，货币政策会放松并且具有连续性，随之对货币政策比较敏感的下游可选消费如房地产和汽车持续改善，带动中游补库存，最终导致经济 V 型反转。票据贴现利率下滑往往反映了经济下滑和货币政策放松，如果中国政策和经济的机理不变，大概率上，经济会进入 V 型反转的右半边，此时经济预期会持续改善，周期品的景气也会持续改善，所以股市会上行。

票据贴现利率这次未必灵，主要原因有三：

票据贴现下滑未必持续。由于年初，大家对银行信贷预期比较高，所以暂时不愿意向信托和一些民间渠道融资，一旦信贷预期落空，重新向民间融资，则现在下滑的民间资金成本可能重新上升，届时票据利率上涨很可能重新启动。

经济可能不是 V 型，而是李宁型。主要原因有三：一是房价、物价双重约束下政策难以持续放松；二是下游需求依然疲软，尤其是房地产下行趋势未改，使得经济增长缺乏动力；三是节后中游的一波补库存已经基本结束，往后的情况还有赖于下游需求的状况，目前来看难有大幅改善。

中长期的问题：资金成本的中枢在提升。这几年的货币收缩可能是个长期的过程，毕竟 2009 年的大放松需要几年时间来修补。如果真是如此，随着经济波动、货币政策的微调，票据贴现利率也会有所波动，但是其中枢很有可能是上升的，难以持续下降。

2012年3月，票据贴现利率有所下滑，很多投资者将此视为做多的信号。这种方法在过去几年无疑是成功的，但是我们认为这一次未必灵了，关键是其内在的机理正在发生变化。我们永远不要指望寻找到几个指标，依靠这几个指标机械地去判断买点和卖点，关键是理解这些指标背后的机理，当机理发生变化时，指标的适用性也会大打折扣。

1. 三次票据贴现利率下滑均伴随股市上涨

从2008年到2011年，有三次明显的票据贴现利率下滑，分别是2008年10月份到2009年1月份、2010年7月份到2010年9月份和2011年2月份到2011年4月份（图1）。这三次的票据利率的下跌，都伴随了股指的一波上涨，投资者因此习惯把票据利率下跌看作股市上涨的信号，而往往忽视了其背后的机理。

图1：2008年以来票据贴现利率下降伴随的三次行情

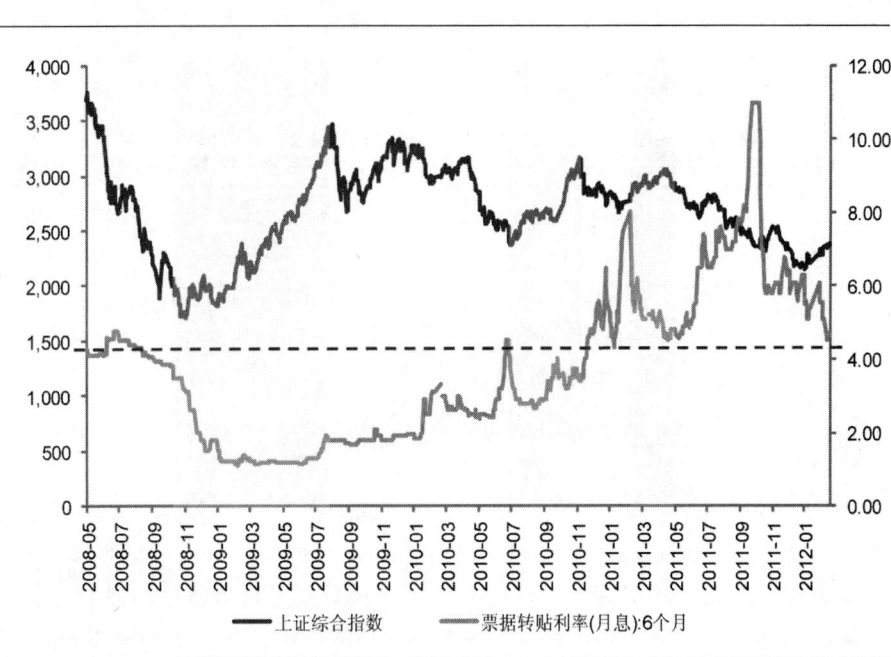

资料来源：万得资讯，申万研究

1.1 2008年至2009年的大逆转

2008年10月份，票据贴现利率快速下滑，A股市场开始逆转，令很多投资者印象深刻。其实票据贴现利率从2008年6月份开始就开始下降，于2009年的1月份到达底部，之后几个月一直待底部徘徊。这里可以分为两个阶段：前五个月（2008.6～2008.10）贴现利率从4.75‰到3.2‰，主要是实体经济开始萎缩，对资金需求开始减少，此时货币政策还没有放松；而后四个月（2008.11～2019.1）票据贴现利率快速下滑，从3.1‰到1.2‰，这个阶段是需求回落和货币放松的共同结果。

图 2：2008 年末票据利率快速下跌启动了一波大行情

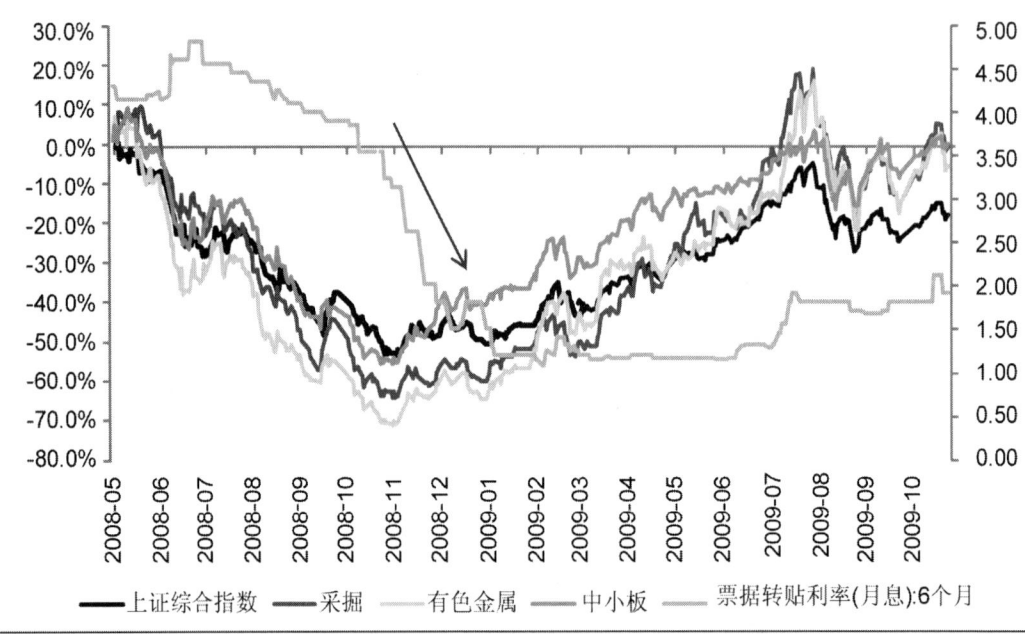

资料来源：万得资讯,申万研究

股指从 2008 年 10 月开始启动，对应票据贴现利率下滑的第二阶段。此时虽然经济还没有见底，但是市场进入了炒流动性的阶段，对流动性较为敏感的中小股票表现更好。到了 2009 年一季度末，随着房地产销售持续放大，房价开始上涨，经济真正见底，大盘股如钢铁、银行等板块开始启动。整个行情持续一直持续到 2009 年的 8 月份，股市总体涨幅将超过 100%(图 2)。

这个案例给我们两个启发。其一，票据贴现利率的下滑可能是因为经济下滑，资金需求回落所致，也可能是货币放松，资金供给增加所致，我们要区分不同的性质。在第一个阶段，市场还在暴跌，第二个阶段才见底回升，关键是看到了政策放松，或者有了政策放松、政策改善的强烈预期。其二，票据贴现下滑之时、经济见底之前，市场可能会进入炒流动性相关板块的行情。

1.2 2010 年中的大反弹

票据利率下降伴随股指上涨的逻辑在 2010 年的年中再次得到体现(图 3)。2010 年二季度，国内出现了史上最严厉的房地产调控，海外则出现了欧债危机。二季度的工业增加值持续下滑，特别是外汇占款流出和 PPI 的环比负增长，让投资者担心经济可能会二次探底(图 4)。随后 6 月份，高层政府在一系列公开场合强调"保增长"的重要性，并且有迹象显示信贷投放和发改委新批项目的速度有所加快，这让投资者有再次产生了政策放松的预期。票据贴现利率从 6 月末开始快速下降，从 4.5‰下降到了 2.65‰。这轮票据贴现利率下滑、股市反弹和上一次比较类似，都是经济下滑叠加货币政策松动，但是行情的级别远远不如 2008、2009 年的那一波行情。

图 3：相似的投资思路在 2010 年再次得到印证　　图 4：外汇占款流出和 PPI 环比负增长

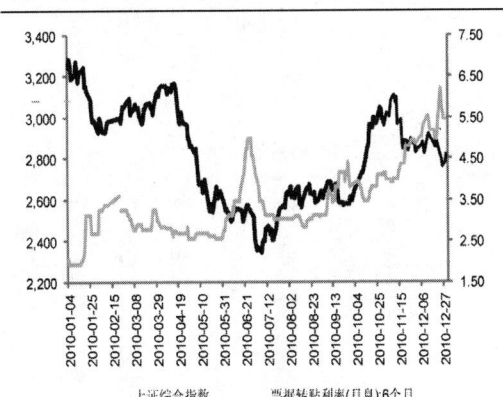 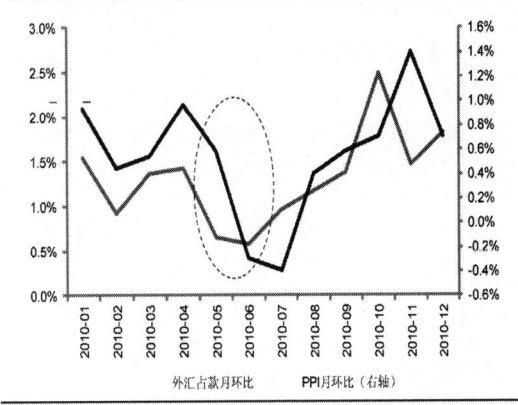

资料来源：万得资讯，申万研究　　　　　　　　　资料来源：CEIC，申万研究

1.3　2011 年一季度的小反弹

经过 2009 年上半年和 2010 年下半年 2 波行情之后，投资者对票据利率的敏感性明显增加。相似的投资思路在 2011 年一季度似乎再次得到了验证。

2010 年 11 月份开始，通胀压力的不断攀升和持续出台的紧缩政策加重了人们对经济的担忧，同时，2011 月到 12 月，央行连续 3 次提高存款准备金率，银行间资金面骤紧，回购利率和票据贴现利率均大幅攀升，股市再度回落。但在 2011 年初，随着资金面的逐步改善，票据贴现利率从前期高点快速回落，而 A 股市场在一季度也有了一小波较为持续的上涨行情（图 5）。

图 5：相似的投资思路在 11 年 1Q 再次得到验证

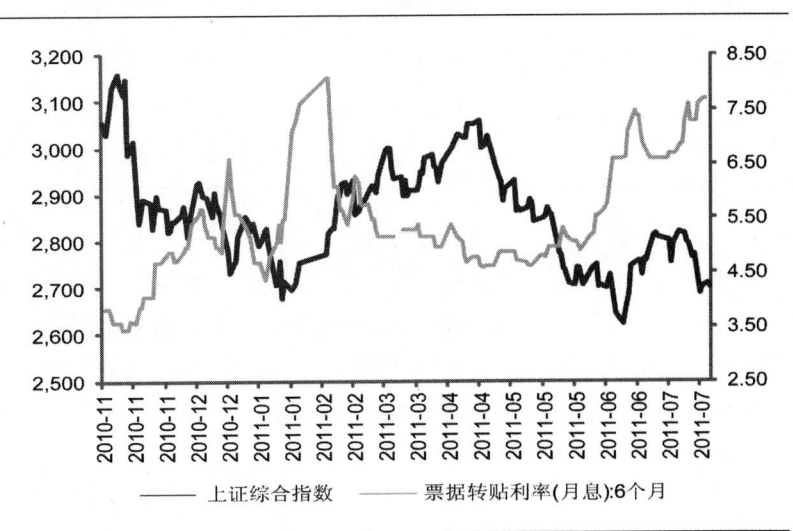

资料来源：万得资讯,申万研究

从票据利率的历史数据来看，每年年初春节之后票据贴现利率一般都会有不同程度的回落(图6)。这很可能是因为春节后现金回流，银行系统和实体资金面流动性改善所致，主要是一种季节性的因素(图7)。

图6：春节后票据贴现的利率往往会下降　　　　**图7：节后现金回流使实体资金面改善**

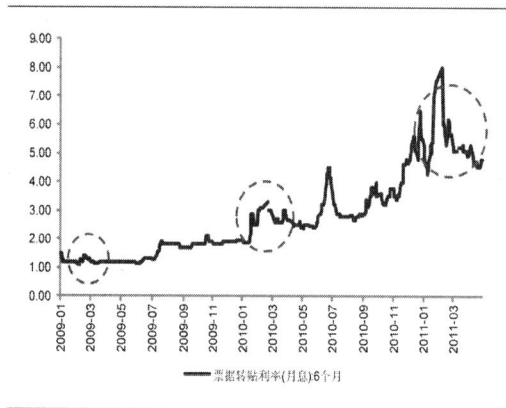
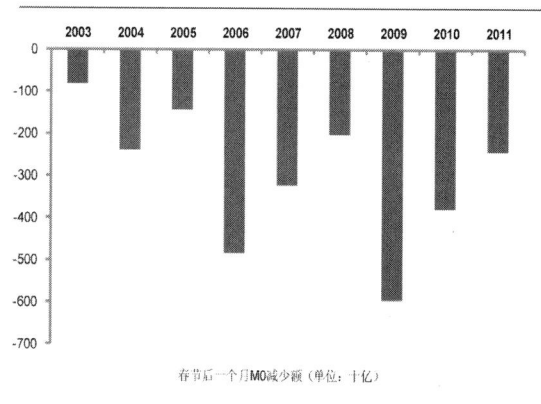

资料来源：万得资讯，申万研究　　　　　　　　　资料来源：CEIC，申万研究

我们认为这轮的票据贴现利率下降更多只是季节性因素，因为当时经济还处于过热的环境，货币政策更没有任何放松。而之后票据贴现利率一路飙升，成为压制A股市场的主要因素。因此年初季节性因子带来的票据贴现利率下降，并不太值得投资者关注。

2. 内在机理：经济往往呈现V型反转

经过一次又一次的强化，投资者视票据贴现利率这一指标为制胜法宝，而忽视了其背后的机理，甚至衍生出很多错误的猜想。

2.1 错误机理：多余货币流入虚拟市场

有的投资者认为，票据贴现利率下降意味着实体需求下降、货币供应增加，此时投资实体的收益率不高，所以多余的货币供应流入股市，而在经济真正见底之前，市场会炒流动性敏感的行业。

这种逻辑在理论上可行，但是实际中未必成立，因为银行的贷款管理很严格，企业能够挪用资金的余地很小。譬如，银监会颁布的"三个办法，一个指引"就要求银行根据企业的实际用款需要来发放贷款，贷款不再进企业的结算账户，而是直接支付给借款企业的交易对手，实现专款专用，与借款企业的自有资金严格区分，以此避免贷款流入股市、房市等其他领域。因此，实体资金面宽松了可能会有少量资金流入股市，但是大量挪用，似乎是不太现实的(表1)。

表1：银监会颁布的"三个办法，一个指引"大大增加了资金挪用的成本

"三个办法，一个指引"	具体条例
《固定资产贷款管理暂行办法》	第二十二条 贷款人在发放贷款前应确认借款人满足合同约定的提款条件，并按照合同约定的方式对贷款资金的支付实施管理与控制，监督贷款资金按约定用途使用。 第二十三条 合同约定专门贷款发放账户的，贷款发放和支付应通过该账户办理。 第二十四条 贷款人应通过贷款人受托支付或借款人自主支付的方式对贷款资金的支付进行管理与控制。
《流动资金贷款管理暂行办法》	第六条 贷款人应合理测算借款人营运资金需求，审慎确定借款人的流动资金授信总额及具体贷款的额度，不得超过借款人的实际需求发放流动资金贷款。 第九条 贷款人应与借款人约定明确、合法的贷款用途。流动资金贷款不得用于固定资产、股权等投资，不得用于国家禁止生产、经营的领域和用途。 第二十四条 贷款人在发放贷款前应确认借款人满足合同约定的提款条件，并按照合同约定通过贷款人受托支付或借款人自主支付的方式对贷款资金的支付进行管理与控制，监督贷款资金按约定用途使用。
《个人贷款管理暂行办法》	第五条 除特殊情形外，个人贷款资金应当采用贷款人受托支付方式向借款人交易对象支付，即由贷款人根据借款人的提款申请和支付委托，将贷款资金支付给符合合同约定用途的借款人交易对象。并要求贷款人应在贷款资金发放前审核借款人相关交易资料和凭证是否符合合同约定条件，在支付后做好有关细节的认定记录。
《项目融资业务指引》	要求贷款资金严格按照项目进度拨付，资本金必须提前或同时同比例到位

资料来源：申万研究

2.2 正确的机理：前几次经济都是V型反转

真正的机理要从票据贴现利率下降的原因出发。有两个因素导致票据贴现利率下降，其一是经济下滑，其二是货币政策放松。而从2008年的反映看，根本还是货币政策的放松。正如宽体策论第一篇《从少林到武当》中论述的，中国经济和中国政策都有其内在的机理。一般而言，一旦经济下滑，货币政策会放松并且具有连续性，随之对货币政策比较敏感的下游可选消费如房地产和汽车持续改善，带动中游补库存，最终导致经济V型反转。所以，票据贴现利率下滑体现为经济下滑和货币政策放松，如果中国政策和经济的机理不变，大概率上，经济会进入V型反转的右半边，此时经济预期会持续改善，周期品的景气也会持续改善，所以股市会上行。

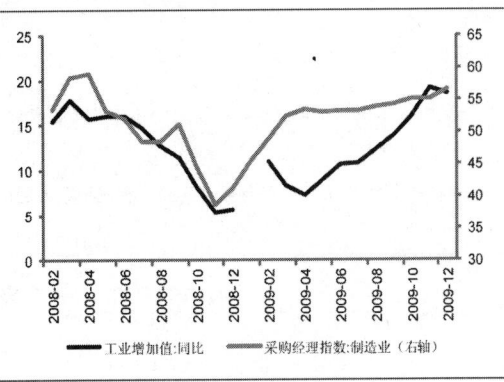

图8：2009年经济的V型反转

资料来源：CEIC，申万研究

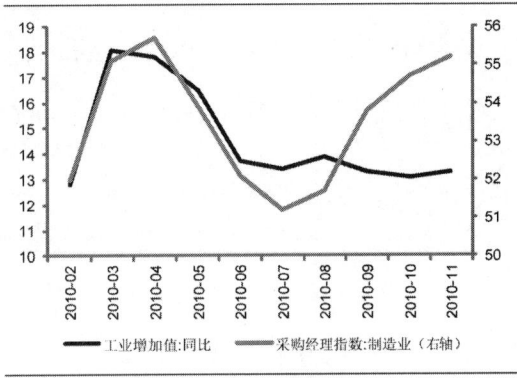

图9：2010年经济的V型反转

资料来源：CEIC，申万研究

综上所述，票据贴现利率下跌时，投资者不是看到经济不好去买股票，而是看到经济不好，预期政府的行为会改变经济方向，此时杀入，大概率可以买在底部，后面经济将会一路向上，收益也会比较大。

3. 这一次，票据贴现未必灵

但是这一次，票据贴现下跌未必灵，原因就是经济和政策的内在机理变化了。

3.1 票据贴现下滑未必持续

一方面，本次票据贴现利率下跌未必能够持续。年后票据贴现利率的快速下降可能和经济放缓、资金需求减弱有关，但是另外一个因素也值得关注。由于年初，大家对银行信贷预期比较高，所以暂时不愿意向信托和一些民间渠道融资，一旦信贷预期落空，重新向民间融资，则现在下滑的民间资金成本可能重新上升，届时票据利率上涨很可能重新启动。

3.2 经济可能不是 V 型，而是"李宁型"

前面分析提到，票据贴现利率下跌股市之所以起来的内在机理是是人们往往预期经济之后能够实现 V 型反转，所以提前杀入股市。但是本次经济走势可能是不是 V 型，而是"李宁型"，经济进入窄幅波动，市场更可能呈现结构性行情，而非呈现趋势性上涨。

其一，经济能够实现 V 型反转的一个重要条件就是政策的持续放松，以往政策放松都具有连续性，但这次未必。典型的例子就是 2008 年～2009 年的那次大逆转。在 2008 年 9～12 月份中，央行连续四次下调存款准备金率，四次下调存款基准利率，五次下调贷款基准利率（表3）。货币政策的持续放松带来了流动性的快速改善，我们也看到了 2009 年初以后银行新增信贷的大幅增加。与此同时，政府也推出了"四万亿"的经济刺激计划。在政策的持续刺激下，2009 年经济实现了强劲的 V 型反转(图10)。

表 2：2008 年下半年货币政策持续放松

时间	货币政策调整
2008 年 9 月 15 日	2008 年 9 月 15 日起下调中小金融机构存款准备金率 1 个百分点；下调 1 年期人民币贷款基准利率 0.27 个百分点
2008 年 10 月 8 日	2008 年 10 月 15 日起下调存款类金融机构存款准备金率 0.5 个百分点；下调一年期人民币存贷款基准利率各 0.27 个百分点
2008 年 10 月 30 日	下调一年期人民币存贷款基准利率各 0.27 个百分点
2008 年 11 月 26 日	2008 年 12 月 5 日起下调大型金融机构存款准备金率 1 个百分点，中小金融机构 2 个百分点；下调一年期人民币存贷款基准利率各 1.08 个百分点
2008 年 12 月 22 日	2008 年 12 月 25 日起，下调存款类金融机构存款准备金率 0.5 个百分点；下调一年期人民币存贷款基准利率各 0.27 个百分点

资料来源：CEIC,申万研究

图10：2009年持续放松的货币政策导致信贷的快速扩张和经济的V型反转

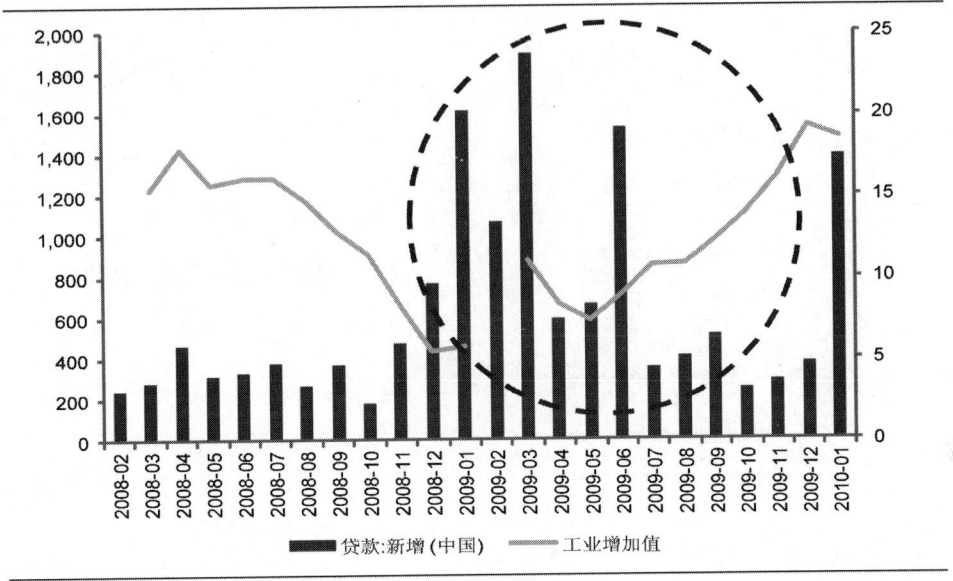

资料来源：CEIC，申万研究

但这次情况不同，一方面政策调整仍仅限于"预调微调"，尤其在房地产政策方面，中央政府始终保持非常谨慎的态度，从芜湖新政被拍到最近的上海限购范围新释被叫停就可见一斑。另一方面，本轮经济下滑由于受到劳动力成本上升等长期因素的影响，通胀压力可能将持续存在，这大大制约了货币政策放松的空间。尽管大家都考虑到了春节的因素，1月份4.5%的CPI依然大大超出了市场的预期。通胀压力的持续存在限制了政策进一步放松的空间，这也使得2011年下半年以来"预调微调"政策基调很难有大的转向。房价和物价的双重约束使得政策难以实现持续放松，没有像2008、2009年那样的持续的放松与刺激政策，经济很难快速起来，而更多的是呈现"李宁型"的走势。

其二，下游需求依然疲软，尤其是房地产下行趋势未改，使得经济增长缺乏动力。以往货币政策放松往往会伴随着汽车、房地产等下游可选消费的回暖，带动中游补库存，从而逐步带动经济见底回升。但是节后流动性改善以来，汽车和房地产的销售虽然环比呈现一定的改善，但是同比数据依然有较大的下滑（图11、图12）。特别是房地产政策依然很紧，我们还很难看到房地产投资起来，失去房地产这一重要的动力，经济很难持续向上。

图 11：2012 年 1 月汽车销量同比数据依然较差　　图 12：房地产下行趋势未改

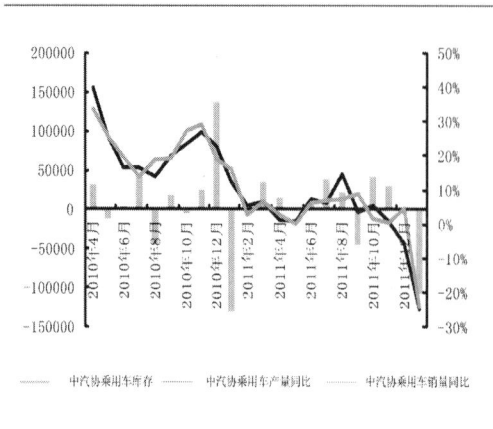
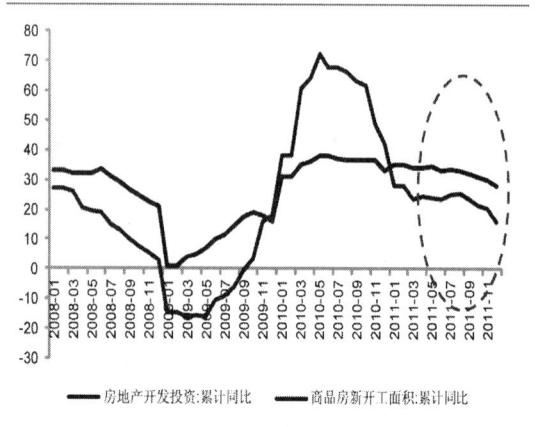

资料来源：CEIC，申万研究　　　　　　　　　　　　资料来源：CEIC，申万研究

其三，节后中游的一波补库存已经基本结束，往后的情况还有赖于下游需求的情况。在节后流动性改善的情况下，中游也经历一波补库存的行为，也带动了中游行业的景气修复。钢材的库存在节后快速上升，2012 年 3 月已经达到较为正常的位置，而化工品的补库存行为也已经基本结束(图 13)。中游行业景气程度能否进一步提升，还有赖于下游需求的情况。但至少从目前的情况来看，下游需求还难有大幅改善的可能性。

图 13：节后钢铁库存已经快速回升到合理水平，可持续性待观察

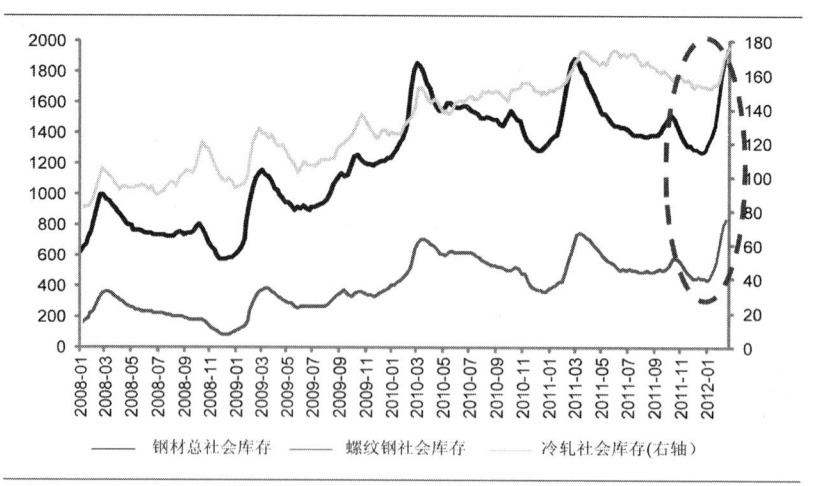

资料来源：万得资讯,申万研究

综合上述情况，这一次经济可能不是 V 型，而是李宁型。倘若真实如此，见到票据贴现利率下滑、见到经济见底又如何？正如我们在前几篇宽体策论中所提到的，如果后面经济无法持续向上，市场会进入结构性行情，到时仓位选择不是那么重要了，行业选择和主题投资应该更受关注。

3.3 中长期的问题：中枢在提升

恰如劳动力成本上升推动中国的通胀中枢一样，这几年的货币收缩可能也是个长期的过程，毕竟 2009 年的大放松需要几年时间来修补。如果真是如此，随着经济波动、货币政策的微调，票据贴现利率也会有所波动，但是其中枢很有可能是上升的，难以持续下降了。

我们观察到，票据贴现利率波动中枢的走势和存款准备金的调整颇为一致。2011 年，票据贴现利率在年初下降了一段时间后开始飙升，究其原因不是因为房地产信托的火爆拉高了民间利率，而是因为银行间资金流动性快速收紧，使得票据贴现市场的资金也变得十分紧张（图 14）。从 2010 年 11 月份到 2011 年 6 月，央行连续 8 个月提高存款准备金率，短短 8 个月内，存款准备金从 16.5% 上升到 21%，而银行的超储率也在快速下降，银行间市场流动性的季度紧张传到票据贴现市场，使得票据贴现利率飙升。在这样的背景下，2011 年一季度的这一波小反弹并没有持续太久，股指在 2 季度就开始回落，开始进入 2011 年连续的三波主跌浪。经过了这一轮的货币紧缩，我们可以较为看到票据贴现利率波动的整体水平显著提升了。

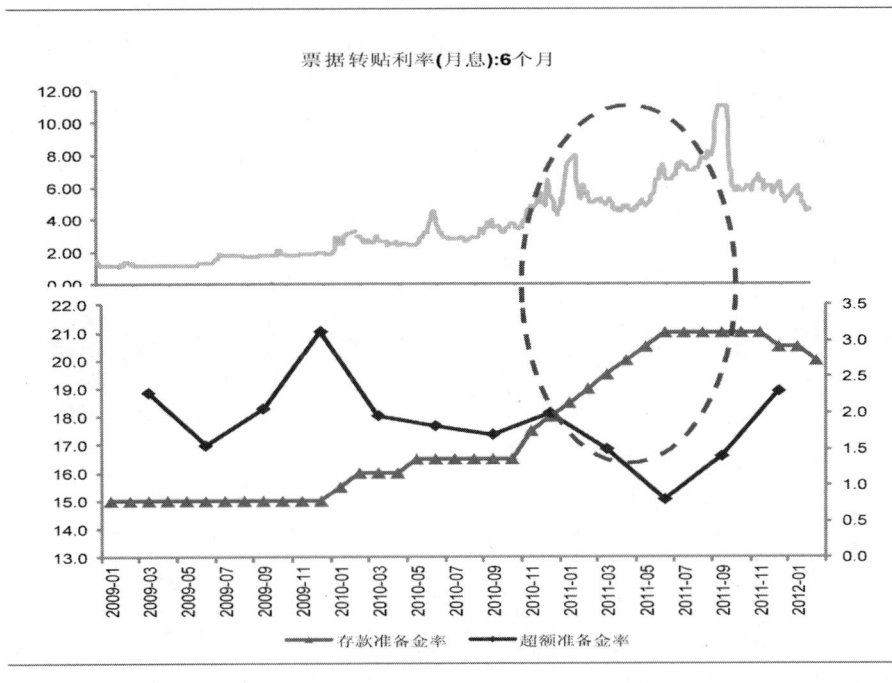

图 14：2011 年银行间流动性的紧张导致票据贴现利率飙升

资料来源：万得资讯，,CEIC，申万研究

年后民间资金成本虽然有所下滑，但这个水平仍处于历史高位，持续性有待观察（图 15）。虽然从前期高点来看，目前的票据贴现利率已经有了较大幅度的下跌。但是从更长的周期来看，现在的票据贴现利率只是下降到 2011 年 3、4 月份的水平，总体来说依然处于历史高位，是否会进一步下降有待后续观察。从最近一周的数据来看，票据贴现利率似乎有企稳的迹象。

图 15:票据贴现利率依然处于历史高位

资料来源:万得资讯,申万研究

第四章

春季躁动,四月决断
——解密A股市场的年度投资节奏

主要观点:

春季躁动、四月决断构成A股全年的投资节奏。4月之前,政策未定、旺季未到,市场虽有躁动,但基本面的变动不需要太关注。4月后,随着两会政策的落定、开工的进行,全年的政策和经济格局初定,4月~10月市场往往会陷入一种趋势、一种风格,此时基本面的判断、一季报的数据都非常重要。从这个角度看,每年3月末的春季策略才是全年的策略。

春季躁动:2006年春,资源和资产板块的狂欢;2007年春,垃圾股"鸡犬升天";2008年春,通胀相关的农林牧渔和医药;2009年春,投资品与新能源的盛宴;2010年春,出口板块成为"避风港";2011年春,高端装备制造和供应故事;2012年,躁动即在当下。

内在机理:经济和政策方向不明晰、国内外资金的跨年度布局、银行的一季度放贷冲动、春节后资金成本的下降。由于中国特有的天气、假期、政策机制和统计数据公布机制,春季往往会造成股市躁动,这个时候未必和基本面有本质关系,强行用基本面去解释、甚至创造某种新的理论,最终会误导投资者。

四月决断:2007年4~10月,蓝筹泡沫、一路向上;2008年4~10月,经济不断向下;2009年4~10月,房地产确认经济向上;2010年4~10月,政策突变导致V型变化;2011年4~10月,机械、重卡之争后的三波主跌;2012年会不会经历梦醒时分?

启示:1.当年的经济状况在4月以后才能大致确定。2.兵无常势、水无常形。虽然我们努力去寻找和总结规律、提炼指标,但是不要将这些指标和规律固化,妄图通过这些指标和规律的机械运用就去判断股市、去投资。没有股市和经济的领先指标,唯一领先的是逻辑和人的思维。兵无常势、水无常形。关键是要明白其中的机理,只有明白了这种机理,才可以在规律和指标的基础上去运用、去变化、去调整。

2012年的改变:经济可能陷入"李宁型",结构比仓位更重要;3月份是证伪阶段,梦醒时分,在这个位置,我们更愿意讨论结构和主题,市场还没有出现主跌和主升的迹象。我们建议配置消费,关注贵州主题,如果市场继续大幅上冲,建议减仓。

很多人认为当年的A股表现由未来两年的经济状况决定,因此热衷于探讨未来几年的经济和业绩的展望。事实上,这种探讨多基于信仰,受当前的情绪影响很大,与实际的发展多有偏差,对当前的投资意义未必大。更有趣的是,过去五年A股市场的涨跌与未来一年的经济波动背道而驰。2007年股市好而2008年经济差、2008年股市差而2009年经济好、2009

年股市好而2010年上半年经济差、2010年上半年股市差而下半年经济好、2010年下半年股市好而2011年经济差。所谓股市领先经济，实证何在？这不是A股市场的投资节奏。

A股市场真正的投资节奏在于春季躁动和四月决断。当年股市的表现更多取决于当年的经济状况，只是这种经济状况难以前瞻，更重要的是过程中的确认和修正，这才是对当前投资最有意义的事情。4月之前，政策未定、旺季未到，市场虽有躁动，但基本面的变动不需要太关注。4月后，随着两会政策的落定、开工的进行，全年的政策和经济格局初定，从4月～10月市场往往会陷入一种趋势、一种风格，基本面的判断、一季报的数据都是重要的事情。从这个角度看，每年3月末的春季策略才是全年的策略。

A股市场的老人说，这种情形可以回溯到更早，但本文就从我入行的2006年说起……

1. 春季躁动

2006年后，几乎每年在春季都有一次躁动，无论之前之后的股市表现如何，总有一些投资机会，总会惹得投资者心情躁动，总会使卖方分析员争得头破血流，甚至会引出诸多新的理论。

1.1 2006年春：资源和资产板块的狂欢

2005年6月，上证综指触及了"998"的低点后，整个下半年市场极为颓弱，年末收盘至1161点。而刚一进入2006年，市场如梦初醒，对2005年下半年就已拉开大幕的人民币升值、股权分置改革进行积极的反应。2006年一季度，上证综指上涨11.8%，而有色金属、房地产、采掘等涉及资源和资产类的行业更取得了30%-40%的巨额涨幅(图1)。

图1：2006年春的资源和资产板块表现优异

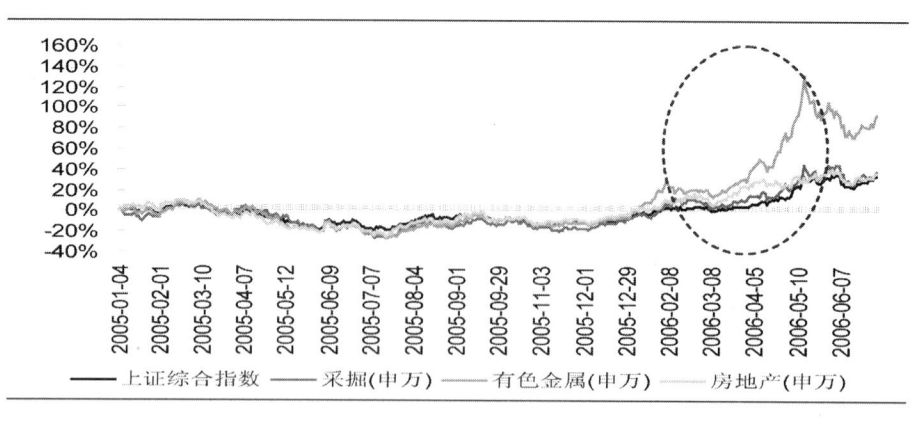

资料来源：万得资讯,申万研究

1.2 2007年春：垃圾股"鸡犬升天"

2006年，上证综指上涨130%，大部分股票已大幅上涨，巨大的赚钱效应使场外资金涌涌而入，"饥渴"的投资者把目光转向了前期没有表现的垃圾股(业绩差、估值贵、股价高)。从2007年1月始，垃圾股受到暴炒，虽然当时从媒体到专家再到监管层都提示风险，但这波行情一直延续了5个月之久，这段时间申万亏损股指数与绩优股指数的比值从0.4大幅上升至0.6(图2)。

图2：2007年春的垃圾股行情

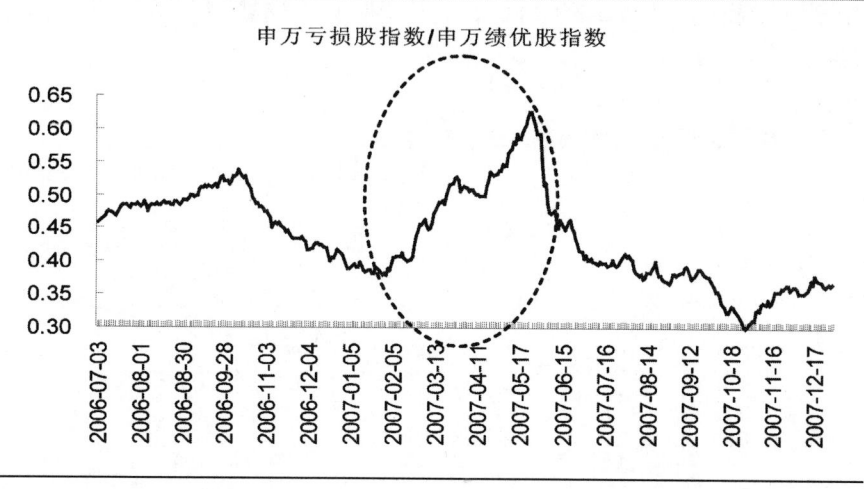

资料来源：万得资讯，申万研究

1.3 2008年春：通胀相关的农林牧渔和医药

2007年11月始，市场开始暴跌，2008年初由于平安巨额融资，市场再次大跌，但即使在这种恶劣的环境中，仍然炒了一波农林牧渔和医药。当时的背景是油价飙升和通胀突破7%，与通胀相关的种植业、农产品加工、饲料、畜禽养殖、渔业、橡胶、糖业、化肥、燃气等行业大幅跑赢市场，甚至一度取得正收益，成为2008年春季的亮点(图4)。

图3：08年春季农林牧渔大幅跑赢市场

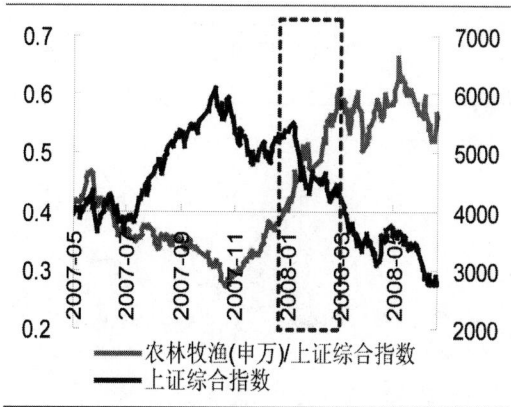

资料来源：万得资讯，申万研究

图4：08年春季表现较强的子行业

排位	行业	超额收益	行业	超额收益
1	农林牧渔	65.64%	种植业	108.59%
2	信息设备	37.49%	农产品加工	87.33%
3	医药生物	30.88%	燃气II	68.82%
4	家用电器	25.34%	饲料II	65.53%
5	轻工制造	25.23%	畜禽养殖II	45.40%
6	电子	23.95%	化学制品	43.60%
7	综合	21.79%	渔业	43.40%
8	信息服务	18.50%	餐饮II	42.56%
9	商业贸易	18.49%	化学原料	41.65%
10	纺织服装	16.93%	医药商业II	41.03%
11	机械设备	14.34%	橡胶	40.63%

资料来源：万得资讯，申万研究

1.4 2009年春:投资品与新能源的盛宴

2008年11月中,"四万亿"的出台和货币政策的进一步放松,市场触底,但由于当时投资者对刺激政策的有效性仍存较大争议,因此市场震荡仍然较为剧烈。而进入2009年以后,年初的信贷和PMI数据大大改善了投资者的经济预期,虽然经济尚未见底,但市场开始大幅反弹,上证综指在一季度上涨了30%,而与"四万亿"投资相关联的投资品和新能源板块涨幅都在50%以上(图5)。

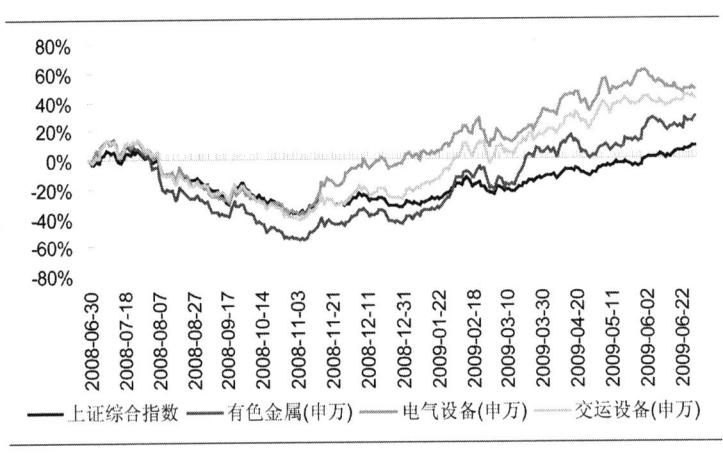

图5:2009年春季投资品与新能源的盛宴

资料来源:万得资讯,申万研究

1.5 2010年春:出口板块成为"避风港"

2009年经济回升,但房价的约束逐步显现。前期过度宽松的政策开始有所收敛,投资者对经济前景变得悲观,2010年的1月市场即大跌9%。而进入2月,1月信贷的再次超预期(1.4万亿),房地产销售和出口都季节性超预期,悲观情绪得到修复,上证综指上涨4%,纺织服装、轻工等出口板块的涨幅都在10%以上(图6)。

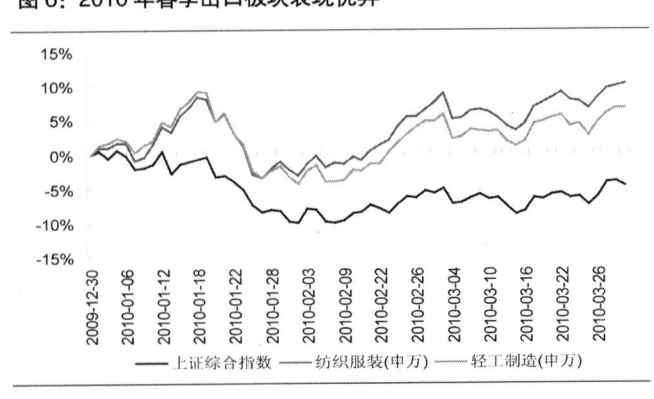

图6:2010年春季出口板块表现优异

资料来源:万得资讯,申万研究

1.6 2011年春：高端装备制造和供应故事

2010年11月逐渐收紧的货币政策对市场形成压制，但从2012年1月始，A股市场经历了长达3个月的反弹，涨幅接近15%。这段时间，制造升级、水利和供应股市成为炒作热点（图7）。

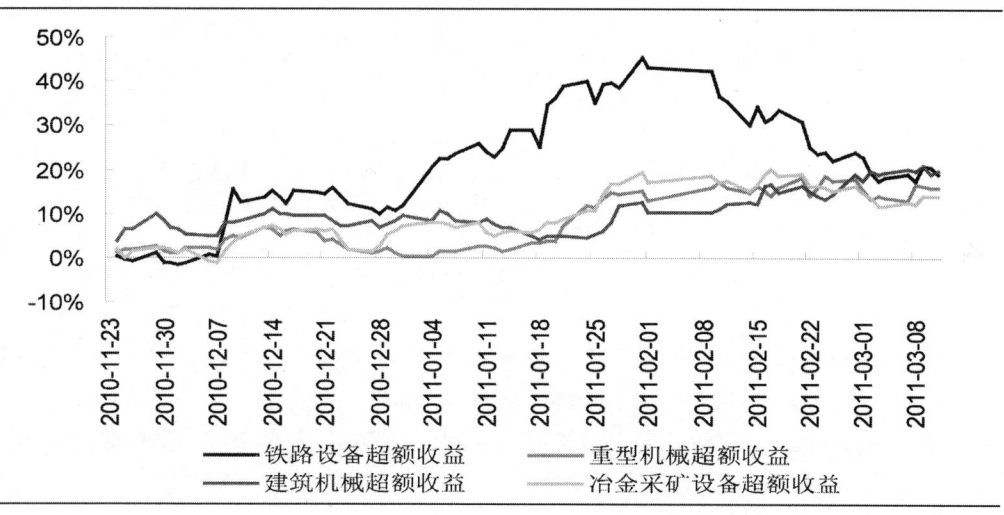

图7：2011年一季度高端装备制造板块超额收益明显

资料来源：万得资讯，申万研究

1.7 2012年春：延续至今的反弹

市场在"跌跌不休"中进入2012年，投资者对基本面比较悲观，但市场却迎来了2011年下半年来时间最长、空间最大的反弹，今天(2012年3月)依然有很多争议。就风格而言，春节前有色煤炭股带领周期品强势上涨，春节后游资模式、乱战行情，市场不断涌现出主题投资机会，如3D电视、贵州板块等。

2. 内在机理：经济不明确、资金重布局

既然这么多年都有这种躁动，就不完全是偶然的巧合，而跟中国经济、政策的规律节奏相关。

2.1 经济走势不明晰

中国经济受政策的影响很大，中央和地方投资、货币政策的松紧都决定了短期的经济走势，在两会前，经济和政策的格局无法明晰。其次，春季由于春节假期和天气的原因，属于传统的施工淡季，此时的中游数据如钢铁、水泥、化工、机械不足以反映全年的状况。第三，1~2月份的数据统一公布，再加上春节的干扰，使春季的经济状况更加扑朔迷离。最后，微观层面，一季报要4月份才陆续公布。4月之前，投资者对前一年的年报比较清楚，但是对一季报不太知晓，只有在一季报后，分析员才开始认真对待该年度的盈利预测(图18)。

图 8：盈利预测 4 月份后才开始调整

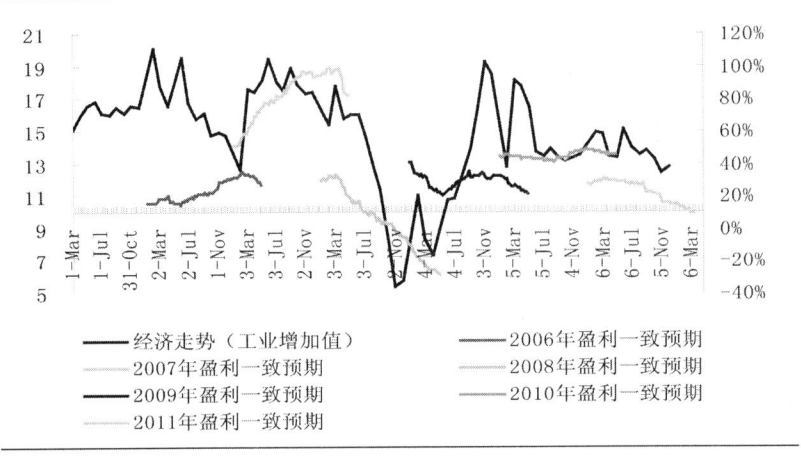

资料来源：万得资讯，申万研究

所以，从研究策划上，一季度过多组织中游层面的联合调研，帮助并不大，这些数据要在旺季来临之后才特别值得关注。此阶段，举行珠三角洲的联合调研更加合适，因为主要的下游、银行、资金成本和劳动力都可以在此地得到体现，而这些因素即反映中国经济自身的力量，也会影响决策[①]。

2.2 政策方向不明晰

在两会期间，政府会制定全年的经济增长目标以及重点扶持领域，而在两会以前，投资者会对政策方向有各种猜想。此时，如果是盘升的阶段，就容易推荐一些新的政策支持的主题，如 2009 年的新能源；而如果是盘跌的阶段，就要关注一些温存的记忆，如 2011 年的高端装备制造和供应故事。

2.3 国内外资金的跨年度布局

一般来说，国内外的投资机构会在年底制定下一年的总体投资策略，而在跨年之后（海外机构一般是在圣诞之后）就通过仓位调整和结构调整来贯彻新的投资思路，因此市场往往会出现由于机构换仓而带来的结构性行情。年初，对于之前机构重仓、超额收益巨大的行业还是回避为好。

另一方面，QFII 一般都是全球配置，并且会在年底进行下一年的额度分派，投资 A 股的团队如果不在年底加仓，额度可能会被分派给其他市场，因此 QFII 的 A 股投资策略往往在新年前后更加激进一些。

2.4 银行在一季度的放贷冲动

由于开年之后，各银行都会获得新的全年信贷投放指标，在"早放贷早获利"的利益驱动下，商业银行一季度具有非常强的放贷冲动（图 9）。因此可以发现每年商业银行在一季度的新增信贷量会占到全年的 30%～40% 左右，这会帮助改善流动性的环境，压低资金成本。

---

① 参见申万策略 2 月份举办的珠三角联合调研纪要《实体波澜不惊 资本市场风起云涌》。

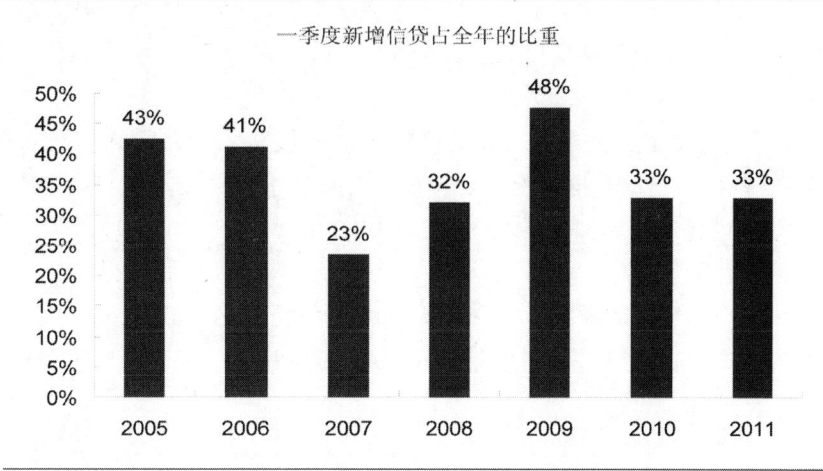

图9：商业银行每年一季度有放贷冲动

资料来源：CEIC，申万研究

2.5 春节后资金成本往往会下降

从票据利率的历史数据来看，每年年初春节之后票据贴现利率一般都会有不同程度的回落(图10)。这很可能有两个原因，其一是信贷增多、春节后现金回流，导致银行系统和实体资金面流动性改善(图11)，其二新开工的旺季尚未到来，对资金的需求也有所减少。

图10：春节后票据贴现的利率往往会下降　　图11：节后现金回流使实体资金面改善

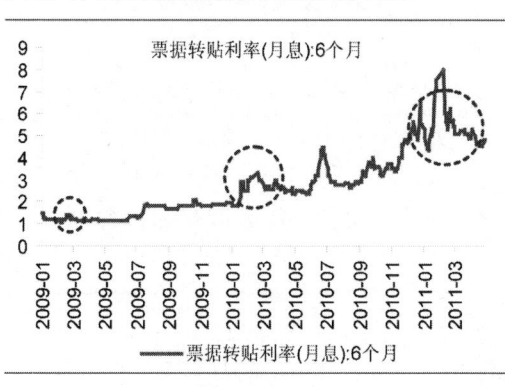
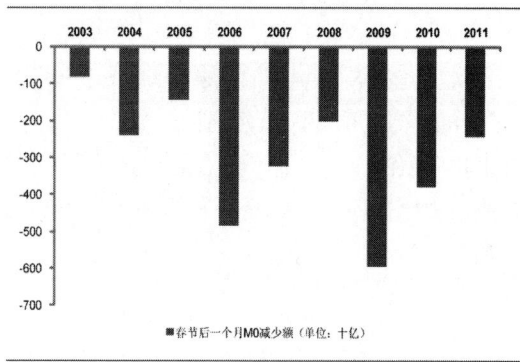

资料来源：万得资讯，申万研究　　　　　　　资料来源：CEIC，申万研究

由于中国特有的天气、假期、政策机制和统计数据公布机制，春季往往会造成股市躁动，这个时候未必和基本面有本质关系，强行用基本面去解释、甚至创造某种新的理论，最终会误导投资者。

3. 四月决断：过程中判断当年经济格局

正如本文开头所言，当年股市走势并不反映未来两年的经济走势，当年的经济和政策格局才对当年股市有直接影响,只是这种格局的判断需要事中验证和修正。四月份以后,随着两会政策落实和新开工进行,这种验证和修正才会逐步展开,并且影响A股的全年走势,所以从这个角度讲,三月份以后就要更加"基本面"一点。

3.1 2007年4~10月:蓝筹泡沫、一路向上

2007年5月30日,财政部宣布上调股票交易印花税之后,市场陷入"五卅惨案"。但此后公布的消费、投资、出口数据等都较好,投资者对基本面再次乐观,储蓄搬家、资金涌入,迎来蓝筹泡沫,任何回调都是买入机会(图12)。

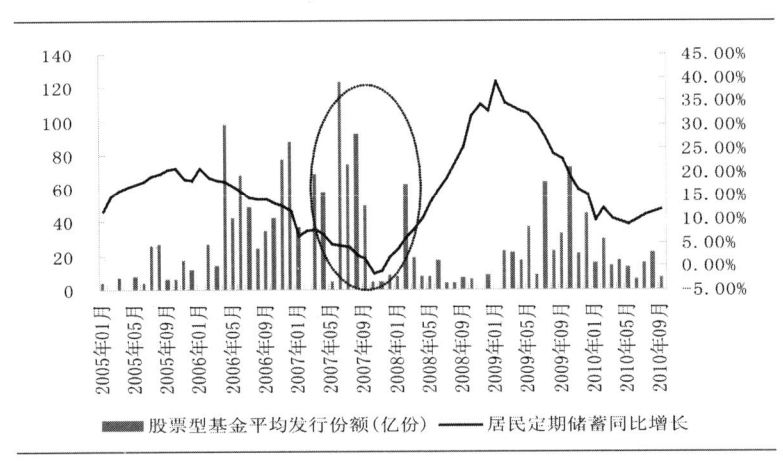

图12:2007年资金涌入,造就蓝筹泡沫,但经济好是根本

资料来源:CEIC,申万研究

3.2 2008年4~10月:经济不断向下

2008年二季度,虽然出口、投资、内需等数据依然平稳,但成本上升挫伤利润,一季报低于预期[②](图13);下半年,需求开始萎缩(图14);9月份由于雷曼破产造成全球信贷冻结,企业大规模去库存、计提减值准备,经济大幅下跌。在这个过程中,股市一路下跌,每一次反弹都成为卖出理由。

---

② 参见2008年3月7日行业比较报告《"调低预期"、"减速增长"将成为主题词——07年报、08一季报业绩前瞻分析》。

图 13：2008 年上半年成本上升挫伤利润增长

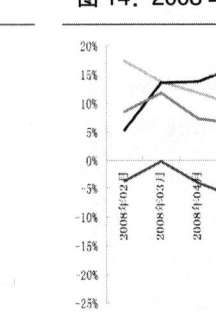

资料来源：万得资讯，申万研究

图 14：2008 年下半年需求开始下滑

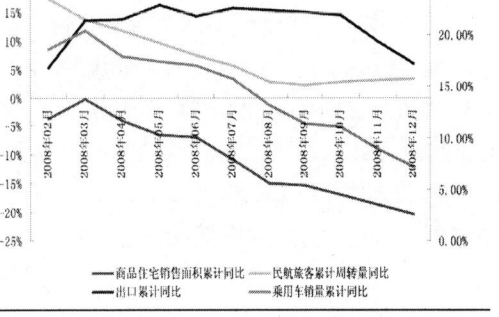

资料来源：申万研究

3.3 2009 年 4~10 月：房地产确认经济向上

2009 年春的上涨充满了分歧，投资者争论刺激政策有没有效、基本面能不能跟上市场的步伐？随着房地产销售的持续旺盛，房地产投资和新开工也开始跟上，房价也开始上涨（图15），投资者对银行的坏账担忧减弱，经济的见底回升使大盘有第二波上涨，同样是每次回调都是买入机会。

图 15：基本面跟上了市场的步伐：2009 年的案例

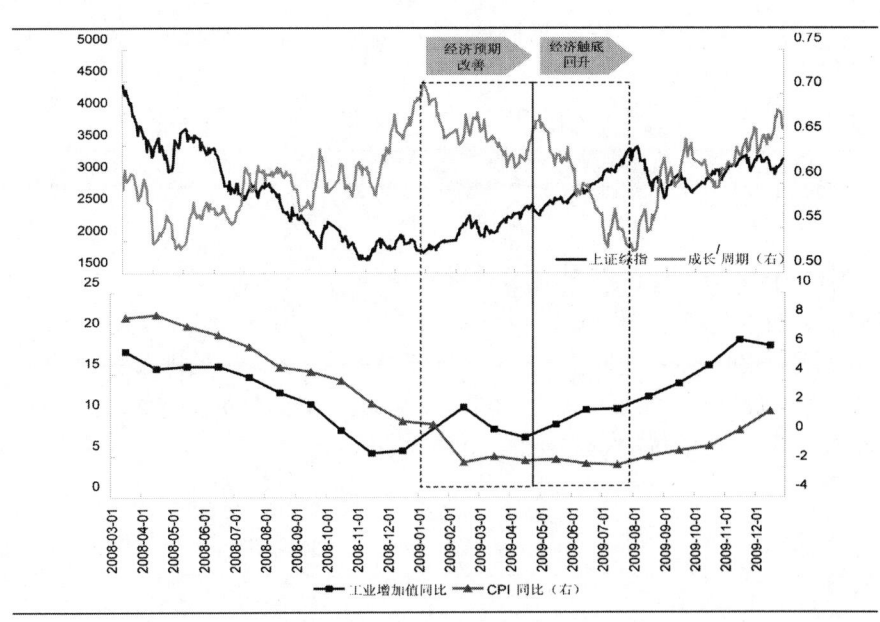

资料来源：CEIC，申万研究

3.4 2010 年 4~10 月：政策突变导致 V 型变化

2010 年是过去五年的特殊之年，按照规律，一旦经济和政策确定，市场是在 4 月到 10

月之间是一种风格、一种趋势,但是2010年无论是经济还是市场都出现了V型变化,其根源是政策在年中有个大的调整。

2009年底,政策的方向发生变化,但当时投资者并不清楚这次政府的决心,房地产市场在短暂的沉寂之后,继续上行,成交火热、价格抑制不住。于是乎,政府在4月中出台了史上最严格的房地产调控政策,并且引发了中游的去库存,使工业增加值不断向下(图16)。同时,海外伴随着欧债危机,投资者的经济预期迅速恶化,整个二季度A股下跌23%。

本来这种下跌要持续下去,但是到了年中,由于二季度的经济下滑,特别是外汇占款流出和PPI环比负增长(图17),使众多投资者(包括决策层)相信经济可能二次探底。因此,当高层领导在6月的一系列公开场合上强调"保增长"的重要性之后,投资者再次产生了政策放松的预期,并且当时有迹象显示信贷投放和发改委新批项目的速度有所加快。市场也随之触底回升,进入9月,经济触底回升的迹象明显,再加上美国QE2预期,周期股又涨一波。

图16:2010年上半年库存调整导致经济下滑　　图17:10年二季度外汇占款和PPI的下滑

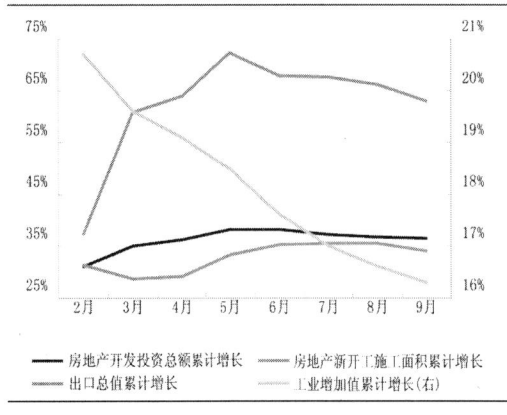
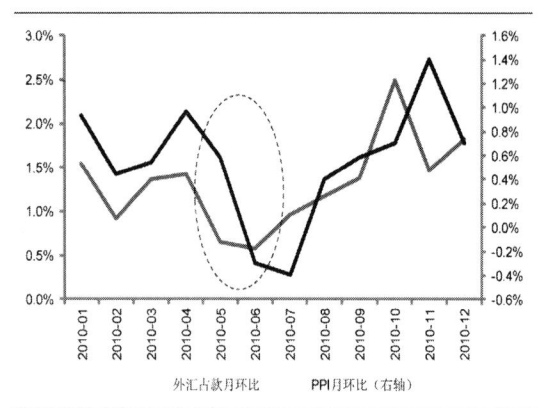

资料来源:CEIC,申万研究　　　　　　　　　　　资料来源:CEIC,申万研究

3.5　2011年4~10月:机械、重卡之争后的三波主跌

2011年3月有著名的"工程机械、重卡数据之争",这场争论的背后是经济走向的辨析。4月下旬,随着工程机械数据的回落,市场明晰了经济的走向,开始进入主跌浪(图18)。而中间政策非但没有放松,反而步步加强,2011年成为比2008年更熊的熊市,直到年底,市场经历三波主跌浪,中间的小反弹都成为卖出的机会[③]。

---

③　关于2011年的表述,详见宽体策论第一篇《从少林到武当——本轮股市和经济运行特征分析》。

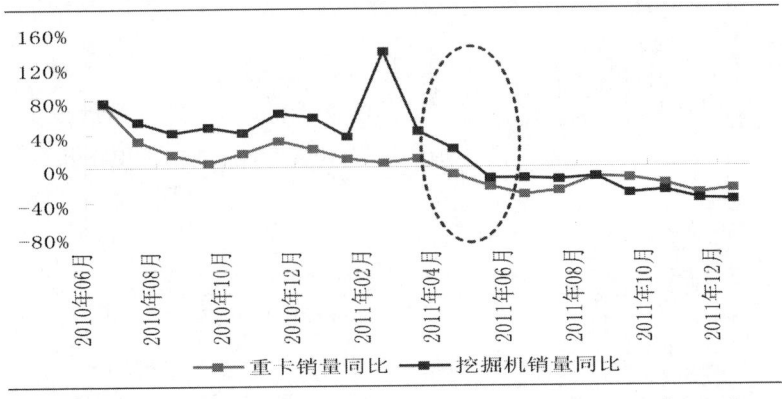

图18：机械销售大幅下行结束经济走势的争议

资料来源：CEIC,申万研究

3.6 四月决断的启示

启发一：当年的经济状况在4月以后才能大致确定

2006年后，宏观策略、自上而下的思路逐步盛行，大家热衷于讨论经济的底和顶。但事实上，经济的底和顶都无法事先判定，基数效应只是数字游戏而已。每年4月前，由于政策和经济格局未定，经济、基本面和草根调研的意义不太大。只有进入四月，随着开工和政策的稳定，经济观察的重要性会提升，旺不旺是个重要的判断。

启发二：兵无常势、水无常形

虽然我们努力去寻找和总结规律、提炼指标，但是不要将这些指标和规律固化，妄图通过这些指标和规律的机械运用就去判断股市、去投资。没有股市和经济的领先指标，唯一领先的是逻辑和人的思维。

过去五年大致总结出A股的投资规律为：春季躁动和四月决断。但是决断的时间可以提前到三月，也可以推迟到五月，兵无常势、水无常形。关键是要明白其中的机理，只有明白了这种机理，才可以在规律和指标的基础上去运用、去变化、去调整。

4. 2012年：经济李宁型，结构更重要

目前，我们正在经历2012年的春季躁动，各种新的理论不乏于耳，投资者和分析员每天都在经受"多"和"空"的抉择。历史告诉我们：1月初可以躁动一点，所以《从悲观到中性》，而现在需要更基本面一点。我们认为2012年可能会有如下不同：

第一，经济可能陷入"李宁型"，结构比仓位更重要（图19）。2006年来，投资者都热衷寻找经济的底或者顶，因为中国经济从来都是趋势，一旦掉头，都是V型或者倒V型，所以一旦找到顶或者底，后面空间无限。可是，无论是顶或是底，都是事后验证，事中怎么确定呢？于是乎，聪明的投资者找到了如票据贴现利率等广谱利率，一旦广谱利率下行，代表经济已经不行，政策会放松，经济会逐步起来，所以广谱利率的下行成为经济底的代名词。在这个趋势占据主导地位的年代，无疑仓位比结构更加重要。可是，这一次或许不同，经济可能陷入"李宁型"，具体分析逻辑参见《宽体策论篇》前3章，结构、行业精选和主题投资可能是全年盛行的机会。

图 19：经济趋势也许是"李宁型"而不是 V 型

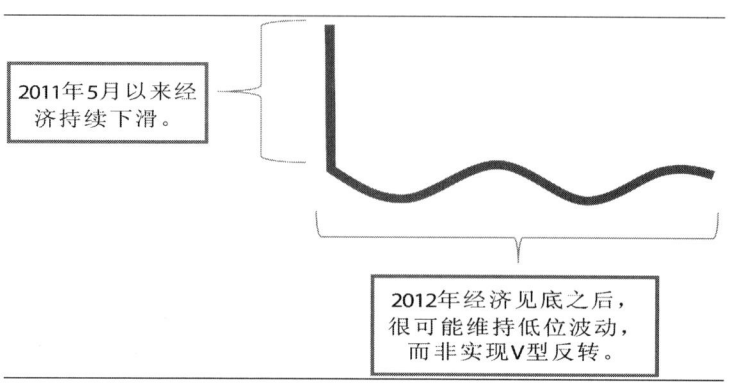

资料来源：万得资讯，申万研究

第二，3 月份是证伪阶段，梦醒时分④。综合宏观数据、中观指标和微观调研，我们认为目前总的经济状况应该是在延续去年以来的下滑趋势，而部分宏观指标的改善与中游行业的阶段性补库存相关，3 月以后随着补库存的结束，这一经济向上的动力也将消失。资本市场对经济波动的预期总是大起大落，而目前来看，虽然下滑趋势在延续，但也并没有出现剧烈的波动，没有像 2008 年底、2009 年初那么差。2012 年 1 季度业绩增速下滑态势有望趋缓，中小板 2012 年业绩预期将面临更大程度的下调。过去两个月市场堆积了一些利空的因素，1 月通胀高于预期（会制约政府放松的行为）、1～2 月份的信贷都低于预期（会延缓经济的复苏），市场在躁动的时候对这些利空没有理会，但是不代表其不存在。在这个位置，我们更愿意讨论结构和主题，市场还没有出现主跌和主升的迹象。我们建议配置消费，关注贵州主题，如果市场继续大幅上冲，建议减仓。

第三，行业选择上，建议配置经典消费品，重点推荐白酒、中药、男装、白色家电、农产品、家用轻工。首先，经济还在下滑，但是没到 2008 年底、2009 年初的阶段，消费未必会后周期下滑，消费品的盈利较平稳，估值偏低，进入 3 月份，良好的业绩成为行情表现的催化剂，经典消费品是本轮估值修复的最后一站；其次，基金换仓对消费品的压制得到缓解，随着 3 月份的梦醒时分，寻找进可攻退可守的品种是当务之急。最后，我们承认很多消费品受制于中长期因素影响，但这些因素并不妨碍短期的表现，需知 1 月初周期股也受制于经济下滑和基本面恶化、2 月份成长股也受制于业绩下滑和新股发行制度改革的影响。

---

④ 详细分析参见三月 A 股月报《梦醒时分》。

第五章

基于预测 VS 基于对策
——对策略系统的再思考

主要观点：

策略即投资，寻找当下环境中最好的赚钱方法。有人认为投资或研究就要不断前瞻、不断预测，但是纯粹基于预测的系统更多只是信仰，过程中充满不测风云，需要调整和修正；也有人认为未来无法预测，预测不如对策，但是纯粹基于对策的系统最终会沦为交易，对大资金的意义不大。越是大的机构越喜欢预测、越是小的资金越喜欢应对。两者结合，方为王道。

纯粹预测，多有瑕疵。首先，人的预测能力有限，一些铁板铮铮的预测顷刻就会瓦解；此外，所有预测基于现有信息，无法预判过程中的突发行为；再次，预判即使正确，结果何时发生不得而知，而一两个月的耽搁对资本市场的影响巨大；第四，就算预测正确，市场是否关心这一结果？毕竟我们最终要判断的是股价而非实体。最后，正确的预判短期无法证实、错误的预判短期无法证伪，不能轻易去纠错，而要将错就错，顺势而为。所以，纯粹基于预测有诸多瑕疵，其实就是基于信仰，除非你有一个相对宽松的环境、可以无限等待，但在A股这个篮球场，约束太多。预测是必需的，但更重要的是验证、调整和应对。

调整和应对是必须的，但也要讲究章法，否则沦为交易。需要注意四点：其一，预判的事实并未出现，或者风险开始出现，需要变化；其次，股价变动意味着风险和收益组合发生变动，可以变化；第三，要重视投资布局，投资机会如假说和实验，因时而变；第四，还是要有大局观，不能完全不预测。

两者结合，方为王道，好的流程如下：第一，大的判断，模糊正确，不要用小逻辑来代替大逻辑，关注风险；第二，讲究投资布局；第三，要将实体实验和市场实验结合，去把握投资机会；第四，对卖方策略和体系的定位。策略不是要去不断完善预测体系，而是要去发展修正和对策体系，着力于研究市场本身、猜测市场未来一个阶段会喜欢什么样的风格和股票。可悲的是，"应对之策"似乎不属于卖方，卖方讲究流派，大多是预测型的，扛一个大旗，不断坚持、强化，最终用结果评价。"对策型策略"的困难在于，需要保持密切沟通，了解核心假设的变化、信息的更新。

策略即投资，寻找当下环境中最好的赚钱方法。有人认为投资或研究就要不断前瞻、不断预测，但是纯粹基于预测的系统更多只是信仰，过程中充满不测风云，需要调整和修正；也有人认为未来无法预测，预测不如对策，但是纯粹基于对策的系统最终会沦为交易，对大资金的意义不大。越是大的机构越喜欢预测、越是小的资金越喜欢应对,个人以为,两者结合,方为王道。

1.纯粹预测、多有瑕疵

米兰·昆德拉说"人类一思考、上帝就发笑",我们的预测能力到底有多强?2011年底,信誓旦旦说2012年二、三月份是欧债危机的高峰期,但时至今天,一切风平浪静(图1);炒了一年多水泥供应瓶颈,最近突然有人说"水泥供应过剩严重";都说房地产业绩锁定未来两年,但每年的业绩增速还会大幅调整(图2)……这些曾经铁板铮铮的预测顷刻就会瓦解。

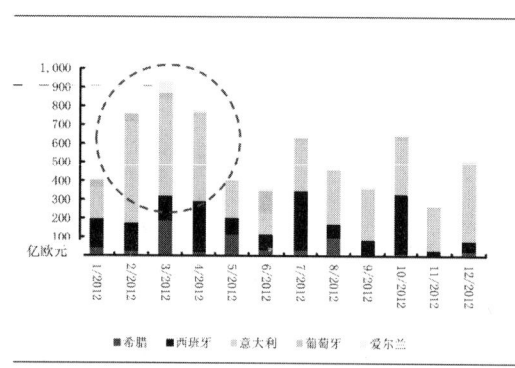

图1:2011年底预判2012年春欧债风险大

资料来源:申万研究

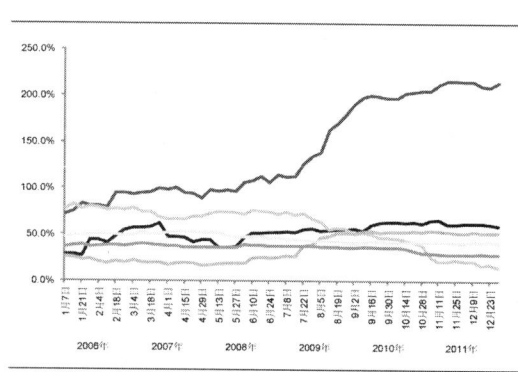

图2:历年房地产盈利预测大幅调整

资料来源:申万研究

作为策略分析员,投资者最喜欢跟你讨论的还是未来一到两年的经济、政策格局,但是感觉这些预判更多掺杂着个人的主观和信念。有趣的是,过去五年A股市场的涨跌与未来一年的经济波动背道而驰①(图3)。

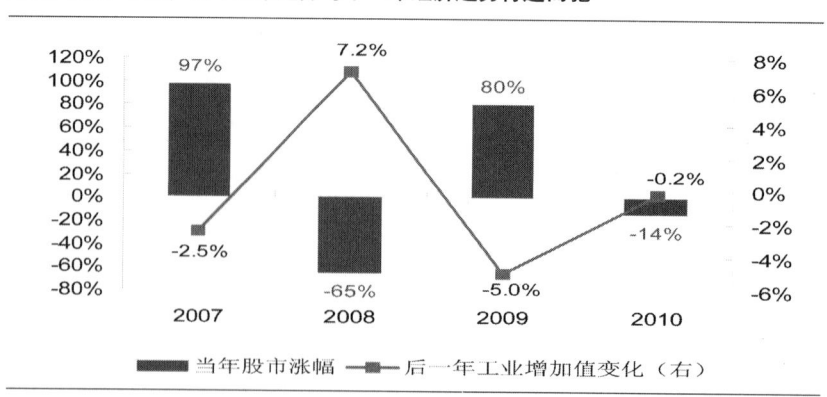

图3:2007年来,当年股市趋势与下一年经济趋势背道而驰

资料来源:申万研究

---

① 具体分析参见宽体策论篇第四章《春季躁动 四月决断》。

且不论个人能力如何，关键是过程中的行为会改变预测结果。所有的预测只能基于现有的信息，无法预判过程中的突发行为，更无法预判这一突发行为所造成的结果。比如说欧央行 2011 年 12 月 9 日后提出两个三年期的 LTRO，分别为欧洲银行体系注入 4890 亿欧元和 5295 亿欧元的贷款，倘若没有这个突发事件，或许大家原先对欧债风险爆发期的判断就有可能正确。

退一步讲，预判即使正确，并且结果必然发生，但何时发生不得而知。远一点讲，特里芬教授很早就指出布莱顿森林体系的弊端，但该体系的崩溃发生在几十年后；索罗斯很早就预言资本市场会有一场危机，但是 2008 年前持续繁荣，如果不参与这场泡沫也极为可惜[②]。近一点讲，几乎所有的宏观都预判 2011 年的通胀高点出现在年中，但具体是六月还是七月不得而知，可是这一个月的延迟、修正和再检验对资本市场非常关键，足以引发一波主跌浪（图 4、图 5）。

图 4：通胀回落的时点在不断延后

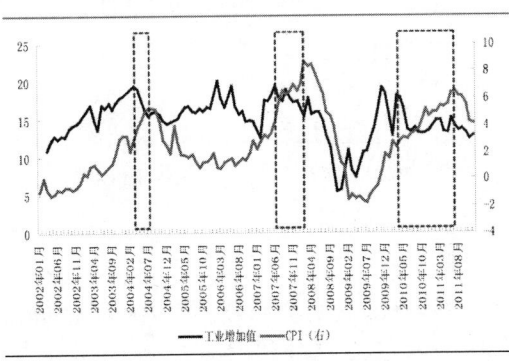

资料来源：CEIC，申万研究

图 5：2011 年 CPI 的高点较预期延后了一个月

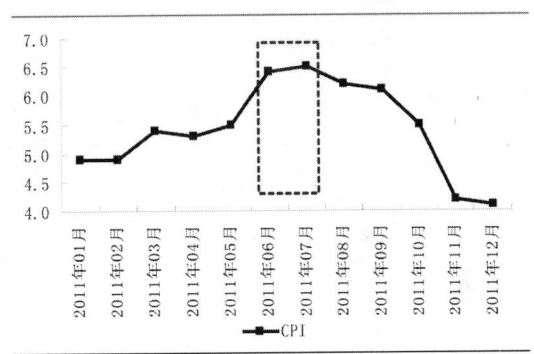

资料来源：CEIC，申万研究

再退一步讲，预测就算对了，其结果是否为市场的交易核心呢？毕竟我们最终要判断的是股价而非实体。比如说，2011 年 11 月 30 日晚首次下调准备金，当晚可以做出两个预断：第一流动性开始放松，是拐点；第二经济可能加速下滑，放松无法扭转经济颓势[③]。那么市场到底会反映前者还是后者呢？其实当晚不得而知。作为卖方，当晚就必须做判断、写报告，我们只能算幸运，选择后者，认为《降准难改弱市局面》[④]。但是作为买方，其实不需要马上判断，当时是一个多空的分水岭，主跌和主升都是有可能，风险和收益相当，冒然选择方向都是赌博。我们需要观察市场本身的选择和反映。第二天高开低走、第三天继续颓势，此时撤还来得及，说明市场选择第二个变量，后面才是一波主跌(图 6)。

[②] 事实上，索罗斯这么预测，但并不妨碍其参与赚钱，不是其言行不一，而是他会调整、修正。
[③] 对于第一个判断没有争议，第二个判断争议会比较大。但是，我们暂时假设，当时这个判断是全市场的共识。
[④] 具体参见 2011 年 11 月 30 日晚的降准点评《降准难改弱市局面》。

我们在本篇第 2 章《A 股篮球论》中说过，市场价格本身是连续的，市场方向的选择要观察价格本身。即使美国 1987 年 10 月 19 日的黑色星期一也并非毫无征兆。从 1987 年 8 月以来，纽约股市就开始出现较大的波动，尤其是 10 月份的前两周股票价格不断下降。

图 6：2012 年 11 月 30 日降准之后三天的市场颓势提示投资者应该撤了

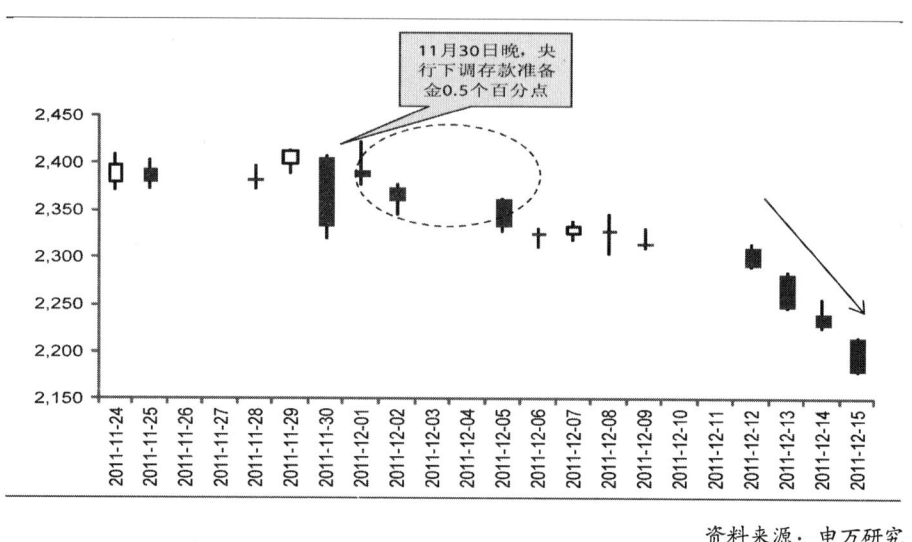

资料来源：申万研究

最后，错误的逻辑短期如果无法证伪，不要轻易去纠错，而要将错就错，顺势而为。正常情况下，高手的研究和预判能力超过普通大众，但是短期的股价走势由普通大众决定，是个典型的"选美游戏"，一旦陷入无法证伪的阶段，坚持自己的正确看法很多时候是很危险的。比如说，2010 年 4 月份，房地产最严厉的调控措施出台，当时普通大众的看法是"房地产价格会很快下跌、房地产投资和新开工会下滑"，而少数高手基于中国经济的韧性和结构性矛盾认为"房价、投资和新开工短期都下不来"。三个月后，证明高手想法正确，但是股价跌了。此时，普通大众说，接下来房价、投资和新开工会下来，高手还说不会。三个月后，高手继续正确，股价继续跌。普通大众还是这么看，高手还是这么想，高手持续正确，股价持续跌……如此反复，从 2010 年 2 季度到 2011 年四季度，总共七个季度，GDP、房价、投资和新开工不断高于预期（图 7），但是房地产、银行股不断跌（图 8），如此的坚持和正确，意义何在？到了今天，房价、投资和开工确实开始下降了，但对于 A 股，两年时间不算少的。如果有一个时空机能把所有投资者拉到今天，看到房价、投资和开工能持续两年，房地产和银行的 ROE 还能上升两年，当时他们还愿不愿意卖呢？所以，除了研究实体外，对投资者认识的理解也非常关键。

图 7：房地产投资、新开工持续超预期 　　　　　图 8：房地产、银行 ROE 和估值

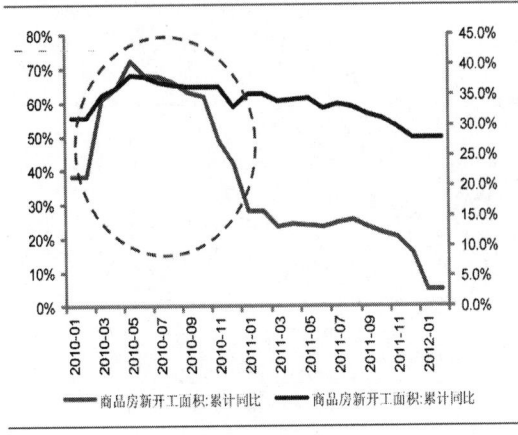 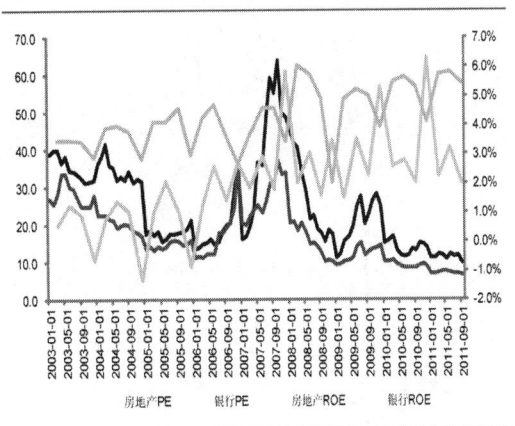

资料来源：华通人，申万研究　　　　　　　　　　资料来源：万得资讯，申万研究

所以，纯粹基于预测有诸多瑕疵，其实就是基于信仰，除非你有一个相对宽松的环境、可以无限等待，但在 A 股这个篮球场，约束太多。预测是必需的，但更重要的是验证、调整和应对。此外，要关注市场的核心交易矛盾，一旦错误的逻辑无法证伪，不要轻易去纠错，而要将错就错，顺势而为。

2. 只是应对、沦为交易

调整和应变非常重要，不能说"事情现或不现、机会有或没有，仓位都在那里"，但何时变化要讲究章法，注意四点：

其一，事实层面：预判的事实并未出现，或者风险开始出现

2011 年春季策略《长尾效应》，核心的风险是限购向三四线扩展。2011 年 7 月中，国务院发文扩大限购规模，虽然事后也未执行，但投资者预期改变了。我们还在苦撑，原因只为中期策略的"500 点"未到，观点真是一种枷锁。

其次，市场层面：股价变动意味着风险和收益组合发生变动

股价是风险和收益的集合，股价上涨就意味着风险增加、收益减少，反之亦然。所以，当股价发生了大幅的变动，观点是可以变化的。

经常有人问三个月以后的观点，事实上，三个月后的观点和这三个月的变动直接相关。2011 年 11 月 16 日，我们的年会报告《从"无为"到"有为"》认为"市场处于"无为阶段"、看空、机会在下半年"。但到了 1 月 9 日，《从悲观到中性》，觉得可以提高仓位。前后只有不到两个月，变化很大，原因很简单，股价跌了约 12%，风险释放、收益提高（图9）。

图9：2011年11月16日到1月9日，市场下跌了约12%，风险释放，收益提高

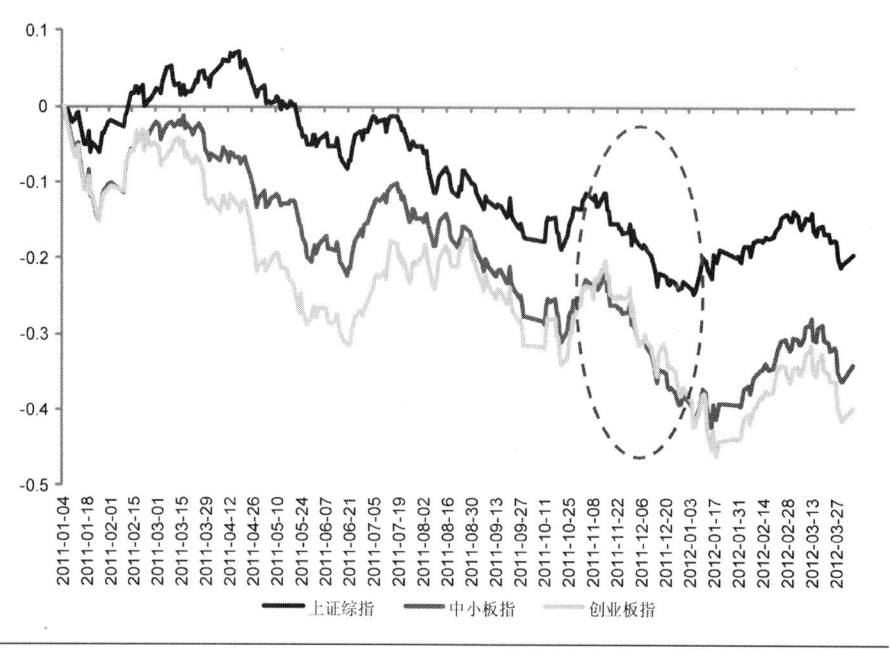

资料来源：申万研究

第三，重视布局，投资机会是假说和实验，因时而变

卖方推荐一个投资机会，总会找各种数据和证据，而对买方重要的是选择和布局。当推荐一个投资机会时，更多的是一种假说和实验，是需要验证的，而不是信仰和赌博。投资机会的把握不在于一开始就投入重仓，而在于准备弹药(对这个投资机会进行分析，选择这个机会下最受益的标的)，一旦确认机会(市场出现某种信号)，则重仓杀入，争取在主升浪获取超额收益。我们二月推电子、三月配消费就是遵循了这一原则[5]。

第四，还是要有大局观，不能完全不预测

还是要有一个大局观，做一个大局的预判，否则投资就变成纯粹的交易行为，如果不断地根据突发信息做交易，难积小胜为大胜。

2011年的错误，除了7月中没有因时而变外，更重要的是没有看到中国经济所隐含的深层次问题，将通胀理解为简单的周期、货币因素，忽视了结构的矛盾。我们直至8月底才充分意识到这个问题，所以毅然翻空。

3. 两者结合、方为王道

综上所述，必须做到预测和对策结合，方为王道。好的决策流程包括如下几点：

第一，大的判断，模糊正确，不要用小逻辑来代替大逻辑，关注风险

---

[5] 具体详见行业比较思考第三篇《为什么二月推电子、三月配消费》。

举例而言，我们认为经济"李宁型"、股市"震荡市"就是一个大的判断。春季策略⑥审视一年的经济政策格局，无非两种情形(图10)。其一，政策始终维持预调微调，经济陷入"李宁型"，股市呈现"震荡市；其二，政策再度全面放松，经济呈现V型反转，但约束就在不远处，股市也没有大机会。

图10：2012年的政策与经济格局的两种可能情景

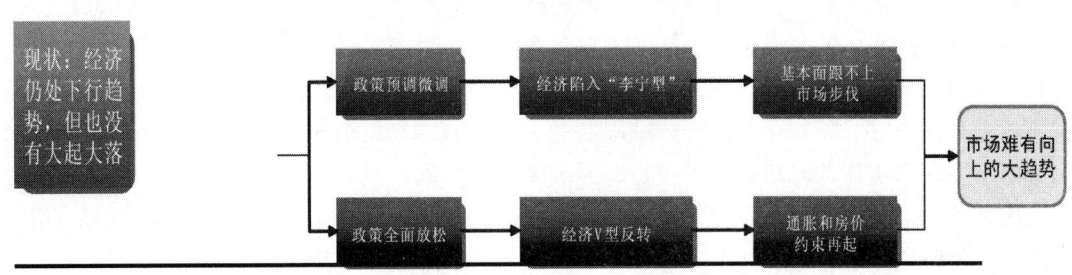

资料来源： 申万研究

在这种大的判断下，我们认为经济底部判断和票据贴现利率对投资的意义下降，认为垃圾时间、结构制胜，认为周期搭台、成长唱戏。

这种大的判断，不必太精确，只需要模糊正确就可以了，但是切忌用"小逻辑"来代替"大逻辑"，更不能一厢情愿地创造某种说法来改变中国经济的实际走势。

同时要注意这种大逻辑判断的核心风险，比如说，我们在春季报告中，就认为这种判断的核心风险在美国。一旦出现主升或者主跌，会改变震荡市的格局。主跌的风险在于经济持续下降、海外风险曝露，但这种可能似乎不大；主升的风险在于房地产政策放松、资金持续配置A股、美国加速复苏，仔细分析，前两者风险不大，但美国是否加速复苏值得关注。通过对美国生产部门、就业市场、消费支出、金融系统和地产市场的深入分析，目前尚未看到加速复苏的迹象，并且最近已经开始有数据低于预期，只是中国的市场反映较滞后。所以我们认为核心风险暂时不会出现，维持震荡市看法。

第二，讲究投资布局

要较从容地把握投资机会，必须讲究及早布局，并持续跟踪后续的相关信号。 随着信号的出现，相应的仓位、结构也要随之变化，所以研究、投资和交易在一定程度上相互结合。倘若没有观察到相应的信号，就可以放弃这个投资机会。

比如我们在春季策略里提示通胀预期再起、油价驱动的投资机会，引起极大争议，认同的人并不多。我觉得现在这个时候不一定要买入，而可以布局。思考两个问题：首先，一旦这个投资机会出现，要购买什么？其次，这个投资机会将如何发酵？通过历史研究，我们发现油价驱动、通胀预期相关的投资机会集中在农林牧渔、农药和化肥，所以可以在这个大范围下选择基本面配合的品种。然后，投资机会发酵的路径可能如下：已经加了一次成品油，

---

⑥ 具体分析详见2012年二季度A股投资策略报告《震荡市，把握四大结构性机会》。

但是还没有加到位,全世界都在说93号汽油进入8的时代;4月上旬公布3月份CPI,发现比2月份高,从此打破了去年8月以来通胀不断向下的趋势,通胀何去何从无法证伪,在5月中旬之前只能跟踪食品、蔬菜和农产品的价格,而这些价格进入短周期的向上环节,进一步加剧投资者的通胀预期;油价最近虽有所下跌,但是依然高位,一旦中东风吹草动,突破130,国内成品油调价预期进一步起来;3月底4月初,各地价格改革风起云涌,天然气、水、电……如果这些因素陆续出现,而且投资者讨论的热度增加,就应该选择相应的品种下重手。

第三,要将实体实验和市场实验结合,去把握投资机会

从研究到投资可能要经过两个层面,第一个层面是预测实体会发生什么变化,第二是判断投资者如何理解这种变化。在我们的研究中,比较强调第一层面而忽视第二层面。事实上,对于有投资时间限制、有各种约束限制的公募基金,第二个问题更加重要。有时候,我们看对了经济和实体,但却做错了投资,原因是市场根本不关心我们所关心的问题。由于两个层面都是在对未来做预测,并且在未来到来之前均无法确认,需要做实验,所以我们将这两个层面的研究分别称为实体实验和市场实验,策略应该着重于后者。

举个实际的例子,如何把握2010年下半年的行情?现在看来,2010年下半年股市上涨最重要的原因是经济见底回升。但是如何在当时而不是现在预测这一点,如何在市场上涨的主升浪抓住机会?从实体实验和市场实验的角度分两个问题,其一是经济何时见底回升?其二市场何时意识到这个问题,作何反应?

判断经济见底回升分如下两步:其一,辨析经济下滑的原因,只有明白经济下滑的原因才可以集中精力判断这种力量在什么时候衰竭,当这种力量衰竭之时,或许就是经济见底回升之时。2010年4月,很多人担心欧债危机导致出口下滑、房地产调控导致投资下滑,全面看空中国经济,而二季度工业增加值的变化似乎验证这种逻辑。事后看来,这种判断是错误的,因为出口、房地长投资、房地产新开工从来没有下来过。但是事后解释没意义,如何在事中把握最关键?观察水泥和螺纹钢的产量使我们了解这一轮下跌的真正原因,并且这种观察在事中而不是事后就可以明晰。

图11:2010年4-7月水泥和螺纹钢产量增速背离

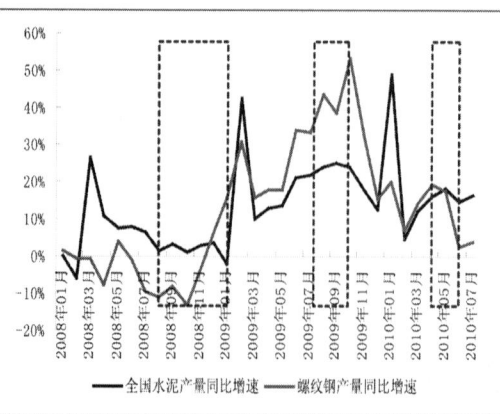

资料来源:华通人,申万研究

图12:2010年上半年经济下滑为库存调整导致

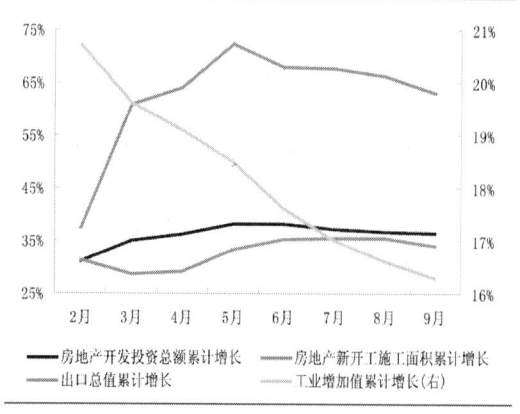

资料来源:万得资讯,申万研究

2010年4~7月,螺纹钢产量增速急剧下滑而水泥增速保持不变,出现背离(图11)。在史上最严厉的房地产调控政策出台的背景下,钢铁经销商对未来房地产开工的预期非常悲观、不再进货,钢铁厂商主动减产去库存,导致钢铁产量和工业增加值明显下滑。所以,工业增加值的下降是钢铁厂商主动调整生产行为导致的(图12)。一旦钢铁经销商发现下游需求没那么差,而库存已经削减到较低水平时,其补库存行为会带动钢价上涨,进而促使厂商生产,工业增加值将会迅速恢复。

其二,经济回升取决于库存水平和下游需求好转。一旦明晰了经济下滑的原因,就可以知道经济上升的动力就是补库存,而补库存的基础是下游需求改善,所以目光转向汽车和房地产销售。通过周度的数据跟踪,基本可以确定9月公布的8月汽车和房地产销售数据均超预期,通过跟踪8月旬度的发电量可以确认9月11日公布的8月工业增加值和发电量可能出现跳升。所以基本就可以确定经济会在8月份见底回升。至此,我们在8月底就完成了实体实验,确认了经济的拐点大致在8月份,但是所有数据要在9月上旬公布,所有的推论届时等待最终检验。

此时开始进入市场实验,对于8月经济见底的预测,一些投资者认为要清仓,因为经济好、政策会强化、市场要跌;而另外一些投资者认为要满仓,因为经济拐点已现、周期品估低。所以,即使面对同样实体实验的结果,投资者依然会做出不同的选择,而市场是所有投资者交易行为的综合,最终市场会选择哪种决策还是要等待市场实验的信号。

我们将9月1日、9月9日的汽车数据、9月11日的工业增加值和10月8日的PMI等数据设为我们的观察点(图13)。发现市场在一步步强化,所以市场在慢慢认同经济拐点出现、周期股投资机会来临的观点。

图13:市场实验的点

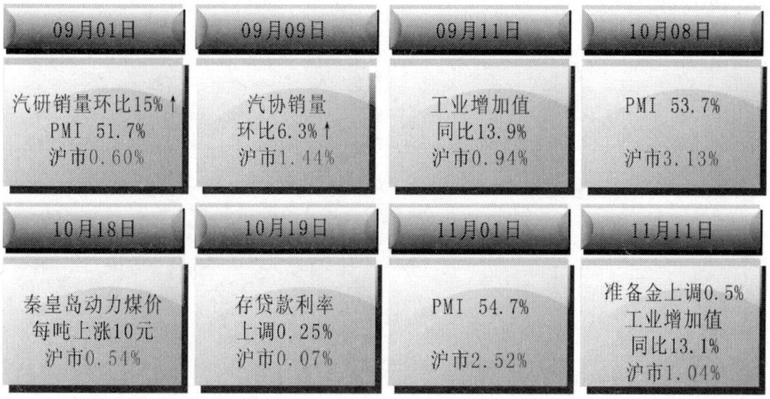

09月01日	09月09日	09月11日	10月08日
汽研销量环比15%↑ PMI 51.7% 沪市0.60%	汽协销量 环比6.3%↑ 沪市1.44%	工业增加值 同比13.9% 沪市0.94%	PMI 53.7% 沪市3.13%
10月18日	**10月19日**	**11月01日**	**11月11日**
秦皇岛动力煤价 每吨上涨10元 沪市0.54%	存贷款利率 上调0.25% 沪市0.07%	PMI 54.7% 沪市2.52%	准备金上调0.5% 工业增加值 同比13.1% 沪市1.04%

资料来源:申万研究

第四,对卖方策略和体系的定位

做了六年策略分析员,我发现策略分析员总喜欢和宏观分析员、地产分析员、银行分析员等基本面较理解的分析员去争论基本面,而极少花精力在市场本身的研究上。

其实，卖方策略不必去不断完善预测体系，而是要发展修正和对策体系。因为我们有强大的行业和宏观团队，他们的重要任务就在不断完善预测体系，模型、调研都是为了完善预测体系。策略分析员要做的是去猜市场未来喜欢什么样的风格和股票、明白整个预测过程中哪些关键变量会发生变化。而所谓体系，不是一套基于预测的指标，框架应该是开放的，调整、修正比一开始的预测更重要。体系根本意义上是一种思维、一种组织模式。

可悲的是，"应对之策"似乎不属于卖方，卖方讲究流派，大多是预测型的，扛一个大旗，不断坚持、强化，最终大家用结果来评价。事实上，这种结果导向对投资的帮助不大，因为只有尘埃落定的那一天，才能知道谁对谁错。过程中的调整，才对投资帮助更大，好的策略体系是要有个大框架、有一定的预判性、辅以不断信息的调整和更新。

但是"对策型策略"的困难在于，需要保持密切沟通，如果没有密切沟通，过了一段时间，随着一些核心假设和变量的改变，结论自然也就变化了。

第六章

周期搭台，成长唱戏
——对当前 A 股一种战法的若干解释

主要观点：

2011年中以来，有三波"周期搭台、成长唱戏"行情。第一次是2011年中，第二次是2011年10月，第三次是2012年春季。三波行情的共同点在于：政策放松预期或者实际放松引发周期品上涨，但行情太快太短，随后经典消费或者主题概念类的成长股开始表现，涨幅更大、更加持续。

内在机理如下：其一，经济转型预期增加，原来增长模式有较大问题，约束(房价和通胀)出现，政策进入收缩期；其二，政策收缩，国进民退，成长股业绩下滑比周期股快；其三，周期股业绩持续增长，但不代表未来，估值不断下降，难以长期持有；其四，成长股代表未来，受到投资者持续关注，但上市估值偏高，但受困于业绩证伪和无限供应，容易陷入泡沫产生和破灭的过程；其五，经济不断下降，接近"问题线"，政府开始小修小补，引发政策放松预期，周期股异动，稳定市场情绪，成长股开始唱戏。

通过研究美国20世纪70年代的转型时期的股市发现：其一，代表成长股的纳斯达克指数整体没有跑赢道琼斯指数和标普500指数，但其阶段性波动更大；其二，整个转型期，周期股跑赢成长股，但最有收益的个股集中在成长领域，所以行业精选和行业配置不同。如果你是一个例如彼得·林奇般的选股高手，那么你完全可以在成长股中自下而上筛选，抓住几个Tenbagger业绩会很辉煌；但是如果你是一个例如约翰·聂夫般的配置型选手，那就抱定业绩仍在成长、估值不断下滑的低估值品种，最终可能排名也很不错。

专业投资者不能选择自己所处的环境，但可以有自己的风格。如果你自信可以成为彼得?林奇，那么自下而上的选股是必须的，此时策略的第一要务就是提供成长股能做波段的环境，周期搭台、成长唱戏就是一种环境，从这样一个逻辑讲，可能五、六月份又是一个炒成长股的黄金时期；倘若你厌倦了这种波段和博弈，宁愿做约翰·聂夫，那么可以抱定一批"中盘蓝筹"。

策略要不断寻找当前环境下最理想的"战法"。2011年中来，"周期搭台　成长唱戏"①成为一种典型的战法，本文对这种战法的表现、内在机理、美国经验和未来演绎做深入分析。

---

① 我们在2011年9月的秋季A股策略报告《投资转型　成长淘金》首次提出这一战法，并且不断强化。

1. 2011年中来的战法：周期搭台 成长唱戏

2011年中至今，有三波"周期搭台、成长唱戏"的行情(图1)。

图1：2011年中至今，三波"周期搭台、成长唱戏"的行情

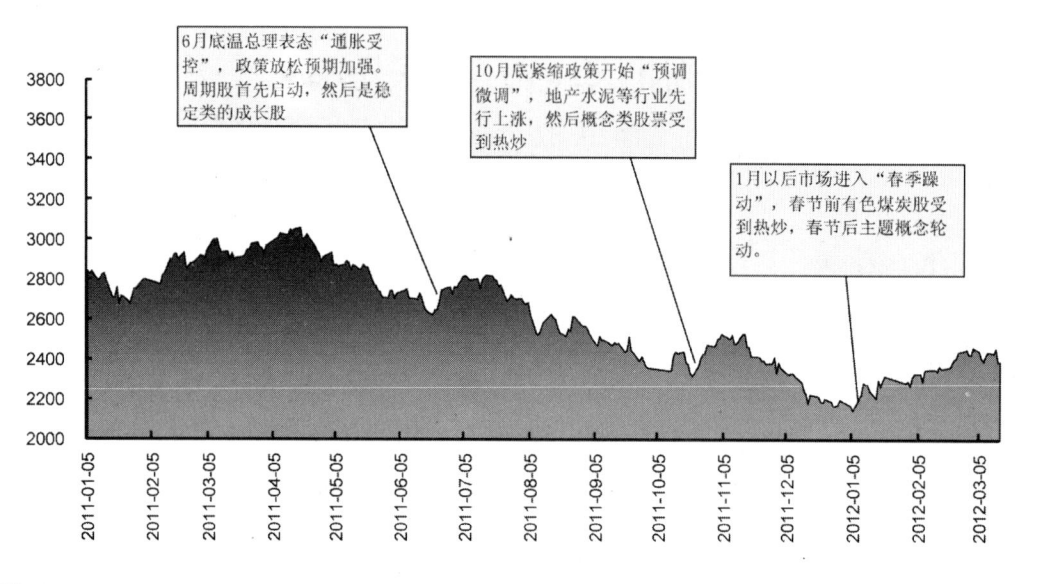

资料来源：万得资讯，申万研究

第一波行情发生在2011年6、7月份(图2)。6月底，温总理表示通胀可控，市场受到鼓舞，政策放松预期再起。房地产、有色金属和采掘等周期性板块率先启动，此后经典消费品如医药生物、农林牧渔、纺织服装和食品饮料等板块开始上涨，涨幅均超过14%，高于周期股。周期股的异动仅有两周，但成长股的行情持续到8月中，成为2011年决胜负的关键。

图 2：2011 年年中的第一波周期搭台、成长唱戏

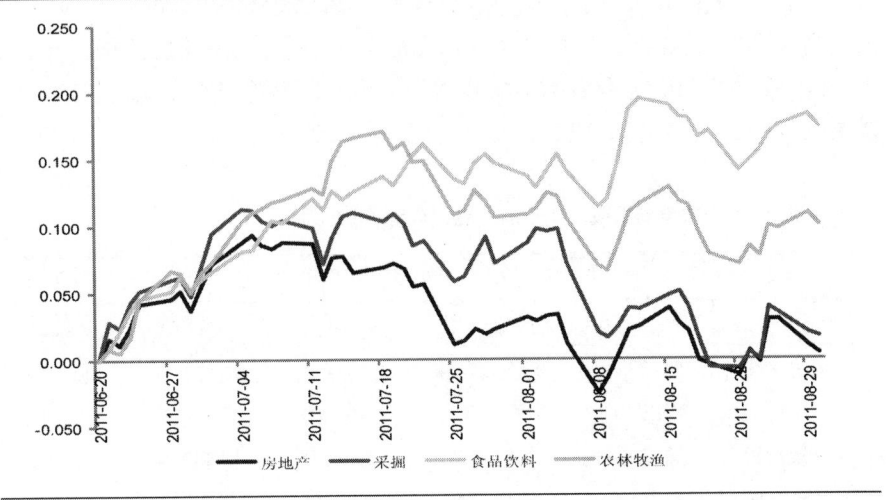

资料来源：万得资讯，申万研究

第二波行情发生在 2011 年 10 月下旬到 11 月中旬（图 3）。10 月底，温总理在天津调研时表示"宏观政策要适时适度预调微调"，再次引发政策放松预期[②]，与上次不同，这次有一些实质性的措施，股市开始演绎"蜜月行情"[③]。在这波行情中，地产、水泥板块先行上涨，但持续时间不长（大约 10 天）、幅度也不大（平均涨幅 10%左右）。随后，市场开始热炒传媒、农用机械、环保等概念类股票，行情更为持续，平均涨幅在 20%以上，部分投资者靠此翻身。

图 3：2011 年年底第二波周期搭台、成长唱戏

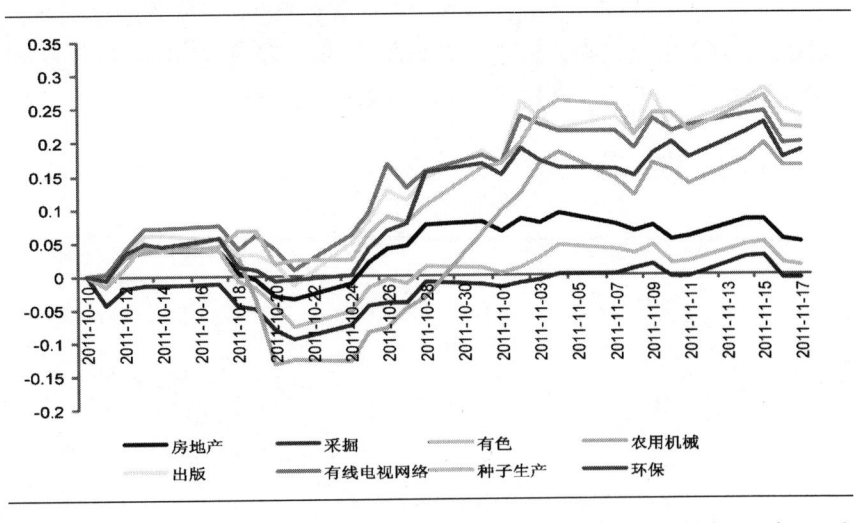

资料来源：万得资讯，申万研究

② 10 月 25 日晚，针对温总理发言，我们出了策略短评《一定力度的反弹》。
③ 具体分析参见 2011 年 11 月月报《蜜月行情》。

第三波行情发生在 2012 年一季度[④](表 1)。温总的喊话、海外强于预期、再加上传统"春季躁动"的因素，春节前炒了一把煤炭、有色、建筑建材等周期股，节后进入"游资模式、乱战行情"，电子元器件、信息设备、信息服务等小票扎堆的行业领涨大盘，进入三月份，经济证伪、梦醒时分，食品饮料、餐饮旅游、商业贸易等消费品体现防御价值。这波行情比前两次更容易参与，同样，成长股的行情比周期股更持续。

表 1：2012 年一季度周期股、电子信息股、与消费股的轮动

2012/1/5-1/20		2012/1/30-2/28		2012/3/1-3/15	
行业	涨幅	行业	涨幅	行业	涨幅
有色金属	21.29%	电子元器件	17.44%	商业贸易	3.90%
采掘	14.82%	房地产	16.40%	食品饮料	3.71%
建筑建材	11.29%	信息服务	15.77%	医药生物	1.64%
黑色金属	11.17%	信息设备	14.40%	餐饮旅游	1.27%
上证综指	7.94%	上证综指	7.30%	上证综指	-2.16%

资料来源：申万研究

这三次行情的共同点在于：政策放松预期或者实际放松引发周期品上涨，但行情太快太短，随后经典消费或者主题概念类的成长股开始表现，涨幅更大、更加持续。

事实上，2009 年和 2010 年也是一波大的周期搭台、成长唱戏(表 2)。2008 年 10 月到 2009 年 7 月是周期搭台，后面先是经典消费，再后面是炒转型。从 2008 年 11 月开始，货币政策大幅放松，"四万亿"经济刺激计划紧跟着出台，大盘开始启动。2008 年 11 月到 2009 年 7 月，有色、煤炭、交运和房地产等周期股强势上涨，涨幅均超过 150%；8 月，上证综指大跌 800 点，风格随之切换，家电、食品饮料、医药和商贸等经典消费品开始表现，取得超过 20%的超额收益，2010 年开始炒转型，相关板块受益颇丰。

---

④ 关于这段时间的行情演绎参见申万策略报告《从悲观到中性》(1 月 9 日)、《Hold 住，集结号尚未响起》(2 月 3 日)、《梦醒时分》(3 月 5 日)、《春季躁动 四月决断》(3 月 14 日)和《震荡市，把握四大结构性机会》(3 月 19 日)。

表2:2008年10月到2010年9月是一波大的周期搭台、成长唱戏

08年11月到09年7月：周期品搭台			09年8月到09年12月：经典消费品唱戏			09年末到10年九月份：转型概念火热		
类别	行业	涨幅	类别	行业	涨幅	类别	行业	涨幅
周期类	有色金属	270.9%	经典消费品	家用电器	32.9%	主题概念类	环保概念	62.1%
	采掘	214.2%		医药生物	25.4%		新材料	23.1%
	交运设备	182.2%		商业贸易	18.5%		新能源汽车	18.4%
	房地产	172.5%		食品饮料	14.9%		新能源	17.8%
稳定增长类	商业贸易	108.9%	周期类	采掘	-5.4%		物联网	14.1%
	农林牧渔	108.0%		房地产	-9.7%	周期类	采掘	-21.2%
	医药生物	100.1%		黑色金属	-12.4%		房地产	-25.8%
	食品饮料	96.7%		有色金属	-12.5%		金融服务	-31.5%
上证指数		95.9%	上证指数		-4.4%	上证A股		-4.5%

资料来源：万得资讯，申万研究

2. 内在机理：转型中的投资困局

一次是偶然，但是连续出现，说明这种"战法"有其内在机理。我们认为其内在机理如下：其一，经济转型预期增加，原来增长模式有较大问题，约束（房价和通胀）出现，政策进入收缩期；其二，政策收缩期，国进民退，成长股业绩下滑比周期股更快；其三，周期股业绩持续增长，但不代表未来，估值不断下降，难以长期持有；其四，成长股代表未来，受到投资者持续关注，但上市估值偏高，但受困于业绩证伪和无限供应，容易陷入泡沫产生和破灭的过程；其五，经济不断下降，接近"问题线"，政府开始小修小补，引发政策放松预期，周期股异动，稳定市场情绪，成长股开始唱戏。

(1) 转型期，约束出现，政策进入收缩期

随着经济转型的不断深入，我国原有的主要依靠信贷、投资拉动支持的粗放式发展模式渐渐变得不可持续，资金成本、劳动力成本等约束显现，政策进入收缩期。从2000年到2010年的大多数年份中，M2的实际增速都高于目标增速，这说明过去十年中国货币的超发很严重（图4）。但从2011年开始，M2的实际增速开始低于其目标增速，这种货币收缩的过程可能会持续若干年。另外，劳动力成本上涨、人口红利消失导致通胀压力持续存在（图5），在加上房价高企引发的民生问题，都制约政策放松空间。2011年来经济持续下滑，但是政策始终磨唧，千呼万唤始出来，不敢有大的放松，很大程度上是受到了转型因素的制约。

图 4：过去十年货币超发严重

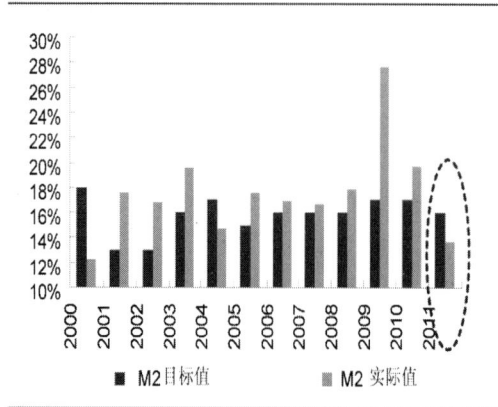

资料来源：CEIC，申万研究

图 5：劳动力成本上升明显

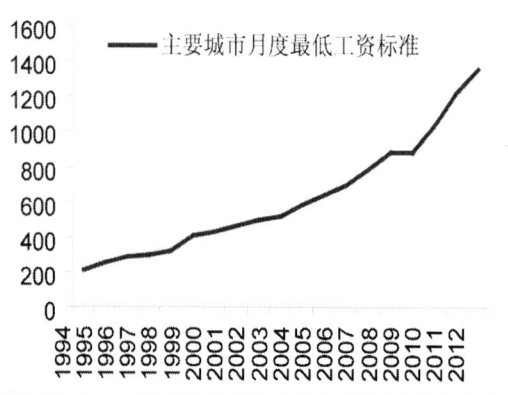

资料来源：CEIC，申万研究

(2) 政策收缩期、国进民退,成长股没有业绩优势

政策收缩期，受伤更加严重的是中小企业，大公司(特别是具有垄断资源的企业)还会受到各种保护，业绩下滑并不剧烈。从盈利角度来看，中小创业板成分股的整体盈利相对主板成分股的优势正在不断收敛，已趋近于零(表3)。

表 3：以 2010 年为例，消费为代表的成长小票业绩低于预期，不断被证伪

行业	过去5年利润复合增速	10年度E	10年实际	10年低于过去5年平均增速
造纸	19%	-13%	-18%	-37%
化学制药	43%	14%	8%	-35%
纺织服装	26%	42%	5%	-21%
零售	50%	40%	35%	-15%
饮料制造	37%	30%	29%	-8%
白色家电	39%	51%	51%	12%
中药	19%	40%	41%	23%

资料来源：申万研究

本轮经济下滑以来，金融服务、采掘等周期股 ROE 还能维持高位，而电子元器件、医药生物等成长股较为集中的板块 ROE 下降趋势却较为明显(图6)。

图6：政策收缩期，成长股业绩下滑似乎比周期股更快

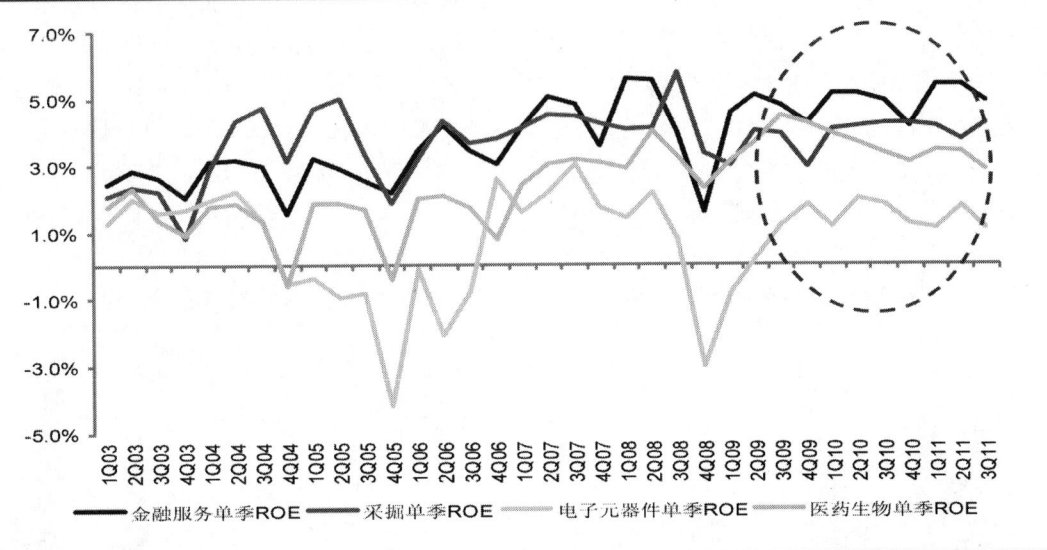

资料来源：申万研究

(3) 周期股业绩暂能维持，但估值不断下滑，不代表未来

政策收缩、国进名退中，周期股业绩暂能维持，但由于经济增长模式不健康，投资者不愿意长期购买周期股，因此股价不变、业绩不断上升，体现为估值不断下降。典型就是银行，2010年以来，其盈利增速维持高位、季调后ROE和NIM均在上升(图7)，但股价不涨、估值持续下移(图8)。

图7：10年以来，银行ROE、NIM均在上升

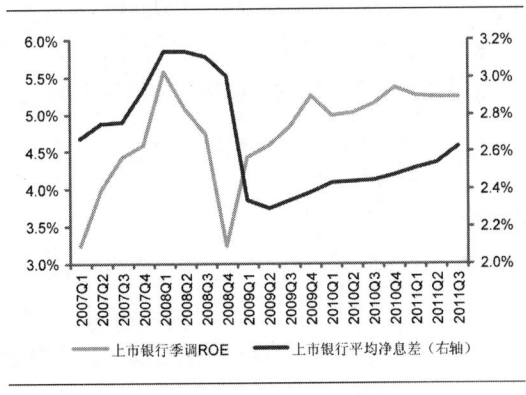

资料来源：万得资讯，申万研究

图8：银行盈利增速维持，估值不断下移

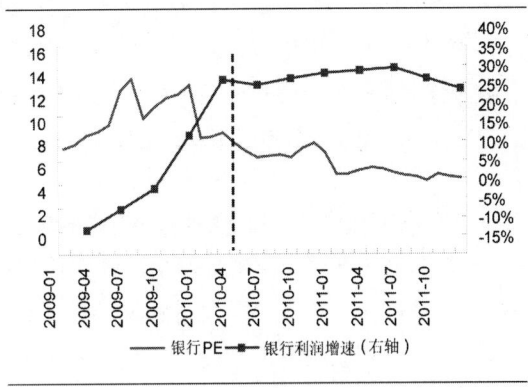

资料来源：万得资讯，申万研究

(4) 成长股代表未来，但估值偏高，受困于业绩证伪和无限供应

只有转型才有出路，成长股代表未来，会引发投资者的持续关注，时不时被炒一下。但

是成长股多有瑕疵，受制业绩证伪和无限供应：首先，转型是一个长期的过程，一开始传统的力量占据主导，成长股难以体现业绩优势，特别在政策收缩、国进民退的时候；其次，成长股的估值偏高，有下降趋势，其上市估值就高，最近又有新股发行制度的改革。

近年来，中小创业板的IPO市盈率明显高于主板，特别是2009、2010年，创业板平均首发市盈率高达60～70倍以上(图9)。这些企业的业绩短期无法释放，高市盈率难用高成长来化解。而最近的新股发行制度改革、证监会压制炒新炒小的决心、大小非解禁的压力都注定成长股的估值面临长期的下滑态势(图10)。

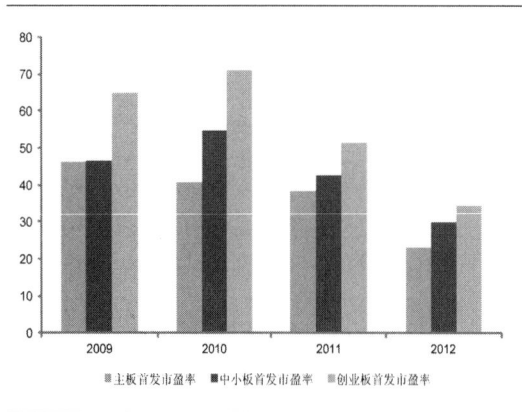

图9：中小创业板IPO市盈率明显高于主板

资料来源：万得资讯，申万研究

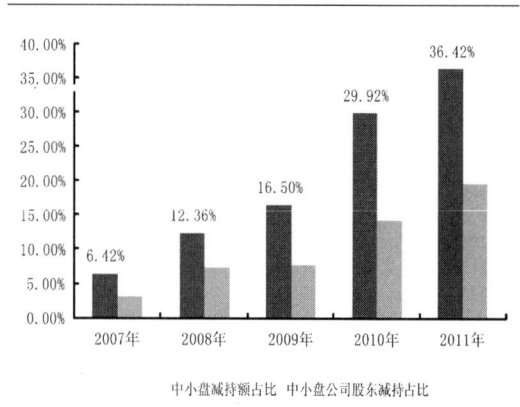

图10：中小盘减持额占比大幅上升

资料来源：万得资讯，申万研究

(5) 政策小修小补，周期搭台、成长唱戏

综上所述，转型、政策长期收缩、国进民退、周期股难以持续、成长股代表未来但有瑕疵……最终演变出，周期搭台、成长唱戏的战法。

转型不是一蹴而就，政策虽然长期进入收缩期，但短期由于经济下滑触及问题线，会时不时放松一下，周期股在政策预期或者微调的环境下出现脉冲式行情，但难以持续，而这种脉冲式行情有助于稳定市场情绪，成长股投机和投资相结合，在情绪高涨而业绩证伪和无限供应未至的环境下，引发唱戏的机会。

3. 他山之石：美国转型期的案例比较

我们研究了美国1970～1980年代转型期间的股市表现，发现也有相似的规律：代表成长股的纳斯达克指数整体没有跑赢道琼斯指数和标普500指数，但其阶段性波动更大；整个转型期，周期股跑赢成长股，但最有收益的个股集中在成长领域，所以行业精选和行业配置不同。

首先，转型过程中，成长股面临的环境未必改善，最终整体指数无法跑赢周期股，但波动更大，泡沫产生、泡沫破灭。我们分析美国1970年代经济转型时期的故事，可以发现成长股扎堆的纳斯达克指数整体表现并不好，弱于标普500和道琼斯指数，但其阶段性的弹性更大(图11)，直至1980年代之后，美国经济完成转型，成长股的表现开始远超周期股。这和 A 股类似，成长股会陷入泡沫产生和破灭的循环，每个泡沫破灭的低点可能比前期更低，但不妨碍阶段性赚钱。

图 11：1970 年代纳斯达克跑输主板，但波动更大

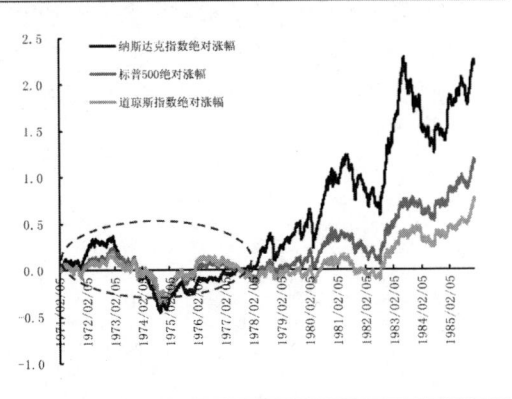

图 12：A 股成长股也将面临泡沫产生和破灭的过程

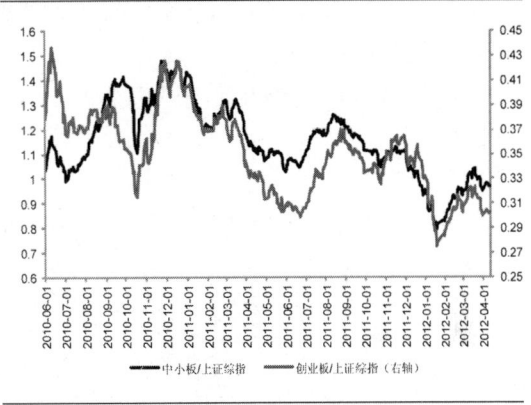

资料来源：万得资讯，申万研究　　　　　　　　　资料来源：万得资讯，申万研究

其次，从美国转型时期的行业和个股表现来看，整体周期跑赢成长，但是最有收益的股票扎堆于成长领域，所以行业精选和行业配置[5]会非常不同。

在美国经济的转型期间(1973 年—1982 年)，股市长期窄幅波动，在累计涨幅排名前十的行业中，除了支持性服务业之外，几乎都是较为传统的周期品，但从这些行业的十年累计收益来看，涨幅并不可观(表 4)。

表 4：美国 73 年 –82 年行业累计收益排名

	行业	73-82 累计收益		行业	73-82 累计收益
1	国防	210.46%	16	电信通讯	13.24%
2	采掘	175.04%	17	公用事业	12.51%
3	交运	107.95%	18	银行	6.69%
4	支持性服务	98.75%	19	娱乐制品	6.52%
5	石油与天然气	53.64%	20	一般工业品	6.26%
6	房地产	53.13%	21	家用产品	4.82%
7	林业与造纸	48.53%	22	化工	2.03%
8	工业金属与采掘	46.27%	23	工业工程	-5.90%
9	保险	41.97%	24	媒体	-6.76%
10	建筑及建筑材料	40.04%	25	零售	-8.78%
11	电子与电气设备	26.42%	26	软件与电脑服务	-11.31%
12	食品饮料	23.80%	27	电力	-20.35%

---

[5] 关于行业精选和行业配置的区别参见行业比较思考系列报告第二期《大处着眼　小处着手》。

13	技术硬件设备	16.34%
14	旅游与休闲	16.33%
15	医疗	14.50%

| 28 | 汽车与汽车零部件 | -23.43% |
| 29 | 个人消费品 | -25.09% |

资料来源：DataStream，申万研究

如果换一个视角，将涨幅最高的 200 只股票按行业分类，则会发现，大多集中在电子电器设备、旅游休闲、软件与计算机、医疗设备与服务、医药生物等新兴成长类行业。有趣的是，排名第 200 位的股票的累计收益也有十倍，远高于周期行业第一名的涨幅(国防，十年 2 倍)(表 5)。

表 5：经济转型时期，成长类个股表现抢眼

1973-1982 年累计涨幅最高的前 200 只股票所属行业	股票个数
电子与电器设备	51
旅游与休闲	12
软件与计算机服务	10
技术硬件及设备	10
金融服务业	9
支持性服务业	9
医疗设备与服务	8
工业工程	8
媒体	8
石油与天然气	8
医药生物	8
航天科技与国防	7
家用物品与建筑	7
零售	6
工业金融与采掘	6

资料来源：DataStream，申万研究

这种差别给我们很大的启发：如果你是一个例如彼得·林奇般的选股高手，那么你完全可以在成长股中自下而上筛选，抓住几个 Tenbagger 业绩会很辉煌；但是如果你是一个例如约翰·聂夫般的配置型选手，那就抱定业绩仍在成长、估值不断下滑的低估值品种，最终可能排名也很不错。

4. 启示：聂夫还是林奇？

美国长达十年的转型期，经济"李宁型"、股市"震荡市"，即涌现出如林奇般目光如炬、光芒四射的兔子，也出现了如聂夫般古板呆滞、默默爬行的乌龟，他们都取得了巨大的成功。

专业投资者不能选择自己所处的环境，但可以有自己的风格。如果你自信可以成为彼

得·林奇,那么自下而上的选股是必须的,此时策略的第一要务就是提供成长股能做波段的环境。毕竟林奇买卖过 2000 多只股票,也会有波段,我们所提倡的"周期搭台成长唱戏"就是一种环境。我们行业比较小组在 2012 年 2 月 3 日首推电子,就是基于这种战法,当时周期股已经搭台,而业绩证伪和无限供应要到 3 月中下旬,当时市场的核心交易特征是"游资模式 乱战格局",最适合这种格局的行业是电子⑥。并且,当时电子行业的基本面确有改善,能形成基本面和市场面的共振,于是乎电子行业在 2 月份表现斐然(图 13、图 14)。

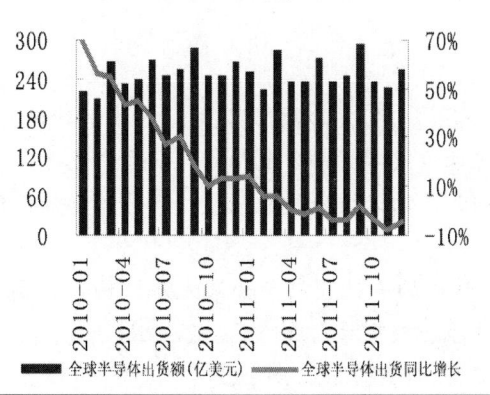

图 13:全球电子销售跌幅缩小

资料来源:WSTS,申万研究

图 14:北美半导体设备 BB 值持续回升

资料来源:SEMI,申万研究

从这样一个逻辑讲,可能五六月份又是一个炒成长股的黄金时期,最近投资者对"政策放松"预期强烈,周期股已经有所表现,而三月底出了新股发行制度征询意见稿,一季报业绩在四月底全部公布完,所以一旦四月底有一次降准或者降息,周期股再最后脉冲一把,成长股的机会可能又会来临。到时候,我们需要筛选基本面也好转、能讲故事的品种,并且最好投资者手里没有多少筹码,容易炒作的品种。但是到了 6 月中下旬,又要注意业绩证伪。

倘若你厌倦了这种波段和博弈,宁愿做约翰·聂夫,那么可以抱定一批"中盘蓝筹⑦"。这批股票符合国家价值链重构、具有一定"护城河"、商业模式清晰可见、已经具有一定的行业地位(有 3~5 年的可跟踪历史数据证明),成功度过了"从小到大"的阶段,有望进入到"从大到强"的稳定成长期的一批公司(例如历史上的格力电器、云南白药等)。

---

⑥ 关于二月推电子的详细逻辑回顾参见行业比较思考篇第三章《为什么二月推电子、三月配消费》。
⑦ 关于中盘蓝筹的分析详见策略部主题策略小组报告《唤醒中盘蓝筹——"中盘蓝筹"主题投资系列报告之一》。

第七章

以己为本，观察价格
——对"一致预期"的若干理解

主要观点：

追寻市场"一致预期"的目的是要找到"超预期"，只有"超预期"才能引发股价波动，所以这种"预期"应该是股价中包含的预期，而非卖方或者买方嘴上或者笔下的"预期"。

什么不是一致预期？卖方预测不是"一致预期"；电话调研效果一般；资金流动和情绪变动只是同步指标，无法前瞻。

如何把握一致预期：以己为本、观察价格；错误的一致预期，如果无法证伪，也要跟随；重视不同交易主体和不同交易市场的区别；牛市和熊市对预期的反映不一致。

本章结合过去两年的实际案例和笔者的投资日历，阐述上述的观点。

"一致预期"是个被用烂的名词，几乎每篇报告都会提及，大到GDP、CPI，小到具体公司的盈利预测。但"一致预期"如何追寻、能否量化，莫衷一是。本章谈谈我们对"一致预期"的理解和思考。

1. 什么不是"一致预期"

先辨析什么不是"一致预期"。我们追寻市场"一致预期"的目的是要找到"超预期"，只有"超预期"才能引发股价波动，所以这种"预期"应该是股价中包含的预期，而非卖方或者买方嘴上或者笔下的"预期"。

1.1 卖方预测不是"一致预期"

WIND、Bloomberg和朝阳永续提供的卖方调研被视为"一致预期"，事实上大错特错，因为卖方不参与交易，无法决定价格。而且，卖方分析员由于各种机制问题，盈利预测调整比较慢，滞后于股价调整(图1-图2)，以此为"一致预期"，无法做到前瞻。

图1：食品饮料业绩预期调整滞后于市场表现	图2：钢铁业绩预期调整与市场表现不完全一致
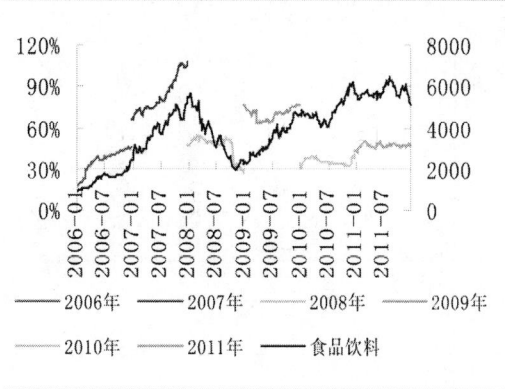	
资料来源：申万研究	资料来源：申万研究

众所周知，由于经济收缩、政策压制、国进民退，创业板2011年的盈利增速会很差，但从朝阳永续的一致预期看，直到2011年12月30日，该数据仍为33.02%。通常，分析员在一季报公布后集中调整当年的盈利预测，同时顺带调整未来两年的盈利预测（图3、图4）。

图3：盈利预测调整从4月开始，之前较平稳	图4：盈利预测调整从4月开始，之前较平稳
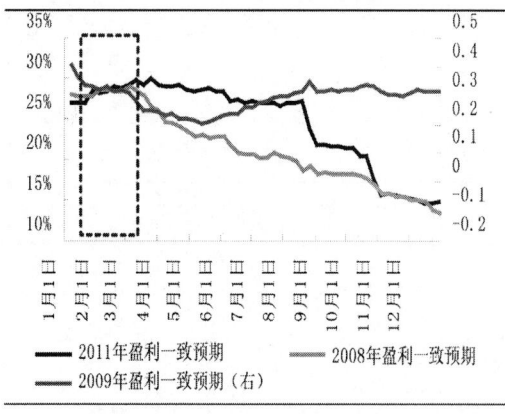	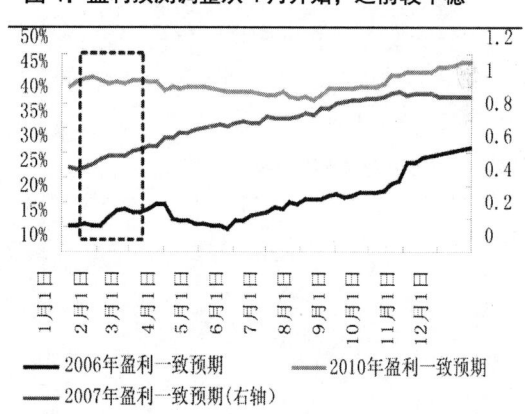
资料来源：万得资讯，申万研究	资料来源：万得资讯，申万研究

1.2 电话调研效果一般

站在申万策略的平台上，我们能极大范围地接触各类型客户，似乎我们能成为移动的Bloomberg，抓住"一致预期"。但从过去两年的经历看，效果一般。

首先，我们接触的客户只是市场上的部分交易者，目前甚至不是主流。

我们的客户大多是受过专业训练、有投资理念的正规军，在2007年前的市场中是主流（图5）。但是，这两年"游资化"倾向非常重，产业资本话语权逐步增大（图6），我们接触的客户未必代表市场主流，不能只从自己的角度去思考问题。

图 5：2007 年公募基金大发展，2008 年后停滞不前	图 6：产业资本话语权增大
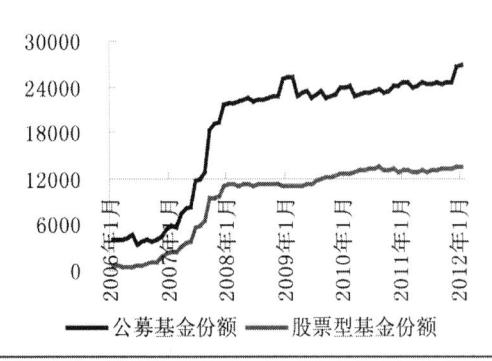	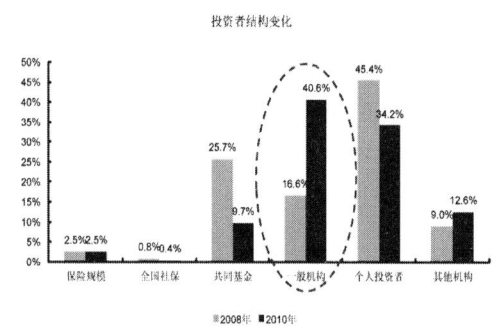
资料来源：万得资讯，申万研究	资料来源：申万研究

其次，投资者理念和资金规模不同，差别很大。

过去几年，经过经济大波动和股市起落的洗礼，A股市场上的投资者已经逐步形成了自己的风格和特色，很多人的看法受其理念、过去成功经验、现有仓位和结构的影响至深，带有极强的主观性。因此，很难回答"现在大家怎么看？"正常情况下，市场中永远有"多"、"中"、"空"三种看法。

第三，频繁交易，所言未必如所为。

A股投资者的换手较快，路演、电话都赶不上情绪的变动，一旦交易发生，无论言论如何，都代表"实际看法"改变，"一致预期"也就变了。

图 7：A股市场基金换手率高

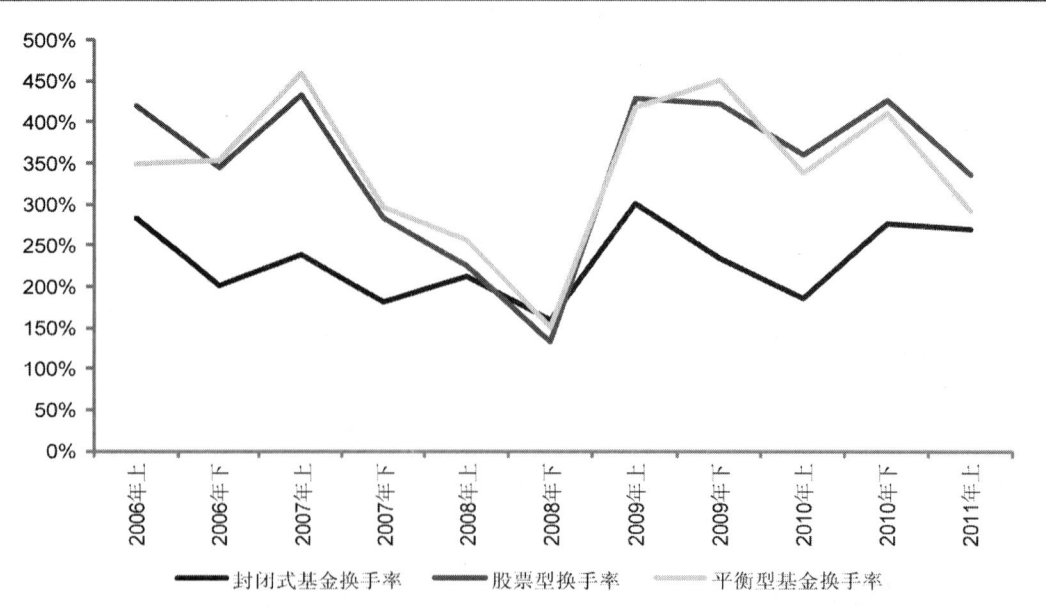

资料来源：申万研究

第四,慎用仓位测算,要注意前提。

市场中不断有投资者在问"基金仓位如何"?事实上,这是一个无法回答的问题,因为每个基金公司、每个投资经理的仓位都不一样,无法得到统一的结果。而策略分析员的回答大多借助金融工程的仓位测算。事实上,这种测算,需要慎用,因为其隐含的前提是"带动行业指数上涨的股票也是基金的重仓股"。所以,一旦行业指数上涨、基金净值不涨或者少涨,就代表基金减仓,反之亦然。但是,像2012年2月份的行情,"游资模式、乱战格局",带动指数上涨的股票和基金并没什么关系。当时仓位测算的结果是"基金大幅减仓",而大部分的客户是"忍着,蠢蠢欲动,不敢减仓"。

1.3 资金流动和情绪变动只是同步指标,无法前瞻

很多人将资金流动和情绪变动视为"一致预期",设置各种指标和监控体系。但几乎所有这些都是同步或者滞后指标,既无法对未来的情绪和资金走向做出预测,也无法决定现有风格转换的进程(图8、图11)。

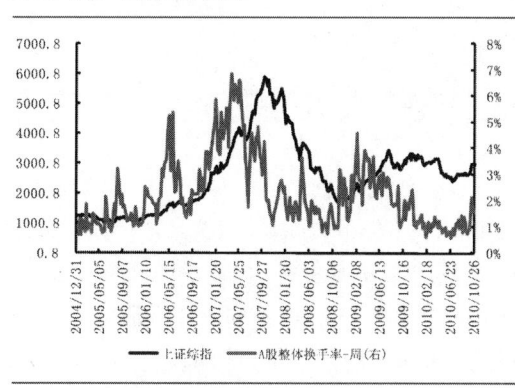

图 8:换手率是同步指标

资料来源:万得资讯,申万研究

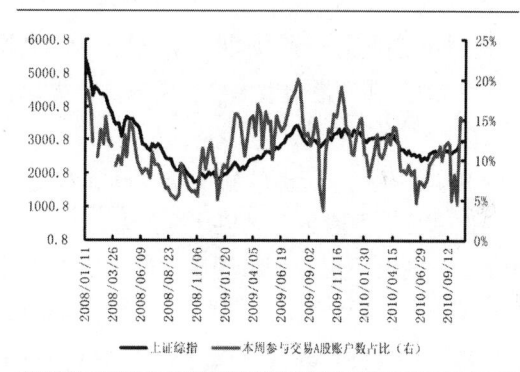

图 9:A股账户交易程度是同步指标

资料来源:万得资讯,申万研究

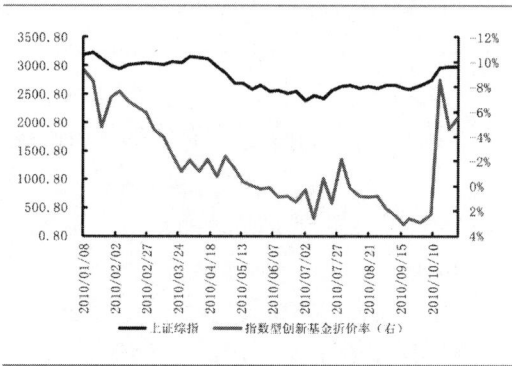

图 10:指数型创新基金折价率反映市场情绪

资料来源:万得资讯,申万研究

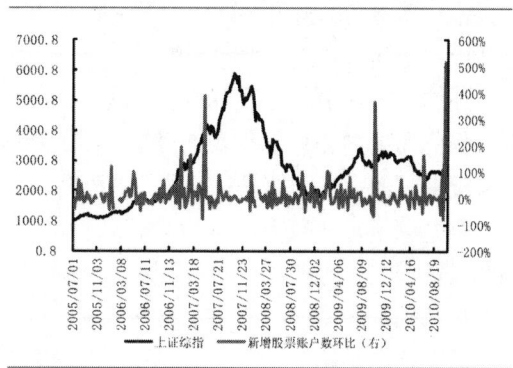

图 11:新增股票账户反映场外资金流入意愿

资料来源:万得资讯,申万研究

外部资金疯狂流入、情绪极度亢奋时,市场可能阶段性见顶。2007年10月和2009年8

月股票型基金的发行量是阶段高点,同时居民定期储蓄同比也是阶段性低点,这均说明此时的场外资金流入最剧烈,但充裕的资金并没有阻止大盘下跌。

图12:2007年10月和09年8月股票基金巨量发行

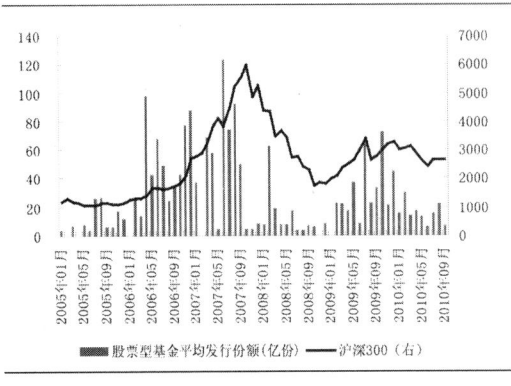

资料来源:万得资讯,申万研究

图13:2007年10月和09年8月储蓄搬家最剧烈

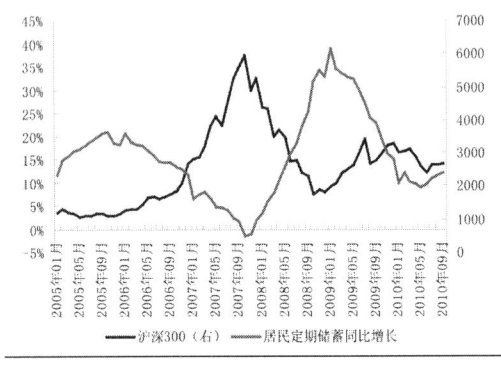

资料来源:万得资讯,CEIC,申万研究

2.如何把握一致预期:以己为本 观察价格

"一致预期"是个虚无缥缈的东西,无法量化,但是策略又不得不把握。

2.1 以己为本

其实,我们永远无法知道所有投资者想什么,以这种方式去追寻"一致预期"会事倍功半。但是我们很清楚自己想什么,知道自己的逻辑和未来推导的方向,问题是:"这种逻辑和推导方向会不会成为市场选择的方向呢"?所以,我们需要不断去尝试,争取使自己的节奏和市场的节奏统一,一旦统一,就按照自己的节奏向前推,直到出现问题,再调整。

就像打篮球一样,在场下学会了所有的战术动作和基本功,上场后可能还是无所适从,不是你不懂打球,而是你还无法适应这块场地。这个时候,你要不断去尝试、适应,最终有一天适应了,就按照自己的节奏和感觉向前进,最终效果会不错。

这正是笔者在过去一年多的感受,我在正式上场之前,已经在申万做了将近五年研究,从技术和基本功的角度考虑,问题应该不大,但是一上场就灰头土脸。2011年8月以后,逐步适应,中间有一次重大的调整。

在这个过程中,可能不断有挑战,铺天盖地的声音表明"一致预期"已经发生改变,这个时候你需要静心想想事实的发展、情绪的变动和市场的变化是否超出了你的框架和认知。如果没有,就坚持,如果有,就要调整和改变。

举个例子,2012年1月9日,我们看多,发表月报《从悲观到中性》,承受很大的压力,届时投资者大多悲观,但股市已经"一天牛市、一天熊市"向上挪动,基本面也出现了微妙的变化。到了2月中,忽如一夜春风来,股市加速上涨,投资者的情绪变得亢奋,后来者变得更激进,之前踏空的投资尝试买入别人未碰的品种、之前看空的卖方喊出更疯狂的口号。但此时,经济开始出现颓势,市场实质上也没有大大涨幅。经济的变动、投资者的情绪和市场的表现并未超出我们的预期和框架,所以我们坚信《梦醒时分》。再到后来,经济数据开始证伪、之前累积的利空开始起作用,市场急转而下,投资者的情绪又走向另一个极端。但是我们依然保持中立,认为是"震荡市",把握结构性机会,没必要减仓。问题依然在那里,框架依然适用,事实和价格波动没有超出分析的范围,此时虽有压力、情绪有变动,但依然值得坚持,因为这种情绪不代表"一致预期"的方向。

以上的文字比较虚幻,但却是笔者最真实的感受,也是一年多的经验所致,是我认为观察和跟踪"一致预期"最有效的方法。

2.2 观察价格

由于价格是所有交易行为的总和,所以观察股价变化是观察"一致预期"最有效的方法。但很多时候,股价体现出来的"一致预期"会相互矛盾。比如说,2010年下半年至2011年3月,银行、房地产的估值持续下降(图14),而同为周期股的工程机械和水泥,估值并未下降(图15)。这到底体现什么样的"一致预期"呢?是担心经济过热,还是担心经济衰退?我们觉得造成这种矛盾的根本在于:股价除了反映宏观因素,还会反映行业甚至公司的因素。银行和地产估值的持续下降确实反映投资者担心经济不断下滑、担心原有增长模式不可持续,但水泥股的表现和当时市场热炒水泥"供应瓶颈、价格联盟"有关系、工程机械甚至和"中联、三一的香港上市"有关。所以,当观察价格时,除了提取共性,还要重视个体差异。

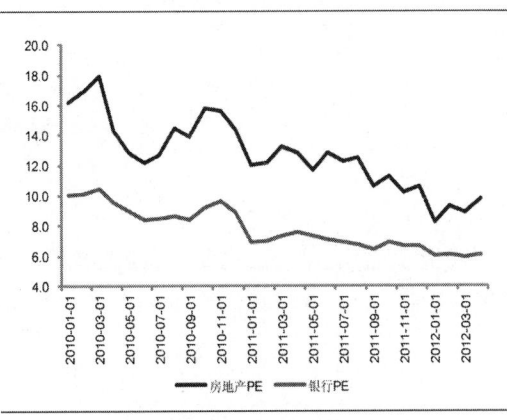

图14:银行、房地产估值持续下降

资料来源:万得资讯,申万研究

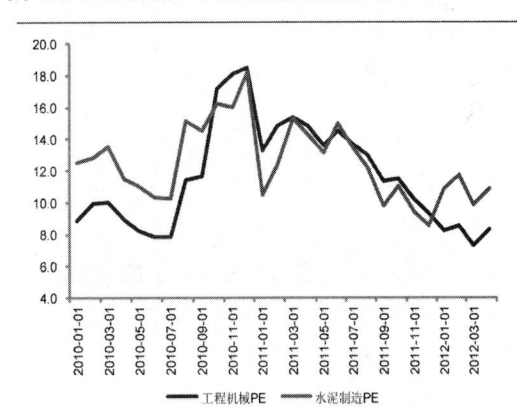

图15:工程机械和水泥的估值没有持续下降

资料来源:万得资讯,CEIC,申万研究

此外,同样的因素,市场会给出何种权重,需要直接观察价格。事实上,分析的框架和工具大同小异,投资者都能表达自己的看法和选择,但是市场最终只选择一种方案、一种选择,此时要观察价格,不急于下判断。比如说,2011年11月30日晚首次下调准备金,当晚可以做出两个预断:第一流动性开始放松,是拐点;第二经济可能加速下滑,放松无法扭转经济颓势[①]。那么市场到底会反映前者还是后者呢?其实当晚不得而知。作为卖方,当晚就必须做判断、写报告,我们只能算幸运,选择后者,认为《降准难改弱市局面》[②]。但是作为

---

① 对于第一个判断没有争议,第二个判断争议会比较大。但是,我们暂时假设,当时这个判断是全市场的共识。
② 具体参见2011年11月30日晚的降准点评《降准难改弱市局面》。

买方,其实不需要马上判断,当时是一个多空的分水岭,主跌和主升都是有可能,风险和收益相当,冒然选择方向都是赌博。我们需要观察市场本身的选择和反映。第二天高开低走、第三天继续颓势,此时撤还来得及,说明市场选择第二个变量,后面才是一波主跌(图16)。

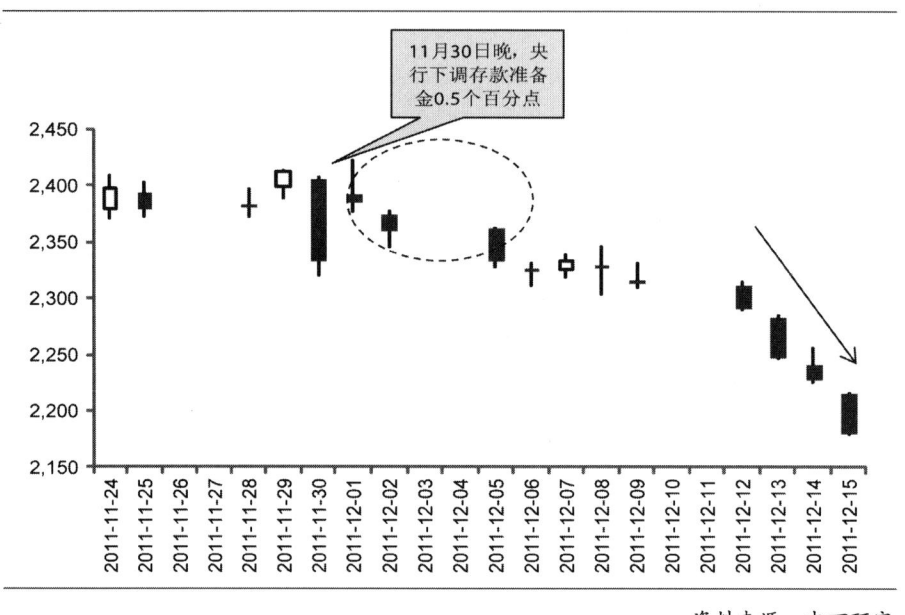

图16:2012年11月30日降准之后三天的市场颓势提示投资者应该撤了

资料来源:申万研究

再比如说,2012年4月9日公布3月CPI,同时大致知晓3月信贷。通胀3.6%超预期,对市场不利,信贷超万亿,对市场有利,此时市场会选择前者还是选择后者呢?也是需要观察,当天股价呈现颓势,第二天股指先跌后涨,一扫颓势(图17),特别是与信贷和政策放松预期相关的房地产领涨,市场确认选择后者,之后才是大涨,"政策放松预期"这一市场特征确立,可以选择更猛的证券和房地产(图18)。

图17:先跌后涨确认市场特征　　　　　图18:房地产和证券的走势更猛

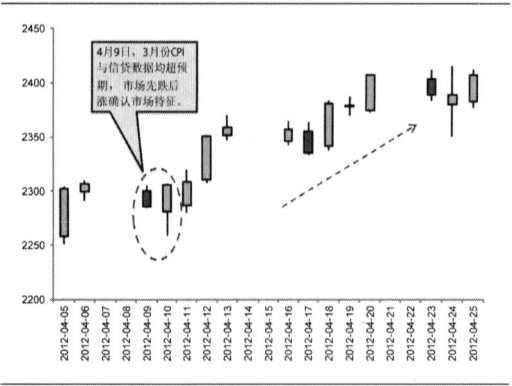 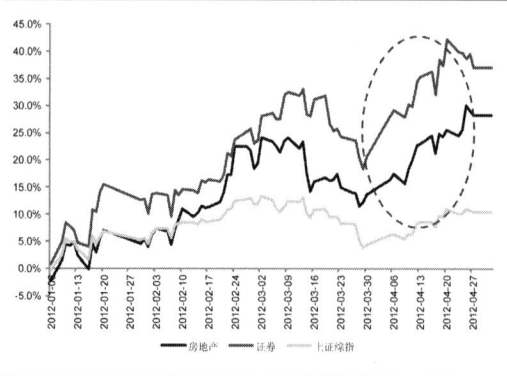

资料来源:万得资讯,申万研究　　　　　资料来源:万得资讯,CEIC,申万研究

2.3 错误的一致预期，如果无法证伪，也要跟随

A股是个篮球场，有太多的约束和时间限制，如果错误的逻辑短期如果无法证伪，不要轻易去纠错，而要将错就错，顺势而为。例如，2009年8月，投资者认为货币政策会全面转向，经济会二次探底。事后证明货币政策没有明显变化，而经济朝着过热的方向行进（图19）；2010年4月，投资者认为欧债和房地产调控会导致经济迅速下滑，事后证明仅为中游主动去库存所致，地产投资和出口在之后一年多都未下滑(图20)。

图19：2009年后面的房地产增速和GDP

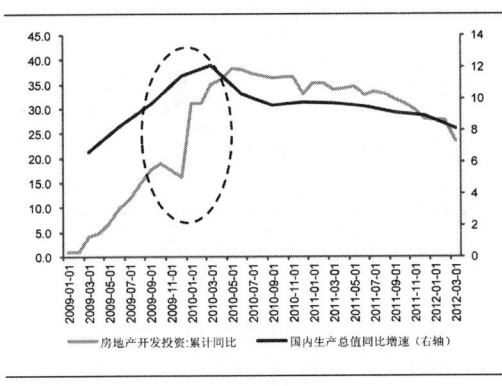

图20：2010年上半年库存调整导致经济下滑

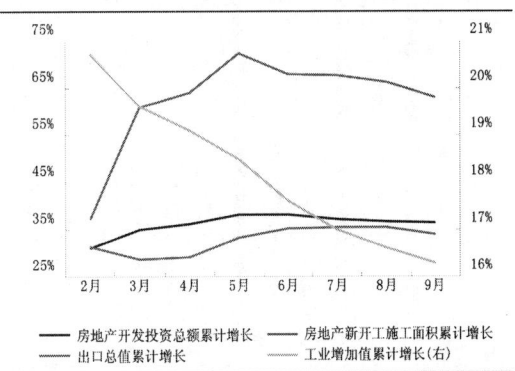

资料来源：CEIC，申万研究　　　　　　　　　　　资料来源：CEIC，申万研究

市场最终会纠错。2009年四季度，大家发现经济没那么差，股市逐步回升到3400点；2010年三季度，大家发现经济迅速回升，股市逐步回升到3100点。但如果错误逻辑在短期无法被证伪，投资者需要警惕，要顺势而为。否则，已经死在当中。当然，最聪明的投资懂得去利用波动。

2.4 重视不同交易主体和不同交易市场的区别

信息的传播和确认是有先后顺序的，被投资者接受的速度也不一样，这是形成交易的一个重要原因。更为重要的是：不同类型投资者由于风险偏好不一致，对信息的反映速度也不一样。有些投资者天生比较谨慎、有些投资者天生比较激进；有些投资者资金考核期短、有些投资者资金考核期长；有些投资者重视绝对收益、有些投资者重视相对收益……和不同类型投资者接触，了解他们的偏好和对信息的反映，有助于理解"一致预期"。

但是，有一点要特别注意，A股的排名机制使投资者的风险存在突变的可能。一般而言，在经济真假难辨、风险巨大的时候率先杀入的投资者是风险偏好者，按兵不动的人通常比较谨慎。但是，一旦市场上涨，风险偏好者享受收益，业绩跑赢，而风险规避者被迫杀入，此时他们的风险因子发生突变，会比前者更激进，否则无法战胜前者。鉴于此，A股市场经常要考虑边际资金的倾向，所谓的"估值洼地"其实就是这种方式的体现。后来者，只有寻找没有炒过的东西，这个层面的行业轮动虽然简单，但是往往收益很大。在市场亢奋时，没有涨过的东西，只要稍微有点催化剂就可以上涨，在市场悲观时，警惕强势股的补跌。

不同交易市场由于交易主体的特性、交易规则的不同导致对信息的敏感程度，所以借鉴另外一个市场对同一信息的反映至关重要。最典型的就是债市对股市的帮助。例如，2009年

7月，停发半年的一年期央票重新发行，并且此后一个月发行利率持续上行，同时银行间市场利率也出现了大幅飙升(图21、图22)，大部分股票投资者对此置若罔闻，少数了解债市的投资者非常敏感，正是这种敏感使他们逃过了8月份的大跌。今天，越来越多股票投资者关心债券市场。

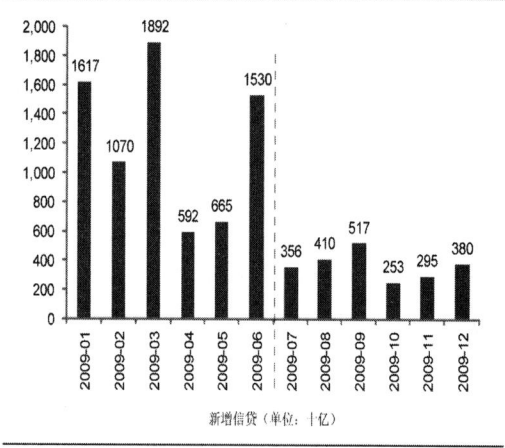

图21：2009年7月以后新增信贷回落

资料来源：CEIC，申万研究

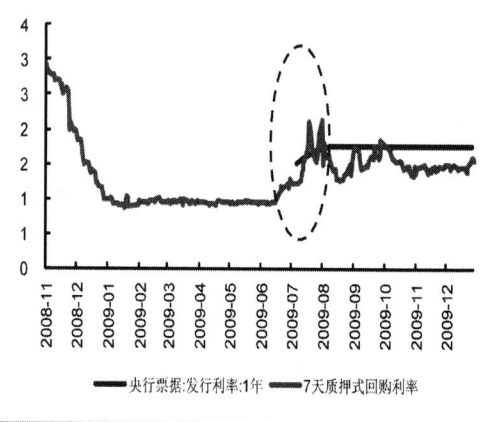

图22：1Y央票发行重启，银行间市场利率飙升

资料来源：CEIC，申万研究

2.5 牛市和熊市对预期的反映不一致

不同的市场环境，对预期的反映不一致，牛市对信息比较敏感，而熊市对信息比较麻木。2011年10月份，大家就知道一季度经济和业绩会非常差。正是由于这种普遍共识，使大部分投资者在10月底政策"预调微调"后变得乐观，因为政策已放松、经济见底回升是迟早的事，既然已经普遍预期，那么应该没有杀伤力呀？事实上，当11月中旬公布的宏观数据显示经济正在加速下滑以后，市场再次进入了主跌浪。为什么都已经想到的事情还会对市场有这么大的杀伤力？因为想到而未做的事情不能算是市场一致预期。并且，A股市场有严重的散户化倾向，投资精英的逻辑推断不能代替普通大众的思维，在熊市中，还是慢一点比较妥当。

第八章

信用利差：可以参考、无法依靠
——对一种"看债作股"思路的若干分析

主要观点：

最近两年，"看债做股"的想法非常流行。股票投资者希望从债券市场看到资金流动、经济和政策的变动信号、无风险利率的变动和风险情绪的波动。殊不知，两者由于交易主体不同和市场的分割，可以借鉴，但不可不加辨识地接受。

隐含 ERP 由股指倒推，是股指的同步反向指标，反映投资者风险偏好的变化。很多股票投资者将债券市场的信用利差视为隐含 ERP 的替代指标，但从实证角度看，并不妥当。

所谓"信用利差"是指市场对不同信用等级的债券给出的收益率差额。"信用利差"有两种衡量方式：一是"绝对信用利差"，二是"相对信用利差"。"信用利差"既可以用银行间的债券收益率，也可以用交易所的债券收益率。两者的参与主体不一致，交易所的参与主体更类似 A 股的交易主体，选取交易所中流动性较好的债券来计算信用利差，可以有更好的参考价值。

通过 2008 年至今的实分析，发现四点：第一，"信用利差"与隐含 ERP 时有背离，并不是很好的替代指标；第二，交易所的信用利差比银行间的信用利差更好，更能够反映投资者对于基本面风险的担忧；第三，同步指标，无法预测，如果强行解读信用利差和隐含 ERP 的关系，从图形看，隐含 ERP 的拐点往往领先于信用利差 1~2 个月，那怎么根据"信用利差"来推断股指呢？第四，信用利差反映的市场风险没有像股票那么剧烈，股票就风险级别而言本身就高过所有的固定收益(企业债在内)，股市很多时候都是"阶段性地虚惊一场"。

启发：可以参考，无法依靠。"信用利差"确实反映投资者的风险偏好，而且美国的经验表明，其与股指的关系稳定，为什么到了 A 股就不能用？我们觉得，很有可能是由于中国金融市场的分割、投资者无法进行多市场配置所致。这种现象会在一个较长的阶段存在，但是分析和跟踪"信用利差"，对股票投资依然有诸多启发：市场分割造成交易主体不同，相互借鉴；观察"共享信息"的不同反应，进行"实体实验"。

最近两年，"看债做股"的想法越来越流行，股票投资者希望从债券市场看到资金流动、经济和政策的变动信号、无风险利率的变动和风险情绪的波动。殊不知，两者由于交易主体不同和市场的分割，可以借鉴，但不可不加辨识地接受，本文主要探讨信用利差对股票市场的启示[1]。

---

[1] 关于无风险利率和票据贴现利率的研究参见宽体策论三《这一次，票据贴现利率未必灵》。

1. 概念和逻辑的辨析：隐含 ERP 和信用利差

在研究一个复杂的问题前，先辨析概念、界定范围，否则鸡同鸭讲。

1.1 隐含 ERP 是股指的同步反向指标

按照经典的 DDM 模型，股价的变动可以分解为利润增速、无风险利率和隐含的股权风险溢价。在这里，利润增速和无风险利率均与其他因素相关，独立于股指波动，而隐含 ERP 本质上是残差项，由股指倒推出来，所以大致是股指的同步反向指标，反映投资者风险偏好的变化(图 1)。

图 1：隐含 ERP 是股指的同步反向指标

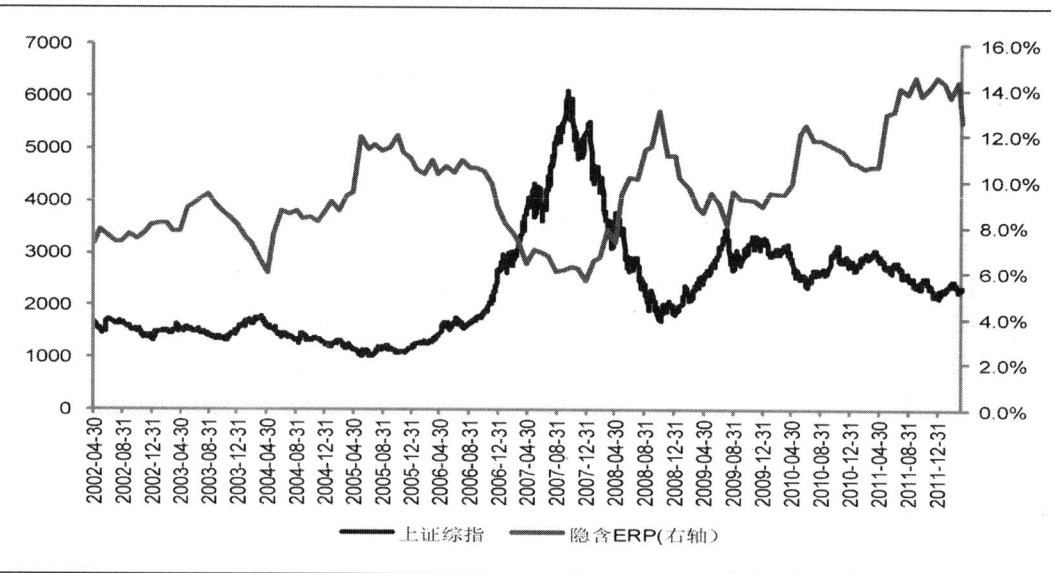

资料来源：万得资讯，申万研究

既然如此，有没有可能通过跟踪或者推断其他某个变量，最终能提前判断隐含 ERP 或者风险偏好的变动方向。如果能找到这一指标，对于判断股指的行进方向，意义重大。很多股票投资者将债券市场的信用利差视为这一变量，但从实证角度看，可以参考、无法依靠。

1.2 何为"信用利差"？

所谓"信用利差"是指市场对不同信用等级的债券给出的收益率差额。如果"信用利差"扩大，说明该类资产投资者的避险情绪上升，要求更高的风险补偿。次贷危机前，美国次级债的利率相对较低，因为没有人觉得风险。

"信用利差"有两种衡量方式：一是"绝对信用利差"，用信用债的利率减去相同期限的无风险收益率，反映这种债券的信用风险、流动性风险和税收差别等；二是"相对信用利差"，即相同期限、不同评级债券间的利率差异，反映了市场对不同评级债券之间的偏好。从具体采用的指标看，"信用利差"既可以用银行间的债券收益率，也可以用交易所的债券收益率。两者的参与主体不一致，交易所的参与主体更类似 A 股的交易主体，所以更值得参考。

1.3 "信用利差"无法替代隐含 ERP

首先,检验银行间"信用利差"和隐含 ERP 的关系,时有背离(图 2)。这里使用"绝对信用利差",主要是一年和五年期企业债与同期国债收益率之差②。2008 年来至少出现三次长时间背离:2008 年初至 2008 年 8 月份、2010 年二季度、2010 年 9 月至 2011 年 4 月。

图 2:银行间信用利差与 A 股隐含 ERP 时有背离

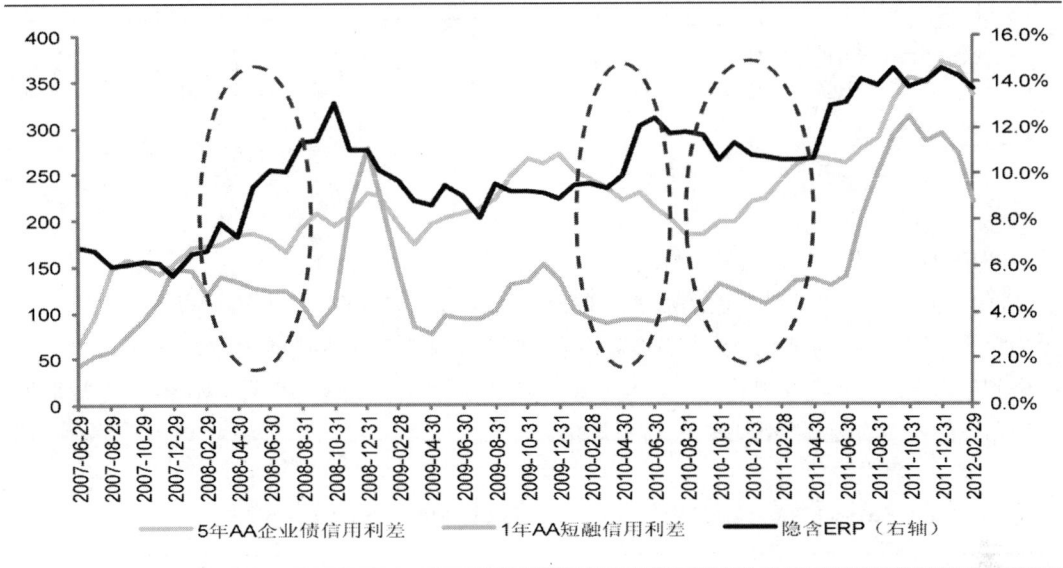

资料来源:万得资讯,申万研究

2008 年初至 2008 年 8 月,"信用利差"走平、略收窄,隐含 ERP 则一路飙升。

2008 年上半年,需求无问题但成本上升过快导致毛利萎缩(图 3),下半年需求开始下降,1 月~8 月,股指大跌超过 50%,隐含 ERP 从 5.6%上升到 11.4%,但期间并无出现经济巨大动荡和破产风险,信用利差反而是有所下降。直到 9 月,雷曼破产导致全球金融冻结,避险情绪骤升(图 4),当时香港内房股的债券收益率也是大幅飙升。此时股指继续下跌、隐含 ERP 继续上升,而信用利差也有所上升。

---

② 由于两利差的月度变化趋势完全吻合,后面的考察中只使用 1 年期银行间利差。

图3：2008年上半年成本上升挫伤利润增长

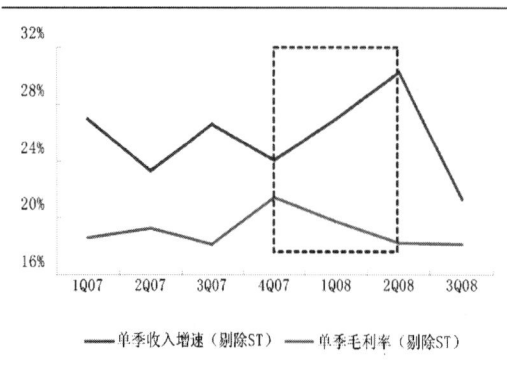

资料来源：万得资讯，申万研究

图4：2008年9月至年底美元指数

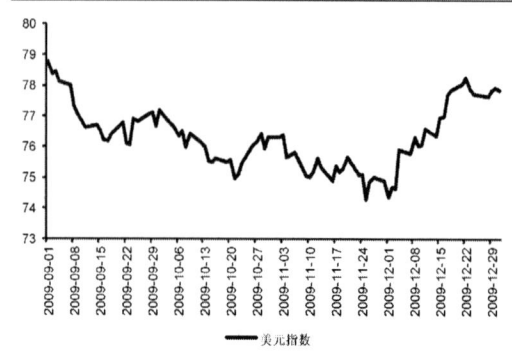

资料来源：万得资讯，申万研究

2010年二季度，隐含风险溢价迅速上升，信用利差却在收窄。

2010年4月，史上最严厉的房地产调控政策加上欧债危机，A股市场投资者如临末日，股指单季下跌23%。事后证明，工业增加值单季下降仅为中游主动去库存所致(图5)，地产投资和出口在之后一年多都未下滑，全年经济依然运行在"偏热"的期间(图6)。这段时间，债券市场的投资者要理性很多，信用利差并未收窄。

图5：2010年上半年库存调整导致经济下滑

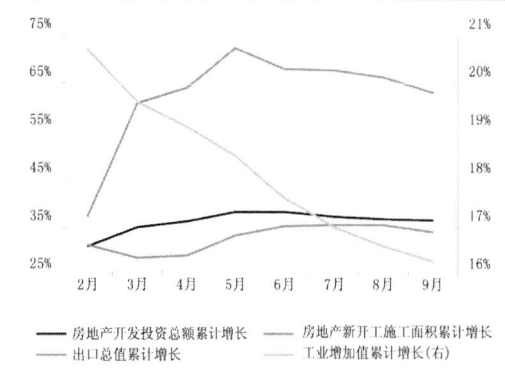

资料来源：CEIC，申万研究

图6：2010年全年GDP和CPI

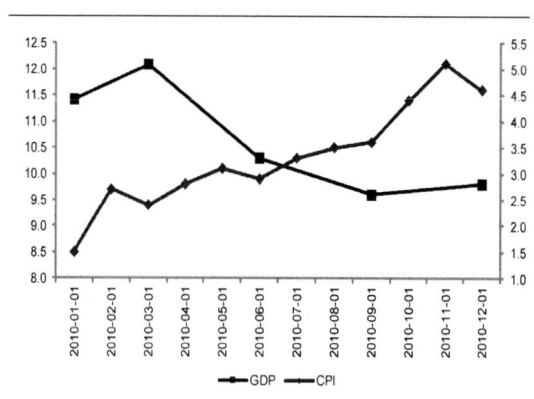

资料来源：CEIC，申万研究

2010年9月至2011年4月，隐含风险溢价下降、信用利差扩大。

2010年9月至2011年4月，股市先涨后跌，上证综指上行7%，隐含ERP从11.8%下降到10.6%，而同时期信用利差却是大幅飙升。当时经济已经逐步企稳，但是通胀压力已经逐步加大(图7)，再加上加息再度启动(图8)，推动信用利差总体扩大。

图7：2010年9月份之后，通胀压力开始加大　　　　图8：2010年9月至11年4月，央行连续4次加息

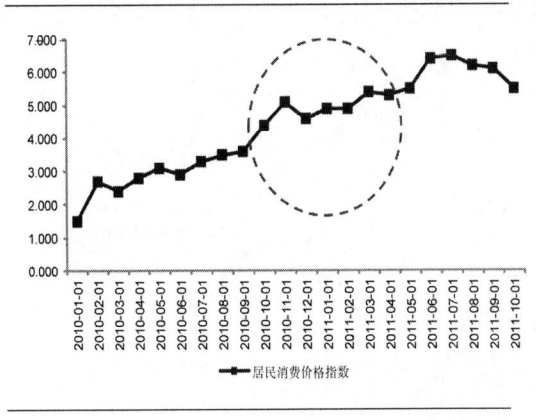
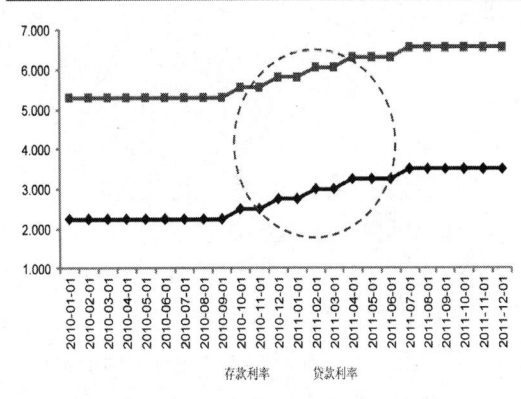

资料来源：CEIC，申万研究　　　　　　　　　　　　资料来源：CEIC，申万研究

检验交易所"信用利差"[3]和隐含ERP的关系，效果稍好，仍有背离(图9)。2008年，交易所"信用利差"和隐含ERP的相关性比银行间信用债好，即便如此，还是有一次明显的背离：2010年二季度，隐含ERP快速上升，新湖债、万科债的信用利差有所收窄。

图9：交易所代表性个券的"信用利差"与隐含ERP关系更吻合

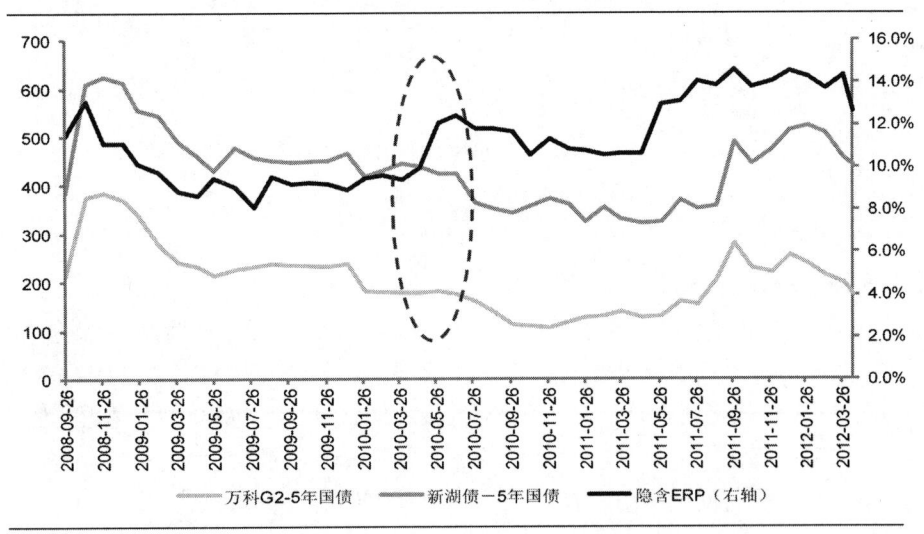

资料来源：万得资讯，申万研究

以上实证，有如下几点结论：第一，"信用利差"与隐含ERP时有背离，并不是很好的替代指标；第二，交易所的信用利差比银行间的信用利差更好，更能够反映投资者对于基本面风险的担忧；第三，同步指标，无法预测，如果强行解读信用利差和隐含ERP的关系，从

---

[3] 交易所没有体现整体债券收益率的指标，因此选取流动性较好的新湖债和万科债，两者的变化趋势相似。

图形看，隐含 ERP 的拐点往往领先于信用利差 1~2 个月，那怎么根据"信用利差"来推断股指呢？风险偏好上升，股指当然涨，这是一个会计和数学问题，同意反复，问题是风险偏好为什么上升呢？第四，债券市场对风险的反映更加理性，股市很多时候都是"阶段性地虚惊一场"。

2. 启发：可以参考、无法依靠

"信用利差"确实反映投资者的风险偏好，而且美国的经验表明，其与股指的关系稳定（图10、图11），为什么到了A股就不能用？理论上讲，"信用利差"再加上一个价差求得的股权风险溢价也确实是股权风险溢价的一种量化手段④。我们觉得，很有可能是由于中国金融市场的分割、投资者无法进行多市场配置所致。这种现象会在一个较长的阶段存在，但是分析和跟踪"信用利差"，对股票投资依然有诸多启发。

图10：美股(S&P500)与信用利差同步反向　　　图11：美国隐含风险溢价和信用利差同步同向

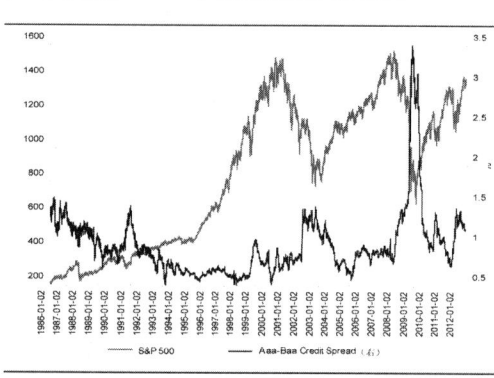
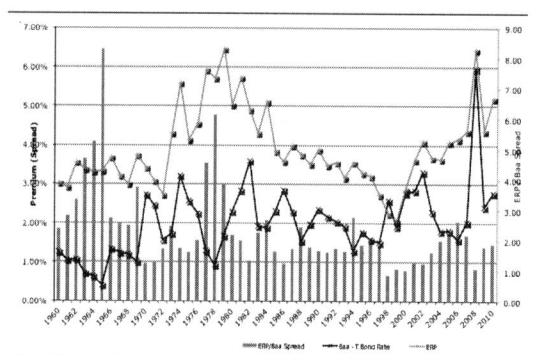

资料来源：CEIC，申万研究　　　　　　　　　　资料来源：CEIC，申万研究

2.1 市场分割造成交易主体不同，相互借鉴

不同市场交易主体不一样，对信息的反映和敏感程度不一样，成为观察市场"一致预期"的重要方法⑤。国内信用债的交易主体是商业银行、基金和保险，其中银行占52%（图12）；而A股，主要机构投资者是基金、保险和其他机构（图13）。从交易主体看，银行是买卖信用债的主要参与者，其并不参与股票交易，基金和保险同时参与两个市场。这可以从一定程度上解释：为何银行间"信用利差"对股市风险的解释作用不如交易所的"信用利差"。

---

④ 相关分析参见申万资产配置专题《对全市场"股权风险溢价"的再思考》。
⑤ 具体分析，参见宽体策论篇第7章《以己为本，观察价格———对"一致预期"的若干理解》。

图12：银行是信用债的主要交易者　　　图13："其他机构"构成A股市场的主要交易者

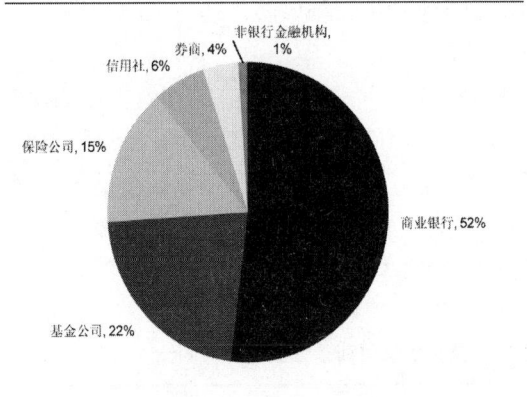 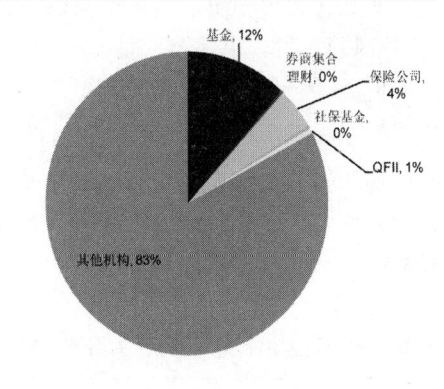

资料来源：万得资讯，申万研究　　　　　　　资料来源：万得资讯，申万研究

随着金融市场的融合，同一交易者能进入不同的交易市场，相互之间的信息借鉴会越来越有价值。事实上，过去两年，就有"看债做股"的经典案例。例如，2009年7月，停发半年的一年期央票重新发行，并且此后一个月发行利率持续上行，同时银行间市场利率也出现了大幅飙升，大部分股票投资者对此置若罔顾，少数了解债市的投资者非常敏感，正是这种敏感使他们逃过了8月份的大跌（图14、图15）。未来，转型深入、经济波动降低，基本面大起大落带来的"粗放式"投资机会减少，而金融壁垒打破、金融工具增多，策略分析员必须掌握多层次、多市场的交易模式，否则会被瞬间淘汰。

图14：09年7月以后新增信贷回落　　　图15：1Y央票发行重启，银行间市场利率飙升

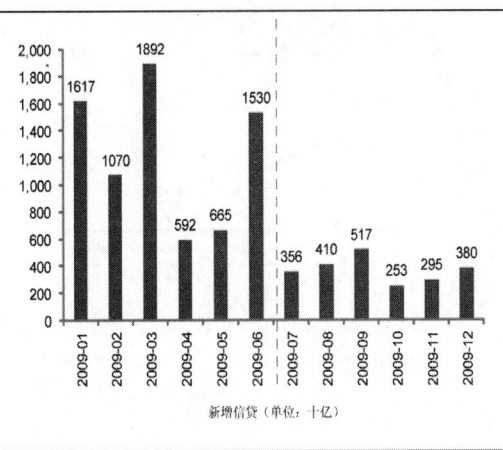 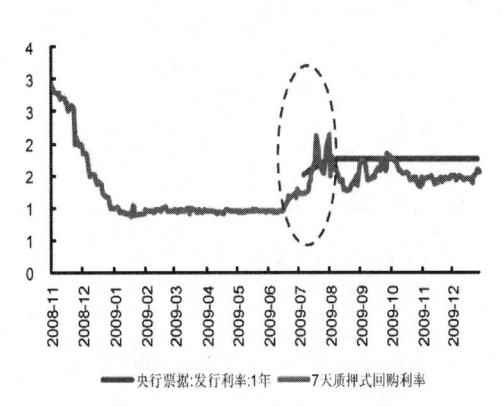

资料来源：CEIC，申万研究　　　　　　　　资料来源：CEIC，申万研究

2.2 观察"共享信息"的不同反应，进行"实体实验"

社会科学不同于自然科学，无法进行可重复的还原实验，因此难以辨析"核心变量"，存在大量的伪相关，很多流行性谬误口口相传。但"实体实验"也至关重要，只是需要在脑

中进行"抽象思维的分离⑥",通过不同市场对"共享信息"的不同反应是非常有效的途径。

那么,股市和债市共享哪些风险呢?信用利差主要包括了三种风险:违约风险、税收利差⑦和风险溢价。很显然,股市也关注违约风险和风险溢价。

此外,持续跟踪"信用利差"有助于股票策略提升对经济和货币环境的理解。比如说,用"信用利差"观察投资者对经济的看法。逻辑上讲,"信用利差"和增长指标应该背道而驰,但实际上这种负相关性并不稳定。一个可能的原因是,国内的低频经济数据多是同比变化,公布也比较滞后。而作为市场价格的信用利差很可能已经在数据公布前充分反映了投资者对于经济的看法(图16、图19)。

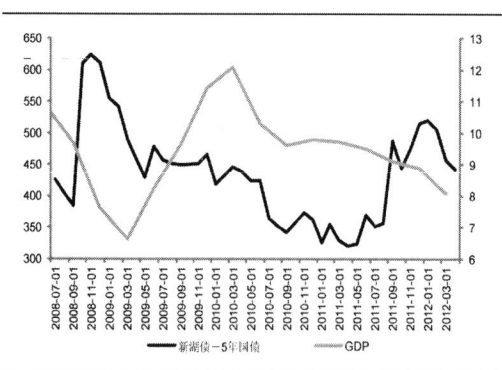

图16:交易所信用利差与GDP关系不稳定

资料来源:万得资讯,申万研究

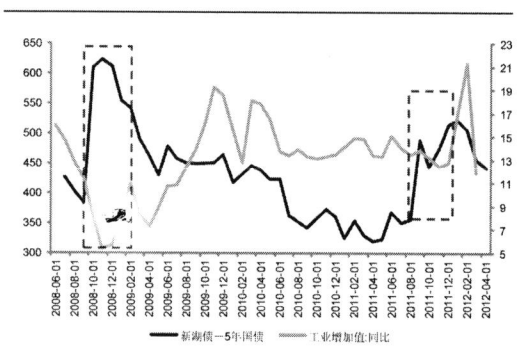

图17:交易所信用利差工业增加值同比

资料来源:万得资讯,申万研究

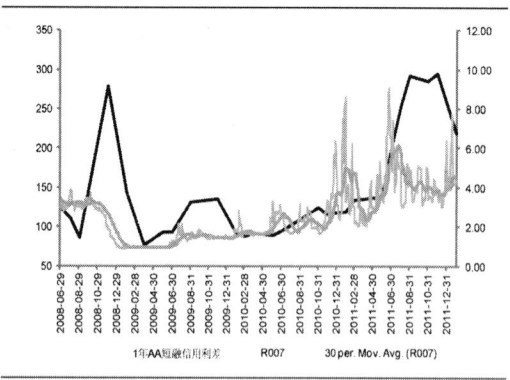

图18:银行间信用利差与7天回购利率相关

资料来源:万得资讯,申万研究

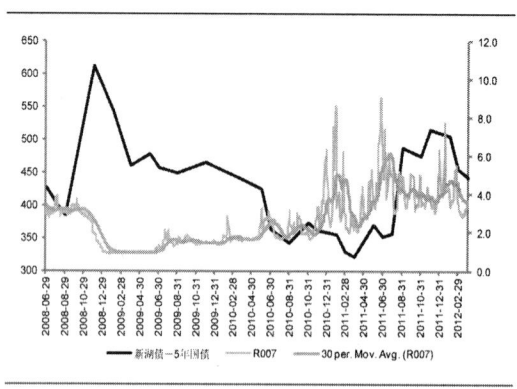

图19:交易所信用利差与7天回购利率相关

资料来源:万得资讯,申万研究

---

⑥ 我一直认为"复盘"和"案例模拟"是提高研究和投资能力最有效的方法。
⑦ 信用债一般为企业债,与国债相比,投资者缴纳利息税,因此,投资者会要求收益抵补。税收利差对信用级别较高的债券解释力度更大,是对评级较低的债券解释力度更大。

第九章

谁主浮沉
——从"主导资金"角度看股市表现和风格变化

主要观点：

基本面、市场特征、主导资金三位一体的分析框架：今年，申万策略在原有基本面分析的基础上，提出了"市场特征"的分析框架，指出策略的第一要务是把握下阶段市场核心交易的核心特征。而"主导资金"是第三个维度，其投资偏好和风格会一定程度上影响市场表现和风格变化。

2007年，公募崛起和蓝筹泡沫：2006四季度到2007年，经济先是持续上行而后增速减缓，公募基金则快速发展，成为当时的主导资金。公募基金资金规模大，并且追求相对收益，强调行业配置，大盘蓝筹自然成为其优选。

2010年，私募兴盛与成长泡沫：2007年之后，各种私募基金、专户理财、信托理财蔚然成风，成为"主导资金"。资金量相对较小、追求绝对收益，精选个股重于行业配置。而这些稳定成长型的小盘股，符合经济转型的预期，业绩相对稳定，盘子较小，弹性较高，容易博取高收益，因此受到偏好。

他山之石：1980年代美国走出滞涨阴霾，经济转型逐步完成，消费成为新的增长动力，股市重拾升势。与此同时，401K计划实施，养老金等长期资金的入市，对80年代股市的重新启动和板块风格的转向有一定作用。

启示：对A股投资者来讲，非但要关注有多少资金流入股市，更要关注资金以什么形式流入、通过什么载体去投资。每个载体都有自己的投资风格和约束，一个"主导资金"的偏好和风格最终决定股市的风格和偏好。或许，你的风格和偏好与"主导资金"不同，但一定要考虑和顾及"主导资金"的力量，毕竟这是一个选美游戏。

谁会是下一波主导资金——很可能是"长期资金"。所谓长期资金就是具有长期价值投资偏好的那些资金，主要是养老金以及国际长期投资资金。去年以来，监管层一直在加大引入养老金以及境外长期机构投资者的力度，长期资金入市将是大势所趋。

中盘蓝筹很可能会成为"长期资金"追捧的对象。长期资金的特点在于追求长期稳定的投资收益，而崛起中的中盘蓝筹股兼具成长性和业绩的稳定性，符合长期资金追求长期、稳定的收益的投资偏好，很可能会成为其投资的首选目标。

2012年，申万策略原有基本面分析的基础上，提出了"市场特征[①]"这一概念，指出策略

[①] 详见《第三部分 行业比较研究》：第一章 打造基于市场特征的行业比较框架，第三章 为什么二月推电子、三月配消费，第五章 向来有之、未被重视——对过往几年市场特征的回顾。

的第一要务是抓住下阶段市场的核心交易特征。事实上，除了基本面和市场特征两个维度外，还要关注"主导资金"（图1）。所谓"主导资金"就是当前主导股指变化方向的资金，这类资金的偏好和特征值得研究。股市的流动性归根到底来自居民储蓄，但会通过某种载体放大，这种载体就是"主导资金"。

图1：申万策略：经济框架、市场特征、主导资金的三位一体的分析框架

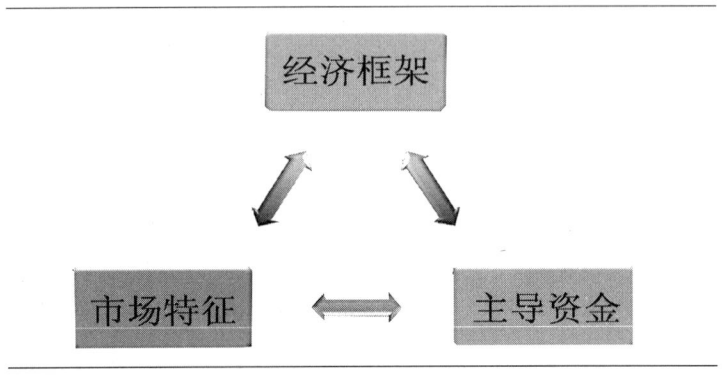

资料来源：万得资讯，申万研究

1. 过去五年，"主导资金"发生变化

过去五年，"主导资金"从公募到私募，最近游资倾向严重，产业资本成为必须考虑的力量。

1.1 2007年，公募崛起与蓝筹泡沫

2006年四季度始，股市加速上涨，大盘蓝筹成为主要推动力（图2）。

图2：2007年的蓝筹股行情:沪深300大幅跑赢上证综指与中小盘指

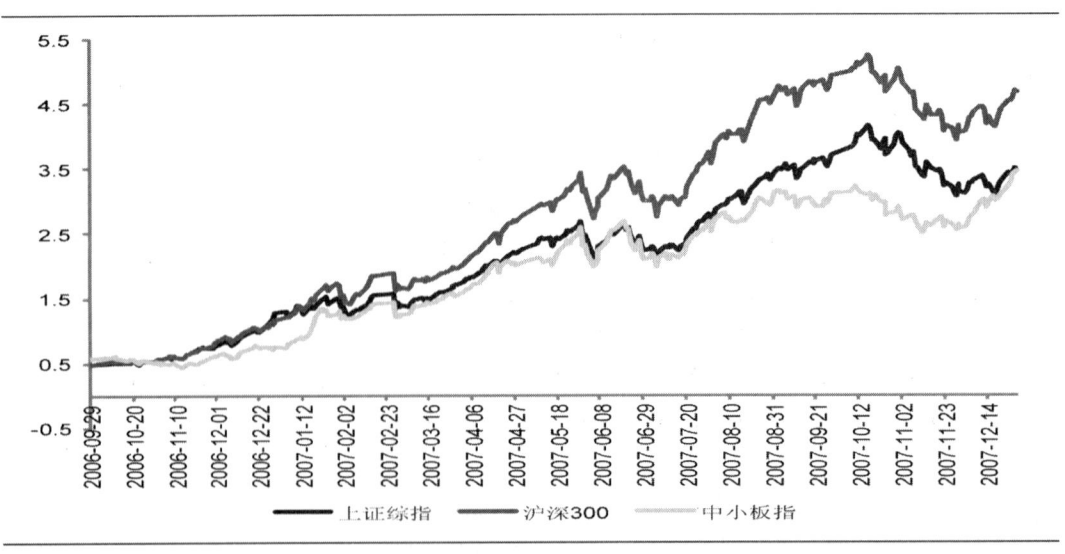

资料来源：万得资讯，申万研究

从具体板块看，有色、采掘、黑色金属、房地产和金融服务等权重板块涨幅居前，涨幅最末的五个行业总市值不到 6%，大盘股明显强于小盘股(表1)。

表1：2006 年 10 月到 2007 年 10 月行业表现：大盘蓝筹股领涨

排序	申万一级	涨幅	超额收益	市值占比	排序	申万一级	涨幅	超额收益	市值占比
1	有色金属	474%	236%	5%		上证指数	238%	0%	
2	采掘	462%	224%	7%	13	化工	232%	-6%	10%
3	黑色金属	367%	129%	4%	14	纺织服装	231%	-7%	1%
4	房地产	336%	98%	4%	15	综合	210%	-28%	1%
5	金融服务	308%	70%	36%	16	食品饮料	202%	-36%	2%
6	建筑建材	262%	24%	2%	17	轻工制造	199%	-39%	1%
7	交运设备	262%	24%	3%	18	餐饮旅游	183%	-55%	0%
8	家用电器	251%	13%	1%	19	医药生物	178%	-60%	2%
9	机械设备	249%	11%	3%	20	信息服务	178%	-60%	2%
10	交通运输	248%	10%	2%	21	农林牧渔	162%	-75%	1%
11	商业贸易	241%	3%	2%	22	电子元器件	119%	-119%	1%
12	公用事业	240%	2%	4%	23	信息设备	118%	-120%	1%

资料来源：申万研究

从当时的经济基本面来看：名义 GDP 增速处于高位，但从 2007 年三季度开始，经济增速有所减缓，通胀隐忧开始抬头，股指依然从 4000 点狂飙到 6000 点，光靠经济框架无法解释(图3)。

图3：2007 年 3 季度，经济基本面不支持市场继续大幅上行

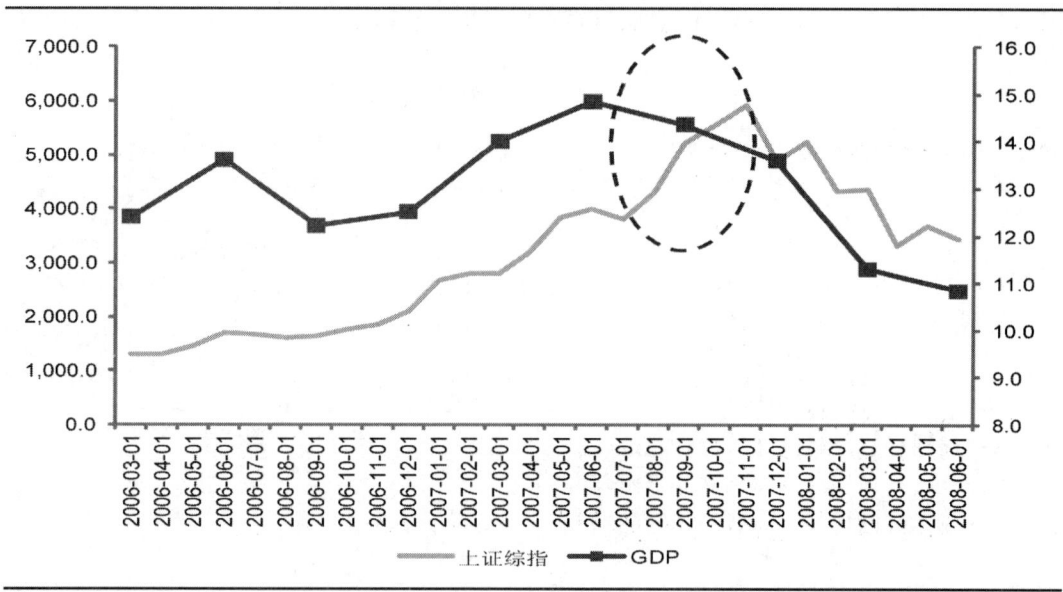

资料来源：万得资讯，申万研究

从市场特征看:居民理财意识觉醒、公募基金大发展。2005年中,A股市场走出低迷,2006、2007年市场持续走强,强大的赚钱效应唤醒居民理财意识,吸引大量资金涌入股票市场(图4)。居民储蓄增速不断下降,而A股市场新增开户数和公募基金申购份额不断创出新高。2006年6月份,公募基金持仓市值的比例大约为14%,到了2007年9月份,这个数字到了28.02%,翻了一翻(图5)。

图4:2007年,居民理财意识觉醒

图5:2007年是公墓基金大发展的年份

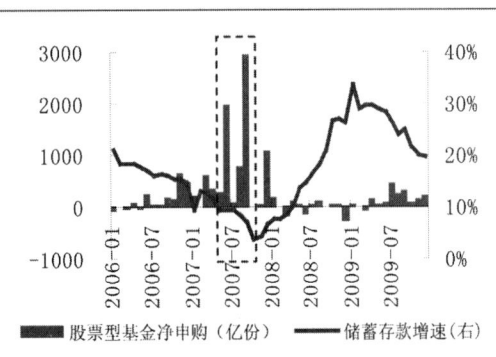

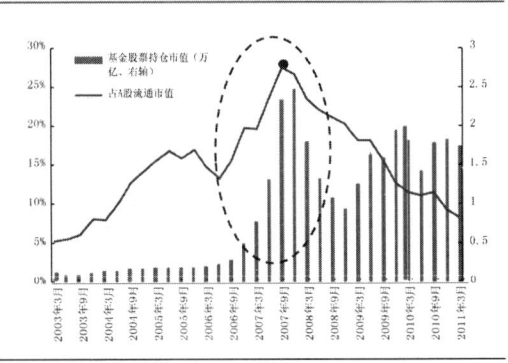

资料来源:华通人,万得资讯,申万研究

资料来源:万得资讯,申万研究

公募基金是此阶段的"主导资金",其资金量大并且追求相对收益,因此造就蓝筹泡沫。首先,2007年发的都是大基金。2006年至今,基金的平均发行份额为37亿份,而2007年的基金,平均发行份额达到120亿份(图6)。这些大基金需要购买一定市值容量的股票,以容纳其巨大的资金量,因此银行股、采掘等大盘周期股备受青睐。其次,公募基金追求相对收益。从配置角度讲,购买当时作为指数成分股的大盘蓝筹股,有助跟上市场整体涨幅。2007年,公募基金大幅加仓金融服务、采掘、交运等大盘蓝筹股板块,直接导致这些行业获得超额收益(图7)。

图6:2007年是大基金快速发展的年代

图7:2007年,公募基金大幅加仓蓝筹股

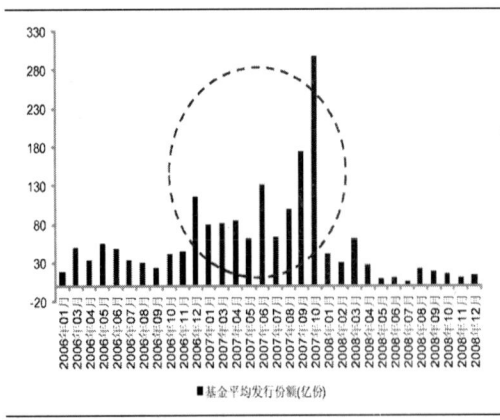

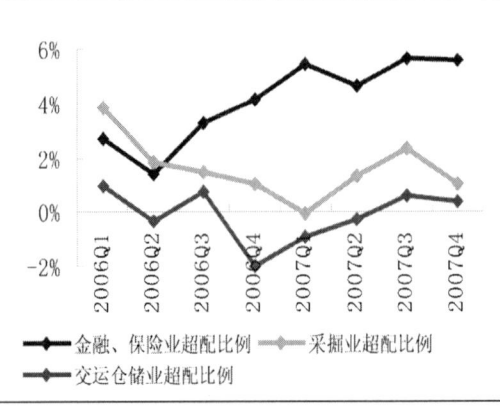

资料来源:华通人,万得资讯,申万研究

资料来源:万得资讯,申万研究

1.2 2010年，私募兴盛与成长泡沫

2009年8月后，市场风格发生大的变化，成长股整体跑赢周期股。

图8：10年，市场风格逐渐转向小盘股

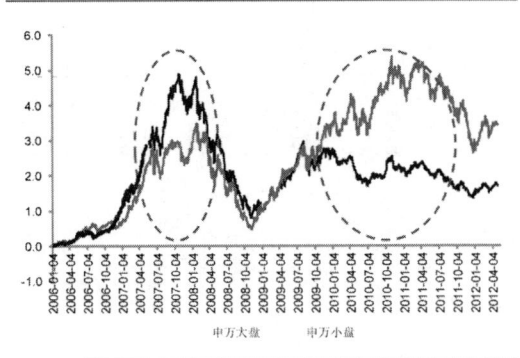

资料来源：华通人，万得资讯，申万研究

图9：周期品表现疲软，非周期品种表现抢眼

资料来源：万得资讯，申万研究

从板块表现看，成长股扎堆电子元器件、医药生物等行业领涨大盘，农林牧渔、食品饮料、纺织服装、餐饮旅游等稳定成长的消费品也表现不俗。这段时间中，涨幅前五的行业总市值约为16%，而涨幅最末的五个行业的总市值高达45%，小盘股的表现远远好于大盘股(表2)。

表2：2010行业表现：消费类成长股表现突出，强周期股表现不佳

排序	申万一级	涨幅	超额收益	市值占比	排序	申万一级	涨幅	超额收益	市值占比
1	电子元器件	39.38%	53.70%	1.7%	13	轻工制造	1.79%	16.11%	0.9%
2	医药生物	29.69%	44.00%	3.5%	14	家用电器	-0.02%	14.29%	1.1%
3	机械设备	25.54%	39.85%	5.6%	15	信息服务	-1.01%	13.30%	2.3%
4	有色金属	22.10%	36.41%	4.3%	16	交运设备	-2.43%	11.88%	3.9%
5	农林牧渔	21.06%	35.38%	1.2%	17	采掘	-5.86%	8.45%	13.6%
6	食品饮料	20.81%	35.13%	2.9%	18	交通运输	-11.51%	2.81%	4.5%
7	综合	16.01%	30.33%	0.5%	19	公用事业	-12.14%	2.17%	3.0%
8	信息设备	12.54%	26.85%	1.5%		上证指数	-14.31%	0.00%	
9	建筑建材	9.43%	23.75%	3.6%	20	化工	-22.40%	-8.09%	6.9%
10	餐饮旅游	8.51%	22.83%	0.4%	21	金融服务	-23.49%	-9.18%	28.7%
11	纺织服装	7.51%	21.82%	1.0%	22	房地产	-24.16%	-9.85%	4.2%
12	商业贸易	4.45%	18.76%	2.1%	23	黑色金属	-28.32%	-14.01%	2.5%

资料来源：申万研究

从当时经济基本面来看，尽管存在严厉的房地产调控，但经济基本面依然强劲(图10)，周期性行业的业绩增长并未落后于非周期行业(图11)，金融服务业甚至大幅超越稳定增长行业。因此，基本面并不支撑此类风格的出现。

图10：房地产投资和固定资产投资未明显下滑

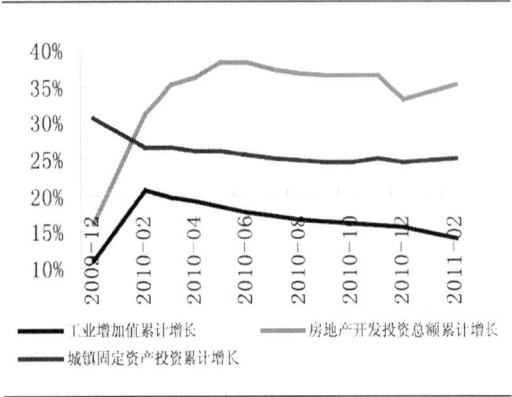

图11：2010年，周期性行业业绩增速并不差

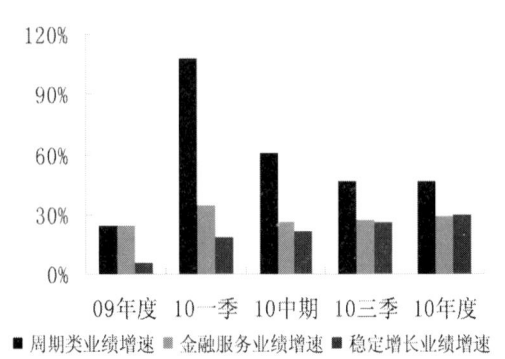

资料来源：华通人，申万研究 　　　　　　　　　　资料来源：申万研究

从市场特征的角度来看，当时市场核心的交易特征就是"经济转型"，似乎可以支持这种风格。2008年金融危机爆发后，我国政府采取及时得力的经济刺激政策，很快扭转了经济快速下行的状况。然而，很快大力经济刺激的后遗症开始显现，大部分人意识到以粗放式投资拉动经济增长的发展方式难以为继，"经济转型"成为市场公认的趋势，因此与经济转型密切相关的消费品成为当年最大的投资机会，而传统的周期品明显受到压制。

从"主导资金"的角度看，追求绝对收益的私募和专户机构的兴起，会强化稳定类和成长股的行情。07年后，私募基金悄然兴起：阳光私募、专户理财、信托理财等新型的投资机构如雨后春笋(图12、图15)。

图12：2007年后私募基金成立数量开始猛增

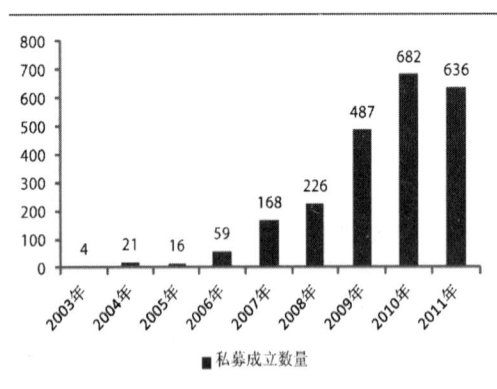

图13：私募行业规模大幅扩张

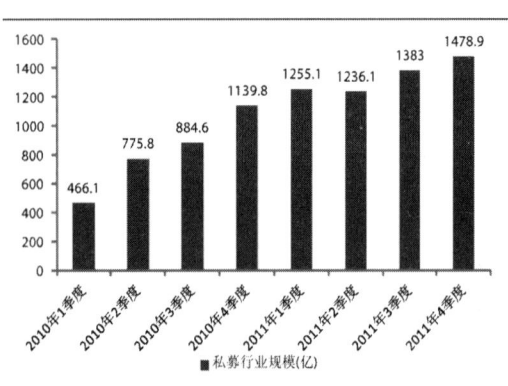

资料来源：万得资讯，申万研究 　　　　　　　　　　资料来源：万得资讯，申万研究

图 14：2007 年后，阳光私募快速发展　　　　　图 15：2007 年后，信托理财快速发展

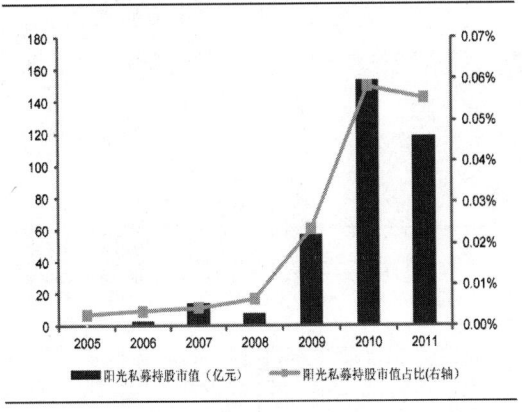

资料来源：万得资讯，申万研究　　　　　　　　资料来源：万得资讯，申万研究

2010 年，稳定成长类的消费品之所以受到追捧，是因为其符合"主导资金"的投资偏好。私募机构的特点在于：资金量相对较小、追求绝对收益，精选个股重于行业配置。而这些稳定成长型的小盘股，符合经济转型的预期，业绩相对稳定，盘子较小，弹性较高，容易博取高收益(图 16)。

图 16：消费品的月度收益标准差显著低于周期品，收益更加稳定

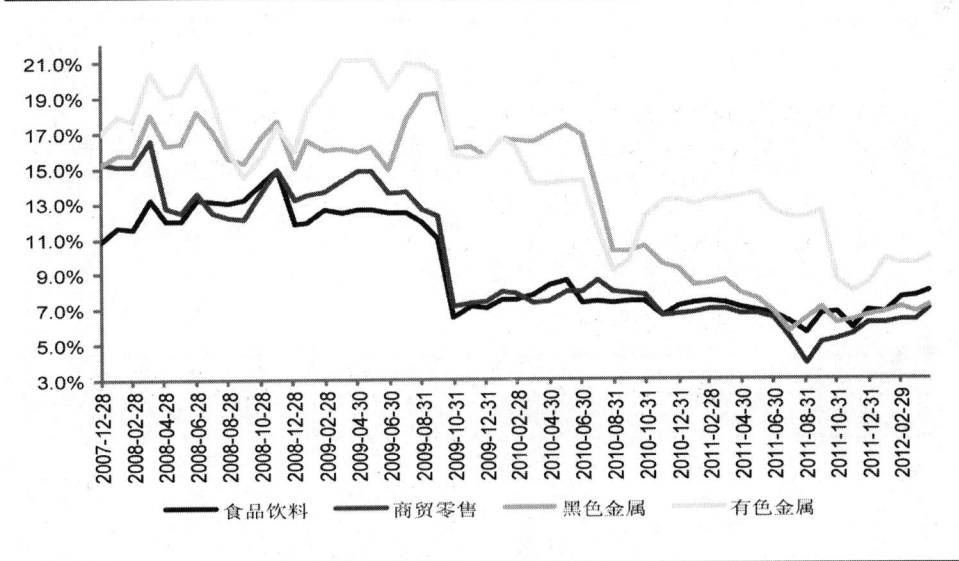

资料来源：万得资讯，申万研究

2. 他山之石：美国养老金入市影响当年股市

通过分析美国转型期间投资者结构变化和股市表现，我们发现机构投资者的兴起（尤其是养老金等长期资金的入市）对 1980 年代美国股市的重新启动和板块风格转向有极大作用。

2.1 1982年前后美国股市板块表现迥异

1970年代是美国的滞胀时期,经济停滞不前,找不到新的增长动力,股市窄幅波动,估值重心不断下移。80年代后,美国经济走出阴霾,经济转型逐步完成,新的增长动力开始出现,股市也重拾升势(图17)。

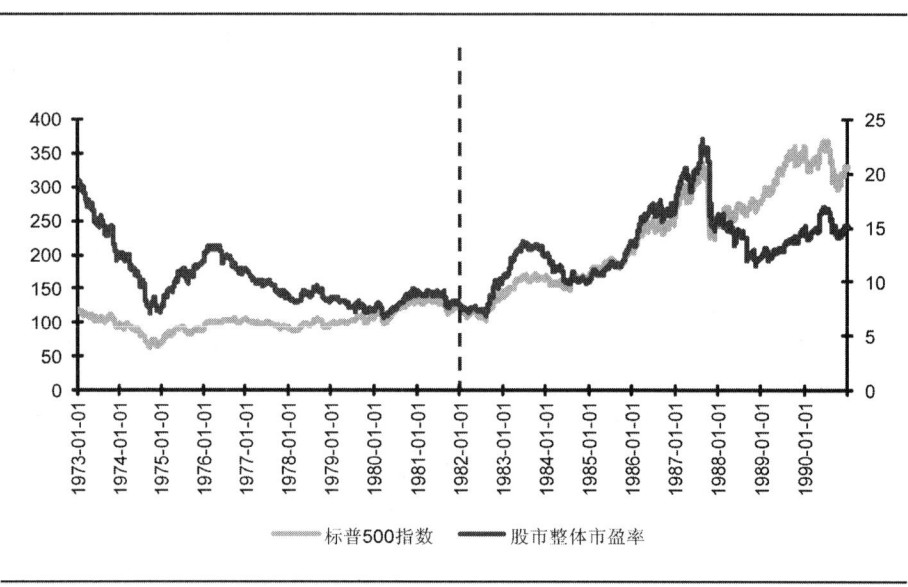

图17：美国经济转型前后股指与估值表现

资料来源：美联储,申万研究

美国经济转型前后的板块风格也有明显变化。在1973年到1982年的滞胀期,涨幅居前的主要是采掘、交运、房地产等周期性行业,且涨幅都不大,十年涨幅最高的国防也仅为200%左右。而在1982年~1992年这十年,涨幅居前的是食品饮料、旅游休闲、医疗等消费类行业,以及软件与计算机服务等新兴成长行业(表3)。

表3：美国长期资金入市前后股市板块表现对比

行业	73-82年累计收益	行业	82-92年累计收益
国防	210.38%	食品饮料	598.33%
采掘	138.55%	旅游休闲	555.76%
交运	107.52%	医疗	467.29%
支持性服务	90.19%	软件与计算机服务	444.56%
房地产	58.12%	零售	398.45%
保险	46.99%	个人用品	329.98%
造纸	44.65%	休闲产品	299.57%
石油与天然气	42.03%	保险	287.60%

建筑与建材	41.08%	银行	268.25%
工业金属	35.90%	一般工业品	264.47%
食品饮料	24.86%	支持性服务	253.87%
电子机械	24.61%	化工	250.19%
电信	14.46%	工业金属	241.21%
医疗	14.41%	家用产品	229.17%
旅游休闲	13.88%	市场整体	221.27%
公用事业	12.96%	电子机械	212.63%
市场整体	12.95%	电信	196.05%
银行	11.59%	建筑与建材	185.31%
硬件设备	10.72%	房地产	173.88%
休闲产品	9.46%	交运	150.30%
化工	4.46%	公用事业	142.73%
一般工业品	4.32%	工业工程品	138.91%
家用产品	2.92%	石油与天然气	130.59%
零售	-3.36%	国防	130.20%
媒体	-3.86%	电子产品	118.15%
工业工程品	-6.00%	造纸	112.67%
软件与计算机服务	-8.24%	汽车与零部件	107.29%
电子产品	-22.91%	媒体	93.81%
个人用品	-24.15%	硬件设备	54.43%
汽车与零部件	-28.01%	采掘	31.21%

资料来源：DataStream，申万研究

2.2 养老金入市起到一定作用

首先，从经济基本面来看，转型的逐步完成和新的经济增长动力的出现，是1980年代后美国股市重拾升势、板块风格转向消费品和新兴产业的根本原因。一方面，GDP的增速有了明显的改善，通胀也持续回落(图19)。同时，美国的经济结构也发生了一定的变化。随着在二战之后的"婴儿潮"中诞生的大量人口在80年代逐渐成为消费的中坚力量，80年代以后美国的私人消费在GDP中的占比大幅上升，而投资的占比则有所下降(图18)。

图 18:1980 年代的美国消费上行,投资下行

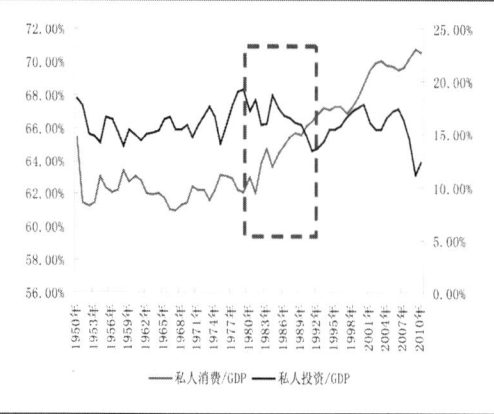

资料来源:CEIC,申万研究

图 19: 1980 年代的美国通胀回落,经济增长持续

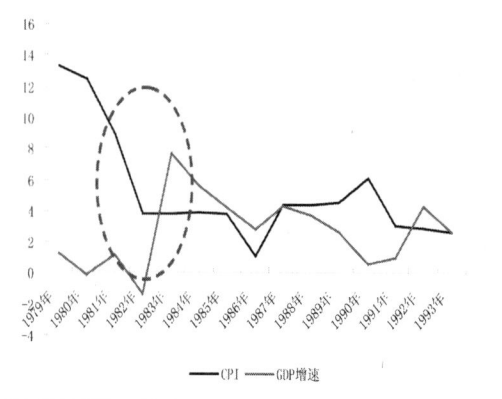

资料来源:CEIC,申万研究

而从主导资金的角度来看,1980 年代大量养老金的入市对股市重归升势和风格上的转变也起了很大的作用。美国在 1978 年《国内税收法》新增了第 401 条 K 项条款,该条款为私人企业雇主和雇员的养老金存款提供税收方面的优惠,募集资金主要用于投资股票、基金、债券等金融产品。401K 计划的实施为股市的重新繁荣,提供了了大量长期且相对稳定的资金。从图中,我们能发现,当时股市资金的净流入主要依赖私人年金的增长(图 20)。随着私人养老金规模的不断扩大,对于资本市场的参与度也同步提升,与股市形成了良好的正反馈机制,资金不断流入资本市场,推动美国股市重拾升势(图 21)。

同时,板块风格的变化也和"主导资金"的投资偏向有很大的关系。80 年代大量流入股市美国私人养老金追求长期投资价值。随着消费逐渐成拉动经济的主要力量,食品饮料、休闲旅游、医疗、零售等代表着美国经济转型方向的,业绩稳定增长的行业便受到了这些新增资金的追捧,相对其他行业表现出十分明显的超额收益。

图 20:资金流入股市主要依赖于私人年金的增长

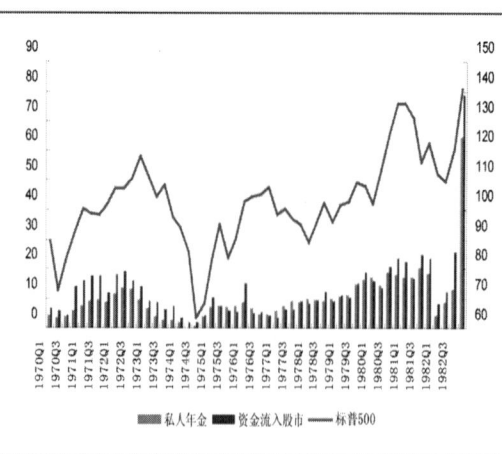

资料来源:华通人,万得资讯,申万研究

图 21:私人养老金的入市推动标普 500 重拾升势

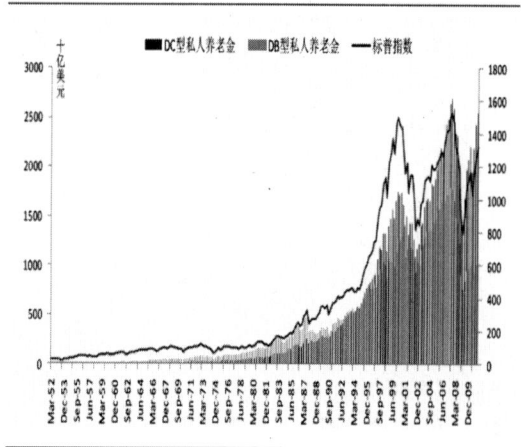

资料来源:万得资讯,申万研究

3. 谁是下一个主导资金：长期养老金

3.1 启示：要关注主导资金的投资偏好和约束

回顾国内和海外的历史，可以看到，主导资金的投资偏好会很大程度上影响当时股市的表现和风格。因此，对A股投资者来讲，非但要关注有多少资金流入股市，更要关注资金以什么形式流入、通过什么载体去投资。每个载体都有自己的投资风格和约束，一个"主导资金"的偏好和风格最终决定股市的风格和偏好。或许，你的风格和偏好与"主导资金"不同，但一定要考虑和顾及"主导资金"的力量，毕竟这是一个选美游戏。

3.2 谁是下一个主导资金——长期养老金

那么，谁会是下一波中国股市主导资金？我们认为很有可能是"长期资金"，就是那些具有长期价值投资偏好的资金，如地方养老金、企业年金、QFII等国际机构投资者的资金。

2011年下半年以来，证监会呼唤地方养老金入市的信息一直受到媒体和市场的持续关注和广泛热议。2011年12月15日，时任证监会主席郭树清表示，要组织全国养老保险金余额和住房公积金余额共4万亿元资金，设立一个专门的投资机构或者委托一个机构，投资资本市场。不久之后，全国社保基金理事会理事长、前央行行长戴相龙在出席《2011中国社会科学院社会保障国际论坛》时也表示，地方养老金可以拿出一部分买股票，以利于保值增值。2012年3月19日，全国社会保障基金理事会公布，经国务院批准，社保基金受广东省人民政府委托，投资运营广东省城镇职工基本养老保险结存资金1000亿元，中国版401K的计划，终于迈出了实质性的一步。未来养老金大规模进入股市是可以说是大势所趋，这些养老金具有追求长期稳定收益的而要求，有利于改善A股市场目前的机构散户化，投资短期化的情况。

另一种引入长期资金的路径是进一步加大引进境外长期机构投资者的力度。相对于国内投资机构散户化的不良倾向，QFII都是发展历史较长、资产规模较大的全球金融机构，投资理念成熟，注重长期投资和价值投资。今年以来，证监会这方面上已经连续出手。2012年4月3日，中国证监会、中国人民银行及国家外汇管理局决定新增合格境外机构投资者(QFII)投资额度500亿美元。这也使得QFII的总额度达到了800亿美元。近期，监管部门宣布放开三方面QFII申请限制，包括允许同一集团多家机构单独申请资格、允许发行结构性产品的QFII增加投资额度、放宽对QFII股票投资比例限制等。而接下来，监管层有在考虑进一步降低QFII资格门槛，简化审批程序。这些国际长期资金的入市，将有助于提高A股市场机构投资者的比重，有利于改善市场机构投资散户化、短期化的倾向，从而提高市场长期投资价值。

如果"长期资金"会成为中国股市下一波最为重要的"主导资金"，那么我们认为中盘蓝筹股将成为这些"长期资金"热捧的对象。

第十章

资金成本下降≠股市必然上升
——资金成本与股市关系的进一步解析

主要观点：

资金成本下降等于股市必然上升：很多投资者看到票据贴现利率下来了，央行降息了，认为资金成本在下降，所以股指一定会上涨。事实上，从资金成本到股市涨跌，存在一定的传导路径，导致两者之间并不存在绝对的负相关性。90年代日本利率水平快速下降，并没有带动股市重拾升势。

两个层面的资金成本：第一层是银行间的资金成本，主要是央行利率、银行间的SHIBOR利率、回购利率和债券市场收益率。第二层是实体经济层面的资金成本，主要反映的指标分别是加权贷款利率和票据贴现利率。我们这里主要分析的是第二个层面的资金成本与股市关系的问题。

资金成本变动和股市涨跌的历史回顾：资金成本下降≠股市必然上升。

2006年到2007年10月份，资金成本上升，股市上涨。

2007年10月到2008年7月，资金成本上升，股市下跌。

2008年8月到10月，资金成本下降，股市下跌。

2008年11月到2009年4月，资金成本下降，股市上涨。

2009年2至3季度，资金成本攀升，股市上涨。

2010年10月到11年底，资金成本继续攀升，股市持续下跌。

需求是连接资金成本和股市涨跌的关键一环：资金成本下跌并不必然导致股市走势的上涨，关键要区分什么因素导致了资金成本下降。总结来看，股市上升有两种情形：一是资金成本下降、需求回升的前期阶段，二是需求回升、资金成本也在上升的阶段；股市下跌也有两种情形：一是资金成本上升挫伤企业利润的阶段，二是是需求下滑带动资金成本下跌的阶段。

现阶段资金成本在下跌，但是需求起不来，股市依然上涨乏力：今年年初以来，加权贷款利率和票据贴现利率都在下降，主要是经济回落带来的需求萎缩和中长期贷款难以投放等因素造成。但考虑到经济本身依然疲软，关键是没有需求：原来支撑市场的信贷、房地产投资、制造业投资等力量都在衰竭；企业盈利持续下滑；中报期间，将有一大批公司业绩不及预期，将下调盈利预测，从而对股市形成压制。

对于资金成本与股市涨跌的关系，大部分投资者认为是负相关：利率水平上升，资金成本上升，股市承压下跌；利率水平下降，资金成本下降，股市上涨。现在很多投资者看到票据贴现利率下来了，央行降息了，认为资金成本在下降，所以股指一定会上涨。但事实上资金成本下降并不必然导致股市的上涨：我们发现日本在1990年代以后利率快速下降，甚至是接近0%的水平，但是这并没有帮助日本股市重拾升势，股市依然在震荡中持续下行，背后的根本原因就在于1990年代后日本经济本身没有找到持续增长的动力，企业的盈利能力无法持续提高，缺乏投资需求(图1)。常识很多时候是错误的，事实上，从资金成本到股市涨跌，存在一定的传导路径，两者并无绝对的关系，需要认真地辨析。

图1：日本1990年代利率快速下降后，并没有带动股市重拾升势

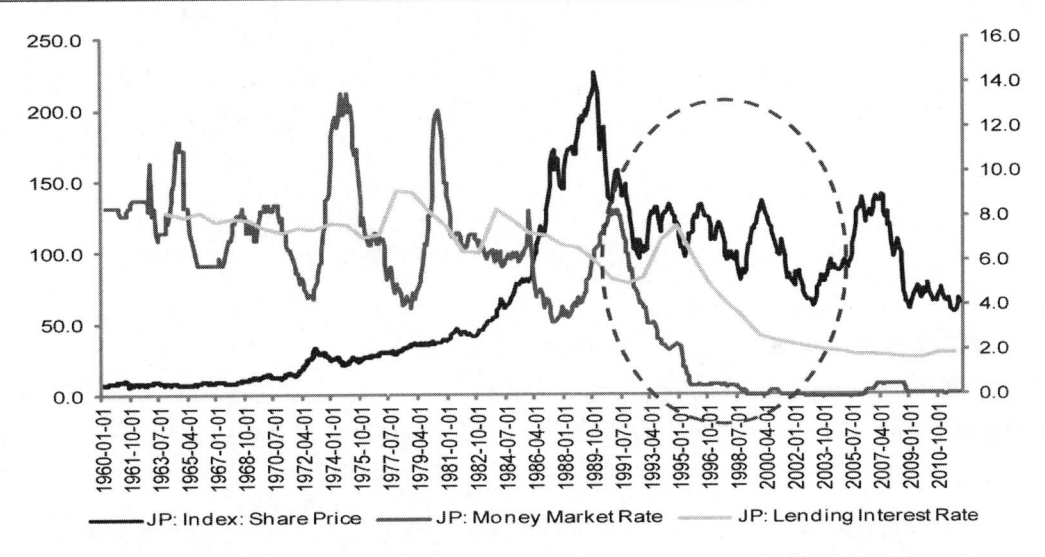

资料来源：万得资讯，申万研究

1. 两个层面的资金成本：银行间和实体层面

通常我们所说的资金成本有两个层面：第一层是银行间的资金成本，主要是央行利率、银行间的SHIBOR利率、回购利率和债券市场收益率。第二层是实体经济层面的资金成本，实质企业获得资金，其中包括银行途径和民间借贷的，主要反映的指标分别是加权贷款利率和票据贴现利率。本文主要分析的是第二个层面的资金成本与股市关系的问题。

1.1 银行间的资金成本体现流动性

银行间层面的资金成本是银行间流动性的体现，银行间市场利率体系中存在着诸多的利率类型，不同期限不同品种的国债利率、回购利率、央票利率等等。我们可以用三种最具有代表性的基准型利率来分析银行间整体利率市场的变动，表征银行间资金成本的变化：一是7天回购利率，主要是反映短期资金面因素的灵敏指标；二是1年期央票票据的发行利率，主要是反映中央银行货币政策意图的敏感指标；三是10年期国债利率，更多的是反映经济基本面因素的变化(图2)。

图 2：衡量银行间资金成本的三种基准型利率指标

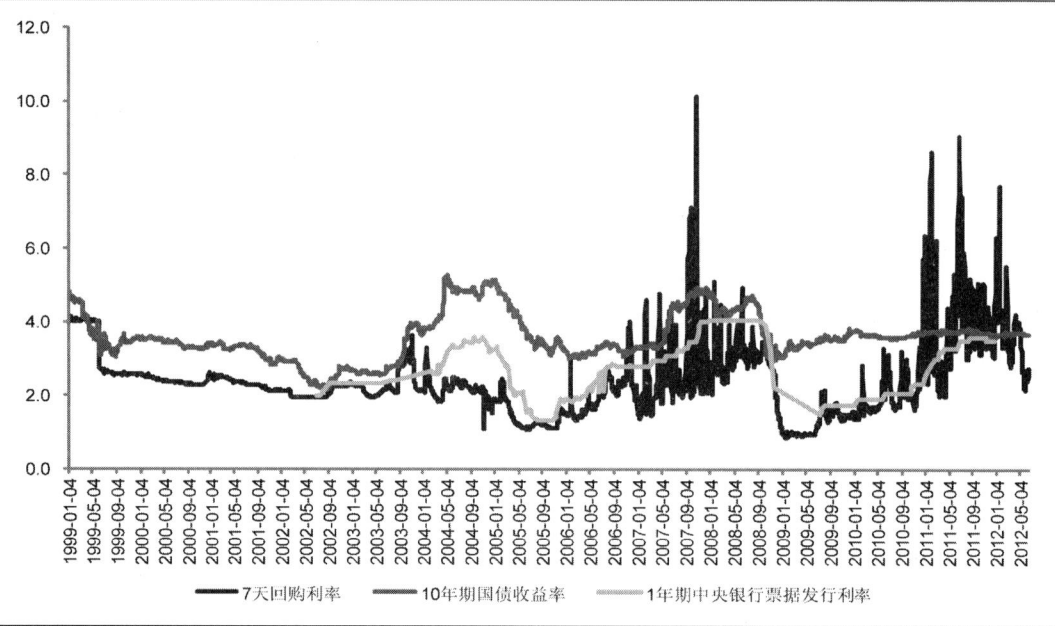

资料来源：万得资讯，申万研究

1.2 实体层面的资金成本：银行贷款和民间借贷

而实体经济资金成本的最直接的指标是票据贴现利率和加权平均贷款利率，前者代表民间资本借贷的成本后者代表银行信贷资金借贷的成本(图3)。中国企业的资金来源中，银行信贷是最为重要的一部分。相比债券市场和银行间市场的各种利率，贷款利率，也就是信贷资金成本的高低，最能够直接反映实体经济的资金成本压力，因此和股市的涨跌有着更为直接的联系。2008年之前，央行公布平均贷款利率的不同期限的数据，而 2008 年后央行则按季度公布加权平均贷款利率。为了能够观测得到更长时间的数据，在这里，我们用 2005 年到 2008 年的 6 个月至一年的平均贷款利率，以及 2008 年以后的加权平均贷款利率来合起来看，一起衡量资金成本的变化。

在利率市场化国家，资金的成本由信贷供需决定。但在我国，由于存在利率管制政策，除了资金供需，资金成本很大程度上还会会受到利率调控政策的影响，其中包括对基准利率的调整和对上浮下浮比例的调整。影响资金供给的因素包括货币的供给的整体环境，央行的数量型货币政策，银行的本身放贷意愿(包括主动放贷与被动放贷)等等。银行分析员在分析信贷投放的量的时候很大程度上会根据一个时期整体货币供给的一个比例来估计。而影响资金需求的因素主要实体经济本身的需求，当经济快速增长，企业盈利向好，企业有扩大再生产的需求，自然就衍生出对资金的更多需求，因此在这里企业本身盈利水平的变化可以作为度量资金需求的一个指标。由于在我国还没有实现完全的利率市场化，央行还可以通过利率政策调控基准利率，其中包括对基准利率的调整和对上浮下浮比例的调整，从而对资金成本的变动造成直接的影响。

图3：加权贷款利率和票据贴现利率是衡量实体经济资金成本的重要指标

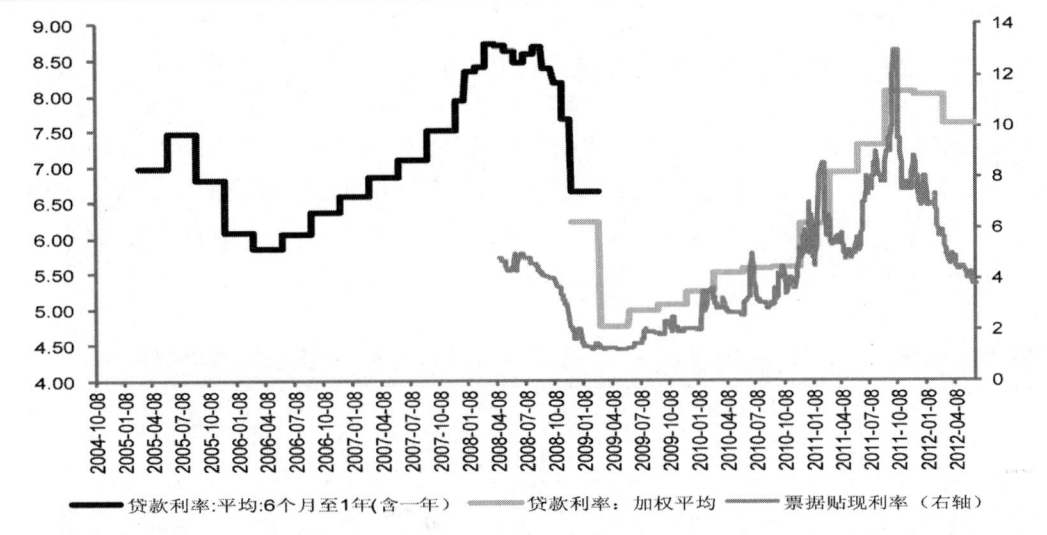

资料来源：万得资讯，申万研究

2. 资金成本与股市涨跌的关系：并不确定

为了进一步分析资金成本和股市涨跌之间的关系，我们有必要把两者的变动做一个历史的回顾。结果发现，资金成本和股市涨跌的变动方向并不完全一致，有的时候是反向变动，有的时候则是正向变动(图4)。

图4：资金成本与股市表现的历史表现：既有反向变动也有正向变动

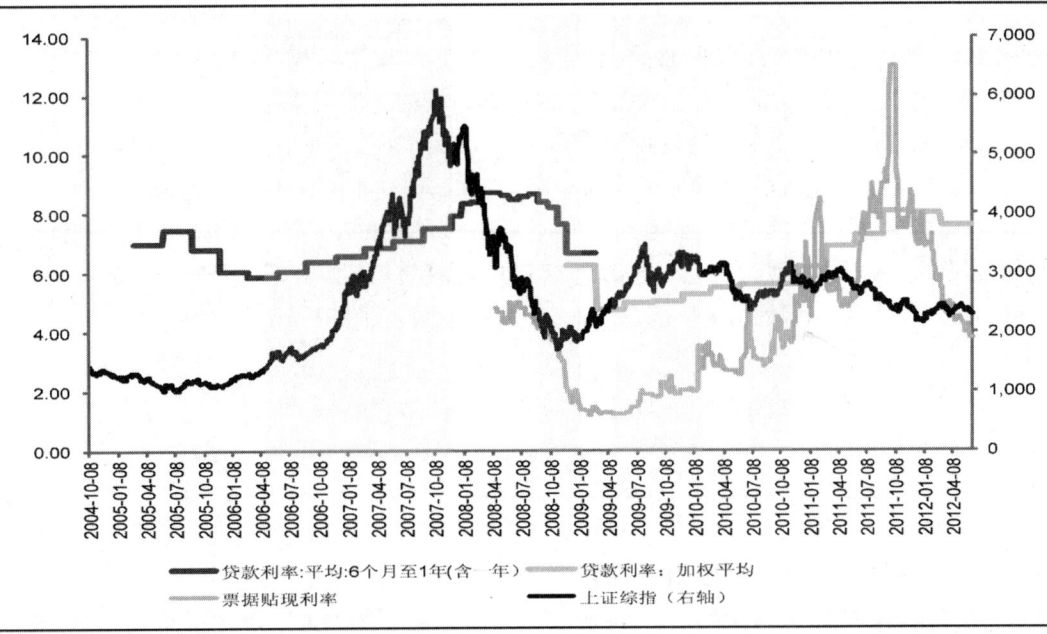

资料来源：美联储，申万研究

2.1 2006年到2007年10月份，资金成本上升，股市上涨

2006年到2007年10月份，贷款利率在大幅度的上升过程中，但同时的股市却是在大幅度的飙升，是一波巨大的牛市，两者呈现正向变动的关系。当时央行实行的是"紧货币、紧信贷"的双紧政策，信贷供给相对紧张，2007年、2008年均出现了央行对商业银行信贷投放额度的节奏控制。2006年4月到2007年央行连续8次加息，一年期基准贷款利率从之前的5.31%上升到7.47%，资金成本因此而快速上升(图5)。但是与此同时，需求上升得更快，当时实体经济持续向好，经济增长和企业盈利都在大幅提高，ROE持续上升(图6)，股市受到经济持续改善，企业盈利提升的正面刺激作用，表现为持续的上涨。

图5：持续加息和需求向好推升资金成本

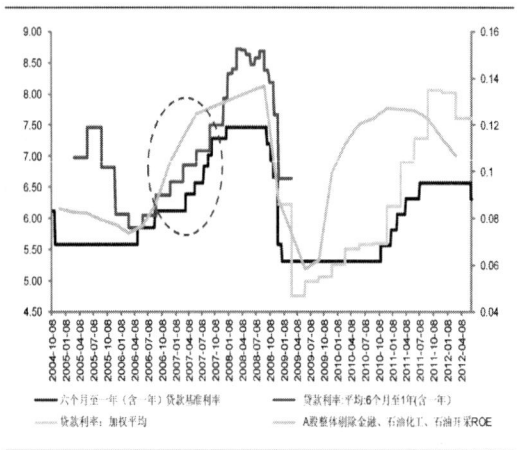

图6：经济增长和企业盈利都持续向好

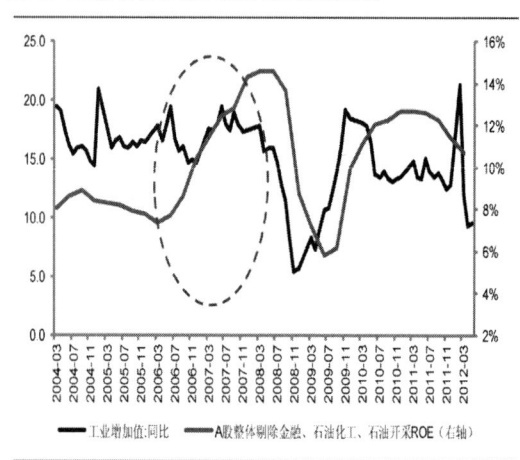

资料来源：万得资讯，申万研究　　　　　　　　　　　资料来源：申万研究

2.2 2007年10月到2008年7月，资金成本上升，股市下跌

2007年10月到7月份，加息政策停止，但是市场的平均贷款利率还是在不断地往上攀升，1年期平均贷款利率最高达到8.7%，而同时期的股市已经处于快速下跌过程中，呈反向变动的关系。当时由于世界经济下滑端倪初现，对经济基本面的担忧加剧，银行开始主动收缩信贷，导致资金成本的进一步的上涨。2008年二季度，虽然出口、投资、内需等数据依然平稳，但资金成本的持续上升已经开始挫伤企业利润(图7)，ROE增速开始明显放缓，一季报低于预期[①]，股市在这种需求环境中开始从高点快速回落(图8)。

---

① 参见2008年3月7日行业比较报告《"调低预期"、"减速增长"将成为主题词——07年报、08一季报业绩前瞻分析》。

图 7:2008年上半年成本上升挫伤利润增长

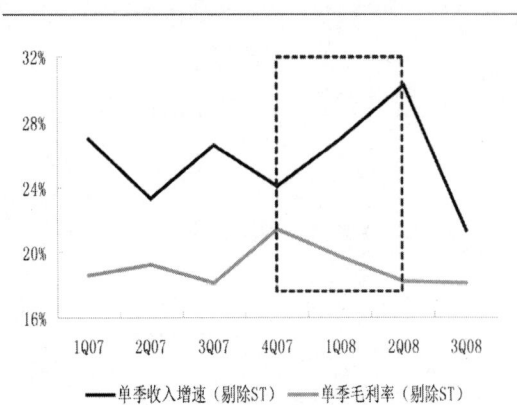

资料来源：万得资讯，申万研究

图 8：企业盈利增速开始放缓，股市下跌

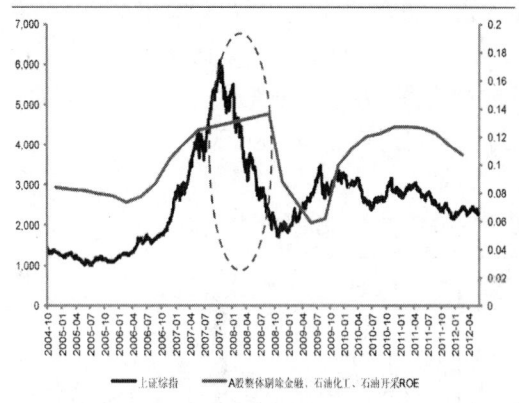

资料来源：申万研究

2.3 2008年8月到10月，资金成本下降，股市下跌

2008年8月份到2008年年末，平均贷款利率快速下跌，股市也大跌。2008年上半年是资金成本高企挫伤企业利润，到了2008年下半年则是需求开始了快速萎缩(图9)。当时央行开始采取连续降息宽松政策，同时需求也开始快速萎缩，导致资金成本快速持续的下降。但是由于这个时候经济需求已经不行了，9月份由于雷曼破产造成全球信贷冻结，企业大规模去库存、计提减值准备，经济增长和企业盈利都出现了断崖式的下滑(图10)。连续的降息政策并没有立刻带动市场情绪的恢复，市场对于未来经济依然忧心忡忡，所以股市依然是一路下跌。直到后来政府救助力度的加大，股市的信心开始恢复，实体经济的需求和企业的盈利也开始触底回升，股市才表现出真正大的趋势性上涨。

图 9：2008年下半年需求开始下滑

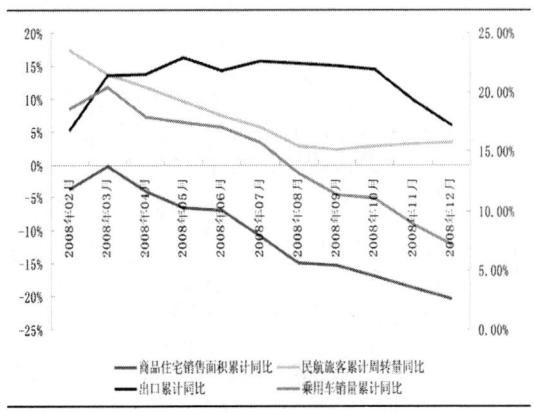

资料来源：万得资讯，申万研究

图 10：经济增长和企业盈利出现了断崖式下滑

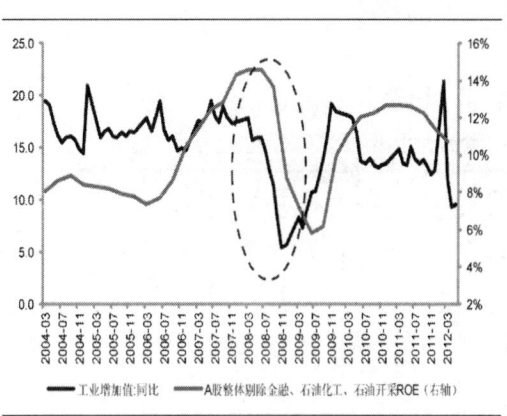

资料来源：申万研究

2.4 2008年11月到2009年4月，资金成本下降，股市上涨

2008年11月份到2009年4月份，降息已经结束，信贷开始大量放出(图11)，贷款利

361

率持续下滑，而此时股市已经开始企稳回升。随着"四万亿"刺激计划的出台，政府救助力度的逐渐加大。同时信贷大量放出，流动性的逐步改善。一些经济数据已经出现了企稳的迹象(图12)，市场开始了一波炒流动性放松和经济预期改善的行情。这种预期推动的行情是否能够持续关键在于未来经济需求和基本面的改善能否赶上股市的步伐，如果后面需求真的起来了，可以适度打提前量。

图11：2009年初以后新增信贷大幅扩张

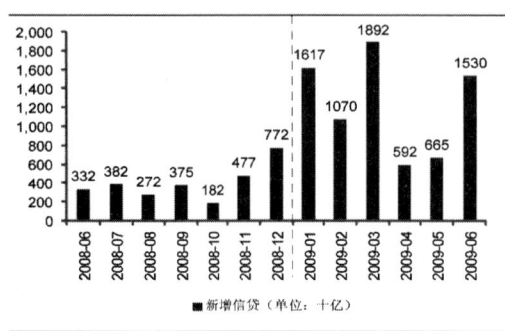

图12：2008年末,PMI出现向上拐点

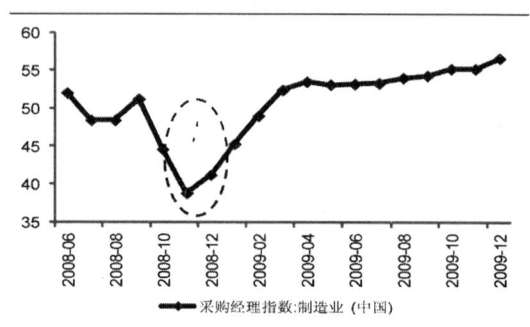

资料来源：CEIC，申万研究

资料来源：CEIC，申万研究

2.5 2009年2至3季度，资金成本攀升，股市上涨

2009年下半年，贷款利率不断攀升，而股市还在继续上涨。当时央行停止降息，贷款利率的攀升来自需求的恢复。此时资金成本上涨没有阻止股市的进一步上涨，主要原因在于实体经济从2009年下半年开始出现了实质性的回升。随着房地产销售的持续旺盛，房地产投资和新开工也开始跟上，房价也开始上涨，投资者对银行的坏账担忧减弱，企业盈利水平开始触底反弹，经济的见底回升使大盘有第二波上涨。资金成本攀升过程中，股市能够持续上的原因就在于实体经济需求恢复最终能够赶上股市的步伐(图13)。相同的情况出现在2010年三季度(图14)。

图13：基本面跟上了市场的步伐：2009年案例

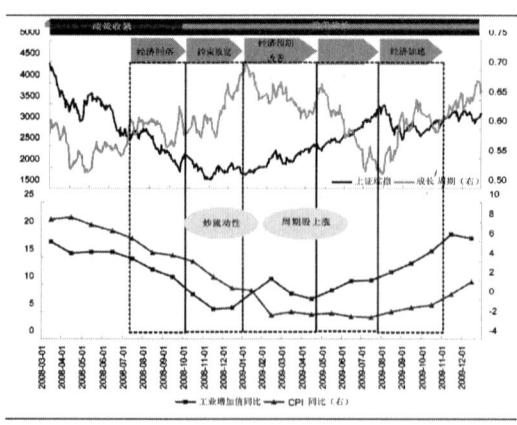

图14：基本面跟上了市场的步伐：2010年案例

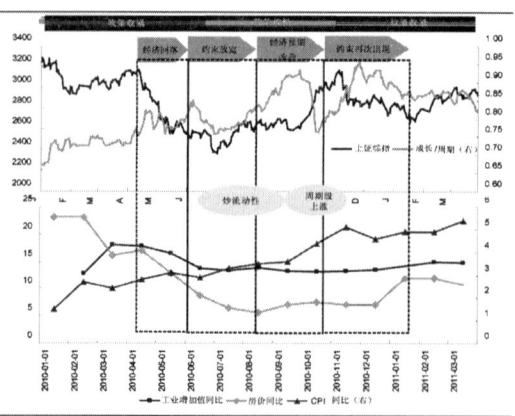

资料来源：CEIC，申万研究

资料来源：CEIC，申万研究

2.6 2010年10月到2011年底，资金成本攀升，股市下跌

2010年10月份以后，贷款利率开始加速攀升，股市也开始了的下跌过程。当时贷款利率的攀升主要是由于央行为了以防止经济过热开始了新一轮的加息周期。但同时我们也看到，当时的企业盈利实际上已经有增速放缓的势头(图15)。2011年5月之后，股市开始了11年的三波主跌浪。

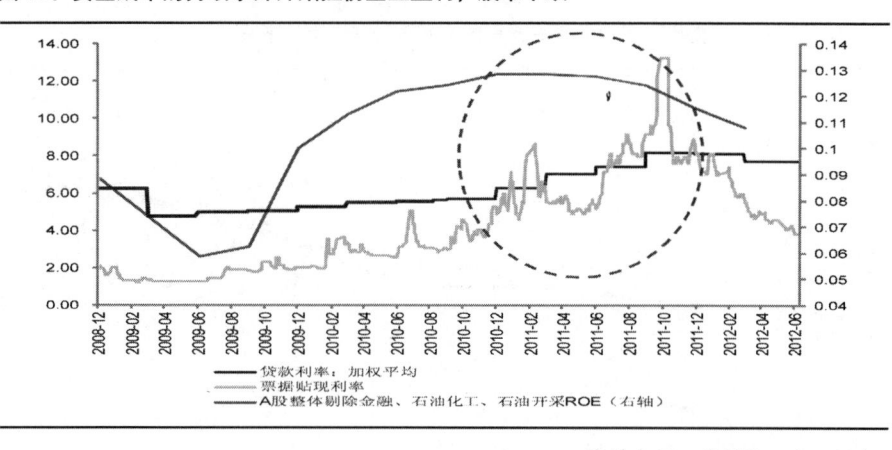

图15：资金成本的持续攀升开始挫伤企业盈利，股市下跌

资料来源：美联储，申万研究

2.7 启示：需求是关键一环

结论与启示：通过资金成本和股市表现的历史回顾，我们认为资金成本下跌并不必然导致股市走势的上涨，因为资金成本只是影响股市的一个因素，股市时候能够上涨关键还是看需求，看企业盈利。如果企业需求迟迟起不来，盈利持续下滑，仅仅依靠资金成本的下跌并不能支持股市持续的上涨，就像2008年8月至10月；而另一方面，当企业盈利不断改善，资金需求旺盛，即便利率水平不断攀升也很难阻股市上涨的步伐，典型的例子是2007年和2009年下半年。

总结来看，股市上升有两种情形：一是资金成本下降、需求回升的前期阶段，二是需求回升、资金成本也在上升的阶段；股市下跌也有两种情形：一是资金成本上升挫伤企业利润的阶段，二是是需求下滑带动资金成本下跌阶段(表1)。

表1：资金成本、经济需求与股市涨跌的历史回顾和总结

时间阶段	资金成本	经济需求	股市表现	原因总结
06年到07年10月	大幅上升	持续向好	快速上涨	资金成本上升，但是需求上得更快，股市快速上涨
07年10月到08年7月	继续上升	开始下滑	快速上涨	资金成本的高企开始挫伤企业盈利，经济需求回落，股市下跌。
08年8月到10月	快速下降	快速下滑	继续下跌	连续的降息和需求快速下滑带动资金成本回落，股市依然下跌
08年11月到09年4月	持续下滑	开始企稳	企稳回升	资金成本回落，经济需求开始企稳回升，股市也开始企稳回升
09年2至三季度	开始上升	持续向好	持续上涨	经济需求持续向好带动资金成本上升，股市持续上涨
10年10月到11年底	快速上升	开始下滑	持续下跌	资金成本的高企开始挫伤企业盈利，经济需求回落，股市下跌。

资料来源：申万研究

3.现状分析:没有需求,资金成本下降效果一般

今年(2012 年)以来,资金成本确实出现了一定程度的下滑,但从原因看,一方面是经济下滑带来实体经济需求萎缩,另一方面则是票据融资的利率下滑十分明显。银行难以放出中长期贷款,不得不大量买入票据,提前占足信贷额度,以备下半年规模调节。目前(2012 年 6 月)票据直贴利率已经下降至月息 3.8‰左右,这相对于去年通常 13%左右的价格,跌幅已经达到 60%(图 16)。

图 16:今年一季度加权平均贷款利率的下滑主要是由于票据融资利率的下滑

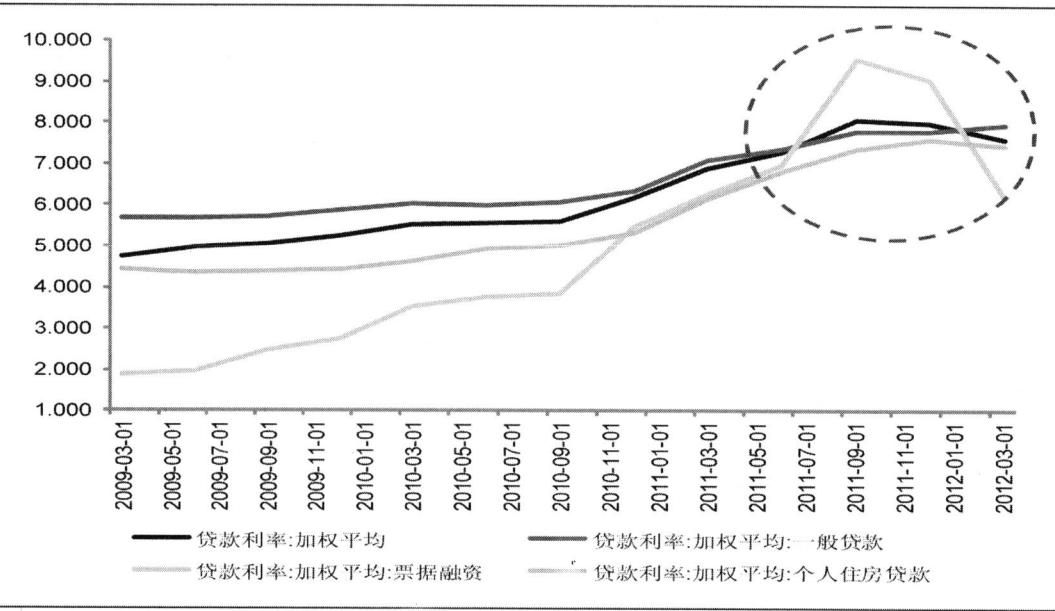

资料来源:万得资讯,申万研究

我们在 2012 年的 6~7 月报《从中性到悲观》中已经提及,目前经济疲软势头难改,关键是没有需求。2008 年后,GDP 逐季大幅回升,中国经济迅速从衰退进入过热。其实,中央政府最终没有完全使用"四万亿",导致中国经济过热的力量是后续跟进的地方投资、房地产投资和民间制造业投资。但如今,这些力量都在衰竭:地方融资平台很难再加杠杆;信贷始终不出,中长期贷款的占比持续下降;房地产投资和新开工撑了两年,终于开始下降(图 17-图 20);制造业投资的热情快速减弱,带动票据贴现利率和民间贷款利率大幅下滑。

图 17：4 万亿后，房地产、制造业投资相继起来

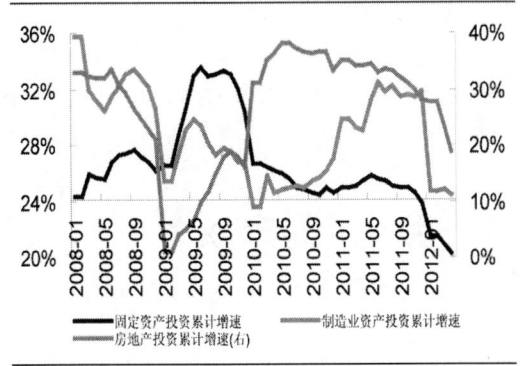

资料来源：申万研究

图 18：信贷中，中长期贷款比重难以提升

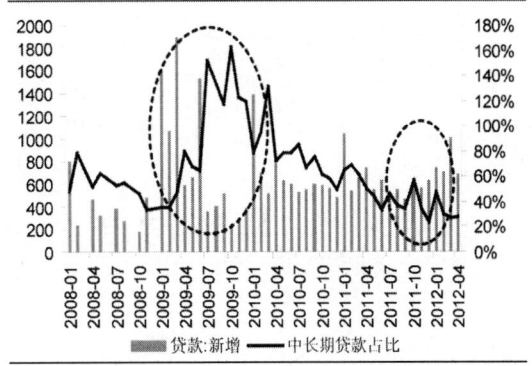

资料来源：CEIC，申万研究

图 19：房地产投资与新开工开始下滑

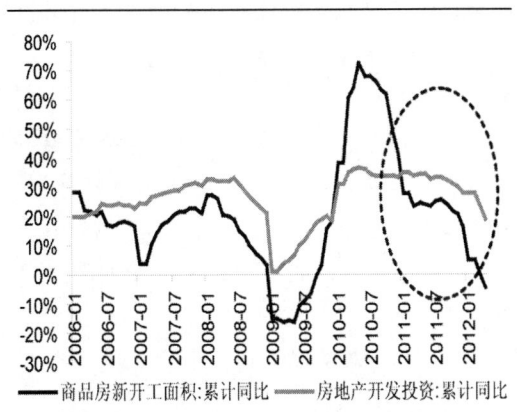

资料来源：CEIC，申万研究

图 20：制造业投资开始下滑

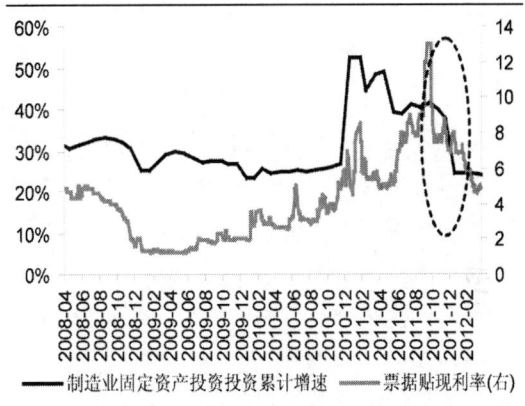

资料来源：CEIC，Wind，申万研究

虽然近期政府有加快基建投资以托底经济的趋势，但是经济要走入持续上升的过程，除了政府投资的刺激之外，还是需要要私人部门的需求，特别是私人投资需求的恢复，而这方面有赖于企业盈利本身的逐步企稳和恢复，但我们目前为止还没有看到这种迹象。

第十一章

此岸和彼岸：策略研究 f，而非 x

主要观点：

百分之九十的问题集中于未来场景的探讨。对于当前的投资布局，未来场景的探讨非常必要，但过多纠缠于细节却大可不必，因为很多对未来的设想只不过是当事者的信仰，恰如佛家中的彼岸世界。当我们从此岸出发，只要对彼岸有个模糊而正确的认识即可。此外，策略要研究映射路径(类似函数 f)，而不是和各种领域分析员去争论变量(诸如自变量 x)。

彼岸只要模糊正确，无需过度精确。(1)基本面的彼岸世界：大局比细节重要。一个现象的发生和变化有其必然的规律，但具体发生在何时何刻却充满了偶然性。因此，苛求这种精确定位其实意义并不大，但大的环境不会轻易改变，经济层面的核心矛盾也不会轻易消减，抓住这种模糊的环境才是投资的根本。(2)市场的彼岸世界：更重视风险收益比。指数的点位是最终的结果，而不是投资的原因和依据。我们更重视当前的风险收益比、重视事件的发生、重视股市行业结构的调整、重视投资者行为和情绪的变化。对于策略而言，最关键的是"市场特征"，当前市场所处的阶段和核心交易矛盾，风险收益比如何？会产生哪些投资机会，运用何种战法去把握？

策略是研究映射路径 f，而不是变量 x。倘若有 100 个变量影响市场，领域分析员要尽力描述这 100 个变量的未来变化，而策略要尽力指出哪个变量最重要、路径如何？(1)同样一个终点，选择的路径和使用的方法也可能不一样，最终的收益和排名会完全不一样。A 和 B 两点是平的，但先跌 30%再涨 45%，时间持续半年，策略不能当什么事情都没有发生过。强调把握过程和重视路径的关键是因为我们更多赚市场而非实体的钱，所以其他投资者的理解、主流预期的变动至关重要，说白了这是一个"选美游戏"，什么是"美"、什么是"真"可能并不是最重要的。很多策略将主要精力去研究实体和事实，这本无可厚非，也是策略的基本功，但策略的本职应该是市场结构、投资者行为、资金性质和映射路径。投资和策略有时像下棋，之前的形势会影响到后面的心态和认识，而心态和认识会最终决定人的行为。(2)多研究点"价格"、少谈点"价值"。教科书上研究的是"价值"，而实际交易的是"价格"。教科书打造的世界是框架，到了特殊的市场，需要结合当地的交易制度、参与主体进行改造。在 A 股，单边交易、参与者投机性强，价格和趋势可能比价值更重要。(3)正反馈和负反馈。不同的市场阶段，对同一个事情的反应完全不同。对事实的研究已经很难，投资者会以什么样的情绪去取舍，更加困难，而这恰恰是策略需要解决的问题。

在过去一年多(2011~2012)的密集路演中，百分之九十的人、百分之九十的问题集中于未来场景的探讨：未来四个季度和未来 1~2 年的 GDP 如何变化？这波上证综指能涨到多少点？

对于当前的投资布局，未来场景的探讨非常必要，但过多纠缠于细节却大可不必，因为很多对未来的设想只不过是当事者的信仰，恰如佛家中的彼岸世界。当我们从此岸出发，只要对彼岸有个模糊而正确的认识即可，过程中因素的探讨才构成策略研究的主体。

此外，策略要研究映射路径(类似函数 f)，而不是和各种领域分析员去争论变量(诸如自变量 x)。同样一个终点，可以先上后下，也可以先下后上，路径不同，人的行为和战法也不同，这才是策略的核心。

1. 彼岸只要模糊正确，无需过度精确

很多人认为：要做好投资，就必须将经济环境、市场阶段和投资标的的未来走势想清楚，为此大家发明了模型和各种工具，希望能做到精细化的定位。但遗憾的是，纯粹预测、多有瑕疵[①]。

1.1 基本面的彼岸世界：大局比细节重要

对于基本面，被问及最多的就是"经济拐点或者某个行业的业绩拐点何时出现"？2008年10月，就有投资者问我如何判断经济拐点，届时我入行两年多，半生不熟，回答了很多方法，诸如经济周期、库存周期、产能等教科书上的概念。

如今，从我目前的知识储备和思维看，觉得没有任何方法可以解决短周期的精确定位。拐点本来就是必然中的偶然现象，是向上力量和向下力量的平衡点，发生在何时只有事后辨析，无法提前判断。现如今，运用最多的其实是基于基数的取巧之术，今年前高后低则明年前低后高。其实，对于股市，同比的意义并不大，季调后的环比折年率才是最实在的，只是这对于当前的统计数据有点苛求。既然无法把握，就不需过分投入精力，还不如把握一些能把握的。

一个现象的发生和变化有其必然的规律，但具体发生在何时何刻却充满了偶然性。因此，苛求这种精确定位其实意义并不大，但大的环境不会轻易改变，经济层面的核心矛盾也不会轻易消减，抓住这种模糊的环境才是投资的根本。

举例而言，去年整个市场一直试图定位通胀顶和经济底，最终，通胀见顶晚来一个月，而经济到现在还找不到底，很多之前的方法和结论事后被证明都是错误的。但最核心的矛盾一直没变化，即"通胀有结构性的因素，有要素回归和之前货币宽松的双重压力，而经济在政策紧缩下，动力逐步消减"。

现如今(2012 年 7 月)，资本市场仍在孜孜不倦的探求"经济何时见底"？2011 年底、2012 年初，大家的争论是一季度还是二季度、环比何时见底？现在，二季度确定比一季度差，投资者开始争论是二季度还是三季度？其实，何时见底充满偶然性，受多种因素影响，比如说发改委项目，发改委是否批项目、速度如何、其他部门是否配合，这些东西怎么能够事先精确定位呢？但大环境不会改变，那就是这一次"没有需求"，即便中央政府发力，地方投资难以再加杠杆，房地产和民间制造业投资难以马上加速，而居民的消费能力也在三年前被激发过了。所以，即便经济见底，也不太可能像 2009 年那样，一个季度 GDP 可以提升

[①] 关于这点，参见宽体策论第四篇《基于预测 VS 基于对策》。

2%，抓住这个大环境，对投资的意义可能比何时见底更重要。

我们能理解，卖方给出精确的数据预测，其实也只不过是一种观点的表达，过程中也会有诸多调整，也有意义。但过度沉浸其中、机械化，会过犹不及、事倍功半。当我们驶上高速公路时，只要知道是驶向北京而不是海南即可，途中的调整，需要伺机而动。

1.2 市场的彼岸世界：更重视风险收益比

当我们看多时，很多人问会不会突破前期高点，当看空时，很多人会问会不会创新低？其实，事先哪知道指数会到多少点？不能说因为要创新低，所以要卖。指数的点位是最终的结果，而不是投资的原因和依据。我们更重视当前的风险收益比、重视事件的发生、重视股市行业结构的调整、重视投资者行为和情绪的变化。

2011年11月17日，我们发表年度报告《从无为到有为》，认为应该做空，当时很多人问会不会跌破2300点（当时很多人认为是铁底）。其实当时我们也不知道是否会跌破这一低点，当我们知道当时股市的风险收益比不好，股指尚未包含经济快速下滑的风险。2012年6月4日，我们发表月度报告《从中性到悲观》，很多人很诧异，不断询问会否跌破前期低点（2132点）。其实，我们同样更看重先阶段的风险和收益状况。当时，针对众多客户的持仓品种看，风险远大于收益。和2132点比，通信运营跌了18.9%、石油跌了6.3%、银行跌了4.1%、铁路设备跌了2.1%。这些品种占上证综指总市值比重达到40%，与经济的相关度大，机构参与度小，他们集体跌破前期低点，体现目前经济的现实和预期比前期低点更差。而另外一方面，高高在上的品种，诸如小金属(79%)、证券(44.3%)、地产(35.8%)、饮料制造(28.5%)和工程机械(25.9%)，要么是主题、要么靠政策预期撑着，这些品种占市场比重不大，但却是机构的重仓品种，他们尚未体现当时的悲观经济预期。一旦下跌，哪怕指数仅跌100点，机构都会受伤很重。从这个角度看，当时就应该逐步减仓，以防在后面集体的踩踏中，无法全身而退。至于会不会跌破前期低点，只是结果，不是减仓的原因。

当风险收益比变了，观点有可能瞬间变化，不能拘泥于物理上的"时间"概念。当看空时，总有人问"跌完以后如何走"；发布二季度策略时，也会有人会问"三季度怎么看"？投资者总想看的更远、更长，以指导当前的投资。其实，我们觉得投资是一段一段的，和物理上的"时间概念"并不完全重和，时间、空间、事件和情绪相互交织，关键是当前最核心的矛盾和市场特征是什么？一个中长期的策略可能两三天就走完了，而一个两三天的策略也可能焦灼很久，关键是要看事情本身和市场价格是否发生变动，站在当前向后看一个阶段，风险和收益如何？比如说2011年11月16日，我们的年会报告《从"无为"到"有为"》认为"市场处于"无为阶段"、"看空、机会在下半年"。但到了2012年1月9日，我们发布1~2月份月报《从悲观到中性》，觉得可以做多、提高仓位。前后只有不到两个月，变化很大，原因很简单，股价跌了约12%，风险释放、收益提高[②]。

很多时候，市场的变化远比基本面的变化来得大，近两年投资者对投资机会的饥渴使股价变动极快，很容易反映甚至透支。投资必须灵活，必须适应当前的环境和天候，近两年的游资化倾向使很多"价值投资者"无所适从，但是"价值投资者"为什么要苦守着基本面带来20%的投资机会，而放弃市场波动带来的80%的投资机会呢？

---

② 关于这部分的具体论述可以参见当时的两篇报告，以及宽体策论篇第4章《基于预测 VS 基于对策》。

对于策略而言，最关键的是"市场特征"，当前市场所处的阶段和核心交易矛盾，风险收益比如何？会产生哪些投资机会，运用何种战法去把握？

2. 策略研究 f，而非 x

大部分的策略都希望承担甚至代替领域分析员的角色，和宏观争论经济、和银行争论流动性、和房地产争论房价，一旦涉及比较复杂、专业性较强的领域(诸如医药、化工、机械和 TMT)就基本听从行业分析员的观点，所谓的"自下而上"。倘若策略真是干这个的，那么何必设置那么多不同的专业领域？

策略要研究的应该是市场本身，揭示当前的核心交易矛盾，什么东西、什么变量最重要？倘若有 100 个变量影响市场，领域分析员要尽力描述这 100 个变量的未来变化，而策略要尽力指出哪个变量最重要、路径如何？所以，策略是研究映射路径 f，而不是变量 x。

2.1 路径很重要

正如上文论述，彼岸世界很多时候是个人的信仰，并不一定真实。更要命的是，当你朝此目标行进的时候，这个目标本身变了，此时你已在途中，该如何应对？所以，策略可能不是点对点的，应该是对未来有个大致模糊的正确判断，然后设计多种路径，过程中调整和把握更加关键。很多假设最终不会出现，很多应对之策最终不会被使用，但这种准备是必要的。更何况，A 股是个篮球场，只有 24 秒，有各种约束，即便终点正确、但中途拐不过一个大弯，就有可能出局，又谈何彼岸世界呢？

其次，同样一个终点，选择的路径和使用的方法也可能不一样，最终的收益和排名会完全不一样。比如说，2008 年底同样判断未来一年在政策刺激下，经济和股市会 V 型反转，但先买地产、煤炭有色等流动性相关的品种，还是先买银行、钢铁、机械等经济直接相关的品种，其结果迥然不同。虽然两者都能赚钱，但先买银行和钢铁，占用了大量资金，会在相当长一段时间内忍受净值落后的压力。在比如说，2011 年底，同样看到 2012 年经济乏力、底部波动，但如何做、什么时候退出、先做周期还是先做成长，有很大的区别。A 和 B 两点是平的，但先跌 30%再涨 45%，时间持续半年，策略不能当什么事情都没有发生过。

强调把握过程和重视路径的关键是因为我们更多赚市场而非实体的钱，所以其他投资者的理解、主流预期的变动至关重要，说白了这是一个"选美游戏"，什么是"美"、什么是"真"可能并不是最重要的。在第一个案例中，大部分投资者会对经济复苏和政府力量将信将疑，刚从熊市中走出，需要看到更确实的证据才好。所以，当 2009 年 1 月看到 1.65 万亿的单月信贷，投资者相信政府的决心和力度，但还怀疑这种决心是否会使经济马上见底，所以这时做流动性相关度大而经济相关度小的品种更好，直到 5 月份的房地产数据好转，大部分人才相信经济可能已经见底，此时与经济相关度最大的银行、钢铁、机械、化工等品种开始狂涨。2012 年也是一样，最终经济可能被证明是疲软无力的，但是年初经济见底复苏的声音极盛、超跌反弹的欲望极强、2 个月内无法证伪，何不顺势而为，《从悲观到中性》。到了三月下旬，经济被彻底证伪，但是政策预期开始走强，短期无法消除，所以市场注定是《震荡市，把握结构性机会》，此时马上撤退会失去很多收益。而到了 6 月，政策逐步出、经济还在下滑、市场依旧疲弱、投资者逐步失去耐心、风险开始上升，此时应该《从中性到悲观》，市场需要在一个更低的位置达到风险和收益的平衡③。

很多策略将主要精力去研究实体和事实，这本无可厚非，也是策略的基本功，但策略的本职应该是市场结构、投资者行为、资金性质和映射路径。怎么做才能更好？怎么做才能更赚钱？怎么做才能取得更好的排名？这些因素似乎虚无缥缈、无从下手，但确实必须重视的内容。

投资和策略有时像下棋，之前的形势会影响到后面的心态和认识，而心态和认识会最终决定人的行为。很多人都希望保持客观，但其实客观未必存在，面对被荆棘包围的几束玫瑰，乐观者看到的是玫瑰，而悲观者看到的是荆棘。事实本身就在那里，不同者取得的画面不同，投资何尝不是如此？6月4日《从中性到悲观》并非哗众取宠搏出位，而是因为如果我们是一个投资者，如果真的能按照我们年初以来的策略操作，一月初加仓位、二月份重仓电子、三月配消费、四月加地产和券商、五月配环保医药和电子，那么到6月份已经取得了不错的收益，这个时候自然会对风险看的更重。所以路径很重要，大部分人的行为和决定有严重的路径依赖，很多人有种感受：顺利的话就一直顺利，不顺的话一直倒霉。

2.2 多研究点"价格"、少谈点"价值"

或许大家都是学院出身，传统的会计、财务、经济和金融已经给我们留下深刻的烙印，探讨的问题都是"价值层面"的问题。将价格分解为EPS和估值，从经济行业一条线研究EPS，从流动性、资金和政策一条线研究估值，最终合成目标价，构成看多和看空的理由。

事实上，上述层面得到的是"价值"而非"价格"。如果从价格角度出发，那么估值就变成最终的结果而非先验的变量。教科书打造的世界是框架，到了特殊的市场，需要结合当地的交易制度、参与主体进行改造。在A股，单边交易、参与者投机性强，价格和趋势可能比价值更重要。银行8倍PE便宜，但是可以跌到6倍，从8倍到6倍是跌了25%，如果超配银行，损失会很大。

如果单谈"价值"，那么课本上的东西可为经典。但是如果涉及"价格"，就要考虑其他很多东西。其实问题的关键还在于路径，如果价格长期背离价格会如何？很多人说，2012年是个阳线，但是如果这跟小阳线有个很长的下影线、这个下影线持续2个月，那是否要先回避呢？更为严重的问题，"价值"看不见、摸不着，真到很低价格的时候，很多人会对"价值"产生怀疑。

所以，"价值"也是个彼岸世界，价格是每天都要交易的东西，要对"价值"有个基本的、脱离市场的判断，同时也要关注一个季度内的价格变化。

2.3 正反馈和负反馈

不同的市场阶段，对同一个事情的反应完全不同。现如今，投资者很反感增发、融资和IPO。但是我们清晰地记得，2007年大家对此类东西趋之若鹜。牛市，大家可以靠想象力去寻找下一个信号，比如说2007年7月，随着房地产开工逐步回升，市场对纯碱价格上涨的预期越来越盛，纯碱股票也开始飙升，其实事后纯碱价格没怎么涨。熊市，需要看到确实的

---

③ 关于这个阶段的具体把握可以参见申万策略从1月9日到6月4日的报告，主要是月报和一周回顾和展望，及各类点评。

变化，一个信号不行，等待第二个，两个不行，需要第三个，直至市场的情绪被改变。

所以，事实都在那里，对事实的研究本身很难，投资者会以什么样的情绪去取舍，更加困难，而这恰恰是策略需要解决的问题。这里一个最重要的问题是"当前市场的核心交易矛盾是什么"？比如说，今年一季报很差，但是四月份大家沉浸于政策放松和制度改革，股市似乎忘却了这个事，而二季报同样差，大家都知道，但情绪比较悲观、市场比较弱，大家就会拿这个说事。

所以，策略需要关注市场的阶段，明白是"正反馈"还是"负反馈"，但是无论是哪种循环，最终都会"回归"，否则这个市场会崩溃，只是我们现在还是没想明白，如何辨析事情会继续循环还是出现回归？

第十二章

季末效应有没有

主要观点：

6月的下跌与季末效应有关？2012年6月初降息之后，市场不升反跌，超出很多投资者预期。除了基本面持续疲软的因素之外，一些投资者认为本月快速下跌也和季末银行揽存，银行间资金成本的上升，资金面紧张的季末效应有关。

2010年3月后，股市的季末效应较为明显：从沪深300的月度收益率来看，2010年3月之前季末当月有涨有跌，并不存在明显的季末效应。2010年3月之后，季末效应变得较为明显：季末当月下跌的频率大大增加，且相对于前后月份的收益率也相对更低。2010年3月后股市季末效应更加明显可能和季末存贷比考核实施后，资金面紧张的季末趋于紧张的效应加大有关。

由于银行的季末揽存行为，资金面紧张的季末效应确实存在，2010年后更加明显：1)从商业银行的角度看，由于存贷比考核和银行存贷款季末考核等制度性因素，银行在季末往往存在大量吸存的行为，导致存款明显的季节性波动。2)从商业银行的角度看，银行季末揽存使得大行在季末融资意愿会下降，银行间流动性变得更为紧张，体现为季末银行间利率的上升。3)从理财产品的角度看，季末揽存的动机又会促使银行加大理财产品的发行，导致季末理财产品存在突击的现象，从而分流股市资金。4)从中央银行的角度看，由于存在诸多不可控因素，央行资金净投入并没有呈现明显的季节性。

资金紧张的季末效应从心理层面影响股市表现：流动性紧张会导致股市下跌的观念在投资者心中较为稳固，季末的资金面紧张的种种迹象往往从心理层面会影响投资者对后市的判断，特别是在市场弱势中，流动性的松紧更容易牵动投资者敏感的神经，从而加剧投资者对股市下跌的悲观预期，引起股市下跌。

资金紧张的季末效应从实体资金层面影响股市表现：除了心理层面的因素，银行季末揽存招致的各种季末效应，的确是从一些渠道(债券、银行理财产品等)分流了A股市场的资金，体现为客户保证金的季节性波动。10年理财产品的大量发行后，客户保证金更是出现了趋势性的大幅下降，资金分流效果明显。

2012年6月8日，央行实施了当年以来的首次降息，意图在于释放流动性，刺激投资需求，稳定经济走势。但此举对市场的提振效果似乎并不明显，6月份的A股股市快速下跌了近6.2%，超出了很多投资者此前的预期，市场悲观情绪开始蔓延。对于本月股市下跌的原因，投资者们众说纷纭，而有相当一部分投资者将本次市场的意外下跌归结于季末资金面紧张(图1)。

央行降息之后，我们并没有看到银行间资金成本的明显下降。相反，银行间的资金成本反而开始上升，其中7天回购利率从月初的2.4%飙升到4.1%左右，上升了将近200个基点。一些投资者认为本次降息后银行间资金成本的上升主要是银行季末揽存的季节效应所导致，银行间市场利率的提高一定程度上抽离了A股市场的资金，从而加速了6月份股市的下跌。去年9月、12月和今年3月，股市也都有下跌。那么，所谓的股市"季末效应"到底存不存在？它发生的机理和资金紧张的季末效应存在什么样的关系？就是本文想要重点讨论的问题。

图1：今年6月份的下跌可能和季末流动性紧张资金成本上升有关

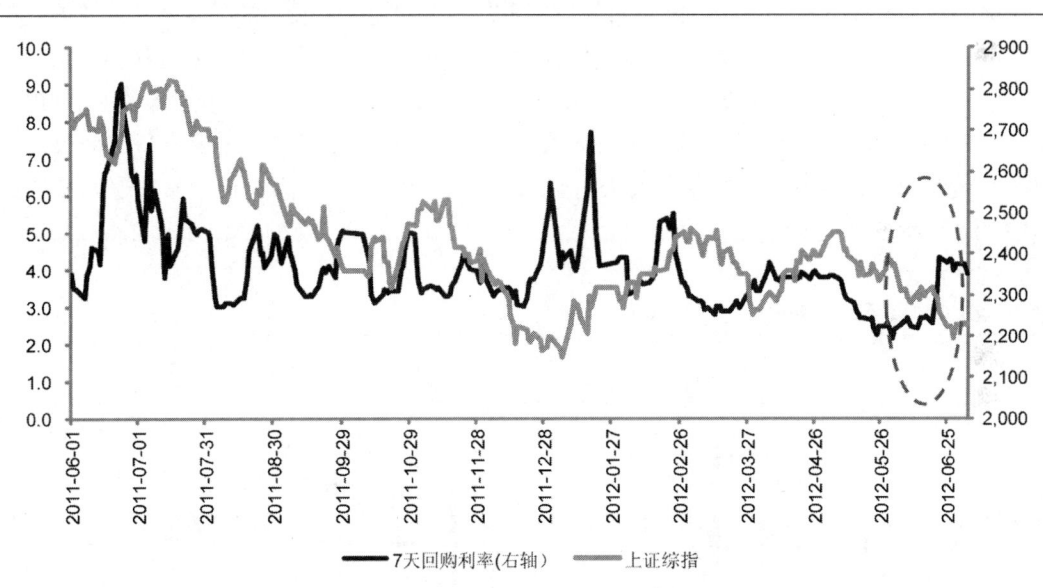

资料来源：万得资讯，申万研究

1. 季末效应的历史回顾

这一部分我们主要从历史的角度，来考察股市本身和资金面紧张的季末效应是否存在。

2.1 2010年3月后，股市的季末效应较为明显

首先，我们要观察一下股市本身是否体现出一定的"季末效应"，也就是说相比其他月份，在季末的当月股市是否更加倾向于下跌。我们计算了2006年以来沪深300指数的每月的当月收益率。2010年之前，股市的季末效应并不十分明显。可以看到在2010年之前，季末当月(也就是每年的3、6、9、12月)的收益率为负的次数年纪变化较大,有的年份一次都没有(如2006年、2009年)，有的年份则多达4次(如2008年)，从绝对角度来看似乎还不存在明显的季末效应。但2010年以后，季末出现负收益率或者正收益率较低的情况变得更加频繁和稳定：2010年四个季末月份中，有两次是下跌，有两次是微涨。2011年则有三次下跌一次微涨。2012年则是前两个季末都是下跌(表1)。

表1：沪深300季末当月收益率

	3月	6月	9月	12月	收益为负次数
2006	0.8%	2.1%	4.8%	19.1%	0
2007	9.3%	-4.2%	5.4%	12.7%	1
2008	-18.9%	-22.7%	-6.2%	-0.7%	4
2009	17.2%	14.7%	6.2%	1.8%	0
2010	1.9%	-7.6%	1.1%	-0.3%	2
2011	-0.5%	1.4%	-9.3%	-7.0%	3
2012	-6.8%	-6.5%			2

资料来源：万得资讯，申万研究

2010年3月份之后，不论是从绝对的角度还是相对的角度，股市的季末效应都变得较为明显。2010年3月之后9个季末中，仅有两次微涨，其余季末都为下跌。而且从相对角度来看，这些月份的收益率大都低于前后月份的收益率(图2)。10年之后股市季末效应的增强，很可能是和2010年3月之后，银监会开始实施季度存贷比考核有关。季末存贷比考核加强了银行季末揽存的动力，使得资金紧张的季末效应更加明显，进而使得股市的季末效应在2010年之后也变得更加明显。

图2：2010年以后,股市的季末效应似乎明显

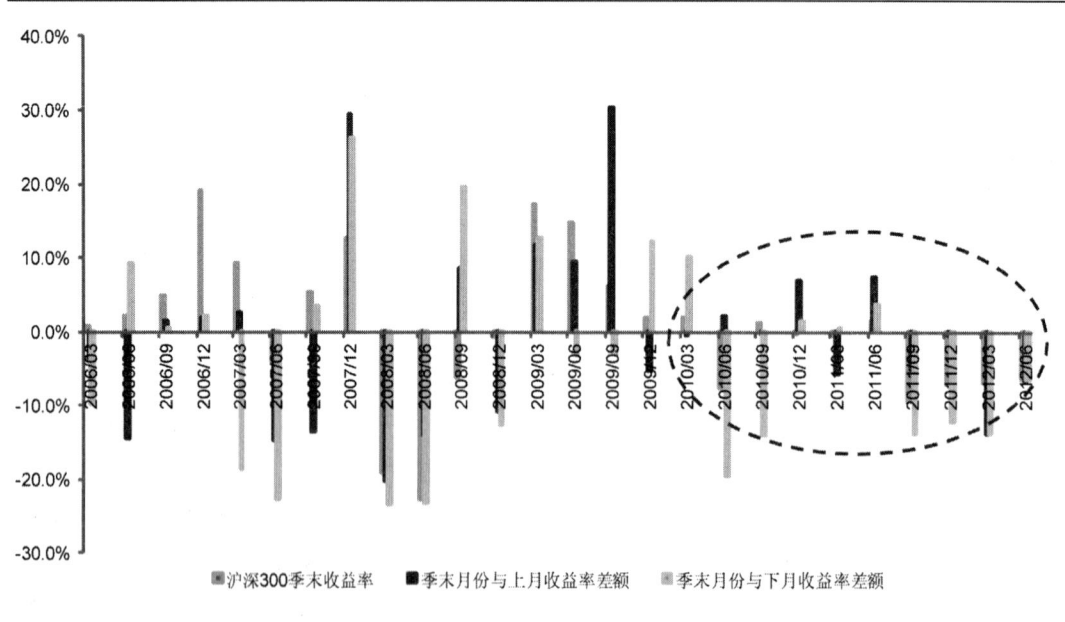

资料来源：万得资讯，申万研究

2.2 资金紧张的季末效应

很多投资者认为股市在季末倾向于下跌主要是由于季末资金紧张的缘故。我们从银行、

债券市场、理财市场、央行行为这四个维度来考察,资金紧张的季末效应是否存在。1)从商业银行的角度看,由于存贷比考核和银行存贷款季末考核等制度性因素,银行在季末往往存在大量吸存的行为,导致存款明显的季节性波动。2)从商业银行的角度看,银行季末揽存使得大行在季末融资意愿会下降,银行间流动性变得更为紧张,体现为季末银行间利率的上升。3)从理财产品的角度看,季末揽存的动机又会促使银行加大理财产品的发行,导致季末理财产品存在突击的现象,从而分流股市资金。4)从中央银行的角度看,由于存在诸多不可控因素,央行资金净投入并没有呈现明显的季节性。

2.2.1 银行季末揽存是资金紧张季末效应的起源

季末市场流动性往往会出现较为紧张的局面,而这种流动性紧张的起源正是来源于银行的季末揽存行为。

由于存在季末存贷比考核和存贷款的季末额度考核等因素,银行在季末往往存在巨大的揽存动力。可以看到,商业银行的新增存款在季末当月(每年的3、6、9、12月份)往往会出现激增,而在后面一月又出现明显回落,呈现出明显的季末存款大量回流的特征。但同时我们也观察到,这种季末效应的幅度似乎是逐季在减弱的,这可能和商业银行放贷节奏倾向于前多后少有关(图3)。

图3:银行新增存款存在季末激增的现象,但是效应逐季减弱

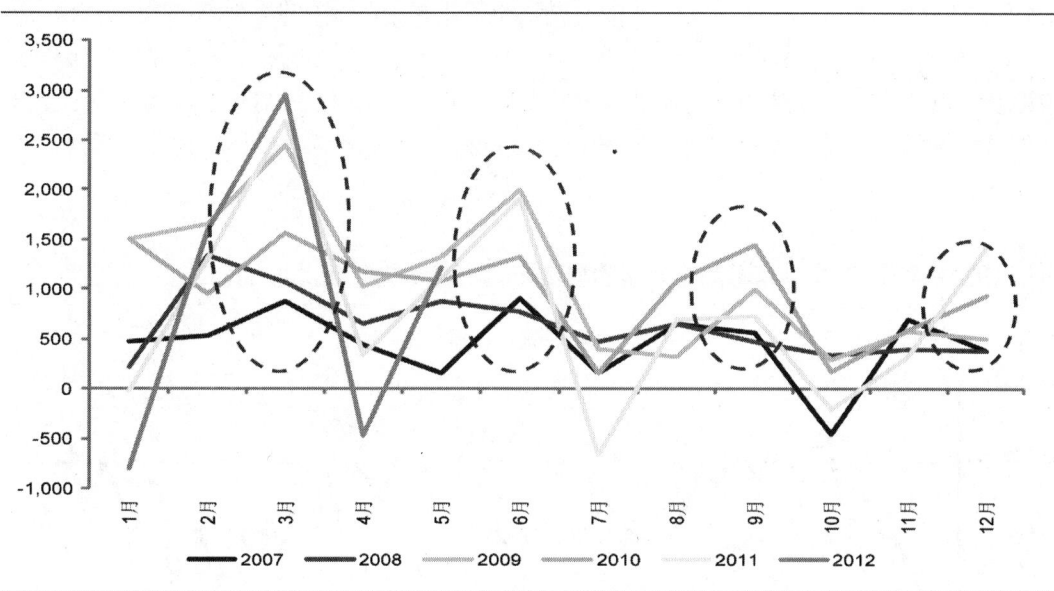

资料来源:万得资讯,申万研究

而2010年3月份季末存贷比考核实行后,这种季末揽存的行为似乎得到了进一步的强化,新增存款的季节波动明显增加。特别是2011年以来,季末当月的新增存款往往大幅高于平时月份,而在季末之后的一个月存款则出现大量流失的情况。2011年的7月、2010月以及2012年的1月和4月甚至都出现了存款负增长的局面(图4)。

图 4：2010 年 3 月之后，银行季末揽存的季末效应更加明显

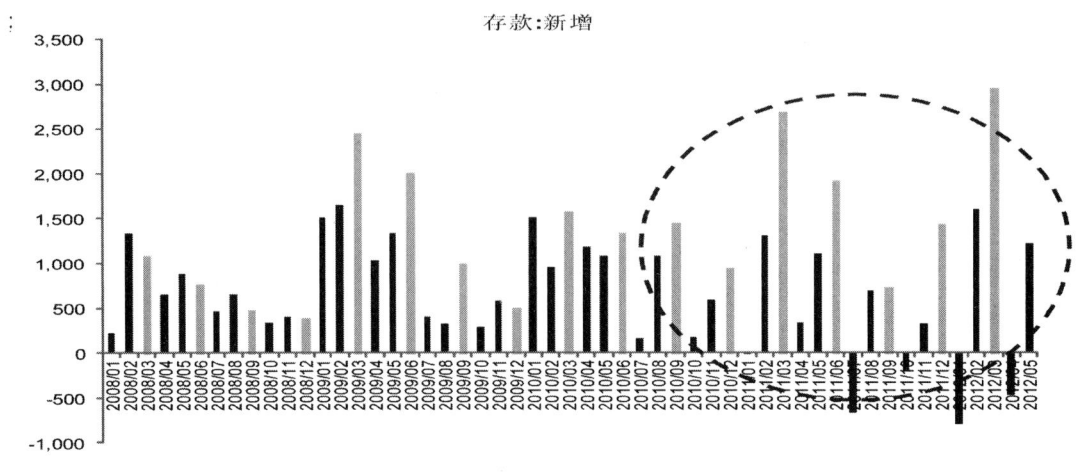

资料来源：万得资讯，申万研究

存贷比考核导致的季末效应也体现在一般存款和非存款金融机构同业存款之间的转移。由于非存款金融机构的存款不在银监会存贷比考核的分母之中，因此银行季末揽存的行为和理财产品的到期往往会导致这部分非存款金融机构同业存款在季末回流到银行一般存款，而在季初又出现大幅上升的局面。可以看到，在 10 年 3 月份之前，商业银行对其他金融机构的净负债（也就是同业存款）并不存在明显的季节波动的效应，但是之后季末波动效应则变得非常明显，这部分同业存款季末下降，季初又出现回升，这和季末存贷比考核的加强很有关系（图 5）。

图 5：2010 年 3 月份之后，同业存款回流一般存款的季末效应明显增加

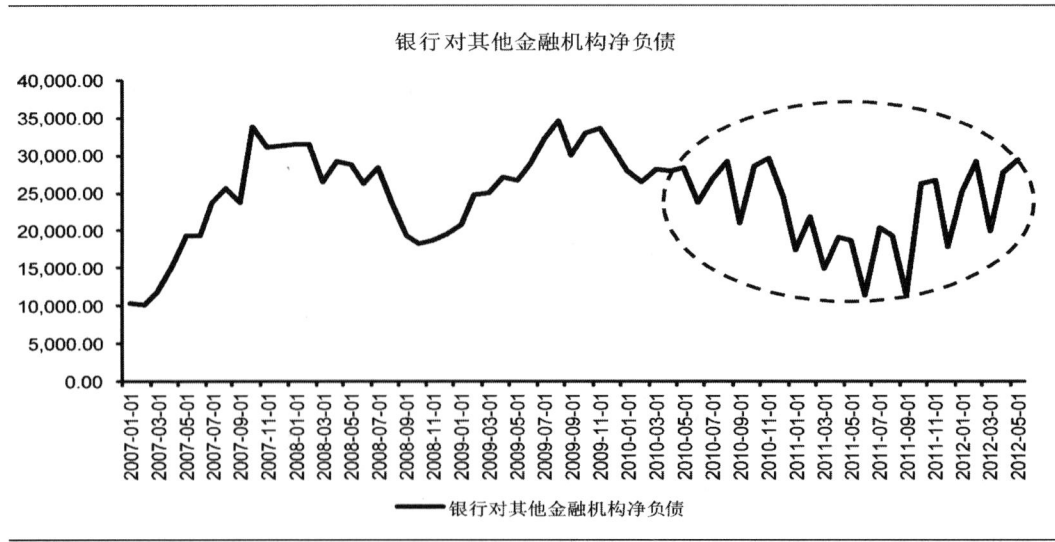

资料来源：万得资讯，申万研究

2.2.2 银行季末揽存导致大行融资意愿下降，银行间市场利率上升

再从银行间市场来看，我们可以观察到季末银行间的资金成本往往会有所上升，特别是在2011年之后。从7天回购利率的表现来看，2011年之前利率季末上升的季末效应并不十分明显。但是2011年之后，几乎每个季末，回购利率都会有快速上升的局面，之后则又会有所回落，体现季末银行间流动性往往会变得紧张，之后又会有所宽松，呈现较为明显的季末效应(图6)。

图6：2011年以来，季末回购利率回升也开始变得较为明显

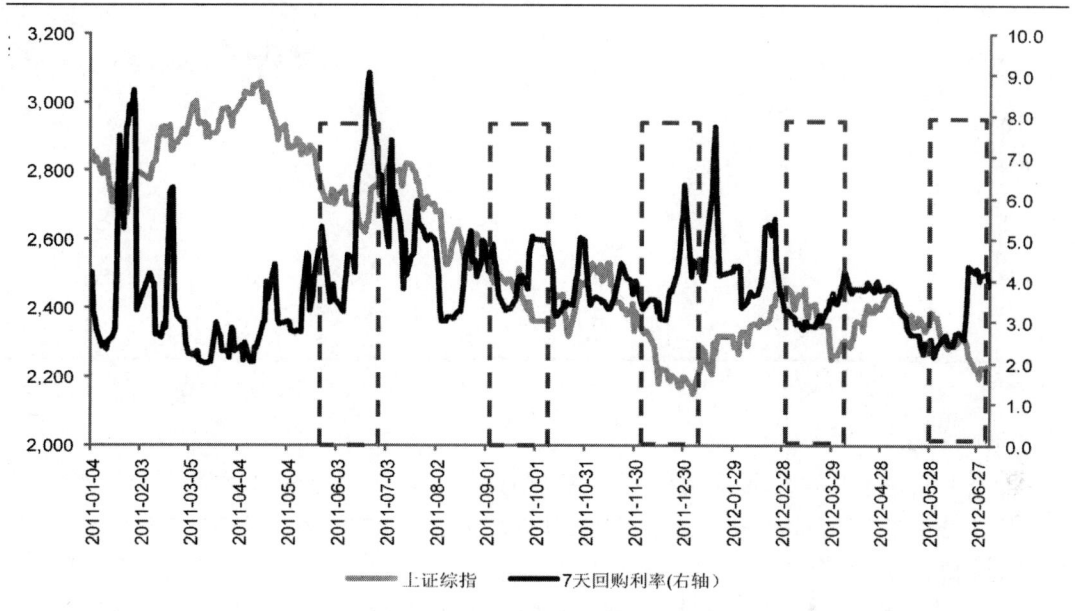

资料来源：万得资讯，申万研究

银行间市场也出现较为明显的资金紧张的季末效应和银行季末揽存的行为是紧密相关的。由于商业银行本身存在季末揽存的行为和动力，存款在季末往往出现激增，因此银行季末当月上缴存款准备金的压力会加大。为了增加头寸，商业银行在季末的资金融出意愿往往会降低，融出意愿的降低导致了季末银行间流动性的相对紧张，推升了银行间市场利率，体现为回购利率、等银行间利率的阶段性上扬，可以看到全国性商业银行资金融出占比与回购利率存在较为明显的反向关系(图7)。季末之后，新增存款减少，存准上缴压力变小，银行间的流动性重归宽裕，银行间利率水平降低。

图7：商业银行资金融出占比和回购利率存在较为明显的反向关系

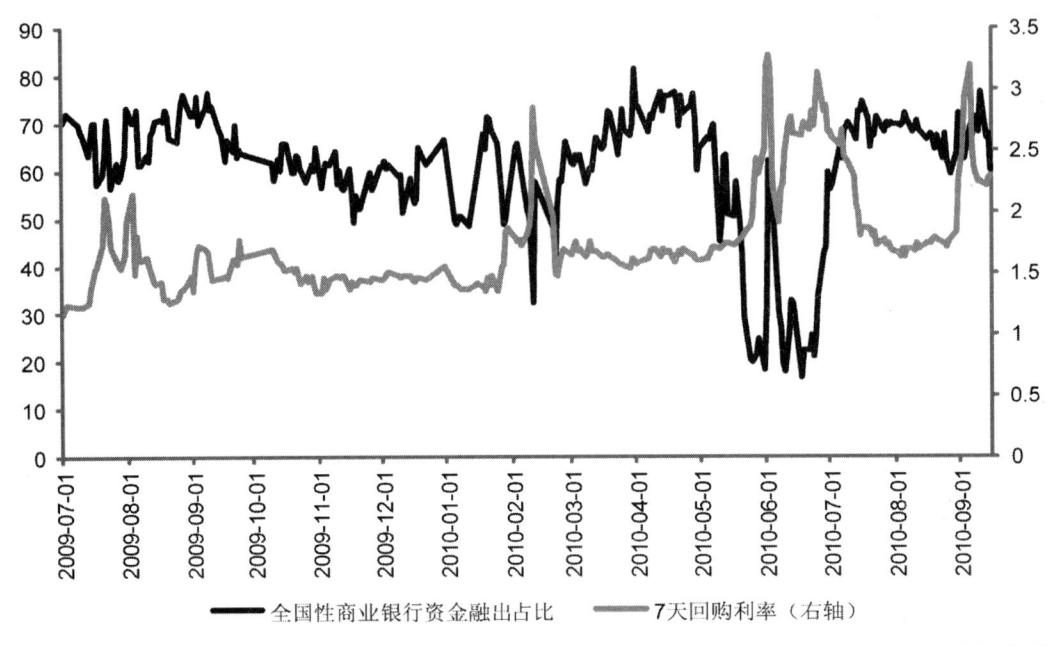

资料来源：万得资讯，申万研究

2.2.3 发行理财产品成为银行季末揽存的主要手段，季末突击现象明显

随着金融脱媒的日益深化，银行存款整体面临大量外流的趋势，银行新增存款增速近年来持续下降，并开始低于贷款增速，存款的流失已经成为制约贷款发行、影响银行盈利水平的重要因素。在这种背景下，银行发行理财产品已经成为银行招揽存款，通过存贷比考核，完成存贷款指标的重要手段。

通过发行理财产品，银行可以把更多的存款留在银行体系内部。银行至少可以通过两种方式满足月末或者季末时点的存贷比考核和存款指标考核：①理财产品设计成从下一个月月初开始正式投资，从而在当月月末把资金吸引进入银行的存款账户；②理财产品设计在月末到期，从而在月末时点可以把资金传到存款账户。通过这两种方式发行理财产品，月末或者季末时点的资金都可以计入银行的存款内，可以用来冲月末或者季末时点的存款规模。

从理财产品发行数量来看，2010年下半年以来理财产品数量呈现了爆发式的增长，这和2010年之后存贷比考核日益严格不无关系，发行理财产品已经成为银行揽存的重要手段。从季节性节性的波动来看，季末当月理财产品规模往往会有所上升，这和银行季末利用理财产品冲存款的冲动更大有关，因为季末有存贷比考核和内部存贷款指标考核的双重压力存在。2011年下半年之后，由于理财产品的清理，理财产品的发行的增速开始明显放缓，但是其中季末突击发行理财产品的现象依然存在，季末当月的理财产品数量发行，往往超过前两个月（图8）。

图8：理财产品清理之后，发行节奏减慢，但季末突击效应犹存

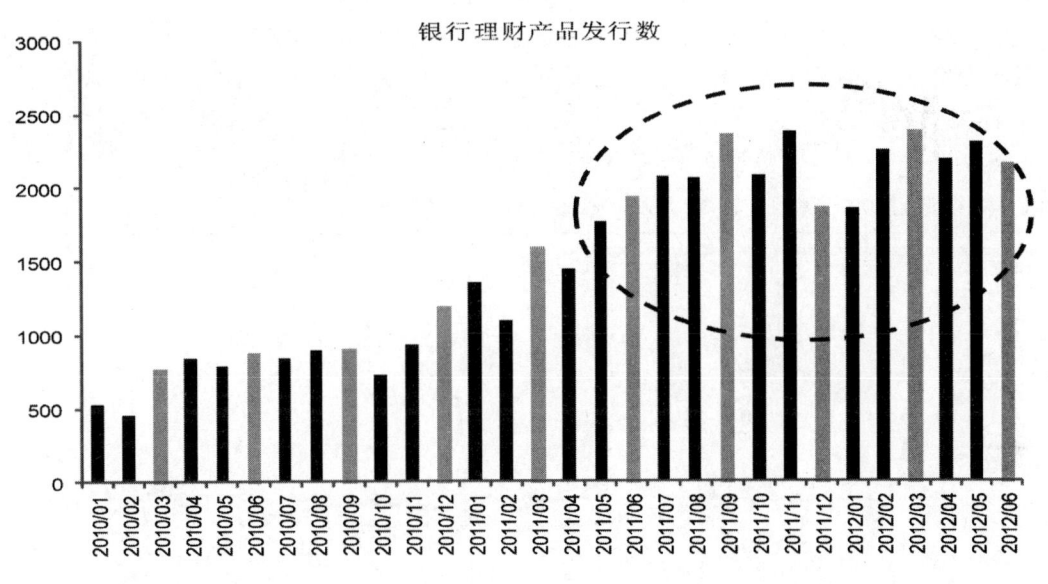

资料来源：万得资讯，申万研究

另一方面，季末理财产品的盛行也和季末银行间市场资金利率的高企有关。由于大部分理财产品都投向了利率类产品，季末银行间资金紧张带来的银行间利率的上升，同时也提高了理财产品的预期收益率，从而加大了理财产品的吸引力。观察理财产品的收益率，可以发现两者跟回购利率的走势非常一致(图9、图10)。

图9：理财产品预期收益率与回购利率走势一致　　　图10：理财产品加权收益率与回购利率走势一致

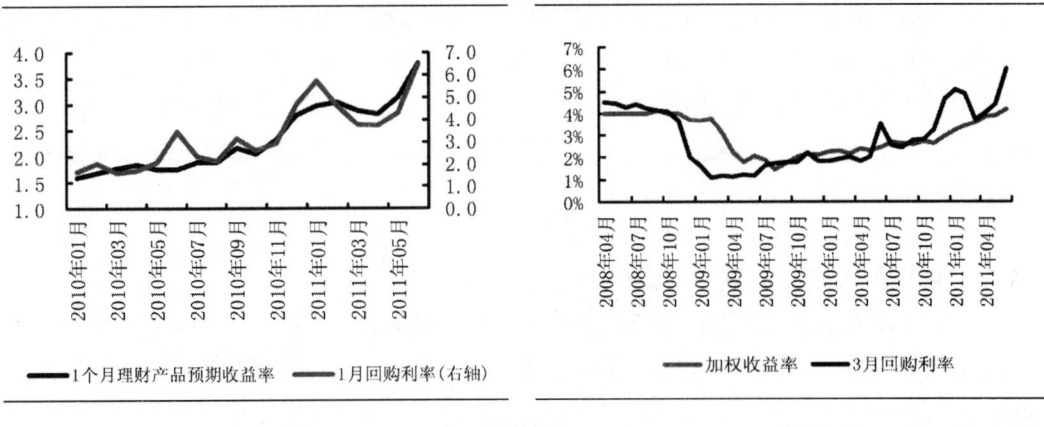

资料来源：CEIC，申万研究　　　　　　　　　　　资料来源：CEIC，申万研究

2.2.4 由于多种因素，央行注资行为并未呈现明显的季节性特征

最后，我们来看中央银行的资金投放是否也具有一定的季节特征。从 2006 年到 2011 年

这 6 年的央行资金的净投放量来看，每个季末的投放规律并不一致。3 月份往往是一年中央行大量回笼资金的时期，除了 2009 年以外，央行净投放资金基本都是负的，而且回笼量往往是全年最大的。6 月份和 9 月份，往往是资金净投放的时期，特别是在 6 月份，央行资金投放量会相交之前出现明显上升，之后又会迅速回落。12 月份，央行的资金更多地成呈现为小幅的净回笼(图 11)。

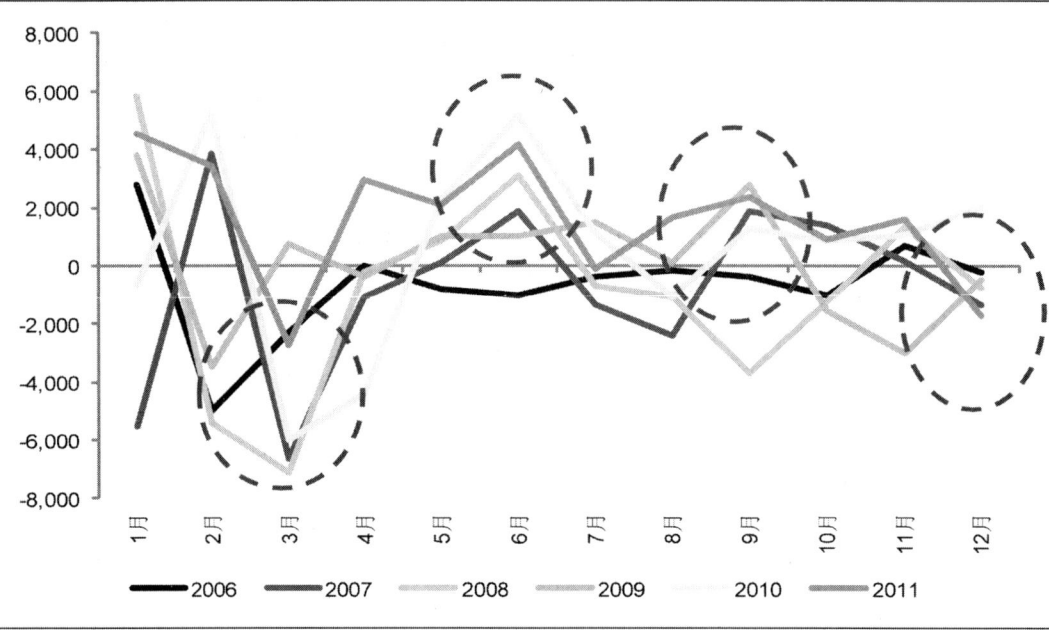

图 11：央行资金投放季节特征：3、12 月多为净回笼，6、9 月多为净投放

资料来源：万得资讯，申万研究

央行每个月的资金净回笼并没有体现出明显的季末效应，原因可能在于央行的资金净投放受到正回购、逆回购、票据发行、回购到期、票据到期债券买卖等多种因素的综合影响。而央行在当月能够调节货币的主要手段则是正、逆回购、票据发行和债券买卖(其中债券买卖以及很少使用)，这些手段多少会被当月非央行可控的回购到期、票据到期等因素冲销，因而没有呈现出明显的季节性特征。

2. 股市季末效应的内在机理分析

2.1 心理层面：预期流动性紧张将导致股市下跌

流动性是 A 股市场投资者最为关注的影响股市的因素之一，通常投资者都认为资金成本和股市呈反向变动的关系，流动性紧张、资金成本的上升往往会导致股市下跌。且不论这种思想的正确性到底如何，但是这种观念已经较为根深蒂固。每到季末，投资者不论从存款的大量回流还是从银行间资金成本高企等因素，都会感觉到流动性的相对紧张和资金成本的上升。这种对季末流动性紧张和资金成本上的预期，会从心理上影响投资者对后市市场走势的判断，特别是在市场处于弱势中，流动性的松紧往往会更容易牵动投资者敏感的神经，从而进一步加剧投资者对股市下跌的悲观预期。而这种悲观预期落实到操作层面，往往体现为资金的撤离和股市的进一步下跌。

2.2 实体层面：资金的抽离

除了心理层面的因素，银行季末揽存招致的各种季末效应，的确是从一些渠道(债券、银行理财产品等)分流了 A 股市场的资金，从而对股市下跌会产生一定的影响。从客户保证金的角度，我们可以观察到股票市场资金的一个季节性的波动状况。从 2007 年到 2010 年的情况来看，每年 6 月份、9 月份以及 12 月份，客户保证金通常会有所下降(图 12)，之后又开始回升，一定程度上可以说明股票市场资金季末存在暂时性流出的特征，这部分资金的抽离很可能是导致季末股市倾向于下跌的重要原因。

图 12：季末客户保证金通常下降

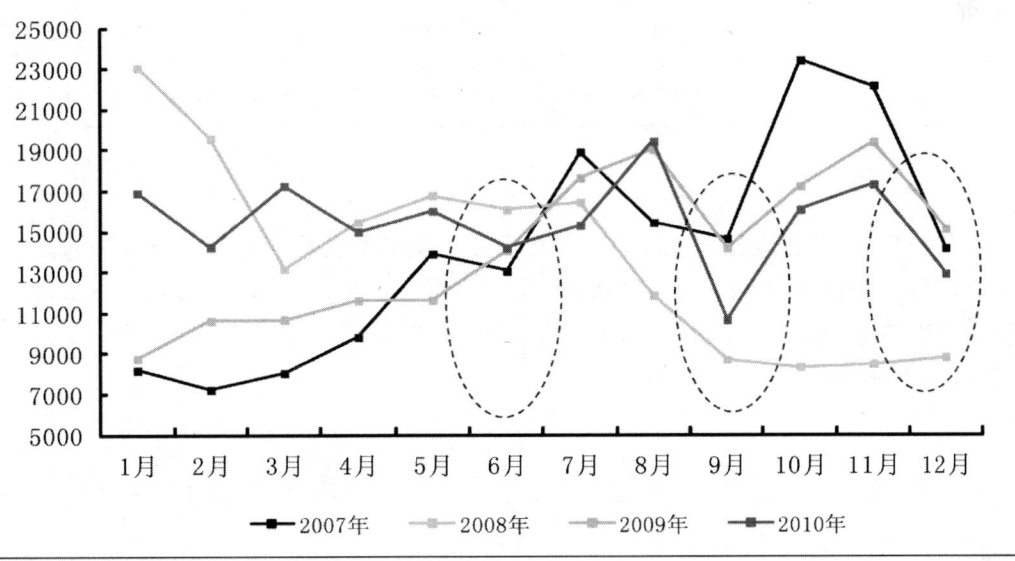

资料来源：万得资讯，申万研究

而这种季末股市暂时性的资金流出往往正是和季末债券市场收益率高企以及理财产品的发行密切相关的。由于银行季末揽存导致银行间利率上升和理财产品的大量发行，银行理财产品的吸引力相对增加，从而分流了部分股市资金。可以看到，2010 年下半年理财产品出现爆发性增长之后，股市客户保证金出现了趋势性的大幅下降，理财产品分流客户保证金的效应十分明显(图 13)。2011 年下半年以后，理财产品整顿之后，虽然在发行节奏上有所减缓，但是由于银行季末考核的约束仍在，理财产品仍存在季末突击发行的现象，因此季末可能还是会对股市资金产生一定的分流作用。

图 13：理财产品分流客户保证金

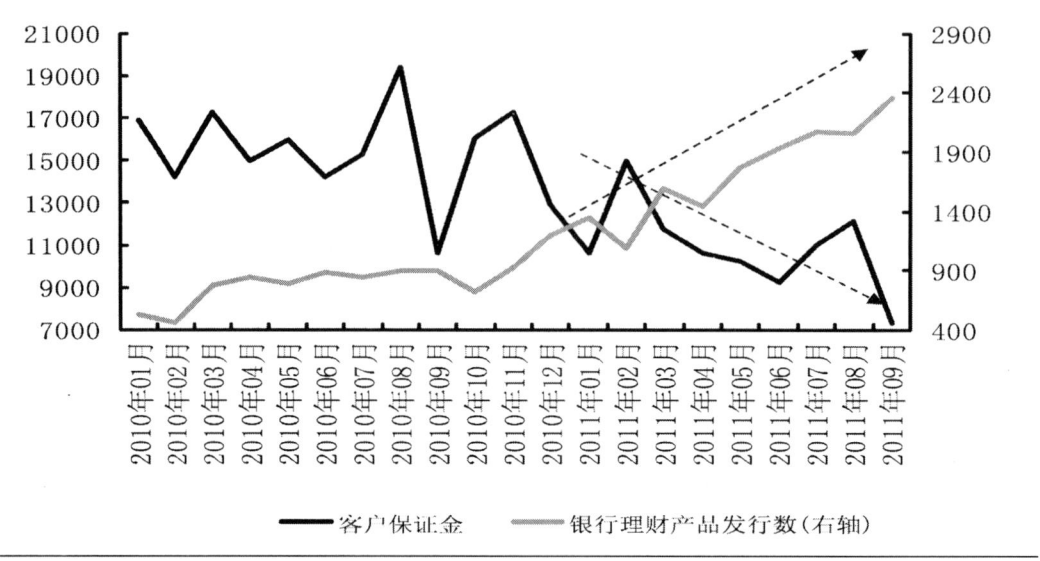

资料来源：万得资讯，申万研究

总结而言，由于银行季末揽存行为导致的银行间资金利率上升、理财产品发行增加等资金面紧张的季末效应一定程度上的确影响了季末股市的表现，特别 2010 年 3 月银行季末存贷比考核加强之后，季末效应变得更加明显。虽然季末效应无法解释季末当月股市的全部走势，但它的确是值得我们考虑的一个因素。

第十三章

偶发、推断和借口
——三种类型催化剂及其应对策略

主要观点：

每当人们做出一个预判，总希望能找到相应的"催化剂"，一旦这个催化剂出现，预判成真的概率就会增大。其实，催化剂可能有三种，有些是突发事件、有些是逻辑的合理推断、有些只不过是借口而已，不同类型的催化剂，策略的应对办法不一致。

第一类催化剂：偶然突发，应对为主。这种类型的催化剂，应对为主，一般难对股市和行业产生重大趋势影响，不可持续，不是配置的重点。此种类型催化剂的典型就是汶川地震之于水泥股的机会。

第二类催化剂：合理推断，可以布局。这种类型的催化剂可以根据经济和产业的变化轨迹，做合理推断，但具体发生在何时何地，难以精确定位。此类催化剂的典型就是6月中下旬煤价大跌导致煤炭股大跌、房地产调控升温导致房地产股指下跌。对于这种类型的催化剂，策略必须重视。首先，必须根据经济理论和产业变化来得出大致的逻辑推断，这一点并不难；其次，跟踪各种高频、中观指标，通过多层面数据的分析，大致判定催化剂可能出现的时间。这一点比较困难，因为我们所跟踪的所有中观和高频数据，都只是局部指标，偏滞后。第三，根据市场阶段和核心特征，推断股价是否还要反应，这个层面是偏艺术层面的活。

第三类催化剂：只是借口，重视风险收益比。每次大涨或大跌，总能找出很多事件。但很多时候，投资者会发现这些事件早就发生或者根本没有这么大影响力。典型的代表就是2007年5月印花税上调导致A股大跌、2011年8月9日标准普尔下调美债评价导致A股大跌。其实，很多时候这种所谓的催化剂只是借口，市场本身的风险和收益已经累计到一定程度，任何的风吹草动都有可能引发异动。这种类型的催化剂，其实无从寻找，关键是"风险收益比"。当风险明显大于收益时，很多事情都能成为做空的催化剂，反之，当收益明显大于风险时，众多理由都会成为做多的借口。

每当人们做出一个预判，总希望能找到相应的"催化剂"，一旦这个催化剂出现，预判成真的概率就会增大。其实，催化剂可能有三种，有些是突发事件、有些是逻辑的合理推断、有些只不过是借口而已，不同类型的催化剂，策略的应对办法不一致。

1. 第一类催化剂：纯属偶然、应对为主

这个世界有很多突发事件，事先难以准确预测，此种催化剂，策略以应对为主。而且，这种类型的催化剂，一般很难对股市或行业的趋势产生重大影响，难以持续。虽在短期之内沸沸扬扬，但不是配置的重点。

此种类型催化剂的典型就是汶川地震和日本地震。汶川地震发生在 2008 年 5 月 12 日 14 点 28 分，消息传来，水泥股瞬间暴涨，并且在接下来三天有卓越表现，但是一个多星期后就跌回去了(图1)。2011 年 3 月 11 日的日本大地震同样如此，事件一出，引发了核电等板块的下跌(图2)。

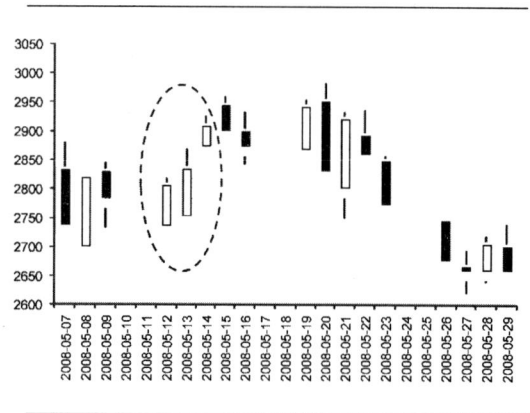

图1：汶川地震导致水泥股异动

资料来源：CEIC，申万研究

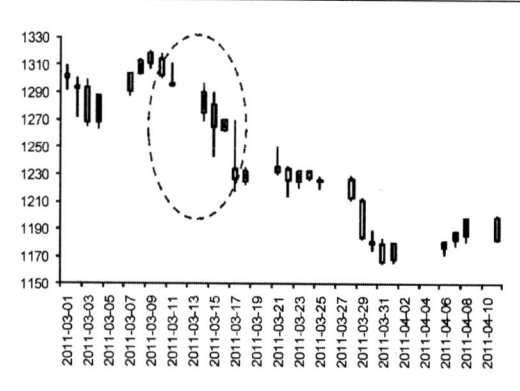

图2：日本地震导致核电板块的下跌

资料来源：CEIC，申万研究

2. 第二种催化剂：合理推断、可以布局

第二种类型的催化剂是逻辑推断的结果，虽然具体发生在何时何地，难以精确定位，但根据经济和产业的变化轨迹，可以做合理推断。

比如说，2012 年 6 月中秦皇岛煤炭价格的大跌，之前经济已经差了半年，煤炭整个产业链的库存累计厉害，海外油价大跌，那么煤价大跌是顺理成章的事(图3)。只是之前，股价一直没有对此做反应，直到 6 月中，两周之内，煤炭指数就下跌 8%，将前期累计的超额收益全部回吐(图4)。

图3：秦皇岛库存和海外油价　　　　　　　图4：煤炭价格和煤炭指数涨跌

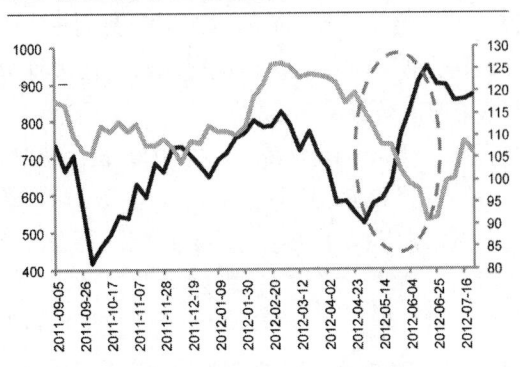
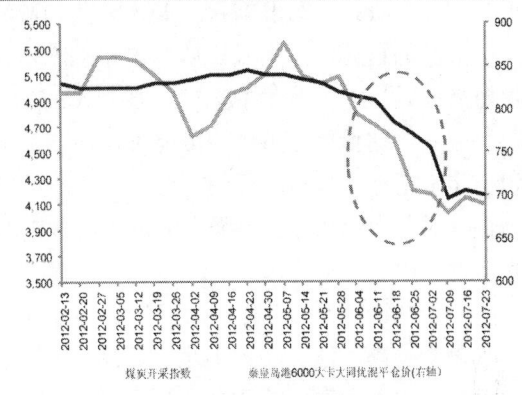

资料来源：CEIC，申万研究　　　　　　　资料来源：CEIC，申万研究

再比如说，2012年6月中旬后房地产股票的下跌，亦属于"合理推断"。从2010年4月以来，中央对房地产调控的态度就异常明确、坚定。这两年，任何侥幸心态和投机心理，最终都被证明是错误的。2012年上半年，随着经济的下滑和货币政策的放松，这种侥幸心态又有所抬头，并且伴随着地方政府的"小动作"，股票也确实取得了不错的超额收益(图5)。但是，到了6月中下旬，有少许地方、少许楼盘出现涨价，这明显开始挑战中央政府的底线(图6)。在这种情况下，房地产调控的再次加码或者重申是"合理推断"，房地产板块的风险也会上升。

图5：2012年房地产相关事件和股价表现　　图6：6月份，房地产价格上涨城市数量激增

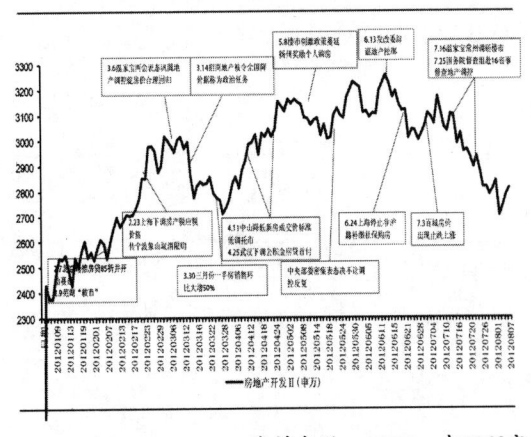
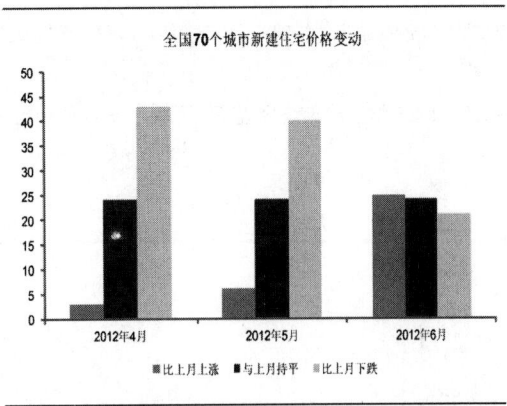

资料来源：CEIC，申万研究　　　　　　　资料来源：CEIC，申万研究

这些"催化剂"从实体经济的角度很容易推断，但是投资者会纠结于是否"PRICE IN"的问题，从而市场也显得不那么前瞻和有效。投资者惯用的逻辑是这样的："大家都知道煤炭价格会跌，那么既然大家都知道，之前几个月煤炭股为什么还这么强呢？可见这个因素已经被市场PRICE IN了，不再重要"。

事实未必如此，很多显而易见的道理和推断，投资者反而不一定会做出反映。就比如说，2011年11月30日降准，是本轮货币政策放松的开始，对股市有利。当时，我们是属于少数看空的机构，因为我们认为股市并未对2012年一季度的经济状况做出反映，而大部分投资者都认为"一季度经济差、季报不好是显而易见的，早就反映过了"。

其实，这里更为重要的可能不是"事件有没有被 PRICE IN"，因为这个因素说不清楚，没有定量指标和数据来衡量。更为重要的可能是市场所处的阶段。比如说，在弱市中，市场偏向于对负面信息做出更强烈的反应，所以即便大家都知道，市场可能还会反应，至少没有做多的理由。

对于这种类型的催化剂，策略必须重视。首先，必须根据经济理论和产业变化来得出大致的逻辑推断，这一点并不难；其次，跟踪各种高频、中观指标，通过多层面数据的分析，大致判定催化剂可能出现的时间。这一点比较困难，因为我们所跟踪的所有中观和高频数据，都只是局部指标，偏滞后。第三，根据市场阶段和核心特征，推断股价是否还要反应。这个层面是偏艺术层面的活，没有具体流程和特定指标，关于这一部分的理解，可以参见笔者在《宽体策论篇》第5章、第7章和第11章中的论述。

3. 第三种催化剂：就是借口、风险收益比

很多时候，大家总觉得市场是被一些偶发、不连续的事件决定的，每次大涨和大跌，市场总能找出很多事件。这些事件被用来解释当时的市场异动，可是很多时候，投资者会发现这些事件早就发生或者根本没有这么大影响力。其实，很多时候这种所谓的催化剂只是借口，市场本身的风险和收益已经累计到一定程度，任何的风吹草动都有可能引发异动。

比如说，2007年5月30日，政府上调印花税，在接下来的三个交易日，有大量股票连续跌停，其场面可谓壮观。其实，上调2‰的印花税，根本无足轻重，关键是之前垃圾股乱涨已经使风险累计到一定程度，市场只不过借着这个事件爆发出来(图7)。

图7：2007年上半年垃圾股暴涨累计了一定的市场风险

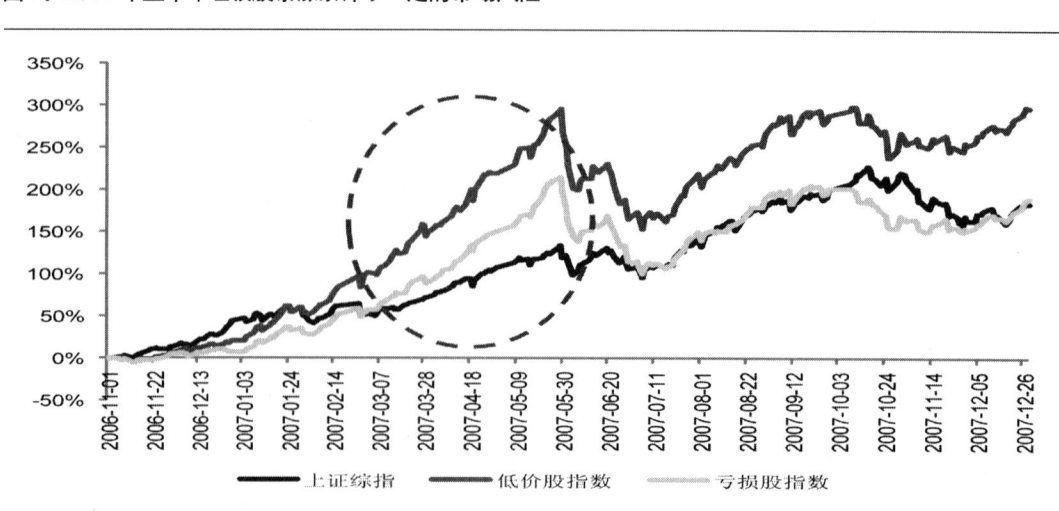

资料来源：万得资讯，申万研究

再比如说，2011年8月9日，市场大跌124点，事后诸葛的角度看是因为"标准普尔下调美债评级"。可是，从美国债券市场和股票市场的反应看，都没有这种破坏力(图8)。美债评级下调后，美国股市没有出现明显回调，而只是在底部震荡了一个多月，并很快在10月初开始反弹；而美国10年国债收益率也并没有因此而大幅飙升，而是呈现下降的趋势。那么A股为什么会有这么大反应呢？原因很简单，之前经济下滑、动车事件、三四线限购扩大和通胀顶点不断推迟，使市场的风险不断累积，市场只是以此为借口发泄出来而已(图9)。

图8：美债下调评级对美国股市和债市冲击不大

图9：2011年5月以来，经济下滑，通胀高企

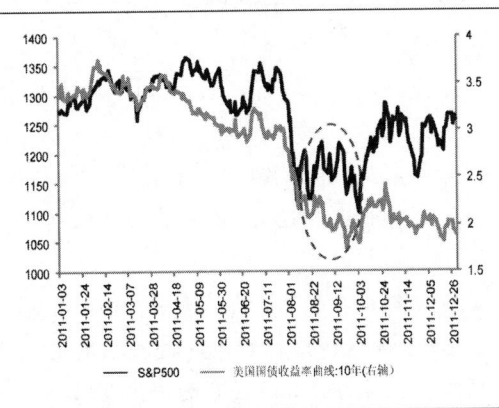
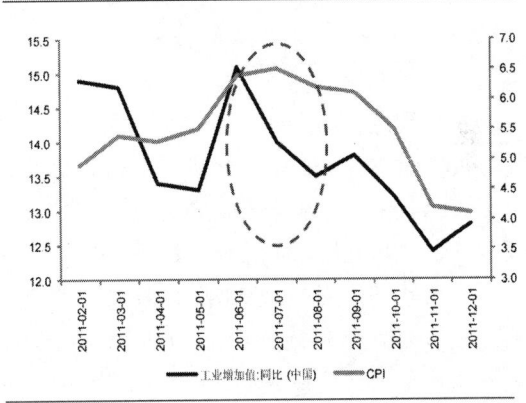

资料来源：CEIC，申万研究　　　　　　　　　资料来源：CEIC，申万研究

对于这种类型的催化剂，其实无从寻找，关键是"风险收益比"。当风险明显大于收益时，很多事情都能成为做空的催化剂，反之，当收益明显大于风险时，众多理由都会成为做多的借口。关于"风险收益比"的详细论述，参见《宽体策论篇》第11章《此岸和彼岸：策略研究f，而非x》。

第十四章

寒冬中,"抱团取暖"未必长久

主要观点:

2012年7月24日,南京"重构和梦想"夏季策略会,投资者倾向于不管经济和大盘,自下而上找点股票抱团取暖。每至寒冬,这种想法就会盛行,但2006年来的历史表明,抱团取暖、结构行情只是过程,最终未必可行。

倾巢之下,安有完卵。经济和股市是一个整体,在整体经济下行的环境中,很难找到绝对持续好的品种。2008年和2011年,大家都曾经讲过结构性行情、抱团取暖、漂亮50,但最终这些阶段性的强势股都会有一波回归。投资者喜欢抱团的核心原因有两个:业绩确定性高或者相对业绩优势明显、对公司基本面有独到见解。其实很多时候,这两个原因是幻觉。很多业绩确定性较高的消费品行业是后周期,一旦经济持续恶化,消费品的业绩也注定会下滑;而对于喜欢抱团成长型个股的投资者来说,很难保证这些成长股的业绩能持续超预期,特别是在整体经济弱势的环境中。

历史上造成强势股补跌的催化剂主要有三种,目前补跌已经在发生。三种催化剂分别是:一是经济持续低于预期,投资者降仓;二是流动性收紧;三是风格切换,调仓。最近,这些强势股的补跌近期已经出现了明显的苗头。7月的最周两周中,消费品、地产等强势跌幅靠前。

从历史上来看,似乎只有2004年有过真正的抱团取暖成功的经历,但是2004年的环境和现在有本质的区别:

首先,最大的区别在于经济。2004年那时候无论是国内还是海外,都真正是新周期的开始,经济本身很强势。由于出口好,所以有中集和上海机场,由于内需不错,所以有茅台和苏宁。

其次,2004年股市的低迷是和当时强势的经济相背离的,股市的低迷真正的问题在于股权问题,企业盈利无法体现在上市公司的报表上,后来2005年股权分置改革后,上市公司的业绩开始爆发出来,才有一波波澜壮阔的大牛市。

第三,2004年的时候机构投资者的话语权很大,新的投资模式和思维,大有寡头垄断之势,抱团取暖更加容易持续。现在,机构投资者的份额被严重稀释,产业资本崛起,抱团取暖联盟变得更为脆弱。

最后,2004年的时候没有做空的工具,只有"上船玩"和"下船看"的区别,现在开始有做空的工具，有新的盈利模式，所以多空的力量会更均衡。

2012年5月23日，厦门"中盘蓝筹"见面会，和众多投资者交流，最大的感受就是"大家看空做多"，6月4日我们发布《从中性到悲观》，虽然95%的投资者不认同，但市场很快就跌下来了。

7月24日，南京"重构和梦想"夏季策略会，投资者倾向于不管经济和大盘，自下而上找点股票抱团取暖。每至寒冬，这种想法就会盛行，但2006年来的历史表明，抱团取暖、结构行情只是过程，最终未必可行。

1. 寒冬中，投资者倾向于先调仓再降仓

上半年，股市经历了"伪复苏"、"经济证伪"、"预期政策放松"和"市场向基本面回归"四个阶段(图1)。前五个月，加仓位，6、7月份，开始"躲猫猫"。

图1：2012年上半年市场经历"伪复苏 – 经济证伪 – 预期政策放松 – 市场向基本面回归"四个阶段

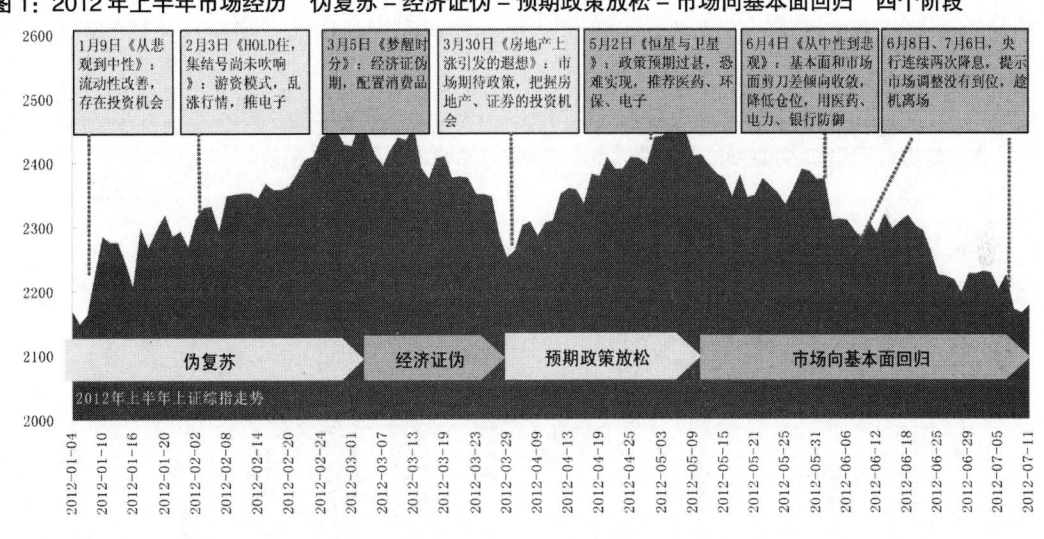

资料来源：申万研究

1.1 存量博弈与调仓行为：筹码越来越集中

2012上半年，二级市场资金持续流出，市场依然是存量博弈(图2)。5月以来，大盘持续下探，基金并没有系统性降仓(图3)。截止2012年二季度，股票类基金(包含封闭式基金、开放式股票型基金、开放式平衡型基金)平均股票仓位是79.60%，而最新模拟估算的基金仓位是81.92%，处于偏高区域。

图2：12年上半年二级市场资金持续流出

图3：上半年基金并没有系统性的降仓

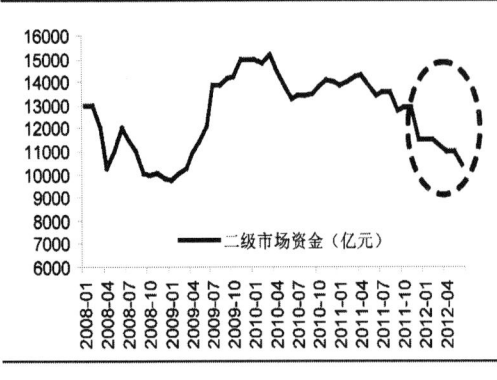
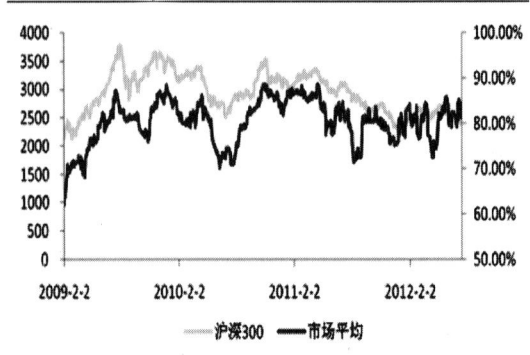

资料来源：万得资讯，申万研究　　　　　　　　　　　资料来源：万得资讯，申万研究

5月后的市场下跌，似乎并没有让许多机构受伤很重，因为确实存在"结构性行情"。5月份以来，出现两波回归：第一波回归，上证综指从2400降至2300，银行、石油石化突破前期低点；第二波回归，上证综指从2300降至2200，煤炭、水泥、钢铁等中游板块跌破前期低点(图4)。

图4：市场向基本面回归，周期股跌破前期低点，消费股依然强势

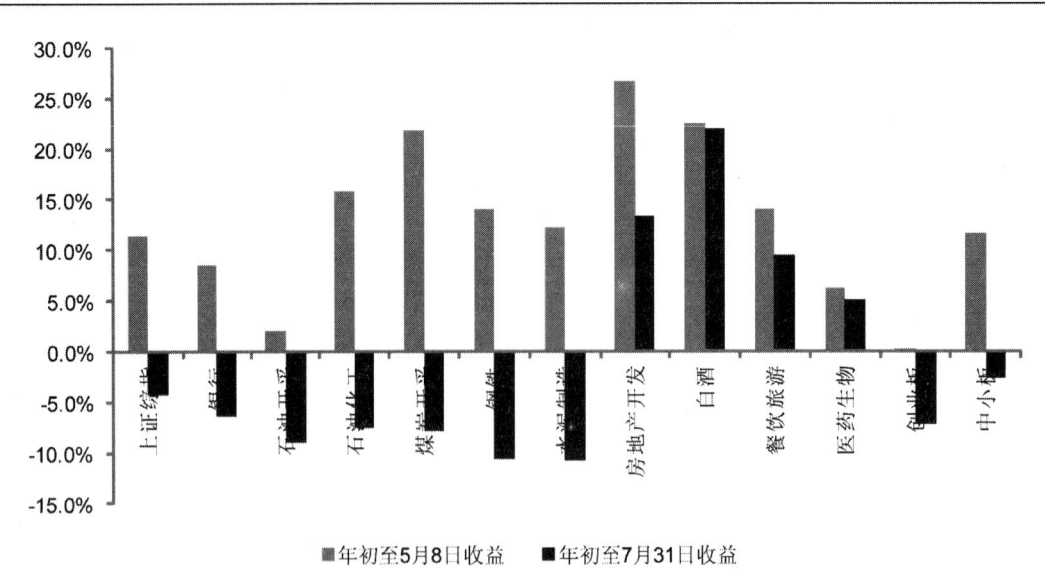

资料来源：万得资讯，申万研究

但很多票却在创新高，资金越来越集中向房地产、白酒、医药等板块集中(表1)。投资者希望通过抱团这些看似业绩稳定、成长空间大的板块或个股来取得收益、度过寒冬。到目前为止，这种策略似乎效果还不错。

表1：食品饮料、房地产、医药依然是基金重配的品种

板块名称	2012Q1	2012Q2	变化	标准配置	超配比例
食品、饮料	12.39%	11.81%	-0.59%	6.34%	5.46%
房地产业	7.73%	8.99%	1.26%	6.02%	2.97%
医药、生物制品	7.17%	8.55%	1.38%	5.90%	2.65%
社会服务业	2.40%	2.92%	0.52%	2.14%	0.78%
批发和零售贸易	5.77%	5.12%	-0.65%	4.36%	0.76%
建筑业	2.76%	3.28%	0.52%	2.77%	0.51%
信息技术业	5.11%	4.66%	-0.45%	4.72%	-0.06%
木材、家具	0.08%	0.09%	0.01%	0.19%	-0.10%
传播与文化产业	0.81%	0.84%	0.03%	1.01%	-0.17%
纺织、服装、皮毛	1.26%	1.34%	0.08%	1.62%	-0.28%
电子	2.79%	3.66%	0.87%	3.98%	-0.32%
采掘业	6.68%	5.70%	-0.98%	6.03%	-0.33%
农、林、牧、渔业	0.85%	0.69%	-0.16%	1.18%	-0.49%
机械、设备、仪表	14.05%	12.92%	-1.13%	13.43%	-0.51%
造纸、印刷	0.23%	0.18%	-0.05%	0.77%	-0.59%
电力、煤气及水的生产和供应业	1.56%	2.23%	0.66%	2.96%	-0.74%
交通运输、仓储业	1.99%	1.74%	-0.26%	3.02%	-1.29%
综合类	0.86%	0.69%	-0.16%	2.09%	-1.39%
金融、保险业	17.35%	16.74%	-0.61%	18.16%	-1.42%
石油、化学、塑胶、塑料	3.43%	3.30%	-0.12%	5.78%	-2.48%
金属、非金属	4.72%	4.55%	-0.17%	7.52%	-2.97%

资料来源：申万研究

1.2 覆巢之下，焉有完卵

目前很多投资者沉浸在这种结构性行情的快乐中，殊不知这是过去几年市场下跌的常态行为。在寒冬中，投资者总会先倾向于调仓，最后才会减仓。

2008年和2011年，大家都曾经讲过结构性行情、抱团取暖、漂亮50，但最终这些阶段性的强势股都会有一波回归。2008年，经济不断下滑。上半年，大盘整体下跌，抱着白酒、医药和一些中小票取得了阶段性的超额收益，但仅过了1~2个月，这些辛苦累计的超额收益就全部回去了。2011年，经济一路下滑超出了很多投资者的预期，股指也是一路下跌，中小盘和消费股在11月到次年的2月大幅下跌(图6)。

图 5：2008 年白酒、医药、中小票超额收益持续	图 6：2011 年的抱团取暖也在最后几个月覆灭
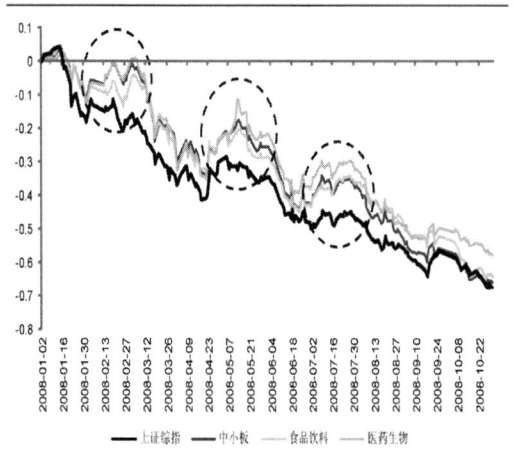	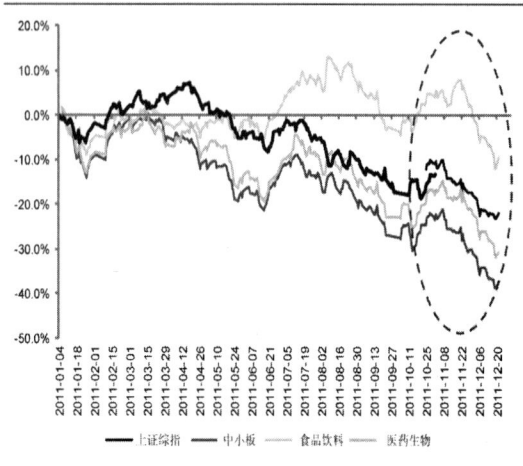
资料来源：万得资讯，申万研究	资料来源：万得资讯，申万研究

投资者喜欢抱团的核心原因有两个：业绩确定性高或者相对业绩优势明显、对公司基本面有独到见解。其实很多时候，这两个原因是幻觉。投资者往往喜欢在消费品中抱团，因为一旦经济下滑，与经济关系度大的周期品业绩大幅下滑，消费品的相对优势就非常明显。殊不知，这不是业绩确定，而是后周期，一旦经济持续恶化，消费品的业绩也注定会下滑。其次，投资者喜欢自下而上去寻找一些个股，觉得通过自己的深入研究，可以掌握一些信息优势，而大盘股、周期股往往透明度大。其实，这些小股票的信息是最不透明的，我们承认会有部分不错的个股，但是要整体性的出现，非常困难。

对于喜欢抱团成长型个股的投资者来说，很难保证这些成长股的业绩能持续超预期，特别是在整体经济弱势的环境中。很多投资者都认为自己抱团的是真正的成长股，具有很好的前景，能够穿越周期稳定成长，但是事实上这种预期在短期里很难兑现，而短期业绩不好或者低于预期很容易挫伤投资者的长期持有的信念和信心，特别是会打击那些跟风的投资者的信心，从而造成抛盘。因为，市场投资者对于业绩十分敏感，在很多情况下，业绩发布当天一旦出现不达预期的情况，很多小票的会立刻出现大幅下跌甚至跌停，不达预期的情况，业绩发布的时期往往就是这些被抱团的中小票开始集中下跌的开始(图 7)。2012 年 7 月到 8 月间的一个典型的例子就是的雏鹰农牧：业绩发布之前，随着农业股整体板块的强势，这个股票也积累较多的超额收益，但是 7 月 26 日发布的中报业绩并没有投资者预期的那么好，该股当天立刻就出现了跌停，把之前的超额收益立刻吞噬了大半(图 8)。

图7：成长股行情需避开业绩证伪　　　　　　　　图8：业绩不达预期对中小票杀伤力很大

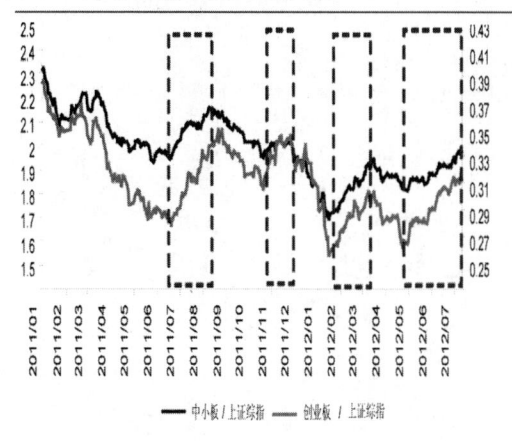 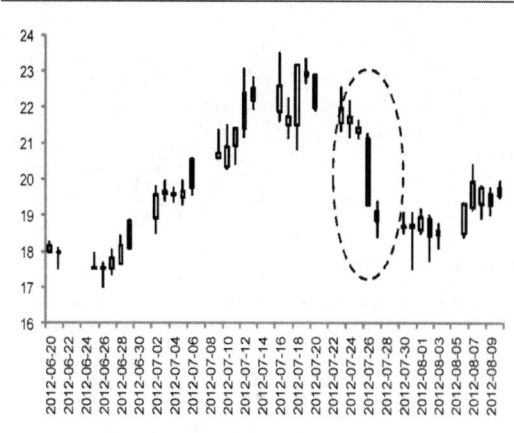

资料来源：万得资讯，申万研究　　　　　　　　　　资料来源：万得资讯，申万研究

经济和股市是一个整体，在整体经济下行的环境中，很难找到绝对持续好的品种，一言以蔽之就是：覆巢之下，安有完卵。从过去5年的情况看，市场和经济的整体性都很强，如果经济不好，股市下跌，只是早跌和晚跌的区别。而对于板块来说，在经济整体下行的环境中，有些煤炭、有色等早周期的板块业绩出现下滑较早，于是往往先跌，而消费品等后周期板块业绩调整和出现景气下滑相对滞后，往往会出现事后的补跌。

1.3 补跌的催化剂：流动性收紧、风格切换、降仓

有很多投资者问我们补跌的催化剂是什么？在本篇第13章《偶发、推断和借口——三种类型催化剂及其应对策略》中我们曾经专门论述过，有些时候"催化剂"只是借口，关键是风险收益发生了变化。但是我们还是探讨一下历史上补跌的三种情景。

催化剂一：经济持续低于预期，投资者开始系统性降仓

强势股补跌的主要催化剂质疑就是经济持续低于预期，投资者开始系统性地减仓，从而导致强势股的回归，2008年就是一个典型的例子。2008年中国经济受到金融危机的影响开始下滑，并且下滑的幅度持续超预期。投资者试图在白酒、医药、和一些中小票中抱团取暖，也使得这些板块有阶段性的表现，但是由于经济数据持续低于预期，投资者在抱团一段时间后就开始减仓，导致这种抱团的收益往往只有短短的一两个月。我们可以较为清楚地看到2008年，2008年中每一波强势股的回归都伴随着基金系统性的减仓(图9)。

图 9：2008 年中每一波强势股的补跌都伴随着基金系统性的减仓

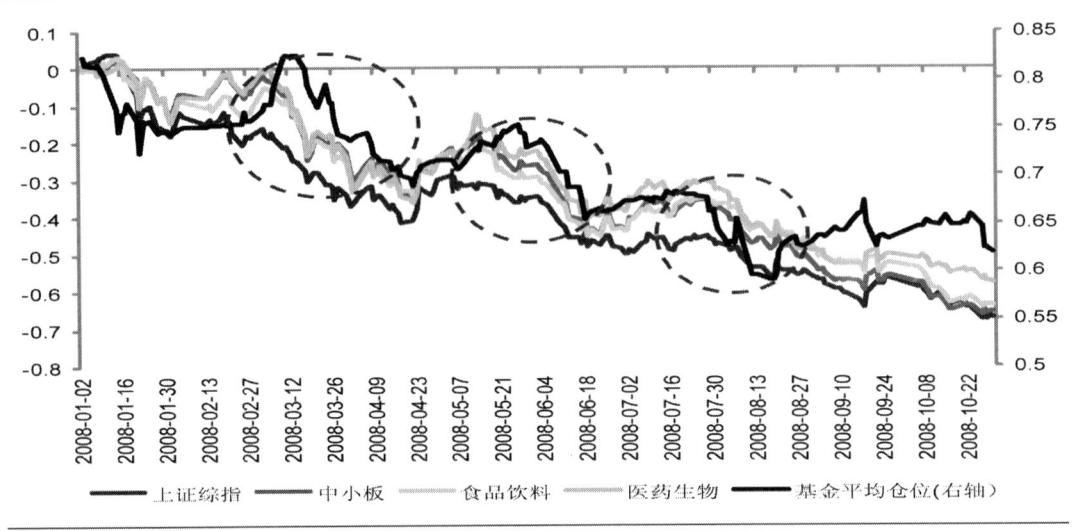

资料来源：万得资讯，申万研究

催化剂二：流动性收紧

第二种催化剂是市场流动性的收紧，引起先前抱团的消费品、成长股板块的下跌。一个典型的例子是 2011 年初的时候，2010 年末开始，随着通胀压力的不断加大，央行开始了收紧货币政策，连续提高法定存款准备金率，导致市场流动性骤然收紧，市场先前积累了较多超额收益的白酒、医药、中小票也开始了补跌(图 10)。

图 10：2011 年初流动性的收紧成为消费品、中小票补跌的催化剂

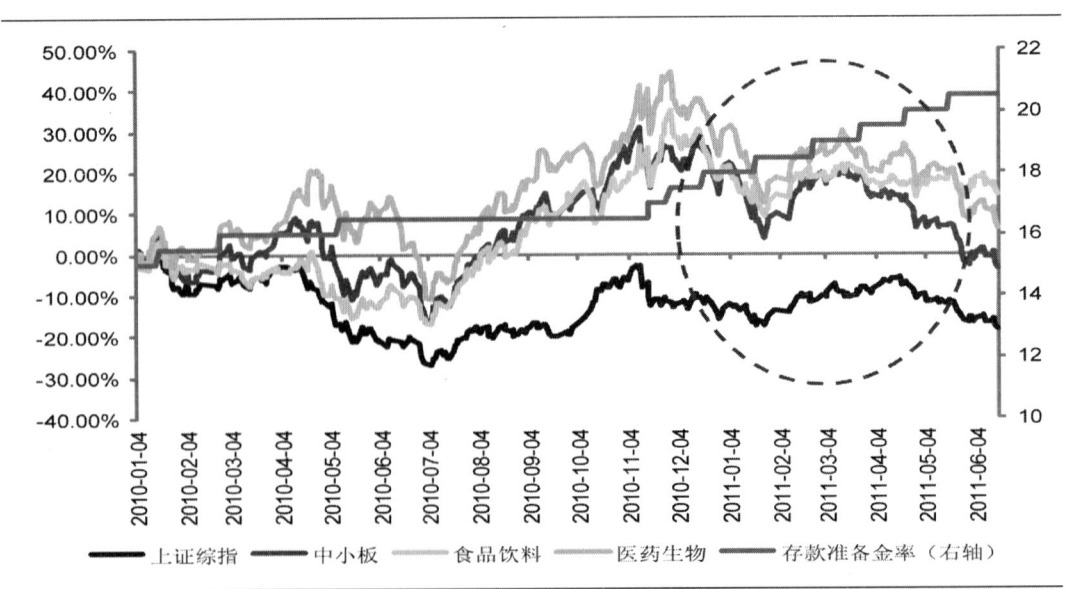

资料来源：万得资讯，申万研究

催化剂三：风格切换，调仓

第三种催化剂是一些偶发因素引起的市场风格的突然切换，投资者从成长股调仓到周期股，从而造成这些强势板块的下跌。一个典型的例子是 2010 年 10 月份前后。2010 年 1 月份到 9 月份，大盘整体下跌了近 19%，而投资者通过抱团医药生物、电子、农业、食品饮料、餐饮旅游、商业贸易等成长股，取得了十分可观的超额收益。但进入 10 月份之后，随着美国 QE2 的推出，市场风格开始向周期品转换，煤炭、有色、机械设备等周期股表现出较高的超额收益。除了电子之外，之前抱团取暖的取得良好收益的医药、食品饮料、农业等板块到了年底几乎没有什么超额收益，餐饮旅游、商贸等前期强势的板块更是大幅度跑输大盘(表2)。

表 2：2010 年 10 月前后行业表现对比

10/1/1-2010/9/30			10/10/10-10/12/31		
代码	名称	超额收益	代码	名称	超额收益
1	医药生物	42.88%	1	机械设备	13.68%
2	电子元器件	39.32%	2	电子元器件	11.04%
3	农林牧渔	33.14%	3	采掘	10.61%
4	食品饮料	32.72%	4	建筑建材	10.29%
5	餐饮旅游	29.52%	5	有色金属	10.06%
6	商业贸易	28.89%	6	家用电器	5.64%
7	综合	28.38%	7	信息设备	5.34%
8	机械设备	24.13%	8	信息服务	1.43%
9	纺织服装	23.44%	9	综合	1.14%
10	有色金属	21.09%	10	农林牧渔	0.49%
11	信息设备	20.79%	11	食品饮料	0.33%
12	轻工制造	19.14%	12	医药生物	0.11%
13	交运设备	15.89%	#	上证指数	0.00%
14	建筑建材	13.50%	13	纺织服装	-1.84%
15	信息服务	12.57%	14	化工	-2.49%
16	家用电器	9.80%	15	公用事业	-2.82%
17	交通运输	6.05%	16	金融服务	-3.24%
18	公用事业	5.47%	17	轻工制造	-3.30%
#	上证指数	0.00%	18	黑色金属	-3.39%
19	采掘	-4.53%	19	房地产	-3.55%
20	房地产	-5.45%	20	交通运输	-3.72%
21	化工	-5.80%	21	交运设备	-3.99%
22	金融服务	-6.24%	22	餐饮旅游	-5.95%
23	黑色金属	-10.64%	23	商业贸易	-9.30%

资料来源：申万研究

到 2012 年 8 月，这些强势股的补跌近期已经出现了明显的苗头。7 月的最周两周中，消费品、地产等强势跌幅靠前：申万一级行业中跌幅最大的是食品饮料，下跌 10.25%，房地产下跌 9.17%，农林牧渔下跌 8.73%，生物医药下跌 8.42%(表 3)。

表 3：七月最后两周强势股的补跌开始出现苗头

代码	名称	2012/7/15	2012/7/31	涨幅	超额收益
801120.SI	食品饮料	6,414	5,756	-10.25%	-6.49%
801050.SI	有色金属	3,579	3,248	-9.24%	-5.48%
801180.SI	房地产	2,650	2,407	-9.17%	-5.41%
801010.SI	农林牧渔	1,752	1,599	-8.73%	-4.97%
801200.SI	商业贸易	2,979	2,727	-8.46%	-4.69%
801150.SI	医药生物	3,840	3,516	-8.42%	-4.66%
801080.SI	电子元器件	1,238	1,135	-8.30%	-4.54%
801070.SI	机械设备	3,037	2,807	-7.58%	-3.82%
801100.SI	信息设备	996	924	-7.23%	-3.46%
801030.SI	化工	1,709	1,586	-7.16%	-3.40%
801210.SI	餐饮旅游	2,724	2,541	-6.72%	-2.95%
801140.SI	轻工制造	1,329	1,240	-6.71%	-2.95%
801060.SI	建筑建材	2,238	2,098	-6.27%	-2.50%
801090.SI	交运设备	2,254	2,115	-6.19%	-2.42%
801160.SI	公用事业	1,657	1,555	-6.15%	-2.39%
801230.SI	综合	1,481	1,393	-5.98%	-2.21%
801170.SI	交通运输	1,591	1,496	-5.94%	-2.18%
801130.SI	纺织服装	1,694	1,601	-5.52%	-1.76%
801110.SI	家用电器	1,997	1,897	-5.01%	-1.25%
801220.SI	信息服务	1,384	1,318	-4.78%	-1.01%
801020.SI	采掘	4,364	4,158	-4.71%	-0.94%
801040.SI	黑色金属	1,833	1,759	-4.04%	-0.27%
000001.SH	上证指数	2,186	2,104	-3.76%	0.00%
801190.SI	金融服务	2,005	1,981	-1.22%	2.54%

资料来源：申万研究

2. 2004 年的抱团取暖或许不可复制

这两年，投资者经常谈及"抱团取暖"、"结构性行情"和"漂亮 50"，一方面是对现有增长模式的怀疑，另外一方面是对 2004 年下半年行情的怀念。但我们认为，2004 年的情况和现在有很大区别，或许无法复制。

2.1 2004年的机构抱团多只个股，取得了良好收益

对于2012年消费、中小票和房地产的强势，一些投资者将其类比于2002～2004年强势股票的表现。2002～2004年，市场持续低迷，然而机构投资者抱团个股均持续取得良好收益，当时有20支股票成为了机构投资者集体抱团的对象。如深赤湾A、中集集团、中兴通讯、盐湖钾肥、万科、华侨城、金融街、云南白药、双汇发展、武钢股份、福建高速、皖通高速、上港集箱、同仁堂、烟台万华、贵州茅台、海油工程、大商股份、苏宁电器等股票，都是基金"扎堆越冬"的品种，在当时低迷的市场整体环境中，能够持续取得可观的超额收益和绝对收益(图11)。

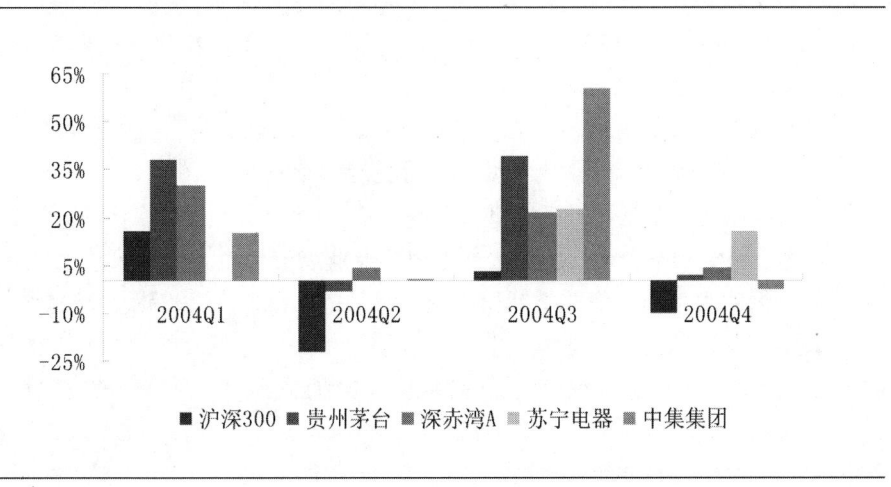

图11：2004年基金抱团取暖品种持续表现

资料来源：万得资讯，申万研究

2.2 当前市场环境与2004年大相径庭

然而，当前市场环境与2004年大相径庭。

首先，2004年和现在的经济环境完全不同(图12)。2004年，中国经济处于上升阶段，无论是国内还是海外都是新周期的开始。当时出口和房地产投资对于经济的驱动力刚刚开始显现，内在经济增长动力很强，工业增加值持续改善，出口也大量增加，投资增速处于上升通道，消费的力量也在崛起。因此在这样的经济环境中，这些与出口(如中集集团、深赤湾A)、消费(苏宁电器、贵州茅台)等密切相关的个股业绩能够持续改善(图13)，从而能够支撑其股价持续走高。而现在，由于潜在增速的下降和需求的萎缩，出口、房地产投资、制造业投资等支撑中国经济的力量都处于下滑的过程中，中国经济的内生增长动力已经明显下降，经济处于弱周期下行寻底的过程中，经济对于市场的支撑明显不足，在这样的环境中，很难找到业绩持续稳定，超预期的品种。

图 12：当前经济形势与 2004 年完全不同　　　　　图 13：2004 年，抱团个股能够维持业绩高增长

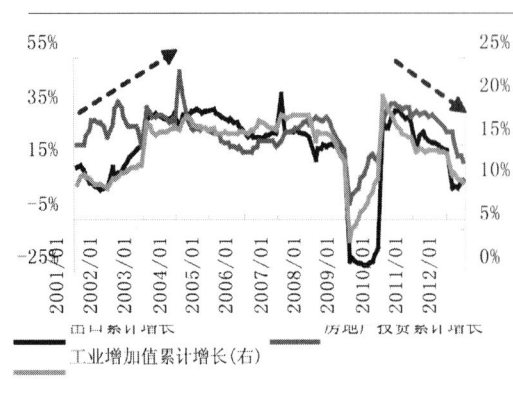 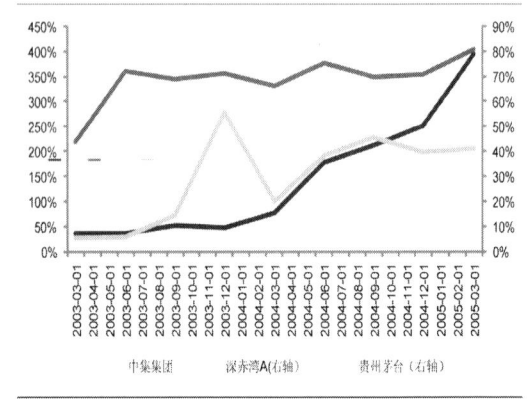

资料来源：万得资讯，申万研究　　　　　　　　　　资料来源：万得资讯，申万研究

其次，2004年整体大盘的低迷，关键在于股权结构不合理，上市公司没有释放业绩的动力。2003年后香港中资股就表现优异（图15），而沪深300指数一路下跌。基金抱团取暖的品种获得持续的收益其实才是对经济的真实反映。2004年股指下跌和经济出现背离（图14），最核心的因素是股权结构不合理，上市公司没有释放业绩的动力，企业盈利无法体现在上市公司的报表上，因此股市的表现并不能反映宏观经济的状况。而2005年股权分置改革开始以后，上市公司的股权结构逐步改善，业绩释放动力增加，上市公司的业绩开始爆发出来，股市的整体表现才和经济走势体现出更高的相关性，才有后面一波澜壮阔的大牛市。

图 14：2002-2004 年经济强势与股市低迷相背离　　　图 15：2003 年后中资港股表现优异与 HS300 反差

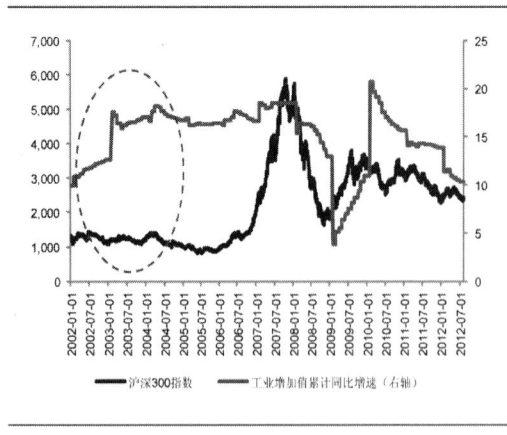 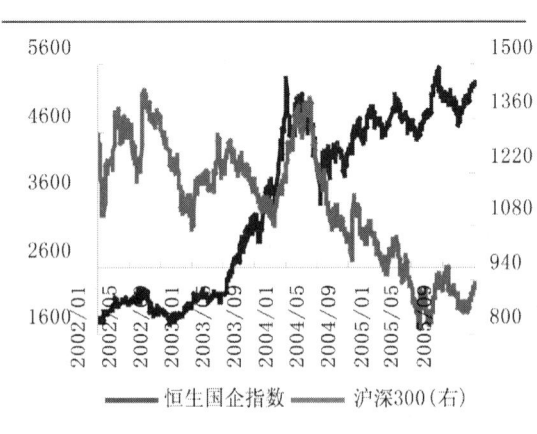

资料来源：万得资讯，申万研究　　　　　　　　　　资料来源：万得资讯，申万研究

再次，目前基金等机构投资者在整体市场中的话语权明显减弱，抱团取暖变得更为困难。2004年中国大陆基金业处于发展初期，机构投资者对于市场的影响力不断增长（图16）；在机构力量不断壮大的背景下，机构抱团品种的投资机会存在明显的持续性。反观当前，随

着产业资本的崛起，基金等机构投资者力量明显削弱(图 17)，可以看到基金股票资产占整个 A 股流通市值的比重在 2007 年之后就出现了明显萎缩。投资者类型的分散化，使得抱团取暖变得更加困难。

图 16：2004 年是基金快速发展期

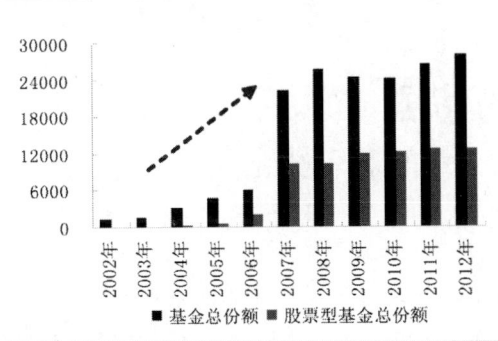

资料来源：万得资讯，申万研究

图 17：基金力量在 A 股市场明显削弱

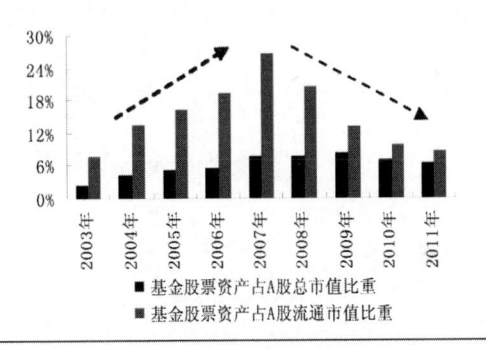

资料来源：万得资讯，申万研究

第四，转融通将在 2012 年下半年实施，市场卖空的力量在逐渐兴起，抱团取暖的品种很可能面临卖空压力。2004 年那时候，市场没有做空的工具，投资者只有"上船玩"和"下船看"的区别，如果不去抱团就只能眼睁睁看着抱团的机构收益，因此机构抱团取暖的动力更强，也更为持续。但现在开始逐渐出现了做空的工具，投资者开始有新的盈利模式。在市场弱势中，投资者可以通过做空部分股票来盈利，多空的力量会更均衡，抱团取暖的联盟也变得更加容易瓦解。

第十五章

西西弗的悲剧
——对第 5 章和第 11 章的若干补充

主要观点：

之前发表的宽体策论《基于预测 Vs 基于对策》和《此岸和彼岸：策略研究 f，而非 x》引发热议。我们并没有说"预测"和"彼岸探讨"无用，而是说要注意过程、注意路径，要跳出"预测模式"的束缚，本文做一些补充。

接受不确定。大部分投资者都在寻找一种"预测未来"的范式，但我们觉得这种范式可能根本不存在。接受"未来不可预测性"其实没什么，也并不意味着"研究没有价值"，只不过站在一个更高的角度去思考，在动态中去把握和调整。世界充满了不确定性，金融市场尤其如此，正确的策略不应该去不断地论证未来、希望把这种不确定变成确定，而应该承认不确定、学会如何在不确定中去把握投资，在当前的风险收益比下将自己放在一个更舒服的位置。

关注 f 的变化。我们之前说过策略要关注 f，而非 x。但还是有很多人只关注变量的变化，从来不怀疑反映机制的变化，这个最终会犯大错误。这里我们举了货币政策和房地产的案例。

之前发表的宽体策论《基于预测 V$ 基于对策》和《此岸和彼岸：策略研究 f，而非 x》引发热议。我们并没有说"预测"和"彼岸探讨"无用，而是说要注意过程、注意路径，要跳出"预测模式"的束缚，本文做一些补充。

1. 接受不确定

大部分机构投资者相信"基本面决定股价"，而实证的结果似乎也支持此点，至少从中长期的投资视野看(图 1)。

图 1：超额利润增长带来超额收益

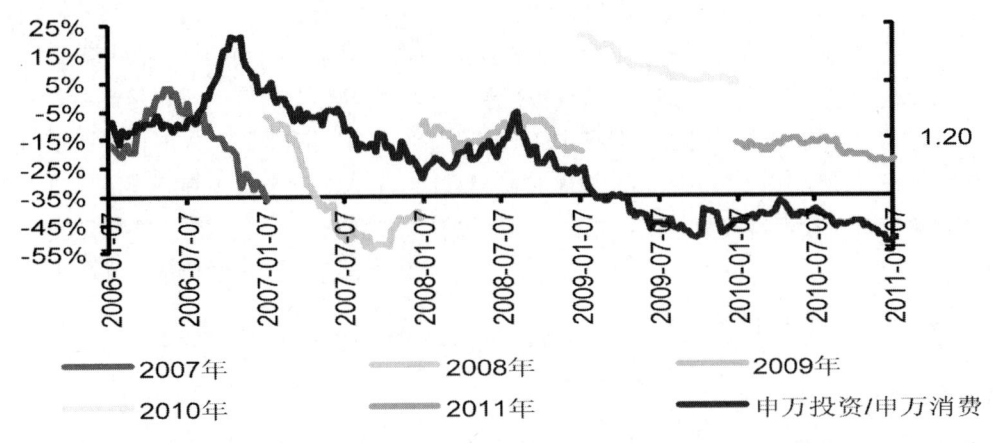

资料来源：万得资讯，申万研究

注：年份数据为投资品和消费品业绩预期增速之差。

因此，大部分投资者专注于基本面的研究，希望能把未来搞清楚，以指导现在的投资。年末收官，勤奋的投资者还会"复盘反思"，将一年的错误归咎于之前对基本面判断的失误。总结教训，以待来年继续精进。可遗憾的是，第二年还有错误，第三年也有，似乎提前看对基本面并非易事。

举个例子，2011 年年初，大部分投资者判断经济会在二、三季度见底，后来到了 8 月份，经济反而加速下滑，所以股指跌破前期平台，2011 年成为比 2008 年更惨的熊市。后来有人总结，还是之前对经济判断错了，如果经济判断对了，就做对了。于是，2012 年整装待发、吸取教训，预判经济二季度见底，可是到了现在，经济还没有见底的迹象，今年会不会犯去年同样的错误？如果今年被证明是经济一路向下，那么大部分投资者会感慨自己的宏观能力还有待精进。如此年复一年的努力，可是会不会有一天发现，无论如何努力，都不能事先准确定位经济？那时候该怎么办？

希腊神话里有个西西弗，受众神诅咒，被罚每天推石头上山，可是这个石头晚上滚落，第二天继续推。西西弗每次推的时候，可能都在吸取前次的教训，总结经验，希望下一次能成功。可是，会不会有一天他会意识到，这是一场宿命，永远无法成功？还记得那个伟大的作手(利弗摩尔)吗？他一次次的破产、一次次的总结，妄图永远的战胜市场，最终他自杀的时候，认为其人生就是一场失败。

正如加缪的解读，西西弗在过程中就享受，不知忧虑、不问明天。我们觉得接受"未来的不可预测性"其实没什么，也并不意味着"研究没有价值"，只不过站在一个更高的角度去思考，在动态中去把握和调整。世界充满了不确定性，金融市场尤其如此，正确的策略不应该去不断地论证未来、希望把这种不确定变成确定，而应该承认不确定、学会如何在不确定中去把握投资，在当前的风险收益比下将自己放在一个更舒服的位置。

曾经有人跟我说，策略不能回答"不知道"，可是很多时候确实不知道，"不知道"也是一种严谨的回答,就像"中性"和"等待"也是一种策略。比如当前,确实不知道经济能否企稳,出口和房地产同时向下所带来的效应无法评估,中央政府确实在做事,但基建的上升能否、何时抵补原有动力的衰竭,不得而知。这一点,确实需要等待、需要观察。但是我们知道,一旦三季度经济继续向下、工业品价格继续下跌,对企业盈利的打击会非常大,现有的价格肯定还没包含这种冲击,所以这种等待值得。宏观和行业研究的任务是要不断去论证未来,希望提前判断,而策略的关键在于:确定下阶段最重要的变量、评估这种变量可能的走向、何时出手会以最小的风险取得最优的收益。100个人对未来做预判,相信总有一个人是正确的;100个投资者提前下注,相信总有一两个是对的。但是靠赌博、靠确定一种场景加注,很难持久。我们不需要一开始就正确,不苛求每次都第一个出手抓住拐地,但只要大概率正确,最终结果会非常不错。

2. 关注 f 的变化

我们之前说过策略要关注 f,而非 x。但还是有很多人只关注变量的变化,从来不怀疑反映机制的变化,这个最终会犯大错误。

举个例子,四月份工业增加值仅为 9.3%,投资者就期待政府出手,过了三个月,股市跌了很多,投资者说政府没出手。其实,政府在这期间降了两次息、一次准、批了很多项目,怎么叫没出手?如果,股市涨了,同样的行为是不是就叫"政府出手"了呢?过去几年,相信政府、盯住货币政策的投资者是获利的,因为可以做到前瞻,比如 2008 年年底和 2010 年年中的上涨、2009 年 8 月的下跌。但是,过去半年多,顶住货币政策的投资者是失败的,因为三次降准、两次降息都是逃命而非加仓的机会。大部分投资者还是相信"货币政策的累计效应未到",而从来没有想过"这次的反应机制是否变了"?

其实,从 2011 年 8 月份起,申万策略就大致正确,每次货币政策的放松都提示离场,不是我们对 X 的理解有多精进,而是我们抓住了这次的 f(图2)。

图2:2011 年 3 月来上证走势与申万策略的报告

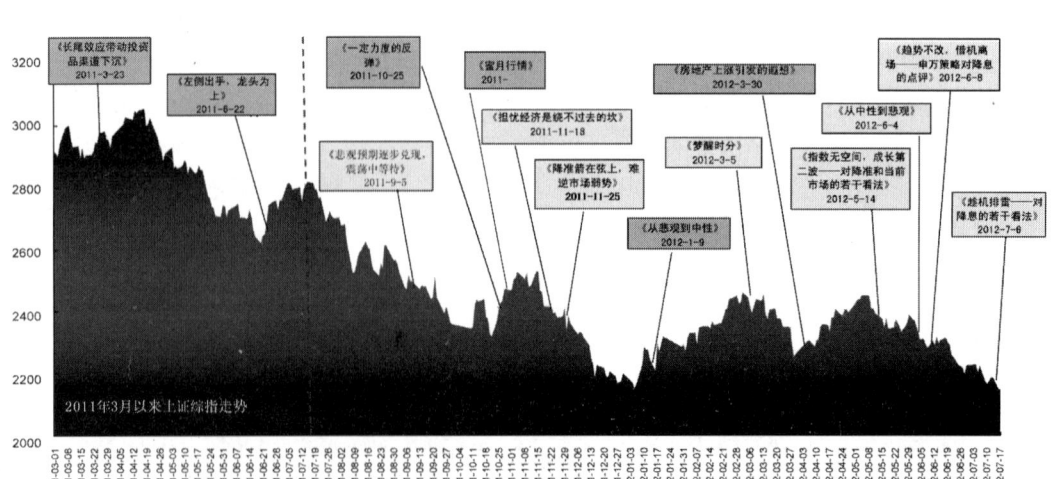

资料来源:万得资讯,申万研究

当然辨析 f 是比较困难的，因为不是物理学，可以重复做很多实验，最终确定正确的反应机制。社会科学只有一次，需要在脑中做"抽象实验"来确定。比如说，2012 年上半年房地产有很大的超额收益，最开始是地方政府的"擦边球"，后来地产销售确实不错。那么到底是什么因素导致房地产股票的表现呢？因为两者最终可能会背道而驰。销售的进一步好转，必然导致房价上升，而这会引发表态和调控，导致地方政府收敛。如果完全是政策放松导致地产行情，那么行情基本就结束了，因为就像"吸毒"。一开始至要一点点剂量，后来的要求越来越高，而越来越高的要求必然触及到中央政府的底线，最终不可得。我们看到地产股的调整从 7 月份中旬开始，而 7 月份的地方销售依然不错。截至 8 月，国家还没有出任何更加严格的政策，地产的销售业依然红火，但是地产股的表现非常疲软，主要是大家都相信不会有进一步的放松了，可见之前大半年驱动地产股价上行的主要动力是"政策放松"，后面所谓的"基本面改善"只是要验证股价还可以进一步上行的借口而已(图 3)。

图 3：2012 年房地产相关事件和股价表现

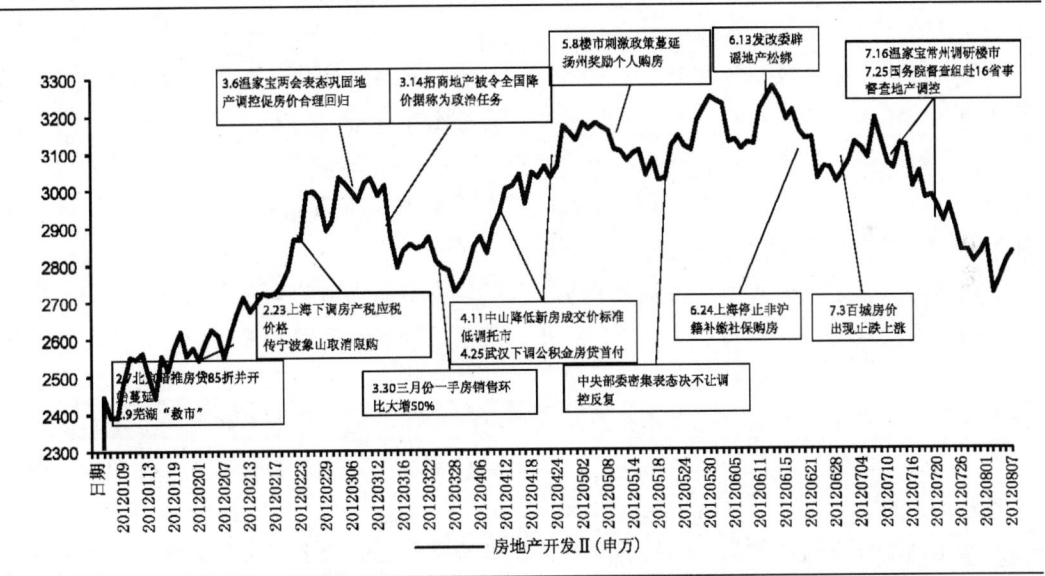

资料来源：万得资讯，申万研究

第十六章

策略是片海
——对未来策略方法的一些思考

主要观点：

策略是片海，内容丰富。应该包括基本面、交易心理、产品工具和制度规则四个方面。

基本面不局限于经济。很多时候，文化、风俗、气候、节气、会议都会影响到投资的节奏。基本面虽然只占据"策略钟"的一个象限，但却是其他象限的驱动因素。其他的东西，诸如交易心理、产品工具，都要在此基础上衍生。

交易的根本是人性。基本面非常重要，但对基本面的解读更加重要。大部分投资者都穷其精力去探究基本面的真相，认为只要掌握了这一客观事实，就可以把握投资的方向。这固然重要，但理解、思考投资者对基本面的理解，可能也是策略的重要部分。正统的金融学源起1950年代的几位大师，但行为金融在1970年代就开始发展，并在2000年后的诺贝尔经济学奖多有斩获。所以，这一块的工作还要进一步探索。

跨市场、多层次的立体交易是未来方向。既然基本面波动带来的空间越来越小，何不用杠杆放大这些空间，以容纳大的资金；既然股票市场带来的收益越来越小，何不放眼其他市场。目前，金融市场的壁垒越来越少，金融工具越来越多。不下五年，多层次、跨市场的立体交易模式必是市场的主流。立体交易模式形成的核心还是对基本面的理解。基本面是一个内核，而选择何种市场、如何利用工具，只是一种方式。从这个意义上讲，主动投资和金融工程是结合的，双剑合璧方能克敌制胜。

其实制度和规则也是基本面的一部分，但更多是外来的约束。这种约束会极大改变人的行为和认知，所以需要充分重视。但必须用历史的眼光看待制度和规则的变化，制度和规则一直在变化，一旦现在的制度被打破，会导致人的行为发生重新的变化，其交易模式也会革新。

前段时间去美国学习，和诸多买方、卖方交流，感受颇深，扩大了策略的视野。发现策略其实是一个很广阔的领域，而现在国内的卖方策略基本纠结于经济周期的定位、聚焦于择时和选行业。如果策略是一个"时钟"，这些东西顶多只能算"两个小时"。

在我看来，策略应该包括基本面、交易心理、产品工具和制度规则四个方面(图1)，虽然以我们现在的知识实践，难以把握整体，但应该是未来的发展方向。本文只是随想，供大家参考。

图1：策略钟

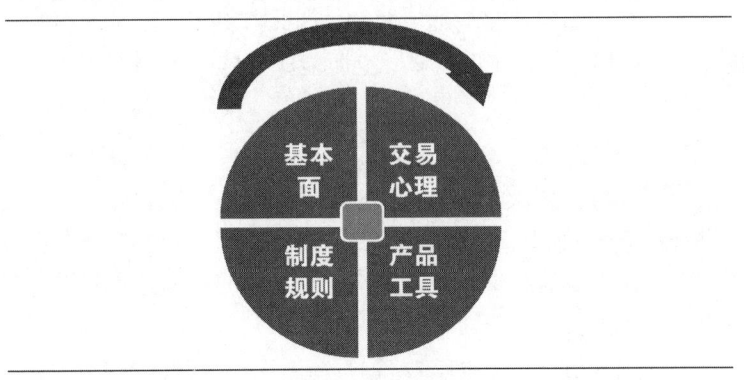

资料来源：万得资讯，申万研究

1. 基本面不局限于经济

很多人谈及基本面，便是经济周期、业绩估值等。其实，对于投资，基本面富有更加广义的内涵。很多时候，文化、风俗、气候、节气、会议都会影响到投资的节奏。举个例子，从2006年(甚至更早)开始，几乎每年都有"春季躁动[①]"，而这种躁动和经济基本面关系并不大，更多取决于节气和风俗。在比如说，每年9月份是考验"消费品超额收益"的月份，和"中秋"、"十一黄金周"的分布直接相关(图2)。

图2：9月份开始中国经济逐步进入消费旺季

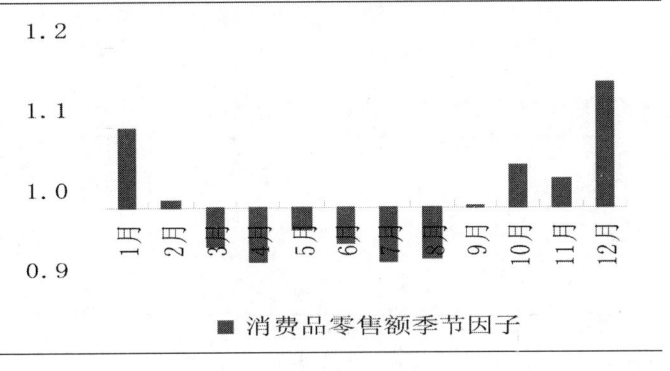

资料来源：万得资讯，申万研究

正是基于这种因素，在一国投资，除了了解普世的经济学规律外，还要理解该国特有的风土人情，否则投资难以做细。这就是为什么大多在华尔街的华人做QUANT，因为即便在美生活多年，也不比土生土长。同样道理，很多跨国投资、全球配置，大多是看好经济、看好股市买ETF，少有具体到行业、个股。

[①] 关于"春季躁动"的具体研究参见宽体策论四《春季躁动、四月决断》。

基本面虽然只占据"策略钟"的一个象限，但却是其他象限的驱动因素。其他的东西，诸如交易心理、产品工具，都要在此基础上衍生。因此，对于一国基本面的理解是投资的根本，投资中国就要了解中国。而这绝非一早一夕所能成。

2. 交易的根本是人性

学院出身的研究者和投资者，大多视"DDM等分析方法"为金科玉律。但在这些公式和模型出现之前，华尔街已经交易了几百年。"基本面分析"到底是一种发现，还是一种发明？我们见过很多学院派出身的高手，但是确实也有从民间摸爬滚打起来的高手，这些人某种程度更加接近投资的真谛。

如前所述，基本面非常重要，但对基本面的解读更加重要。某种程度，基本面毫无变化，投资者在不同场景中摘取了不同的部分。比如说，现在大家对银行增发融资深恶痛绝，可我们深刻得记得，就在2006—2007年，大家对此趋之若鹜。再比如说，在2012年5~6月份，大家对房地产销售量放大非常兴奋，觉得有基本面支持，地产股能再上一个台阶。可是督察组出来走了一圈，大家就担心销售继续好转会导致房价上升，最终会出台相关政策。最终，7~8月份，销售继续改善，管理层也没出什么打压政策，但地产股几乎回吐了前面所有的收益。究其根本，人心变了。

如此种种，举不胜举。大部分投资者都穷其精力去探究基本面的真相，认为只要掌握了这一客观事实②，就可以把握投资的方向。这固然重要，但理解、思考投资者对基本面的理解，可能也是策略的重要部分。

凯恩斯说投资市场选美游戏，非常正确。由于时间和资金限制，大部分投资者只能赚市场的钱，在一段时间内，如果主流投资者形成"判断偏差"，是需要充分重视的。

2012年，申万策略在交易行为、市场博弈上面花了不少时间③，大大丰富了原有的框架，提高了仓位选择和行业配置的命中率。但依然有很多投资者认为我们荒废了本职、入了魔道，其实交易心理和市场行为并非旁门左道，在美国同行多有运用。正统的金融学源起1950年代的几位大师，但行为金融在1970年代就开始发展，并在2000年后的诺贝尔经济学奖多有斩获。所以，这一块的工作还要进一步探索。

3. 跨市场、多层次的立体交易是未来方向

走过2011和2012，大部分投资者会感觉无所适从，投资越来越难做，很多以前赚钱的方法似乎不适用了。原因很简单，大环境确实有些变化了。以前，我们判断经济拐点、辨析经济周期，选择仓位、行业轮动、寻找牛股。但是所有的东西都建立在"经济大起大落"的基础上，一旦经济波澜不惊，空间和级别就不存在了，怎么容纳大资金呢？投资似乎从原来的平原进入了山地，处处受制。而稀缺的投资机会更难挡饥渴的投资者，一旦出现便被猛炒，最终无法持续。

---

② 关于客观事实的其他理解，参见宽体策论篇第5章、第11章和第15章。
③ 关于这些报告，参见宽体策论和行业比较思考系列报告，其实我们在日常的策略判断中，也多有运用。

何不换种方式？美国一个PENSION FUND就有几百亿资金，而中国一个专户经理都觉得难以动荡。当然，这里面有很多人选择了被动投资、指数化配置，但是很多高手运用了多重工具。既然基本面波动带来的空间越来越小，何不用杠杆放大这些空间，以容纳大的资金；既然股票市场带来的收益越来越小，何不放眼其他市场。目前，金融市场的壁垒越来越少，金融工具越来越多。不下五年，多层次、跨市场的立体交易模式必是市场的主流。我辈若不努力更新，必属被淘汰之流。在此之时，思考未来配什么行业、选什么股票，还不如多思考一下如何打造此种交易模式。就像日本在1980年代不断精进在元器件中的储存量，而美国选择了数码的道路，结果完全不一样。

立体交易模式形成的核心还是对基本面的理解。基本面是一个内核，而选择何种市场、如何利用工具，只是一种方式。从这个意义上讲，主动投资和金融工程是结合的，双剑合并方能克敌制胜。

4. 制度和规则是约束，会改变人的行为

其实制度和规则也是基本面的一部分，但更多是外来的约束。这种约束会极大改变人的行为和认知，所以需要充分重视。比如说，A股市场的投资者大多重视排名，所以博弈的心态就会特别重。在极端情况下，当这些投资者成为市场的边际交易者，他们的行为和约束就特别值得重视。再比如说，截至目前，A股还是一个只能做多的单边市场，这就导致"趋势"比"价值"更加重要，价格成为需要把握的核心。

但必须用历史的眼光看待制度和规则的变化，制度和规则一直在变化，一旦现在的制度被打破，会导致人的行为发生重新的变化，其交易模式也会革新。

第十七章

短期或可期待,长期难改趋势
——对历史上"维稳行情"的解读

主要观点:

中国股市历来十分关注政策,素有"政策市"的说法。每当重要会议召开或者重要事件(如政府换届、奥运会等)发生前夕,市场上就会出现所谓的"维稳预期",期待管理层会为了在这些重要的会议或事件发生之前创造利好的气氛而采取维稳股市的政策,从而导致一波"维稳行情"。

重要会议前夕股市多有上涨,会议之后大多回落。2002年以来,"两会"开会前的1~2个月,市场多数上涨。从1997年以来的三次换届大会来看,股票市场的反映均属正面。开会前一个月,上证综指即使未实现正收益,仍然是开会前后市场表现最好的阶段。但是随着会议之后,股市的表现明显不如开会之前,往往呈现出一定的回落,反映预期推动的"维稳行情"并不能改变股市的长期趋势

熊市中的"维稳行情"往往有维稳政策支撑,短期有助于股市企稳,但无法形成中长期的拐点。2002年十六大前夕一个多月,在"维稳预期"和一系列维稳政策的支撑下,市场有所企稳,但是随着会议的召开,市场又重回了下跌的态势。2008年的奥运前夕,股市有短暂的企稳,随后又开始下跌,直到11月底才真正见底回升。

股市呵护政策短期有提振作用,长期来看效果一般。从历史来看,为了维稳股市,管理层往往会推出一些直接利好股市的政策,如鼓励国有企业增持、汇金增持、停发新股、降低印花税等。这些措施短期很难改变股市中长期的运行趋势,但在一段时间内能引发市场反弹。

"维稳行情"短期可以有所期待,中长期难改趋势,因此,对于投资者来说参与的时间和节奏很重要,要做就要做在前面。

2012年,经过七八两个月的持续下跌,9月份市场到正面临一个较为复杂的情况,一方面经济本身依然疲弱,大小盘股都有进一步下行的风险,另一方面指数已经跌到一定程度,存在超跌反弹的动力,由于十八大的逐渐临近,市场也开始期待所谓的"维稳行情"。9月7日的市场大涨也被多数投资者解读为"超跌反弹"+"维稳预期"的双重结果。

中国股市历来十分关注政策,素有"政策市"的说法。每当重要会议(如两会、党代会的召开)召开或者重要事件(如政府换届、奥运会等)发生前夕,市场上就会出现所谓的"维

稳预期"，期待管理层会为了在这些重要的会议和事件发生之前创造利好的气氛而采取一些维稳股市的政策，从而导致一波"维稳行情"。那么从历史上来看，这种"维稳行情"的具体表现到底如何，是否具有一定的普遍性和持续性？特别是是在熊市中，"维稳行情"的表现如何？维稳的主要措施和对股市的提振效果如何？本篇报告就是要着力分析一下这些问题。

1. 重要会议前夕"维稳行情"多有表现

1.1 2002以来，"两会"前夕股市大都表现为上涨

每年的三月初到三月中，是"两会"召开的时间，也是许多重要的政策或者政府表态集中发布的时期。我们回顾2002年以来"两会"期间的市场表现可以发现(表1)，两会开会前的1-2个月，市场多数上涨，即使是像在2002年、2008、2010年这样的熊市中，开会前一个月股市都是呈现上涨的格局，从这个结果来看，两会开会前夕似乎存在较为明显的"维稳行情"。

表1：历年"两会"前后股市表现

两会召开年份	会议前一个季度涨幅	会议前两个月涨幅	会议前一个月涨幅	会议期间涨幅	开会后一个月涨幅	开会后两个月涨幅
2002年	-14.0%	-8.7%	1.1%	7.9%	7.1%	2.9%
2003年	5.4%	11.4%	0.8%	-3.0%	0.7%	3.8%
2004年	17.9%	12.9%	6.2%	2.7%	4.0%	-8.1%
2005年	-2.4%	2.9%	9.6%	-2.6%	-6.1%	-8.7%
2006年	18.9%	12.5%	3.9%	-2.4%	-0.6%	13.0%
2007年	33.1%	4.5%	0.4%	5.5%	13.8%	30.1%
2008年	-10.7%	-17.4%	0.6%	-8.9%	-23.4%	-6.8%
2009年	9.9%	14.4%	4.6%	2.2%	15.6%	16.4%
2010年	-4.6%	-5.8%	5.0%	-3.6%	1.9%	-3.6%
2011年	3.4%	3.9%	4.3%	-0.8%	1.7%	0.5%
2012年	1.6%	10.3%	7.0%	-2.2%	-6.7%	0.9%

资料来源：申万研究

进一步分析，我们也可以发现，这种开会前夕上涨的行情随着会议的召开就逐渐变得不可持续。2002年到2012年的11次会议中，会议前一个月股市全都是上涨的，但是在开会期间，11次会议中却有7次是下跌的。如果我们拉开更长的时间去看两会期间每一年的具体走势就可以发现，除了2006年、2007年两轮全年几乎持续上涨的大牛市之外，其余各个年份两会期间的上涨行情大都无法持续很长时间，存在会议之后回归原有趋势的倾向(图1、图2)。

图 1：2002-2005 年两会期间股市表现　　　　图 2：2008-2012 年两会期间股市表现

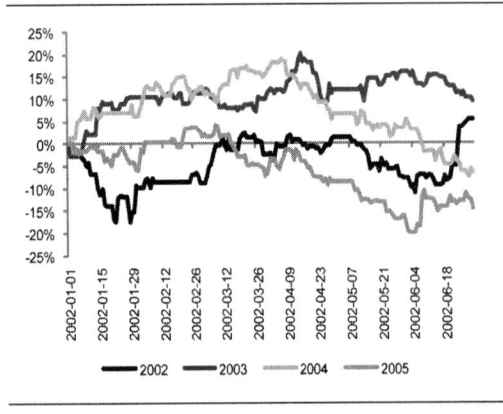 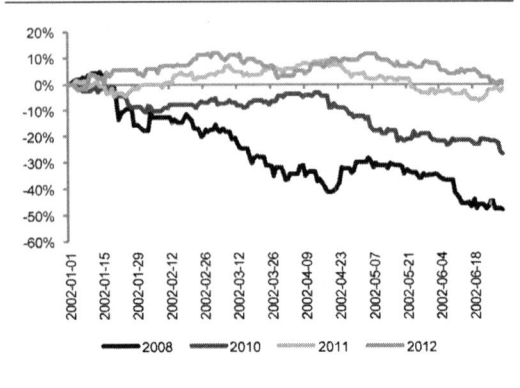

资料来源：CEIC，万得资讯，申万研究　　　　资料来源：CEIC，万得资讯，申万研究

1.2 党代会召开时期的"维稳行情"亦有表现

历届党代会和每年的党中央委员会全体会议也是市场关注的重要会议。从 1997 年以来的三次换届大会来看，股票市场的反映均属正面(图3)。开会前一个月，上证综指即使未实现正收益，仍然是开会前后市场表现最好的阶段。与两会类似的情况是，会议之后市场上涨趋势往往难以持续，大都呈现出了较为明显的下跌。

图 3：每五年重大换届大会前，市场出现维稳行情

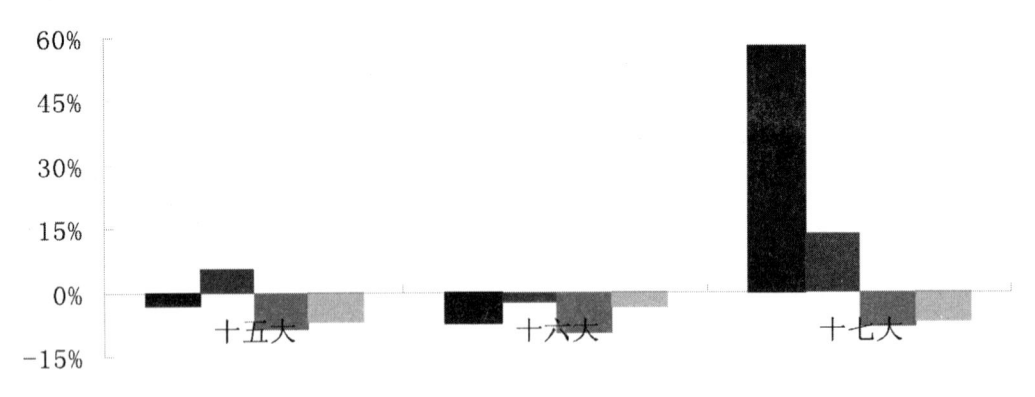

资料来源：万得资讯，申万研究

如果我们更加细致地去看 2002 年以来每一年党中央政治局全体会议召开时期股市的表现，在许多年份里(如 2002、2003、2004、2008、2011)开会前一个月表现好于之前，一定程度上表现出了"维稳预期"推动的行情。而在大多数年份，会议召开后一个月的涨幅明显不如开会前一个月，甚至很多年份里都是由涨转跌，一定也体现出"维稳预期"兑现后的市

场倾向于回归原有的趋势。

表2：2002年以来历届党中央政治局召开前后股市的表现

会议名称	开始时间	结束时间	召开前一个季度涨幅	召开前1月涨幅	召开后一个月涨幅	召开后一个季度涨幅
十六大与一中全会	2002/11/8	2002/11/14	-6.4%	-0.6%	-10.1%	-2.8%
十六届二中全会	2003/2/24	2003/2/26	6.0%	0.0%	-1.5%	6.1%
十六届三中全会	2003/10/11	2003/10/14	-8.2%	-1.4%	-5.2%	13.4%
十六届四中全会	2004/9/16	2004/9/19	-8.1%	0.1%	-1.3%	-4.8%
十六届五中全会	2005/10/8	2005/10/11	13.5%	-3.2%	-5.7%	4.8%
十六届六中全会	2006/10/8	2006/10/11	1.3%	5.1%	7.5%	58.1%
十六届七中全会	2007/10/9	2007/10/11	46.6%	7.9%	-6.6%	-3.7%
十七大与一中全会	2007/10/15	2007/10/22	50.8%	11.1%	-15.6%	-22.8%
十七届二中全会	2008/2/25	2008/2/27	-13.2%	-8.2%	-21.9%	-22.8%
十七届三中全会	2008/10/9	2008/10/12	-28.4%	-2.5%	-11.1%	-9.2%
十七届四中全会	2009/9/15	2009/9/18	8.5%	-0.7%	-1.7%	2.9%
十七届五中全会	2010/10/15	2010/10/18	18.8%	8.6%	-0.5%	-5.9%
十七届六中全会	2011/10/15	2011/10/18	-13.8%	-1.9%	-0.6%	-6.8%

资料来源：申万研究

从历史上来看，重要会议前"维稳行情"多有表现，但是似乎难以改变市场的中长期的趋势。会议前的上涨多数是预期支撑，一是预期会议前会有政策维稳，二预期会议期间会出台重要的政策。一方面市场有所预期，管理层未必做；另一方面两会、党代会出台的政策虽然非常重要，但是一般都是宏观全局指导性的，短期之内并不能对基本面产生立竿见影的影响，因此很难给当下的股市给予持续上涨的动力。伴随着会议的召开，"维稳预期"兑现之后，如果基本面没有很快发生明显的变化，市场会逐渐回归原有的轨迹。

从总体来看，党代会召开体现出的"维稳效应"不如"两会"那样具有较为明显的规律性。原因可能是"两会"前夕恰逢一年的开端，这段时间股市的普遍上涨很可能是叠加了"春季躁动"的因素。我们在宽体策论篇第四章《春季躁动，四月决断》中曾经指出，4月之前，由于政策未定、旺季未到，经济和政策的格局都尚未明晰，无论之前之后的股市表现如何，总有一些投资机会，惹得投资者心情躁动。而4月后，随着两会政策的落定、开工的进行，全年的政策和经济格局初定，4月～10月市场往往会陷入一种趋势、一种风格。因此这也可以解释为什么，"两会"召开之后，随着预期的兑现，政策的落定，市场较开会前期又会有所回落。

2. 熊市中"维稳行情"短期有助于股市企稳

当市场陷入低迷的时候，投资者似乎更愿意去期待重大会议和重要事件"维稳行情"，所以从过去熊市中分析"维稳行情"的表现和具体情况，对现在来说可能更有借鉴意义。

2.1 2002 年十六大召开前夕股市仅有短期企稳

2002 年十六大召开，是政府换届的关键性的一年，但是此时的市场却是十分低迷。2001 年以来，由于高科技上市公司业绩大幅下滑和上市公司国有股减持等因素，股市持续下跌。在这样的背景下，2002 年管理层为了提振股市出台了多项利好政策和措施：央行宣布降低利率，国务院决定暂停国内上市公司利用证券市场减持国有股，QFII 制度被批准并付诸实施等等(表3)。但是这些措施似乎并没有从根本上改变股市的颓势，股指除了在重大利好出台的当天走出了比较亢奋的走势外，其余多数时间走势都相对疲弱。

表3：2002年"维稳"股市相关政策

日期	相关利好股市的政策
2002/2/21	央行降息存款利率平均下调 0.25%
2002/3/11	戴相龙表示央行积极支持资本市场的发展
2002/5/21	证监会恢复和完善向二级市场配售新股方式
2002/6/24	国务院决定停止减持国有股
2002/6/24	证监会提高增发门槛
2002/7/18	周小川指出我国具备推行 QFII 的基本条件
2002/9/16	退市公司重组后股份可全流通
2002/11/8	QFII 制度正式出台
2002/12/1	QFII 制度正式实施
2002/12/25	证监会取消首批 32 项行政审批项目

资料来源：申万研究

在这样的市场环境中，我们所谓的"维稳行情"并不十分明显。在 2002 年 11 月 8 日十六大召开前夕，我们看到股市仅仅有了短暂的企稳(大约从 10 月 10 持续到开会前夕一个月的时间)，随着会议的召开，市场又开始了另一轮快速的下跌(图4)。

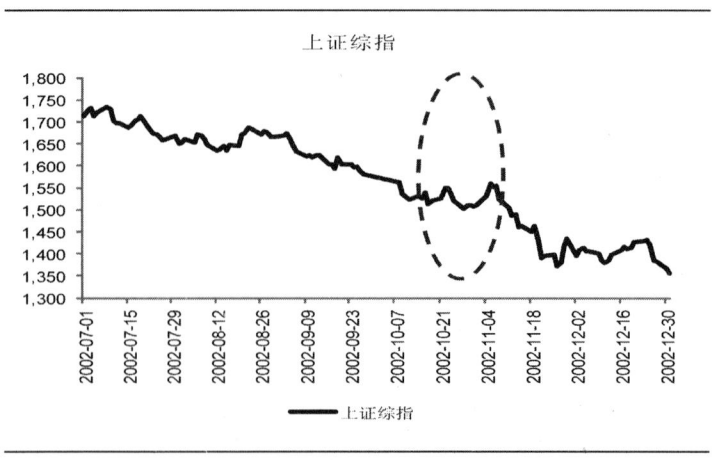

图4：2002年十六大换届会议前夕，维稳行情大约持续了一个月

资料来源：万得资讯，申万研究

2002年的低迷的股市走势与当时较为良好宏观经济走势有一定程度的背离。当时由于上市公司股权结构不明晰以及各种市场的利益机制没有理顺，投资者对于股市上涨缺乏足够的信心，一定程度上导致了即使政府出台了大量的维稳股市的政策，但是市场上并没有走出像样的"维稳行情"。

2.2 2008年奥运会"维稳行情"短期企稳，长期回落

"维稳行情"受到关注和期待较多的另一个年份是2008年，上半年，中国经济遭遇了金融危机的冲击，经济增速快速下滑(图5)，股市也从年初的6000点跌到年中的3000多点，跌去了近一半。

图5：2008年的经济一路下滑不支持股市持续回升

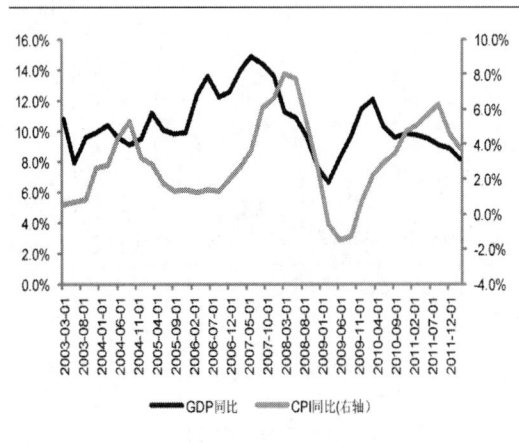

资料来源：CEIC，万得资讯，申万研究

图6：2008年奥运会前股市有1个半月左右的企稳

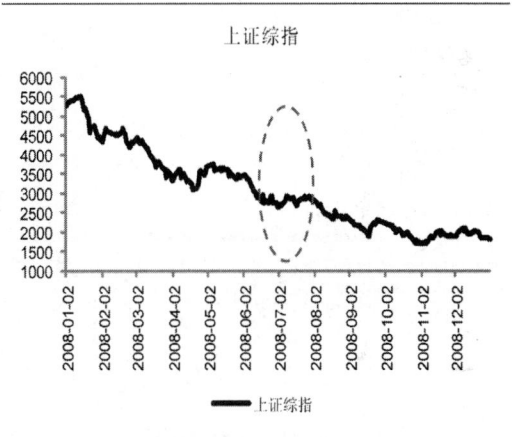

资料来源：CEIC，万得资讯，申万研究

随着奥运会的临近，很多投资者也开始预期会政府会出手维稳股市，更有投资者期待下半年经济可能会逐步企稳。而市场在6中到7月份也的确止住之前快速下跌的态势，有所企稳(图6)。事实上从当时管理层的态度来看，随着市场的下跌，管理层的确出台了下调印花税，鼓励国有企业增持、回购等维稳股市，汇金增持三大行等直接利好股市的措施。

表4：2008年维稳股市相关政策

日期	相关利好股市的政策
2008/4/24	证券交易印花税税率由3‰调整为1‰
2008/9/19	证券交易印花税单边征收
2008/9/27	上证所发布实施《个人投资者行为指引》
2008/10/9	证监会发布实施《关于上市公司以集中竞价交易方式回购股份的补充规定》
2008/10/25	11家券商联网测试融资融券业务

资料来源：申万研究

413

但是，很快投资者发现六七月份的企稳只是相对短暂，8月份之后股市又经历了另一波比较快速的杀跌，直到10月底才真正开始逐步见底回升。"维稳行情"之所以没有持续太久，一方面是由于下半年经济本身还在快速下滑过程中，加大了投资者的悲观情绪，从基本面上无法支持股市持续反弹；二是从市场层面上来说股市整体从2007年的高位下来尚未调整充分，依然有较大的下跌动力。三是当时股市的"维稳政策"并没有改变股市的运行环境和供求关系，场外资金流入信心不足，没有办法从根本上止住股市下跌的态势。直到2008年11月份，随着四万亿刺激计划和信贷的大量放出，经济企稳的迹象愈发明显并持续改善，股市才开始出现真正的拐点(图7)。

图7：2008年下半年产业资本出现了增持的高峰，股市逐步见底

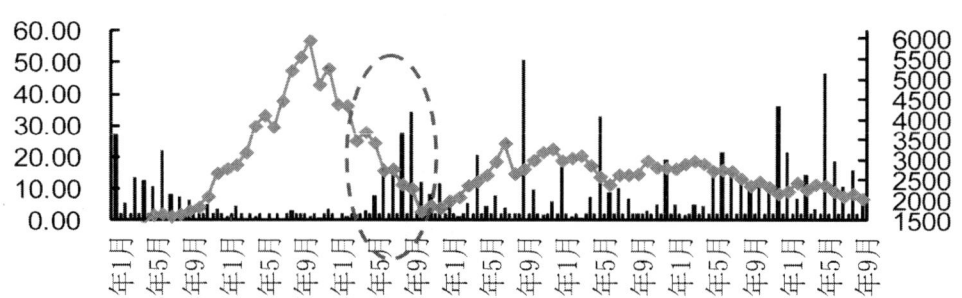

资料来源：万得资讯，申万研究

3. 股市呵护政策短期有提振作用，长期来看效果一般

从历史上看，为了维稳股市，管理层往往会推出一些直接利好股市的政策，如鼓励国有企业增持、汇金增持、停发新股、降低印花税等。这些措施短期很难改变股市中长期的运行趋势，但在一段时间内能引发反弹。

历史上，2008年9月、2009年10月和2011年10月，三轮汇金公司增持国有商业银行股票，短期都给市场带来了较为明显的积极影响(表5)。

表 5：历史上三次汇金增持短期对市场均有积极影响

增持开始日期	增持行为	当日涨幅	一周后涨幅	一个月后涨幅	一季度后涨幅
2008年9月18日	汇金公司宣布在自主购入工、中、建三行股票，并从即日起开始有关市场操作。	9.45%	21.19%	4.12%	6.32%
2009年10月9日	汇金公司宣布增持工、中、建三行A股股份，并拟在未来12个月内以自身名义继续在增持三行股份。	4.76%	7.21%	14.25%	14.99%
2011年10月10日	汇金公司宣布已在二级市场自主购入工、农、中、建四行股票，并继续进行相关市场操作。	-0.61%	3.44%	7.02%	-5.65%

资料来源：申万研究

从历史表现来看，停发新股和降低印花税率等呵护政策均对股市也有提振作用。停发新股对市场短期影响不显著，但中期内将明显提振股市信心。2004年8月～2005年1月、2005年5月～2006年6月、2008年9月～2009年6月分别出现过三次IPO暂停的阶段，在初期市场并没有显著的上涨，甚至公布当天还会出现下跌。但是从较长时间来看，IPO暂停缓解股票压力对市场的上涨起到明显的保障作用(表6)。

表 6：IPO暂停初期市场维持原有趋势，后续涨幅较大

IPO暂停日期	IPO重启日期	当天涨幅	一周后涨幅	一月后涨幅	一季度后涨幅	IPO暂停期间涨幅
04/8/31	05/1/23	1.72%	0.37%	5.86%	1.37%	-6.44%
05/5/25	06/6/2	-0.16%	-3.23%	2.61%	7.09%	55.46%
08/9/16	09/6/29	-4.47%	5.86%	-8.16%	-5.54%	43.07%

资料来源：申万研究

印花税调整则存在明显的短期脉冲效果，而长期影响趋于缓和(表7)。2001年以来总共调整过5次印花税调整，5次降低，1次上调。5次降低都使得市场在一个月时间内上涨，其中08年的两次调降公布当天市场出现集体涨停的恢弘场面。2007年5月30日的上调使得市场在一个月内大幅下挫。然后从一季度的角度来看，这些影响并不明显。

表7：印花税调整对 A 股市场脉冲效应明显，长期影响不显著

印花税调整时间	调整内容	当天涨幅	一周后涨幅	一月后涨幅	一季度后涨幅
01/11/16	从 4‰调至 2‰	1.57%	5.63%	3.34%	-7.08%
05/1/23	从 2‰调至 1‰	1.73%	-1.69%	6.06%	-5.29%
07/5/30	从 1‰调至 3‰	-6.50%	-12.89%	-11.86%	19.83%
08/4/24	从 3‰调至 1‰	9.29%	12.65%	5.94%	-13.44%
08/9/19	单边征收，税率不变	9.46%	20.99%	1.84%	6.32%

资料来源：申万研究

小结：从对过去历次"维稳行情"的具体表现来看，我们可以得出以下结论：首先，短期内重要的事件或者会议的确会触发投资者一定的"维稳预期"，表现为市场一定程度的企稳或者反弹，但是另一方面这些"维稳行情"持续时间相对短暂，并不能改变股市中长期趋势，真正影响股市中长期走势的还是由基本面情况所驱动，就像 2008 年，只有当实体经济开始见底回升时，股市才开始出现中长期的拐点。其次，在市场持续下跌的"熊市"中，一般来说管理层的确有动力去采取一些维稳股市的措施，这些措施在短期内对股市的确有一定的提振作用，但从长期来看效果较为有限。"维稳行情"短期可以有所期待，中长期难改趋势，因此，对于投资者来说参与"维稳行情"的时间和节奏很重要，要做就要做在前面。

第十八章

先验与证伪
——对研究范式的若干思考

主要观点：

十一长假，再读波普尔，还是很受用。很多时候，我们的思维受"先验判断"干扰，事前证据确凿，事后不堪一击。一旦反思，又陷入"西西弗的悲剧"，始终无法挣脱。本文是今年实战的一些案例，希望能给您一些启发。

所谓"先验判断"是指自觉或者不自觉，事先已经给出一种判断，这种先入为主的想法最终主导了整个决策过程，看似客观，实质主观。这种先验判断，在研究过程中不胜枚举，例如常规的策略框架、毛利率分析和投资时钟。传统研究范式有很多陷阱，主要是对F的假定和对X的先验判断。

波普尔是对现代科学有巨大革新的人，其"证伪哲学"在诸多领域有所应用，索罗斯也深受此哲学的影响。我们对X未来的推演，一开始的判断只是假说，之后要不断寻找"证伪的理由"。如果没找到，这个假说就可以作为暂时的真理，一旦找到就要小心。今年，我们的研究实战，对这一哲学思想多有贯彻，比如春季躁动、梦醒时分、政策证伪和红色十月。

十一长假，再读波普尔，还是很受用。很多时候，我们的思维受"先验判断"的干扰，事前证据确凿，事后不堪一击。一旦反思，又陷入"西西弗的悲剧"[①]，始终无法挣脱。本文结合今年实战案例，论述此点。

1. "先验判断"的困境

所谓"先验判断"是指自觉或者不自觉，事先已经给出一种判断，这种先入为主的想法最终主导了整个决策过程，看似客观，实质主观。这里先举几个常见案例。

1.1 "先验判断"的三个常见案例

案例一：常规策略分析的五要素模型

大部分的策略框架将输入变量分为基本面、资金面、流动性、估值和催化剂等因素，并且人为设计各种打分机制，通过加权平均得出综合的市场环境。这种分析框架，看似完备、固定，可细化、可修正，事实上缺陷巨大。

---

① 关于西西弗的悲剧参见宽体策论篇第15章《西西弗的悲剧——对宽体5和11的若干补充》。

且不论打分和加权机制的随机性,具体到每个变量的判断都有很强的先验性。比如说基本面,自上而下分析,最大的变量就是宏观经济,经济何时见底?会有很多论据和数据,最终得出结论。但事实上,多是先有结论后有论据,具有很强的先验性。如果基本面改善、资金面充裕、流动性泛滥,那么股市当然应该上涨,可是凭什么认为基本面改善、资金面充裕呢?比如说,2012年5月底,大部分投资者认定经济二季度见底,政策也将出手,所以股市不会跌。可事实上,三季度GDP就是比二季度更差。之前的先验判断,很快就被证伪了。

我们也曾醉心于此,打造了"驱动力 -- 信号验证"机制,撰写了18篇策略思考报告。现在看来,不是说这些工作无用,而是这些都是工具,都是"术"。如何运用是关键,不能一开始就被其束缚住。

案例二:毛利率和股市涨跌

在行业比较思考篇第6章《谁更相关》中指出:毛利率环比与股指的相关度最高,达到72.2%。季调后的单季利润环比次之,准确率为69.4%。单季利润同比增速最低,准确率仅为66.7%(表1)。

表1:毛利率环比和股指变动的关系最强

	单季利润环比	单季利润环比(季调)	单季利润同比增速	单季毛利率变动
正确次数	24	25	24	26
正确概率	66.7%	69.4%	66.7%	72.2%

资料来源:申万研究

似乎只要判断对毛利率的方向,股指行进的方向就大致不差。可是,研究发现:毛利率对指数的有效解释基于两大前提:经济大起大落、经济变量能预测对。毛利率只是"宏观环境"的最终体现。用工业增加值、FAI、PPI和CRB来预测毛利率,解释能力达到60%。其实,这四个变量已经代表宏观经济的各个层面,毛利率也就成了宏观环境的最终体现。前几年,经济大起大落,经济波动是决定股指的最重要变量,毛利率与股指的变动当然很相关;而一旦经济陷入平缓波动,宏观经济对市场的解释作用弱化,毛利率的变动和股指变动会多有背离。

所以,对毛利率的判断,本质上也会陷入"先验判断"。通过各种假说和证据,最终给出一个结论。而事实上,是一开始就有了一种主观判断。

案例三:投资时钟

2007年,我初次接触"投资时钟",深受震撼,以为找到了策略之根本。这几年,反复思考,发现这是一场无法证伪的先验假说。"投资时钟"的根本不在于每个区间中的资产配置,而在于确定现在及未来是几点钟?

所以,投资时钟的本质上是经济周期的定位。而周期的定位,特别是短时间的波动,似乎是一个无法解决的问题,最终还是靠当事人的主观判断。

大多大类资产配置和行业配置的理论基于"投资时钟",因此大多PPT都是争论宏观经济周期的定位,最后一页PPT根据"投资时钟"直接得出行业,其实就是讨论宏观问题,其实质是表达个人的主观倾向。所以，看似完美无瑕，实质上无法操作。

1.2 研究的陷阱

做了六年半研究，发现研究中存在很多陷阱。如若不了解这些陷阱，研究越深越细，反而有南辕北辙之嫌。所有投资研究的目的都是寻找股价变化的动因。如果股价是 P，我们需要知道 F，还要找到 X。一般而言，通过历史上股价和 X 的关系来确定 F，根据宏观、行业等知识推断 X 未来的变化，最终再根据未来的 X 和 F 来推演股价的趋势。

但这里，有两个陷阱。其一，F 是可以变的，过去的 F 并不代表未来的 F[②]。麻烦的是，站在现在，永远无法直接确认未来的 F 是否已经变化？关于此点，我们只能借助市场实验[③]，要相信市场是连续的，即便一开始搞错，能及时纠错，并且重仓加回，还来得及。

其二，对 X 的推演存在很强的"先验性"。看似很强的逻辑，其实只不过是事先一拍。比如说"M1 定乾坤"，假定 M1 和股指的映射关系(F)不变，未来的 M1 怎么被确定呢？事实上，研究 M1 并不比研究股指简单。再比如说有色金属的价格，很难预测，通过研究，发现铜价与库存天数、美元指数、CPI 指数和经济先行指标之间的相关性高达 -0.8，-0.7，0.5 和 0.3。模型解释度较高，R-square 达到 0.83。似乎找到了破解之道，但库存天数、美元指数、CPI 和领先指标如何预测呢？既然还是要拍，为何要拍四次？

没有办法，研究还是应该如此。只是当我们得出一个定律的时候，要想一想，映射关系是否会变化？自变量的推断不能有"先验判断"。

2. "证伪哲学"的应用

波普尔是对现代科学有巨大革新的人，其"证伪哲学"在诸多领域有所应用，索罗斯也深受此哲学的影响。对 X 未来的推演，一开始的判断只是假说，之后要不断寻找"证伪的理由"。如果没找到，就暂时被接受，一旦找到就被证伪。悲哀的是，现在大多数的研究是寻找"证实的理由"。今年，我们的研究实战，对这一哲学思想多有贯彻。

案例一：一月看多和春季躁动

2012 年 1 月 9 日，《从悲观到中性》，很多投资者问"经济是否见底"、"2132 点是不是最低点"。其实这两个问题都无法回答。但当时货币政策已经转向，M1 处于低位，库存水平偏低，有补库存的动机，PMI 连续上升，一派经济见底复苏的态势(图 1)。更重要的是，每年春季都有躁动[④]，由于 2011 年经历三波惨跌，市场有做多的情绪。春节较早，离三月中旬经济公布期，有较多的交易时间。所以，站在当时，货币转向、经济复苏这一点无法被证伪。再看市场反应，1 月 9 日大涨 60 点，当晚中石油、中国神华和联通增持，第二天又大涨 60 点，市场情绪偏多，所以当时可以顺势而为，做多！(图 2)

---

② 关于此点，参见宽体策论篇第 11 章《此岸和彼岸：策略研究 f，而非 x》。
③ 关于市场实验，2012 年已多次运用，散落在其他报告中，接下来宽体策论篇第 19 章中会专门研究。
④ 关于春季躁动详见宽体策论篇第 4 章《春季躁动、四月决断》。

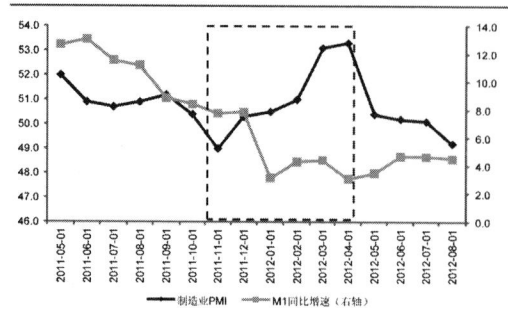

图1：2012年初，M1处于低位，PMI持续改善

图2：2012年1月9日，大公司增持，股市大涨

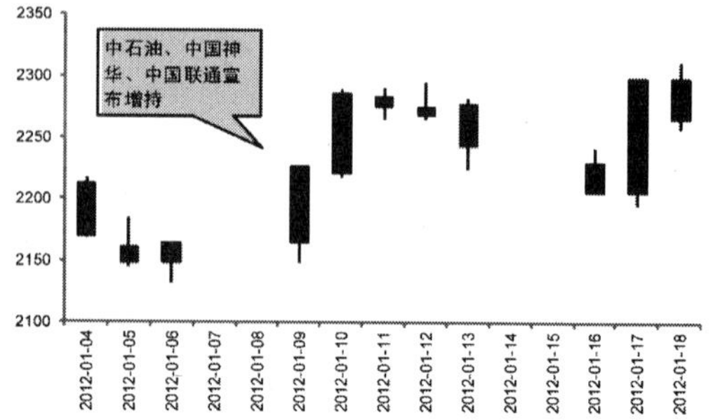

资料来源：CEIC，申万研究　　　　　　　资料来源：万得资讯，申万研究

进入2月，市场更加躁动，但跟踪经济发现"没有任何改善，还在进一步恶化[5]"。经济证伪的时间日益临近，所以3月5日，发表月报《梦醒时分》，认为"需要注意风险，如果再上涨，就减仓"。事实上，3月以后，市场已经很难上涨，消费股开始启动，说明市场的情绪转向防御。

时至2012年10月，经济还未见底，指数早就跌破2132。但并不能因此否定一季度做多，因为行情持续四个月，指数上涨15%。如果不把握，会很被动。

案例二：政策证伪和经济证伪

2012年5月2日，我们发表月报《恒星与卫星：中盘蓝筹和成长唱戏》，提出"政策证伪"的概念，认为"随着政策证伪，周期股不会上涨，但热情不退，成长股迎来唱戏的机会，推荐医药、电子和环保"。

之后几个月，多有争论，很多人认为是"政策证实"，而非"证伪"。我们必须承认"政策证伪"比"经济证伪"难，因为后者只需要观察几个数据就可以。但是从市场表现看，5月份后就基本下跌，成长股开始跑赢(图3)。

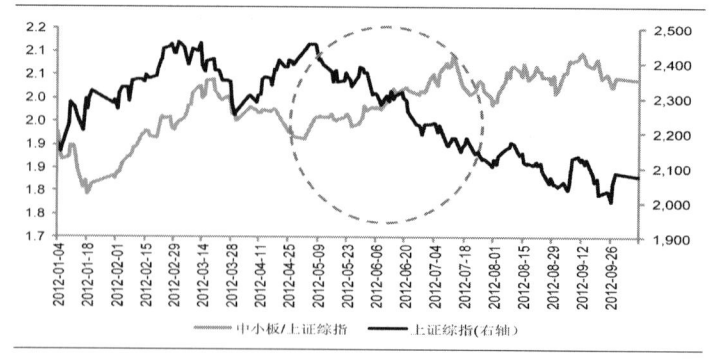

图3：2012年5月份"政策逐渐证伪"，市场下跌，成长股开始跑赢周期股

资料来源：CEIC，申万研究

---

[5] 关于此点参见2012年3月5日报告《梦醒时分》。

案例三：红色10月

2012年9月26日，打响发令枪，节前要有仓位，防范上行风险。这固然出于"超跌反弹"和"股市维稳"的预期，也是对经济再次无法证伪的担心。

虽然我们相信中国经济很难马上好转，但基于基数效应，四季度可能出现同比改善的幻觉[6]，投资者会如何理解？还无法确认。如果再次陷入"无法证伪"，那上行的风险就会加大，所以此时有仓位比没有仓位好。

图4：2012年四季度GDP环比增速明显下行

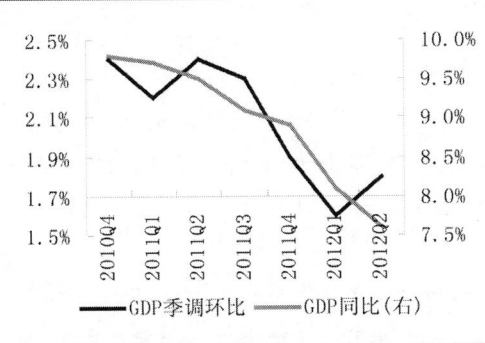

资料来源：CEIC，申万研究

图5：2011年四季度业绩占比低于正常水平

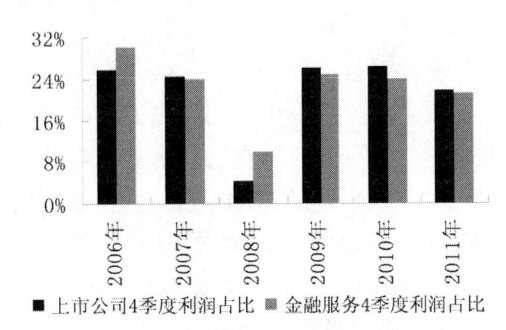

资料来源：万得资讯，申万研究

---

[6] 具体分析参见2012年10月8日发表的策略月报《红色十月》。

第十九章

观察市场，调整 F
——对"市场实验"的若干思考

主要观点：

策略思考第 18 篇就已经提出"市场实验"的概念，只是当时并无深入的研究。近一年，我们对市场行为的研究越来越多，其逻辑和结论散落在《宽体策论》和月度报告中。如果说《策略思考》着重于实体分析、对 X 的分解，那么《宽体策论》强调市场分析，强调对映射关系 F 的把握。本文是对前期研究结果的综合提炼。

对市场本身的研究是策略的本职工作。策略最难的就是如何确定关键变量和未来的映射关系。这些无法先验判断，但是市场会告诉我们。首先，市场是连续的，不会出现毫无征兆的跳跃；其次，不用"抄底"和"逃顶"，关键是要抓住主升和主跌，选择正确的品种。

市场先生可能喜怒无常，但也并非毫无规律，只要相信此点，就会感觉市场研究非常有趣，研究市场本身也并不是浪费时间，更不是"投机"和"博弈"。

文中用四个案例说明"市场实验"这一抽象概念，希望能给大家一些启发。

早在 2011 年 5 月 12 日《策略思考》终结篇《对外策略 对内策划》，我们就已提出"市场实验"的概念，只是当时对这一概念并无深入的分析。近一年，对市场行为的研究越来越多，其逻辑和结论散落在《宽体策论》和月报中。

如果说《策略思考》着重于实体分析、对 X 的分解，那么《宽体策论》强调市场分析，强调对映射关系 F 的把握。本文是对前期研究结果的综合提炼。

1.市场分析是策略的本职

大部分投资者都认定基本面变化是驱动股价的核心因素，于是行业分析员醉心于行业和公司的基本面研究，宏观分析员执着于宏观变量的回顾和推演。而策略并无实体对应的领域，所以只有和宏观争夺话语权，特别是在过去五年宏观大起大落的年代。

事实上，在宏观和行业之外，还有一片广阔的空间，那就是"市场本身"。市场参与主体的构成、投资者的偏好、交易制度对行为的偏向，这些应是策略分析的本职和重要部分。悲哀的是，专注于此似乎不入流，被贬为"投机"和"博弈"。

1.1 市场分析至关重要

很多人崇尚巴菲特，觉得市场先生喜怒无常、无法把握，只有事实本身才是最重要的，可在 A 股市场拼杀的投资者有多少能像巴菲特那样拥有"无限的时间和资金"，谁能够直接入阁改造管理层？

约束是我们必须正视的，也是理解市场的重要前提。很多人问："站在三年的角度，现在的股市是否低估？如果五年后能涨到6000点，那么现在2400和2000点有什么区别"？可问题是，如果三个月就被清盘，还有三年吗？一年也就波动300多点，你觉得2400和2000点没区别吗？

无可否认，基本面和事物本身的变化至关重要，但在一段时间内，股价的表现和基本面的表现会多有背离，而且这"一段时间"可能还会很长。所以，除了理解实体本身的变化，市场的选择和偏向也至关重要。

另外，市场先生或许喜怒无常，但并不是毫无规律可循。只要相信此点，就会感觉市场研究非常有趣，研究市场本身也并不是浪费时间。

很多时候，我甚至认为人们之所以崇尚基本面分析，只是因为其比较容易理解。菲雪尔提出成长股的若干标准，巴菲特说要有护城河，林奇说逛逛街就可以发现Tenbagger。可什么叫护城河？如何具备核心竞争力？这些东西本身就是"知易行难"的东西。波普尔、索罗斯和凯恩斯无法用量化标准告诉我们他们的选股标准，但我觉得他们的哲学更接近投资的本质。只是他们的东西"知难行也难"，所以大部分人不愿意采取他们的方法。

1.2 策略的难点：关键变量和未来的映射关系

策略最难的一点就是：就算知道所有变量的变化方向，还是不知道市场会怎么走？因为大多数情况下，这些变量的变化方向各异，那么哪个更加重要呢？

在宽体策论篇第18章《先验和证伪》中，我们曾经指出：研究上存在陷阱，过去经验得到的映射关系，在未来未必存在，就像今年业绩超群的基金经理明年未必表现优异，所以死板地遵守过去的经验，很可能得不偿失。

可是站在现在这个时点，你怎么知道哪个变量会更重要？未来的映射关系会如何变化？其实并不需要"先验回答"，因为市场会告诉我们的。

首先，市场是连续的，不可能毫无征兆、出现跳跃。

即使美国1987年10月19日的黑色星期一也是如此(图11)。从1987年8月以来，纽约股市就开始出现较大的波动，尤其是10月份的前两周股票价格不断下降，在10月5日～9日，道·琼斯工业平均指数就下跌了158点。10月14日，有媒体称美国众议院拟取消并购融资的税收优惠政策，同时美国商务部发布的8月份贸易赤字数据大大超过了人们的预期，当天道琼斯指数又下跌了95点。10月15、16日，市场在焦虑的情绪中继续下跌，一些投资者开始把钱从股市腾挪到更为安全的债券市场；很多采取"组合保险"策略的投资者在这个时候也开始大量卖空股票和股票期货，期货市场的交易量变得不太正常，10月16日当天道琼斯指数又暴跌了108点。

图 1：美国 1987 年黑色星期一之前的市场征兆

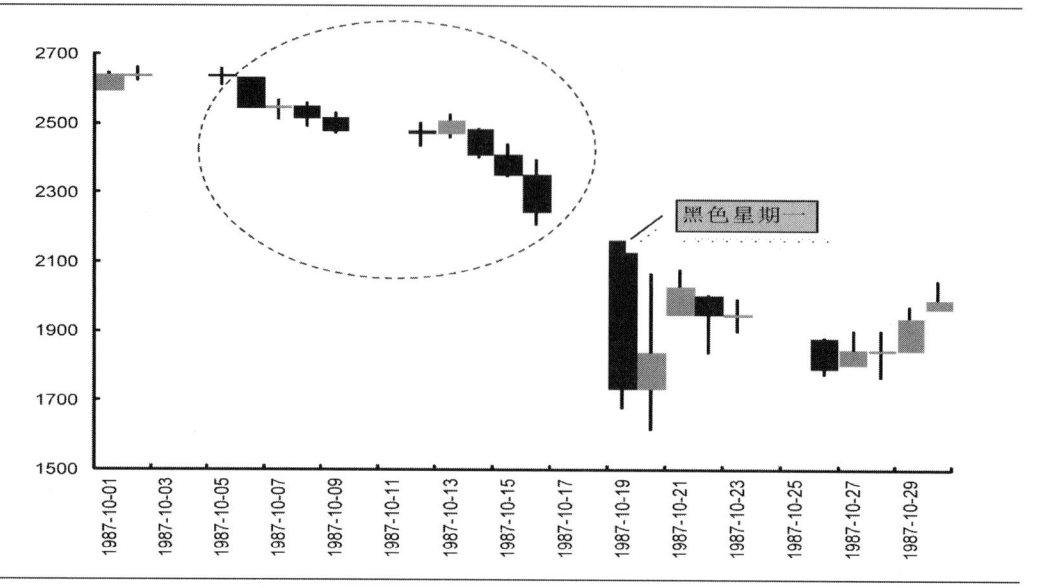

资料来源：Bloomberg，申万研究

其次，投资关键是判断格局，抓住主升、避开主跌。

很多人都以"抄底"、"逃顶"自诩，其实无论是"抄底"还是"逃顶"都需要冒很大风险，有很强的偶然性。如果真是一个大的格局，不在乎前面的一两百点，关键是如何确认市场格局，抓住之后的主升、主跌浪。另外，选择什么样的品种也非常重要，可以错过前面的机会，但在主升和主跌浪中抓住最强势的品种，结果并不会太差。投资不是为了证明自己有多聪明，关键要保证收益的稳定性，而稳定的来源是确定，世界上最伟大的力量莫过于"复利"。

2. "市场实验"的若干案例

下面结合过完的实战案例，借此说明"市场实验"这一抽象概念：

案例一：房地产和银行的陨落

2010 之前，大家投资银行和房地产的逻辑是 NIM(净息差)扩大、房价上涨和销售上升，但自从 2010 年 4 月调控以来，整个映射关系发生了改变。银行净息差越扩大，就越侵占实体资本的利益，房价和销售越好，就越有可能被打压。两年以来，房价、销售和利润增长不断超预期，但是股价再无表现，估值不断回落。这就是 F 的改变，如果不了解这一点，过去两年投资银行和房地产就会失败(图2、图3)。

图2：房价、销售和股价的表现图　　　图3：银行净息差和股价图

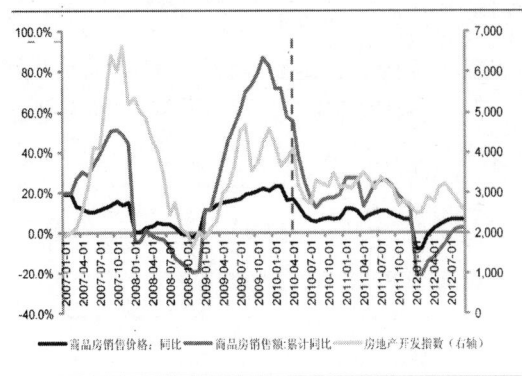
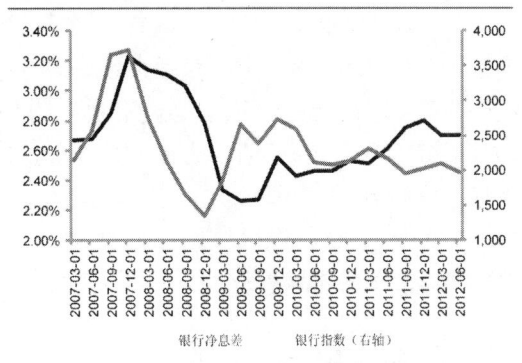

资料来源：华通人，申万研究　　　　　　资料来源：万得资讯，申万研究

案例二：2011年11月30日的降准选择和之后的市场反应

2011年11月30日晚首次下调准备金，当晚可以做出两个预断：第一流动性开始放松，是拐点；第二经济可能加速下滑，放松无法扭转经济颓势[1]。那么市场到底会反映前者还是后者呢？其实当晚不得而知。作为卖方，当晚就必须做判断、写报告，我们只能算幸运，选择后者，认为《降准难改弱市局面》。但是作为买方，其实不需要马上判断，当时是一个多空的分水岭，主跌和主升都是有可能，风险和收益相当，贸然选择方向都是赌博。我们需要观察市场本身的选择和反映。第二天高开低走、第三天继续颓势，此时撤还来得及，说明市场选择第二个变量，后面才是一波主跌(图4)。

图4：2011年11月30日降准之后三天的市场颓势提示投资者应该撤了

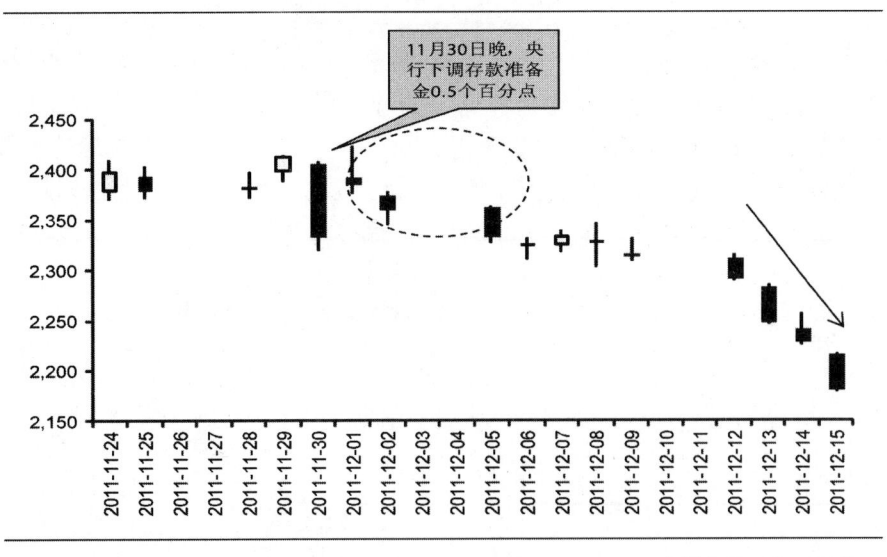

资料来源：申万研究

---

[1] 对于第一个判断没有争议，第二个判断争议会比较大。但是，我们暂时假设，当时这个判断是全市场的共识。

案例三：2012年4月9日的通胀和信贷之争

4月9日公布3月CPI，同时大致知晓3月信贷。通胀3.6%超预期，对市场不利，信贷超万亿，对市场有利，此时市场会选择前者还是选择后者呢？也是需要观察，当天股价呈现颓势，第二天股指先跌后张，一扫颓势(图5)，特别是与信贷和政策放松预期相关的房地产领涨，市场确认选择后者，之后才是大涨，"政策放松预期"这一市场特征确立，可以选择更猛的证券和房地产(图6)。

图5：先跌后涨确认市场特征　　　　　　图6：房地产和证券的走势更猛

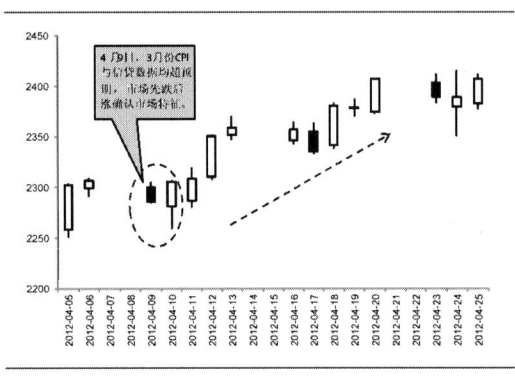
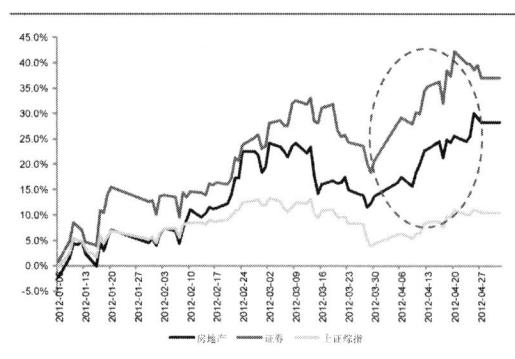

资料来源：万得资讯，申万研究　　　　　资料来源：万得资讯，CEIC，申万研究

案例四：2012年9月7日大涨和红色十月的区别

9月7日市场大涨，启动的位置大概为2029点，但是我们认为不可持续，《动静太大，不宜再深入》，而9月底跌破2000点，我们认为要《发令枪响》，除了基本面的理由[③]外，市场的强弱格局也值得关注。

9月7日周五大涨，周末无消息，9月10日盘整，11日小跌，但当日晚温总理在达沃斯发表演讲，说要"动用一万亿预调微调"，不管此事真假，如果市场处于强势格局，周三必大涨，但是没有。周四晚美国推出QE3，周五股市反映也并不强烈，说明市场处于弱势格局。第二周，市场才开始大跌，进入主跌浪。所以，对于9.7大涨，一开始确实无法判断行情是否延续，但是经过一周的测试，是可以知道的，而这一周交易量不小，可以从容撤离(图7)。

---

③ 关于基本面的理由参见2012年9月月报《等待发令枪》和10月月报《红色十月》。

图 7：9 月 7 日大涨不改弱势格局，可以从容撤离

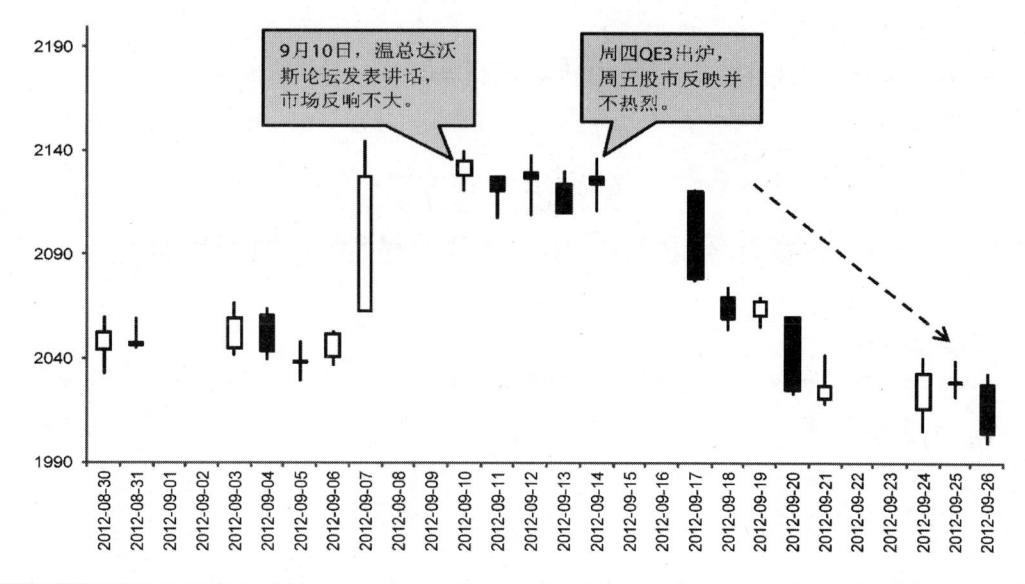

资料来源：申万研究

反观 9 月 27 日跌破 2000 点后的反弹，格局就偏强(图 8)。首先 9 月 27 日的大涨肯定跟"证监会停发新股"的传闻相关，但下午两点就开始辟谣，市场并未下跌。下午四点，正式开会，传闻更是子虚乌有，照理讲，9 月 28 日会大跌，但是没有，还是涨 30 点。长假回来，几乎没有任何刺激政策，"黑色星期一"似成定局，但下午两点半迅速收回，第二天马上大涨。10 月 15 日周一也是如此，前期下跌，两点半后迅速收回，说明市场格局比较强(图 9)。

图 8：2012 年 9 月 27 日后的市场格局偏强   **图 9："黑色星期一"没有再现**

 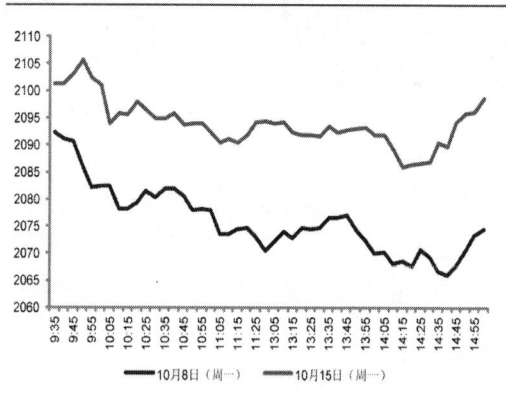

资料来源：万得资讯，申万研究　　　　　　　　　资料来源：万得资讯，CEIC，申万研究

第二十章

红海与蓝海
——对宽体策论篇第 16 章《策略是片海》的若干补充

主要观点：

管理学上有"红海"、"蓝海"一说，所谓"红海"是指旧有的模式、充满竞争、利润微薄，而"蓝海"是指未知的领域、充满了机遇和挑战。近两年在 A 股市场上拼杀的投资者，渐感倦意、疲惫不堪，这片"红海"的吸引力越来越小。而另一方面，新的市场、新的工具和新的交易模式迎面而来，这片"蓝海"神秘而诱惑，但现在的投资者普遍感觉无所适从。

红海已经太拥挤。2003 年来，投资模式经历三重变化，从"坐庄和股评"到"自下而上挖掘"，从"货币导向"到"存量博弈"。投资模式趋同，导致大家的收益非常接近，这片红海已经太拥挤。

周围还有一片蓝海。如《宽体策论篇》前几章所言，金融市场唯一确定的就是不确定。所以，从研究的角度，"证伪哲学"比"先验假定"要重要。但是，从投资角度，承认不确定、追求确定才是根本，否则无法持续提高收益率。如果把视野打开，就可以发现"红海"之外有很多确定性机会。这种收益或许也不是很可观，但是由于确定，可以重仓、放大杠杆，最终取得不俗的收益。如 2011 年 8 月的信用债、2012 年 7 月的农产品期货机会和 2012 年 9 月的黄金。

迎接立体交易时代的来临。立体交易初现端倪，6 月 15 日的银行股异动、9 月 7 日市场异动时融资大量增加。随之而来，研究模式也需要改变，更加重视"价值"的挖掘，更加重视大类资产配置的作用。

管理学上有"红海"、"蓝海"一说，所谓"红海"是指旧有的模式、充满竞争、利润微薄，而"蓝海"是指未知的领域、充满了机遇和挑战。近两年在 A 股市场上拼杀的投资者，渐感倦意、疲惫不堪，这片"红海"的吸引力越来越小。而另一方面，新的市场、新的工具和新的交易模式迎面而来，这片"蓝海"神秘而诱惑，但现在的投资者普遍感觉无所适从。

宽体策论篇第 16 章《策略是片海》发布后，引发热议，但篇幅太短，难尽其意。所以本文做进一步的补充。

1. 红海已经太拥挤

必须承认，中国的金融业态还很落后，市场偏小、工具偏少。但另一方面，投资者的学习能力很强,很多方法和工具在短时间内被学习并熟悉,所以必须保持一颗开放的心态。

1.1 2003年来,投资模式经历三重变化

2003年,从坐庄和股评的年代过渡到基本面研究的年代,崇尚价值投资的公募基金崛起。投资者通过对西方正统会计、财务和金融等微观知识的应用,在那个漫漫熊途,确实找到了一些好公司、好股票,取得不俗业绩。

但当时的投资者普遍缺乏"自上而下"的视野,更多的是跟随业绩、自下而上调研公司。2006年到2009年的经济大起大落,对这种模式冲击巨大。宏观的巨大波动导致微观主体的行为无法被跟踪,行业分析员(特别是周期型的行业分析员)变得无所适从。彼时,得宏观者得天下,而货币论者无疑是最占优势的。股市的拐点和经济拐点多有偏差,但很多时候与货币的拐点(甚至是货币政策调整的争议)非常契合。比如说,2008年10月,经济远未见底,而股市已经见底,货币政策由紧转松;再比如2009年8月,股市大跌,经济走向过热而不是二次见底,但货币收紧的传闻发生在那时(图1)。

图1:2008–2009年不同阶段的市场走势

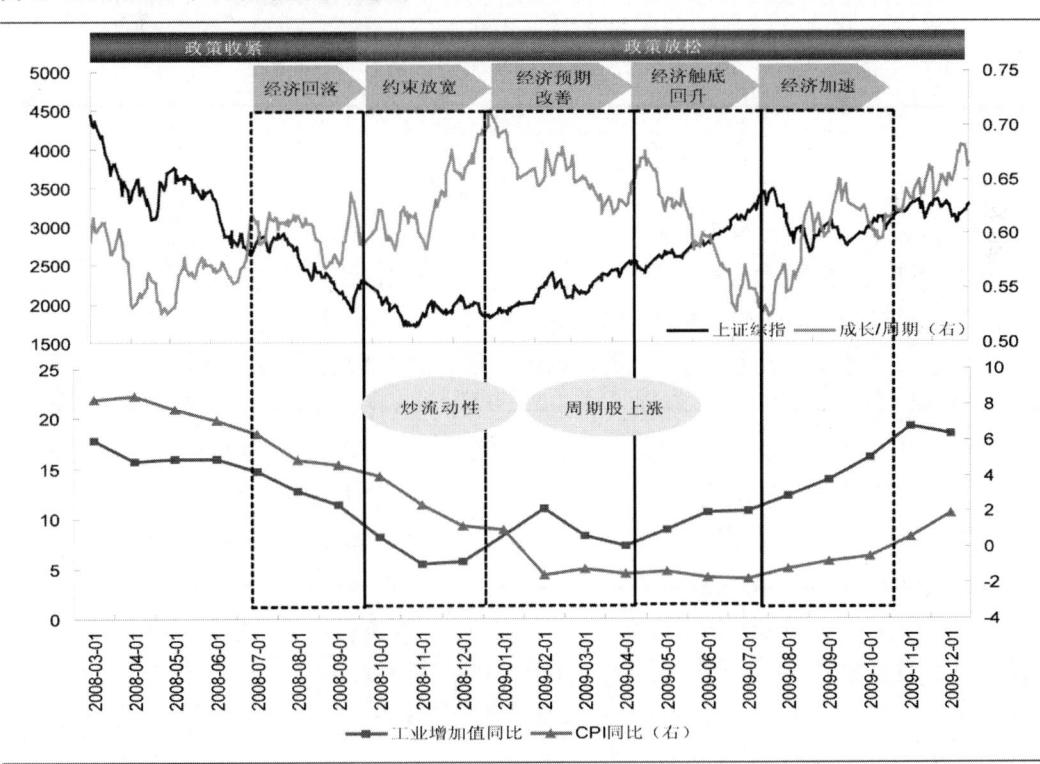

资料来源:万得资讯,申万研究

可是,在过去两年,这种以"货币政策"为导向的自上而下方法受到了严重的挫折。从2011年11月30日首次下调准备金开始,三次降准、两次降息,每次都是逃命机会,而不是加仓的机会(图2)。究其根本,经济的内核已经发生改变,关于内在机理的具体论述参见2012年7月30日的报告《等待星星之火》。

图2：2012年11月以来,三次降准、两次降息,每次都是逃命机会

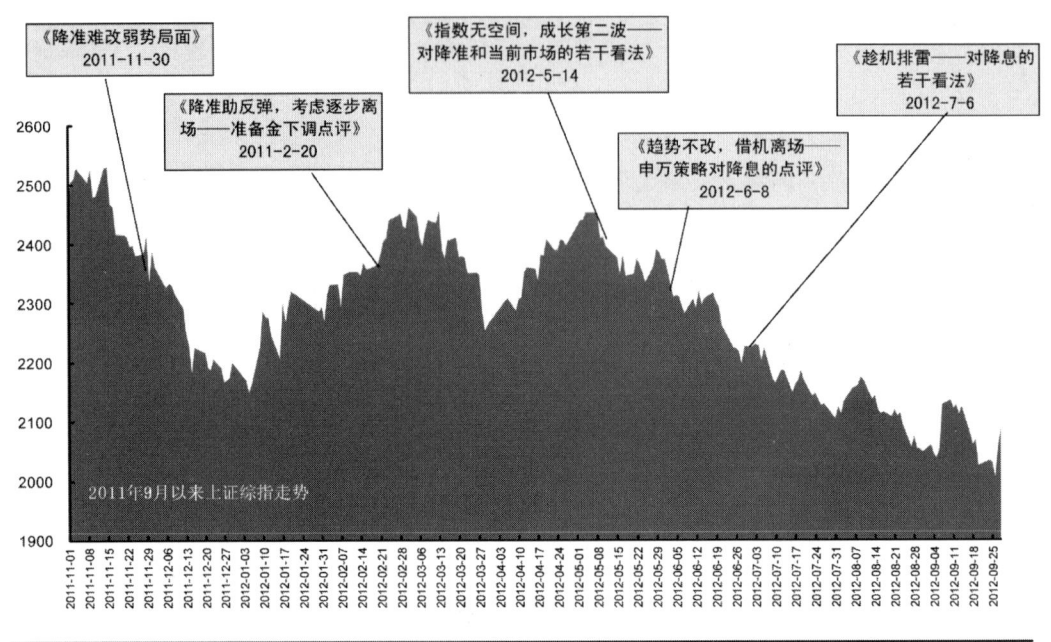

资料来源： 万得资讯，申万研究

过去两年，博弈在投资中占据重要地位。存量行情、周期搭台成长唱戏①，幡动不如心动。2011年和2012年，每年年初由于"春季躁动"，经济状况无法证伪，都会有一波行情。而后，随着经济状况的清晰，见底之期遥不可及，市场不断创新低。

城头变换大王旗，各领风骚一两月。由于存量资金的流动，出现了所谓的"行业轮动"。但是，领导行业往往在几个月后覆灭，带来基金排名的变化。2012年，从煤炭到房地产，再到白酒，接下来会不会是"苹果皮"？2011年，回过头来看，全年保持低仓位，就是最好的策略。而所谓低仓位，实质上就是舍弃A股这片红海，去寻找另外一片蓝海，比如理财产品。

1.2 模式趋同、收益接近、无风起浪

投资模式趋同，导致大家的收益非常接近(图3)。投资更多变成交易，多五个点的收益就能进入前四分之一，成为褒奖的对象，少五个点就要检讨。

---

① 关于存量行情、春季躁动、周期搭台成长唱戏，可以参见我们2011年9月至今的大部分报告。

图3：目前基金的收益率已经变得非常接近

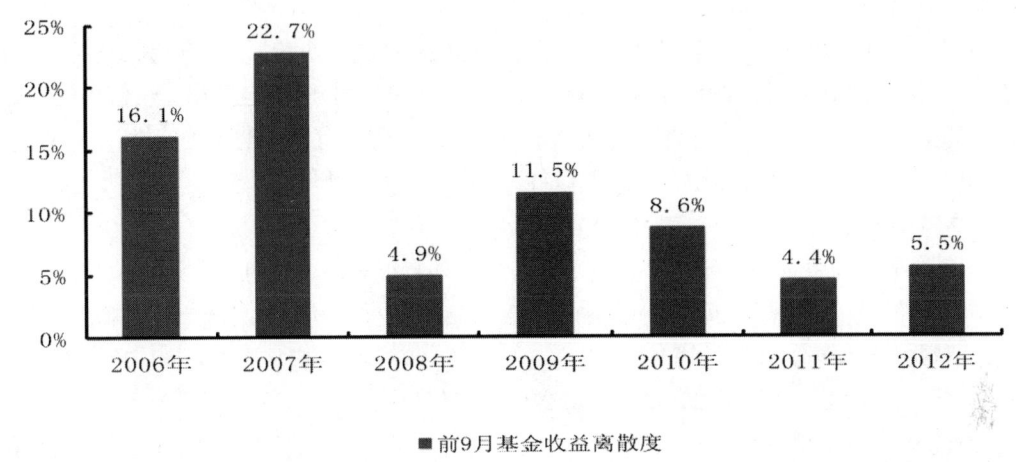

资料来源： 万得资讯，申万研究

时代已经不同了，2006年至2010年的经济大起大落很难再现，那时，经济波动是主要矛盾，投资如同进入平原，大开大合。现在，经济波动逐步收敛，即便见底，也难以迅速上升，投资进入山区，很难进行大规模战役。

但是，没有空间，大资金、大研究就逐步失去价值。于是乎，挣扎于"红海"的投资者开始编造各种"伟大的故事"。每年年初，春季躁动，正是这种故事最活跃的时候，过了4月，这种故事就会迅速被证伪。

其实，大的格局和框架难以改变，一般不容易犯错误。但因于红海，没有波澜，创造波澜而已。

2. 周围还有一片蓝海

2.1 承认不确定，追求确定

如前面几篇《宽体策论》所言，金融市场唯一确定的就是不确定。所以，从研究的角度，"证伪哲学"比"先验假定"[2]要重要。但是，从投资角度，承认不确定、追求确定才是根本，否则无法持续提高收益率。

如前面所说，5%的收益可能由"交易"所得，但排名机制下，这5%也非常重要，所以投资的模式变得越来越不确定。这是很危险的。

比如说，2012年9月11日晚温总理在达沃斯论坛上讲"可以动用一万亿财政资金来用于预调微调"，那么投资该何去何从？这里面有几个环节：其一，是不是真的动用一万亿？其二，下面会不会有配套措施，执行力度如何？能否形成乘数效应？其三，资本市场对这种预调微调，作何反应？每个环节都有极强的或然性，大大降低了投资的稳定性，有赌的成

---

② 关于此点详见宽体策论第18篇《先验和证伪——对研究范式的若干思考》。

分,很难下重手。按照常理,这种机会应该放弃,但是9月7日大涨75点,9月10日小幅上涨、9月11日小幅下跌,如果9月12日再次大涨40点,很可能反弹的格局能持续,这对排名接近的投资者而言,可能是生死抉择。

再比如,9月26日盘中跌破2000点,第二天我们打响发令枪。我们认为节前要有一定仓位,以应对节后的上行风险,这种上行风险来自"十八大会期确定"和"长假内的利好消息"。但是,说实话,谁也无法保证这两个事情会适时出现,有很大的不确定性。

困于"红海",只能这么做,但长此以往,可能有损投资和研究能力!

2.2 确定的三个机会

如果我们把视野打开,就可以发现"红海"之外有很多确定性机会。这种收益或许也不是很可观,但是由于确定,可以重仓、放大杠杆,最终取得不俗的收益。寻找确定性,重仓搏击,全身而退,方为投资之道!

机会一:2011年8月城投违约恐慌导致的信用债机会

2011年8月"城投债"有一波较为确定"超跌反弹"的投资机会(图4)。2011年6月份,市场传出了云南城投可能违约的消息,一些城投债、信用债遭到机构恐慌性的抛售,导致城信用利差大幅上升,同时也带动了信用债价格暴跌。随着违约风险的逐渐缓和,2011年8月份信用债有了一波较为持续的超跌反弹,当时,有些信用债、城投债收益率达到8%,这实在是个不错的收益,因为当时基本没有违约风险。

图4:2011年8月有一波信用债超跌反弹的行情

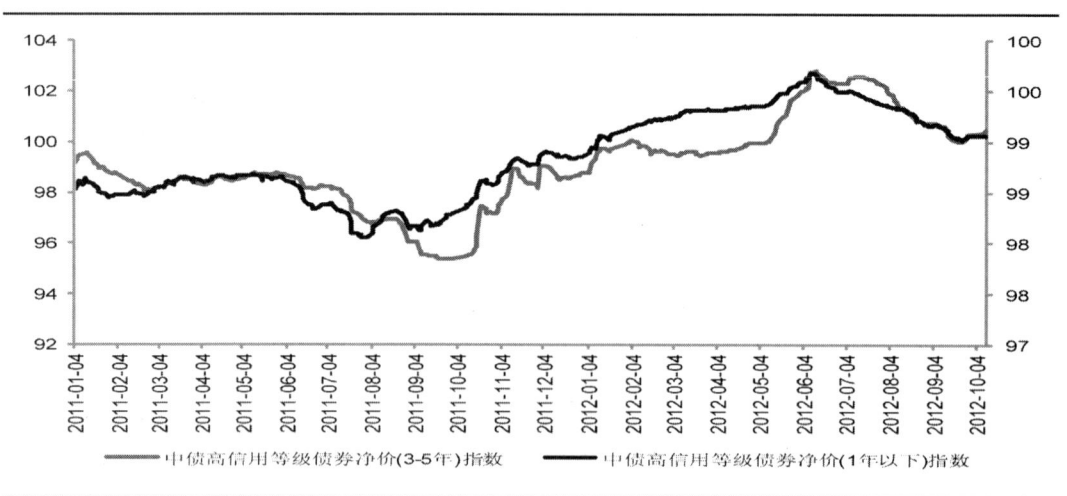

资料来源: 万得资讯,申万研究

机会二:2012年7月美国大旱导致的农产品期货机会

2012年7月,美国大旱导致国际农产品价格暴涨(图5),国内的玉米、豆粕期货也随之水涨船高(图6)。投资者不需要把握全部,只要把握确定的5%,足矣!

图 5：受美国大旱影响，国际农产品价格暴涨　　　　图 6：受国际价格印象，国内农产品期货暴涨

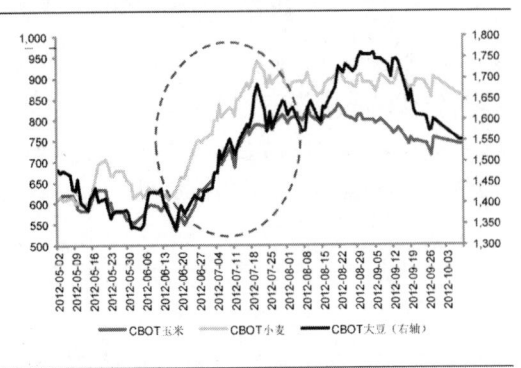 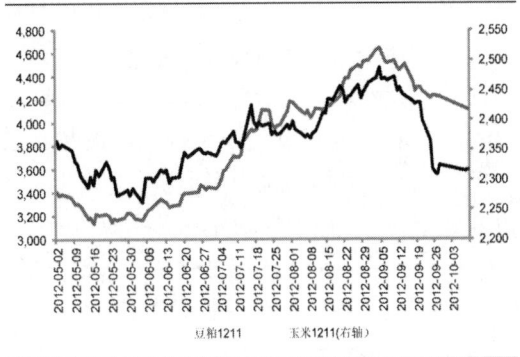

资料来源：CEIC，万得资讯，申万研究　　　　　　　资料来源：CEIC，万得资讯，申万研究

机会三：QE3 预期升温推动的黄金股行情

2012 年 8 月 31 日，伯南克在 Jackson Hole 会议表示，如果就业仍旧疲软，不排除推出 QE3 的可能性。9 月 7 日非农就业岗位低于预期，QE3 如箭在弦，9 月 14 日 QE3 如期推出，这个过程黄金的投资机会比较确定(图7)。

图 7：2012 年 9 月初，QE3 如箭在弦，推动黄金价格和黄金股大幅上涨

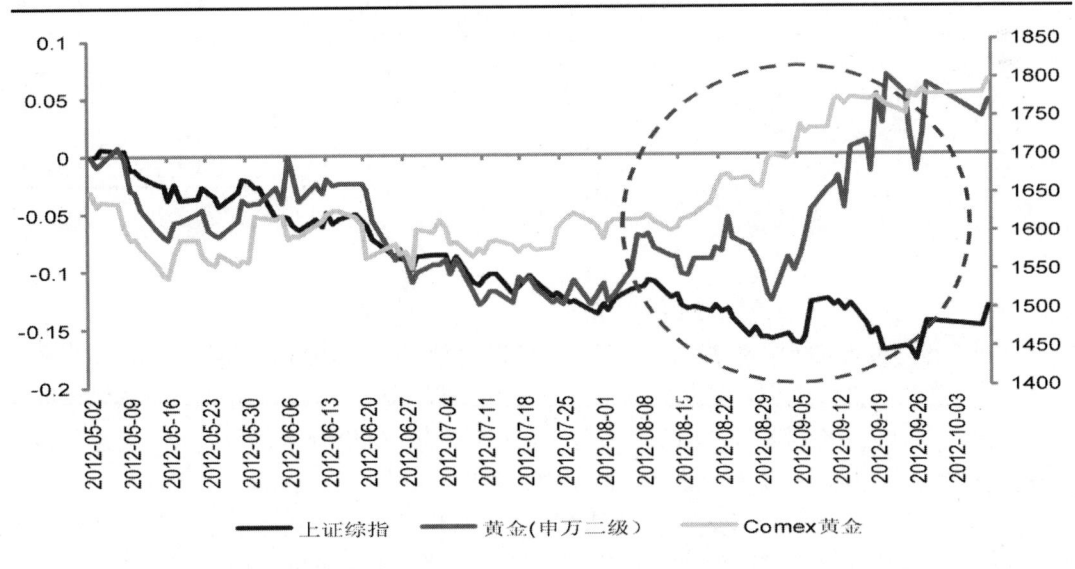

资料来源： 万得资讯，申万研究

3. 迎接立体交易时代的来临

3.1 立体交易初现端倪

很多投资者说：我们不能使用这些工具，不能跨市场交易，所以不需要知道这些。其实，这种立体交易的模式正在冲击整个市场，任何人都不能置身事外。今年，有很多迹象表

明,市场正慢慢发生变化。

案例一:2012年6月15日银行股的异动

2012年6月15日,银行股发生异动,银行指数上涨1.98%,跑赢大盘1.51%,其中宁波银行领涨,涨幅高达7.65%(表1)。当天银行股大涨其实并没有动用太多资金,整个银行股板块的交易量在66.7亿左右。随着交易模式的改变,很多大盘股的交易量已经不大了,沦为僵尸,但其对股指的拉动作用巨大。相反,很多小盘股的减持量大,交易量也更大。从这个角度来看,造成股指异动并不需要太多的资金。

表1:2012年6月15日银行股异动表现

代码	银行板块	涨幅	超额收益	成交金额	自由流通市值	总市值
801192.SI	银行Ⅱ(申万)	2.0%	1.5%	66.7568	27,954.9	56,495.1
002142.SZ	宁波银行	7.7%	7.2%	5.3120	230.2	267.6
601009.SH	南京银行	5.2%	4.7%	3.8307	251.8	251.8
601166.SH	兴业银行	4.1%	3.6%	14.0833	1,341.8	1,341.8
600015.SH	华夏银行	3.6%	3.1%	6.5632	457.6	628.1
000001.SZ	平安银行	3.6%	3.1%	6.3634	454.6	750.1
601818.SH	光大银行	2.9%	2.4%	1.2292	420.0	1,116.0
601169.SH	北京银行	2.9%	2.4%	3.0393	581.0	684.2
601998.SH	中信银行	2.8%	2.3%	1.7602	1,255.0	1,852.8
600000.SH	浦发银行	2.4%	1.9%	11.2958	1,234.1	1,542.6
601328.SH	交通银行	1.8%	1.3%	1.9718	1,455.6	2,753.9
600036.SH	招商银行	1.7%	1.3%	5.5490	1,918.5	2,343.2
601939.SH	建设银行	1.4%	0.9%	1.0547	424.0	11,050.5
601288.SH	农业银行	1.1%	0.7%	2.4348	669.9	8,509.6
601398.SH	工商银行	0.8%	0.3%	1.8918	10,369.8	13,798.2
601988.SH	中国银行	0.7%	0.2%	0.3777	5,533.4	7,899.9

资料来源:申万研究

案例二:2012年9月7日的市场异动

9月7日,市场大涨近80点。上午两个小时的交易量高达620亿,相当于前两个交易日的2-3倍。如此大的交易量不知从何而来,但是当时的环境适合做多,发改委前两天密集发布了大量项目、证监会维稳预期渐浓、海外市场在QE3预期的推动下大涨。我们注意到当天转融资量放大了三倍,从5、6号的20亿水平,猛增至60亿左右(图8)。

正常情况下,这么大的交易量,行情会延续一段时间,但是实际上上涨行情并没有延续,市场逐步回落并创出了新低(图9)。可见,交易模式和以前变得不太一样了。

图8：9月7日当天，转融资量放大随后回落　　　　　图9：9月7日市场异动，行情没有延续

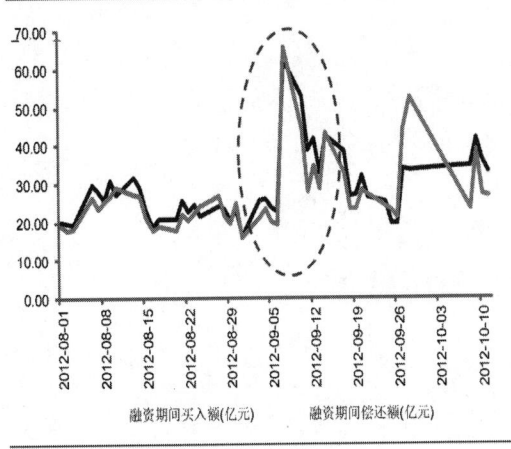
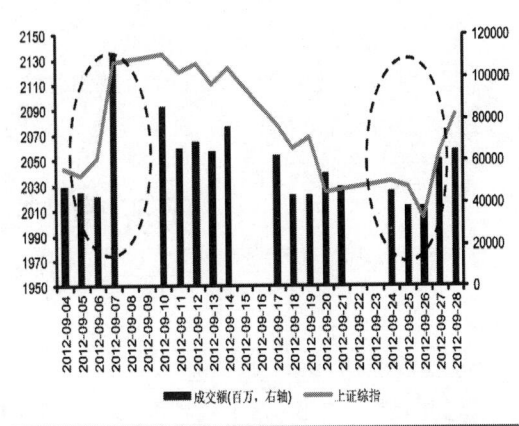

资料来源：CEIC，万得资讯，申万研究　　　　　　　资料来源：CEIC，万得资讯，申万研究

3.2 研究模式的改造

当跨市场、多产品、多重交易工具交替使用的立体交易时代来临，我们现有的投资、研究和产品设计思想都会受到极大冲击，就像当年基本面研究对"庄股时代"的冲击一样。

首先，研究模式需要改变，重视价值的挖掘

以前的A股，单边交易，价格比价值更重要，随着"多空交易"的来临，价值比价格更重要。另外一方面，配对交易的价值显现。以前，行业分析员只要一年挖掘一个牛股就可以，现在，更多把握行业内股票和公司的特性，即便没有行业或者公司的机会，只要找到两个迥然不同的公司或者股票，在这个特性上将杠杆放大，也可以取得很大的收益。以前，有很多分析员(诸如钢铁、航运、造船、电力)都感慨行业没有机会，不受关注，以后只要抓住区别，就可以创造收益。所以，立体交易时代对研究的要求更甚。

其次，大类资产配置价值凸显

由于跨市场、多产品，第一层面的资金分配更加重要。以前，大类资产研究就是宏观研究，"投资时钟"被奉为经典，对具体市场和产品并不了解。以后，对不同市场、不同产品的深入了解成为先决条件。

建立大类资产配置团队的第一步就是了解我们可参与、可交易的所有产品和工具的特性，其次将这些特性进行总结提炼，和日常的研究跟踪结合，在此基础上通过宏观判断对这些市场和产品进行选择。最后还要熟悉这些市场交易者的特征和规模。任何投资和交易都是人的行为，离开这些参与者去谈交易，无益！

第二十一章

兵无常势，水无常形
——对策略框架的再思考

主要观点：

过去七年，共撰写《策略思考》、《宽体策论》和《行业比较思考》52篇文章，本文尝试做一定总结。

对于投资，理念最重要。理念是信仰，没有对错之分，关键是要适合个人的性格、资金性质和投资环境。

理念固然珍贵，但要明白A股的约束。在这样的市场，巴菲特式的价值投资未必可行，反而像波普尔、索罗斯和股票做手的方法更加适用。基本面和市场面必须结合，市场的趋势必须尊重。

基本面是出发点，但需运用得当。要注意几点：其一，股价未必领先基本面，对基本面的认识是个过程，不是一步到位，"决定论"的思维不可取；其二：不要用股价倒推基本面；其三，追求模糊正确，而非精确错误；其四，基本面并非完全客观，很多时候只存在于人心；其五，不是非要通晓基本面才可投资。

市场先生并非毫无规律。策略要多研究点市场本身，关于市场研究参见《宽体策论篇》第7章《以己为本　观察价格》和第19章《观察市场　调整F》。

证伪的框架："市场实验"+"实体实验"。主要步骤如下：第一步：深入研究中长期的基本面，不要轻易改变，决定大格局。第二步：在大框架下抓住下阶段股市的核心交易特征。第三，一旦特征确认，选择最好的品种和工具。第四，在趋势强化的过程中，一定要重视负面反向的因素。

在申万七年，一直从事体系建设和研究框架的完善，一直期待能固化一个模型、几个指标或者几条规则来解读市场。经过无数失败[①]、翻阅众多经典、拜访各类客户，始知"所谓框架不是具体的模型、指标或者规则，而是一种思维模式、一个组织架构"。

今天让我用一句话对"策略"进行总结，我会说八个字——"兵无常势、水无常形"。"兵无常势、水无常形"并不是指模型、指标和规则无用，而是说策略的根本不在于模型和指标本身，而在于因时而变、如何运用，这是术和道的区别。

过去七年，撰写方法论三个系列共计52篇文章。其中，《策略思考》着重"术"的积

[①] 在这52篇报告中，对各种指标、模型和流派进行了分析和复盘，发现大多是时而适用、时而不适，所以不可能找到适合任何环境的"永动机"，关键是要了解各种工具适用的前提和环境，然后因时而用。

累,庖丁解牛,将宏观、中观和行业进行分解提炼;而《宽体策论》和《行业比较思考》更重视实战和"道"的提高。前者适合初学者和学院派的选手,偏重教科书式的基本面分析;后者更容易在市场派的高手中得到共鸣,强调市场格局、行为金融和主流偏向的分析。

两者背道而驰,又相互融合,皆不可废,本文尝试做一定总结,亦为三大系列报告的导读。

1. 理念最关键

对于投资,最重要的是理念。不同的人面对同样的世界,会做出不同的选择。有人喜欢在废墟中寻找黄金,有人追求涨停板的快乐,有人注重价值,有人看重趋势…皆因理念不同。从这个意义讲,投资策略源于不同的理念,策略必然是个性化的,没有放之四海而皆准的策略。

理念是第一源动力,是所有框架和投资思路的出发点。没有理念,投资注定是无源之水,找不到坚持的东西,最终也无法修正错误,完善框架。

理念是信仰,没有对错之分,关键是要适合个人的性格、资金性质和投资环境。第一桶金的喜悦或者惨败的教训对投资者理念的形成有重大影响,之后很难改变。投资者或许会在"术"的层面不断自省,但要摒弃理论、修正系统几无可能。

2. 重视 A 股的约束

理念固然珍贵,但明白 A 股的约束也同样重要。经济学最基本的教义告诉我们:随心所欲并不是最优选择,只有特定约束下的需求释放才是最佳行为。

A 股市场有众多约束[②],在此仅仅述几个重要的特征。

第一,单边市,投资者的风险偏好较高,价格和趋势比价值更重要,投资者倾向追求成长股,伟大而短期无法证伪的故事容易将股价推至泡沫。

第二,周期和金融的权重过大,宏观驱动、自上而下的思维非常重要。一旦季度 GDP 连续向下,大概率是单边市,而短期 GDP 的波动受政策影响极大,所以政策在 A 股投资决策中的重要性很高。传统意义上讲,消费品和成长股要自下而上选择,但由于 A 股市场的结构,周期和成长的风格轮动是个重要的问题[③]。很多人认为自上而下的系统太复杂,容易出错,所以不如自下而上。其实,皮之不存毛将焉附,即便是过去两年众人认为"螺蛳壳里做道场"的市场,最终都是单边市,仓位控制和大类资产配置还是最有效的,抱团取暖未必长久[④]。

第三,投资者的视野偏短,要求的回报率偏高,相对排名的压力过大,有严重的博弈情结。过去几年,遍访上百机构,觉得真正意义的长期资金和绝对收益者很少,相对收益、视野偏短使投资者的"主流偏见"值得重要。很多时候,基本面没有变化,但投资者对基本面的解读出现了偏向,并且短期之内无法证伪。大部分时间,行业轮动只是资金进出的结果。

第四,缺乏多重投资工具,市场比较分割。众多聪明的投资者过独木桥,在红海里挣扎。

总之,在这样的市场,作为追求季度排名的投资者,巴菲特式的价值投资未必可行,因

[②] 关于 A 股市场的约束,可参见宽体策论篇第 2 章《A 股篮球论》。
[③] 关于周期和成长的风格轮动可以参见《策略思考篇》第 13 章和《宽体策论篇》第 6 章。
[④] 关于仓位和结构参见《宽体策论篇》第 14 章。

为我们没有巴菲特那么自由的时间、资金和清算方式。反而像波普尔、索罗斯和股票做手的方法更加适用。基本面和市场面必须结合，市场的趋势必须尊重，否则很容易在这场游戏中被淘汰。

当然，约束不是永恒的，先行者应该揣测约束释放后的世界。未来，A股的投资工具会越来越多、金融市场的分割会越来越少，产业资本和长期资金的权重会上升。最终，有一部分长期资金会走向巴菲特式的投资模式，真正用"产业和长期的视野"来审视股票的价值，而另外一部分投资者会走向对冲，利用多重工具、多重市场来赚取价差。

3. 基本面是出发点，但需运用得当

从中长期看，基本面对股价的作用几乎是决定性的，所以《策略思考》对基本面的分解非常重要，是入门教材[5]。

我们将A股市场的行业分为两大块和六小块，其研究和投资的目的都不一样。从研究的角度，每一块均构成经济的一部分，可以持续跟踪，并和相应的宏观指标形成验证(图1)。这两大块、六小块分别是制造业(上游能源、中游制造和下游需求)和服务业(交通运输、TMT和金融)。其中下游把握需求、上游盯住价格、中游观察毛利变化，交通运输从物流角度验证经济活力，金融从流动性角度体现实体和虚拟经济价格变动，TMT可跟踪美国和台湾的电子产业。从投资角度，上游随势、中游择时、下游选股、物流做主题、TMT看创新、金融打底仓。

图1：研究体系包括两大块、六小块，构成经济的观察的各自部分

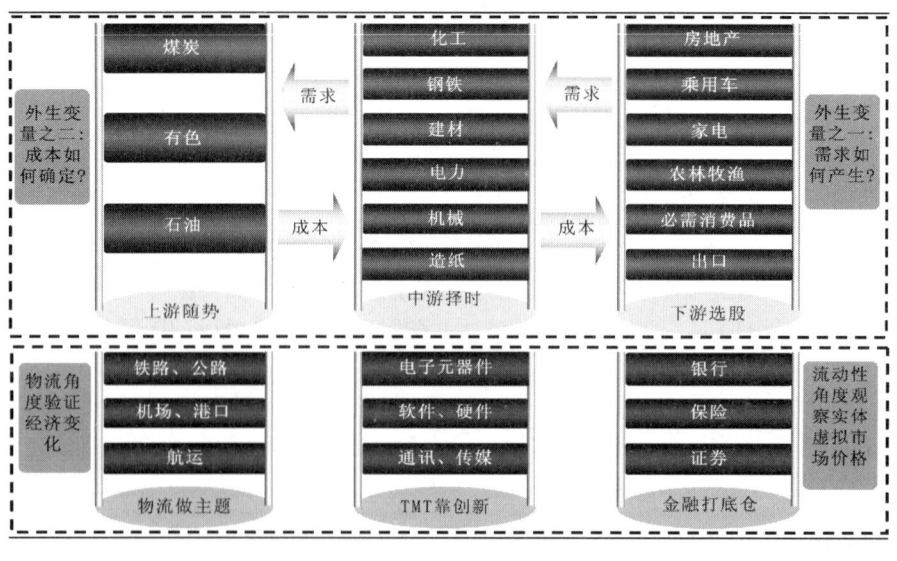

资料来源：申万研究

---

[5] 2012年，我们的研究很看重"行为金融"、"主流偏见"和"市场预期"。很多投资者认为我们已经放弃了基本面，注重于博弈，是投机分子。其实，在我们的框架中，基本面永远是出发点，我们从来没有在任何场合、任何时候说过"基本面不重要"，只是基本面的变化不会太剧烈，只有在较稳定的基本面框架下去把握"主流偏见"才可以把握市场波动。这才是"策略"的根本任务。

但是这只是基础，关键是运用得当，这个市场有太多流行性的谬误，很多根源于思维过程本身。

首先，股价未必领先基本面，对基本面的认识是个过程，不是一步到位，"决定论"⑥的思维为祸至深。

大部分投资者先入为主的认定"股市是经济的晴雨表⑦"，所以热衷于讨论未来几年的经济变化以决定当前股价的走势。具有讽刺意义的是，过去几年股价的走势和未来一年的经济走势是背道而驰的(图2)，股价似乎并不反映未来的经济。

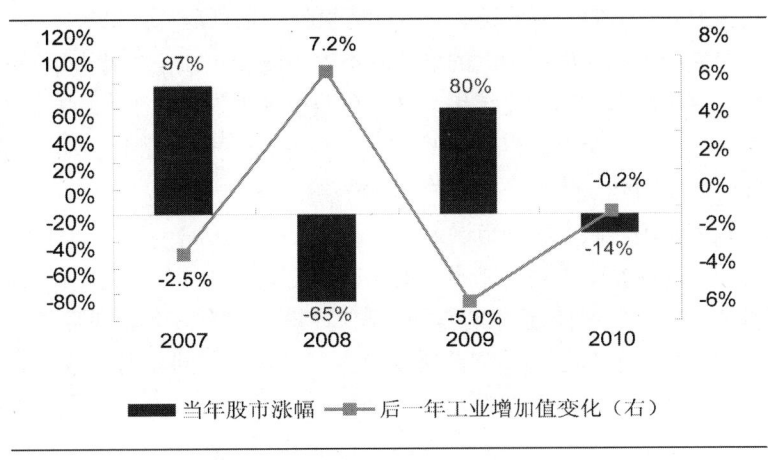

图2：从2007年到2010年，当年股市趋势与下一年经济趋势背道而驰

资料来源：申万研究

但从另外一方面，股价却亦步亦趋的反映当前的经济状况。在《行业比较思考》第六篇《谁更相关?》中，我们曾经指出：分析利润同比、环比增速、毛利率环比与股指的相关度，发现毛利率最高，准确率达到72.2%。而毛利率是反映宏观经济环境的综合指标⑧。所以从季度的频率上看，从宏观推断市场走势的胜率非常大。2012年四季度，我们忘记了这一规律，但最后一个月的"屌丝逆袭"令我们瞠目结舌。

但问题是，对经济的判断不是一步到位的，而是在过程中逐步理解并确认，与此相伴，投资者的行为、仓位选择和结构调整也随之变化。理解这个过程，比"决定论的先验判断"更加有用。

其次，不要用股价倒推基本面，特别是大的框架判断。

大部分投资者相信股价波动蕴含了基本面的变化，所以会用股价波动倒推基本面的好坏，再用基本面的好坏进一步推断股价的走势，陷入循环。

---

⑥ 关于"决定论"的思维、案例和危害参见《宽体策论篇》第5章《基于预测V$基于对策》、第11章《此岸和彼岸》、第15章《西西弗的悲剧》和第18章《先验与证伪》。

⑦ 事实上，大部分国家将股价列为实体经济的先导指标之一。

⑧ 关于毛利率的详解，参见《行业比较思考篇》第四章《打开盈利预测的黑匣子》。

这一点在过去几年的"春季躁动"中表现得淋漓尽致。在《宽体策论》第四篇《春季躁动四月决断》中曾经指出：春季躁动的产生有其情绪、资金和天气原因，和基本面没有本质关系，所以春天适合做主题，要"投机"一点，而4月以后要更"基本面"一点。但岁末年初，为躁动所扰的人群总喜欢编造各种"伟大的故事"，用股价反推基本面，忘记了在理性状态下的常识判断。事实证明，过去几年，错过春季躁动不是最可怕的，最悲哀的是在"春季躁动"的顶峰编造故事硬做。

虽然，众多投资者频频告诫自己"不要用股价倒推基本面"，但人在情绪下很难客观，特别是周边的所有证据都指向"基本面"发生了若干变化。其实，很多时候"基本面"并没有变化，只是行情来了，越来越多人更关注基本面中好的部分，而忽视了坏的部分。大家的论据客观而真实，但并不全面。克罗说：一旦行情来临，总有基本面配合。

投资需要一个大的框架，而所谓大的框架并不容易改变，往往是若干年经济、政策、投资参与主体乃至社会风潮形成的最终结果。这些东西很难因为一两个人的言论和行为发生根本变化，而股市天天波动，接近高点或者低点时，人会乐观和悲观到极致，很容易对这一框架发生怀疑。此时需要的是冷静和坚持，关上行情器。

第三，追求模糊正确，而非精确错误。

基本面研究的大忌就是追求精确错误，最终南辕北辙。大部分研究和投资者误以为"专业就体现在工具和精确上"，所以追求时点和空间的判断。"经济何时见底"、"盈利何时拐头"、"未来一个月会不会降准"，诸如此类都是路演过程频繁问及的话题。其实毫无意义，说者没有信心，听者没有信任，路演变成商务活动。分析师也是人，很多所谓的精确测算，只是拍脑袋，意义并不大。

模糊的东西，虽然无法量化，但决定大格局，只有把握住大格局，才能做更精确的定位。2011年8月前，申万策略的错误就是在大格局上发生错误。按理说，大格局的判断不容易错，模糊的判断更接近常识，但奇怪的是，A股投资者往往会在精确和情绪的影响下，将大格局忘记。

第四，基本面并非完全客观，很多时候只存在于人心。

大部分认为基本面是客观的，可以求真，其实基本面是通过"投资者的认知"映射到股价上的。一个坏的消息出来，你可以说是利空出现而卖出股票，也可以说是利空出尽而买入股票。

事物的存在总是黑白相间，很多时候，不是基本面变了，而是人心变了。乐观起来，你会选择"白"的部分，悲观起来，你会看重"黑"的部分。所以，基本面要关注，更多用"证伪"而不是"先验"的方法，投资者对基本面的选取也要关注，这就是市场反映。

很多投资者将股价的波动归咎于某种猝不及防的催化剂，以不可抗力来免责。其实，催化剂也有三种，对市场影响和应对策略也不尽相同，具体详见《宽体策论篇》第13章《偶发、推断和借口》。

最后，不是非要通晓基本面才可以投资的。

很多人认为，既然要投资某个股票，就要对其非常熟悉，像行业专家、像公司高管。于是，行业分析员出身的基金经理大多在其之前研究的行业中寻找股票，一旦这个领域的行情来临，其排名就提高。

如果真的如此,那一个投资者一生能投资多少个行业、多少只个股呢?一旦自己熟悉的行业没落,难道就不投资吗?所以,关键的问题是加强对"投资之道"的理解。

4. 市场先生并非毫无规律

即便通晓基本面,一个古老的命题随之而生:市场Price in了多少基本面的因素,所以还是无法预判股价会如何走?从基本面到股价反映从来不是一帆风顺,而是存在"惊险的一跃"。

第一,策略要多研究点市场。

一方面,策略什么都要关注,因为任何因素都会影响市场,特别是边际不着眼的变量;另外一方面,策略似乎并无专属领域,宏观、债券和行业分析各据一地,策略不断与其争论,特别是宏观。其实争论之余,策略放弃了一重要的专属领域,那就是市场格局的分析。

策略关注市场天经地义,但学院派出身的人似乎有点不屑,觉得沦为股评和技术分析。市场分析如同大幕沙盘,其他工具都要在其上演绎,为将者不懂此,难以统筹全局。

提高市场触觉,复盘尤为重要。任何一个围棋高手,都是复盘复出来的。复盘时,一定要回到当时当地,否则无益,而要保留当时当地的原貌,最好的方法就是撰写"投资日记"、和有所经历的投资者探讨具体案例。

第二,市场先生并非毫无规律。

大部分投资者觉得市场反复无常、难以把握,所以不如把精力花在可以连续追踪、看得见摸得着的实体上。事实上,实体也并非那么实在,如上所述,基本面也存在于人心。另外,市场先生并非毫无规律,要相信市场是连续的,对基本面的反映会经历犹豫—启动—加速—疯狂和衰亡的阶段。错过最初的阶段并不可怕,关键是在确认时要强化。

第三,市场强弱格局的判定非常重要。

如上所述,从基本面到股价存在市场"Price in了多少"的问题,这个问题无定量可解。市场对信息的反映,强势板块的走势是重要的信号。

第四,市场选择尤为重要。

策略最难的问题就是:有若干个变量,其中几个向好,几个变坏,市场会如何走?行业板块如何选择?这也无法用量化模型,只能提出假说,用市场实验去经验,一旦确认趋势,就可以加仓符合趋势的品种。

关于上述要点的案例分析,参见《宽体策论篇》第7章《以己为本,观察价格》和第19章《观察市场,调整F》。

5. 证伪的框架:市场实验和实体实验

在《策略思考》的终结篇中提出"市场实验"和"实体实验"的概念。只是当时,我们并不知道在实战中如何运用,近两年摸爬滚打,初窥门径(图3)。

图3：卖方强调实体实验、买方重在市场实验

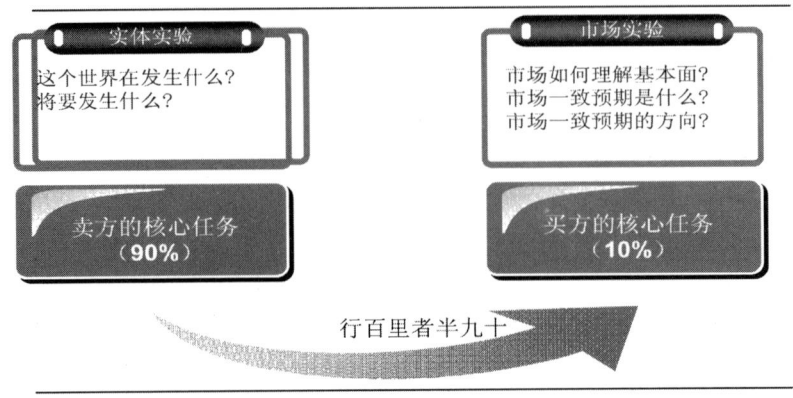

资料来源：申万研究，《策略思考》第18篇《对内策划　对外策略》

基于A股市场的种种约束，我们既不能做巴菲特式的产业投资，也不能做索罗斯式的宏观对冲，只能走中间路线，即基于基本面的趋势投资。大致的步骤如下：

第一步：深入研究中长期的基本面[9]，不要轻易改变，决定大格局。

必须脱离股价波动，从实体出发，确定基本面的中长期趋势。一旦确定，不要轻易改变，因为这决定了股市的大格局。比如说，2010年之后，中国经济就处于"衰退—过热"的二元困境中，房价和通胀成为两大约束，股市整体向下，但有阶段性的反弹机会，但难以出现"无约束的复苏"、新的增长动力还未出现、制度变革由于缺乏经济基本面的支持难以推动整体牛市。所以，大格局不会是牛市。

这一点，本来比较简单，也不是策略的核心任务，因为经济学家或者产业专家就能解决，不需要天天变化。可奇怪的是，由于市场的情绪波动，在冲顶的时候需要不断提醒才好。所以，对于此点，只需深藏心中，每过一段时间才检验一下。一旦这个前提改变，有可能产生大级别的行情。而平时，更需要关注边际变化和市场波动，这才是策略的根本。

第二步：在大框架下抓住下阶段股市的核心交易特征。

大框架构成了股市的中长期趋势，但每个阶段股市的核心交易特征不同。漫漫熊市也有反弹，铮铮牛市亦有回调，并且这种反弹或者回调可能要持续几个月、有一定级别、结构品种更加分化，策略必须把握。

问题是下阶段的核心交易特征如何把握？这里需要不断对未来的实体和市场的变化提出假说，准备几套方案，选择品种，一旦实体的变化和市场反映得到确认，就可以增加符合下阶段交易特征的品种。此时，就等着市场的趋势强化、加速并疯狂，享受收益。但与此同时，不是休息，而是提出再下阶段的假说，准备方案，准备下一场战斗。比如2012年，市场就经过了春季躁动—经济证伪—预期政策—政策证伪—经济企稳—春季躁动等阶段，与此相应的品种也发生变化[10]（图4）。

---

[9] 这里所谓的基本面可大可小，大到整个经济，小到个股公司的基本面。
[10] 关于2012年的市场运行，参见申万策略的报告。

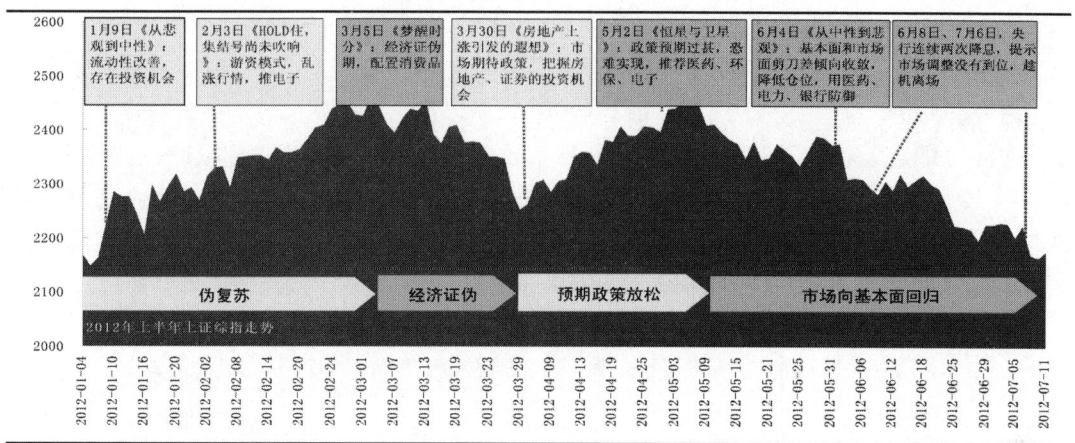

图4：2012年市场特征的变化

资料来源：申万研究

即便如此，也不是每次都能找到"下阶段市场的核心特征"。很多时候，投资者有生物钟，当自己的生物钟和市场同步时，会不断正确，就像申万策略2012年前11个月的感觉。而有时候，不管怎么提假说，总是失之毫厘。此时，就要停下来，用小资金去测试，直到自己的生物钟跟上市场的节奏。不顺的时候降低亏损，顺利的时候放大收益，这才是投资的真谛。

另外，由于是假说，可能被证伪，可能被证实，一夜之间，市场核心交易的特征就可能改变，所以不必纠结于之前判断正确与否。对于卖方，还有观点和面子的问题，但对于买方，唯一重要的就是收益，观点是枷锁。

第三，一旦特征确认，选择最好的品种和工具

一旦特征确认，需要选择最好的品种和工具来完成收益。行业选择和股票选择只是很小的部分，大类品种和金融杠杆的使用也很重要。第一波如果赶不上，只要趋势未疯狂，可以选择其他的替代品种。但要注意两点：首先，尽量选择市场面和基本面统一的品种。比如2012年2月的电子，即便基本面只是季节性改善。如果市场面向上，基本面向下，可以暂时选取，但要注意市场面变化的时离场，比如2012年3月对于消费品的推荐。如果市场面向下，基本面向上，可以关注，不用马上加，否则会降低资金的使用效①。

其次，如果基本面没有轮动，不要滥用行业轮动。当行情来临，期待排名提升的投资者总想赚几波钱。2009年是个经典的案例，行业轮动，从一开始的煤炭有色、到地产汽车、再到后面的银行中游、最后到消费品。

但2009年行业轮动伴随着经济周期的变迁，从衰退到复苏到过热，所以行情的级别比较大，有持续时间，大资金也可以参与。而之后的很多行情，大多是心动重于幡动，一旦市场反弹，所有的行业都会迅速的轮一遍，抓不住率先启动行业的投资者往往会追寻其他相关的板块。这种行业轮动更多是资金的行为，缺乏背后的基本面轮动，所以行情级别和持续时

---

① 关于此点，可以参见《行业比较思考篇》第三章《为什么二月推电子、三月配消费》。

间不够。此种情况,错过先动行业的投资者可以尝试抓一下相关行业,但不可滥用,否则最终行业轮动结束,手中是一堆垃圾,最终市场回调会得不偿失。

第四,在趋势强化的过程中,一定要重视负面反向的因素

趋势不可能一直下去,否则世界将不复存在,所以在趋势强化的过程中,一定要特别重视反向的力量,采取"证伪"的思路,一旦市场开始对反向的因素做出反映,就要重视。2012 年 12 月的错误就在于此,长期看空的思维已经占据主导地位,忽视了市场上做空力量的衰竭(图5),对外资流入和做多中国并不敏感(图6),同时对银行股的异动并没有给予充分的重视,也忽视了市场强势的格局,所以错过了两年来最大的一次反弹机会。

图5:2012 年 11 月底,A 股做空力量阶段性衰竭　　图6:外资强烈做多中国

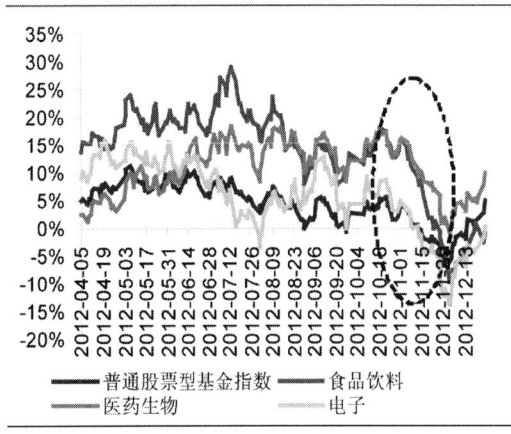
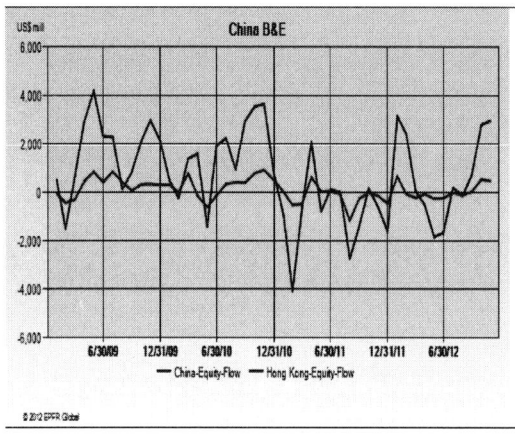

资料来源:CEIC,万得资讯,申万研究　　　　　　资料来源:CEIC,万得资讯,申万研究

第三部分　行业比较思考

第一章

打造基于市场特征的行业比较框架
——探索行业比较方法的第三次突破

行业比较的目的不在于寻找景气最好的品种，而在于寻找未来一段时间能够取得较好超额收益的品种。行业比较方法的第一次突破是2003年的"景气+估值"框架，第二次突破是2009年的"驱动力+信号验证"机制。以上两次突破的成果今天仍在使用。

"景气+估值"框架是所有行业比较的出发点，理论基础是经典估值理论，背后逻辑为超额利润增长会取得超额收益、估值体系相对稳定，存在均值回归倾向。该框架缺陷在于：其一，汇总居多，缺乏前瞻性；其二，分析师盈利预测的调整一般滞后于市场；其三，单纯用业绩衡量景气存在问题。其四，相对估值可能长期偏离均值；最后，不同行业关注点不同。

"驱动力+信号验证"机制完善了各行业的景气指标，实现了自下而上和自下而上的对接。同层次行业的变化能够相互印证，从而更好地观察宏观经济和行业景气的变化。其缺陷在于中观数据重验证，前瞻性不强。

上述两种方法仅仅是信息的分类罗列，本质上还不是行业比较体系。基于市场特征的行业比较研究可能是一种良好补充。大势判断的根本在于把握未来市场交易的特征。行业比较小组据此寻找最符合此种特征的行业。其逻辑基础在于"现在所有的价格、估值、利润已反应既有信息，很难据此推出哪些行业比较好；未来价格和估值的波动来自新的变化，而变化最显著的部分应该符合未来的主要交易特征，所以未来的交易特征是大势判断和行业选择的根本"。

第三次探索的重点在于市场特征的研究。有三个问题值得深入思考。其一，需要了解行业上涨的环境特征，行业的分解和重组是重要的准备工作；其二，需要把握投资者结构和偏好的变化，关键在于识别主流投资者行为以及边际资金的流向；其三，需要把握行业发展大的趋势，大势已去的行业很难推动，代表未来方向的行业持续关注。

大多数人认为行业比较的目的是寻找未来3~6个月内景气最好的行业。如果真是这个目的，怎么解释过去两年银行、地产景气持续高位但股价不断下滑？怎么解释2012年初煤炭景气下滑但股价不断上升？

行业比较方法的第一次突破[①]发生在2002年，在行业研究渐成体系的基础上，跨行业的比较需求应运而生，申万研究所做了最初的探索，形成的产品（景气、盈利、估值、催化剂

---

① 参见申万2002年至今的行业比较报告。

等因素)至今仍在使用。

行业比较方法的第二次突破[②]发生在2009年,"驱动力+信号验证机制"从中观角度极大丰富了景气的跟踪和描述,成为贯穿宏观和微观的通道。最终的中观数据库成为投资者跟踪经济各层面的重要工具。

以上两次突破的成果今天仍在使用,但是这两次突破的共同特征就是太过于看重基本面,而忽视了市场特征的研究。不同的行业在不同的市场环境中表现差异很大,"煤飞色舞"往往发生在流动性改善、经济复苏尚存争议之时,电子、信息在市场乱炒的时候特别突出,农林牧渔、高端消费在通胀上行中特别受益,化工品在过热中疯狂,钢铁股是最后的涅槃……如此种种,都表明市场特征是行业比较不可忽视的维度。在这一部分,我们将探索行业比较的第三次突破。

1. 行业比较方法的两次突破:2002和2009

1.1 "景气+估值"框架是所有行业比较的出发点

2003年以来,我们形成了"景气+估值"为核心的分析框架,该分析框架的理论基础是经典估值理论。股票估值分为分子和分母两个问题,行业景气解决分子问题(盈利变化是描绘行业景气的主要变量),估值解决分母问题,绝对估值和相对估值综合运用。该框架的背后逻辑有两条:即超额利润增长会取得超额收益(图1)、估值体系相对稳定,存在均值回归倾向(图2)。

图1:超额利润增长带来超额收益[③]

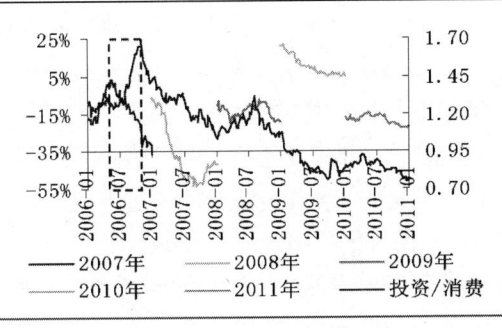

资料来源:申万研究

图2:估值存在均值回归的倾向

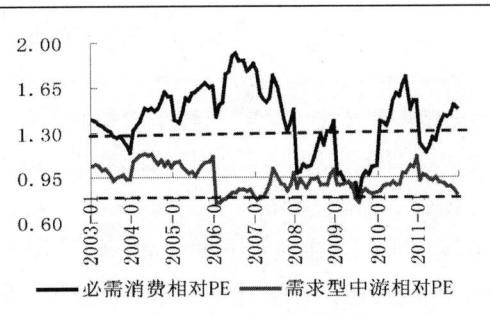

资料来源:申万研究

在这一框架指导下,借助申万强大的体系和行业研究团队,形成了以业绩和估值为两翼的行业比较数据库。目前,申万行业比较数据的微观样本是478家重点公司,市值和利润的占比分别为71%和85%。由于强大的微观基础和覆盖度,使申万的行业比较体系不至于成为空中楼阁。业绩分析、预测都拥有一定的现实基础,能够从微观的角度去看待宏观和中观变化[④]。

---

② 参见本书第一部分。
③ 年份数据为投资品和消费品业绩预期增速之差。
④ 目前市场上很多机构由于缺乏强大的微观覆盖,只能借助诸如朝阳永续等一致预期数据。

但现有的"景气+估值"框架也有其缺陷：

其一，过分依赖强大的微观基础，汇总的功能居多，缺乏一定的前瞻性。坦率而言，未来三年的盈利预测不太靠谱(特别是周期性行业)，甚至当年的盈利预测也要在半年报后才比较正确。所以，以此为基础的业绩预测和估值，存在一定问题。

其二，分析师盈利预测的调整一般滞后于市场，甚至与市场趋势长时间背离。这种情况在周期品中更为明显。稳定成长类品种以食品饮料为代表，盈利预期的变动与行业市场表现基本一致，但是在市场拐点阶段，盈利预测调整明显滞后于市场(图3)。周期品以黑色金属为代表，大概率上盈利预测变动与市场表现一致，但是两者出现长时间背离的情况(图4)。因此无法从盈利预测的变动直接得出行业配置的看法。

图3：食品饮料业绩预期调整滞后于市场表现　　图4：钢铁业绩预期调整与市场表现不完全一致

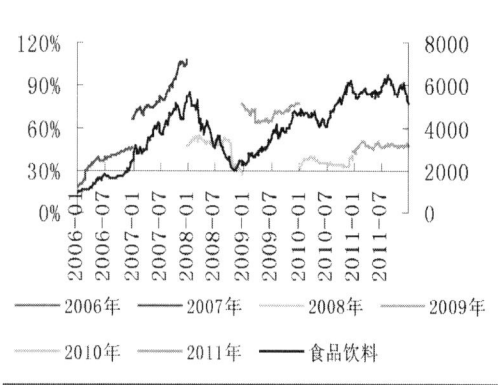 

资料来源：申万研究　　　　　　　　　　　　　资料来源：申万研究

其三，对于景气的论述是模糊的，单纯用业绩衡量景气存在问题。用业绩作为行业景气的表征有合理之处，盈利能力确实能反映行业的发展趋势。然而业绩是最终的结果，变化往往滞后，而且受到很多非景气因素的影响。科学衡量行业景气变化是重要的改进方向。

其四，在经济变迁、市场参与者变动的环境下，相对估值可能长期偏离均值，无法回归。金融危机以后，中央政策重手救市。随着经济的复苏，房地产泡沫和通胀高企的约束很快出现。投资者逐步意识到之前完全依靠投资拉动的经济增长模式难以为继，因此与之相关的品种逐渐被市场抛弃。最近两年，房地产、银行业绩依然快速增长，但是股价难见起色，估值水平不断下移，长期偏离均值水平(图5)。

图 5：房地产、银行估值水平不断下移，长期偏离均值水平

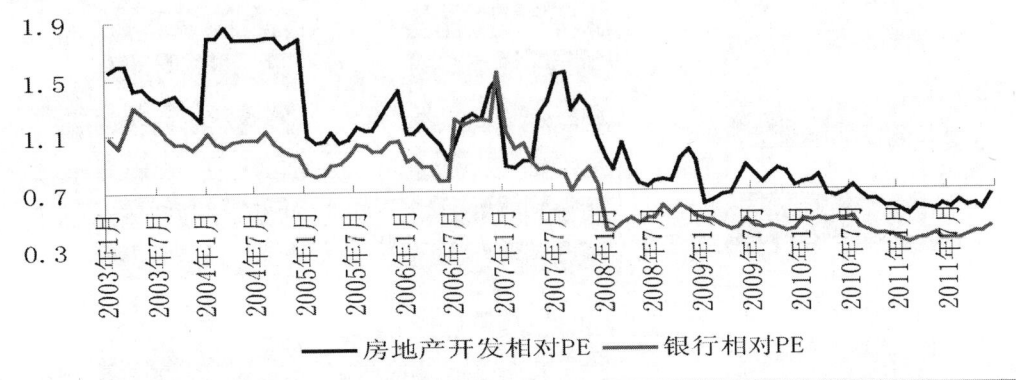

资料来源：申万研究

最后，不同行业给予不同因素的权重不一，苹果和桌子怎么比较？稳定类重估值，周期股看景气，新兴成长股看创新，我们怎么用统一的标准来比较？

但不管如何，该框架是所有行业比较的出发点，恰如经济学中的阿罗-德布鲁均衡，后来者都是在此基础上去完善修正。

1.2 "驱动力+信号验证"机制完善了行业景气

业绩是最后的反应，必然是滞后的，要前瞻就要知道影响业绩的因素。但是不同行业影响业绩的因素(驱动力)是不一样的，房地产重视量和价、汽车重量不重价、煤炭有色重价不重量……由此种种，不同行业的景气和业绩表述必然不同，需要建立寻找不同的驱动力指标。而各个行业有内在产业链的关联，所以互为因果，此行业的驱动力为彼行业的信号。所以，"驱动力+信号验证"机制完善了各行业的景气指标，连接不同的行业的景气传导，该机制将行业景气的变动归纳为可持续跟踪的高频指标，实现了自下而上和自下而上的对接（图6）。

图6：策略分析员脑中的宏观经济结构

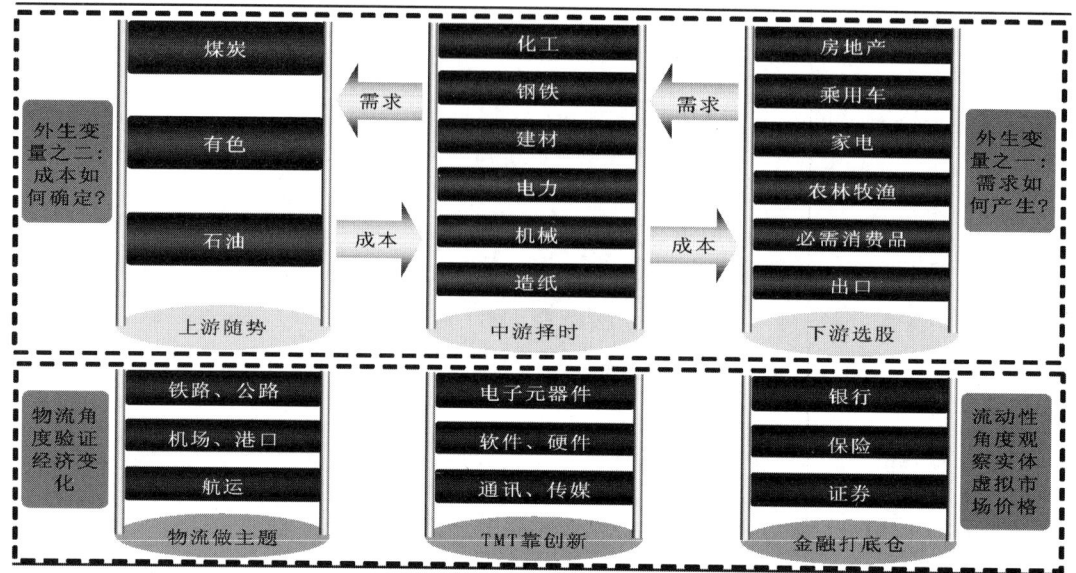

资料来源：申万研究

通过对各行业"驱动力"和"信号"指标的梳理，最终形成具备内在逻辑和相互印证关系的中观数据库。该产品为观察宏观经济运行的内在传导关系以及行业景气的变化提供了完整的平台。而随之实现的策略研究与研究所资源的对接则是更为重要的成果，对于研究资源的整合将成为行业比较研究的制胜高地。

"驱动力+信号验证"机制完善了行业景气跟踪体系，行业比较方法得到一定的改进。然而与行业配置的要求还存在不小的差距。景气跟踪仍然无法解决哪些行业能够获得超额收益的问题。中观数据重验证，前瞻性不强。中观数据库的建立使我们能够观察宏观景气的层层传导，并且能够验证宏观逻辑的正确性。但是中观数据存在不可避免的滞后性，甚至第一手的数据资料也仅仅反映当时的情况。因此从"驱动力+信号验证"机制出发，能够梳理明确的验证线索以及需要关注的指标，但是判断景气变化的方向依赖于逻辑，景气拐点的识别只能依靠后验的观察。

表1：中观指标滞后于实体变化

指标名称	频度	公布时间	滞后时间
商务部食品价格数据	周	每周三	3天
钢材库存	周	每周日	2天
乘用车销量	周	每周三	3天
粗钢产量	旬	每旬中	5天
宏观经济数据	月	每月10日左右	10天
空调销量	月	每月20日左右	20天
工程机械销量	月	每月上旬	7天

资料来源：申万研究

1.3 基于市场特征的行业比较体系是探索方向

本质上讲，上述两种方法都不算是真正意义上的行业比较方法，而只是信息的分类罗列方法，只是把数据、信息、资料按照某种维度（比如估值、景气、业绩等）进行归类，但是没有系统的方法将其重新组合挑选出来。打比方说，上述方法只是将佐料、菜按照不同规则放入不同盒子，但是怎么烧出来还不得而知。碰到大师良厨则可以信手拈来，碰到新手则手足无措、无从入手。行业比较体系本质上是要寻找一本菜谱，而不是一种归类方法。

从这个意义上讲，市场上唯一的菜谱就是投资时钟。这个时钟至少告诉我们，什么样的经济阶段适合投资什么行业，第一次将不同行业间的比较用一种系统的方法统一起来。但是投资时钟的重点在于准确定位经济，而不是考虑行业细分属性。而事实上，经济定位众说纷纭、莫衷一是，要想精确定位更非易事（要知道衰退前期和后期是完全不一样的），所以目前市场上大多数的行业比较在争论宏观问题，前20页PPT探讨宏观逻辑，最后一页PPT把行业拍出来（当然会辅以各种业绩、估值、行业数据），将最精华的从宏观到行业的过程忽略了。

其实从宏观到行业选择有大量的工作可以做，需要考虑市场特征、资金动向等各种因素，我们在第13章《经济为本，资金助势》曾经做出过尝试。经济景气预期和行业表现存在如下的循环，当经济刚刚复苏、投资者对经济前景莫衷一是时，对经济和资金特别敏感的煤炭和有色率先上涨、场内资金开始活跃、换手率上升，风格开始转向周期和大盘。此时，估值高企始终是投资者重仓煤炭有色的担忧，微弱的经济复苏尚不足使分析员上调盈利预测，市场在战战兢兢中上涨，多数投资者将这段行情归于资金推动或者流动性泛滥。随着经济复苏渐成共识，煤炭有色等周期品的业绩出现上调，煤炭和有色等资源品会迎来上涨的第二波，场外资金受财富效应吸引流入场内。随着经济慢慢过热，银行、钢铁和石化等行业的基本面得到改善，资金开始追逐这些前期滞涨的大盘股，大盘加速上扬，情绪亢奋到极点。而此时恰恰是最危险的时候——成本上升挫伤利润，国家的紧缩政策悄然而至。一旦经济预期改变，在汹涌而至的场外资金的掩护下敏感性资金开始撤退，周期敏感型行业（煤炭有色）率先下跌，市场进入反向循环、风格重回成长和小盘，直到产业资本增持、政策放松，经济预期重新改善，新的轮回开始（图7）。

图 7：经济预期变化是风格转换的源动力

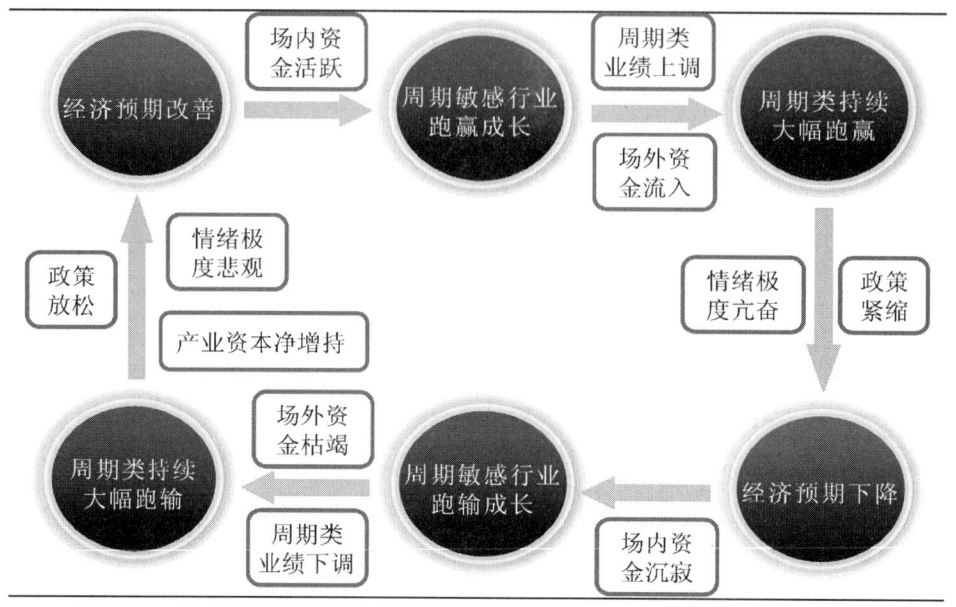

资料来源：申万研究

　　投资时钟在经济周期大起大落的阶段非常有效，比如 2008 年到 2009 年。但是一旦经济陷入窄幅波动，效用会大大降低。而基于市场特征的行业比较研究可能是一种良好补充。这样，行业比较也能和大势判断有效结合，大势判断的根本不在于多空和点位判断，而在于未来一段时间（3~6 个月为宜）市场特征的表述，市场交易的核心焦点是什么[5]？一旦市场特征确定，行业比较小组就要据此去寻找最符合此种特征的行业，这类行业大概率会表现不错。这种行业比较方法的逻辑基础在于"现在所有的价格、估值、利润已反应既有信息，很难据此推出哪些行业比较好；未来价格和估值的波动来自新的变化，而变化最显著的部分应该符合未来的主要交易特征，所以未来的交易特征是大势判断和行业选择的根本"。

　　2011 年 3~4 月中，市场对于经济周期的定位陷入迷茫。大逻辑上，房地产调控、信贷收紧，经济将快速下滑。然而现实情况房地产投资仍然处于高位，工程机械销售火爆，用电紧张频现。市场对经济认识不清，市场窄幅波动，从大势判断的角度是典型的垃圾时间。新的驱动力没有出现，寻找结构性机会是市场的主流。水泥大涨所演绎的供给故事给投资者以很大的触动，稀土、氟化工、钛白粉、黄磷、铅蓄电池等故事很快得到市场的接受和认同。然而一旦经济下滑趋势明确，供给瓶颈的判断迅速崩溃。经济运行的大逻辑没有改变，但市场的核心焦点发生转移，行业配置的方向也需要重新设置。

　　2012 年 1 月份的市场上涨可以定义为经济"伪复苏"和流动性宽松预期推动的反弹行情。从市场特征出发，煤炭、有色等对流动性敏感的品种将得到青睐。虽然在 1 月初我们认为 A 股市场核心焦点是经济见底、海外改善，并且上调 A 股市场的评级，但是对于煤炭、有

---

[5] 关于这一块的详细论述，参见我们之前发表的宽体策论第一篇和第二篇。

色的涨幅显然估计不足(图8)。关键失误在于，太看重基本面的支持，却忽视了市场特征的变化，没有将行业比较和 A 股策略进行有效结合。煤炭股大幅上涨阶段，正是煤价持续下跌而且未见企稳的时候(图9)。

图8：1 月份市场普遍"眉飞色舞"行情　　　　图9：经济"伪复苏"时煤炭、有色涨幅明显

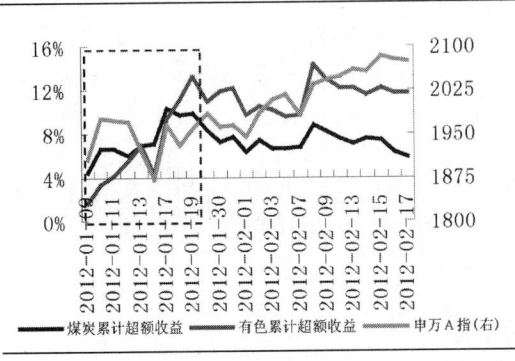 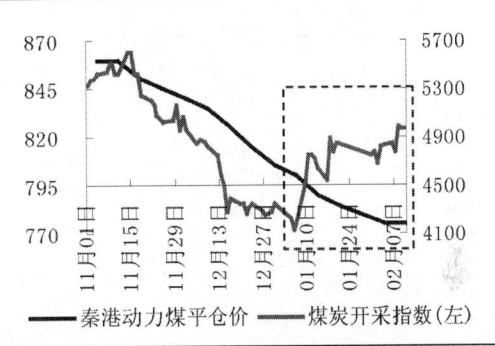

资料来源：华通人，申万研究　　　　　　　　　资料来源：申万研究

2. 第三次探索的若干想法

第三次探索的重点在于市场特征的研究。坦率而言，第三次探索困难重重，没有完整的思路，撰写第一部分《策略思考系列》时，在开篇之作就已经将后续一年的计划确定。但是我们依然决定摸着石头过河，边摸索边总结。

目前，我们认为有三个问题值得深入思考。其一，需要了解行业上涨的环境特征；其二，需要把握投资者结构和偏好的变化；其三，需要把握行业发展大的趋势。

2.1 自下而上分析行业基准，了解行业上涨的环境

申万行业分类依照实体属性界定，划分为 23 个一级行业和 85 个二级行业。若完全依此进行行业推荐，将出现很大的问题。

首先，某些大行业(化工、机械、TMT 和医药等)内部差异很大，同质性不强，泛泛的推荐行业意义不大。

其次，有些行业，个股的权重太大，最终会因为个股因素干扰到行业表现。比如说，自上而下，工程机械不太好，但是三一和中联由于香港上市预期上涨很多，最终工程机械行业表现良好。再比如说中兴通讯占通信设备流通市值比重达 29%，而中国联通占信息服务流通市值的比重达 23%，因此两公司对各自所在行业的影响非常大，对行业的定性和研究就离不开对公司的把握。

再次，行业数目过多，以此为配置基准过于繁杂。很多行业在市场表现方面会体现出明显的一致性，因此这些行业可以归纳为同一个属性，而这些市场属性是我们进行行业配置的基本单元。因此结合市场和基本面属性对行业进行拆分重组是第三次探索的第一步。

2.2 了解投资者的结构和偏好

股票最终是人买起来的，所以了解投资者的结构和权重非常重要。2007 年的蓝筹泡沫是

公募基金打起来的，当时公募基金的话语权还很大(图10)；2010年的成长泡沫是私募基金打起来的，当时私募的发展很快(图11)；下一个主流资金是什么？

不同投资者对于股票有特定的偏好，投资者结构的变化将导致市场偏好的变化。比如公募基金，体量巨大，仓位受限，对市值较大的蓝筹股较为青睐，永远难以放弃对银行、地产等板块的讨论；而私募基金资金量较小，调整迅速，更倾向于成长股以及主题概念类品种。

图10：2007年公募基金大发展，2008年后停滞不前　　图11：2009年后阳光私募大发展

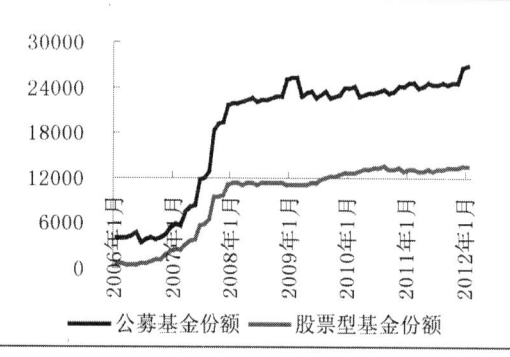 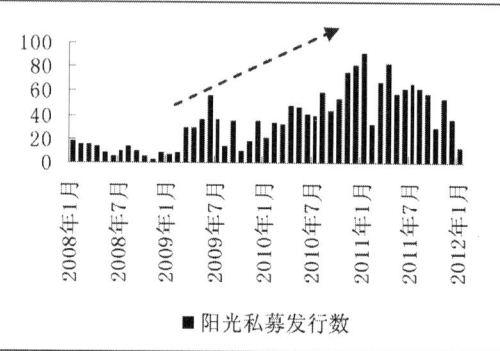

资料来源：万得资讯，申万研究　　　　　　　　　　资料来源：私募排排网，申万研究

此外，A股的排名机制使投资者的风险存在突变的可能。一般而言，在经济真假难辨、风险巨大的时候率先杀入的投资者是风险偏好者，按兵不动的人通常比较谨慎。但是，一旦市场上涨，风险偏好者享受收益，业绩跑赢，而风险规避者被迫杀入，此时他们的风险因子发生突变，会比前者更激进，否则无法战胜。鉴于此，A股市场经常要考虑边际资金的倾向，所谓的"估值洼地"其实就是这种方式的体现。后来者，只有寻找没有炒过的东西，这个层面的行业轮动虽然简单，但是往往收益很大。在市场亢奋时，没有涨过的东西，只要稍微有点催化剂就可以上涨，因此在市场悲观时，必须警惕强势股的补跌。

2.3 大势已去的行业很难推动，代表未来的行业多关注

经常有客户希望我们推荐未来五年的最好行业，事实上，这种机会可遇不可求，但是有这种大趋势的思维是关键的。历史证明，大势已去的行业很难有大的超额收益，而代表未来的行业很容易上涨。判断行业大趋势是行业配置不可忽视的步骤。

由于经济增长驱动力的变化，一些行业会被市场归为夕阳产业。就算短期业绩依然高增长，市场对此的解读仍是负面的。景气下滑是注定的，短期的坚挺意味着后期更快的下滑。这些行业一般很难出现大机会，比如钢铁上涨几乎已经成为市场见顶的信号(图12)，而房地产也无法摆脱趋势下滑的魔咒，估值水平持续下跌(图13)。

图 12：钢铁行业持续跑输市场，估值持续走低　　　图 13：房地产业绩增速上行未带来估值修复

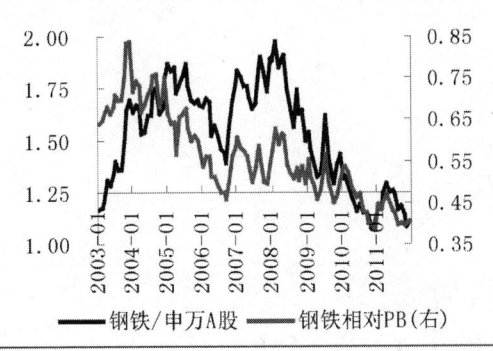
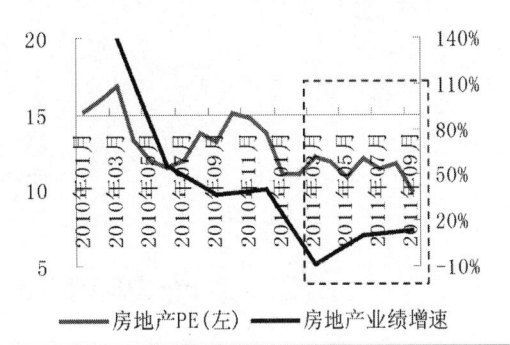

资料来源：万得资讯，申万研究　　　　　　　　　　资料来源：申万研究

千里之行始于足下，对 A 股市场的认识是不断深化、体悟的过程。行业比较的目的不是寻找未来 3-6 个月业绩向上的品种，而在于寻找未来一段时间能够取得超额收益的品种。以研究市场特征，打造基于市场特征的分析体系是完善行业比较研究的主要方向。

第二章

大处着眼，小处着手
——分拆、重构行业比较的基准指数

主要内容：

行业精选和行业配置并不完全一致。行业精选如同小规模的突击队，越有进攻性越好，而行业配置类似大规模的集团军作战，要讲究配合、协同，不在乎一城一役之得失；行业精选需要找到最符合市场特征的突击性子行业，而行业配置需要时刻关注权重板块的动向；对于小资金和可以极大偏离基准的资金来讲，行业精选无疑是第一要务，但是对于大资金或者以指数为对冲的资金来讲，行业配置更加重要；单边市，行业配置重要，震荡市，行业精选更关键。

"大处着眼"，分解沪深300指数，发现：(1)要超越沪深300，金融服务、采掘、有色金属和食品饮料四大板块的配置至关重要；(2)随着新股发行，沪深300的整体代表性和行业代表性都有所下降；(3)行业"轻重有别"：金融服务、采掘、有色、食品饮料、黑色金属、建筑建材和房地产权重大、代表性强，必须关注，机械设备、交运设备、交通运输和化工的权重较大，但代表性较差，需要深挖细分子行业，商业贸易、信息服务、公用事业、信息设备、农林牧渔、电子、纺织服装、餐饮旅游和轻工制造行业权重小、同质性差，更多采用自下而上的配置逻辑。

"小处着手"，基于市场特征重构行业。首先，要分析行业构造，了解行业的内部差异性；其次要对行业进行重新分类汇总，总结大类行业共同属性。

分拆环节要做到两点：(1)行业要细分到什么程度?如机械设备和医药生物子行业众多、差别大，单纯配置大类行业没有意义；(2)个股对行业影响多大，是否考虑自下而上？这样的行业一般有两类，一类是某些大公司权重巨大的行业，如中兴通讯之于通讯设备行业，另一类是个股差异性较大的行业，如农林牧渔和电子行业。

融合重组才是真正根本。《策略思考篇》的18章，仔细分析了16个行业的研究逻辑和投资思路，其中已经涉及很多市场交易特征，只是当时的研究着重于实体层面，接下来的行业比较思考会多从市场层面入手。

大家都谈行业比较，但是对于行业比较需要战胜的基准(沪深300指数)却缺乏起码的了解。本章认真分解该指数，不从金融工程的角度，而从指数构成角度反推良好配置需要关注的问题。

1. 行业精选和行业配置并不完全一致

有些投资者特别关心细分子行业，希望能找到 2011 年 3～4 月的钛白粉、氟化工和 2011 年 10 月的传媒，而有些投资者始终对地产、金融情有独钟。这一方面是由投资者的偏好决定，另外一方面也反映出行业比较的不同任务。细分子行业在特定时候会非常有进攻性，但是由于其权重和流动性偏小，对组合的贡献未必大，所以大机构必须时时刻刻考虑权重板块的波动。

举例而言，2012 年春节后至 3 月 2 日，表现最好的三个申万一级行业分别为电子、家用电器和信息设备，但由于其权重较低，三大行业对指数的贡献与排名居中的机械板块大致相同，而涨幅最后的金融服务对指数的贡献位居第四。

表 1：2012 年春节至 3 月 2 日的行业贡献分解

一级行业	春节后涨幅[1]	行业权重	市场涨幅贡献	市场贡献排名
电子	18.69%	2.58%	0.48%	10
家用电器	17.07%	1.92%	0.33%	14
信息设备	16.15%	2.21%	0.36%	13
房地产	15.82%	5.92%	0.94%	2
信息服务	15.71%	3.59%	0.56%	9
轻工制造	15.58%	1.53%	0.24%	19
综合	14.65%	0.99%	0.15%	21
农林牧渔	13.99%	2.05%	0.29%	16
纺织服装	13.73%	1.48%	0.20%	20
化工	13.31%	6.33%	0.84%	3
餐饮旅游	12.92%	0.62%	0.08%	23
机械设备	12.48%	8.14%	1.02%	1
食品饮料	12.24%	4.68%	0.57%	8
交运设备	11.68%	5.05%	0.59%	6
医药生物	11.12%	5.67%	0.63%	5
有色金属	10.41%	5.66%	0.59%	7
建筑建材	9.95%	4.60%	0.46%	11
商业贸易	9.0	3.44%	0.31%	15
采掘	8.47%	4.88%	0.41%	12
公用事业	8.36%	3.13%	0.26%	18
交通运输	7.32%	3.63%	0.27%	17
黑色金属	6.57%	2.04%	0.13%	22
金融服务	3.81%	19.86%	0.76%	4
申万 A 股	10.46%		10.46%	

资料来源：万得资讯，申万研究

---

① 计算区间 1 月 30 日～3 月 2 日。

可见，行业精选和行业配置并不完全一致。行业精选如同小规模的突击队，越有进攻性越好；而行业配置类似大规模的集团军作战，要讲究配合、协同，不在乎一城一役之得失，更期待全局的胜负。行业精选需要找到最符合市场特征的突击性子行业，而行业配置需要时刻关注权重板块的动向，因为其是战胜指数的关键。

对于小资金和可以极大偏离基准的资金来讲，行业精选无疑是第一要务；但是对于大资金或者以指数为对冲的资金来讲，行业配置更加重要。历史上，申万A股策略和行业比较小组在行业推荐上多有偏差，其中一个很重要的原因亦在于此，A股策略是要找到排名最好的子行业，而行业比较是要构造一张配置表，战胜基准。

但是两者也有共通之处，在把握权重板块大致走势的基础上，就要尽可能多地配置进攻性行业。此外，不同市场环境，对两者的要求不尽相同。比如说2010年，银行、地产等权重板块一路下跌，战胜指数不应该是基金的目标，所以优选进攻性的子行业特别重要，全年诸如稀土、触摸屏、新疆板块等主题收益颇大。但在2011年，指数一路向下，抱着银行、地产等权重板块可以防御，跟住基准就可以排名靠前。在过去的历史上，似乎单边市，行业配置更加重要，而震荡市，行业精选更加关键。

行业比较需要遵循"大处着眼，小处着手"的八字方针。"大处着眼"就是从市场基准出发，了解其行业构成，明确行业的重要性，分析成分股与行业表现的一致性。在此基础上，行业配置才能做到标杆明确、重点突出。"小处着手"就是分析行业内部的差异性，将行业划分成同质性较强的基本单元；分析基本单元之间的一致性，从而形成大的行业板块。行业精选的对象正是这些大板块和基本单元。

2. "大处着眼"——分解沪深300指数

按照Wind基金分类，目前307只普通股票型基金中，有176只以沪深300指数为市场基准，在加上一些被动型基金，沪深300成为当之无愧的Benchmark，但是随着经济转型和新股发行，这个基准指数的代表性正越来越差。不管如何，要战胜此基准，首先要深入分解该基准指数。任何指数都有其编制特点和规则，其中权重设置是个关键要点，沪深300指数是以分级靠档调整后的自由流动股本作为权数，这一点和申万300指数非常类似。从历史波动看两者的相关度达到99.8%，所以我们借用申万行业分类标准分解沪深300指数的行业构成。

2.1 金融、采掘、有色和食品饮料构成指数主体

沪深300指数选择总市值排名前300位的股票为样本股，金融服务、采掘、有色金属和食品饮料四大行业的总权重达53.4%(表2)。而如果将A股市场所有股票统一计算，这四大行业的占比仅为33.7%，其中金融服务业的差别最大，达到13.2%。因此，要超越沪深300，金融服务业、采掘、有色、食品饮料等行业的配置至关重要。

表2：沪深300指数行业分布偏向大行业

申万一级行业	成份股个数	沪深300权重	A股市场权重
金融服务	38	31.8%	18.6%
采掘	24	7.7%	4.8%
有色金属	26	7.3%	5.6%
食品饮料	13	6.7%	4.7%
机械设备	25	5.9%	8.4%
交运设备	23	5.5%	5.1%
房地产	16	5.2%	6.2%
建筑建材	16	4.4%	4.7%
医药生物	23	4.1%	5.7%
化工	15	3.5%	6.5%
交通运输	13	3.0%	3.5%
黑色金属	10	2.5%	2.0%
信息服务	11	2.2%	3.9%
家用电器	5	2.2%	2.1%
商业贸易	10	2.2%	3.4%
公用事业	10	2.2%	3.1%
信息设备	5	1.4%	2.3%
农林牧渔	9	1.2%	2.1%
电子	3	0.4%	2.8%
纺织服装	2	0.3%	1.5%
综合	2	0.3%	1.0%
餐饮旅游	1	0.1%	0.6%
轻工制造	0	0.0%	1.6%
合计	300	100.0%	100.0%

资料来源：申万研究

2.3 新股渐多，沪深300指数的代表性下降

随着新股的不断上市，权重股的市值占比被稀释，沪深300指数的整体代表性有所下降。而申万A股指数囊括了全部上市的A股，能够刻画市场整体的变化。2011年以来，两者的日收益率相关系数为95.5%，但沪深300的波动幅度明显小于后者，沪深300对于全市场波动的刻画存在一定程度的失真。

落实到具体行业，沪深300指数的代表性被进一步削弱(表3)。比如说轻工制造行业，沪深300根本没有覆盖，电子行业的覆盖度仅为9.31%，餐饮旅游的覆盖度为12%，纺织服装为14.14%。可以想象，这些行业的波动无法精确地反映到沪深300指数中去。随着转型的深入，大股票的机会越来越少，小股票成为投资的方向和主流，这个问题会越来越严重，越来越多的基金会选择偏离它们的基准。

表3：行业层面看，沪深300的代表性进一步下降

申万一级行业	全市场自由流通市值	HS300自由流通市值	HS300行业代表性
金融服务	14838.3	14419.0	97.17%
采掘	3804.4	3150.9	82.82%
食品饮料	3776.3	2827.8	74.88%
有色金属	4488.7	3284.9	73.18%
黑色金属	1560.5	1066.9	68.37%
家用电器	1652.8	1104.1	66.80%
交运设备	4070.0	2428.1	59.66%
建筑建材	3718.2	1901.7	51.14%
交通运输	2786.9	1421.8	51.02%
房地产	4927.2	2425.1	49.22%
医药生物	4548.1	1857.7	40.84%
机械设备	6672.6	2689.6	40.31%
商业贸易	2702.5	1043.6	38.62%
公用事业	2451.4	857.7	34.99%
信息设备	1856.1	620.7	33.44%
信息服务	3081.4	1026.3	33.31%
化工	5203.7	1621.5	31.16%
农林牧渔	1683.2	520.7	30.93%
综合	811.6	144.8	17.84%
纺织服装	1212.8	171.5	14.14%
餐饮旅游	497.9	59.8	12.01%
电子	2223.3	207.1	9.31%
轻工制造	1304.1	0.0	0.00%
合计	79872.0	44851.1	56.15%

资料来源：申万研究

此外，不同行业股票的同质性本身就有差异。个股组合对于行业波动的描绘，不仅受到组合市值占比的影响，同时行业内部的差异性以及个股的代表性也是重要的因素。我们以申万流通股本为权数，计算各行业沪深300样本股波动，考察沪深300指数对行业波动的反映程度[2]（图1）。

---

[2] 计算各行业沪深300样本股组合日收益与行业指数日收益的相关系数。

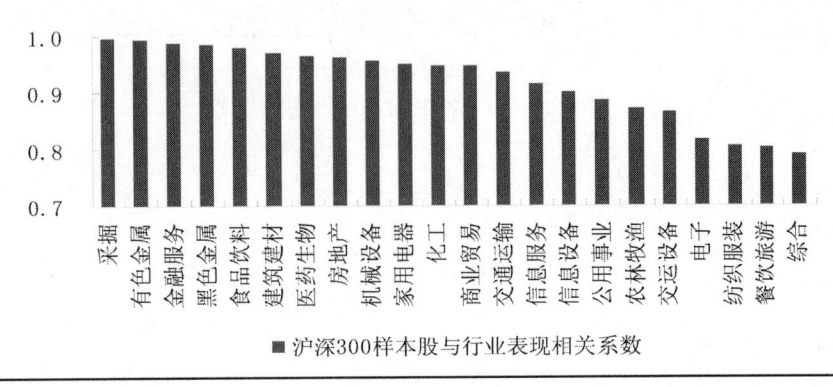

图 1：沪深 300 成份股对行业波动的反映存在明显的差异性

资料来源：申万研究

对比发现，沪深 300 指数对于各行业波动的反映存在明显的差异性。采掘、有色金属、金融服务、黑色金属等行业，由于样本股覆盖度高，行业内一致性较强，沪深 300 样本股几乎能完全反映行业的波动。而餐饮旅游、纺织服装、电子等行业则欠缺代表性，沪深 300 样本股仅能反映 60%~70%的波动。这就要求我们在配置时，代表性强的行业可以谈整体，而代表性差的行业需要挖掘子行业，甚至个股。

2.4 市场基准和同质性决定行业的"轻重有别"

所谓"重要行业"就是在沪深 300 指数中权重大，对行业整体代表性强的品种。这些行业是行业配置的重点，必须对其做出鲜明的判断，而这些判断决定了组合的基本格局。行业权重衡量各行业对市场基准的影响程度，因此权重行业的配置决策决定了超额收益的主要来源。而沪深 300 成份股行业代表性描绘市场基准对行业整体变化的包含程度，也决定了行业配置思路的差异。行业代表性较高的品种，对于行业整体的配置是有意义的。然而若行业代表性较弱，那么对于该行业整体的配置意义不大，需要更多自下而上的思维。

我们以沪深 300 成份股的行业权重和行业代表性差异为两个维度，对行业重要性进行评价(表 4)③。根据我们的评价体系，金融服务、采掘、有色、食品饮料、黑色金属、建筑建材和房地产在沪深 300 中的权重较大，且成份股能完全反映该行业的变化，因此这些行业的配置将显著影响组合收益；而机械设备、交运设备、交通运输和化工的权重较大，但是成份股对行业的代表性较差，需要以细分子行业作为配置的对象；商业贸易、信息服务、公用事业、信息设备、农林牧渔、电子、纺织服装、餐饮旅游和轻工制造等 10 个行业权重较小，更多采用自下而上的配置逻辑。

---

③ 评价方法：将沪深 300 成份股行业权重、行业覆盖度以及成份股对行业代表性按降序排列，排名 N 位则得 N 分，三项加总后，得分越低重要性越高。

表 4：组合配置中各行业的重要程度差异明显

一级行业	行业权重得分	行业覆盖度得分	行业代表性得分	总分	重要性评价
金融服务	1	1	3	5	
采掘	2	2	1	5	
有色金属	3	4	2	9	
食品饮料	4	3	5	12	非常重要
黑色金属	12	5	4	21	
建筑建材	8	8	6	22	
房地产	7	10	8	25	
机械设备	5	12	9	26	权重高，但行业需细分
医药生物	9	11	7	27	
家用电器	14	6	10	30	行业覆盖度高，但权重偏低
交运设备	6	7	18	31	权重高，行业需细分
交通运输	11	9	13	33	行业需细分
化工	10	17	11	38	行业覆盖度偏低
商业贸易	15	13	12	40	
信息服务	13	16	14	43	
公用事业	16	14	16	46	
信息设备	17	15	15	47	
农林牧渔	18	18	17	53	行业权重、指数代表性都偏低的行业
电子	19	22	19	60	
纺织服装	20	20	20	60	
综合	21	19	22	62	
餐饮旅游	22	21	21	64	
轻工制造	23	23	23	69	

资料来源：申万研究

3. "小处着手"——基于市场特征重构行业

如何寻找能够超越市场的行业？这是行业比较研究的核心问题。申万经典的行业比较框架告诉我们："超额收益来源于超额利润"。从价值投资的角度，这是真理，在过去的实践中也取得了较好的成果。然而正如《宽体策论篇》第 2 章《A 股篮球论》所论述的，A 股市场的投资存在时间约束，在市场验证基本面逻辑之前，游戏可能已经结束。因此，在《行业比较思考篇》第 1 章之作《打造基于市场特征的行业比较框架——探索行业比较方法的第三次突破》中，我们提出打造基于市场特征的行业比较体系。

何谓"市场特征"？我们所谓的"市场特征"就是一段时间内市场交易的核心逻辑，或者说是市场参与者最关注的焦点问题。在特定的市场特征下，哪些行业能够超越市场。很明显，单纯以申万行业分类作为研究对象将出现很大的问题。

首先，申万行业分类基于基本面，而非市场特征；

其次，申万行业分类光一级行业就有 23 个，二级行业 85 个，研究各行业的市场表现将是不可能完成的任务；

再次，有些申万大行业，如机械设备、医药生物，内部存在很强的差异性，需要细分。

因此，需要对现有行业分类体系进行解构重组，了解行业内部构造和属性，构造与市场特征相对应的大类行业。并在此基础上，贯通市场特征判断－大类行业配置－细分行业推选的逻辑链条。

要实现基于市场特征选择行业，我们还有两方面工作要做。首先，要分析行业构造，了解行业内部差异性以及适用的推荐思路。其次要对行业进行重新分类汇总，总结大类行业共同属性。

3.1 万里长征第一步：拆分行业

分析行业内部构造，主要目的在于了解行业内部的差异性和统一性。其一、行业是否需要进一步细分、需要细分到什么程度；其二、个股因素对行业影响多大，是否需要对行业采用自下而上的分析方法。

举例而言，机械设备、医药生物的市值权重较大，但其内部存在较明显的差异性。在行业选择中，要推荐细分子行业才有意义。机械设备、医药生物内部细分行业估值水平存在很大的差异，表明市场对细分行业的投资逻辑是完全不同的。电力设备和专用设备是机械设备中两个最大的细分子行业，占一级行业市值比重均为40%左右。然而两者的估值差异十分明显，专用设备估值水平反映市场看重其周期下行的一面，而电气设备明显期待未来的高速增长(图2)。

医药生物行业面临同样的问题，中药和化药是最主要的两个子板块，市值占比分别40%和30%。然而两个子行业估值差异同样非常显著，中药估值向经典消费品靠拢，甚至高于白酒，而化药则显示出周期品的市场属性，估值明显较低(图3)。因此如机械设备、医药生物之类的行业需要行业细分，单纯配置大类行业没有意义。

图2：机械设备子行业估值水平差异明显

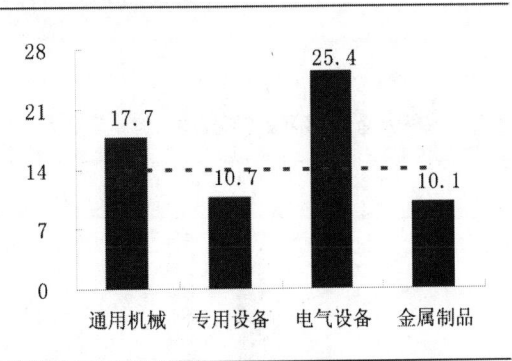

图3：医药生物子行业估值水平差异明显

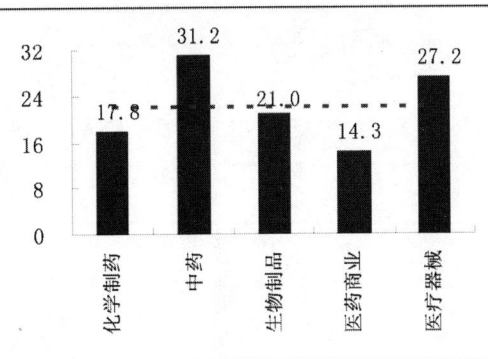

资料来源：申万研究　　　　　　　　　　　资料来源：申万研究

还有一些行业由于内部构成的独特性，可能更适合于自下而上的推荐思路。这样的行业可以分为两类，一类是某些大公司占比很大的行业，另一类是个股差异性较大的行业。

通信设备行业共有50家上市公司，总自由流通市值约1000亿，而中兴通讯占据了30%的权重，对行业指数的影响很大。在中兴通讯股价平淡的阶段，通信设备行业指数往往会掩盖行业内其他公司的投资机会(图4)。工程机械行业也存在同样的问题，三一重工、中联重

463

科两家公司占据行业60%的自由流通市值。个体公司的因素，如上市融资，对指数的影响很大。这类行业自下而上的公司研究对于挖掘行业投资机会十分重要，不能完全自上而下。

图4：中兴通讯明显拖累通信设备行业涨幅，掩盖其他公司投资机会

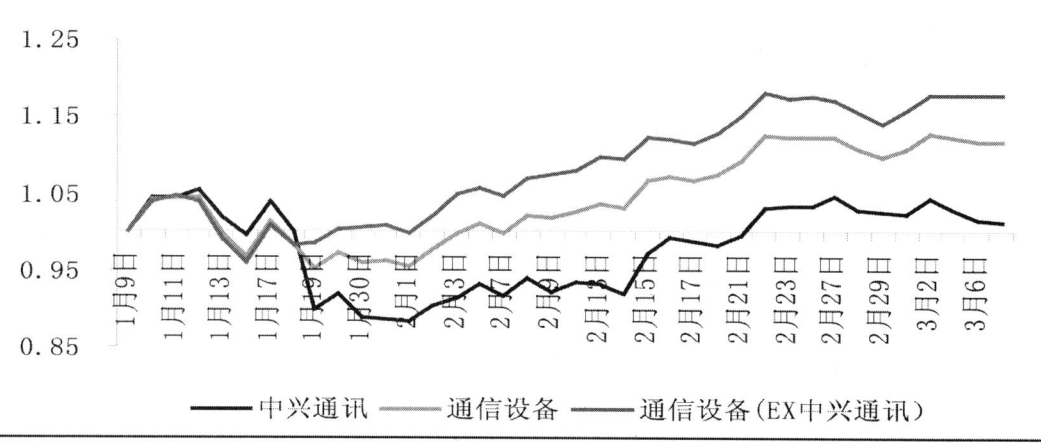

资料来源：申万研究

在市场基准的分解中，我们发现有一些小行业内部差异大，指数代表性差。对于这些行业的推荐也需要重点关注自下而上的逻辑。比如电子行业，个股表现的差异性很大。2012年1月9日到3月中旬的行情，电子行业指数上涨24.75%，而个股区间涨幅则散布在-20%到95%的大区间中，而且明显呈现出"尖头肥尾"的特征(图5)。本轮市场上涨行情中，农林牧渔个股涨幅的散布区域相对电子有所集中，但是仍有50%以上的差异。从分布形态看，尾部更大，在行业推荐中个股差异要密切关注(图6)。因此对于诸如电子、农林牧渔之类的行业，自下而上的个股研究同样非常重要。

图5：电子行业个股涨幅呈现明显尖头肥尾的特征　　图6：农林牧渔个股涨幅有所集中，但尾部变大

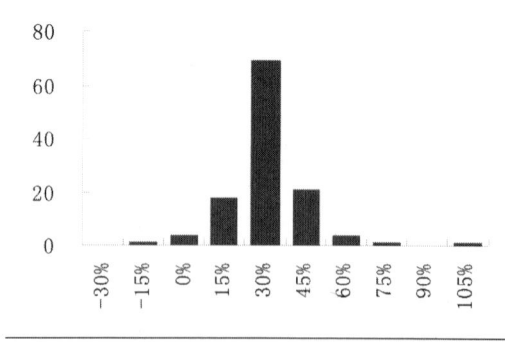 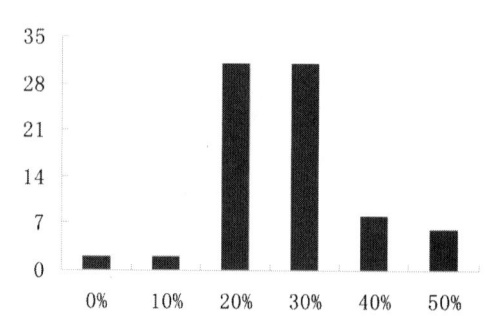

资料来源：万得资讯，申万研究　　　　　　　　　　资料来源：万得资讯，申万研究

通过对行业的拆解，首先可以将行业的推荐逻辑区分开，了解哪些行业需要策略自上而

下判断,哪些行业需要行业分析师自下而上的支持。其次形成内部差异性不大、可作为整体推荐的细分行业,唯有如此,行业推荐对于研究和投资来讲才有意义。

3.2 构建与市场特征相对应的行业组合

拆解行业只是为了深入了解行业比较的研究对象,当然不是我们的最终目的。要基于市场特征进行行业配置,对于行业需要经历由分析到综合的过程。基于市场特征,将细分行业归纳成具有某种市场属性的组合,才是自上而下行业配置的正途。

中国经济的特点是投资驱动、制造业占主导,所以中游应为经济同步指标、下游视为领先指标、上游类似滞后指标。从研究角度,下游把握需求、上游盯住价格、中游观察毛利变化,交通运输从物流角度验证经济活力,金融从流动性角度体现实体和虚拟经济价格变动,TMT可跟踪美国和台湾的电子产业。这种全面、多层次、宏观——中观——微观的跟踪体系可使我们更深入了解经济和实体变化,为投资之本(参见《策略思考篇》第一章,图1:策略分析员脑中的市场结构)。从投资角度,上游随势、中游择时、下游选股,物流做主题、金融打底仓、TMT靠创新。长期的超额收益易出自下游,上游对流动性和周期最敏感,中游买了就要准备卖,物流和TMT常出主题投资机会,金融难以获得超额收益。随着转型,要越来越关注消费和TMT。

策略思考系列中,我们对各行业的投资逻辑都有过梳理,其中就已经对"市场特征"有所讨论。"煤飞色舞"往往出现在流动性宽松,经济预期改善导致的市场上涨初期,此时的市场特征就是流动性宽松,经济景气改善(图7)。农产品的投资机会一般出现在通胀水平上行的阶段,当时市场交易的核心逻辑就是通胀上行(图8)。而业绩增速稳定的白酒、中药等经典消费品往往在经济下行的阶段表现出明显的超额收益,此时市场交易的核心矛盾是周期下行,而经典消费品业绩增长稳定,能够满足投资者抱团取暖的需求。④

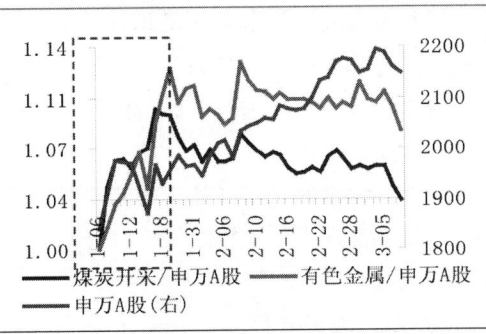

图7:市场上涨初期,煤炭有色领涨

资料来源:万得资讯,申万研究

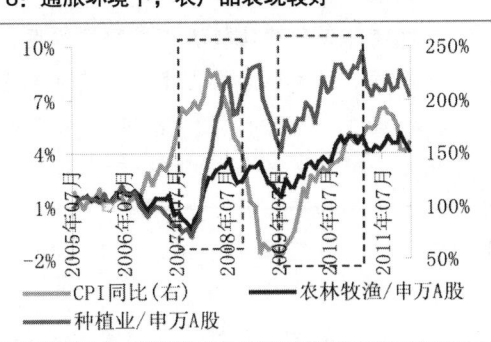

图8:通胀环境下,农产品表现较好

资料来源:万得资讯,申万研究

按照申万策略目前的架构,A股策略团队负责揭示未来一段时间A股市场的核心交易特征,而行业比较团队负责推荐在此市场特征下表现最好的行业。

---

④ 详见《策略思考篇》第5、8、14章《煤飞色舞,牛市之始;倒煤见顶,色即为空》、《可选为剑、必需做盾——下游消费投资逻辑》、《策略如何看农林牧渔——打造农林牧渔的"驱动力"和"信号验证"机制》。

第三章

为什么二月推电子、三月配消费
——申万行业比较新视角的应用回顾及再阐释

主要内容:

2012年2月到3月,我们运用新思维成功抓住电子和消费的机会。本章先回顾这两个案例,以实景方式展现当时所思所想,进行提炼,对新思维做进一步阐述。

案例回顾:

二月:游资模式、乱战格局、重推电子。A股策略在2012年2月初提出接下来一段时间市场的核心交易特征是"游资模式、乱战格局",回溯历史发现这种格局下电子、综合、信息设备、有色行业表现最佳。通过和申万电子分析员的深入沟通,我们认定电子机会较大,短期内投资、订单情况良好,中期有Ultra-Win主题刺激,行业基本面改善预期强烈。

三月:经济证伪、梦醒时分、配置消费。2012年3月月报提出未来一段时间市场的核心交易特征是"经济证伪、梦醒时分",既然梦醒、证伪,那么风险偏好自然下降,稳定增长的消费品更受青睐。

四点启示:

市场特征是行业比较不可或缺的维度,在震荡市尤其重要。基本面的变化往往是缓慢平淡的,而投资者对基本面变化的解读却容易大起大落。过往几年,基本面波动比较大,但是一旦经济进入了"李宁型",股市步入"震荡市",在政策无为不明晰、周期变弱的背景下,基本面不会有多少变化,市场特征的变化显得更加重要。

如何预判和确认下阶段市场特征非常重要。对于市场特征的观察要从市场价格变化中直接获取。二月初综合类、ST和绩差股的异动确认了乱战格局,而三月份苏宁的大涨带动了消费品的整体上扬。

从未放弃基本面研究,寻找基本面和市场面的共振。我们的行业比较体系分为三个层次。第一个层次是基础判断,主要着眼于基本面和市场特征的变化;第二个层次是配置池,细分行业对应基本面,大类行业对应市场面;第三层次是打通市场特征与行业属性之间的关联。

需要行业分析员和策略分析员的深度配合。策略把握方向、提供思路,行业分析员如果能结合策略分析员的视角,推荐效果能够事半功倍。

2012年2月到3月,我们运用这种方法成功得抓住了电子和消费的机会。本章先回顾电子、消费和房地产的案例,以实景回溯的方式展现当时的所思所想,再进行提炼,对新思维做进一步的阐述。

1. 为什么二月推电子、三月配消费?

每天撰写投资日记、对过往历史和投资案例进行复盘分析、对自己之前言论进行有效回顾是提升研究和投资能力最好的方法。所以本章第一部分先看看当时如何抓住电子和消费的机会。

1.1 二月:游资模式、乱战格局、重推电子

根据《宽体策论篇》第4章《春季躁动 四月决断》中的结论,每年春天都有躁动,市场倾向于热炒主题和流动性。春节前,周期股搭台,调动市场情绪,春节后,成长股唱戏。由于经济证伪尚早,市场很可能陷入游资模式、乱战格局。

"乱战格局"下,最符合此市场特征的行业是什么呢①?既然是"乱战",那么行业属性杂乱的综合类股票和亏损股估计会表现出众,我们回溯申万A指、综合类行业超额收益和亏损股相对绩优股超额收益,发现09年来市场有四次乱战行情,分别为2010年2月1日-2010年4月12日、2010年7月6日~2010年9月15日、2011年1月31日~2011年3月10日和2011年6月22日~2011年7月20日(图1)。

图1:09年来的四次乱战行情

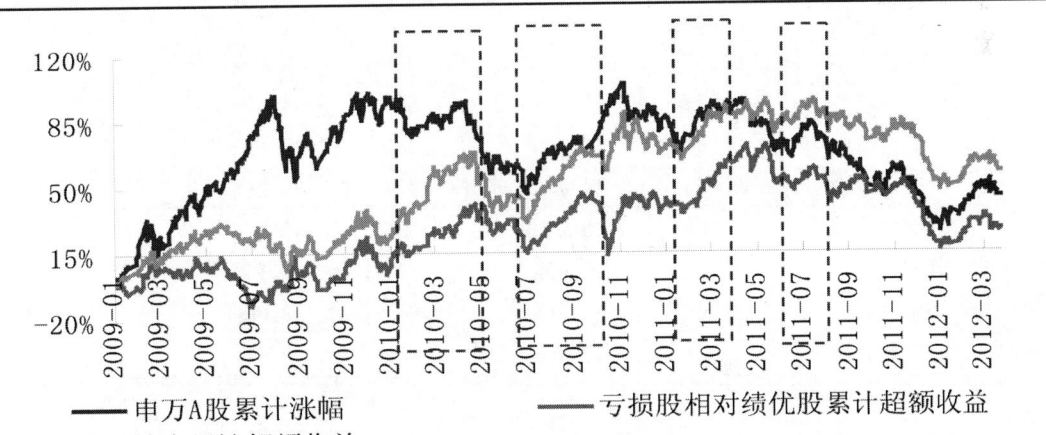

资料来源:万得资讯,申万研究

再研究这四个阶段,哪些行业表现较好?发现有色、电子、综合、信息设备等申万一级行业②超额收益明显,其内在逻辑可能在于这些行业弹性大、想象空间大、代表未来转型方向,因此在游资炒作的过程中会获得很高的收益(表1)。

---

① 以特征分类来回溯历史,进行重新归类是行业比较第三次探索的重要内容。
② 如果要做得更细,可以深挖二级或三级子行业。

表1：乱战行情，有色、电子、综合、信息设备等行业表现好

行业	2010-2-1 至 2010-4-12	2010-7-6 至 2010-9-15	2011-1-31 至 2011-3-10	2011-6-22 至 2011-7-20	4阶段涨幅排名合计
有色金属	11.61%	40.40%	14.70%	13.10%	20
电子	21.94%	33.49%	12.41%	13.51%	21
综合	20.58%	36.27%	15.64%	11.07%	21
信息设备	13.95%	35.01%	14.85%	12.47%	24
纺织服装	15.67%	30.17%	14.46%	13.24%	27
轻工制造	15.50%	31.23%	14.39%	12.68%	29
医药生物	13.80%	38.82%	7.39%	15.50%	31
农林牧渔	7.80%	38.53%	11.68%	15.22%	31
餐饮旅游	14.83%	32.46%	11.12%	11.68%	36
机械设备	13.92%	35.22%	10.76%	11.01%	40
商业贸易	8.87%	33.59%	11.27%	11.18%	43
家用电器	10.11%	25.23%	20.65%	6.20%	46
交运设备	8.25%	35.99%	8.94%	9.76%	52
化工	4.69%	20.87%	13.84%	11.57%	54
食品饮料	-0.37%	31.45%	7.60%	13.30%	57
建筑建材	8.62%	30.44%	10.04%	8.13%	57
采掘	6.50%	23.69%	11.93%	7.05%	61
信息服务	6.85%	19.15%	6.55%	11.42%	68
公用事业	8.19%	13.37%	8.98%	7.52%	70
交通运输	9.06%	14.77%	5.41%	5.22%	75
黑色金属	0.69%	18.00%	9.00%	6.70%	76
房地产	4.92%	12.02%	10.11%	5.11%	77
金融服务	3.70%	-1.36%	6.67%	3.00%	88
申万A股	7.04%	17.95%	10.10%	9.21%	

资料来源：万得资讯，申万研究

这样就框定了一个大范围，但是要把具体的子行业挑选出来，则需要与行业分析员深度配合，了解行业基本面变化，或者基本面预期变化的情况。通过和申万电子行业分析员的深入沟通，我们认定电子行业基本面改善可能性较大。首先，北美半导体设备制造商订单出货比持续回升(图2)，电子行业景气触底复苏迹象明显；其次，全球半导体产品销售同比下滑幅度收窄(图3)，电子行业需求正在逐步复苏。从微观调研看，电子行业补库存导致一季度订单明显回升，而从中长期看，Ultra-Win 概念给市场一定的想象空间。这些信息有些属于每年都有的季节性回升、有些尚无法证实无法证伪，但在大的市场特征(乱战行情)下，市场会将其解读为良性并且发酵，超额收益不容小觑。而反过来看，2012年3月中下旬以来，梦

醒时分、经济证伪、业绩证伪成为市场主要的交易特征，电子行业风险就会上升。期间，基本面没有多大变化，变化的是投资者的思维。所以，2月初可以推电子，但是3月初就不能碰。

图2：全球电子销售跌幅缩小

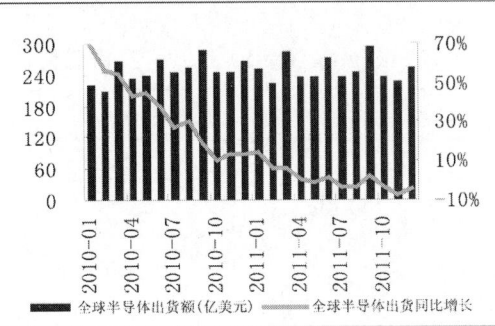

资料来源：WSTS，申万研究

图3：北美半导体设备BB值持续回升

资料来源：SEMI，申万研究

2012年2月初推荐电子以后，整个行业最高超额收益达到10%以上，但电子细分行业的表现良莠不齐，最强的宇顺电子股价几乎翻番、最弱的大立科技下跌10%。所以，策略主要是把握住大的方向，提供选股思路，而具体荐股是行业分析员的强项，行业分析员如果能考虑策略分析员的视角，就能事半功倍。

1.2　3月：经济证伪、梦醒时分、配置消费

春季躁动后，临近3、4月，经济需要证实或证伪，而根据当时我们的宏观、中观和微观数据，出现证伪的概率偏大，市场在下阶段的核心交易特征可能是"经济证伪、梦醒时分"。

"经济证伪"，最符合此市场特征的行业是什么呢？既然梦醒、证伪，那么风险偏好自然下降，稳定增长的消费品更受青睐。2011年4月随着工程机械和重卡争论的结束，市场进入证伪期，确认经济一路向下，当时白酒和医药等经典消费品体现出明显的防御属性，其每年的季节表现进一步提前(图4、图5)。

图4：2011年经济证伪期，消费倍受青睐

资料来源：万得资讯，申万研究

图5：经典消费品的一季报相对较好

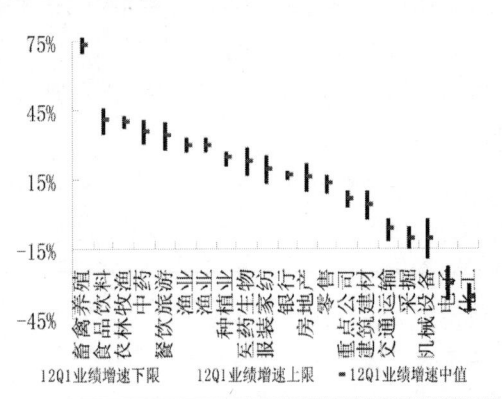

资料来源：申万研究

3月以来，消费品取得明显的相对收益，并且不是一两个消费品行业在涨，所以只能用配置的行为来解释。除了我们看好的消费品，如白酒，一些长期沉寂、受中长期问题困扰的消费品也有所表现，如受医改困扰的医药、受网购冲击的零售等，苏宁电器更迎来了久违的上涨(图6-图7)。

图6：2011年以来一些经典消费品未有明显表现

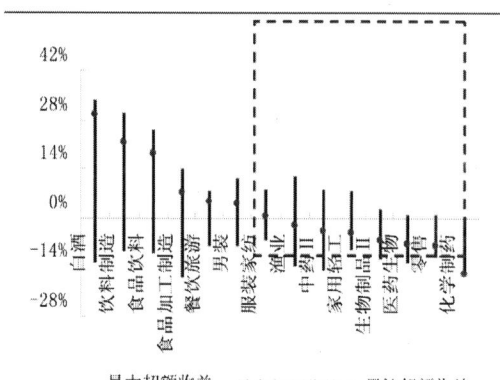

资料来源：万得资讯，申万研究

图7：苏宁带动的消费品行业呈现一定的扩散性

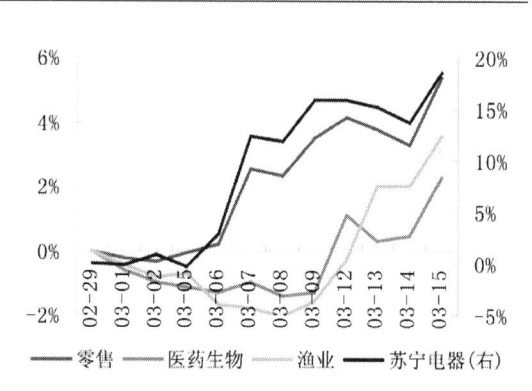

资料来源：万得资讯，申万研究

事后有诸多解释，但是不可否认的是，消费整体的业绩增速也在下滑、宏观层面的消费数据在下降，而消费相对周期的整体估值并没有优势，所以运用传统的盈利—估值—景气模型，是绝对挖不出这种机会的。遗憾的是，我们看对了方向，但是并没有挖出涨幅最好的三线白酒，方法仍待改进。

1.3 4月：期待政策放松，或许该配大地产和小银行

当前，经济证伪的市场特征已经发酵，4月份市场特征将向哪个方向转移？经济基本面仍然下滑的过程中，市场会不会再次预期政策预调微调，下一个核心交易特征很可能是期待政策再次放松。在此一特征下，房地产、汽车、银行证券等对流动性比较敏感的行业或许会取得相对收益。

判断市场特征后，结合基本面的因素才能对行业投资机会做更具体的判断。对于房地产而言，刚需能持续多久无法知晓，但当前库存水平很高，去库存过程将非常缓慢，所以很难像09年2季度那样地产开工和投资迅速启动，地产产业链投资品机会不大。而地产股的炒作逻辑可能由炒资源属性(炒价格上升和杠杆)过渡到制造属性。从单纯制造业出发，房地产行业盈利能力将萎缩，出现行业整体性机会难度较大。但是大公司依托其资金、管理、运作等优势，可能会通过抢占小公司市场份额，从而实现超越周期的增长。因此，我们更加推荐大地产公司。银行的逻辑类似，如果政策放松，倘若还是降准，那么银行也会受益，弹性更大的小银行值得关注。但是确实存在非对称式降息的可能，所以从这个意义上，银行不如地产。

2. 启示：市场特征是不可或缺的维度

从以上的案例分析，我们可以得到如下启示：

2.1 启示一：市场特征不可或缺，震荡市尤为关键

在行业比较思考的开篇之作中，我们就提出：这种行业比较方法的逻辑基础在于"现在所有的价格、估值、利润已反应既有信息，很难据此推出哪些行业比较好；未来价格和估值的波动来自新的变化，而变化最显著的部分应该符合未来的主要交易特征，所以未来的交易特征是大势判断和行业选择的根本"。

基本面的变化往往是缓慢平淡的，而投资者对基本面变化的解读却容易大起大落。正是这种解读使股价发生波动，一旦这种波动在一到两个月时间内达到20%以上，策略就必须把握。

过往几年，经济都是趋势变动，基本面也容易大起大落，所以从基本面的角度寻找投资机会，非常重要。但是一旦经济进入了"李宁型"，股市步入"震荡市"，在政策无为、周期弱化的背景下，基本面更不会有多少变化，市场特征的变化显得更加重要。

因此我们将行业比较框架分为三个层次，第一个层次是基础判断，主要着眼于基本面和市场特征的分析。基本面研究的抓手是业绩估值数据库、中观数据库和行业分析师自下而上的支持。市场特征的判断主要依赖宏观逻辑、A股策略分析员的敏感、与投资者的密切交流。

第二个层次是配置池[3]。建立配置池就是将行业进行分解重组，分解的目的在于形成内部一致性强的细分行业，夯实行业精选的基础。基于市场属性重组细分行业的目的在于按照市场表现将一致性较强的细分行业归纳为大类行业，并且抽象归纳市场属性。归纳市场属性是为了便于与市场特征形成关联，从市场特征的角度把握未来可能的行业板块热点。

第三个层次就是打通市场特征与行业属性之间的关联。如果说前述两个层次是基础的研究工作，那么第三个层次就是贯穿各研究要素的逻辑链条，是行业比较研究的灵魂。

2.2 启示二：如何预判和确认市场特征非常重要

预判下阶段的市场特征是A股策略的核心任务，坦率而言，我们现在也没有成形的方法。《宽体策论篇》第2章《A股篮球论》中，我们曾经这么说过"核心驱动力大多是宏观变量，关键是何时发生、是否被PRICE IN"。

然而市场是连续的，所以关注市场本身的反应非常重要。对于市场特征的判断只是我们的一种假说，真正的信号验证要从市场价格中直接获取。二月初配置电子，是因为乱战行情，而这一特征的确立是综合类、ST和绩差股的异动(图8)；三月份苏宁的大涨带动了消费品的整体上扬，而最近房地产在节前几个交易日就已经取得了较明显的超额收益(图9)。这些都是我们需要观察的市场本身信号。

---

[3] 关于这一块的详细分析参见行业比较思考第二篇《大处着眼 小处着手——分拆、重构行业比较的基准指数》。

图 8：综合类、亏损股表现确认乱战格局

图 9：房地产、银行、汽车超额收益明显

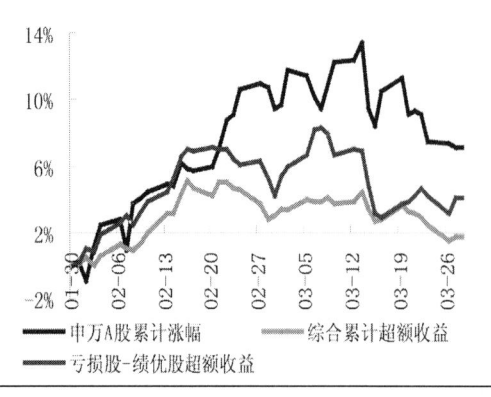
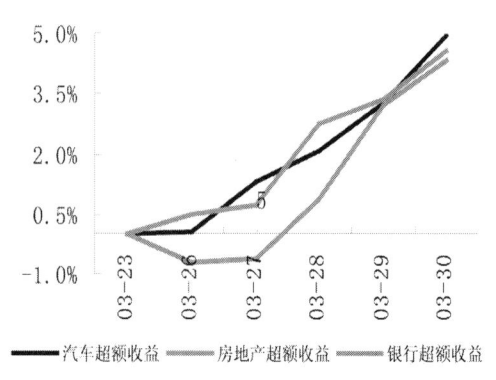

资料来源：万得资讯，申万研究　　　　　　　　资料来源：万得资讯，申万研究

当我们推荐一个投资机会时，更多的是一种假说和实验，是需要验证的，而不是信仰和赌博。投资机会的把握不在于一开始就重仓投入，而在于准备弹药(对这个投资机会进行分析，选择这个机会下最受益的标的)，一旦确认机会(市场出现某种信号)，则重仓杀入，争取在主升浪中获取超额收益。而一旦机会无法确认，则选择等待。

2.3 启示三：从未放弃基本面，寻找两者的共振

有投资者认为，我们强调市场特征就是放弃基本面，有投机和随波逐流的感觉。其实我们从来没有放弃过基本面的跟踪、分析、判断和前瞻，我们只是认为基本面就像菜、作料和配料一样，永远在那里，而市场特征是组合这道菜的粘合剂，同样的基本面在不同的市场特征下，效果完全不一样。如果市场特征和基本面都朝一个方向，那么会形成共振，这将我们寻找的主要机会。如果市场特征和基本面背道而驰，长期可能基本面占主导地位，但是短期未必，市场特征会起主导作用，此时若要参与，需留一半清醒留一半醉。

水泥和证券就是两个迥然不同的案例。2010年水泥区域龙头企业通过"价格联盟"等形式实现行业供求关系的逆转，而恰好2010年年中宏观调控政策出现一定程度放松，经济呈现上升态势，市场出现一波周期品行情(图10)。而2012年春季，我们提出由于自上而下的制度变革，以及自下而上的业务转型，证券行业将出现战略性投资机会，然而当前市场特征处于经济证伪期，市场偏弱，传统的高Beta品种自然不会得到投资者青睐，因此证券行业尚未有明显表现(图11)。

图10：基本面和市场的共振带来水泥投资机会

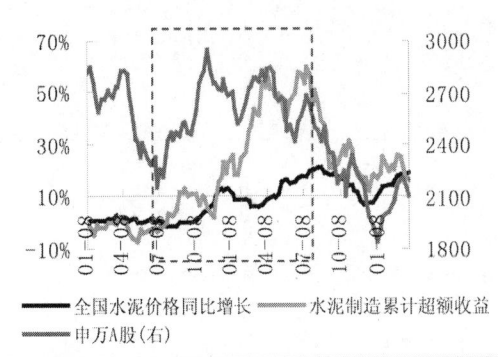

资料来源：数字水泥网，万得资讯，申万研究

图11：市场面不支持证券行业强劲表现

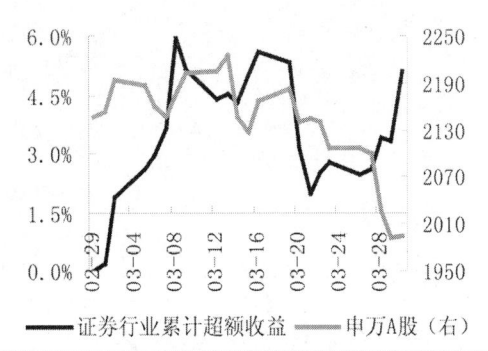

资料来源：万得资讯，申万研究

2.4 启示四：需要行业分析员和策略分析员深度配合

行业精选分为自上而下和自下而上的两条思路。自上而下的推荐思路由策略分析师策动，以市场特征的判断为出发点，基于市场特征判断行业配置的大方向，最后结合行业基本面推荐细分子行业。自下而上的推荐思路由行业分析师推动，从行业基本面出发，持续跟踪市场对基本面因素的反映，最终以市场特征的判断吹响行业推荐的号角(图12)。策略更多从市场自上而下的角度精选行业。

图12：行业比较研究框架逻辑图

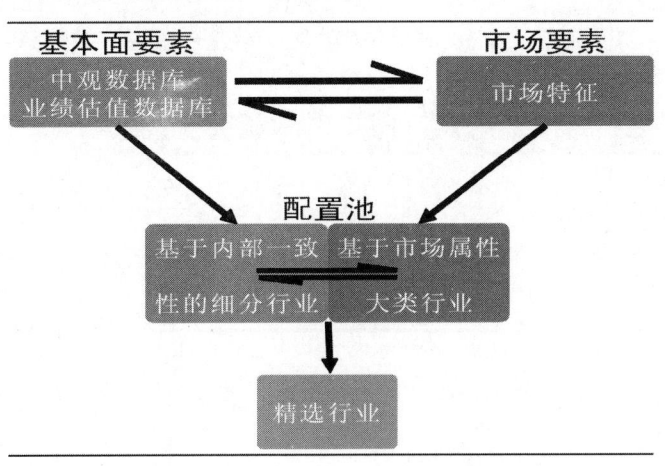

资料来源：申万研究

结构性机会的挖掘，需要策略和行业深度配合，自上而下与自下而上相结合。过去两个月，申万策略与行业分析师紧密协作，主要采用自上而下的行业推荐思路。先由A股策略确定市场的核心交易特征，然后由行业比较根据这种交易特征找出最好的子行业，主题小组优选主题，最后行业分析员报告和路演配合。如此战法取得非常好的推荐效果，不仅推荐电子和消费的行业机会，同时挖掘出消费习惯变迁和贵州区域等主题性机会。

表 2：策略研究和行业研究的配合推荐

时间	策略研究与行业研究的配合推荐
2012-2-3	A 股策略：《申万策略一周回顾——Hold 住，集结号尚未响起》（凌鹏）：游资模式，乱战行情
2012-2-6	A 股策略：《申万策略每日信息首席速评---关注电子行业、美国就业超预期、汽车和房地产数据背离》（凌鹏）
2012-2-6	行业研究：《景气回升探底，精选周期坚持成长——2012 年 1 季度电子元器件投资策略》（余斌、张骐）
2012-2-9	主题投资：《迎接 3D 电视的黄金时代——"消费习惯变迁"主题投资系列报告之一》（王胜、杨绍华、李文杰）
2012-2-16	主题投资：《消费信贷，箭在弦上？——"消费习惯变迁"主题投资系列报告之二》（王胜、杨绍华、李文杰）
2012-2-17	行业研究：《海信电器(600060)——3D&智能电器激发庞大更新需求，竞争优势齐发成就中国"三星"》（周海晨、蔡雯娟）
2012-2-23	主题投资：《全民网购催热物流行业——"消费习惯变迁"主题投资系列报告之三》（王胜、杨绍华、李文杰）
2012-3-2	行业研究：《怡亚通(002183)--2012 年业绩向上弹性大，上调评级至"增持"》（周萌）
2012-3-8	行业研究：《怡亚通(002183)--获高新技术企业认定，上调盈利预测》（周萌）
2012-3-1	主题投资：《一切向"黔"看——政策红利主题投资系列报告之一》（王胜、杨绍华、李文杰）
2012-3-2	主题投资：《政策才露尖尖角——关于工信部支持贵州省工业转型升级的点评》（王胜、杨绍华、李文杰）
2012-3-6	主题投资：《从"黔"到"钱"——关于一行三会力挺贵州又好又快发展的点评》（王胜、杨绍华、李文杰）
2012-3-5	行业研究：《盘江股份(600395)深度研究：政策红利+大集团战略双轮驱动 重申"买入"评级》（刘晓宁）
2012-3-6	行业研究：《久联发展(002037)点评报告——贵州信贷放宽支持又快又好发展，重申推荐区域民爆龙头》（周小波、向禹辰）
2012-3-6	行业研究：《盘江股份(600395)政策点评报告："一行三会"将为贵州工业腾飞注入资金血液》（刘晓宁）
2012-2-29	A 股策略：《更关注美国，应加仓消费——对上海房地产政策的若干策略思考》（凌鹏、陈杰）
2012-3-5	A 股策略：《梦醒时分——申银万国 A 股策略月报 2012 年第二期》（凌鹏、陈杰、王胜）：配置大消费
2012-3-1	行业研究：《医药月报（2012 年 3 月）：把握年报季报机会，坚定看好优质股全年表现》（罗鶄、娄圣睿、罗佳荣）
2012-2-28	行业研究：《食品饮料行业跟踪点评：进可攻退可守，建议逐渐加仓》（童驯、张雪娇）
2012-3-5	行业研究：《食品饮料行业周报 120227-120304：关注两会信息 择机逐渐加仓》（童驯、张雪娇、张雯晶）

资料来源：申万研究

第四章

打开盈利预测的黑匣子

主要内容：

盈利分析是价值投资的核心，但像黑匣子，有诸多主观臆断成分，首先需辨析概念：1)利润增速(如净利润同比增速)、盈利水平(如毛利率和ROE)和利润本身(如每股收益)各有内涵，相互关联；2)业绩预测有"自上而下"和"自下而上"之分，不同行业使用不同的业绩预测思路；3)我们的业绩分析以申万重点公司为主体。4)判断是起点，修正更重要，修正主要为两方面：业绩趋势和拐点、具体的增速。

盈利预测需注意三点：1)根据行业特性，把上市公司分为金融服务、石油石化、剔除石油石化的制造业和非金融服务业四大类，分类预测，再合成；2)银行以自上而下为主，目前利润主要来自息差收入，贷款规模、息差变动是核心变量；3)剔除石油石化后的制造业是预测的重点，其收入增速看工业增加值和PPI，毛利率以需求为核心，关注FAI、工业生产和CRB指数，根据中观行业数据、工业企业利润数据来调整，再结合行业分析师自下而上补充和调研反馈的信息。

策略重在把握盈利能力的变化。因为供应和毛利率的因素，业绩增速有时会和经济波动相背离。而从股市投资角度看，盈利增速而非经济增速才是关键。2005年上半年经济不差，但是毛利未稳，业绩拐点尚未出现，所以股市也不好；2008年12月，经济尚未企稳，但是盈利能力和业绩增速已率先企稳，所以股市反弹。

后续研究值得关注。未来，中国经济增长面临下台阶的风险，GDP的增速大概率还要下降，但是上市公司整体的业绩增速未必下滑，因为盈利能力可能提升，所以估值未必会持续下滑。1999年以后，中国上市公司的盈利能力就在提升，美国和海外的案例或许也有启发，这些是我们后续的研究方向。

最近一段时间，我们花了很多精力去论述"市场特征"[①]，并以此筛选行业，效果不错。但我们从未放弃业绩分析和基本面跟踪，接下来争取用几篇报告建立可跟踪、可校正的业绩分析模式。

1.业绩分析是黑匣子

一直以来，盈利分析是价值投资的核心，但事实上，盈利预测和业绩分析是个黑匣子，

---

① 具体参见《行业比较思考》的前三篇报告和《宽体策论》的前五篇报告。

有诸多主观臆断成分。诸多概念也纠结不清,例如业绩到底指增速还是盈利水平?自上而下和自下而上的区别何在?预测的标的和范围是什么?初始的判断和后续的调整如何?文章第一部分先分析这四个问题。

1.1 业绩涉及量、价、"利"

投资者谈及业绩,概念多有模糊,有时指利润增速(如净利润同比增速)、有时指盈利水平(如毛利率和ROE)、有时甚至指利润本身(如每股收益)。三者相互关联,却隶属不同层面。企业的利润由收入和盈利能力决定,收入又由销量和价格决定,因此利润是量、价和"利"的综合,其增速也由量、价和"利"三者的增速决定(图1)。这是一个简单的数据和会计问题。

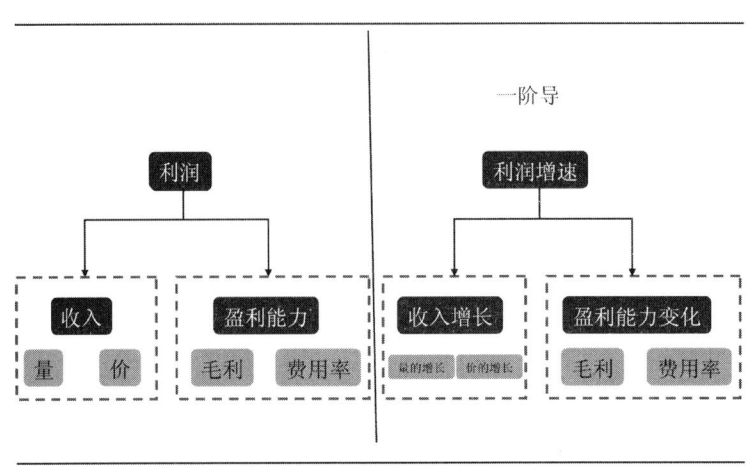

图1:利润增速由量、价和利的变化决定

资料来源:华通人、CEIC、万得资讯、申万研究

衡量企业盈利能力的指标有毛利率、销售利润率和ROE,与收入相对应的是销售利润率。销售利润是毛利率和费用率的综合,由于费用率的变化相对较小,因此销售利润率和毛利率的相关性很强(图2),因此一般通过把握毛利率来把握企业盈利能力的变化。

利润由收入和毛利率构成,所以上市公司利润增速拐点和GDP增速拐点未必完全一致。GDP只反映了收入的部分,如果毛利率的变动成为主导因素,两者是有可能背离的。而这种背离是造成股指波动和GDP波动不一致的一个原因。

图2：销售利润率和毛利率相关性很强

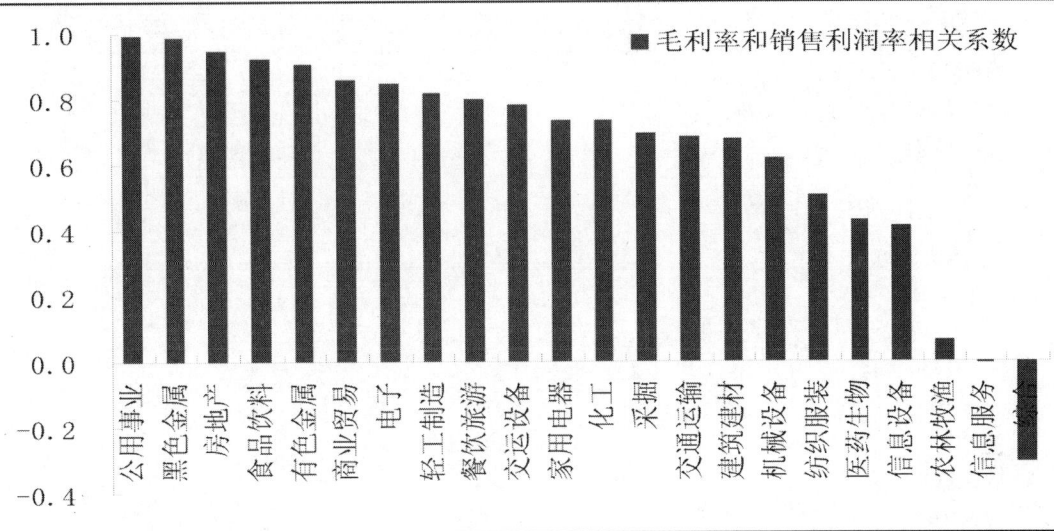

资料来源：华通人、CEIC、万得资讯、申万研究

1.2 "自上而下"和"自下而上"相结合

业绩预测有"自上而下"和"自下而上"之分，所谓"自上而下"是从宏观判断出发，根据历史上业绩和宏观变量的回归关系来预测业绩走势，"自下而上"是指在个股盈利预测基础上，汇总得到总体盈利预测。通常大家谈论的一致预期指"自下而上"汇总的数据，主要有朝阳永续和WIND的一致预期。一般而言，"自上而下"只是一个大类行业整体、模糊的判断，精细化意义并不大。

不同行业使用不同的业绩预测思路。不同类型的公司，由于其业绩走势和宏观经济走势的相关性强弱不一，自上而下和自下而上的效果也不一样。一般而言，传统周期类行业如钢铁、石化、建材、工程机械等受FAI影响巨大，倾向于自上而下，而消费品、TMT等行业公司特征显著，自下而上更加靠谱。

抓大放小、分类预测，"自上而下"结合"自下而上"。对于一些利润占比非常大的行业，需要单独分析，而对于一些利润占比小的行业，可以放弃，否则业绩预测是个无法完成的工作。结合行业重要性和各行业所适用的预测思路，对行业进行重新分类，不同类行业采用不同的预测思路，先预测各类的增速，再汇总总体的盈利预测，是为"自上而下"结合"自下而上"(表1)。

表1：A股上市公司利润行业结构

	2010年	2011年1-3季度
金融服务	47.5%	51.5%
银行	41.5%	47.5%
非银行	5.9%	4.0%
采掘	13.5%	12.1%
石油开采	8.6%	7.1%
煤炭	4.9%	5.0%
化工	5.9%	6.0%
石油化工	4.8%	4.5%
基础化工等	1.2%	1.5%
交通运输	5.00%	3.50%
机械设备	3.50%	3.70%
建筑建材	3.50%	3.70%
交运设备	3.40%	3.10%
房地产	3.30%	2.20%
公用事业	1.90%	1.50%
黑色金属	1.80%	1.40%
医药生物	1.70%	1.70%
食品饮料	1.50%	1.80%
有色金属	1.40%	1.90%
商业贸易	1.20%	1.30%
家用电器	0.90%	1.00%
信息服务	0.90%	0.80%
信息设备	0.70%	0.50%
纺织服装	0.60%	0.60%
电子元器件	0.50%	0.40%
轻工制造	0.40%	0.40%
农林牧渔	0.30%	0.40%
餐饮旅游	0.10%	0.20%
综合	0.30%	0.30%

资料来源：申万研究

1.3 以"申万重点公司"为预测标的，有微观基础

投资者谈及的业绩主体也多有不同，有人说沪深300，有人指上证综指，也有人讲全市场，我们以申万重点公司为基础。

之所以如此，基于三方面考虑：首先，使盈利预测具备微观基础。策略主要是自上而下预测，但缺乏自下而上配合，最终疏误太大。只有不断和分析师交流、借助分析员的调研、获取微观信息，才能做到自上而下和自下而上的结合。其次，目前一致预期数据只有年度，没有季度。从投资节奏上看，季度的判断更加重要，可以以重点公司为模板，在季报公布前建立季报的盈利预期，进行季报分析。最后，可以明晰盈利预测变动的结构和原因，为行业

比较分析打基础。以申万重点公司为样本，可以持续跟踪业绩预测变动的原因，为自上而下盈利预测提供信息。

申万重点公司有很强的代表性[②]。申万重点公司有 480 家，利润占到全市场的 85%，剔除金融之后占比达到 75%，剔除金融服务和石油石化的利润占比也可以达到 68%(图 3、图 4)。

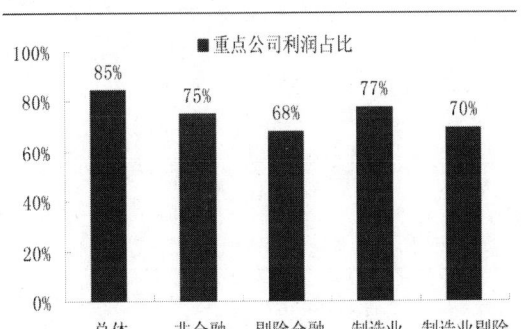

图 3：重点公司利润占全市场比重高

资料来源：华通人、CEIC、万得资讯、申万研究

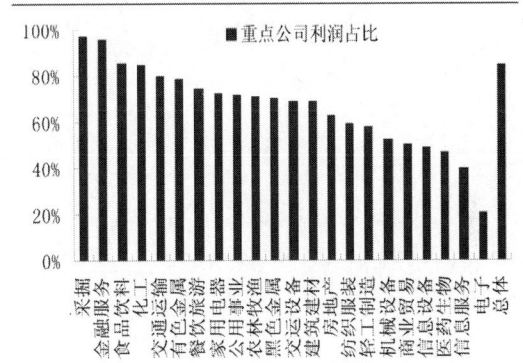

图 4：重点公司利润占全市场比重(分行业)

资料来源：华通人、CEIC、万得资讯、申万研究

1.4 接受"不可能"、修正更重要

经济周期决定业绩周期，因此经济趋势是业绩判断的根本，但经济波动本身就极难预测，所以修正是必须的。此外，从经济到业绩还有毛利率一环，更加增大了预测的难度[③]。

判断经济的趋势是为了站在中长期角度把握业绩方向，具体数值并不重要，后期的跟踪和修正则侧重于具体业绩增速的数值和方向趋势的调整。中长期趋势的判断是起点，正确与否关系到投资成功率的高低；但任何情况、任何人都不能保证趋势判断的正确性，所以做出判断后要密切跟踪、修正。

修正体现为两方面：业绩趋势和拐点、具体的增速。趋势和拐点是最关键的，要时刻考虑三方面：之前的判断逻辑、跟踪的实际情况、是否出现新的变化。比如 2011 年 8 月，跟踪的信息反应我们之前提出的"三季度小复苏下毛利率上升"这一判断是错误的，因此在 8 月末及时修正[④]、下调盈利预测。再比如 2011 年 11 月份，我们认为 2012 年上半年业绩增速下降幅度减缓甚至走平，大逻辑是一季度盈利能力企稳(图 5)。从目前跟踪的各行业主要产品的价差、工业企业 1-2 月份的毛利率情况来看，盈利能力确实不会有明显下滑。因此，我们维持业绩增速下滑减缓这一趋势判断。趋势判断的目的是追求方向正确、模糊有效，数值是否精确居次。逻辑判断只能掌握趋势，实际增速会因会计计提等非趋势原因而有所出入，

---

② 一般而言，申万研究所每三个月调整一次重点公司样本，以保证其覆盖度和代表性，申万研究所有一整套重点公司筛选、管理、行业分类、指数形成的方法。
③ 关于预测和对策的区别，参见宽体策论第五篇《基于预测 VS 基于对策》。2011 年 4 月 11 日。
④ 参见报告《中报业绩尚可 三季度或继续下滑》，2011 年 9 月 5 日。

因此先要有趋势判断、模糊判断，后才有增速的修正、追求精确(图6)。

图 5：一季度，企业盈利能力企稳

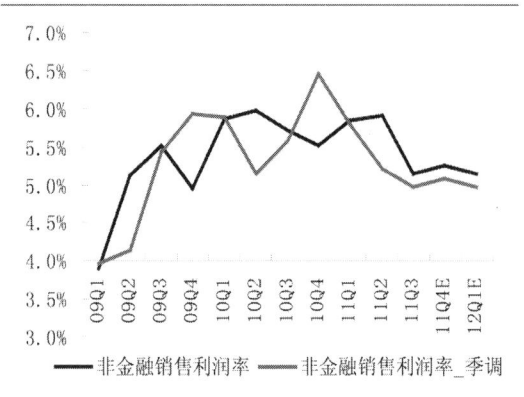

资料来源：华通人、CEIC、万得资讯、申万研究

图 6：先有趋势判断，再修正具体数值

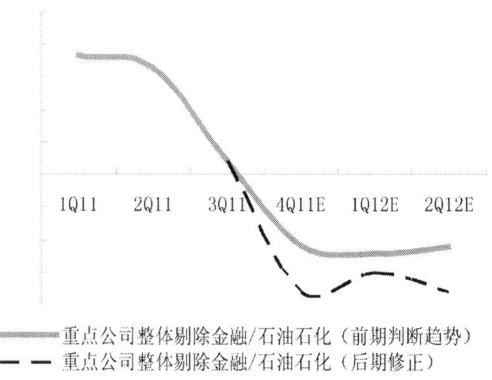

资料来源：华通人、CEIC、万得资讯、申万研究

业绩增速的具体修正可以借助行业分析师的力量。业绩增速具体是多少，除受趋势因素影响外，还受到业务结算时点、计提标准变化等微观因素制约。微观层面的变化更多借助行业分析师，具体增速的预测也需要借助行业分析师的力量。通常，我们会在每个季度结束后、季报集中公布前，组织行业分析师做季报前瞻，在"自下而上"的基础上"自上而下"分析得出预判。

哪些行业分析师自下而上反馈的业绩信息相对重要呢？这主要和行业属性有关。如果把业绩增速的变动分为周期来源(趋势项)和非周期来源，两类行业应该更多借助分析师的力量(图7)：首先是化学制品、医药生物、信息设备、食品饮料和房地产[5]等业绩增速受非周期因素影响较大的行业；其次是餐饮旅游、证券、服装、化学原料、电力、化学纤维和农林牧渔等非周期性波动非常大的行业。

---

[5] 房地产看似周期性行业，但是受结算周期和盈利调整影响很大。

图7：哪些行业的波动性大、趋势性弱

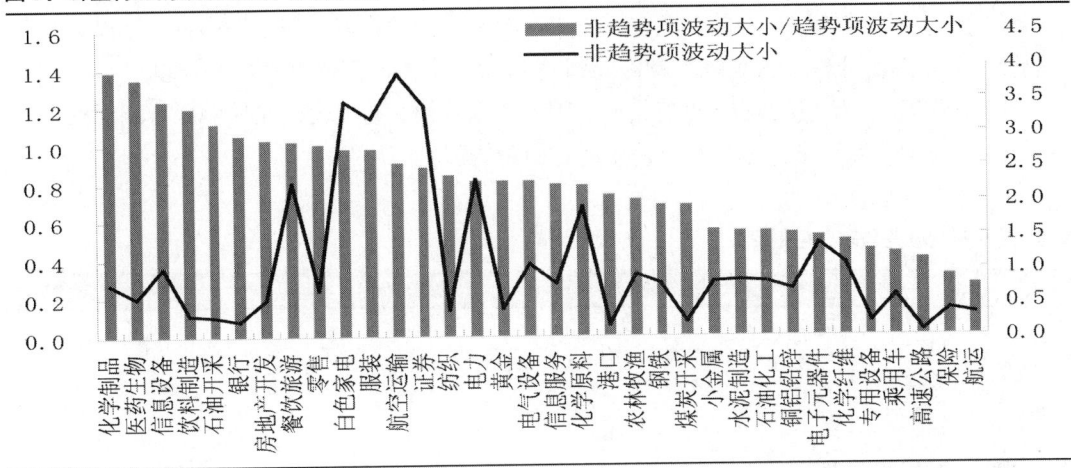

资料来源：华通人、CEIC、万得资讯、申万研究

2.盈利预测怎么做

2.1 分部预测、自上而下结合自下而上

根据行业特性，把上市公司分为金融服务、石油石化、剔除石油石化的制造业和非金融服务业四大类，分别考察各类的盈利增速，再合成整体的盈利预测(表2)。

首先，制造业和宏观经济关系紧密，宏观对工业增加值、PPI等数据的分析较多，为自上而下的盈利预测提供素材，月度公布的工业企业利润数据也是很好的校正指标。制造业中，石油石化虽也与宏观相关，但会受到垄断、特别收益金和国家补贴等影响，业绩需单独考虑，自上而下和自下而上结合。

其次，决定银行业绩的指标，如贷款增速、利率也是宏观变量，因此也采取自上而下的预测方法。非金融的服务业，业绩和宏观经济相关性较弱，有较强的公司特性(比如餐饮旅游行业的公司其业绩就和区域有很大关系，房地产的业绩和结算时点有很大关系)，主要采用自下而上的方法。

表2:行业归类

大类	行业（利润占比、公司占比）	预测方法
金融	银行（47.5%、0.68%）、保险、证券、多元金融	银行以自上而下为主，其他自下而上
非金融的服务业	交通运输（3.5%、3.56%）、房地产（2.2%、6.23%）、商业贸易（1.32%、3.92%）、信息服务（0.80%、5.63%）、餐饮旅游（0.17%、1.23%）	自下而上为主
石油石化	石油开采（7.1%、0.04%）、石油化工（4.5%、0.68%）	以自下而上为主，结合自上而下
制造业剔除石油石化	石油石化之外的制造业（21.90%、76.57%）	自上而下

资料来源：申万研究

2.2 银行的预测以自上而下为主

金融服务中,保险、证券的利润占比较少,容易受到"投资收益"的影响,难以自上而下把握,主要采用分析员的跟踪和预测。银行利润占比大,需要重点把握,以自上而下为主。目前,银行的利润主要来自息差收入,因此贷款规模、息差变动是影响银行利润的核心因素。从实证结果来,业绩增速和息差变动更相关(表3)。

表3:银行利润增速和净息差更相关

		常数	净息差增速	贷款余额增速	M2增速	Adj-R²
模型一	系数	32.19	1.01			0.51
	t-值	(11.42)	(5.62)			
模型二	系数	75.33		-2.16		0.35
	t-值	(7.31)		(-4.12)		
模型三	系数	96.68			-3.27	0.33
	t-值	(6.09)			(-3.97)	
模型四	系数	44.35	0.82	-0.75	0.13	0.64
	t-值	(1.89)	(3.15)	(-0.47)	(0.05)	

资料来源:申万研究

注:被解释变量为银行利润增速。银行利润增速、净息差增速、贷款增速和M2增速的单位都是%。模型四中,贷款余额增速和M2增速的VIF大于10,有很强的共线性。

而净息差与利率周期、存款活期化、银行议价能力相关。由于央行通常进行对称式加息或者降息,并且活期存款利率不变,所以加息通常导致银行净息差上升,反之亦然。同理,当银行定期存款活期化时,净息差上升,反之下降。影响银行净息差的三个主要因素基本都和经济周期及利率周期一致,因此可以重点观察市场利率的变化来判断净息差走势。

图8:基准利率和市场利率综合决定了净息差的走势

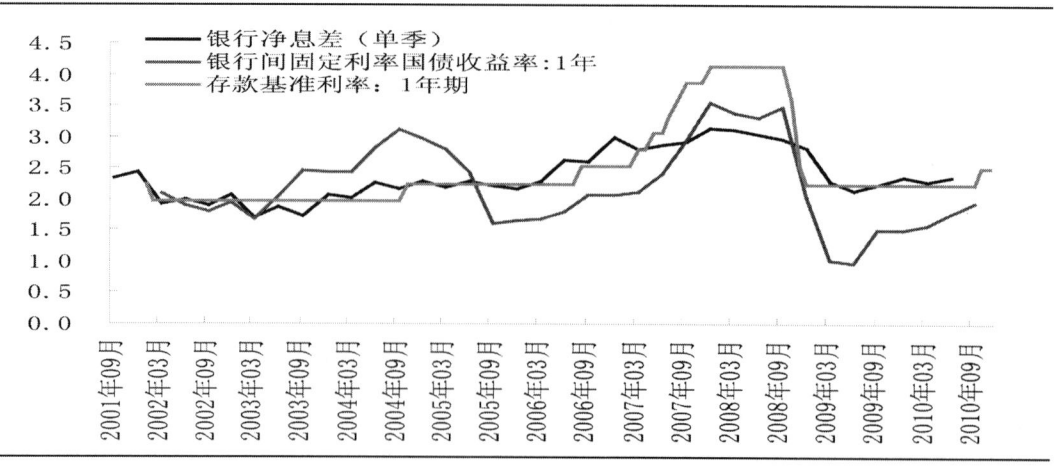

资料来源:华通人、CEIC、万得资讯、申万研究

注:国债收益率是季度内日度数据的均值。

2.3 剔除石油石化的制造业是盈利预测的核心

2.3.1 剔除石油石化的制造业是重点

首先，这部分公司众多，占全市场的77%。

图9：非石油石化制造业公司数量众多

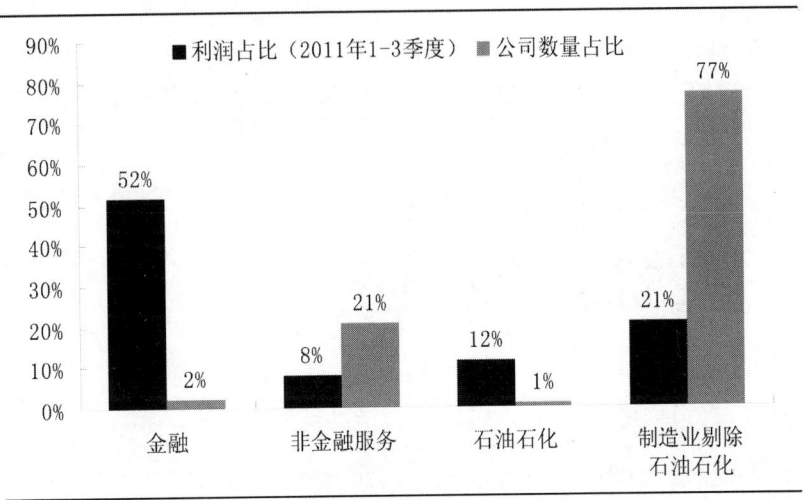

资料来源：华通人、CEIC、万得资讯、申万研究

其次，制造业对宏观经济的变动最敏感(图10、图11)，服务业依附于制造业，对经济的变动有一定滞后性，所以寻求盈利拐点，最重要的是把握剔除石油石化后的制造业盈利拐点。

最后，大量宏观、中观数据使制造业的盈利预期有很强的自上而下属性。

图10：非石油石化制造业毛利率对经济最敏感

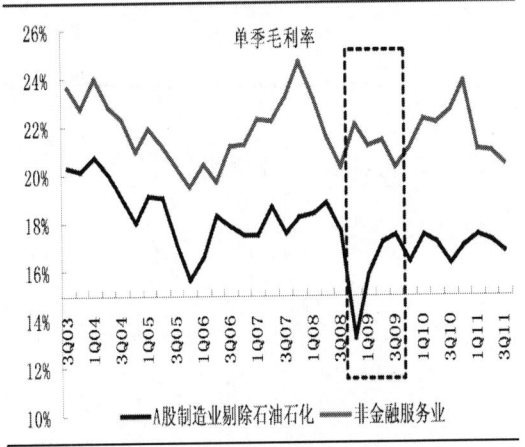

资料来源：华通人、CEIC、万得资讯、申万研究

图11：制造业利润增速波动普遍较大

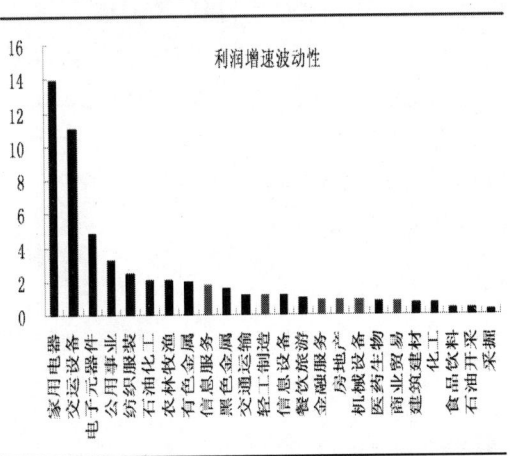

资料来源：华通人、CEIC、万得资讯、申万研究

2.3.2 收入增速看工业增加值和 PPI

制造业的范围和工业企业的范围基本一致,因此制造业的需求等同工业增加值、价格参考 PPI。根据 PPI 和工业增加值的简单模拟可以把握制造业收入增速的变动趋势。剔除石油石化后制造业的收入增速仍然和工业企业和 PPI 的关系密切,模型显示,两者相关度达到 0.9 以上(图12)。

图12:根据 PPI 和工业增加值判断工业企业收入增速的变动方向

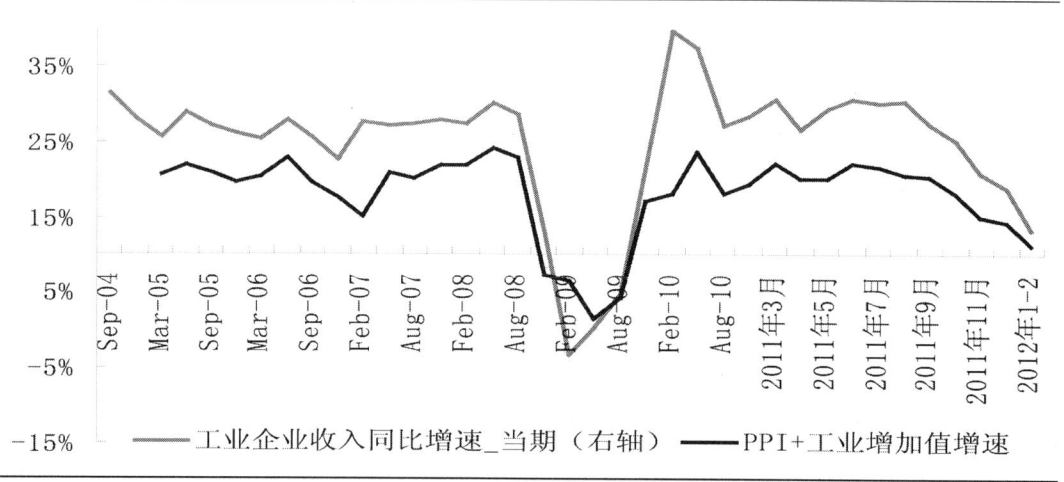

资料来源:华通人、CEIC、万得资讯、申万研究

2.3.3 毛利率以需求为核心,关注 FAI、工业生产和 CRB 指数

毛利率是预测制造业业绩增速变动的核心,一般而言,供应、需求和成本都会影响毛利率的变动。通常供应端的变化不大,所以我们着重考虑需求和成本。更关注需求还是更关注成本,关键看价格的变化主要是需求所致还是成本推动。如果需求端平稳、输入性通胀导致价格上升,则成本对毛利率的挤压会非常严重,2003 年以来这种情况很少,仅在 2008 年上半年发生。

以工业增加值、固定资产投资代表宏观需求,PPI 代表价格,CRB 代表成本因素,2003 年以来四个因素对毛利率变动的解释能力达到 0.6。

毛利率(单季)=$-0.016-0.000125CRB_{-1}+0.00172PPI+0.0014$ 工业增加值增速 $+0.0012$ 固定资产投资增速

$$(-2.8) \quad\quad (2.8) \quad\quad (1.8) \quad\quad (2.3)$$

$$R_2=0.59 \quad\quad S.E.=0.11 \quad\quad F=0.8$$

图13：毛利率预测模型：工业增加值、FAI、PPI和CRB影响毛利率

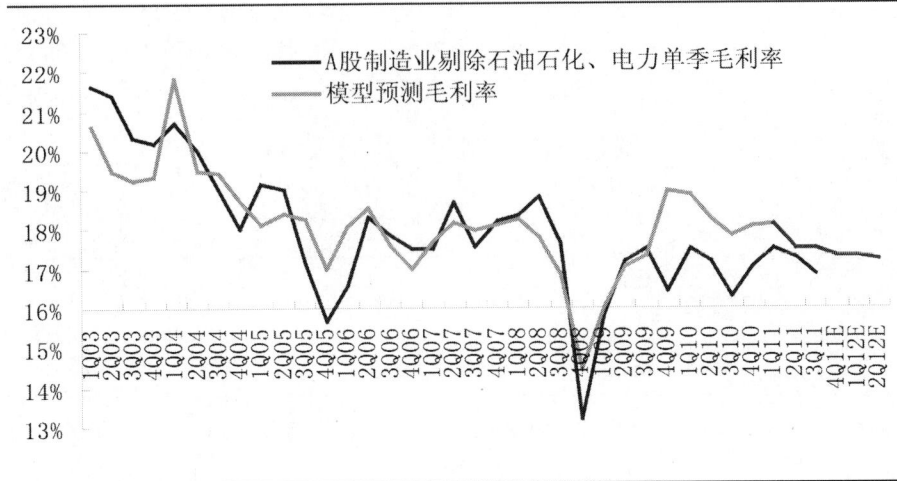

资料来源：华通人、CEIC、万得资讯、申万研究

同时，要注意供给端的变化，一旦供给发生突变，供给将成为毛利率变动方向的主导因素，比如2004、2005年的很多制造业。此时，GDP拐点和业绩拐点可能不一致，因为GDP只代表需求部分，不能体现供应的变化。

2.3.4 业绩的跟踪和修正

预测只是起点，修正才是重点。根据中观行业数据、工业企业利润数据来调整，再结合行业分析师自下而上补充和调研反馈的信息。

中观行业数据[6]本身是死的，数据背后的信息和逻辑是活的，因此对信息的解读才是重要的。而对信息的解读，需要对数据的历史熟悉，还需要行业的背景经验，需要和相关领域分析师仔细勾兑，对经济各层面的变化有协调一致、符合逻辑的解读。

工业企业数据和制造业有较好的匹配性，可以用来进行业绩修正。工业企业数据每月公布，相比上市公司的季报更高频。2003年以来，根据剔除石油石化以后的工业企业季度数据来判断A股非石油石化制造业的季度数据，正确的概率可达66%(图14、图15)。

---

[6] 参见申万策略行业比较小组每周一发布的《行业比较之中观观察》。

图14：工业企业业绩增速和A股业绩增速高度相关

图15：工业企业毛利率和A股毛利率相关性很强

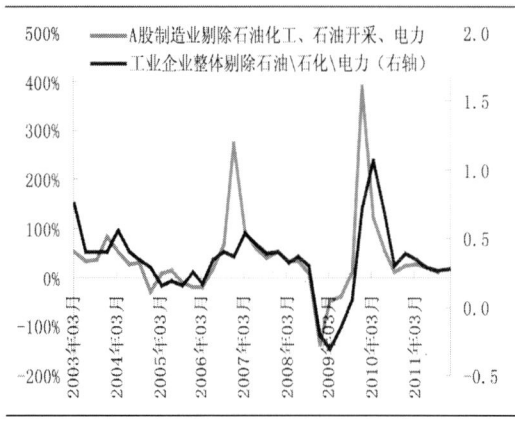

资料来源：华通人、CEIC、万得资讯、申万研究

资料来源：华通人、CEIC、万得资讯、申万研究

3.策略重在把握盈利能力的变化

3.1 业绩增速拐点和GDP拐点会发生背离

由上分析，业绩增速和GDP增速是两个概念，从会计和数学上讲，业绩增速为收入增速和毛利率变化之和。但由于A股市场，周期品比重较大，业绩增速拐点和GDP拐点比较吻合（图16、图17）。

图16：主板利润主要由周期性行业构成

图17：业绩增速拐点和GDP拐点多有吻合

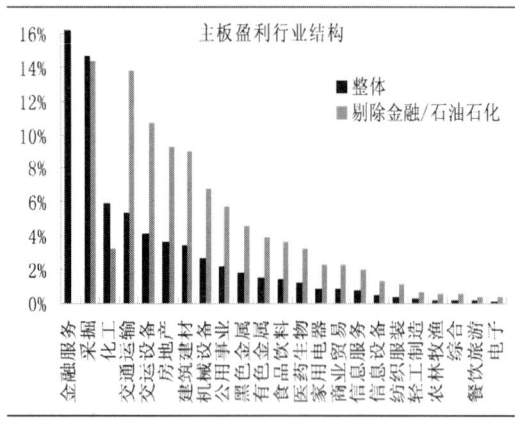

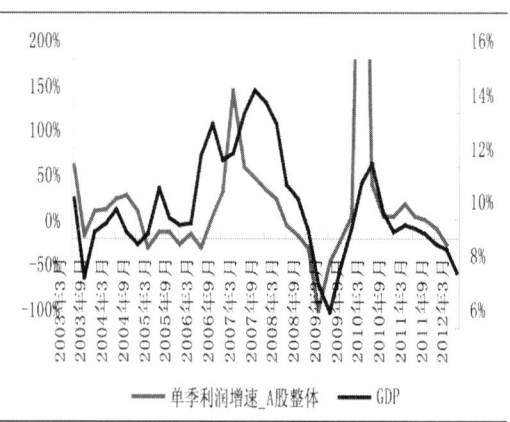

资料来源：华通人、CEIC、万得资讯、申万研究

资料来源：华通人、CEIC、万得资讯、申万研究

但由于业绩增速涉及毛利率变动，所以不能单纯用收入(GDP)增速来解释，当供应环节不出现重大变化时，两者基本一致，一旦供应环节出现变化，两者就可能背离。下面着重分析2003年来的两次背离情况。

2005年的供给集中释放导致业绩和经济背离。2000年到2004年，我国经历了一波投资高速增长，固定资产投资增速逐年上升，一直到2004年，中央才严令调控，2005年投资增速开始下滑，但产能集中释放持续到2005年，导致2005年在需求企稳的状况下，企业盈利能力及业绩增速继续下滑(图 18- 图 19)。

图 18：2005 年经济企稳毛利率继续下滑

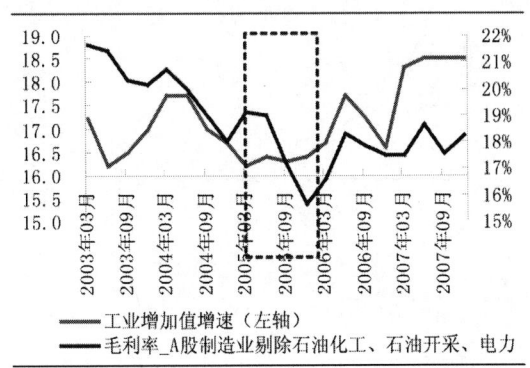

资料来源：华通人、CEIC、万得资讯、申万研究

图 19：2005 年工业生产企稳，业绩增速继续下滑

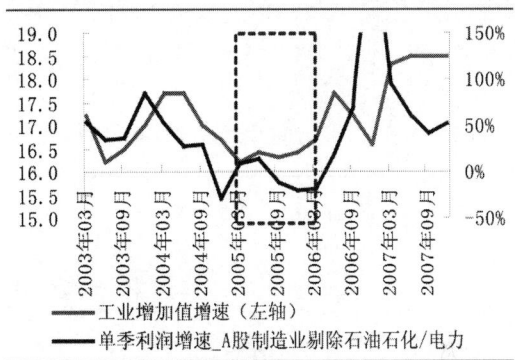

资料来源：华通人、CEIC、万得资讯、申万研究

2008 年四季度—2009 年一季度，大规模去库存导致的背离。2008 年 4 季度经济加速下滑，此时企业亦出现比较严重的去库存，导致企业需求极度恶化、盈利能力大幅下滑。2009 年 1 季度，经济下滑减缓，此时产品价格开始企稳甚至反弹，带动毛利率反弹，从而支撑业绩反弹。经济从迅速下滑到走缓的过程中，毛利率可能率先企稳，进而支撑业绩增速先于经济见底，2008 年到 2009 年，GDP 在 09 年 1 季度下滑到 6.61%，是底部，但是业绩底部在 2008 年 4 季度(图 20、图 21)。

图 20：2008 年末 2009 年初毛利率先于经济见底

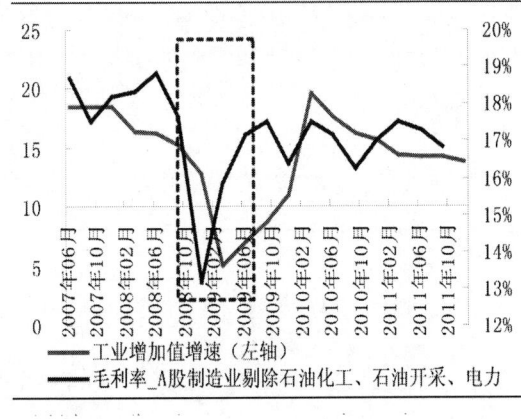

资料来源：华通人、CEIC、万得资讯、申万研究

图 21：2008 年末 2009 年初业绩增速先于经济见底

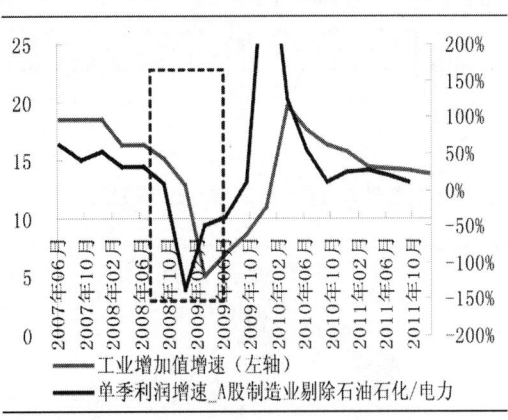

资料来源：华通人、CEIC、万得资讯、申万研究

3.2 策略更看重"利"

策略应该着重把握盈利能力(毛利率)的变化。

首先，从研究分工看，量的增长取决于诸如工业增加值、GDP 等宏观变量，价则看 PPT、CPI 等变量。这些指标都是宏观指标，主要由宏观分析员来把握更为合适。而盈利增长的另一部分为毛利率的变化，由策略分析员把握更合适。

其次，上述两个案例说明，因为供应和毛利率的因素，业绩增速有时会和经济波动相背离。而从股市投资角度看，盈利增速而非经济增速才是最关键的(图22)。2005年上半年经济不差，但是毛利未稳，业绩拐点尚未出现，所以股市也不好；2008年12月，经济尚未企稳，但是盈利能力和业绩增速已率先企稳，所以股市反弹。

图22：盈利能力对股市的驱动力很强

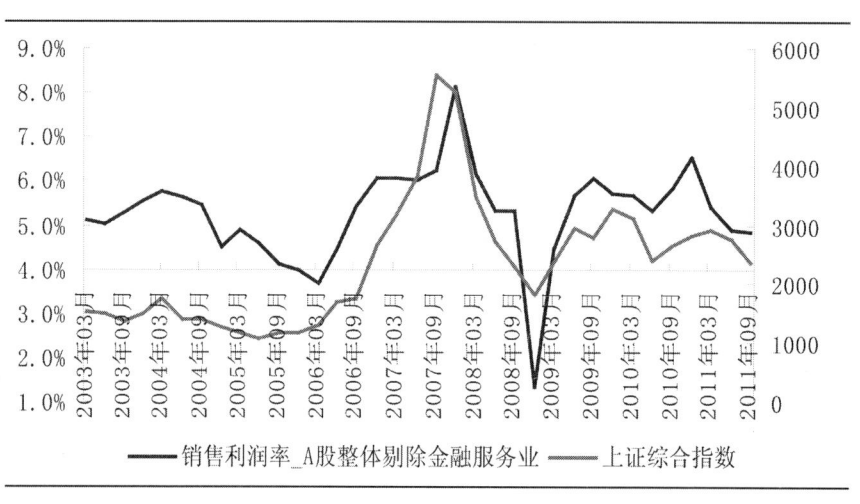

资料来源：华通人、CEIC、万得资讯、申万研究

最后，从实际预测效果来看，把握"利"对于业绩分析预测更重要。业绩是盈利能力和收入的综合，盈利能力的波动明显大于收入增长的波动，说明盈利能力才是业绩变化的核心因素(图23-图24)。而且，销售利润率增长和利润增长的相关系数达到0.99，显著高于收入增速和利润增长的相关性，因此把握"利"相对更重要。

图23：盈利能力变动和利润增速的相关性更强   图24：盈利能力变动更能解释业绩增速

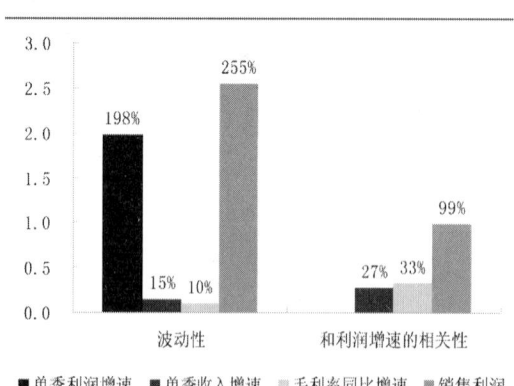 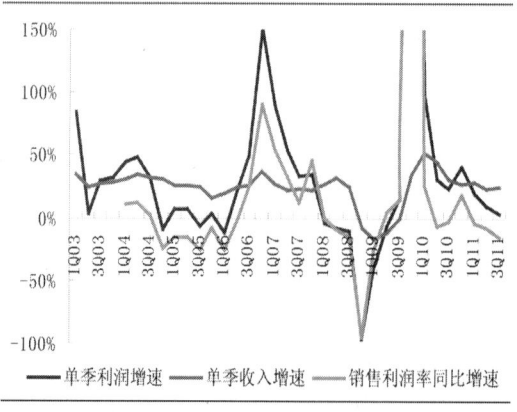

资料来源：华通人、CEIC、万得资讯、申万研究   资料来源：华通人、CEIC、万得资讯、申万研究

未来，中国经济增长面临下台阶的风险，GDP 的增速大概率还要下降，但是上市公司整体的业绩增速未必下滑，因为盈利能力可能提升，所以估值未必会持续下滑。1999 年以后，中国上市公司的盈利能力就在提升，美国和海外的案例或许也有启发，这些是我们后续的研究方向。

第五章

向来有之，未被重视
——对过往几年市场特征的回顾

主要内容：

市场特征一向存在，只是在周期波动剧烈的阶段，基本面能够较好解释市场的波动，市场特征往往被忽视。

2007年：公募崛起，蓝筹泡沫。三季度经济趋势向下，市场从4000点上冲至6000点。主要原因在于居民理财意识觉醒，大量资金涌入股票和基金市场，推动蓝筹泡沫行情。

2009年：起于流动性，终于流动性。2008年末经济继续向下，市场触底反弹，2009年8月经济持续复苏，市场大跌。2009年行情主线为流动性的吞吐，流动性投放市场上涨，流动性收缩行情结束。

2010年：转型预期。经济依然维持高位增长，消费品业绩无明显优势，金融业绩系统性好于其他品种。基本面因素敌不过"经济转型"的市场特征。

基本面研究并不能解决策略判断的所有问题，而把握市场特征是策略分析师工作的重中之重。

对于基本面的把握是市场特征框架的一部分，重要性与变化幅度成正比。基本面的变化能够为全市场认知的程度，就成为市场特征。比如在经济周期波动显著的阶段，最大的市场特征就是经济周期。

市场特征有大、小之分，大市场特征指导大资金配置，小市场特征把握短期波动。大、小市场特征相辅相依，均需把握。大市场特征在于把握确定的宏观经济和政策的变化。小的市场特征在于把握逻辑推断中的不确定因素，往往发生在政策、基本面预期等方面。

策略的本职工作就是抓住市场核心交易逻辑。市场特征的把握难于实体经济。实体经济运行呈现客观规律性，市场特征变化体现主观情绪性。解决方法在于尽量使自己的生物钟与市场同步，以自身的情绪变化模拟市场的变化。最大的风险点在于大市场特征发生变化，因此需要定期评估长期市场特征的适用性。

2012年2月份，我们提出"市场特征"的概念，并探索行业比较的第三次突破。有些倍感新鲜，有人有所彷徨，新鲜者认为较实战，也确实准确把握过去三月的明星行业[1]，彷徨者怀疑此框架的价值，与日常所学多有出入。

---

[1] 该体系推荐效果很好，2012年，申万策略2月推电子，3月推消费，4月推荐房地产、金融，基本把握了市场趋势和主要投资机会。

其实,"市场特征"向来有之,只是经济周期大起大落时,掩盖了其光芒。本章通过历史回溯,揭示其在市场风格判断和趋势把握中的重要作用。

1. 向来有之、未被重视

市场特征一向存在,只是在周期波动剧烈的阶段,基本面和经济框架能够较好解释市场的波动,因此往往被忽视。投资大师安德烈·科斯托拉尼说:"实体经济和股市就像是主人和小狗的关系。主人悠闲地前进,小狗时而向前狂奔,时而向后跟随,最终会一起到达散步目的地"。其实,当主人快速移动时,小狗的方向与主人的方向必然一致,因为"线"没那么长;但是一旦主人停下步伐,小狗和主人会出现明显偏差,此时我们应该研究小狗还是研究主人呢?

1.1　2007年：公募兴盛、蓝筹泡沫

2007年,中国经济快速增长,上证综指从2700点到6100多点,期间"黄金十年"的言论甚嚣尘上。2007年上半年,经济增速持续向上,宏观策略框架的确能够很好地解释市场的上涨。然而,进入下半年,经济增速有所放缓、通胀隐忧有所抬头,但是市场依然从4000点上行到6000点,基本面框架无法解释(图1)。

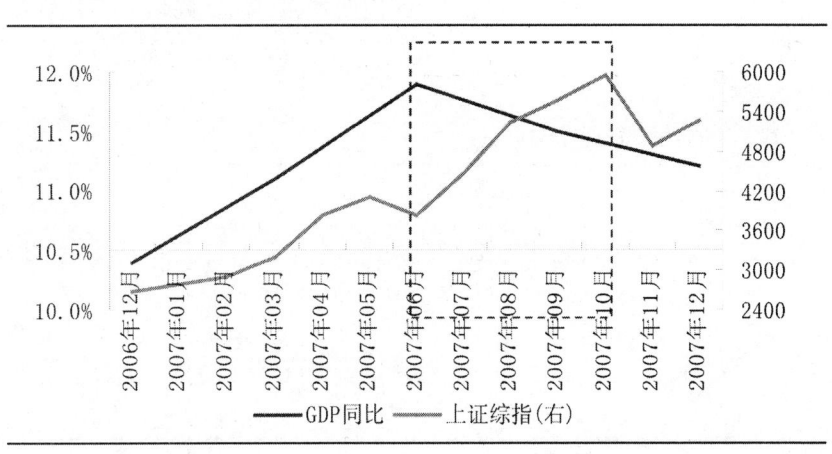

图1：2007年3季度,经济基本面不支持市场继续大幅上行

资料来源：　万得资讯,申万研究

2007年三季度,市场主要的特征在于"居民理财意识觉醒、公募基金大发展"。2005年,A股市场逐步走出低迷,2006、2007年市场持续走强,强大的赚钱效应唤醒居民理财意识,吸引大量资金涌入股票市场。居民储蓄增速不断下降,而A股市场新增开户数和公募基金申购份额不断创出新高(图2)。在大量资金涌入的背景下,公募基金开始追逐市场容量巨大的蓝筹股,大幅加仓金融、采掘、交运等蓝筹板块,形成波澜壮阔的蓝筹泡沫行情,推动指数从4000点到6000点(图3)。

图2：2007年，理财意识觉醒，公募基金大发展　　　图3：2007年，公募基金大幅加仓蓝筹股

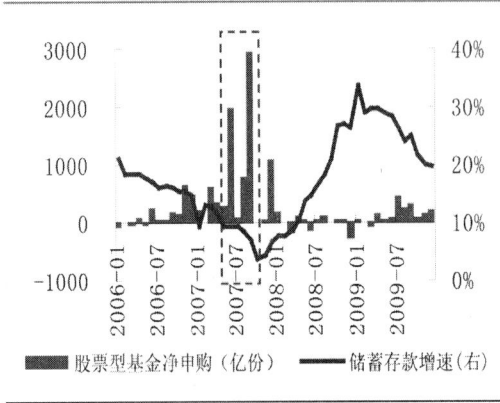

资料来源：华通人，万得资讯，申万研究　　　　　　资料来源：万得资讯，申万研究

1.2 2009年：起于流动性，终于流动性

2009年是国际金融危机之后的复苏之年，从宏观策略的角度似乎能够解释A股市场的上涨，同时抓住大部分的投资机会。然而回头仔细分析，市场在2008年末起来的时候，经济基本面仍在下滑，经济确认复苏要到2009年2季度初。而8月份市场大跌，其实宏观经济的复苏势头依然强劲，市场的大幅回调及之后的周期衰弱、消费崛起，其实无法从基本面得到合理解释(图4)。

图4：2009年，基本面框架很难把握市场拐点

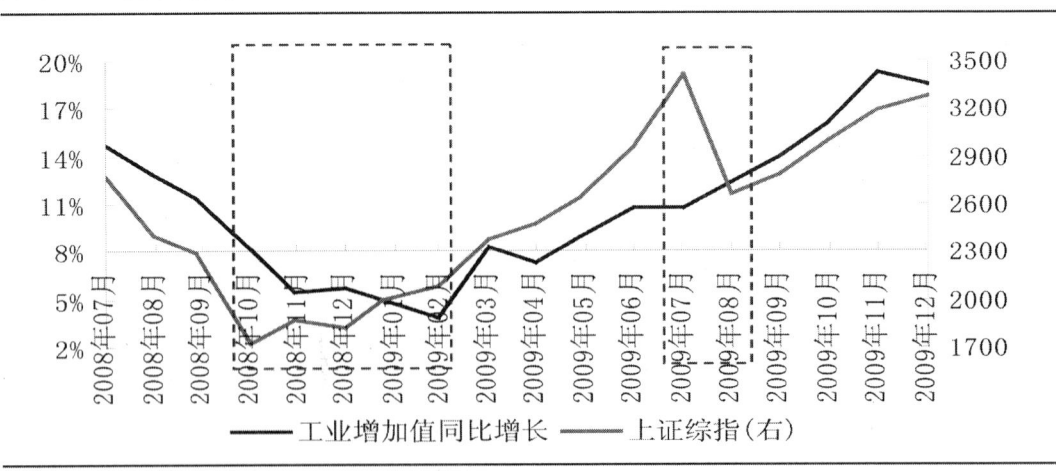

资料来源：华通人，万得资讯，申万研究

而在"市场特征"框架下，2009年行情演绎的主线在于流动性。2008年末2009年初，为了刺激陷入衰退之中的经济，中央政府提出"4万亿"财政刺激政策。而最重要的刺激手段就是大幅放开流动性，鼓励信贷供给，降低资金成本。在流动性极度宽松的带动下，市场情绪很快活跃起来。然而信贷的天量投放和超低的资金成本是难以持续的，一旦经济复苏确

认，流动性的闸门就会逐步收紧。因此流动性投放转向就成为市场的"达摩克利斯之剑"，一旦有风吹草动，市场的担忧情绪就将迅速宣泄。这个时点出现在7月份，一年期央票利率上行、内部传闻信贷要收缩(图5)。因此，如能把握"流动性"这一市场特征，投资者将享受市场上行带来的丰厚收益，同时规避悲观情绪宣泄造成的损失。

图5：2009年流动性的拐点决定了市场的拐点

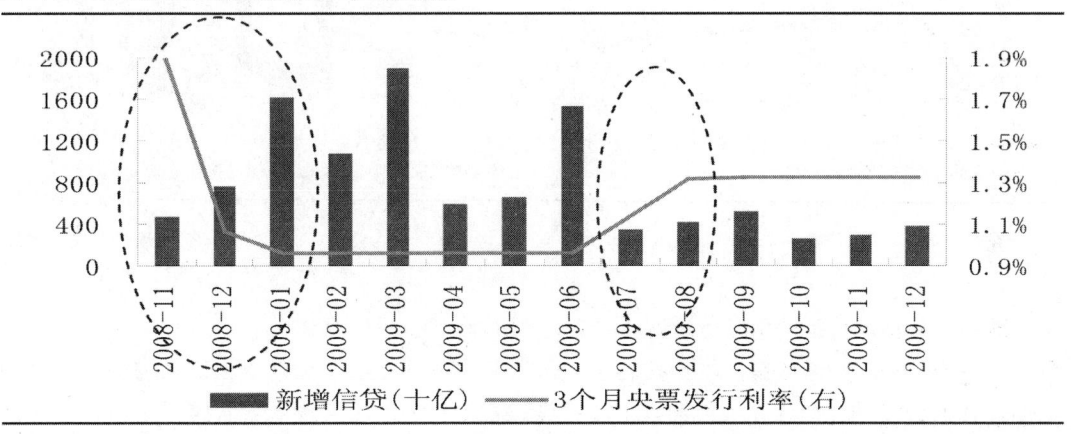

资料来源：华通人，万得资讯，申万研究

1.3 2010年：转型预期

2010年，结构的特征远重于点位波动，金融服务、房地产、周期品的估值中枢不断下移(图6)，而稳定增长消费品相对估值水平大幅上升(图7)。

图6：周期品表现疲软，非周期品种表现抢眼

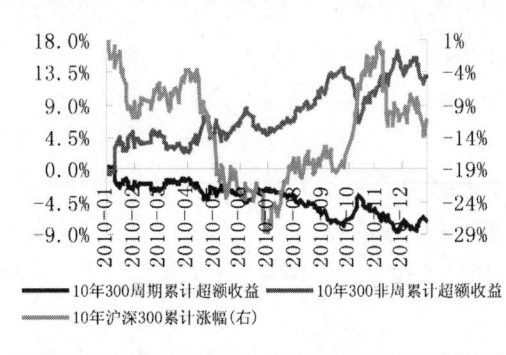

资料来源：万得资讯，申万研究

图7：2010年，经典消费品相对估值迅速提升

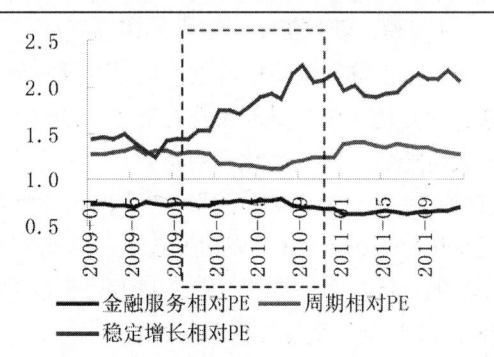

资料来源：申万研究

周期品和消费品市场表现的相对变化与经济框架并不一致。尽管存在严厉的房地产调控，但是经济基本面依然维持强劲增长的态势。周期性行业的业绩增长也并未落后于非周期行业，金融服务业甚至大幅超越稳定增长行业。因此，基本面并不支撑消费品大幅跑赢周期和金融品。

493

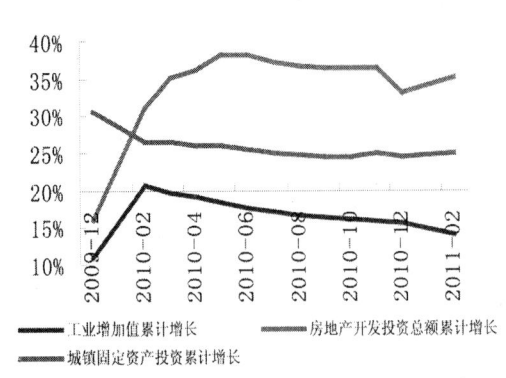

图8：房地产投资和固定资产投资未明显下滑　　图9：2010年，周期性行业业绩增速并不差

资料来源：华通人，申万研究　　　　　　　　　资料来源：申万研究

然而，从市场特征的角度去理解，难题迎刃而解。2008年金融危机爆发后，我国政府采取及时得力的经济刺激政策，很快扭转了经济快速下行的状况。然而，很快大力经济刺激的后遗症开始显现，大部分人意识到以粗放式投资拉动经济增长的发展方式难以为继，"经济转型"成为市场公认的趋势。2010年最大的市场特征就是"转型"，因此与经济转型密切相关的消费品成为当年最大的投资机会，而传统的周期品明显受到压制。

1.4　2012年：证监会改革，中盘蓝筹、证券

2012年最大的市场特征是什么？我们提出若干关键词："通胀结构高企"、"政策磨磨唧唧"、"经济李宁型"、"股市震荡市"、"结构并仓位更重要"、"注重市场特征"。经过四个月，这种特征越来越明显，经济、政策和通胀处于刀锋上的平衡，过去几年形成的"宏观自上而下、寻找经济底部"的策略越做越窄，需要独辟蹊径。

4月份，我们提出全年大的市场特征在于"证监会主导的资本市场变革"。证监会新政的着力点在于解释蓝筹价值以及促进券商发展。通过这种对小票和蓝筹，一压一抬的做法，逐渐引导并统一市场对未来蓝筹复兴之路的预期(表1)。过去靠垄断长大成为今天的大盘蓝筹不大可能成为市场追逐的对象，因此更看好"中盘蓝筹"。所谓中盘蓝筹是符合国家价值链重构、具有一定"护城河"、商业模式清晰可见、已经具有一定的行业地位(有3～5年的可跟踪历史数据证明)，成功度过了"从小到大"的阶段，有望进入到"从大到强"的稳定成长期的一批公司。券商行业在自上而下制度改革和自下而上产品创新的双轮驱动下，也将成为2012年全年反复炒作的品种。

表1：证监会新政着力点在于揭示蓝筹价值，促进券商发展

时间	证监会新政主要事件
2011年12月15日	证监会领导开始呼吁养老金入市
2012年1月6日	全国金融工作会议定调我国资本市场机构投资者规模较小，引入长期机构投资者是重要趋势
2012年2月15日	郭树清提出沪深300等蓝筹股的静态市盈率不足13倍，动态市盈率为11.2倍，显示出罕见的投资价值
2012年3月8日	沪深两大交易所相继发布新规，对新股首日炒作进行限制
2012年4月1日	证监会发布《关于进一步深化新股发行体制改革的指导意见》征求意见稿
2012年4月20日	深交所发布《落实创业板退市制度，完善创业板上市规则》，对创业板公司退市制度进行了完善，制度规定更为严厉。
2012年4月30日	降低A股交易的相关收费标准，总体降幅为25%
2012年5月7-8日	券商创新大会，发布的《关于推进证券公司改革开放、创新发展的思路与措施(征求意见稿)》

资料来源：申万研究

2. 启示：策略的本职是把握市场特征

以上的案例说明基本面研究并不能解决策略判断的所有问题，而把握市场特征是策略分析师工作的重中之重。市场特征的把握是完善策略研究体系的重要内容。

2.1 启示一：基本面框架仅是策略体系的一部分

在经济周期波动剧烈的阶段，基本面框架尚且无法解决策略判断的问题，在周期波动平稳的当前，其解释力更差。基本面框架仅仅是策略研究体系的一部分，其有用性受到经济周期波动性的制约。

很多时候，我甚至认为，基本面框架的盛行主要受学院教育和价值投资理念的影响过大。经典估值理论认为，资产的价值取决于未来收益的资本化，而市场有效性决定交易价格将向真实价值收敛。因此，对于未来基本面的预测是价值判断的关键。经典理论的普及，以及基本面变化的现实直观，使得价值投资理念深入人心。对于巴菲特、彼得·林奇等投资大师的宣传导致价值投资成为正统的投资理念，卖方研究更是以此为分析研究的基本方法。然而，基本面的分析方法是"发现"还是"发明"？华尔街运行的历史远长于基本面框架的创立。

然而，基本面框架对于交易价格的分析存在两大致命缺陷。首先，投资者的预测能力是有限的。在变化剧烈的环境下，基于现有信息的预测，无法衡量小概率事件的影响；而在温和变化的环境下，预测甚至难以把握住未来可能的变化方向。因此预测结果存在很大的局限性，往往会沦为一种信念，所谓的真实价值只存在于信念中[2]。其次，假设真实价格存在

---
[2] 详见宽体策略第5篇《基于预测VS基于对策——对策略系统的再思考》。

交易价格的收敛可能是一个非常漫长的过程。市场价格是众多投资者参与，共同作用的结果。能够影响市场的信息流是客观存在的，但是投资者对于信息的理解是主观能动的。就算预测正确，个人信念中的真实价格如何能够让市场接受呢？价格偏离价值是常态。在A股这个篮球场，可能没有太多的时间让你等待。[3]

策略体系要把握的是市场价格的变化，因此关键在于投资者对于信息的理解，也就是对于市场核心交易逻辑的把握，我们称之为市场特征。而基本面是市场信息集合的一部分，对于基本面的把握是市场特征框架的一部分。基本面的某一变化如果剧烈到能够为全市场认知的程度，那我们就认为这就是下一阶段的市场特征。比如在经济周期波动显著的阶段，最大的市场特征就是经济周期的波动。而一旦基本面变化不大，就需要寻找其他方面的市场特征。

2.2 启示二：大特征做主线，小特征做波段

市场特征不单可以指导短期的市场判断，做大格局，同样可以指导长期投资机会的挖掘。市场特征有大、小之分，大的市场特征指导长期投资和大资金配置，小的市场特征把握短期波动和结构性机会。从策略建议的角度，我们认为大、小市场特征相辅相依，均需把握。大特征作为一段时间的投资主线，对应的标的建议投资者长期持有；小特征据以进行波段操作。

2010年，全年的市场特征是"经济转型"，申万消费指数大幅跑赢申万A股指数21个百分点。然而由于短期市场特征的变化，周期品仍然存在波段性机会，6月和10月均获得超额收益（图10）。

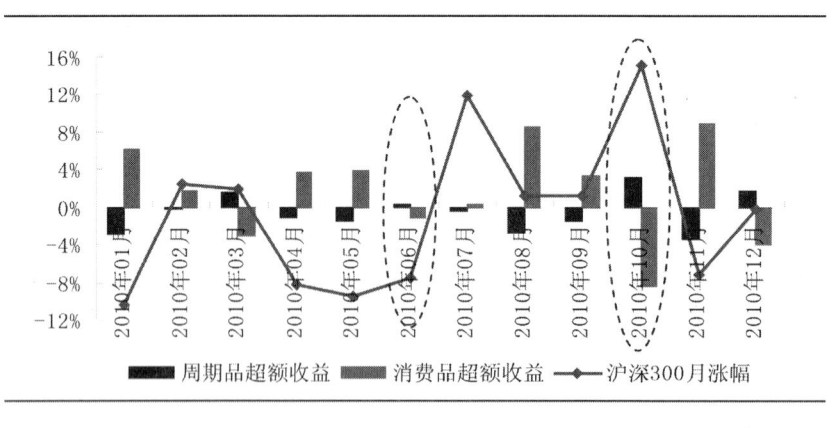

图10：消费品大概率跑赢市场，但6月和10月例外

资料来源：华通人，万得资讯，申万研究

2011年，大的市场特征为"经济下台阶"，市场自4月起单边下行9个月，从风格上看并没有特别明显的差异，各品种呈现轮番下跌的态势。

---

[3] 详见宽体策论第2篇《A股篮球论——Show Time选择仓位，垃圾时间把握结构》。

图11：2011年，市场单边下跌，6月、10月演绎"周期搭台，成长唱戏"

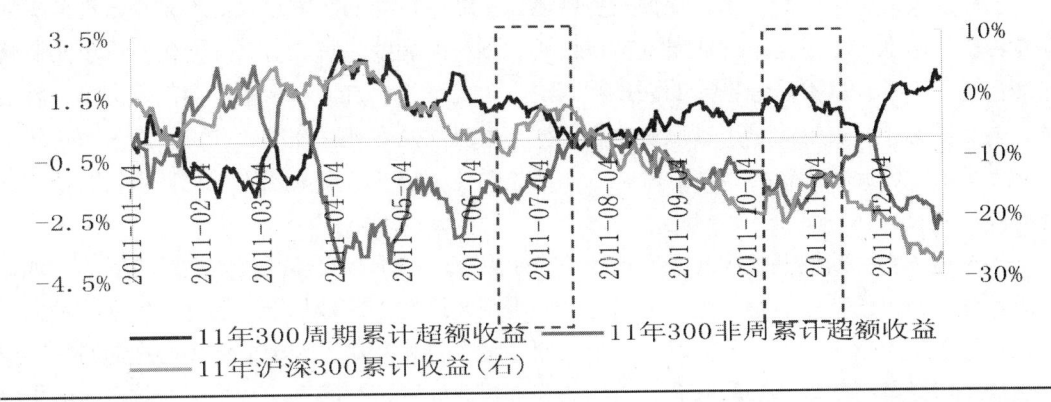

资料来源：万得资讯，申万研究

在单边下跌的市场环境下，短期市场特征的变化仍然带来两轮波动性机会。2011年，短期市场特征的变化主要来自政策预期的变化。6月底温总理表示通胀可控，政策约束减轻，放松预期再起。房地产、有色、采掘等政策敏感型行业率先启动，然而很快让位于医药生物、农林牧渔、纺织服装和食品饮料的表现。周期股的异动仅持续两周，而成长股的表现持续到8月中旬。10、11月份，温总理提出"适时适度预调微调"，政策放松预期又起，市场演绎"蜜月行情"，同样地产、水泥先行上涨，行情仍然仅持续两周，随后市场开始热场传媒、农用机械、环保等新兴成长股（图11、表2、表3）。

表2：第一轮成长唱戏，经典消费表现较强

类别	一级行业	涨幅
稳定增长类	医药生物	16.50%
	农林牧渔	16.24%
	纺织服装	14.83%
	食品饮料	14.25%
周期类	有色金属	13.98%
	采掘	10.16%
	房地产	6.78%
上证指数		6.60%

资料来源：万得资讯，申万研究

表3：第二轮成长唱戏，主题概念股表现强劲

类别	一级行业	涨幅
主题概念类	农用机械	29.98%
	出版	24.30%
	有线电视网络	21.17%
	种子生产	18.62%
	环保	18.07%
周期类	有色金属	10.23%
	采掘	10.11%
	房地产	9.47%
上证指数		7.07%

资料来源：万得资讯，申万研究

那如何把握大、小市场特征的变化？我们认为，大的市场特征在于把握确定的宏观经济和政策的变化。所谓"春季躁动，4月决断"，全年的市场特征往往需要等到4月份经济趋势和政策取向的明确。而小的市场特征在于把握逻辑推断中的不确定因素，往往发生在政策、基本面预期等方面。

2.3 启示三：回归策略的本源——市场研究

策略的天职在于判断市场，挖掘投资机会。策略分析师的研究重点，不是跟宏观分析师争论经济基本面，更不是跟行业研究员讨论盈利预测的调整。首先，基本面因素既不是影响市场的唯一因素，也不是最直接的因素；其次，一定意义上讲，对于基本面的预测是一种信念，甚至不比预测市场简单，难以讨论。数据和信息就是客观存在的，关键问题是市场对于信息的理解，因此我们认为策略的本职工作就是抓住市场核心交易逻辑，把握市场特征的变化。

对于市场特征的把握确实难于实体经济。主要差别在于，实体经济的运行更多的呈现客观规律性，而市场特征的变化则体现出更多的主观情绪性。这是基于市场特征体系的最大问题，同样也是策略进行市场研究面临的最大问题。一旦涉及对于人类情绪和心理的研究，似乎就属于科学分析难以解决的问题。我们认为解决此问题可行的方法就是尽量使自己的生物钟与市场同步，以自身的情绪变化模拟市场的情绪变化[5]。为什么这种方法有效？最主要的原因在于只要大的市场特征不发生变化，市场变化本身是连续的。市场节奏主要受短期市场特征影响，一旦个人判断与市场节奏相契合，通过市场价格本身往往能够体会到短期市场的微妙变化，从而把握市场的短期波动。这也正是去年 8 月份以来，申万策略不仅能够准确把握市场大方向，而且连波段性机会都能精准判断的主要原因。

---

[5] 详见《宽体策论篇》第 7 章《以己为本　观察价格——对"一致预期"的若干理解》。

第六章

谁更相关
——辨析利润增速、毛利率及盈利预测调整与股指的关系

主要内容：

分析利润同比、环比增速、毛利率环比与股指的相关度，发现毛利率最高，准确率达到72.2%。季调后的单季利润环比次之，准确率为69.4%。单季利润同比增速最低，准确率仅为66.7%。

盈利预测调整和股指变动似乎相关，但对投资决策缺乏实际的指导意义。盈利预测调整是个同步甚至滞后指标，不能代表市场一致预期。基本上从当年4月份开始调整，之前较平稳。

利润同比增速可借鉴，但要注意基数影响。2003年来，有两次较大背离：第一次是2006年4Q--2007年4Q，同比增速大幅下滑，但股指一路飙升；第二次是2009年4Q—2010年4Q，同比增速大幅下滑，但股指平缓波动。这两个阶段，利润同比增速变动不反映实际业绩情况，受基数影响很大。

毛利率是最好指标，但要关注经济波动幅度。经济大起大落时，毛利率变化方向明确，对股指的影响较大，如2003—2009年大部分时间和2011年；一旦经济波动放缓，毛利率整体走平，市场无趋势，其波动节奏和毛利率会有较大差异，比如2009年4季度到2010年上半年。

毛利率其实只是"宏观环境"的最终体现。用工业增加值、FAI、PPI和CRB来预测毛利率，解释能力达到60%。其实，这四个变量已经代表宏观经济的各个层面，毛利率也就成了宏观环境的最终体现。前几年，经济大起大落，经济波动是决定股指的最重要变量，毛利率与股指的变动当然很相关；而一旦经济陷入平缓波动，宏观经济对市场的解释作用弱化，毛利率的变动和股指变动会多有背离。因此，陷入"逻辑悖论"。毛利率对指数的有效解释基于两大前提：经济大起大落、经济变量能预测对。可一旦预测对了这两大前提，已经能下结论了，又何必预测"毛利率"呢？

在上一章《打开盈利预测的黑匣子》中，我们提出：由于毛利率的变动，业绩增速和GDP增速的拐点可能不一致，策略更应该把握盈利能力(主要是剔除金融、石油石化后制造业毛利率)的变动。本章分析2003年来36个季度，单季利润同比环比增速、盈利预期调整、单季毛利率环比与股指的相关度，看看哪个因素更重要？实际操作如何把握？

1.毛利率最重要,正确率为 72.2%

本章分析的时间段为 2003 年一季度至 2012 年一季度共 36 个样本,股指为沪深 300 指数季度的中位数,以全市场剔除金融服务和石油石化的上市公司为分析对象[①],分别分析单季利润同比、环比、剔除季节因素后的环比、毛利率环比和股指变动的关系。比如说,2010 年二季度单季利润同比增速比一季度利润同比增速高,而二季度沪深 300 指数中位数比一季度高,则得 1 分,否则为 0 分,最终看哪个指标和股指变动最相关。

表1:毛利率环比和股指变动的关系最强

	单季利润环比	单季利润环比(季调)	单季利润同比增速	单季毛利率变动
正确次数	24	25	24	26
正确概率	66.7%	69.4%	66.7%	72.2%

资料来源:申万研究

结果看,毛利率是最值得关注的指标(表1)。如果本季毛利率上升,那么有 72.2% 的概率股指也上升。从季度分析看,二季度这种相关性最明显(表2)。

表2:二季度最明显

	一季度	二季度	三季度	四季度	总计
毛利率	77.80%	88.90%	55.60%	66.70%	72.20%

资料来源:申万研究

1.1 盈利预测调整和股指变动很相关,谁决定了谁?

2006 年来,当年盈利一致预期的变动和股指方向大致相同(图1—图6)。

[①] 至于为什么选择这个指标参见《打开盈利预测的黑匣子》一文。

图1：盈利预测调整和股市相关性较高(2006)

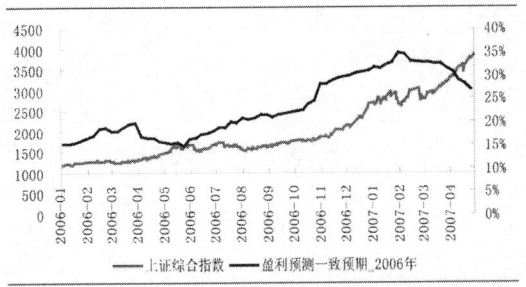

资料来源：华通人、CEIC、万得资讯、申万研究

图2：盈利预测调整和股市相关性较高(2007)

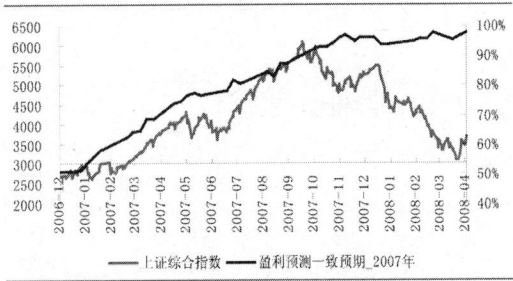

资料来源：华通人、CEIC、万得资讯、申万研究

图3：盈利预测调整和股市相关性较高(2008)

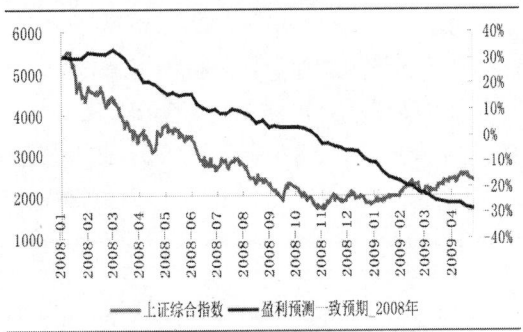

资料来源：华通人、CEIC、万得资讯、申万研究

图4：盈利预测调整和股市相关性较高(2009)

资料来源：华通人、CEIC、万得资讯、申万研究

图5：盈利预测调整和股市相关性较高(2010)

资料来源：华通人、CEIC、万得资讯、申万研究

图6：盈利预测调整和股市相关性较高(2011)

资料来源：华通人、CEIC、万得资讯、申万研究

但是，在实际操作过程中，盈利预测调整是个同步甚至滞后指标，并不能代表市场一致预期[②]。一般而言，每年的盈利预测的调整基本上从当年4月份开始，之前调整比较平稳(图7-图8)。

---

② 关于一致预期的分析参见《宽体策论篇》第七章《以己为本、关注价格——对市场一致预期的若干理解》。

图7：盈利预测调整从4月开始，之前较平稳

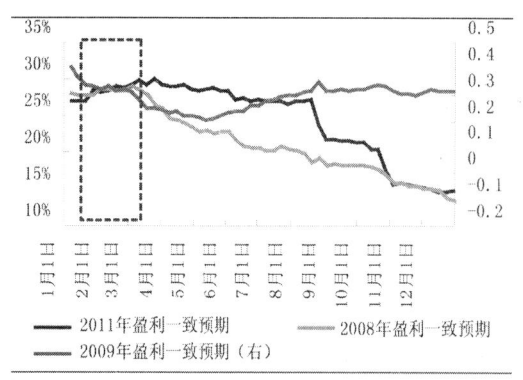

资料来源：万得资讯，申万研究

图8：盈利预测调整从4月开始，之前较平稳

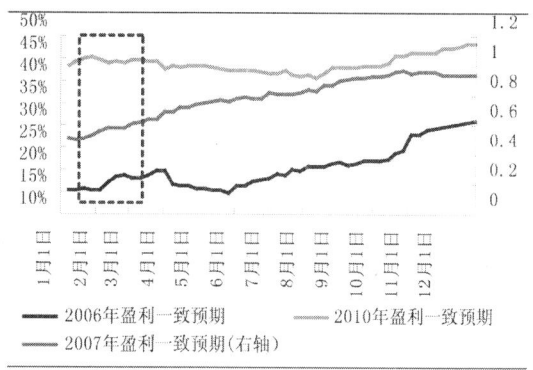

资料来源：万得资讯，申万研究

从历史情况来看，市场的预测往往是静态的，只基于当前的信息，对后面考虑较少，前瞻性较差，基本上随着后续经济状况的变化而调整(图10)。而且，即便到了全年结束，市场一致预期和最终公布的实际值也会有较大偏差(图9)。众所周知，由于经济收缩、政策压制、国进民退，创业板的2011年的盈利增速会很差，但从朝阳永续的一致预期看，直到2011年12月30日，该数据仍有33.02%。因此，从图形上看，这个指标和股指的变动似乎很相关，但是对投资决策缺乏实际的指导意义。

图9：每年结束时一致预期和实际增速也相差较远

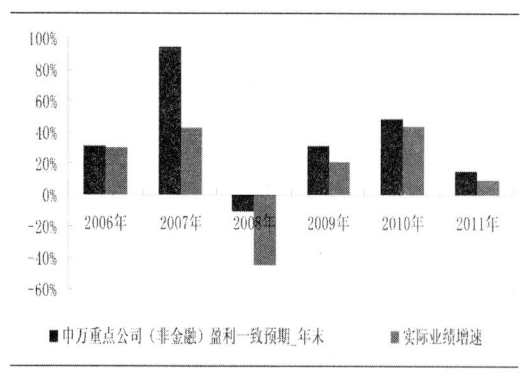

资料来源：华通人、CEIC、万得资讯、申万研究

图10：业绩预期的变化主要由经济变化决定

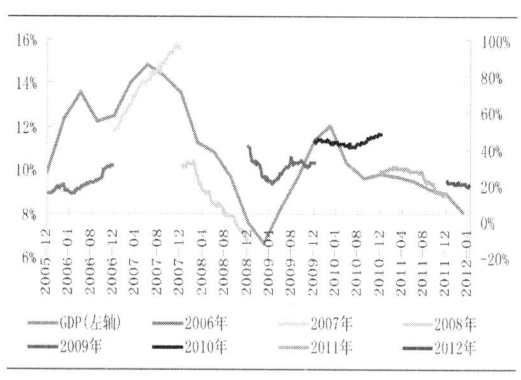

资料来源：华通人、CEIC、万得资讯、申万研究

1.2 利润同比增速有借鉴意义，但要注意基数影响

市场普遍认为：利润同比增速的走势和市场走势息息相关。而从我们实证的角度看，这种判断的正确率仅有66.7%。虽然，有一定的借鉴意义，但是更要注意背离的情况。

2003年来共发生两次较大背离：第一次是2006年4Q~2007年4Q，单季利润同比增速大幅下滑，但股指一路飙升；第二次是2009年4Q~2010年4Q，单季利润同比增速大幅下滑，但股指平缓波动。其实这两个阶段，利润增速变动并不反映经济景气和业绩情况，受基数影响很大(上一年利润逐季大幅上升、当年利润走平或上升幅度减缓，导致同比增速大幅

下滑)(图11)。2007年,利润增速大幅下滑,但利润环比依然正增长,毛利率也呈上升趋势。2009年四季度到2010年四季度也是同样道理,08年四季度由于去库存和大幅计提减值准备,基数很低,2009年四季度利润增速大幅提升,此后一路走低。

图11:利润同比增速和股指的背离,大多由基数效应引起

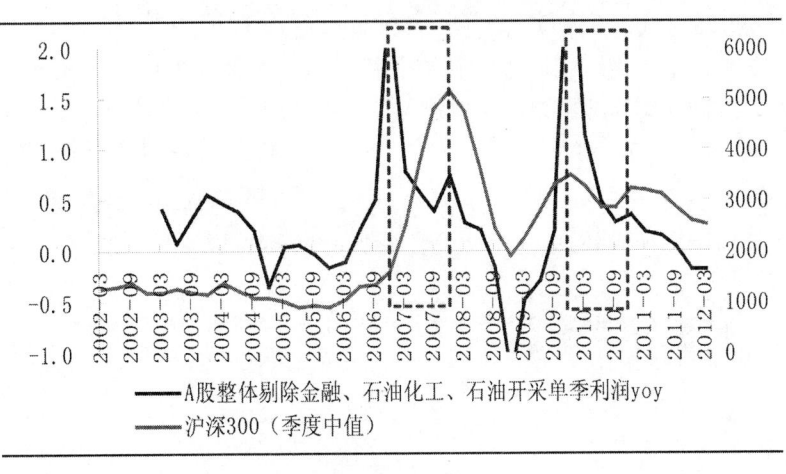

资料来源:华通人、CEIC、万得资讯、申万研究

利润环比变化,对经济景气的反映比同比增速的变化相对要好。2007年利润环比基本上都处于正增长区间,反映经济景气依然向好,股市也一路向上。2010年,前2个季度利润环比下滑,后两个季度利润环比增长,和实际经济景气基本一致,从股市的走势来看也基本反映了经济的大致走势(图12)。

图12:利润环比与股指变动更相关

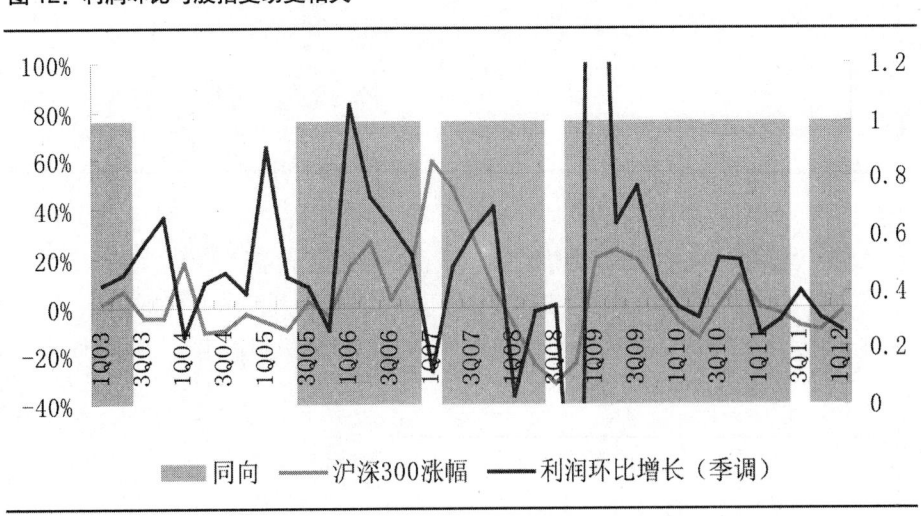

资料来源:华通人、CEIC、万得资讯、申万研究

1.3 毛利率是最好的指标，但要关注经济波动幅度

从计算的概率看，毛利率和股指的解释程度达到72.2%，这已经是个很高的概率了，值得深入剖析。

经济大起大落时，毛利率变化方向明确，对股指的影响比较大。2004年、2005年、2008年和2011年，毛利率一路下滑，股市也以下跌为主。其中，2004年和2005年，GDP已经企稳，但是由于2003年大量投放的产能陆续投产，供应过剩导致毛利率仍在下滑，而2008年和2011年是由于需求不断下降导致毛利率不断下滑。2006年、2007年和2009年，经济一路上行，毛利率有所改善，股指也以上升为主基调。

经济波动放缓，毛利率整体走平，市场无趋势，其波动节奏和毛利率会有较大差异(图13)。比如2009年4季度到2010年上半年，市场的拐点和毛利率变化基本不一致。此时，流动性、政策和转型预期等其他"市场特征③"对股指的影响更大。

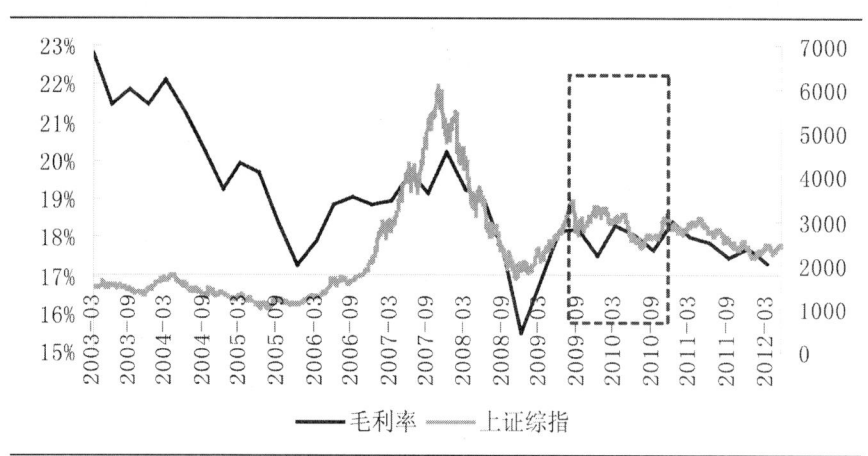

图13：盈利能力方向明确时对市场有明显影响，方向不明显时对市场影响减弱

资料来源：华通人、CEIC、万得资讯、申万研究

2.毛利率是宏观环境的最终体现

2.1 周期品更重毛利率、成长股更重盈利增速

如上所述，一旦利润单季同比增速受基数影响，和股指的走势会发生背离，此时结合毛利率变动更加准确(图14、图15)。比如说，2007年利润同比增速和毛利率发生背离时，毛利率更能反映基本面的变化，因此股市由毛利率驱动，呈上升趋势。2009年4季度到2010年，利润同比增速大幅下滑，但实际经济下滑并不大，毛利率整体走平更能反映实际景气的变化。

---

③ 关于市场特征的解释参见行业比较思考第五篇《向来有之、未被重视——对过往几年市场特征的回顾》。

图 14：毛利率和利润增速的两次背离　　　　　图 15：毛利率更能反映经济实际状况

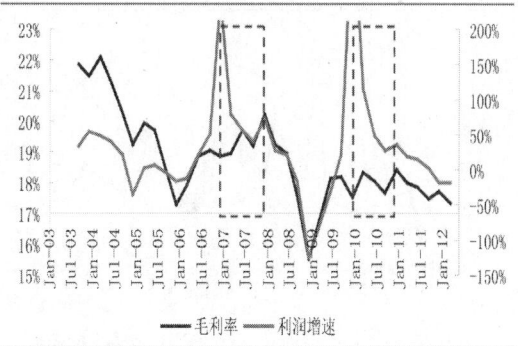 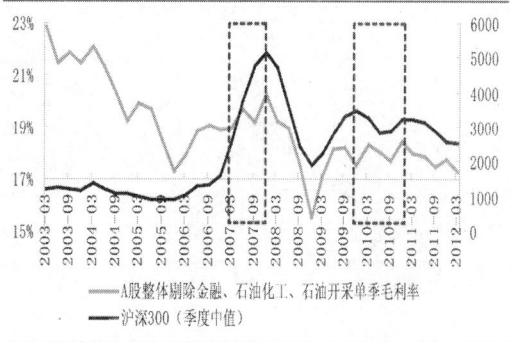

资料来源：华通人、CEIC、万得资讯、申万研究　　资料来源：华通人、CEIC、万得资讯、申万研究

周期品更看重毛利率变动，成长股更关注盈利增速的变化(图 16- 图 17)。成长型行业和周期型行业的盈利特征不一样，衡量景气和驱动股价的指标也不一样。一般而言，成长行业的盈利能力趋向上升，因此其盈利增速的变动更能反映其景气程度(以饮料制造为代表，过去十年 ROE 和毛利率不断上升，但利润增速有所变动，更能反映景气、驱动股价(图 19))；而周期型行业的盈利能力难以持续上升，呈现周期波动，盈利增速受基数影响较大，因此盈利能力而非盈利增速是衡量景气的关键指标(以化学纤维为代表，其 ROE 和毛利率整体走平、周期波动、难以连续三年持续上升或下降(图 18))。A 股以周期股为主，所以盈利能力(毛利率)比盈利增速(利润同比增速)更重要。

图 16：成长和周期行业 ROE 趋势不同　　　　　图 17：成长和周期行业毛利率趋势不同

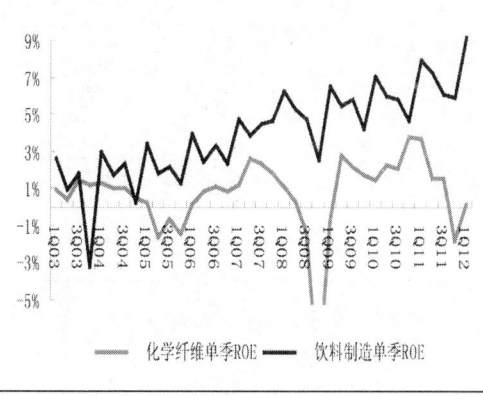 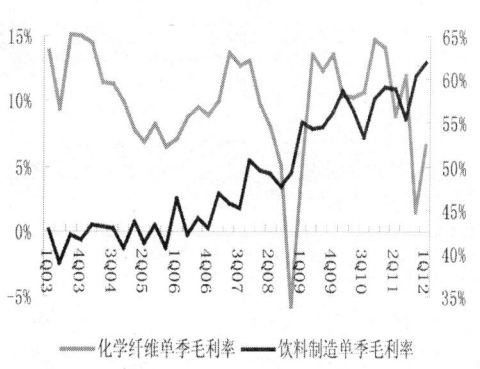

资料来源：华通人、CEIC、万得资讯、申万研究　　资料来源：华通人、CEIC、万得资讯、申万研究

图 18：化学纤维行业股价和 ROE 更相关　　图 19：饮料制造业股价和业绩增速更相关

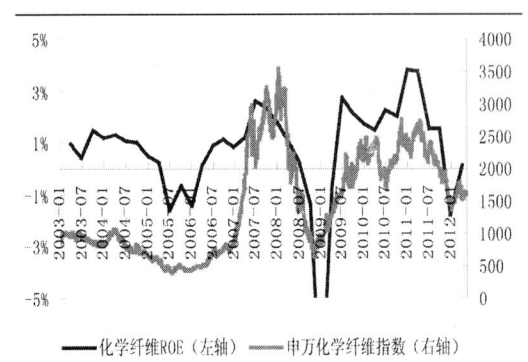
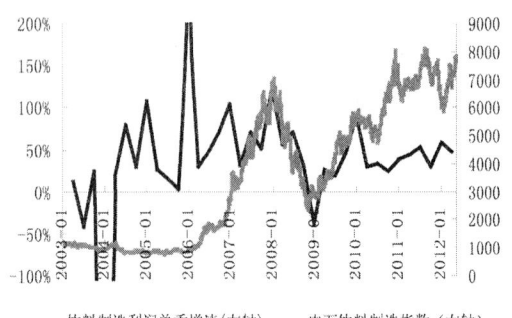

资料来源：华通人、CEIC、万得资讯、申万研究　　资料来源：华通人、CEIC、万得资讯、申万研究

2.2 毛利率是宏观环境的最终体现

用毛利率来判断股指的正确率达到 72%，但预测毛利率的正确率又有多少呢？如《揭开盈利预测的黑匣子》一文所述：以工业增加值、固定资产投资代表宏观需求，PPI 代表价格，CRB 代表成本因素，03 年以来四个因素对毛利率变动的解释能力达到 0.6(图 20)。

图 20：毛利率预测模型：工业增加值、FAI、PPI 和 CRB 影响毛利率

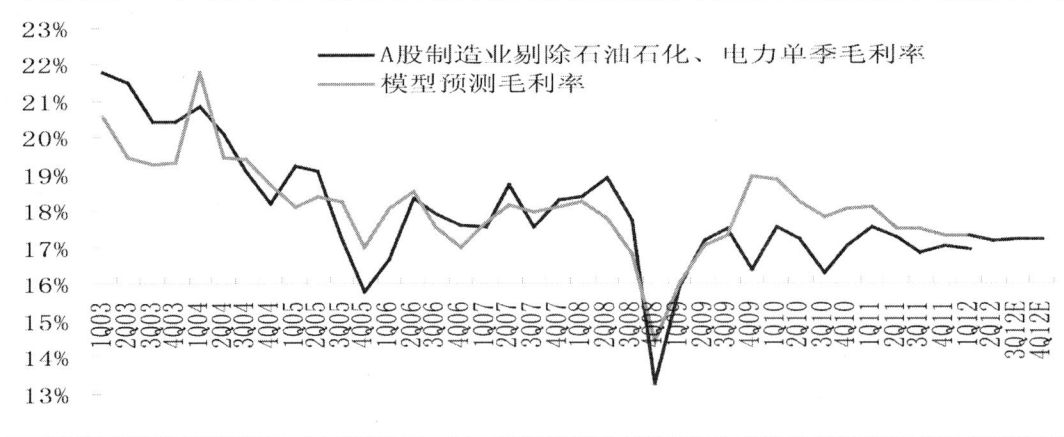

资料来源：华通人、CEIC、万得资讯、申万研究

但是这样其实是把问题更加复杂化了，将一个变量的预测变成了四个变量的预测，而且工业增加值、FAI、PPI 和 CRB 的预测也不容易。其实，这四个变量基本代表了宏观经济的各个层面，毛利率也成了宏观环境的最终体现。

前几年，宏观经济大起大落，经济的波动无疑是决定股指变动的最重要的特征[4]，宏观

---

[4] 关于前几年的市场特征的描述，参见行业比较思考第五篇《向来有之、未被重视——对过往几年市场特征的回顾》。

决定了策略、主导了市场，而毛利率是宏观环境的最终体现，其变动当然和股指息息相关。而一旦经济陷入平缓波动，宏观经济对市场的解释作用弱化，毛利率的变动和股指变动会多有背离。这就是为什么诸如2003—2009年、2011年股指和毛利率如此相关，而2010年两者多有背离的原因。

说白了，毛利率只是一个"表征变量"，似乎和股指非常相关，但是背后真正的驱动因素是"宏观环境"。就比如说，表述一个伟大的公司，可以用"业绩连续超预期"、"毛利率和ROE不断上升"等词汇，但须知这些词汇都只是"表征变量"和"会计语言"，伟大公司的背后是"竞争力"、"护城河"和"人的因素"。

行文至此，突感"逻辑悖论"。从前提条件上看，毛利率对指数的有效解释基于两个前提：经济大起大落、经济变量能预测对。可一旦预测对了这两个前提，已经能下结论了，又何必预测"毛利率"呢？

除非，毛利率的变动不是来自常规宏观变量的波动。正如《打开盈利预测的黑匣子》一文所述：要注意供给端的变化，一旦供给发生突变，供给将成为毛利率变动方向的主导因素，比如2004、2005年的很多制造业。此时，GDP拐点和业绩拐点可能不一致，因为GDP只代表需求部分，不能体现供应的变化。

此外，从结构性上，可以做进一步的筛选，各个子行业的供应变化和需求敏感度不一样，可以深入筛选行业，关于这部分的研究，我们在接下来的报告中会陆续展现。

第七章

认识市场属性，构建行业配置池

主要内容：

行业配置是行业比较研究的重要任务，而认识行业市场属性是行业配置的前提工作。

认识行业市场属性，构建配置池分为两步。第一步是将存在配置价值的细分子行业筛选出来，重要性原则和鲜明性原则是需要把握的主要标准。重要性看市值，鲜明性看特点。第二步，识别细分子行业的市场属性，一方面识别细分行业的市场属性指标，如Beta值，估值中枢以及相关度；另一方面比较行业内部的细分品种在市场属性方面的差异性。

按照"驱动力+信号验证"体系的逻辑，以及重要性和鲜明性原则，对行业进行筛选。在配置过程中需要注意几点：(1)汽车零部件与汽车整车市值相当，需要关注；(2)煤炭开采占采掘行业主体，石油开采对采掘行业影响较小；(3)有色金属行业中，小金属、黄金市值规模已大于基本金属。

行业配置是构建组合的工程，因此需要对结构件的参数进行细致分析。从3个方面识别行业的市场的属性，其一，行业的Beta值，代表行业承担的市场风险，其二，行业表现与市场的相关度，代表行业的非系统性风险，其三，估值水平，代表市场对行业的价值认同。

关注点：(1)必需消费品在市场表现方面存在较强的一致性，可根据市场风格进行整体配置；(2)可选消费中，房地产受政策影响大，市场表现比较独立；(3)中游市场表现也存在需求型中游和成本型中游的分水岭；(4)石油开采和采掘服务相关性非常弱；(5)金融子行业市场属性差异明显，细分行业的配置同样重要；(6)交运行业周期、成长、防御风格兼具，可根据市场风格灵活配置；(7)TMT细分行业市场表现的差异性并没有想象的那么大。

本章是《行业比较思考篇》第7章，是时候对我们目前所做的工作进行阶段性的总结。本轮对于行业比较框架的研究，切入点在于市场特征，即市场的核心交易逻辑。主要任务需要一分为二，其一为行业选择，寻找能够获得超额收益的行业，其二为行业配置，构建能够超越市场的行业组合[①]。两者的差异已经有所论述，前期报告梳理了从市场特征到行业选择的逻辑。接下来，我们将在市场特征框架下，对行业配置的要素进行梳理。

行业配置的前提是了解我们面对的资产池，也就是需要对行业进行分解和重组。本报告的主要内容在于对申万行业进行解构，了解行业在市场中的权重，分析行业的内部差异性和配置属性。

---

① 详见行业比较思考篇第2章《大处着眼 小处着手——分拆、重构行业比较的基准指数》。

1. 了解行业特征是行业配置的前提

在行业比较框架中，行业配置是两大重要任务之一。从市场特征的角度进行行业配置，重要前提在于了解行业的市场属性和内部构成，从而将行业配置的标的做实。

申万行业分类是行业配置的资产池，其中一级行业 23 个，二级行业 85 个，三级行业 205 个。申万行业按照投资管理的要求进行设置，以利润来源作为划分的主要依据。行业划分力争做到内部统一性和外部的差异性。从实际操作看，一级行业的划分仍然略显粗糙(表1)，而 3 级行业则头绪太多。因此，我们对于行业配置资产池的设置，以二级行业为主要标的，对于同一性较强的一级行业不再划分，而重要的三级行业需要提升到单独配置的地位。

表1：申万一级行业的市值占比和公司规模[2]具有明显的差异性

一级行业	公司家数	自由流通市值	子行业占比	平均自由流通市值
农林牧渔	81	1603.1	2.0%	19.79
采掘	53	3613.4	4.5%	68.18
化工	241	5133.6	6.4%	21.30
黑色金属	34	1509.8	1.9%	44.41
有色金属	78	4647.7	5.8%	59.59
建筑建材	119	3889.4	4.9%	32.68
机械设备	332	6557.2	8.2%	19.75
电子	125	2212.4	2.8%	17.70
交运设备	121	3943.5	4.9%	32.59
信息设备	91	1812.8	2.3%	19.92
家用电器	48	1694.3	2.1%	35.30
食品饮料	59	4147.1	5.2%	70.29
纺织服装	75	1241.2	1.6%	16.55
轻工制造	85	1287.3	1.6%	15.14
医药生物	181	4662.0	5.8%	25.76
公用事业	86	2463.0	3.1%	28.64
交通运输	85	2713.8	3.4%	31.93
房地产	146	5279.8	6.6%	36.16
金融服务	51	14595.6	18.3%	286.19
商业贸易	93	2678.3	3.4%	28.80
餐饮旅游	29	525.2	0.7%	18.11
信息服务	140	2931.4	3.7%	20.94
综合	47	800.9	1.0%	17.04
总计	2400	79943.0	100.0%	33.31

资料来源：申万研究

---

② 市值数据为申万研究所认定的 2012 年 5 月 31 日自由流通市值。

构建配置池的第一步要将存在配置价值的细分子行业筛选出来，重要性原则和鲜明性原则是需要把握的主要标准。所谓重要性原则，入选细分行业必须具有较大的市值规模，占所属行业比重较大。这一原则主要考虑行业的市值指标，拥有一定市值规模的行业才具有配置价值。而所谓鲜明性原则意味着入选子行业必须具备鲜明的行业特征，同时存在异于其他子行业的投资机会。唯其如此，作为单独的配置品种才有意义。

构建配置池的第二步识别细分子行业的市场属性，一方面识别细分行业的市场属性指标，如风险指标，估值认同；另一方面比较行业内部的细分品种在市场属性方面的差异性。估值中枢实际上是市场对于行业的价值认同，是行业最为重要的市场属性。而Beta值描述行业相对于市场的波动幅度，是进行组合配置的重要参数。行业指数和市场指数的相关性表示行业承受的非系统性风险，从侧面也表征行业表现的独特性，决定行业配置中自上而下或者自下而上思路的运用。而细分行业在这些属性指标以及市场表现的差异性，则是明确细分行业独立配置价值的关键。在考虑这些因素基础上形成的行业配置建议才有坚实的基础，同时能够对组合预期收益和风险系数进行较为直观的把握。

2. 根据重要性和鲜明性原则筛选细分行业

细分行业是构建行业配置资产池的基础，基于市值指标和行业配置经验进行细分品种的筛选。为了体现行业筛选的条理性，我们基于"驱动力+信号验证"体系划分的"两大块，六小块"进行逐个筛选。一方面将配置池筛选出来，另一方面确定需要重点关注的行业品种。

2.1 必需消费关注食品饮料、零售、化药、中药

必需消费品包含的一级行业主要有食品饮料、纺织服装、医药生物、餐饮旅游和商业贸易。5个行业自由流通市值达13254亿元，占全市场的比重为16.58%。其中食品饮料、医药生物、商业贸易和纺织服装市值容量较大，餐饮旅游市值较小。

从细分行业的角度看，食品饮料以饮料制造为主体，食品加工制造仅占2成，但市值容量均较大，因此均需关注。医药生物子行业较多，市值较大的子行业主要为中药、化学制药和生物制品。纺织服装中，纺织和服装家纺平分秋色，但市值占比均较小。商业贸易的主体是零售，贸易行业不论从市值还是配置价值的角度，都不是特别重要。因此在必需消费品中，配置中需要密切关注的子行业主要有饮料制造、化学制药、中药、零售和食品加工制造（表2）。

表2：必需消费品中饮料制造、化药、中药、零售、食品加工制造较为重要

一级行业	二级行业	自由流通市值	子行业占比	子行业占一级行业比重
食品饮料		4147	5.19%	100.0%
	食品加工制造	883	1.10%	21.3%
	饮料制造	3264	4.08%	78.7%
纺织服装		1241	1.55%	100.0%
	纺织制造	546	0.68%	44.0%

	服装家纺	695	0.87%	56.0%
医药生物		4662	5.83%	100.0%
	化学制药	1417	1.77%	30.4%
	生物制品	857	1.07%	18.4%
	医疗服务	57	0.07%	1.2%
	医疗器械	232	0.29%	5.0%
	医药商业	310	0.39%	6.6%
	中药	1789	2.24%	38.4%
餐饮旅游		525	0.66%	100.0%
	餐饮	46	0.06%	8.7%
	景点	117	0.15%	22.2%
	酒店	143	0.18%	27.2%
	旅游综合	220	0.28%	41.9%
商业贸易		2678	3.35%	100.0%
	零售	2066	2.58%	77.2%
	贸易	612	0.77%	22.8%
合计		13254	16.58%	

资料来源：申万研究 2.2 可选消费中房地产重要，汽车、家电要关注

可选消费品包含的一级行业主要有房地产、家用电器和交运设备。3个一级行业流通市值总计10918亿元，占全市场的比重为13.66%。房地产是最重要的可选消费品，市值占比达6.6%。市值规模次之的交运设备拥有3943亿元的自由流通市值，占比为4.93%，但其中非汽车交运设备并不是典型的可选消费品。从市值的角度，汽车零部件和汽车整车的地位同样重要，因此从行业配置的角度不能忽视汽车零部件的判断。家用电器市值占比2.12%，白色家电仍然占主体地位，占据家电3/4的市值，而前期表现抢眼的视听器材仍然属于少数派。因此从配置的角度，仍然需要密切关注白色家电的投资机会(表3)。

表3：可选消费中房地产最重要，白色家电、汽车市值占比较大

一级行业	二级行业	三级行业	自由流通市值	子行业占比	子行业占一级行业比重
交运设备			3943	4.93%	100.0%
	非汽车交运设备		1520	1.90%	38.56%
		船舶制造	412	0.52%	10.5%
		航空航天设备	635	0.79%	16.1%
		铁路设备	368	0.46%	9.3%
	汽车零部件		1153	1.44%	29.2%
	汽车整车		1166	1.46%	29.56%
		乘用车	737	0.92%	18.7%
		商用载货车	233	0.29%	5.9%
		商用载客车	186	0.23%	4.7%

			1694	2.12%	100.0%
家用电器					
	白色家电		1260	1.58%	74.4%
	视听器材		434	0.54%	25.6%
房地产			5280	6.60%	100.0%
	合计		10918	13.66%	

资料来源：申万研究

2.3 中游行业构成较为复杂

中游覆盖行业范围较广，包含的一级行业包括有化工、黑色金属、建筑建材、机械设备、轻工制造和公用事业。自由流通市值合计 20840 亿元，占全市场的比重为 26.07%。中游行业内部细分行业众多，差异较大(表4)。

市值最大机械设备行业市值占比为 8.2%，其中主要的细分子行业为电气设备、工程机械和通用机械，占一级行业的比重分别为 39%，19.3%和 17.9%，冶金矿采化工设备拥有超过 500 亿的自由流通市值，同样需要紧密关注。化工同样是构成复杂的大行业，自由流通市值占比为 6.42%，其中化学制品占 39.7%，石油化工占 18.1%，化工新材料占 11.9%，化学纤维占 10.3%。化学原料、塑料和橡胶行业市值容量相对较小，因此往往具有较大的弹性。建筑建材自由流通市值占比 4.87%，实际上包含截然不同的两个细分行业，建筑材料属于中游制造业，而建筑装饰属于服务业范畴，由于两者针对相同的下游行业，因此归为同一个一级行业。在市值规模上，两个行业基本相当，建筑装饰行业略大。公用事业自由流通市值占比为 3.08%，其中电力仍然是最重要的组成部分，比重达到 72.2%，市场关注度较高的环保和水务占比不到 3 成。黑色金属和轻工制造的市值规模较小，均在 1500 亿左右，黑色金属行业比较简单，是典型的中游制造业。而轻工制造业比较复杂，包括 3 个差异较大细分行业，其中仅造纸行业属性标准的中游制造业，但市值规模较小。

表4：中游细分行业众多

一级行业	二级行业	三级行业	自由流通市值	子行业占比	子行业占一级行业比重
化工			5134	6.42%	100.0%
	化学制品		2038	2.55%	39.7%
	石油化工		927	1.16%	18.1%
	化工新材料		610	0.76%	11.9%
	化学纤维		530	0.66%	10.3%
	化学原料		419	0.52%	8.2%
	塑料		442	0.55%	8.6%
	橡胶		167	0.21%	3.3%
黑色金属			1510	1.89%	100.0%
建筑建材			3889	4.87%	100.0%

	建筑材料	1699	2.13%	43.7%
	建筑装饰	2190	2.74%	56.3%
机械设备		6557	8.20%	100.0%
	电气设备	2560	3.20%	39.0%
	金属制品	278	0.35%	4.2%
	通用机械	1175	1.47%	17.9%
	仪器仪表	131	0.16%	2.0%
	专用设备	2413	3.02%	36.80%
	工程机械	1267	1.59%	19.3%
	其它专用机械	221	0.28%	3.4%
	冶金矿采化工设备	548	0.68%	8.3%
	重型机械	116	0.14%	1.8%
轻工制造		1287	1.61%	100.0%
	包装印刷	302	0.38%	23.4%
	家用轻工	541	0.68%	42.0%
	造纸	445	0.56%	34.6%
公用事业		2463	3.08%	100.0%
	电力	1778	2.22%	72.2%
	环保工程及服务	232	0.29%	9.4%
	水务	403	0.50%	16.4%
合计		20840	26.07%	

资料来源：申万研究

2.4 上游：煤炭为传统品种，黄金、小金属成气候

上游行业包含采掘和有色金属两大行业，自由流通市值为 8261 亿元，占全市场的比重为 10.33%。

采掘行业自由流通市值 3613 亿元，占全市场 4.52%，其中煤炭开采是主体，占采掘行业 8 成市值。特别要注意石油开采行业尽管总市值很大，但是自由流通市值规模不大，因此石油开采对采掘行业的影响不大。有色金属是更具弹性的上游行业，自由流通市值 4648 亿元，占全市场 5.81%。有色金属细分行业构成已经发生显著的变化，传统的基本金属，铜铝铅锌已经不是主体品种。小金属、黄金已成气候，分别占一级行业自由流通市值的 26%和 20%（表 5）。而铜行业跟金属非金属新材料市值规模相当，占一级行业的 16%左右。铝，铅锌行业市值规模更小。因此，有色金属行业更需要关注小金属、黄金和新材料基本面的变化。

表5：煤炭是传统资源品，小金属、黄金已成气候

一级行业	二级行业	三级行业	自由流通市值	子行业占比	子行业占一级行业比重
采掘			3613	4.52%	100.0%
	采掘服务		258	0.32%	7.1%
	煤炭开采		2927	3.66%	81.0%
	其他采掘		116	0.15%	3.2%
	石油开采		312	0.39%	8.6%
有色金属			4648	5.81%	100.0%
	金属非金属新材料		722	0.90%	15.5%
	有色金属冶炼与加工		3926	4.91%	84.5%
		黄金	920	1.15%	19.8%
		铝	547	0.68%	11.8%
		铅锌	491	0.61%	10.6%
		铜	757	0.95%	16.3%
		小金属	1211	1.52%	26.1%
合计			8261	10.33%	200.0%

资料来源：申万研究

2.5 金融服务：银行为主体，证券、保险为两翼

金融服务是A股市场的中流砥柱，自由流通市值总计14596亿元，占市场比重为18.26%。其中银行为绝对主体，自由流通市值为8450亿元，占一级行业比重为58%。券商行业市值规模可观，占一级行业24%。保险行业市值略小，占一级行业15%(表6)。

表6：金融服务中，银行占主体，证券、保险具有明显的配置意义

一级行业	二级行业	自由流通市值	子行业占比	子行业占一级行业比重
金融服务		14596	18.26%	100.0%
	保险	2250	2.81%	15.4%
	多元金融	384	0.48%	2.6%
	银行	8450	10.57%	57.9%
	证券	3512	4.4%	24.1%

资料来源：申万研究

2.6 交通运输细分行业分布均匀

交通运输行业承担经济运行主动脉的角色，自由流通市值总计2714亿元，占全市场3.39%。但交通运输内部没有主导性行业，子行业市值分布较为平均(表7)。市值规模相对较大的子行业有铁路运输、港口、航运、高速公路和航空运输，占一级行业的比重分别为22%、

16%、15%、15%和14%。市场关注度最高的物流行业，市值规模仍然偏低，存在较大的发展空间。

表7：交通运输行业市值分布较为分散

一级行业	二级行业	自由流通市值	子行业占比	子行业占一级行业比重
交通运输		2714	3.39%	100.0%
	港口	429	0.54%	15.8%
	高速公路	393	0.49%	14.5%
	公交	140	0.18%	5.2%
	航空运输	381	0.48%	14.1%
	航运	400	0.50%	14.7%
	机场	189	0.24%	7.0%
	铁路运输	591	0.74%	21.8%
	物流	189	0.24%	7.0%

资料来源：申万研究

2.7 TMT：子行业多，关注通信设备和计算机应用

TMT是主题频出的品种，包括电子、信息设备和信息服务，自由流通市值总计6957亿元，占全市场比重为8.7%。电子行业自由流通市值占比2.77%，无主导性行业，电子行业往往表现出公司性机会。信息设备市值占比2.27%，通信设备和计算机设备几乎平分秋色，但均需发掘其中的结构性机会（表8）。信息服务市值占比3.67%，内部细分子行业差异巨大。计算机应用占比最大，占一级行业市值的44%。而市场较为关注的传媒和网络服务市值规模相当，约占一级行业市值的21%。

表8：TMT子行业众多，关注通信设备、计算机应用等

一级行业	二级行业	自由流通市值	子行业占比	子行业占一级行业比重
电子		2212	2.77%	100.0%
	半导体	321	0.40%	14.5%
	电子制造	345	0.43%	15.6%
	光学光电子	732	0.92%	33.1%
	其他电子	452	0.57%	20.4%
	元件	362	0.45%	16.4%
信息设备		1813	2.27%	100.0%
	计算机设备	851	1.06%	46.9%
	通信设备	962	1.20%	53.1%
信息服务		2931	3.67%	100.0%
	传媒	631	0.79%	21.5%

计算机应用	1292	1.62%	44.1%
通信运营	390	0.49%	13.3%
网络服务	619	0.77%	21.1%
合计	6957	8.70%	

资料来源：申万研究

基于重要性和鲜明性原则，我们筛选出在行业配置中需要重点关注的细分行业(表9)。

表9：行业配置中重点关注品种筛选

大类行业	一级行业	细分行业
必需消费品	食品饮料	食品加工制造、饮料制造
	医药生物	化学制药、生物制品、中药
	商业贸易	零售
	纺织服装	
	餐饮旅游	
可选消费品	交运设备	汽车整车、汽车零部件、
	家用电器	白色家电
	房地产	
中游制造	化工	化学制品、石油化工
	建筑建材	建筑材料、建筑装饰
	机械设备	电气设备、通用机械、工程机械
	公用事业	电力
	轻工制造	
	黑色金属	
上游	采掘	煤炭开采
	有色金属	小金属、黄金、铜、金属非金属新材料
服务与技术	金融服务	银行、证券、保险
	交通运输	
	TMT	电子、计算机设备、通信设备、传媒、计算机应用、网络服务
	农林牧渔	

资料来源：申万研究

3. 识别市场属性是行业配置的重要前提

行业配置是构建组合的工程，因此需要对结构件的参数进行细致分析。对于参数的分析，我们仍然按"两大块，六小块"的结构进行分析，一方面分析大类行业内部细分行业的相关度，另一方面分析细分行业的市场属性，比较其中的差异性。通过这些分析，不仅能够更好地理解细分子行业的差异，同时能够对行业组合的风险收益特征进行全局性把握。

我们从 3 个方面识别行业的市场的属性，其一，行业的 Beta 值，代表行业承担的市场风险，其二，行业表现与市场的相关度，代表行业的非系统性风险，其三，估值水平，代表市场对行业的价值认同。

3.1 主要必需消费品一致性较强

必需消费品五大行业，医药生物，食品饮料、餐饮旅游、服装家纺和商业贸易在市场表现方面存在较强的一致性。主要必需消费品，医药、食品饮料、零售市场表现相关度较高，但餐饮旅游和纺织服装市场表现与大类行业存在一定的差异(表 10)。从细分子行业看，主要的医药细分行业市场表现趋于一致，但食品加工制造行业与大类行业存在一定的差异性行情，值得关注。

表10：必需消费品市场表现相关度较高，仅餐饮旅游、服装家纺存在较大差异性

	医药生物	化学制药	生物制品	中药	食品饮料	食品加工制造	饮料制造	餐饮旅游	纺织服装	纺织制造	服装家纺	零售
医药生物	1.00											
化学制药	1.00	1.00										
生物制品	0.99	0.99	1.00									
中药	0.99	0.98	0.97	1.00								
食品饮料	0.95	0.93	0.93	0.96	1.00							
食品加工制造	0.88	0.85	0.85	0.91	0.93	1.00						
饮料制造	0.94	0.93	0.92	0.95	1.00	0.91	1.00					
餐饮旅游	0.82	0.82	0.84	0.81	0.87	0.83	0.86	1.00				
纺织服装	0.88	0.88	0.90	0.87	0.91	0.85	0.90	0.98	1.00			
纺织制造	0.87	0.88	0.89	0.86	0.89	0.86	0.88	0.96	1.00	1.00		
服装家纺	0.88	0.88	0.89	0.86	0.91	0.84	0.90	0.98	1.00	0.98	1.00	
零售	0.93	0.93	0.94	0.90	0.92	0.84	0.91	0.97	0.96	0.97	1.00	

资料来源：申万研究

从承担市场风险的角度，主要必需消费品 Beta 均大大低于 1，医药生物行业仅 0.84，食品饮料仅 0.83，存在明显的防御属性。其中小行业 Beta 值则要略高于 1，与其市值较小，弹性较大存在一定的关系。从非系统性风险的角度看，医药和食品饮料反而相对较大，说明两者走出独立行情的可能性比较大，食品加工制造行业与市场的相关性仅 0.61，行业自身风险较大。其他小行业表现与市场指数相关度较高。估值方面，必需消费品更加关注 PE 水平，从历史均值看，必需消费品估值水平大致处于 20～40 的区间之中。餐饮旅游行业估值相对偏高，但纺织制造行业估值水平偏低。目前看，必需消费品估值水平已经明显下移，当前 PE

水平已经回落至 20 左右。细分子行业因为行业景气差异呈现估值分化(表 11)。

表 11：主要必需消费品 Beta 值普遍小于 1，估值水平较高

行业	Beta③	与市场相关度	最新 PE④	平均 PE	最新 PB	平均 PB
医药生物	0.84	0.90	20.03	29.08	3.20	3.88
化学制药	0.86	0.87	16.63	26.62	2.92	3.68
生物制品	0.86	0.90	19.45	27.36	2.86	4.14
医疗器械	0.89	0.82	23.21	39.52	4.59	7.58
医药商业	0.86	0.82	14.59	35.40	1.52	3.53
中药	0.81	0.89	25.75	32.79	4.68	4.11
食品饮料	0.83	0.89	18.34	32.39	5.88	5.53
食品加工制造	0.93	0.61	15.48	24.61	4.29	4.73
饮料制造	0.88	0.86	18.79	31.43	6.18	5.69
餐饮旅游	1.01	0.93	24.81	45.51	3.28	3.37
景点	0.85	0.79	22.65	41.92	3.31	4.41
酒店	1.12	0.89	23.20	40.27	2.30	2.63
旅游综合	1.10	0.91	26.00	36.06	3.65	3.23
纺织服装	1.06	0.93	15.57	20.21	2.91	3.19
纺织制造	1.06	0.90	9.28	16.09	1.44	2.51
服装家纺	1.05	0.92	17.42	28.07	3.46	4.08
商业贸易	1.03	0.95	16.53	26.22	2.35	3.44
零售	0.97	0.93	16.24	31.67	2.35	3.69
贸易	1.25	0.95	18.30	23.92	2.35	2.74

资料来源：申万研究

3.2 周期品表现顺趋势特性，关注独立特征子行业

可选消费、中游制造和上游资源品共同构成了 A 股市场的周期品。逻辑上讲，周期品同受经济周期影响，相关度应该较高。然而周期品同样受到政策以及市场认知的影响，这些因素对某些行业的影响较大，这些行业会表现出一定的差异性。

可选消费行业主要由房地产、汽车和家电构成，从市场表现看汽车和家电具有很强的相关性，然而房地产与其他细分行业的相关度并不高(表 12)。原因可能在于房地产行业长期受宏观调控影响，因此股价反映更多的政策因素，与经济周期会存在一定的偏差。

---

③ 市场属性的计算基于 2000 年以来，申万行业指数和申万 A 股指数的季度收益值。行业相关度以 2005 年以来的周度指数为基础，Beta 值计算以 2000 年以来季度收益为基础。

④ 行业估值水平以申万重点公司 2003 年以来的数据为基础，最新估值水平基准日为 2012 年 6 月 1 日。

表12：地产股受政策影响，与其他细分行业相关性较弱

	房地产	交运设备	乘用车	商用载货车	商用载客车	家用电器	白色家电	视听器材
房地产	1.00							
交运设备	0.90	1.00						
乘用车	0.90	0.99	1.00					
商用载货车	0.83	0.98	0.97	1.00				
商用载客车	0.79	0.95	0.93	0.94	1.00			
家用电器	0.77	0.94	0.93	0.93	0.98	1.00		
白色家电	0.74	0.92	0.91	0.92	0.97	1.00	1.00	
视听器材	0.83	0.95	0.93	0.93	0.95	0.95	0.92	1.00

资料来源：申万研究

中游行业构成复杂，大致看来并不存在明显的规律。然而正如我们在《策略思考》系列报告中指出的，中游行业可以分为成本型中游和需求型中游两大类(表13)。成本型中游包括石油化工、黑色金属、造纸、电力，而需求型中游包括基础化工、建筑材料和机械设备。从需求型和成本型中游内部看，细分行业相关度很高，市场表现与基本面属性基本一致。

表13：中游行业构成复杂，市场表现方面可分为需求型中游和成本型中游

行业	化工	化工新材料	化学纤维	化学原料	化学制品	石油化工	黑色金属	建筑材料	机械设备	电气设备	通用机械	工程机械	冶金矿采化工设备	造纸Ⅱ	电力
化工	1.00														
化工新材料	0.89	1.00													
化学纤维	0.94	0.96	1.00												
化学原料	0.91	0.96	0.97	1.00											
化学制品	0.93	0.89	0.92	0.96	1.00										
石油化工	0.95	0.76	0.83	0.75	0.79	1.00									
黑色金属	0.95	0.78	0.84	0.77	0.80	0.96	1.00								
建筑材料	0.83	0.96	0.94	0.96	0.89	0.67	0.67	1.00							
机械设备	0.82	0.94	0.93	0.95	0.90	0.65	0.63	0.99	1.00						
电气设备	0.78	0.87	0.89	0.92	0.90	0.61	0.57	0.95	0.98	1.00					
机械	0.80	0.94	0.93	0.95	0.88	0.62	0.61	0.99	0.99	0.97	1.00				
工程机械	0.66	0.89	0.83	0.88	0.79	0.48	0.47	0.95	0.95	0.91	0.96	1.00			
冶金矿采化工设备	0.91	0.97	0.97	0.96	0.92	0.79	0.78	0.96	0.96	0.92	0.95	0.89	1.00		
造纸Ⅱ	0.97	0.94	0.97	0.95	0.93	0.88	0.91	0.88	0.86	0.82	0.86	0.74	0.93	1.00	
电力	0.98	0.85	0.91	0.85	0.88	0.95	0.96	0.80	0.77	0.74	0.75	0.61	0.87	0.95	1.00

资料来源：申万研究

上游行业均有很高的市场弹性，市场变化远大于基本面的变化，因此主要的上游行业煤炭、有色金属相关度非常高，但是其中石油开采、采掘服务存在明显的独立行情。石油开采

与其他上游行业相关性很弱,甚至存在负相关关系,因此需要单独分析石油开采行业的投资机会(表14)。采掘服务与典型的上游行业同样存在明显的差异性,但是需要注意采掘服务与经典上游行业的相关度高于石油开采。因此石油开采与采掘服务的市场表现没有太多的相关性。

表14:上游行业一致性较强,但石油开采、采掘服务需要另外考虑

行业	采掘	煤炭开采	石油开采	采掘服务	有色金属	金属非金属新材料	有色金属冶炼与加工
采掘	1.00						
煤炭开采	0.99	1.00					
石油开采	-0.36	-0.47	1.00				
采掘服务	0.76	0.69	0.07	1.00			
有色金属	0.97	0.93	-0.20	0.79	1.00		
金属非金属新材料	0.81	0.85	-0.54	0.40	0.80	1.00	
有色金属冶炼与加工	0.95	0.91	-0.13	0.83	1.00	0.74	1.00

资料来源:申万研究

从所承担的市场风险,行业非系统性风险以及估值水平看,可选消费细分行业具有明显的一致性(表15)。可选消费行业 Beta 值均大于1,与市场相关系数较高,表明可选消费行业的投资机会与市场大势存在密切的关系,而且具有更大的波动性。可选消费仍然需要关注 PE 水平的变化,历史上可选消费品估值水平在 10~20 倍之间,当前估值水平均在 10 倍左右,除乘用车外,其他细分行业差异性不大。

表15:可选消费行业在承担市场风险程度以及估值水平方面具有较强的一致性

行业	Beta 值	与市场相关系数	最新 PE	平均 PE	最新 PB	平均 PB
房地产	1.08	0.91	10.33	24.47	1.84	2.76
交运设备	1.16	0.95	11.54	18.94	1.84	2.52
乘用车	1.32	0.89	7.98	20.75	1.47	2.12
商用载货车	1.02	0.86				
商用载客车	1.11	0.91				
家用电器	0.95	0.92	10.54	17.44	2.37	2.47
白色家电	1.01	0.92	10.50	16.10	2.50	2.78
视听器材	0.87	0.83	10.86	26.37	1.66	1.41
船舶制造	1.22	0.91	16.34	15.38	1.92	2.80
航空航天设备	1.17	0.88	39.99	79.39	3.02	3.25
铁路设备	0.57	0.62	16.03	25.25	2.12	2.74

资料来源:申万研究

作为典型的周期品，中游行业各细分子行业 Beta 值均大于 1，与市场指数相关度均尚可。从价格表现和市场指数的关系看，中游行业的差异性不大。仅石油化工和电力行业表现出较为明显的防御性。估值角度看，中游行业更加关注 PB 的高低，需求型中游和成本型中游在估值层面存在明显的差异(表 16)。目前，成本型中游 PB 水平在 1 倍左右，而需求型中游 PB 水平在 2 左右，表明市场对于需求型中游的前景预期好于成本型中游。成本型中游主要体现防御价值。

表 16：中游行业市场风险、与市场相关度一致性明显，估值水平存在明显差异

行业	Beta 值	与市场相关系数	最新 PE	平均 PE	最新 PB	平均 PB
化工	1.00	0.97	9.58	17.82	1.35	2.45
化工新材料	0.94	0.89	16.47	27.44	2.72	5.45
化学纤维	1.26	0.93	23.23	36.34	2.34	2.85
化学原料	1.08	0.89	18.12	32.89	1.62	2.60
化学制品	0.95	0.92	19.95	22.31	2.10	2.91
石油化工	0.91	0.89	7.76	17.25	1.14	2.32
塑料	1.14	0.93	16.50	31.32	3.42	4.69
橡胶	1.00	0.81	15.39	19.44	1.94	2.57
黑色金属	1.07	0.92	11.00	19.25	0.86	1.53
建筑建材	1.03	0.96	10.73	23.07	1.33	2.37
建筑材料	1.16	0.95	12.65	21.47	1.82	2.73
建筑装饰	0.93	0.93	9.86	30.49	1.15	1.99
机械设备	1.04	0.96	12.29	19.76	2.24	3.41
电气设备	0.91	0.89	19.71	28.29	2.18	4.14
通用机械	1.08	0.94	16.11	30.74	2.64	3.75
工程机械	1.20	0.88	8.89	17.21	2.35	3.58
冶金矿采化工设备	1.01	0.84	16.90	16.43	2.25	3.80
轻工制造	1.03	0.96	18.76	23.00	1.39	1.98
包装印刷	1.05	0.83	19.91	27.62	1.96	2.31
家用轻工	1.01	0.90	20.54	32.55	1.94	2.67
造纸	1.05	0.95	16.31	19.25	0.89	1.64
公用事业	0.88	0.95	14.81	21.28	1.58	2.40
电力	0.84	0.92	14.02	20.55	1.47	2.35
环保工程及服务	1.03	0.88	26.55	51.60	2.26	3.04
水务	0.83	0.88	19.71	46.18	2.58	3.32

资料来源：申万研究

上游资源品是传统的进攻性品种，具有高 Beta 和高市场相关度的特性。但其中需要注意石油开采和采掘服务，两者不仅 Beta 值较低，而且与市场相关度不高。因此两者并不是传统的防御性品种，需要具体问题具体分析(表 17)。

表17：上游资源品传统进攻性品种，关注石油开采和采掘服务的差异性

行业	Beta值	与市场相关系数	最新PE	平均PE	最新PB	平均PB
采掘	1.29	0.87	12.10	20.07	1.79	2.87
煤炭开采	1.34	0.86	12.21	19.48	2.18	2.99
其他采掘	1.40	0.81	32.86	24.40	2.87	4.32
石油开采	0.49	0.52	11.76	19.51	1.57	2.75
采掘服务	0.65	0.61	17.86	24.09	2.41	4.10
有色金属	1.44	0.94	22.56	38.04	3.29	3.75
金属非金属新材料	1.10	0.88	24.93	38.12	4.39	3.46
有色金属冶炼与加工	1.49	0.93	35.57	22.35	3.75	3.21

资料来源：申万研究

3.3 金融细分行业的配置同样重要

金融服务四大细分行业市场指数相关度很高，从指数表现看存在很强的一致性。从市场属性的参数看，尽管金融服务业的市值占比较高，但是与市场的相关度并不高。金融服务起到的是中流砥柱的作用，并不完全跟随市场波动，这种情况在银行业最为明显，其他子行业表现与大势的相关性尚可。从承担市场风险的角度，银行是典型的低Beta品种，但证券、保险和多元金融则是明确的高Beta品种(表18)，因此金融业整体在行业配置中至关重要，并且金融细分行业的配置同样非常重要。

表18：金融细分行业市场属性差异很大

行业	Beta值	与市场相关系数	最新PE	平均PE	最新PB	平均PB
金融服务	0.89	0.83	6.92	17.97	1.28	2.62
银行	0.80	0.77	5.82	16.25	1.15	2.47
证券	1.44	0.88	27.47	29.29	2.10	2.91
保险	1.13	0.88	20.12	38.39	2.36	4.11
多元金融	1.17	0.89	19.59	34.08	4.81	5.85

资料来源：申万研究

3.4 交通运输行业周期、成长、防御风格兼具

交通运输行业虽然不是大行业，但是麻雀虽小，五脏俱全，同时拥有周期、成长、防御三类风格的细分行业(表19)。航空运输和航运是典型的周期品，Beta值较高，与市场相关度尚可，估值水平处于较低水平。而港口、高速公路、机场、铁路运输是明确的防御品种，拥有较低的Beta值，承担的系统性风险较小。物流行业则是典型的成长股，承担系统性风险一般，但是非系统性波动很大，估值水平处于20以上的高位。因此，任何一种市场风格下，交通运输行业均可以挑选合适的子行业。

表 19：交通运输行业拥有周期、成长、防御 3 种风格

行业	Beta 值	与市场相关系数	最新 PE	平均 PE	最新 PB	平均 PB
交通运输	0.95	0.96	21.15	12.13	1.26	2.62
港口	0.88	0.86	13.18	23.19	1.34	3.96
高速公路	0.88	0.92	9.77	21.30	1.16	2.07
公交	1.04	0.86	12.87	26.79	2.06	3.20
航空运输	1.29	0.83	10.60	12.27	1.54	4.34
航运	1.10	0.91	-74.57	3.87	1.26	2.69
机场	0.69	0.78	12.98	24.63	1.33	2.53
铁路运输	0.94	0.86	9.93	21.41	1.49	2.61
物流	0.94	0.47	22.86	41.82	2.26	2.24

资料来源：申万研究

3.5 TMT 内部细分行业差异并不如想象大

TMT 细分行业市场表现的差异性并没有想象的那么大，电子细分子行业存在较好的一致性（表 20）。与其他子行业表现差异较大的品种，主要是通信运营和电子制造。通信运营主要是单个公司影响较大，而电子制造则受诸如苹果、智能手机产业链影响较大。

表 20：TMT 内部细分行业市场表现差异并不太大

	半导体	电子制造	光学光电子	元件	计算机设备	通信设备	传媒	计算机应用	通信运营	网络服务
半导体	1.00									
电子制造	0.92	1.00								
光学光电子	0.91	0.76	1.00							
元件	0.95	0.89	0.96	1.00						
计算机设备	0.94	0.84	0.97	0.99	1.00					
通信设备	0.92	0.84	0.91	0.95	0.96	1.00				
传媒	0.80	0.73	0.89	0.92	0.93	0.90	1.00			
计算机应用	0.91	0.86	0.88	0.94	0.94	0.98	0.88	1.00		
通信运营	0.50	0.35	0.76	0.68	0.73	0.67	0.83	0.63	1.00	
网络服务	0.91	0.83	0.96	0.97	0.98	0.92	0.94	0.89	0.75	1.00

资料来源：申万研究

TMT 行业往往以主题投资机会呈现，因此与市场的相关性不显著，细分行业承担的市场风险差异较大，一些行业呈现明显的进攻性，而还有一些行业则相对市场弹性较小。TMT 行业估值水平均处于高位，PE 水平低于 20 倍的细分行业仅有元件、通信设备和计算机设备。

表21：TMT呈现典型的成长品种

行业	Beta值	与市场相关系数	最新PE	平均PE	最新PB	平均PB
电子	1.01	0.90	25.40	28.86	2.47	2.93
半导体	0.89	0.81	36.69	41.26	2.69	2.97
电子制造	0.72	0.59	25.51	35.56	7.08	5.68
光学光电子	1.20	0.88	25.67	5.05	1.67	2.80
其他电子	0.88	0.85	24.28	28.80	3.10	2.98
元件	1.04	0.91	17.31	31.27	2.28	3.26
信息设备	0.86	0.89	17.41	30.57	2.17	2.85
计算机设备	1.00	0.89	19.15	47.23	2.46	2.93
通信设备	0.75	0.84	16.86	28.26	2.08	2.82
信息服务	0.93	0.90	27.02	33.56	2.09	2.44
传媒	0.92	0.88	25.33	44.63	2.74	4.20
计算机应用	0.95	0.86	20.35	30.01	3.68	4.34
通信运营	0.90	0.70	40.50	40.83	1.20	1.77
网络服务	1.06	0.86	27.60	43.60	3.03	3.23

资料来源：申万研究

通过对市场属性参数的分析，行业配置层面需要把握几点。(1)必需消费品在市场表现方面存在较强的一致性，可根据市场风格进行整体配置；(2)可选消费中，房地产受政策影响大，市场表现比较独立；(3)中游市场表现也存在需求型中游和成本型中游的分水岭；(4)石油开采和采掘服务相关性非常弱；(5)金融子行业市场属性差异明显，细分行业的配置同样重要；(6)交运行业周期、成长、防御风格兼具，可根据市场风格灵活配置；(7)TMT细分行业市场表现的差异性并没有想象的那么大。

第八章

经济下台阶过程中企业盈利能力下滑
——海外经济下台阶阶段盈利能力考查

主要内容：

海外经济体先后经历下台阶。1970年代和1990年代的日本、1980年代末到1990年代的韩国和台湾都经历过经济下台阶。1950年代以来美国经济从数据上没有经历过明显的下台阶的阶段，但是在1960年代末到1970年代，美国经历过产业接力断档、经济增长乏力的阶段。

经济下台阶过程中，企业盈利能力下滑是大概率事件。如果把经济增长大致分为高增长、高增长向低增长过渡和低增长三个阶段，韩国、日本、台湾和美国的历史案例表明：(1)在经济从高增长向低增长过渡阶段，企业盈利能力跟随下滑是大概率事件；(2)经济下台阶之后，低增长阶段的企业盈利能力是否低于高增长阶段的企业盈利能力则没有定论。

导致这种结果可能大致有两方面原因。首先，过渡阶段，传统主导产业面临困境、增长乏力，新的主导产业尚未成型，新旧产业青黄不接，企业整体盈利能力下滑概率大。过渡完成后，企业的盈利能力能恢复到什么水平则需要看新产业的议价能力。其次，从微观角度，过渡阶段，经济增速明显下滑企业需求必定下滑，而供给收缩又相对缓慢，因此供需关系必然恶化(产能利用率下降)，企业盈利能力下滑概率大。

经济下台阶过程中，股市难逃下跌，急速下台阶股市持续下跌概率大，缓慢下台阶股市则跟随经济及企业盈利周期波动。1973年1月～1974年7月的日本、1990年－1992年的日本，股市持续下跌；1990年代的韩国和台湾，经济带动企业盈利在震荡中下滑，股市也和经济及企业盈利周期一样经历了若干次涨跌周期；1970年代美国股市整体胶着状态，估值整体几乎没有上涨，其间跟随经济剧烈波动。

经济下台阶阶段，低估值对股市的支撑作用相对有限。日本在1970年代和1980年代末1990年代初经历过两次经济增速下台阶，股市也相应出现下跌。对比两次下跌时的估值和跌幅，第一次下台阶时的估值仅相当第二次下台阶时的1/3，但是第一次下跌幅度(37%)比第二次下跌幅度(63%)并没有低多少，可见低估值对市场有一定的支撑作用，但是相对有限。

在本篇第4章《打开盈利预测的黑匣子》中，我们提出：策略更应该把握盈利能力(主要是剔除金融、石油石化后制造业毛利率)的变动，因为盈利能力可能和经济增速背离。

中国经济增速下台阶预期。中国经济已经保持了相当长时间的高速增长，近两年经济增速持续下滑，2012年上半年下降速度加快，且此时物价水平仍处于较高水平、就业市场也没有发生问题，这让市场开始担心中国正面临人口红利、投资增长拐点，产生中国经济将下台阶的预期。如果中国经济未来将下台阶，企业盈利能会怎么变化？本章将考察海外经济下台阶时企业盈利能力的走势，以期为判断国内企业盈利能力走势提供参考。

1.海外经济体先后经历增速下台阶

我们主要考察韩国、台湾、日本和美国经济下台阶时企业盈利能力的变化。1970年代和1990年代的日本、1980年代末1990年代初的韩国和台湾都经历过经济下台阶。1950年代以来美国经济从数据上看下台阶不是很明显，但是在1970年代，美国经历过产业接力断档、经济增长乏力的阶段。

日本经历两次经济下台阶，分别发生在1970年代初、1990年代初（图1）。1960年代末到1970年代初，日本的人口红利由盛转衰，同时石油危机导致能源成本大幅上行，导致日本传统重化工业受到影响。在经济和产业面临转型压力下，日本经济下台阶，增长中枢从之前的10%左右下降到5%左右。1990年代初，随着房地产泡沫的破灭，日本经济在短时间内下台阶，此后20年间经济增长中枢下降到2%左右，被称为"失去的20年"。

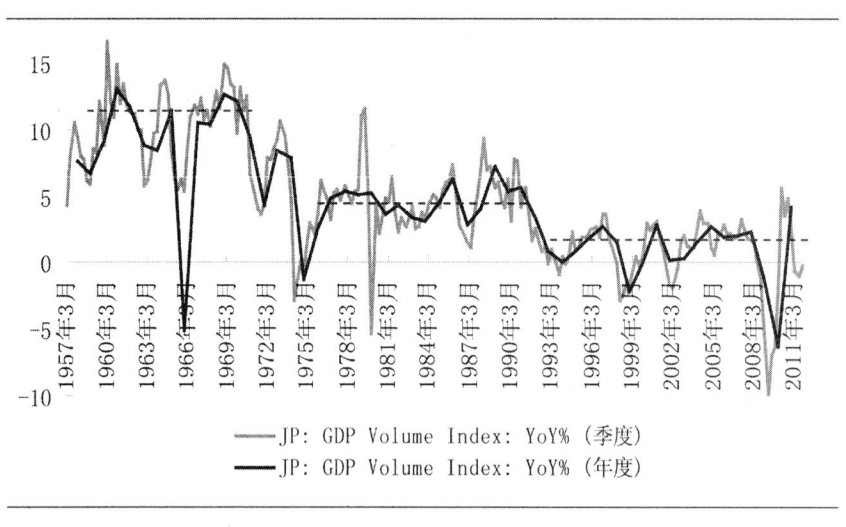

图1：日本经济在1970年代和1990年两次下台阶

资料来源：CEIC、申万研究

1990年代，韩国、台湾经济经历缓慢下台阶时期，在10年左右的时间里，GDP增速从10%左右下降到5%左右（图2）。韩国和台湾经济在1970、1980年代依靠出口战略和相配套的产业调整政策获得极大的成功，经济整体保持高速增长。进入1990年代，美国等国家贸易保护主义抬头、贸易摩擦不断，高端产业面临挤压。国内，人力成本上升较快，低端产业的成本优势消失。加上汇率升值的压力，韩国、台湾在高端产业领域面临美国等发达国家的威胁，在低端产业领域面临中国等东南亚国家的追赶，这种环境下经济缓慢下台阶。

图 2：1990 年代，韩国、台湾经济经历缓慢下台阶时期

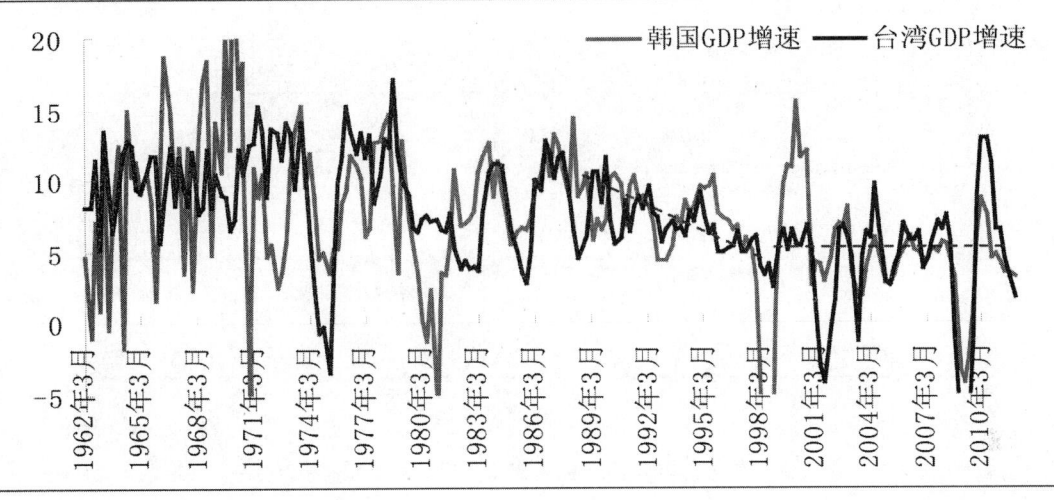

资料来源：CEIC、申万研究

美国 1970 年代到 1980 年代初也经历过传统行业增长以及第三次科技革命影响日渐式微、新兴增长点尚未完全形成的经济增长乏力阶段，虽然其间也有高增长的年份，但是期间出现了多次经济危机(经济谷底分别为 1970 年 11 月，1975 年 3 月，1980 年 7 月和 1982 年 11 月) (图 3)。

图 3：美国经济在 70 年代经历较长期的低增长

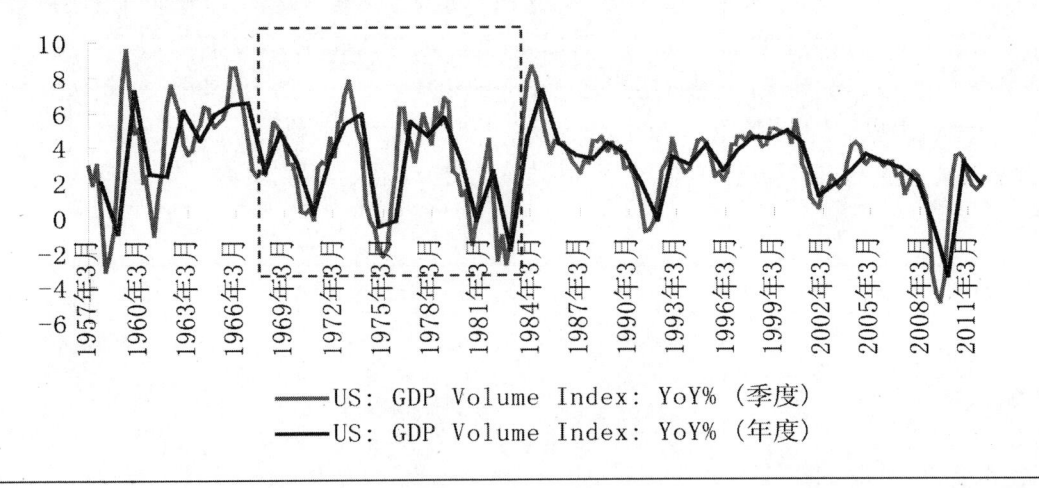

资料来源：CEIC、申万研究

盈利能力主要考察销售利润率和 ROE 的变化。由于时间比较早，我们很难找到齐全的毛利率数据，而且从方向来看销售利润率、ROE 有很强的相关性，因此我们主要考察销售利润率和 ROE。日本经济下台阶发生比较早，盈利能力数据只能使用统计局部门公布的企业数据，

美国、韩国、台湾则使用上市公司数据(表1)。

表1：考察阶段划分以及数据说明

	经济阶段划分			盈利能力数据	
	高增速阶段	下台阶/增长乏力阶段	低增速阶段	指标	数据样本
美国		1968年-1982年			非金融上市公司
日本	--1970年	1971年-1975年	1976年-1991年	利润率：销售利润率、毛利率1	制造业企业数据
	--1991年	1992年-1993年	1994年--	资产收益率：ROE	
韩国	--1989年	1990年-1999年	2000年--		非金融上市公司
台湾	--1989年	1990年-1999年	2000年--		非金融上市公司

资料来源：申万研究

注解：毛利率1=EBIDTA/销售收入，和实际的毛利率有差异(没有剔除三费等的影响)。由于找不到计算毛利率所需销售成本数据，因此以该指标代替。

2.经济下台阶过程中盈利能力必然下滑

2.1 经济低增速阶段企业盈利能力未必低于高增速阶段

在本篇第4章《打开盈利预测的黑匣子》中，我们提到GDP增速代表量的变化，而盈利能力本质上是议价能力体现，和GDP增速高低没有必然的线性关系，两者很可能会发生背离。中国历史上就发生过盈利能力和GDP增速的背离：2005年上半年经济不差，但是毛利未稳，业绩拐点尚未出现；2008年12月，经济尚未企稳，但是盈利能力和业绩增速已率先企稳。

海外的历史也反映，盈利能力和经济增速的高低没有必然的关系，低增速阶段盈利能力未必低于高增速阶段企业的盈利能力。韩国和台湾的经济增速在1980年代缓慢下台阶，当经济进入低经济增速阶段，企业的盈利能力的表现却截然相反：台湾经济进入低增速阶段后企业盈利能力也下台阶，明显低于高增速阶段企业盈利能力，而韩国企业盈利能力的表现却相反，低增速阶段的盈利能力反而好于高增速阶段的企业盈利能力(图4)。

图4：经济下台阶后，台湾企业利润率下台阶、韩国企业利润率上台阶

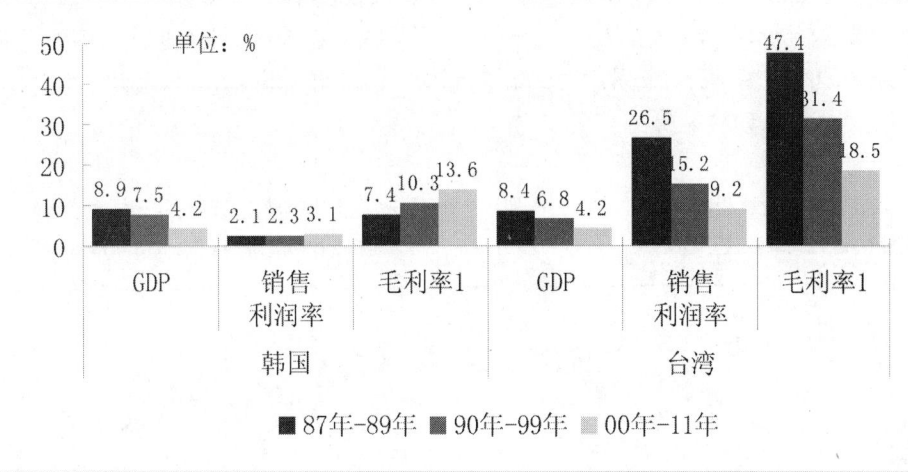

资料来源：Datastream、申万研究

日本经济经历了两次下台阶，且和韩国及台湾缓慢下台阶不同，是在比较短的时间内迅速下台阶。经济下台阶之后，企业盈利能力也相应下台阶，难以恢复到之前的水平(图5)。

图5：日本制造业利润率随经济下台阶而下台阶

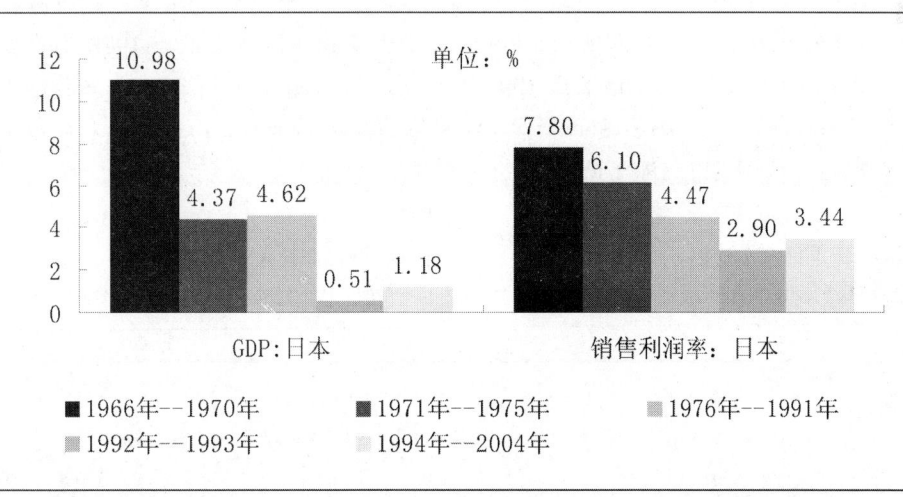

资料来源：Japan Statistic Bureau、申万研究

2.2 经济下台阶过程中企业盈利能力均下滑

经济低速增长阶段企业的利润率未必低于经济高增速阶段的企业利润率，因为在不同的阶段，经济体的主导产业有差异。但是，在经济从高增长阶段向低增长阶段过渡时(无论是韩国、台湾缓慢下降还是日本快速下降)，企业的盈利几乎必然下滑。

韩国和台湾经济从高速增长阶段到低速增长阶段经历了较长的时间，期间主导产业面临困境，同时还经历了 1990 年代初的第三次石油危机。从企业利润率来看，台湾企业在经济下滑初期，因经济下滑和原油成本双向挤压利润率迅速下降，企业销售利润率从 1990 年初最高的 26% 左右下降到 1992 年末的 12% 左右，下降幅度在 50% 以上（图 7）。韩国企业利润率则跟随经济波动震荡下行，分别在 1990 年代初和 1997 年亚洲经济危机期间两次大幅下滑，下降幅度大大超过 50%（图 6）。

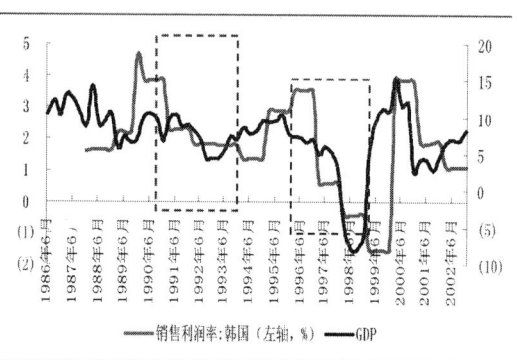

图 6：韩国经济下台阶过程中，企业销售利润率快速下滑

资料来源：Datastream、申万研究

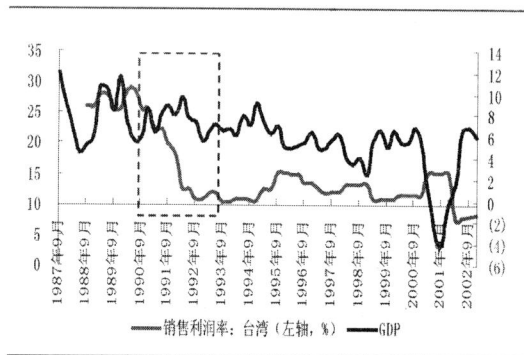

图 7：经济下台阶过程中，台湾企业销售利润率迅速下滑

资料来源：Datastream、申万研究

日本经济两次下台阶，且在较短时间内完成，企业利润率在经济下台阶过程中迅速下降。第一次下台阶时，企业利润率从 1969 年的 8% 的高点下降到最低点 1976 年的 3.5%，第二次从 1990 年的 5.62% 下降到最低点 1993 年的 0.11%。（图 8）美国在 1970 年代缺乏主导产业因此经济增长乏力，但是在 1960 年代末经济增速已经显示疲态，企业毛利率也出现大幅下滑，从最高点 1966 年的 18% 下降到 1974 年的 11%（图 9）。

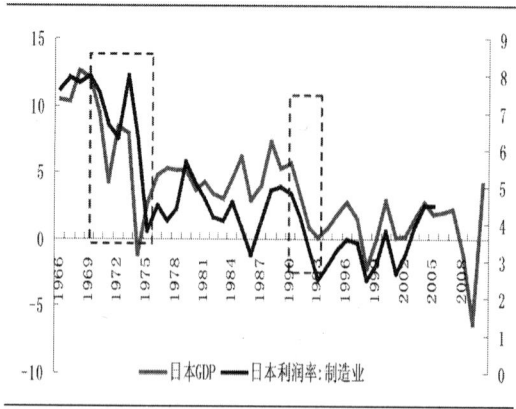

图 8：日本经济下台阶过程中，企业销售利润率快速下滑

资料来源：Japan Statistic Bureau、申万研究

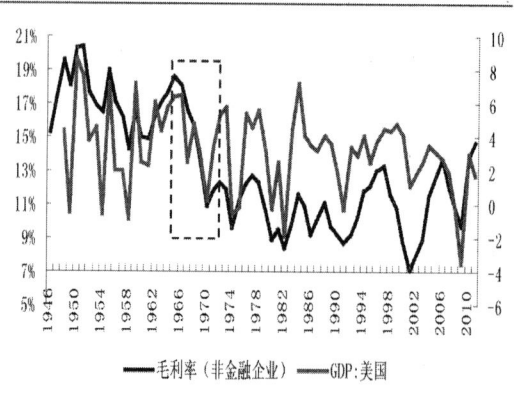

图 9：1960 年代末–1970 年代初美国非金融企业毛利率大幅下滑

资料来源：BEA、申万研究

在销售利润下滑的过程中，投资者为了提高资本的收益率，可能会选择增加杠杆。韩国和台湾在 1990 年经济下台阶时，企业整体的杠杠出现了明显的上升(图 10)，但是增加杠杆只是缓解措施，难以阻止利润率下滑导致的 ROE 下滑(图 11)。

图 10：经济下台阶过程中韩国、台湾企业加杠杆

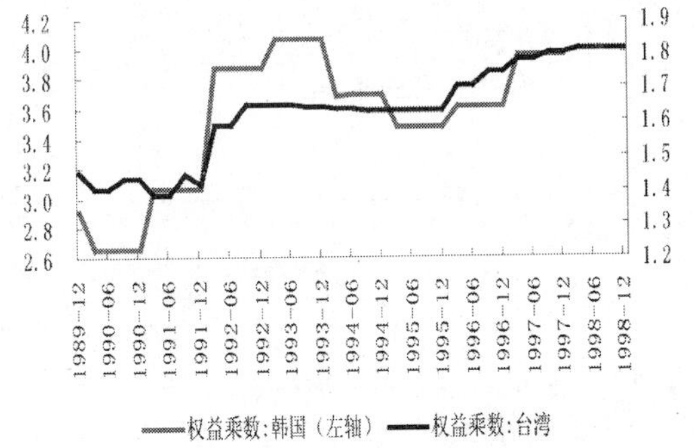

图 11：经济下台阶过程中韩国、台湾企业加杠杆仍难以提升 ROE

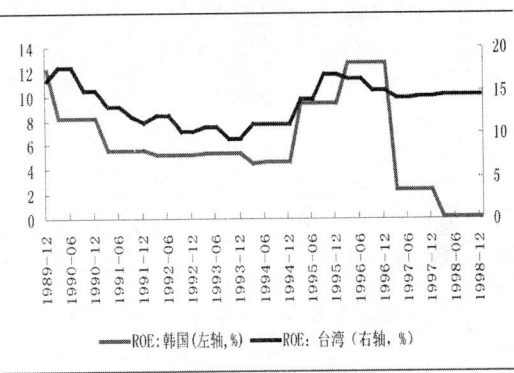

资料来源：Datastream、申万研究   资料来源：Datastream、申万研究

2.3 短期看产能利用率、长期看结构转型

如果把经济增长大致分为高增长、高增长向低增长过渡和低增长三个阶段，上述案例说明：

1)在经济从高增长向低增长过渡阶段，企业盈利能力跟随下滑是大概率事件；

2)经济下台阶之后，低增长阶段的企业盈利能力是否低于高增长阶段的企业盈利能力则没有定论。

导致这种结果可能大致有两方面原因。首先，过渡阶段产业结构处于青黄不接时期，企业盈利能力下滑。经济下台阶其背后原因是传统的主导产业增长乏力，新的主导产业尚未成型，此时经济增速下滑，企业整体经营状况不佳，盈利能力下滑。当进入低增长阶段后，新的产业结构形成，此时盈利能力能否上升，上升到什么水平则由新产业的盈利能力和转型效果决定(图 12)。此外，经济转型、下台阶阶段，通常遭遇大的外部冲击(冲击可能是导致转型的因素)，比如 1973 年和 1990 年的石油危机也是造成企业盈利能力下滑的因素。

图12：日本制造业利润率随经济下台阶而下台阶

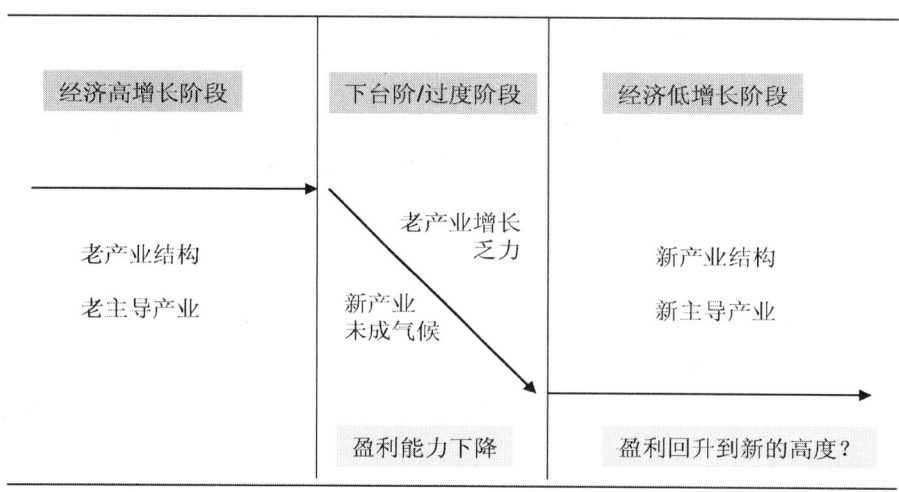

资料来源：华通人、CEIC、万得资讯、申万研究

其次，从微观角度，过渡阶段，经济增速明显下滑表明企业供需关系恶化，议价能力降低，因此盈利能力必然下滑。企业盈利能力反应议价能力，其变化由供需强弱决定。当经济从高增长向低增长过渡时，经济增速大幅下滑，企业需求下滑显而易见，而供给收缩相对缓慢，因此企业的供需状况(产能利用率可以反映)必然呈恶化趋势，导致企业盈利能力下降(图13-图14)。

图13：经济下滑较大时产能利用率明显下滑(美国)

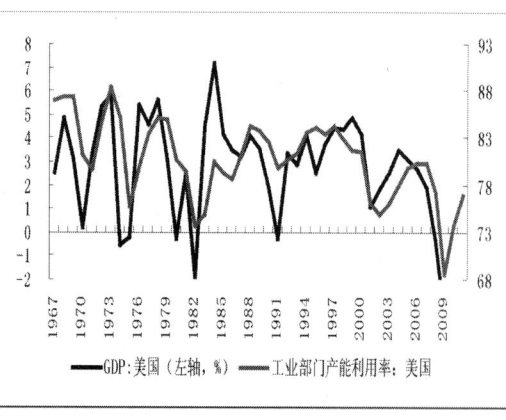

资料来源：万得资讯、申万研究

图14：经济下滑较大时产能利用率明显下滑(日本)

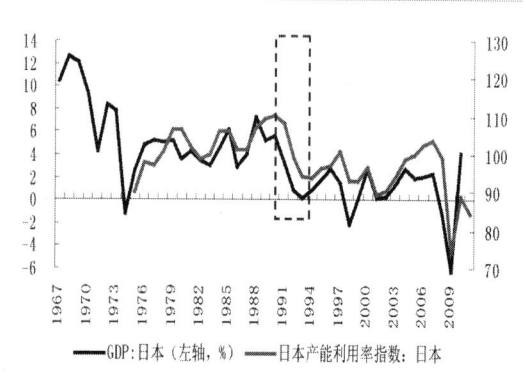

资料来源：万得资讯、申万研究

3.股市跟随经济、盈利调整

3.1 经济、企业盈利能力下滑股市机会较少

经济快速下台阶，股市难逃持续下跌厄运。日本两次经济下台阶过程中，企业的利润率和ROE都受到了明显的损伤，股市也出现明显的下滑(1973年，最低点下滑37%，由于低位

持续时间不长，年度数据没有体现)(图15)。

图15：日本经济两次下台阶导致ROE下滑时股指跟随下跌

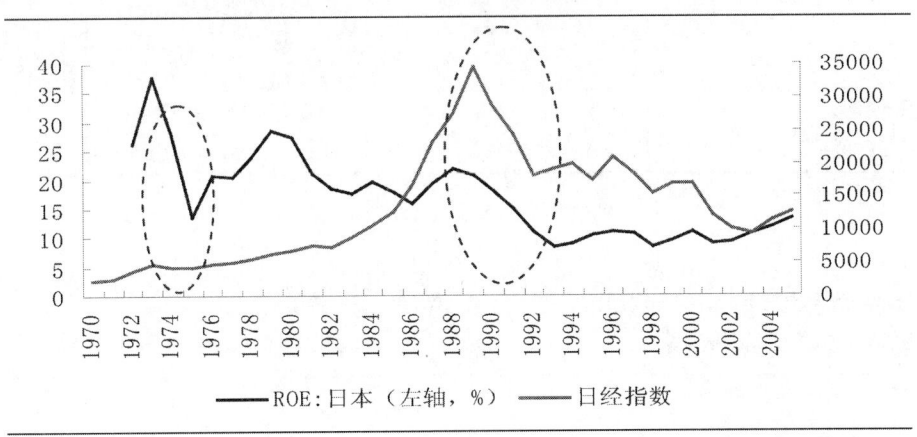

资料来源：Japan Statistic Bureau、万得资讯、申万研究

经济缓慢下台阶，期间股市可能有机会。韩国、台湾经济在1990年代经历缓慢下台阶，期间经济出现过小周期的反复，带动企业盈利能力出现了小周期的波动，因此股指也同经济和企业盈利周期一样经历了若干次涨跌周期(图16、图17)。

图16：韩国经济下台阶过程中导致 ROE下滑时股指跟随下跌

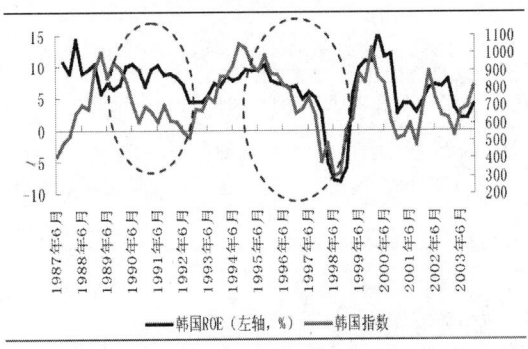

资料来源：Datastream、万得资讯、申万研究

图17：台湾经济下台阶过程中导致 ROE下滑时股指跟随下跌

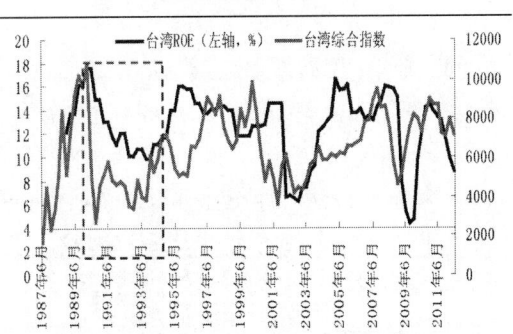

资料来源：Datastream、万得资讯、申万研究

3.2 低估值的支撑作用相对有限

业绩下滑时，低估值对股指有支撑，但是支撑作用相对有限。

通常认为，股票市场和企业盈利能力及经济增速变化的映射不是线性的，在经济下滑带动股指下行时，较低的估值将支撑股指。从日本的例子来看，低估值有支撑，但作用相对有限。日本在1970年代和1980年代末~1990年代初经历过两次经济增速下台阶，第一次下台阶时的估值是第二次下台阶时的1/3，但是第一次下跌幅度比第二次下跌幅度小的并不多

(两次下台阶过程中 ROE 下滑都很大,业绩下滑程度差异不大)(表2)(图18、图19)。

表2:经济下台阶时,估值低位对指数的支撑作用相对有限

	初始估值(PE)	阶段最高点		阶段最低点		
		股指点位	时间	股指点位	时间	跌幅
第一次调整	23	5359	1973年1月26日	3355	1974年7月11日	-37.4%
第二次调整	60	38957	1990年1月5日	14194	1992年8月21日	-63.6%

资料来源:申万研究

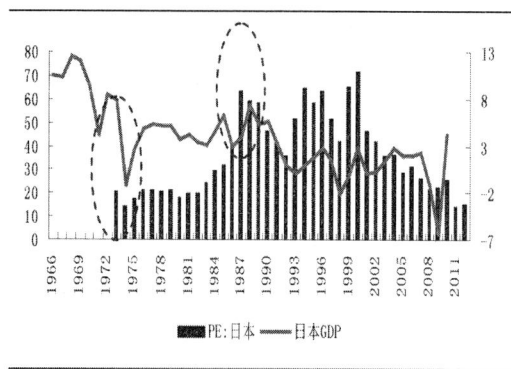

图18:日本经济两次下台阶,第一次股市估值处于低位第二次处于高位

资料来源:Japan Statistic Bureau、申万研究

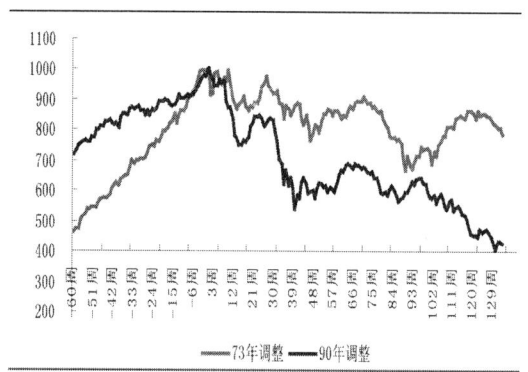

图19:日本经济两次下台阶,股市调整幅度差异明显小于估值差异

资料来源:万得资讯、申万研究

3.3 阶段背离或因"放松"逻辑

1970年代,美国股市和经济、企业盈利走势大部分时间基本一致,但是也出现两次反向走势:分别是1966年末到1967年上半年和1979年到1980年上半年(图20)。这两个阶段的共同特征是经济增速迅速下滑,企业盈利开始从高位回落(图21)。但是,同时物价水平也从高位开始回落,利率水平从高位回落,呈现放松迹象(图22)。1970年代前后,物价处于高位,成为股市的制约因素。股市在经济、企业盈利有下滑迹象时没有下滑,反而在物价、利率下降时上涨,可能是受益于约束条件消失的"放松逻辑"。

图 20：66 年末 67 年初、79 年到 1980 上半年，股市和经济和企业利润率走势相反

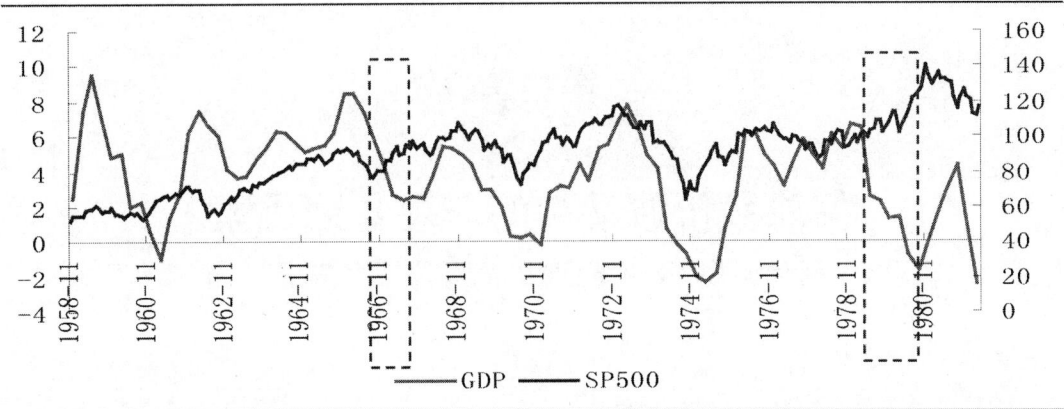

资料来源： CEIC、万得资讯、申万研究

图 21：企业盈利显疲态

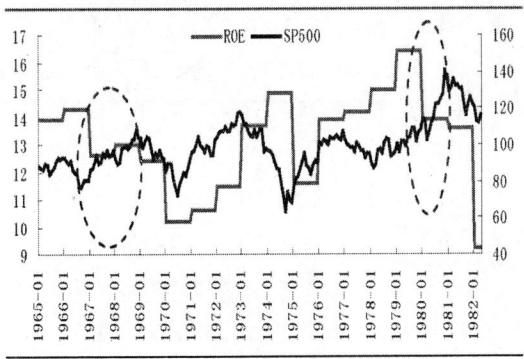

资料来源：Datastream、万得资讯、申万研究

图 22：物价、利率开始下滑。

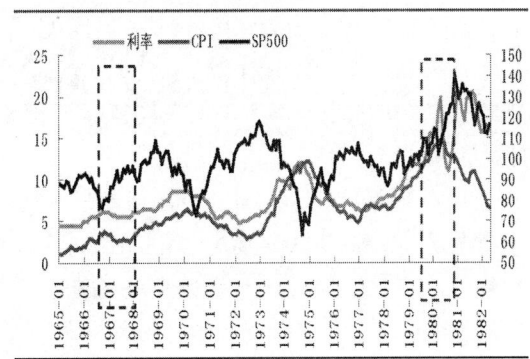

资料来源：Datastream、万得资讯、申万研究

第九章

关注股价波动中的非基本面因素
——初探基本面与市场表现之背离

主要内容:

当前A股市场,价值投资理念在投资界占据主导地位。基本面研究已形成完整的研究框架和数据积累,是策略判断的出发点。然而基本面并非决定市场的唯一因素,非基本面因素的研究不容忽视。

基本面与市场面出现背离的概率不低。业绩增速变化与沪深300、申万A指和上证综指的一致性分别为66.7%、63.9%和69.4%。数量上看,基本面和市场表现的一致性属于大概率事件。然而60%的正确率意味着接近40%的错误率,仅依据基本面进行市场判断将面临巨大的风险。研究基本面和市场面一致性的目的在于了解错误概率和风险程度,并且寻找降低风险的方法。

2007年以后,基本面和市场面的一致性提升,背离主要发生在2007年前3季度、2009年3季度、2010年3季度和2011年1季度。市场特征的变化是两者背离出现的主要原因。2007年,居民理财意识觉醒,公募崛起,蓝筹泡沫;2009年3季度,流动性收紧与政策正常化预期;2010年3季度,政策放松预期;2011年1季度,"春季躁动"模式。

非基本面因素对行业表现的影响更显著。行业层面,基本面与市场的背离,一方面受到市场特征的影响,另一方面行业自身投资属性扮演重要角色。2007年以来,导致市场整体性背离市场特征,对行业表现的影响同样显著。

由行业自身特征和市场敏感度决定,基本面、市场面一致性存在明显的行业差异。一致性较高的行业主要有零售、汽车零部件、家用电器、工程机械、电力、轻工制造、有色金属、保险、计算机设备、通信设备。一致性较弱的行业有医药生物、餐饮旅游、化学制品、石油化工。

本文着眼于研究市场特征导致的基本面和市场表现的背离。后续我们将按照经典消费品、周期品、金融服务业和TMT四大领域,从行业自身属性的角度寻找影响市场表现的非基本面因素。

当前A股市场,价值投资理念在投资界占据主导地位。谈投资,谈策略,言必称经济周期,必称公司基本面。一时间,不弄清基本面的投资似乎都是赌大小。基本面研究的确是投研的重中之重,然而正如我们之前提到,策略要研究映射路径,而不是和各种领域分析员去争论变量[①]。

---

① 详见宽体策论第十一章《此岸和彼岸:策略研究f,而非x》。

股票定价基于现有信息，基本面因素十分重要，然而投资者偏好和市场特征也是不可忽视的因素。我们研究发现，基本面变化对于市场具有较强的解释度，但对于某些行业解释度欠佳。在行业配置中，要针对基本面、市场面和投资者行为进行全面分析。本文着眼于研究市场特征导致的基本面和市场表现的背离。后续我们将按照经典消费品、周期品、金融服务业和TMT四大领域，从行业自身属性的角度寻找影响市场表现的非基本面因素。

1. 基本面并非决定市场的唯一因素

当前对于市场趋势的研究，比较流行的做法将其分解为分子、分母两个部分。分子即是上市公司基本面，分母主要研究投资者风险偏好问题。实际研究中，分子问题已经形成完整的研究框架，拥有较为客观的数据积累。而分母问题则见仁见智，依赖投资者或分析师的主观判断。因此，基本面研究仍然是策略判断的重中之重。那么基本面研究是否可以解决策略的所有问题？答案显然是不行。本部分我们主要解决两个问题，首先从市场整体出发，考察基本面变化与市场变化的匹配程度；其次在基本面和市场表现背离的阶段，寻找究竟哪些因素占据主导地位。

1.1 基本面与市场面出现背离的概率不低

业绩增速和毛利率是描述基本面变化的主要指标。我们选取沪深300、申万A股、上证综合指数作为市场指数的代表。我们考察2003年以来，基本面指标变动方向和季度市场涨跌方向的一致程度。从变动方向的一致性看，基本面变化与市场表现的匹配度一般(图1)。上市公司整体业绩增速变化与沪深300、申万A指和上证综指的一致性分别为66.7%、63.9%和69.4%。A股整体剔除金融服务业毛利率变化与3大指数一致性分别达到63.9%、66.7%和66.7%。从正确率的角度看，基本面与市场表现的同向性达到60%以上，可以作为较大概率事件。然而策略研究不是量化投资，大数定律无法发挥作用，60%的正确率意味着接近40%的错误率，仅依据基本面进行市场判断将面临巨大的风险。

图1：基本面变化对市场指数匹配度一般

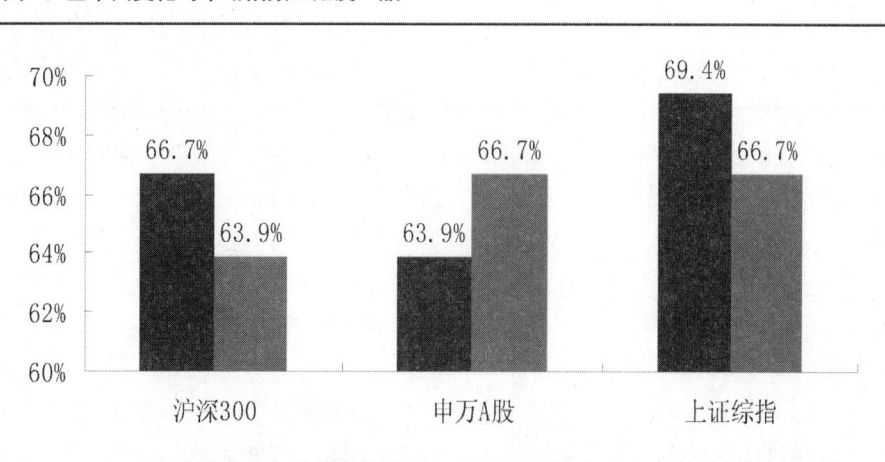

资料来源： 万得资讯，申万研究

曾经有位前辈教导我，如果一位分析师对于基本面的判断能够达到80%的正确率，依据基本面推导市场趋势也达到80%，那么这是一位非常优秀的分析师，但即使如此仍有40%的错误概率。而从目前的统计数据看，错误的概率可能还要大大增加。研究基本面和市场面一致性的目的不在于证明方法的正确性，而在于了解错误概率和风险程度，并且寻找降低风险的方法。因此基本面与市场面的背离更加值得关注。两者背离是研究其他要素对市场影响的重要切入点。历史数据看，以2007年3季度为分界点，前期基本面与市场的一致性较差，变动方向一致的概率仅为50%，而后期两者的一致性很高，仅2009年3季度，2010年3季度以及2011年1季度业绩增速和市场表现出现背离(图2)。

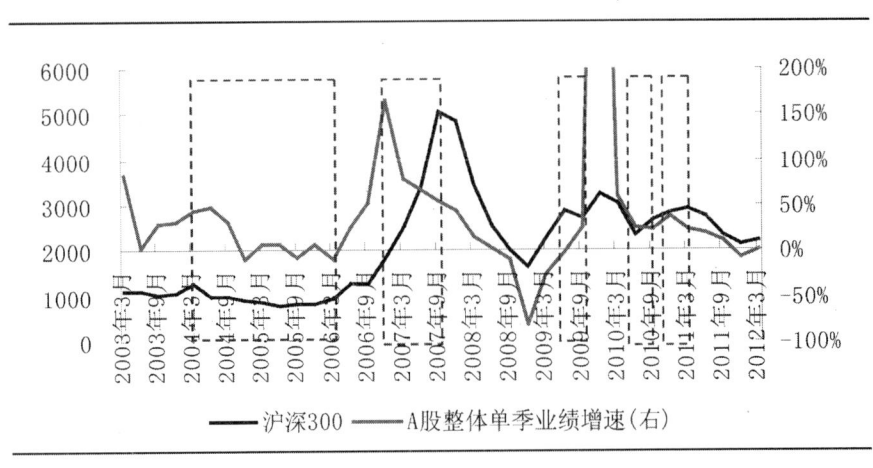

图2：以2007年末为分界点，前期匹配度较低，后期匹配度较高

资料来源： 万得资讯，申万研究

1.2 市场特征变化导致市场与基本面的背离

2004年～2006年，我国资本市场处于改革攻坚阶段，股权结构缺陷和制度变革是市场关注的焦点，因此市场对于基本面的变化并不敏感。我国经济从2003年明确复苏，2004年迅速过热，然而A股市场并没有反映基本面的改善而持续走弱。上市公司业绩增速与市场指数也未体现出明显的相关性。当时的资本市场仍然处于成长期，与当前市场行为模式存在很大的不同，基本面和市场的背离是常态，因此两者背离的研究价值不大。我们将研究的重点放在2006年以后，基本面和市场背离发生在2007年前3季度、2009年3季度、2010年3季度和2011年1季度。

2007年前3季度，基本面与市场表现的背离可以分为两个阶段。上半年，尽管上市公司业绩增速有所下降，然而宏观经济增速依然维持很高增速，GDP增速维持在14%以上，上市公司业绩增速仍在50%以上，因此基本面对于市场上行的支撑依然强劲。两者真正的背离发生的3季度，当时宏观经济和上市公司业绩增速下行趋势基本确立，但是市场仍然大幅上行50%(图3)。推动市场上行的重要力量在于赚钱效应驱动的居民理财意识的觉醒，公募基金和股票资产成为居民资产配置的重要方向，资金远远不断流入股票市场，推动市场掀起波澜壮阔的蓝筹泡沫(图4)。

图3：2007年2季度经济增速见顶　　　　　　图4：2007年，理财意识觉醒，公募基金大发展

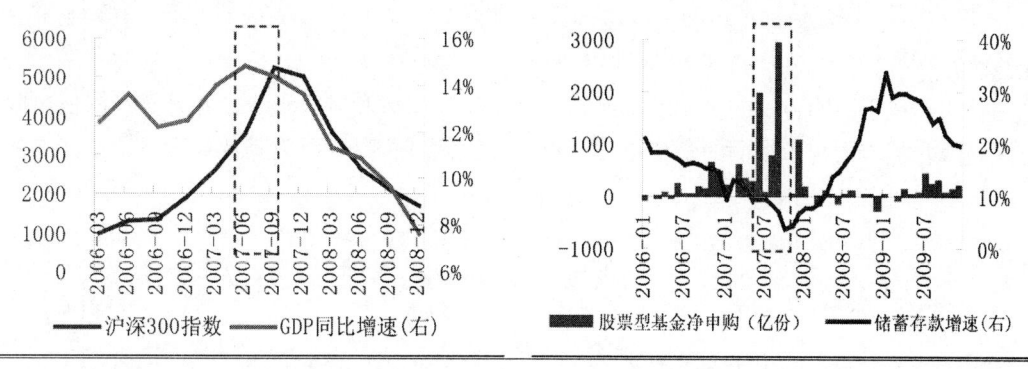

资料来源：CEIC，万得资讯，申万研究　　　　资料来源：CEIC，万得资讯，申万研究

2009年3季度市场下跌的推动力是流动性收紧预期。2008年11月，中央政府推出"4万亿"投资计划和十大产业振兴规划，地方政府密切配合，商业银行全面放松信贷投放，基建投资迅速上行。2009年上半年经济迅速复苏，下半年房地产投资增速迅速上行，经济很快由复苏逐步转入过热阶段。此时，政策正常化和流动性阀门收紧成为大势所趋。变化发生在7月，央行提高央票发行利率，新增信贷大幅萎缩吹响了政策正常化的号角。尽管经济基本面上行的趋势依然强劲，但是8月份A股市场出现21.8%的跌幅，主要驱动力在于流动性收紧预期(图5)。

图5：09年7月流动性和政策出现拐点，导致市场大幅调整

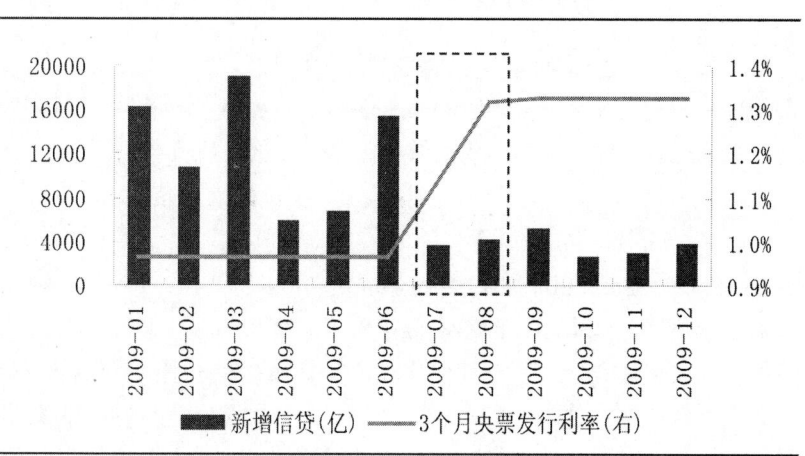

资料来源：万得资讯，申万研究

2010年3季度，A股市场完美演绎"逆周期，看政策"的逻辑。2010年市场对于经济调整的持续性和艰巨性还没有足够的认识。二季度，房价增速开始回落，同时经济增速也出现明显下滑，约束条件似乎放松(当时并没有通胀担忧，而且大家对房地产市场的韧性理解不够)，当高层领导在6月的一系列公开场合上强调"保增长"的重要性之后，投资者再次

产生了政策放松的预期,政策也确实有些放松(信贷和财政项目,可以说这一次政府对危机后中国经济的韧性是估计不足的),市场也随之触底回升。在政策放松预期下,3季度A股市场出现基本面向下市场向上的情形(图6)。

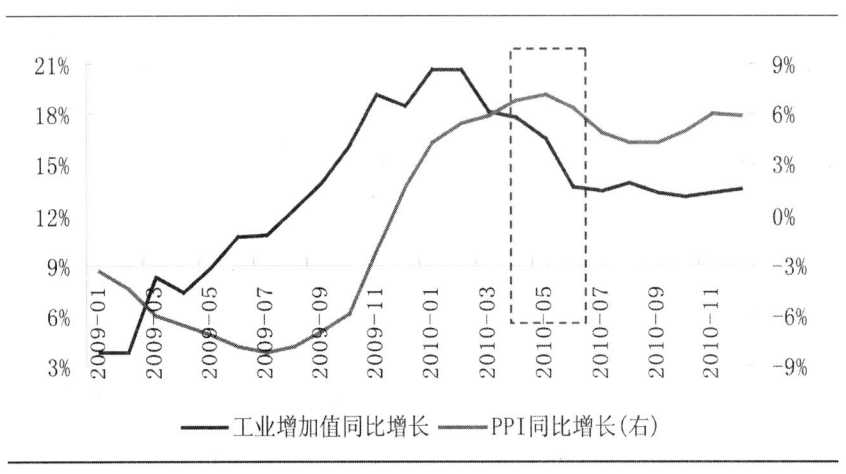

图6:2010年上半年经济下行,通胀压力下行,导致3季度政策预期再起

资料来源:华通人,申万研究

2011年1季度经历典型的"春季躁动"行情。高端装备、水泥等供给受限品种涨幅较大,带动市场经历一波春季攻势。进入新的一年,由于经济走势不明晰,政策方向不明确,流动性往往宽松,再加上国内外资金的跨年度布局,"春季躁动"似乎已经成为A股市场的特有模式[②]。

综上,从市场整体看,基本面是投资研究的基础性问题。然而诸如流动性、政策预期、投资节奏等市场特征的问题也在深刻的影响着市场。正如我们之前报告中论述的那样,策略首先需要识别的是未来一段时间影响市场的核心因素是什么,研究市场路径重于研究影响因素。

2. 非基本面因素对行业表现的影响更显著

大势判断需要全面把握基本面、市场特征等因素的变化。在行业选择方面,市场特征扮演着更为重要的角色。整体看,业绩增速变化与市场表现存在较强的一致性,而分拆各个行业看,这种一致性趋弱。行业基本面与市场的背离,一方面受到市场特征的影响,另一方面也与行业自身投资属性存在很大的关系。本文首先检验行业基本面与市场表现的一致性,其次概括性分析市场特征对行业表现的影响,在此后的报告中再深入各行业内部探讨行业自身的投资属性。

2.1 基本面、市场面一致性存在明显的行业差异

行业层面,基本面和市场面的一致性存在明显的差异性。按照基本面特征和市场认同

---

② 详见宽体策论篇第4章《春季躁动、四月决断——解密A股市场的年度投资节奏》。

度,我们将A股市场行业分为经典消费品、周期品、金融服务业和TMT四大类。

习惯上,我们将食品饮料、医药生物、零售、服装家纺和餐饮旅游划归为经典消费品。需求稳定,后周期是经典消费品的重要基本面特征。历史上看,必需消费品业绩增速大部分时间在20%-40%的区间中波动,变化相对稳定。在经济转型的大背景下,消费需求扩张和消费升级是大势所趋。经典消费品需求持续扩张,业绩持续快速增长,市场认同度相对较高,估值系统性高于市场平均水平(图7)。

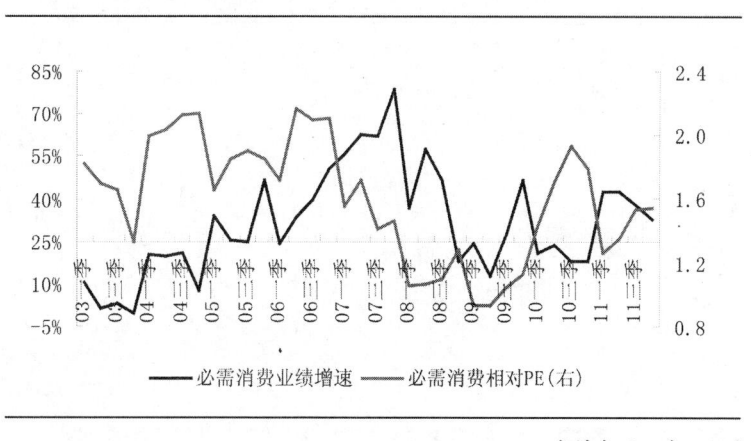

图7:必需消费品业绩增速波动相对稳定,估值水平相对较高

资料来源:申万研究

由于需求和业绩波动并不显著,因此经典消费品市场表现与基本面变化的一致性明显低于市场整体水平(图8)。2003年以来,必需消费各子行业业绩增速与市场表现一致性仅小幅高于50%。2007年以来,两者一致性也未出现系统性回升。其中食品饮料和零售一致性上行至72%,医药生物一致性前后未现明显变化,服装家纺与餐饮旅游一致性相对较差。

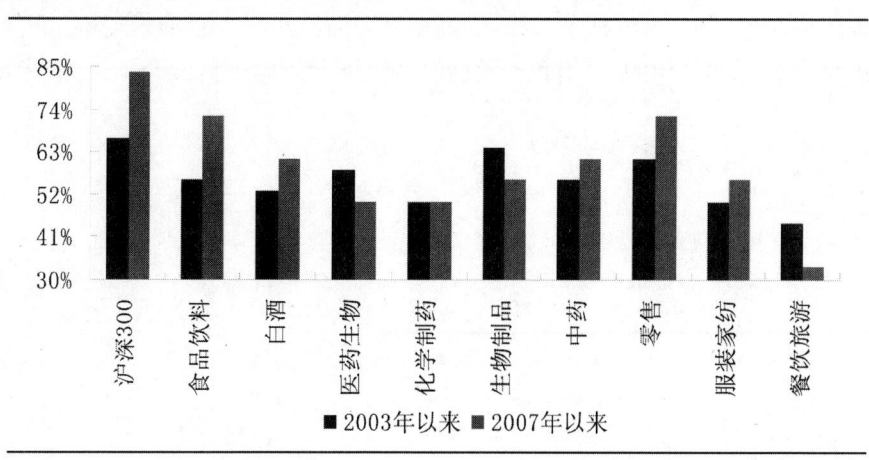

图8:经典消费品基本面与市场表现的一致性普遍低于市场整体

资料来源:万得资讯,申万研究

周期品是A股市场重要组成部分，可以分为下游需求、中游制造和上游资源。行业景气对经济周期敏感，随经济景气波动是周期品最为重要的特征。历史上看，周期品业绩增速在-50%~150%的大区间中波动，是经济周期波动的放大器。A股市场基于对经济周期的判断进行周期品配置。经济上行过程中，估值、业绩双升，推动周期品股价快速上行，而在经济下滑过程中则是可怕的戴维斯双杀。2010年以来，经济转型的趋势越来越明确，周期品作为传统经济力量的代表，已经无法代表未来的转型方向，因此估值水平呈现持续下行的态势(图9)。

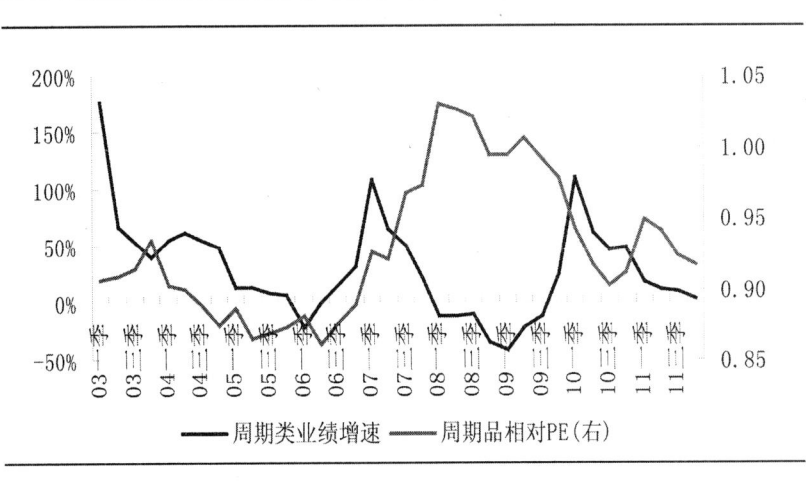

图9：周期品业绩波动幅度较大，估值水平受到压抑

资料来源：万得资讯，申万研究

周期性行业基本面存在很强的波动性，因此基本面波动对市场表现的影响较为显著。体现到基本面与市场表现的一致性方面，周期性行业两者一致性相对经典消费品明显较强。特别是2007年后，"投资时钟"的逻辑在A股市场上占据统治地位，市场和基本面的一致性呈现明显抬高。下游需求中，家电、汽车的一致性较高，而受政策影响较大的房地产行业，一致性相对较低。中游行业中，工程机械、电力、轻工制造行业的一致性均在70%以上，而化学制品、石油化工的一致性低于50%。上游资源方面，2007年以前煤炭和有色行业的一致性程度基本一致，2007年以后，有色一致性明显提升，而煤炭行业未发生明显变化(图10)。

图10：周期品基本面、市场表现一致性相对较高，2007年后一致性明显提升

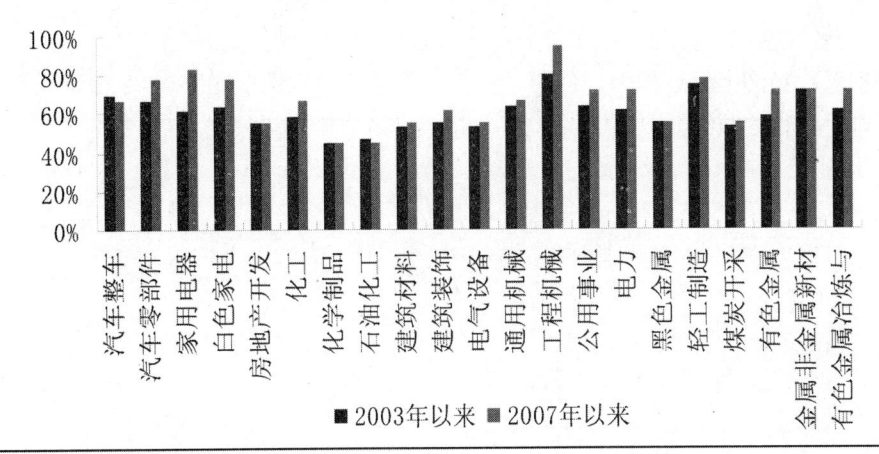

资料来源：万得资讯，申万研究

金融行业是市场的中流砥柱。2006年以后，随着银行改制完成，金融服务盈利能力持续维持高位。然而估值水平却不如基本面表现得那么坚挺。金融服务相对估值水平持续下行（图11），表明市场对于金融服务业，特别是银行业未来发展的担忧。因此，金融服务市场表现受基本面之外的因素影响较大。2003年以来，银行业绩增速变动与市场表现的一致程度不到50%，而证券行业刚超过50%。2007年以来，银行业和证券业基本面和市场面变化的一致有所上行，但依然处于较低的位置。保险基本面与市场面变化一致性达到72%，业绩增速变化与市场表现同向性较强(图12)。

图11：金融盈利能力维持高位，估值持续下行

图12：银行证券基本面、市场面一致性较弱，保险较强

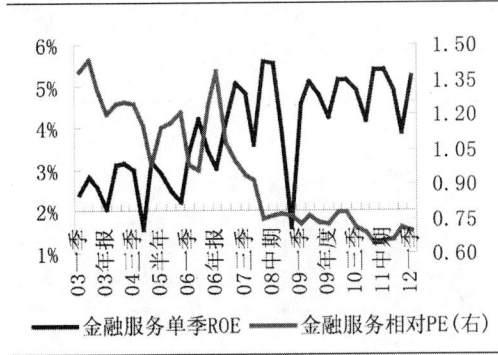

资料来源：申万研究

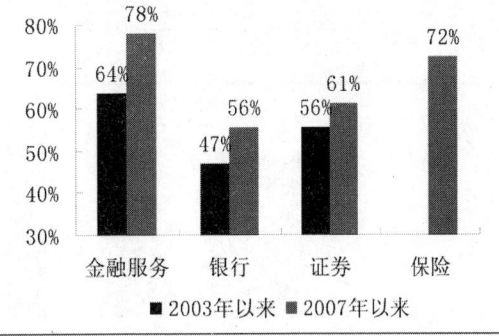

资料来源：万得资讯，申万研究

TMT行业代表先进技术的发展方向，主要包括电子、信息设备和信息服务3大行业，前两者属于硬件制造产业，后者属于软件服务产业。这些行业代表技术发展方向，未来成长空

间较大，因此市场给予较高的估值(图 13)。然而这些行业目前仍然未成气候，业绩波动幅度极大，往往成为主题炒作的重要题材。

图 13：TMT 代表未来方向，尚未成气候，业绩波动性较大，估值水平较高

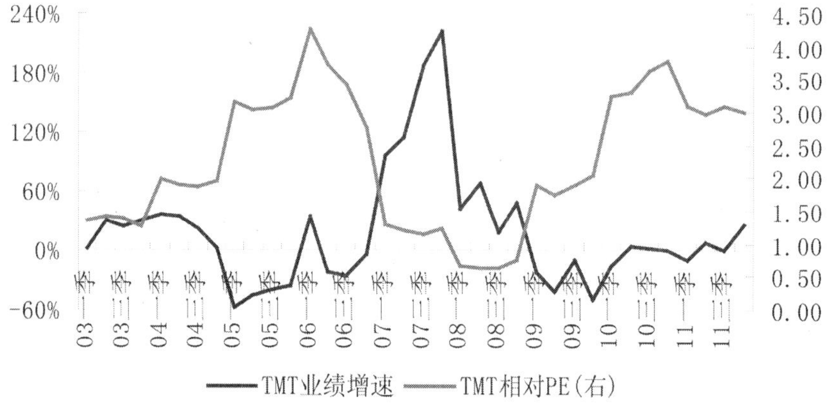

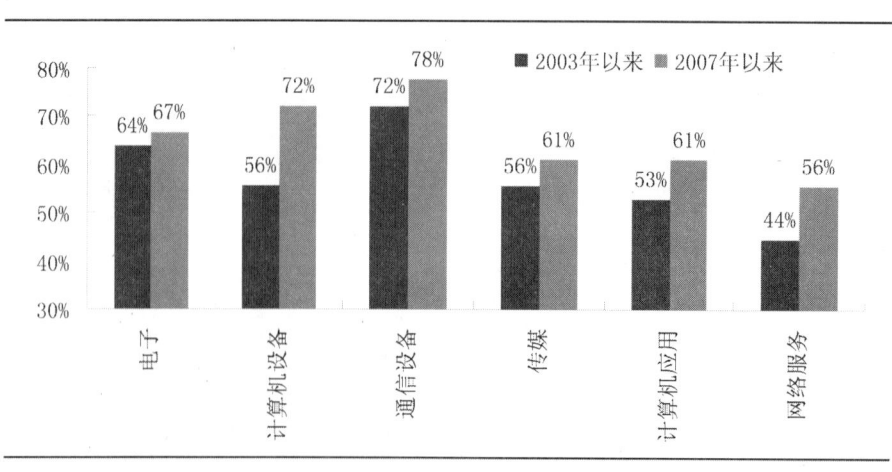

资料来源：万得资讯，申万研究

从基本面和市场表现的一致性看，硬件制造商和软件服务商存在系统性差异。2007 年以来，电子、通信设备、计算机设备三大行业一致性均在 65%以上，相较 2007 年之前存在明显提升。而传媒、计算机应用和网络服务三大行业基本面与市场面一致程度较低，仅在 60%左右，而 2003 年以来一致性更为低下。从一致性程度看，硬件制造产业相对成熟，基本面变化能够很好的把握；而软件服务业则仍然处于成长初级阶段，是主题炒作的重要题材(图 14)。

图 14：硬件制造商基本面、市场面一致性较强，软件服务商一致性偏弱

资料来源：万得资讯，申万研究

基本面、市场面一致性的研究主要解决两个问题，其一行业业绩变化对于市场表现的重要性，其二根据业绩预测进行策略判断的正确率。因此一致性较高和较低的行业都是我们需要重点关注的品种(表1)。对于一致性较高的行业，分析业绩增速变化肯定是首要前提，但是研究非基本面因素仍然不可或缺。而对于一致性不高的品种，我们并不否认基本面因素的重要性，主要问题可能在于基本面难以研究或者市场表现受非基本面因素的影响较大。

表1：基本面、市场面一致性方面需要关注的行业

	重点关注行业
基本面、市场面一致性较高行业	零售(72%)、汽车零部件(78%)、家用电器(83%)、工程机械(94%)、电力(72%)、轻工制造(78%)、有色金属(72%)、保险(72%)、计算机设备(72%)、通信设备(78%)
基本面、市场面一致性较低行业	医药生物(50%)、餐饮旅游(33%)、化学制品(44%)、石油化工(44%)

资料来源：申万研究

2.2 行业市场表现与市场特征密切相关

市场核心交易矛盾的变化决定了宏观基本面和市场趋势的背离。细化到行业层面，市场整体特征也在一定程度上决定行业表现和基本面的差异。因此行业配置的首要前提在于对市场特征的整体把握。

回顾2007年以来市场与基本面背离的4个阶段(图15)。2007年前3季度上市公司业绩增速下行。大类行业轮动看，周期类行业业绩增速率先下滑，1个季度后金融服务开始下滑，稳定增长类行业则全年维持向上趋势。2009年3季度，所有大类行业呈现上行趋势，上升速度基本一致。2010年3季度和2011年1季度，周期类行业业绩增速明显下滑，而金融服务和稳定增长类行业则维持稳定。

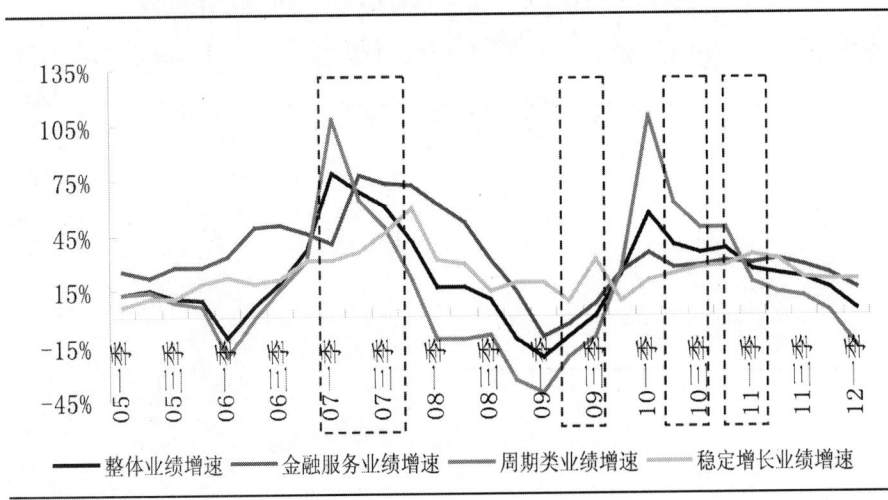

图15：大类行业业绩增速变化与上市公司整体变化基本一致

资料来源：万得资讯，申万研究

按照基本面变动结构,2007年前3季度周期行业应率先下跌,随后金融也将调整,稳定增长类行业应该取得超额收益。然而由于居民理财意识觉醒,大量资金涌入股市,流动性成为核心交易逻辑。市场特征的力量远远大于基本面的力量,因此2007年前3季度,领涨板块均为周期品和金融服务业,业绩增速相对稳定的消费品和TMT品种则涨幅殿后(表2)。

表2:2007年,受经济乐观预期和流动性宽松拉动,周期、金融领涨市场,经典消费涨幅垫底

领涨行业	2007年前三季收益	2007年第三季收益	滞涨行业	2007年前三季收益	2007年第三季收益
煤炭开采	399.08%	116.07%	食品加工制造	34.49%	8.96%
有色金属冶炼与加工	378.28%	101.08%	通信设备	77.49%	12.25%
保险	#N/A	74.72%	服装家纺	222.06%	17.59%
证券	240.89%	72.90%	计算机设备	166.93%	19.65%
黑色金属	191.33%	61.49%	中药	147.01%	23.03%
汽车整车	203.51%	54.28%	计算机应用	109.77%	25.14%
金融服务	122.84%	53.12%	食品饮料	97.71%	27.15%
石油化工	129.48%	50.84%	家用电器	201.61%	27.99%
房地产开发	209.73%	47.03%	零售	159.34%	29.19%
交通运输	173.33%	46.66%	汽车零部件	193.50%	29.68%
化学制品	202.28%	43.67%	白色家电	245.78%	30.67%
轻工制造	184.85%	43.24%	通用机械	190.31%	30.80%
银行	91.80%	42.29%	医药生物	171.07%	30.82%

资料来源:申万研究

2009年3季度,房地产、金融、钢铁、建筑、有色沦为跌幅最大的品种,同样的基本面不支持市场层面的变化(图16)。然而一旦将流动性收紧,政策回归正常作为市场核心交易逻辑,这些品种的下跌则可以完全理解。此时市场特征通过影响重要行业的表现改变市场运行的路径。

图 16：2009 年 3 季度周期品经济持续上行，但股价大幅下跌

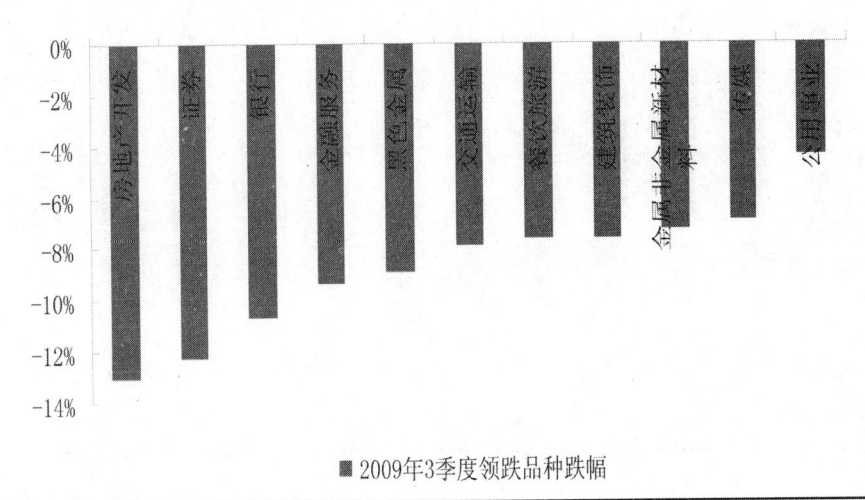

资料来源：万得资讯，申万研究

2010 年 3 季度，上市公司业绩明显下滑，然而与政策放松预期相关的有色金属、工程机械、建筑材料表现非常抢眼，同时贯穿全年的主题"转型"也被继续热炒（图 17）。

图 17：2010 年 3 季度，周期品受政策预期推动逆景气上行

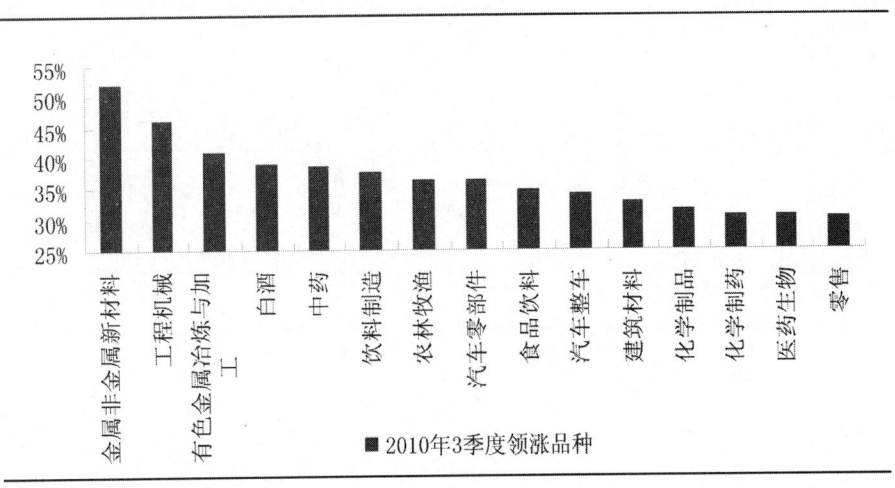

资料来源：万得资讯，申万研究

2011 年 1 季度，最终发现经济景气继续下行，然而当时无法证明，"春季躁动"再次演绎。受此市场特征影响，中下游周期品取得较好收益，诸如供给受限和制造升级成为炒作的主线，带动周期品和市场整体价格逆周期上行（图 18）。

图18：2011年一季度，供给故事和制造升级成为市场炒作主线

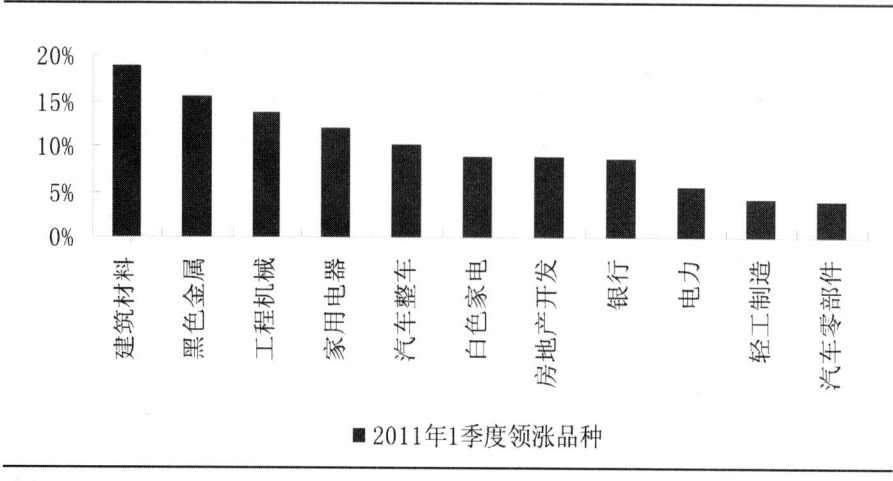

资料来源：万得资讯，申万研究

市场特征在很大程度上决定行业市场表现和基本面将出现背离，本文关于这些问题的研究是为了更好地了解基本面分析方向出现错误的概率。然而如何提高判断的正确率才是当务之急。在未来几篇报告中，我们将分大类行业，深入探讨非基本面因素对于行业市场表现的影响，从而扩充行业配置的分析框架。

第十章

不只和经济相关，需关注行业特性
——金属产业链盈利能力考查

主要内容：

把握盈利能力是业绩分析的关键，对于整体业绩如此，对于金属产业链上的大部分行业亦如此。金属产业链上的行业大多周期性较强，盈利能力(毛利率、销售利润率)变动较大，盈利能力的变化是业绩增速的主导因素。上游金属制造行业盈利能力趋势下滑，反映行业供需关系较差，议价能力低，中下游行业情况相对较好。议价能力较差的行业盈利能力难涨易跌，需要警惕。2003年以来，金属产业链上，铜、铝和钢铁等金属冶炼行业的盈利能力趋势下降，已经下降到极低的水平，反映企业对下游的议价能力较低。上游较低的议价能力，一方面是因为产能过剩问题，另一方面是因为原材料控制在海外。

各行业盈利能力和经济相关性强弱有明显的差异，整体而言上游关系更强，中下游关系相对要弱。上游金属行业需求和大部分行业相关，即和经济整体相关性更强。而且中国经济对投资依赖度高，经济增长直接影响基本金属的需求，因此上游盈利能力和经济的相关性较强。中下游行业的发展路径和阶段则可能更具有自己的行业特性，和经济整体更容易产生差异，因此盈利能力和宏观经济一致性较差，更需要注重行业特性。

前面我们用《打开盈利预测的黑匣子》、《谁更相关？——辨析利润增速、毛利率及盈利预测调整与股指的关系》和《经济下台阶过程中盈利能力下滑——海外经济下台阶阶段盈利能力考查》三章探讨了总体的业绩问题，接下来我们将重点转向结构，讨论行业层面的业绩问题。我们考虑按产业链从结构角度分析业绩，本篇报告讨论金属产业链。

1.毛利率是利润增速的核心
1.1 金属产业链的上中下游

经济体中各行业相互关联，根据上下游产业关系的紧密程度可以大致分为若干个产业链，我们把生产金属和消耗金属较多的一些行业归为金属产业链。金属产业链是经济体中的一个重要产业链，也包含了A股主要公司群，因此考察金属产业链上的各行业业绩变动规律，不仅有助于对本行业的业绩走势的把握，也有助于对整体业绩问题的把握。金属产业链涉及金属开采冶炼、金属制造、机械设备制造和可选消费等领域内的行业。根据行业重要性(市值占比)(表1)，我们抽取其中的部分行业构成金属产业链条。按照投入产出关系，其大上下游关系大致如下图所示(图1)。

图 1：金属产业链主要行业

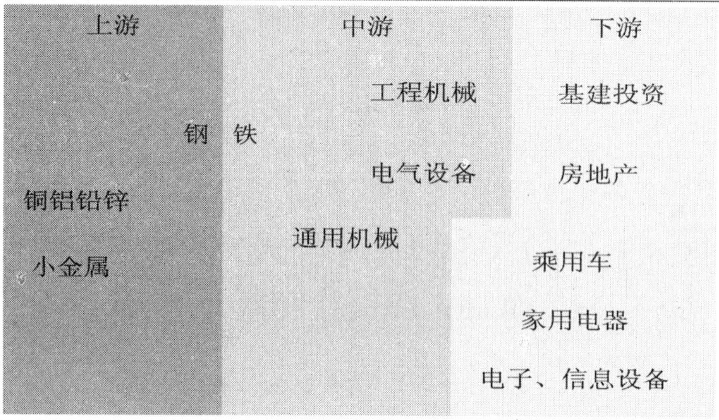

上游	中游	下游
钢 铁	工程机械	基建投资
铜铝铅锌	电气设备	房地产
小金属	通用机械	乘用车
		家用电器
		电子、信息设备

资料来源：申万研究

表 1：金属产业链上各行业市值占比

一级行业	二级/三级行业	自由流通市值	A股总市值
有色金属		5.7%	4.3%
	有色金属冶炼与加工	4.9%	3.8%
	铝	0.6%	0.7%
	铜	0.9%	0.7%
	小金属	1.4%	1.2%
黑色金属		1.8%	1.9%
房地产		6.1%	4.2%
	房地产开发	5.9%	3.9%
	园区开发	0.3%	0.3%
机械设备		7.8%	6.6%
	电气设备	3.1%	2.7%
	金属制品	0.3%	0.3%
	通用机械	1.4%	1.1%
	仪器仪表	0.2%	0.2%
	专用设备	2.9%	2.4%
	工程机械	1.4%	1.0%
家用电器		2.0%	1.3%
	白色家电	1.5%	1.0%
	视听器材	0.5%	0.3%
交运设备		4.6%	4.4%
	非汽车交运设备	1.8%	1.7%
	交运设备服务	0.2%	0.2%
	汽车零部件	1.3%	0.9%

	汽车整车	1.4%	1.6%
	乘用车	0.9%	1.3%
信息设备		2.2%	1.7%
	计算机设备	1.1%	0.9%
	通信设备	1.1%	0.8%
电子		2.9%	2.3%

资料来源：申万研究

1.2 盈利能力对利润增速影响更具有决定性

把握盈利能力是业绩分析的关键，对于整体业绩如此，对于金属产业链上的大部分行业亦如此。金属产业链上的行业大多周期性较强，盈利能力(毛利率、销售利润率)变动较大，因此盈利能力的变化是业绩增速的主导因素(图2)。2003年以来，各行业的盈利能力增速和利润增速的相关性明显强于收入增速和利润增速的相关性，把握盈利能力的变化是业绩分析的关键。

对于成长性较好的行业，规模的增长对业绩的增长有很强的影响。比如，此前的房地产、小金属和工程机械行业，收入增长和业绩增速有较高的相关性。对于这类行业，除重视需求变动对盈利能力的影响外，规模增长的快慢对利润增速的直接贡献也需要重视。

大部分行业毛利率可以替代销售利润率的变化，自上而下角度主要考察毛利率(图3)。销售利润率主要受毛利率、三费占比等因素影响。自上而下的角度我们主要分析毛利率的变化，因为：

1) 2003年以来，金属产业链上大部分行业的毛利率和销售利润高度相关，

2) 三费占比以及其他一些影响销售利润率的因素主要和自下而上的因素相关。

图2：盈利能力的变动主导利润增速

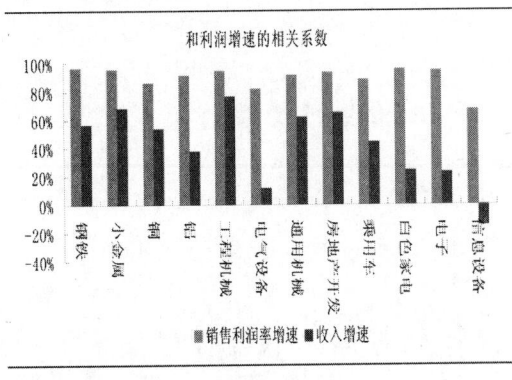

资料来源：Datastream、申万研究

图3：毛利率和销售利润率高度相关

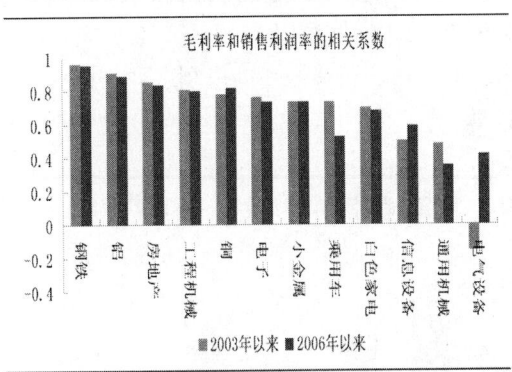

资料来源：CEIC、申万研究

2.上游过剩严重、中下游相对较好

2.1 上游基本金属过剩严重

上游金属制造行业盈利能力趋势下滑，反映行业供需关系较差，议价能力低。盈利能力

是行业供需关系和议价能力的体现。长期以来，金属产业链上，铜、铝和钢铁等金属冶炼行业的盈利能力趋势下降，已经下降到极低的水平(图5)，反应企业对下游的议价能力较低。上游较低的议价能力，一方面是因为产能过剩问题，另一方面是因为原材料定价权在海外。中下游行业的议价能力相对好于上游，毛利率没有持续下降，部分行业甚至持续上升，如工程机械、通用设备、白色家电等等，行业过剩情况比上游好(图4)。

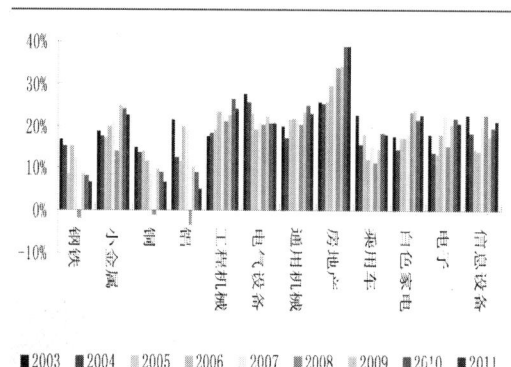

图4：金属产业链各行业毛利率变化趋势

资料来源：Datastream、申万研究

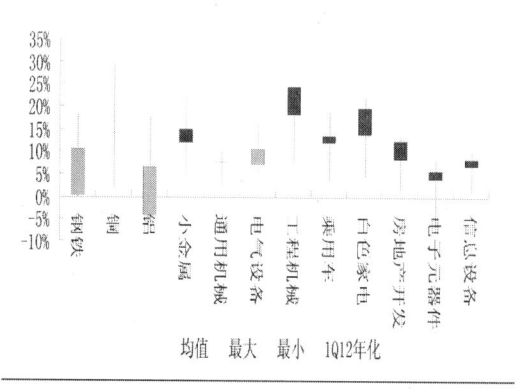

图5：金属产业链各行业ROE情况：普通金属行业ROE创新低

资料来源：CEIC、申万研究

2.2 过剩或是常态、中短期波动也需把握

市场经济是过剩的经济。过剩并不可怕，随着经济周期的变化，在短周期里过剩行业盈利能力也会有大幅回升的机会，需要关注。随着经济的发展制造业产能利用率必然走低，这是一个趋势(图6)，美国1960年代制造业产能利用率平均可以达到86.7%，但是进入21世纪，前10年产能利用率下降到75.3%，2010年以来进一步下降到73.8%。虽然下降可能是趋势，但是随着经济的变动，制造业产能利用率的变化是很大的(图7)，企业盈利能力的波动需要关注。2009年钢铁行业的案例也说明，严重过剩的行业也会有春天。

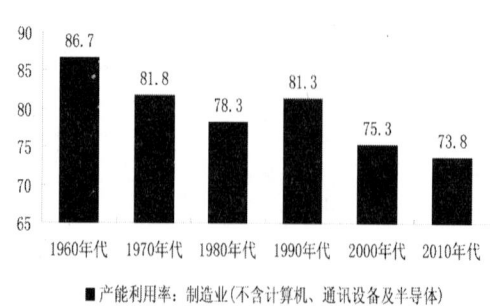

图6：制造业产能利用率长期呈下滑趋势(美国)

资料来源：Datastream、申万研究

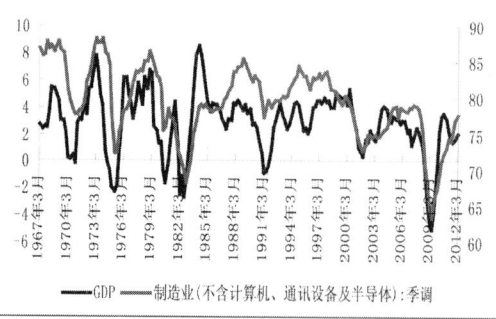

图7：制造业产能利用率随经济波动而波动(美国)

资料来源：CEIC、申万研究

3.盈利能力不只和经济相关，关注行业特性

3.1 大部分行业盈利能力具有较强的行业特性

各行业盈利能力和经济相关性强弱有明显的差异，整体而言上游关系更强，中下游关系相对要弱(表2)。上游金属行业的需求和大部分行业相关，即和经济整体相关性更强，而且此前中国经济对投资的依赖非常强，经济增长直接影响基本金属的需求，因此上游盈利能力和经济的相关性较强。中下游行业的发展路径和阶段则可能更具有自己的行业特性，和经济整体更容易产生差异，因此盈利能力和宏观经济一致性较差，更需注重行业特性。

过去的实证反映这一特点。2003年以来，中国经济大致经历了两个周期(综合工业增加值和GDP，当前周期还没结束)，第一轮低点和高点分别是2005年3季度和2007年4季度，第二轮低点和高点分别是2009年1季度和2010年1季度。行业层面，钢铁、铜铝行业毛利率在两轮经济周期中都和经济密切相关；小金属需求受到经济的影响，但是产业政策的影响也显而易见。其他大部分行业的盈利能力拐点不明晰，或者和经济的拐点相关性较弱，行业盈利能力更多的受本行业的特性影响，需要逐个分析。

上游行业盈利能力具有较强的周期性，但是由于产能过剩和成本受制于人，在经济上升到末期，成本上升较快可能已经导致毛利率下滑，盈利能力先于经济见顶。

表2：上游行业盈利能力和经济强相关，中下游盈利能力和经济周期关系较弱

	2005年-2008年经济周期		2009年起经济周期		备注
	行业低点	行业高点	行业低点	行业高点	
经济	3Q05	4Q07	1Q09	1Q10	
钢铁	4Q05	4Q06	4Q08	3Q09	和经济相关性强，先于经济下滑
铜	3Q05	2Q06	4Q08	3Q09	和经济相关性强，先于经济下滑
铝	3Q05	3Q07	1Q09	4Q09	和经济相关性强，先于经济下滑
小金属	3Q05	2Q08	1Q09	2Q11	受到经济和行业属性共同影响
工程机械	2Q05	3Q07	3Q08	2Q11	趋势上升，跟随经济波动，和经济相关
电气设备	持续下滑				和经济相关性弱，行业属性更重要
通用机械	震荡、周期不明显		4Q08	4Q10	和经济相关性弱，行业属性更重要
房地产	趋势上升				和经济相关性弱，行业属性更重要
乘用车	1Q05	3Q07	4Q08	4Q10	08年以来和经济相关性增强
白色家电	持续上升				和经济相关性弱，行业属性更重要
电子	3Q05	4Q07	4Q08	2Q10	和经济相关，有一定后周期属性
信息设备	4Q06	3Q09	3Q10		和经济相反，行业属性更重要

资料来源：申万研究

3.2 上游和经济相关性强，但铜铝更像钢铁

投资者看有色金属价格做有色金属股票投资，但是从基本面角度，上游金属采掘制造业的盈利能力和金属价格的关系没有预期的强，尤其是铜和铝，其本质更像中游加工制造业和钢铁行业类似。铜、铝和小金属行业中，小金属行业和价格的关系最强。中国铜产业矿石自

给率低，成本端没有定价权，盈利受到上游的挤压，类似钢铁。2006年、2007年，铜价保持高位，但是国内铜行业毛利率大幅下滑。2009年以来，铜价处于上升趋势，但是铜行业毛利率却整体处于下滑趋势(图8)。铝行业面临供给严重过剩的局面，毛利率持续下滑，情况和钢铁类似(图9)。

图8：09年以来铜行业毛利率和价格趋势相反　　图9：铝行业毛利率持续下滑

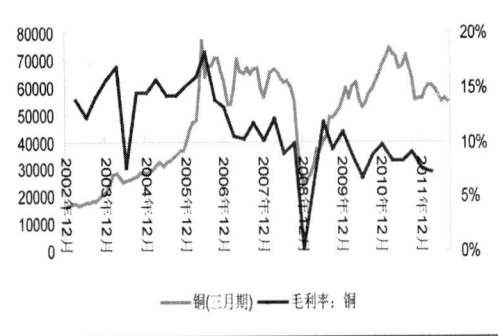
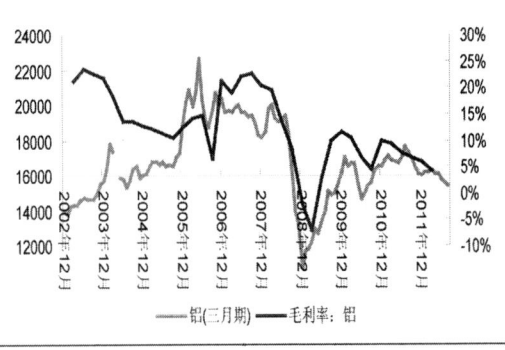

资料来源：Datastream、申万研究　　　　　　　资料来源：CEIC、申万研究

基本面上，铜铝和钢铁的属性类似，期盈利能力除了关注价格外，还需要关注成本，可以按跟踪吨钢毛利的思路把握铜和铝的毛利率(图10)。

图10：模拟毛利率和实际毛利率拟合度较高(钢铁)

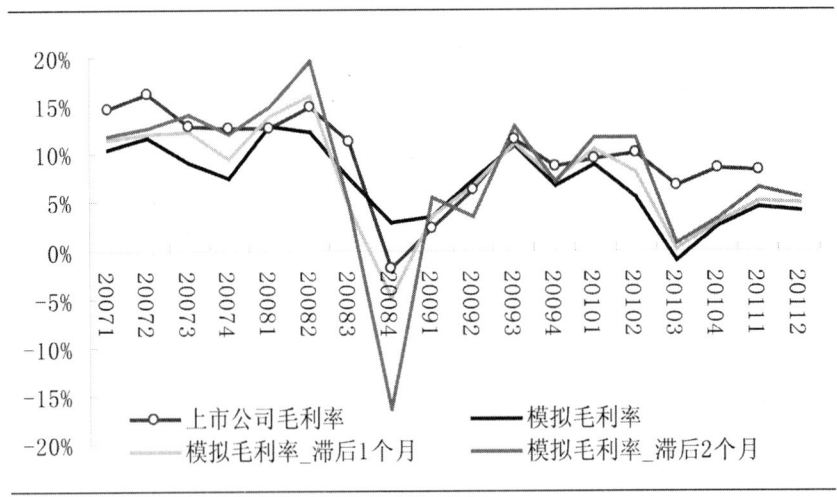

资料来源：申万研究

小金属行业资源掌握在国内企业手中，盈利能力更能够受益价格上涨，毛利率主要看价格(图11)。小金属价格须关注宏观经济和产业政策(图12)。上游金属和各领域息息相关，小金属亦如此，因此其需求和经济整体的关系较强，2005年以来，稀土价格的周期和经济非

常一致(2011年上半年因产业政策预期影响例外)。但是,产业政策对小金属行业的影响也很明显,2011年上半年产业政策预期下的囤货行为导致价格大涨。产业政策还会影响产业竞争结构,政策可能带来小金属集中度的提高,导致价格对经济波动的敏感度降低。

图11:小金属毛利率受价格影响大

图12:小金属价格受经济和产业政策影响

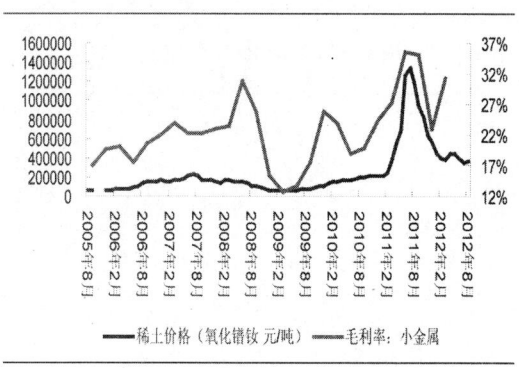

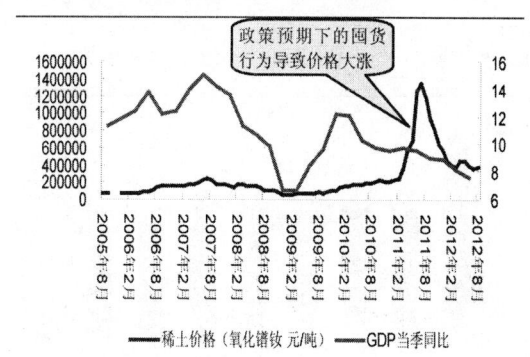

资料来源:Datastream、申万研究

资料来源:CEIC、申万研究

3.3 中游行业和经济的关系或将增强

此前,电气设备行业自身发展周期和经济周期差异较大,导致电气设备行业的盈利能力超越经济周期。"十五"、"十一五"期间经济处于高增长阶段,而电力供应却比较紧张,缺电现象频繁发生。因此,电网投资经历了一波投资高峰,这波投资高峰跨越了2008年经济危机,一致持续到2009年(图13)。期间投资年增长在20%以上,最高达到40%(图15)。电网投资高峰带动电气设备行业ROE(得益于规模增长)持续上升(图14),一直到2009年达到高峰,股价也持续跑赢大盘。

图13:电网投资高增长阶段已过

图14:电气设备ROE因规模增长上升至09年

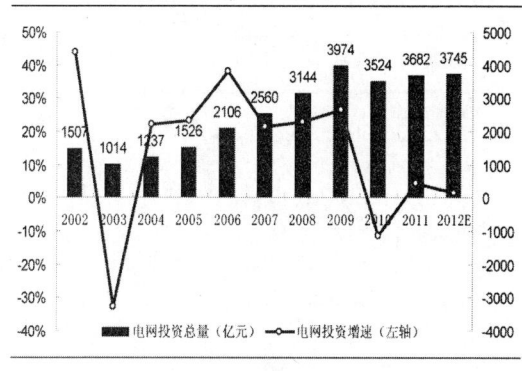

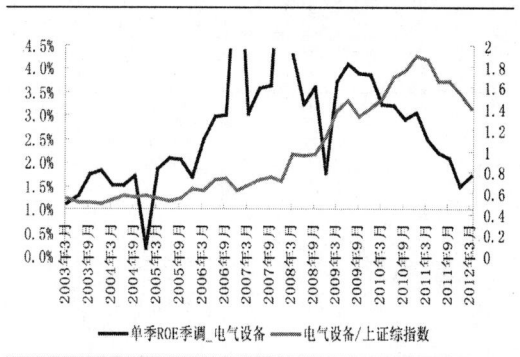

资料来源:Datastream、申万研究

资料来源:CEIC、申万研究

电力设备行业毛利率呈高位缓慢下滑趋势。电网投资高增长期间,电气设备行业产能也急剧扩张,导致行业毛利率开始从高位缓慢下滑。由于行业固定资产投资的滞后反应,当前

行业产能利用率达到极低的水平,如变压器行业产能利用率可能仅有60%~70%的水平。

随着紧缺性高增长阶段的结束,行业需求以及盈利能力和经济的相关性可能将增强。2010年以来,电网投资增速开始下滑,进入低速增长阶段,紧缺性导致的行业高增长阶段或许已经过去,电网投资和电力需求和经济的相关性或将增强。因此电气设备需求和经济的相关性将增强,行业毛利率或进入跟随经济波动的阶段(图16)。

图15:电气设备行业固定资产投资持续高增长

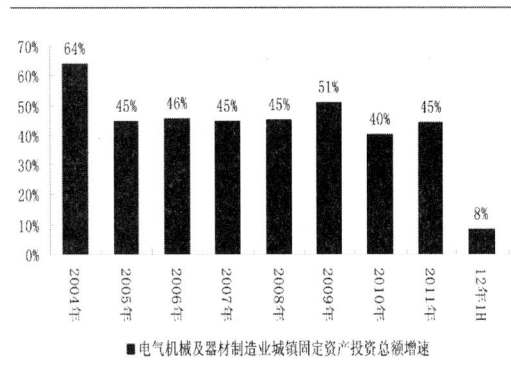

资料来源:Datastream、申万研究

图16:电气设备行业毛利率和经济相关性或将增强

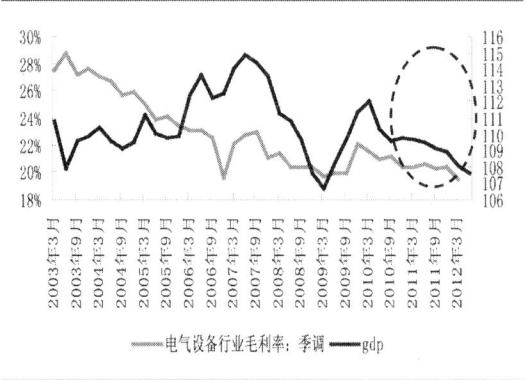

资料来源:CEIC、申万研究

工程机械主要用于固定资产投资,因此,在投资驱动的经济体中和经济相关性较强,但是在高点处有一定的滞后性。工程机械主要用于基建投资、房地产投资等领域,但是工程机械处于中游,对投资的反应有一定的滞后性(图18)。2011年初的工程机械销售滞后反应经济就是例证。总体来看,预测工程机械行业盈利能力需要把握销量的变化,销量和盈利能力是统一的(图17)。

图17:工程机毛利率和销量相关

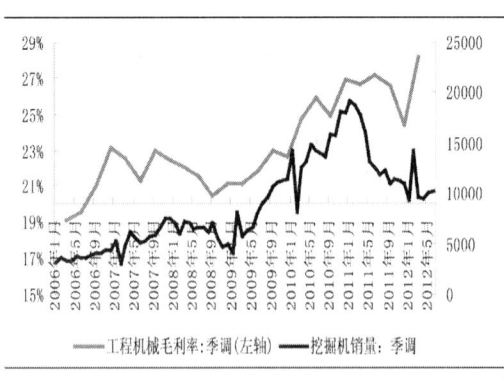

资料来源:Datastream、申万研究

图18:工程机械销量有一定后周期属性

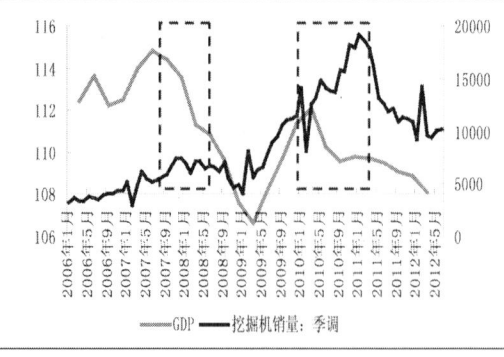

资料来源:CEIC、申万研究

3.4 下游更需注重行业特性及发展逻辑

下游行业的产品差异性比中上游更大，竞争格局的变化、行业差异性也更大，大部分行业盈利能力和宏观经济走势存在差异。

白色家电的高集中度导致其行业毛利率和经济的关系很弱(图 19- 图 20)。高集中度导致毛利率具有上升趋势，在 2008 年经济危机阶段，家电行业毛利率仍处于上升趋势。2009 年、2010 年家电下乡等政策拉低产品结构导致毛利率下降。这类行业盈利能力短期更因关注事件的影响，中长期应该关注产业结构的变化。

图 19：白色家电行业集中度非常高　　　图 20：白色家电行业毛利率走势和经济相关性较弱

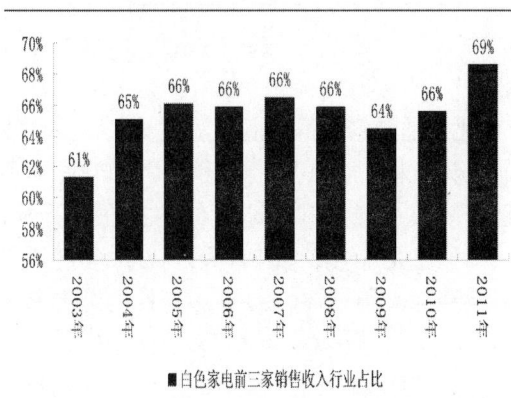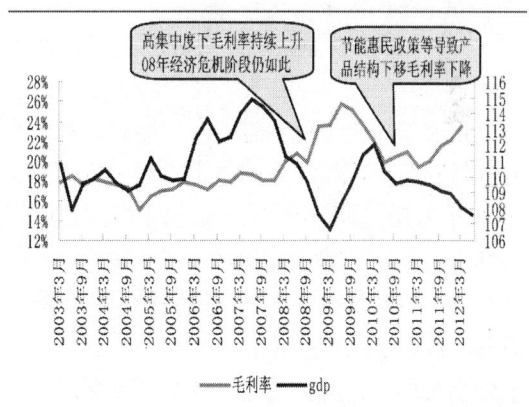

资料来源：Datastream、申万研究　　　　　资料来源：CEIC、申万研究

房地产周期较长，2003 年以来房地产处于上升周期，行业毛利率和 ROE 持续上升。2003 年以来，房地产销量因调控和大的经济下滑经历了几次调整，比如 2008 年和 2011 年的两次调整(图 21)。但是由于房地产企业较强的定价能力，价格并未随销量进行明显的调整，销售均价反而持续上升，这导致行业毛利率和 ROE 持续上升(图 22)。因此，行业盈利能力的变动可能并不能反映行业景气的变化，行业政策以及受到影响的销量成为表征行业景气的重要变量，成为过去几年间驱动股价的核心因素。

随着房地产价格持续上升的趋势被打破，房地产行业盈利能力持续上升的趋势也将被打破，房地产盈利能力或将跟随销量和价格的变化而变化。

图 21：房地产销量(剔除季节性)经历调整	图 22：2003 年年以来房地产均价和毛利率持续上升
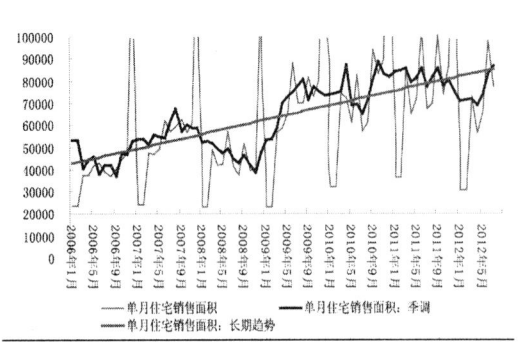	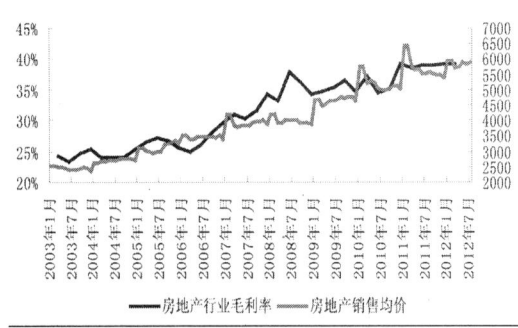
资料来源：Datastream、申万研究	资料来源：CEIC、申万研究

乘用车行业毛利率需关注产能和销量的交替变化，通常销售高增长之后将进入一波产能大量释放期，盈利能力则先上升后大幅下跌。2000 年以来，乘用车行业毛利率在 2004 年和 2008 年经历过两次比较明显的下跌。2004 年是产能集中释放和需求萎缩两方面的影响，2008 年主要因需求大幅萎缩导致。2004 年之前，汽车行业需求高增长，导致 2004 年产能大量释放，但销量在 2004 年却急转直下，导致行业毛利率大幅下挫。2005 年开始的经济上升周期，带来了汽车行业需求的回暖，到 2007 年汽车产能也上升较大，但是 2008 年需求一度下降到负增长，因此需求的萎缩是毛利率下滑的主要原因。乘用车需求和经济相关性较高，供给则需要自下而上把握(图 23、图 24)。

当前乘用车需求回归平淡，产能可能再次大量释放，毛利率面临下滑风险。2009 年，经济刺激政策、宽松的货币政策以及行业刺激政策导致乘用车销量大幅增长，行业盈利能力大幅上升，高增长刺激了行业高投资，2012 年乘用车产再次经历产能释放高峰。微观统计显示，上半年新增产能近 100 万辆，下半年可能仍有 200 万辆新产能释放，到年底产能比 2011 年末增长近 25%。产能释放将损害企业毛利率。

图 23：销量上升提升行业毛利率	图 24：2004、2007 年乘用车行业大量新增产能释放
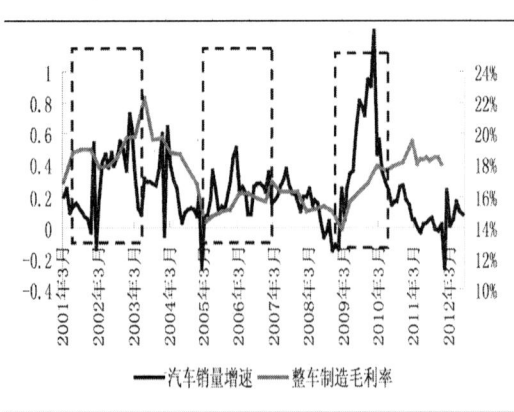	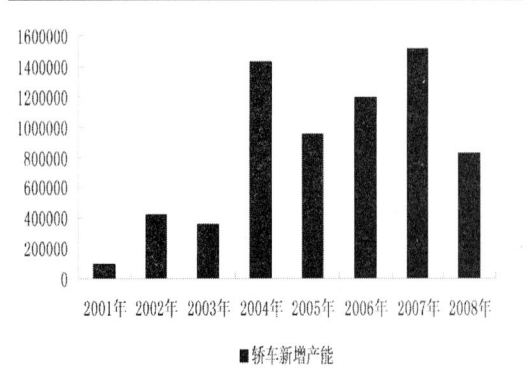
资料来源：Datastream、申万研究	资料来源：CEIC、申万研究

电子和信息设备行业通常被认为和经济周期相关性不强的行业，这种弱相关性可能更多的体现在股价方面，从基本面来看，电子行业和居民消费相关性较强，其盈利能力和经济有较强的相关性(图25)，而通信行业需求主要和电信行业建设及通信运行商资本开支相关，具有和宏观经济周期弱相关的特性(图26)。

电子行业整体盈利能力和经济相关性较强，但是由于很多公司是电子新产品的供货商，期订单需求受产品创新周期的影响，和整体行业及宏观经济变化有差异。对于电子行业更应该注重对个股业绩的把握。

图25：电子行业毛利率周期性较强，有一定后周期属性

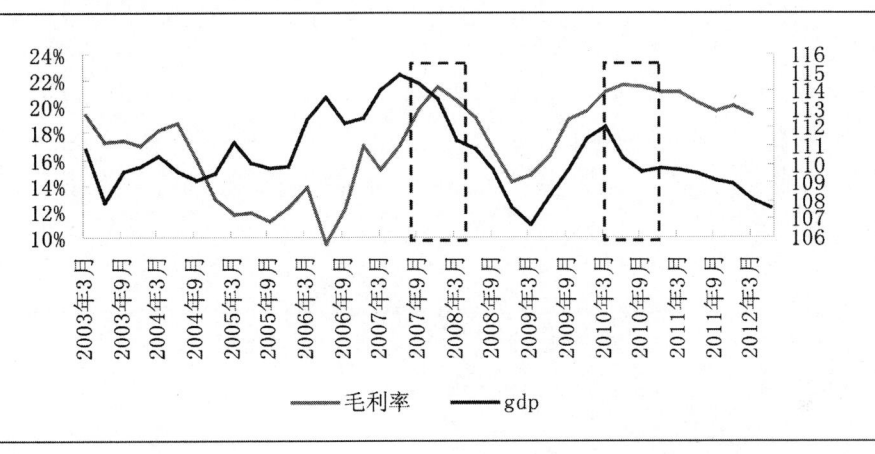

资料来源：Datastream、申万研究

信息设备需求端主要依赖运营商的投资，供给端企业之间的扩张计划影响"价格"政策，因此判断行业盈利能力需要关注运营商的投资计划和企业扩张计划。2008、2009年是电信运营商投资高增长的阶段，因此虽然2008年经济发生经济危机，行业盈利能力仍然上升。2010年末，运营商资本开支增长开始减弱，加上企业间的竞争加剧，行业盈利能力开始下滑。

2011年年底，行业经历了一次大幅降价的过程，之后企业开始注重保盈利，价格竞争态势开始缓解。盈利能力下滑态势也将得到缓解，未来行业盈利能力能否有改善核心还是看运营商的资本开支进展情况。

图27：信息设备行业盈利能力和经济相关性弱

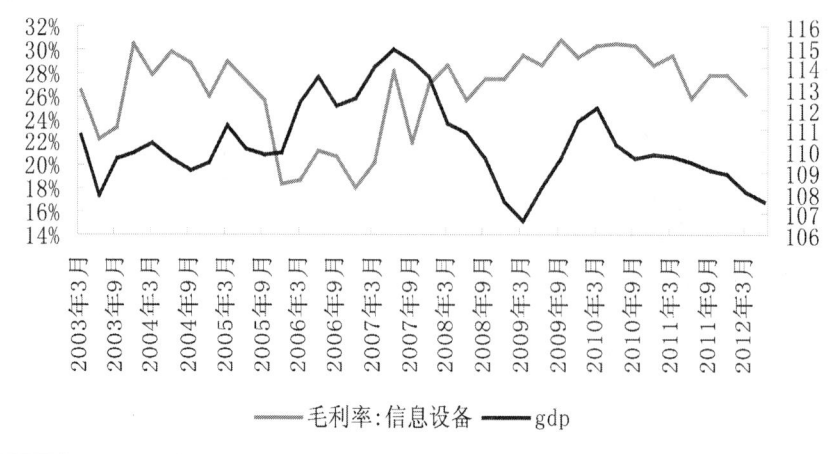

资料来源：Datastream、申万研究

第十一章

探寻经典消费表现的非基本面因素
——经典消费品市场特征和行业属性的初步探究

主要内容：

经典消费品一般包括食品饮料、医药生物、零售和服装家纺，本文将餐饮旅游、农林牧渔一并列入讨论。需求稳定，后周期是经典消费品的主要基本面特征。

经典消费品市场表现与业绩的匹配度系统性偏低，餐饮旅游明显偏低，零售、农林牧渔一致性较强。在市场表现和基本面背离阶段，经典消费品各行业指数倾向于上行。

市场特征仍是寻找消费品投资机会的重要维度，经济周期在经典消费品投资中同样重要。经典消费品基本面并不契合经济周期，但是经济周期决定市场风格，因此经典消费品市场表现则要密切关注经济周期的变动。

仅仅自上而下进行判断往往会错失投资机会，行业市场特征是重要的维度。行业市场属性存在两方面内涵，一方面适合行业表现的市场环境是什么，另一方面行业股价运行的特点和驱动力有哪些。

白酒行业备受青睐，机构仓位较高，业绩增速上行趋势放缓，关注投资者之间的博弈行为。白酒投资的季节性值得关注，2季度和4季度跑赢市场的概率较大。医药行业基本面波动主要来自化药，中药业绩波动微乎其微，需关注医改政策预期。

零售行业受困于商业模式，在寻找到成功的商业模式之前，难现昔日辉煌。服装家纺把握库存担忧的蔓延，业绩增速波动较快，市场更关注业绩背后的库存调整问题。农林牧渔的核心变量是价格预期，在价格变化敏感期，农林牧渔投资机会值得关注。餐饮旅游关注季节性行业表现，3月、8月和11月，餐饮旅游行业跑赢市场的概率较大，各月跑赢市场的概率均明显偏离50%。

市场表现与基本面时常出现背离，非基本面因素存在深刻的影响。市场特征作为重要的非基本面因素之一，在很大程度上决定市场和基本面背离的程度，上篇报告已有所论述。自本文开始，我们将按照经典消费品、周期品、金融服务和TMT四大部类，对各行业非市场面因素进行分析，识别各行业市场属性。

经典消费品一般包括食品饮料、医药生物、零售和服装家纺，本文将餐饮旅游、农林牧渔一并列入讨论。需求稳定，后周期是经典消费品的主要基本面特征。经典消费品基本面波动性偏小，因此基本面变化与市场表现的匹配度偏小，行业表现受季节性因素、机构调仓、市场风格等因素的影响较大。本文主要分析市场特征和行业市场属性在经典消费品投资中扮演的重要角色。

1. 市场特征是经典消费投资的重要维度

经典消费品业绩增长稳定,基本面变化后周期。2007年以来,经典消费品单季度业绩增速在-60%~180%的区间之中波动。大趋势看,经典消费品市场表现与基本面变化基本一致,然而明显背离的情况时有发生(图1)。最显著的背离发生在2009年下半年至2010年3季度。这一阶段大规模刺激政策的后遗症逐渐显现,"转型"成为市场核心交易矛盾,因此经典消费品成为市场青睐的品种。非基本面因素在经典消费品市场表现方面扮演重要角色。

图1:经典消费品市场表现与基本面大趋势匹配,仍存在持续偏离情况

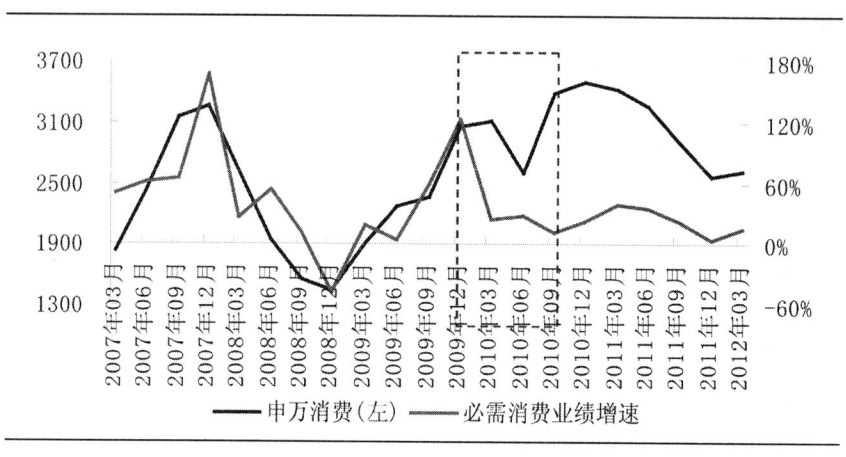

资料来源: 万得资讯,申万研究

1.1 背离阶段,经典消费品上行比例较大

经典消费品市场表现与业绩的匹配度系统性偏低,2003年以来前后半段匹配度并未出现系统性变化。2003年以来,必需消费品整体业绩与市场表现一致性达63.9%,2007年以后一致性上行至66.7%,略微低于市场整体。细分行业看,零售、农林牧渔市场表现与业绩变化一致性较强,2007年后一致性分别达到83.3%和72.2%。食品饮料、医药生物、服装家纺基本面与市场表现的一致性略高于50%,非基本面因素需要重点关注。餐饮旅游基本面与市场表现一致性明显偏低,2003年以来一致性仅为44.4%,而2007年以来更是仅为33.3%。因此把握餐饮旅游的投资机会,非基本面因素显得至关重要,而基本面因素可能不重要,或者难以把握(图2)。

图2：非基本面因素在经典消费品市场表现中扮演重要角色

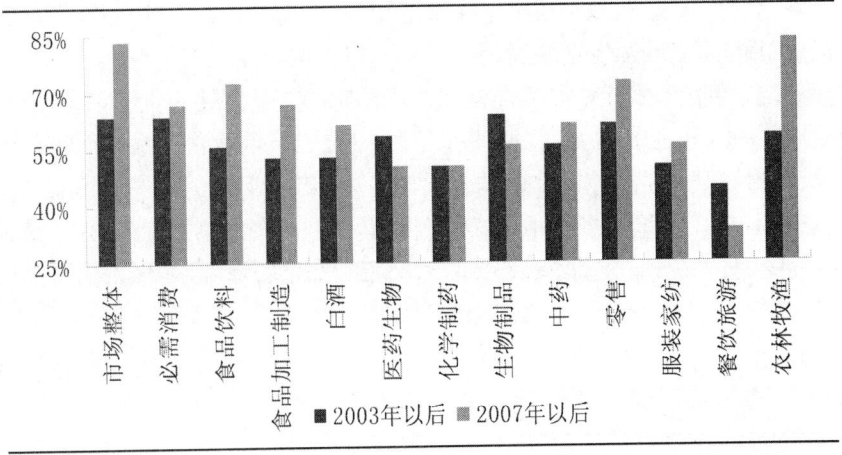

资料来源：万得资讯，申万研究

在市场表现和基本面背离阶段，经典消费品各行业指数倾向于上行(图3)。统计背离阶段，经典消费品行业指数上行的比例。主要品种，如食品加工制造、化学制药、中药、零售指数上行的比率高于50%，这些行业更需要关注上行的驱动力。而服装家纺、餐饮旅游、农林牧渔指数上行的比率小于50%，则需要关注下行的风险。从2003年以来的季度收益看，食品饮料、医药生物各子行业实现正收益的比例超过50%，服装家纺实现正收益的概率低于50%，零售、餐饮旅游、农林牧渔实现正收益的比率正好为一半。

图3：基本面、市场面背离阶段，经典消费品上涨概率较大

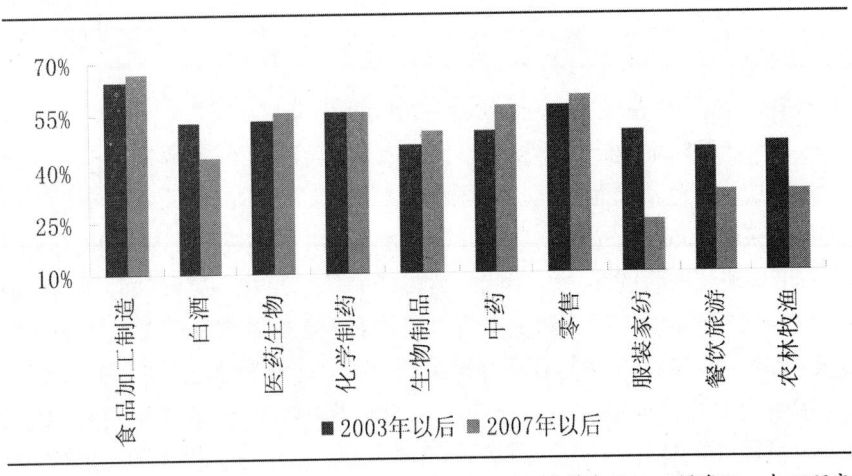

资料来源：万得资讯，申万研究

1.2 市场特征仍是寻找消费品投资机会的重要维度

经典消费品市场表现和基本面存在背离的情况，本文致力于寻找导致背离出现的因素。市场特征仍然是非常重要的因素，在行业比较思考篇第9章《关注股价波动中的非基本面因

素——初探基本面与市场表现之背离》中,我们发现2007年以来市场特征导致的背离主要发生在4个阶段,2007年上半年、2009年3季度、2010年3季度和2011年1季度。由于市场构成仍然是以周期品和金融品为主体,因此针对经典消费品,市场特征的影响存在一定的特殊性。市场特征对于经典消费品影响最为显著的阶段在于2010年前3季度,正如行业比较思考篇第5章《向来有之,未被重视——对过往几年市场特征的回顾》所论述的,2009年末,强力政策刺激导致经济迅速从衰退转变进入过热,政策刺激的后遗症不断凸显,经济转型的迫切性不断加强。在投资者心中,转型就是转变经济增长方式,变投资驱动为消费驱动,变简单扩张为技术驱动。在此市场特征下,业绩平稳快速增长的经典消费品成为市场青睐的对象,2010年前三季度经典消费品取得明显的收益(图4)。

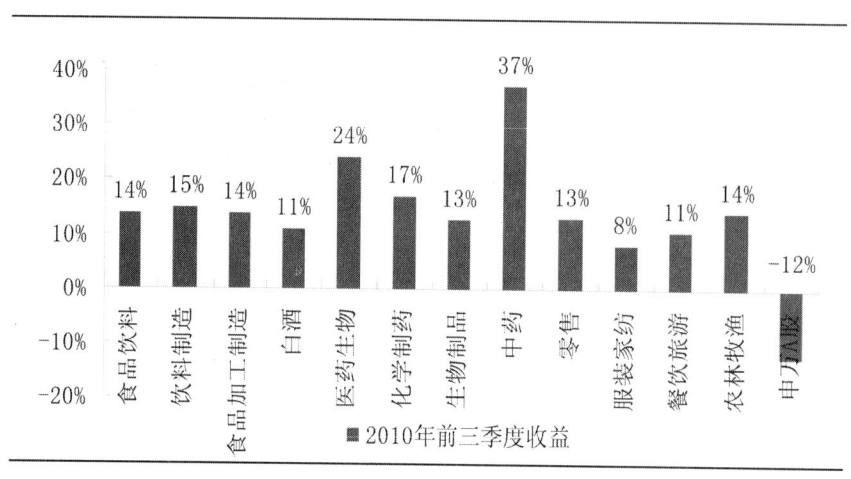

图4:2010年前三季度,经典消费品明显跑赢市场

资料来源:万得资讯,申万研究

1.3 经济周期在经典消费品投资中同样重要

尽管经典消费品基本面变化并不剧烈,然而并非说明其与经济周期无关。波动平缓,后周期是经典消费品的主要基本面特征。在经济上行阶段,消费品向上弹性不足,往往被市场忽视;而一旦经济疲态显现,经典消费品基本面存在明显粘性,下滑时间较晚而且幅度较小,往往成为市场抱团取暖的品种。因此经典消费品基本面并不契合经济周期,但是市场表现则要密切关注经济周期的变动。历史上看,机构对于经典消费品的配置明显遵循经济周期的变化,超配比率与市场指数表现明显负相关(图5)。周期下滑,市场下行过程中,经典消费品超配比例明显上行;而周期上行,市场上涨过程中,经典消费品超配比例明显下降。2007年以来,机构对经典消费品超配比例与超额收益的变化存在很强的一致性(图6)。然而2011年以来,经典消费品市场表现对于机构配置的敏感度明显降低。2011年以前,经典消费品超配比例和累计超额收益处于上行的趋势之中,两者变化存在明显的一致性;而2011年以后,经典消费品超配比例达到历史高位,最后出现大幅变动,然而累计超额收益的弹性明显降低,机构配置的变化对市场表现影响较小。其中原因在于,2011年后随着经济的持续下行,后周期的经典消费品业绩也出现下滑的情况,然而估值的调整仍然略显之后,因此在

市场下滑过程中相对于周期品的优势无法表现出来，累计超额收益从高位下行成为必然。

图5：经典消费品超配比例与市场表现成反比　　图6：机构配置行为与消费品表现相一致

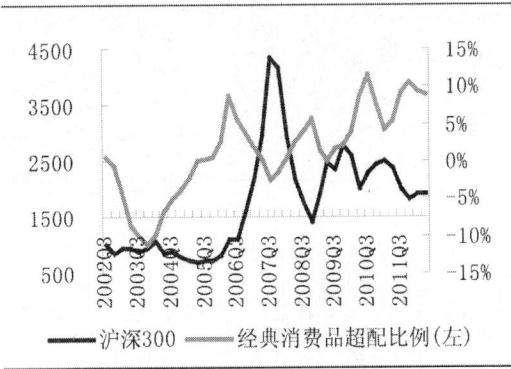
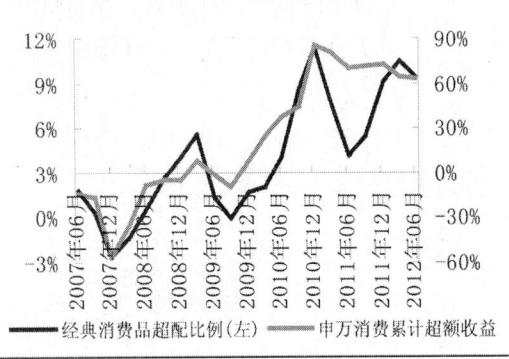

资料来源：万得资讯，申万研究　　　　　　　　资料来源：万得资讯，申万研究

2. 把握行业市场属性，寻找行业投资机会

市场特征和经济周期判断在经典消费品投资中占据重要地位。然而立足于行业配置，仅仅自上而下进行判断往往会错失投资机会，或者寻找不出好的投资机会。2012年上半年申万策略团队根据市场特征把握住很多行业性投资机会，然而5月份错过保险，6月份错过农林牧渔，的确值得反思。从行业自身角度出发，结合自上而下判断似乎是比较有效的补救措施。因此，在此我们提出行业市场属性的概念。行业市场属性存在两方面内涵，一方面适合行业表现的市场环境是什么，另一方面行业股价运行的特点和驱动力有哪些。第一个问题，我们之前已经有过很多论述，本文主要考察经典消费行业股价运行的特点和驱动力。

2.1 食品饮料关注机构博弈和市场属性的轮动

食品饮料是最重要的经典消费品，然而正如之前研究中指出的饮料制造和食品加工制造存在明显的基本面差异。饮料制造中白酒份额最高，业绩稳定快速增长。而食品加工制造受到原材料成本影响较大，体现出更多的周期性，而且受资产重组影响较大，因此业绩增速波动较大。食品加工制造市场表现与基本面变化的一致性不到50%，非基本面因素特别是个股突发因素是影响食品加工制造行业的重要力量，从策略的角度很难进行把握。因此本文主要研究白酒行业的表现。

2005年以来，白酒单季业绩增速波动区间大部分落在30%～120%，短期内存在锯齿形波动，但是不影响对于趋势的判断。2007年以来，白酒市场表现与业绩增速存在较强的一致性（图7）。然而2011年以后，白酒业绩增速变化趋于稳定，市场表现也出现震荡上行的态势，此时运用业绩增速变化的判断推导市场表现存在一定的问题。同时，由于白酒行业业绩持续高速增长，市场对白酒行业的配置持续上升。根据公募基金季报，到2012年6月份公募基金配置白酒权重达11.8%，超越标准配置5.46个百分点。作为机构投资者重仓的品种，当业绩增速无法持续上行的阶段，投资者之间的博弈将成为决定市场表现的重要因素（图8）。作为后周期品种，一旦业绩增速上行趋缓，对于业绩下行的担忧就开始蔓延，因此投资者的博弈行为更加暴露无遗。

图 7：白酒单季业绩增速大趋势与市场表现一致

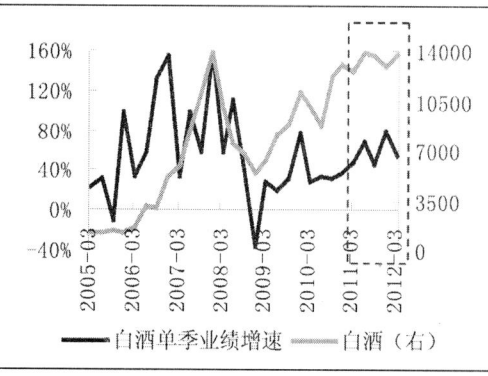

资料来源：万得资讯，申万研究

图 8：机构对白酒持续增仓，博弈色彩加重

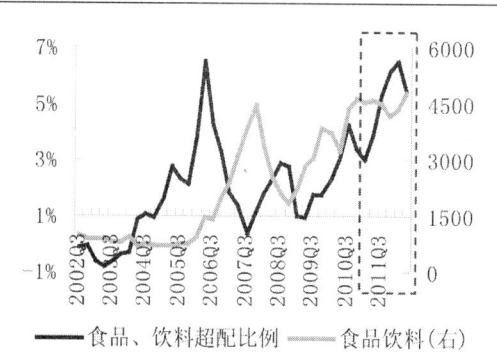

资料来源：万得资讯，申万研究

投资者博弈似乎很难把握。从机构仓位调整看，2009 年以来白酒超配比例的阶段性低点分别在 2009 年 2 季度、2011 年 1 季度，没有明确的规律可循，因此直接从机构总体仓位的角度无法把握投资者博弈的节奏。直接研究白酒行业市场表现，我们发现白酒行业表现存在明显的季节性，而且这种季节性存在明显的渐变性。白酒行业在第 2 季度和第 4 季度跑赢市场的概率较大。月度数据看，白酒行业跑赢市场的概率存在两个波峰和两个波谷，跑赢概率最大的月份是 6 月和 11 月，跑输概率最大的是 1 月、2 月和 9 月(图 9)。

图 9：白酒单季业绩增速存在波动，大趋势与市场表现一致

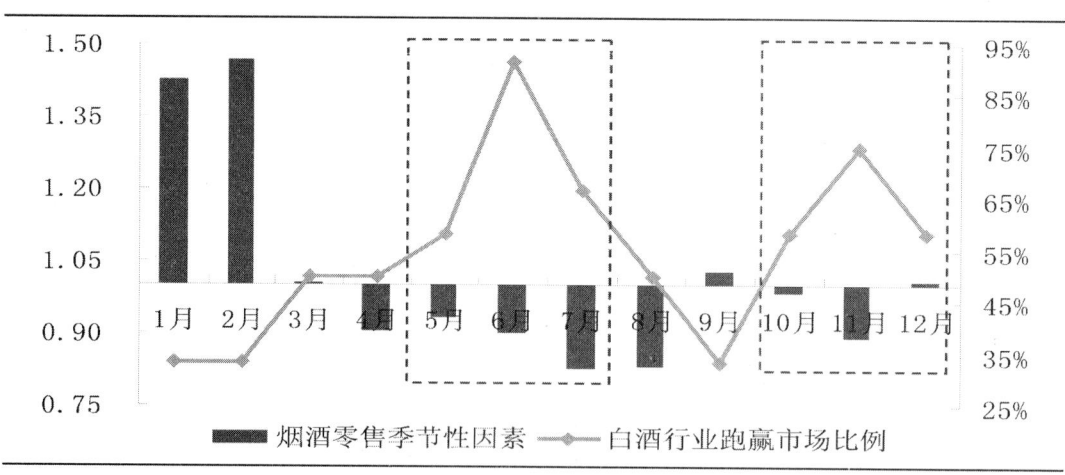

资料来源：CEIC，万得资讯，申万研究

白酒行业 2 季度倾向于跑赢市场主要有两个原因。其一 A 股市场特有的投资节奏"春季躁动"，导致在 1 季度很少有投资者青睐已经持有较多的白酒或者其他经典消费品行业，因此 1 季度白酒一般会跑输市场。然而进入二季度，随着行业轮动投资者的注意力开始转向经典消费品。其二，由于白酒行业业绩增速稳定，因此二季度将呈现所谓"估值切换"的行情。而 4 季度白酒行业跑赢市场的主要驱动力在于对于消费旺季以及涨价预期的反映。当然，白酒行业表现不可能百分之百的正确，今年白酒行业从2月份开始就跑赢市场。关注白酒行业表现的季节性在于把握白酒行业市场特征的变化，从而在路径上把握白酒行业的投资机会

2.2 医药生物关注医改政策预期

医药生物是经典消费品的另一大品种。2003年以来，业绩与市场表现的匹配度达到58%，2007年以来匹配度为50%。以此观之，医药生物基本面与市场面匹配度不高，非基本面因素对医药生物行业表现影响很大。2007年以来，基本面和市场面最长时间的背离发生在2010年，期间医药生物业绩增速持续下行，但是医药行业股价持续上涨(图10)。主要驱动力仍然在于市场炒"转型"的核心交易逻辑，同时医药行业长期内存在可预见的市场成长空间。公募基金对于医药生物的配置持续处于超配状态，2010年3季度末达到顶峰，超配比例达到4%，其后超配比例明显下行(图11)。进入2012年，医药行业配置有所恢复。从医药表现和机构配置的关系看，医药行业股价下跌过程中，机构往往会加大医药的配置，表明机构对于医药长远发展前景依然比较乐观。

图10：2010年医药业绩与市场表现出现明显背离　　图11：医药行业处于超配状态，但超配比例不大

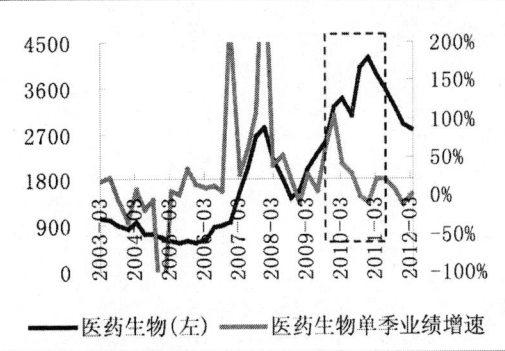
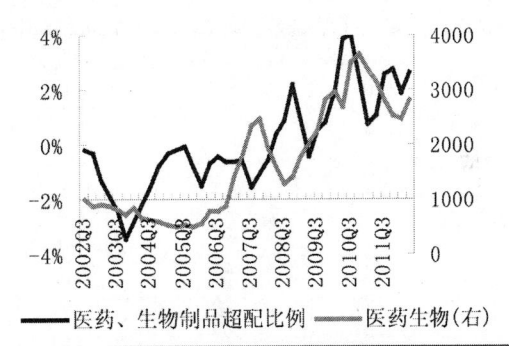

资料来源：万得资讯，申万研究　　　　　　　　　　资料来源：万得资讯，申万研究

化药和中药是医药行业最重要的两个子行业。行业比较思考篇第5章《向来有之，未被重视——对过往几年市场特征的回顾》已经检验过，医药生物各行业，如化学制药、中药和生物制品，股价表现存在很强的相关性，相关系数接近1。然而基本面表现看，化药和中药存在明显的差别。化药行业业绩增长波动明显，在很大程度上决定医药大行业整体波动(图12)。中药行业自2008年以来，业绩增速始终维持在20%左右(图13)，可谓经典消费品中最平稳的行业。因此，把握医药基本面的关键在于化药，医改预期是重要的非基本面因素。

图12：化药基本面与市场匹配度与医药整体相当

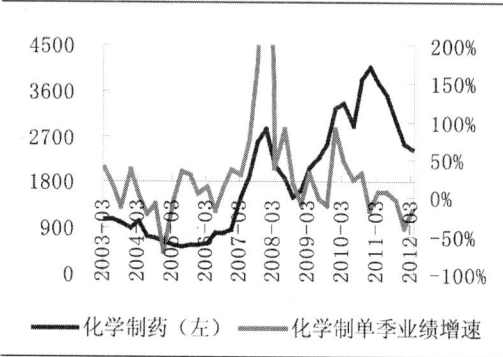

资料来源：万得资讯，申万研究

图13：中药基本面平稳，股价与化药密切相关

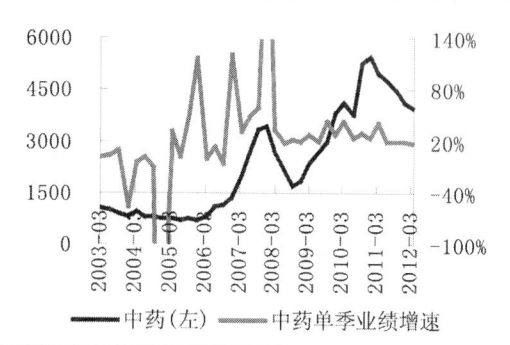

资料来源：万得资讯，申万研究

从季节性角度看，医药行业与白酒存在较大的差异，不管是需求基本面还是市场表现都不存在明显的季节性(图14)。从月度数据看，医药销售比较平稳，季节性因素并不明显。而医药行业跑赢市场的概率也呈现出锯齿形特点，依照季节性难以把握投资机会。

图14：医药行业需求和市场表现的季节性不明显

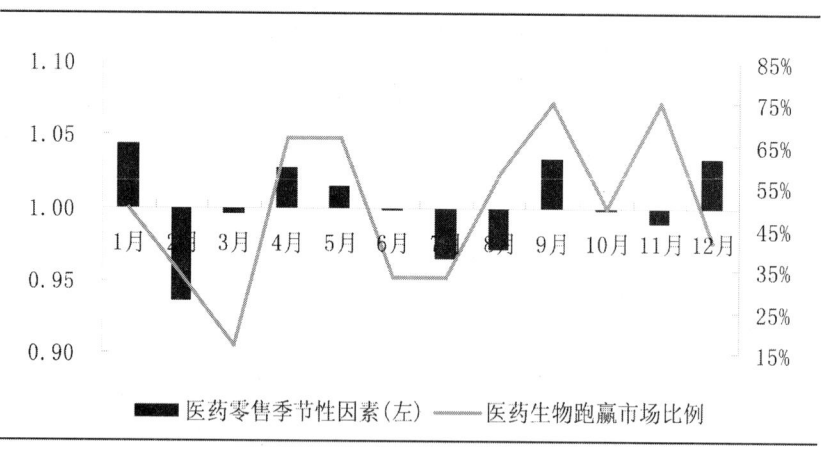

资料来源：CEIC，万得资讯，申万研究

因此，基本面角度医药行业重点关注化药业绩的变化，而非基本面因素主要关注医改政策以及投资者预期的修复。

2.3 零售行业受困于商业模式

在经典消费品中，零售行业基本面与市场面的匹配度最高，2007年以后两者变动方向的一致性达到73%(图15)。最明显的背离发生在2010年3季度，在炒"转型预期"的带动下，经典消费品纷纷上行。零售行业作为经典消费品，在其他同类品种带动下3季度有所表现。然而，对于零售行业来讲，最重要的投资机会来自成功的商业模式以及持续增长的消费需求，比如2005年时候的苏宁以及2010年的商铺(图16)。然而进入2011年，商业模式之困越发明显，经济下滑带动消费需求不断下行，零售行业面临非常大的压力。机构投资者纷纷抛弃，零售行业从超配 75%的明星行业，沦为勉强维持标配的夕阳行业。因此，整体而言，零售行业要有大的投资机会，仍然需要商业模式的突破以及经济的企稳。

图 15：零售行业基本面、市场面存在较强一致性

图 16：零售行业曾经辉煌

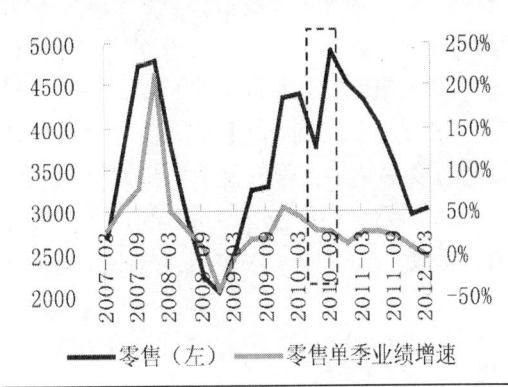
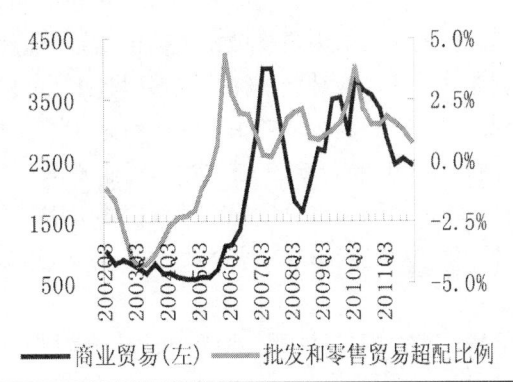

资料来源：万得资讯，申万研究

资料来源：万得资讯，申万研究

2.4 服装家纺关注库存担忧的蔓延

服装家纺业绩增速波动呈现明显的锯齿状，很难把握其变化趋势。从业绩增速与市场表现的一致性看，匹配度也明显偏低(图 17)。然而 2008 年以来，业绩增速与市场表现变化的一致性相对较高，主要的背离发生在 2010 年上半年，2011 年 1、3 季度。2010 年上半年依然与"转型预期"和"春节躁动"两大市场特征密切相关。而 2011 年 1 季度，市场和基本面的背离主要来自于市场对于服装家纺库存的担忧(图 18)，库存压力一方面导致行业基本面恶化，另一方面也明显打压服装家纺股价。尽管从财报上，库存压力难以得到真实反映，但是服装家纺行业的渠道库存压力仍然是需要密切关注的变量。当前，男装行业业绩的高速增长也伴随着库存的积累，股价的调整和业绩的可持续性需要密切关注。

图 17：服装家纺业绩增速无趋势，与市场相关度不高

图 18：服装家纺库存变化需要关注

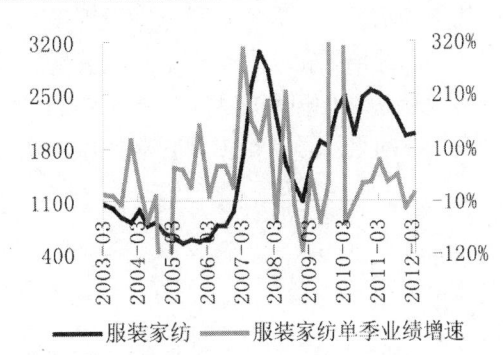
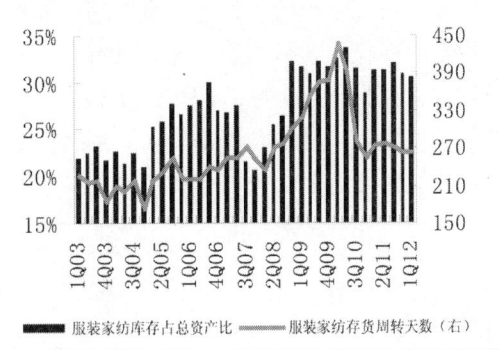

资料来源：万得资讯，申万研究

资料来源：申万研究

2.5 农林牧渔的核心变量是价格预期

2007年以来,农林牧渔行业市场表现与业绩增速变化的一致性很高,未出现长时间明显背离的情况(图19)。总体市场特征并未导致农林牧渔抛开基本面走出独立行情。然而纵观历史,农林牧渔的投资始终围绕一个核心变量,那便是食品价格(图20)。从农林牧渔跑赢市场的概率看,2月份跑赢的概率超过90%,主要原因在于食品价格季节性明显上升。而8月份农林牧渔跑赢市场的概率达到75%,价格层面的原因在于8月份一般是粮食作物生长的关键时期,而此时天气因素将极大影响市场对于粮食供给的判断,因此市场对于粮食价格上行的预期非常敏感,农林牧渔往往能够引起市场的关注,从而大概率跑赢市场。当前,正如前面提到的,分析行业表现的季节性,不是为了按照季节性进行行业配置,关键作用在于把握驱动行业表现的因素。对于农林牧渔行业而言,就是要把握食品价格上涨的预期,比如2012年6月下旬,美国大旱导致国际粮食价格大涨。尽管从基本面角度仍然没有传导到国内,但是粮食涨价预期已经形成,农林牧渔的市场关注度提升,成就6、7月份罕见的正收益品种。

图19:农林牧渔市场表现与业绩变化基本一致

图20:农林牧渔季节性表现与价格预期直接相关

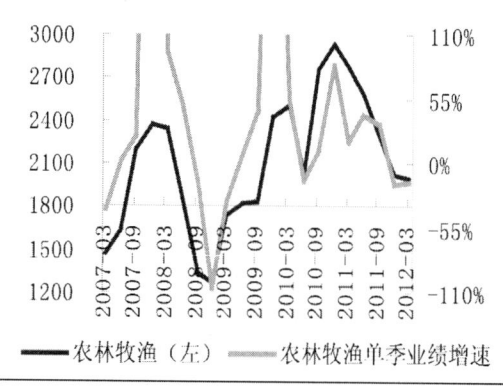
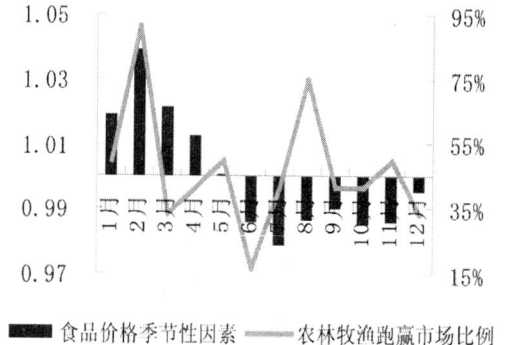

资料来源:万得资讯,申万研究

资料来源:CEIC,万得资讯,申万研究

2.6 餐饮旅游关注季节性行业表现

餐饮旅游行业个股差异巨大,题材频出,因此基本面与市场面市场出现背离(图21)。业绩增速与市场表现的一致性程度不超过50%。然而从市场表现看,餐饮旅游行业呈现出明显的季节性变化,各月跑赢市场的概率均明显偏离50%,因此需要密切关注行业市场表现的季节性因素(图22)。3月、8月和11月,餐饮旅游行业跑赢市场的概率较大,考虑到相邻月份的季节性因素,一季度和3季度是寻找餐饮旅游投资机会的重要时点。10月份餐饮旅游跑输市场的概率接近80%,同样值得关注。

图 21：餐饮旅游市场和基本面明显背离

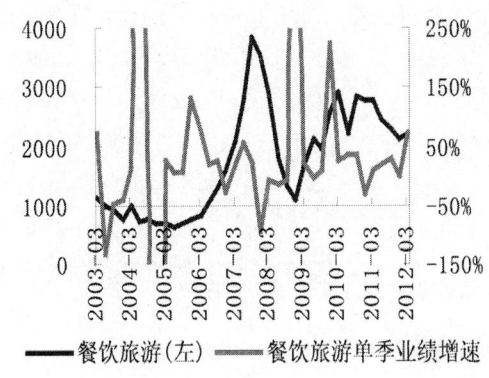

资料来源：CEIC，万得资讯，申万研究

图 22：餐饮旅游市场表现呈现明显季节性

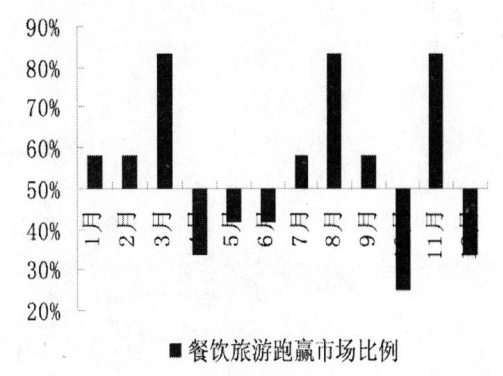

资料来源：CEIC，万得资讯，申万研究

第十二章

和经济相关性强,重视自上而下视角
——化工产业链盈利能力考查

主要内容:

化工产业链子行业繁多,大部分行业在经济体中处于中上游。化工产业链主要有石油化工、基础化工各子行业和石油开采行业。煤炭是很多化工工艺的原材料,因此归入化工产业链。化工产业链处于中上游,周期性较强。

和其他周期品行业类似,盈利能力也是化工产业链上各行业业绩增速的主导因素。化工产业链上大部分行业的销售利润率增速和利润增速的相关性在0.81以上,因此把握业绩,核心在于把握销售利润率,而不是规模增速。

化工产业链整体上盈利能力的弹性比较大,区别于和钢铁、铝等盈利能力反弹弹性很弱的行业,因此经济复苏时,业绩弹性较大,需要重视。化工产业链存在一定程度的产能过剩,但大部分行业未到影响盈利能力反弹空间的程度。同时,下游集中度较低,本行业集中度相对较高,可能也是导致行业盈利能力弹性大的一个因素。

化工产业链大部分行业属于需求型中游,且和经济相关性较强,自上而下的视角值得重视。化工产业链的具有上游属性的行业只有煤炭,其盈利能力主要看价格,且通常在高点滞后于经济。石油开采和石油化工行业的主要公司都涉及开采和冶炼,且需要进口石油,两者都属于成本型中游:盈利能力受制于成本,且通常会先于经济下滑。纯碱、氯碱、化纤等行业属于需求型中游(盈利能力主要由需求决定),同时,由于盈利能力和经济相关性强,因此自上而下的把握值得重视。

化工产业链上的钾肥和农药,下游需求和经济相关性弱。因此,其行业盈利能力亦和经济有较大差异,难以自上而下判断,更需要关注行业特性。

化工是耗电大户,从供给的角度,化工子行业也是节能、限电主题下需要重点关注的行业。

承接第10章《金属产业链盈利能力考查》,本章我们讨论化工产业链上各行业的盈利能力。盈利能力的考察,我们试图讨论三个问题:

(1)行业过剩程度问题,有助于判断企业盈利能力上升弹性;

(2)哪些行业和宏观经济相关性高,自上而下对把握行业盈利能力能起到较大作用;

(3)和宏观经济相关性较弱的行业,判断盈利能力的需要注意什么因素。

1.盈利能力主导利润增速

1.1 化工产业链的上下游关系

化工产业链子行业繁多，大部分行业在经济体中处于中上游。化工产业链主要有石油化工、基础化工各子行业和石油开采行业。煤炭是很多化工工艺的原材料，因此归入化工产业链(图1)。化工产品和我们的吃穿住行都相关，牵涉经济体各个方面，因此子行业种类繁多，我们按市值的重要性抽取一些重要的子行业进行考察(表1)。化工产业链上各子行业在经济体中主要处于上中游，涉及的下游行业主要有房地产、汽车、纺织服装鞋帽等行业。

图1：化工产业链及相关下游行业

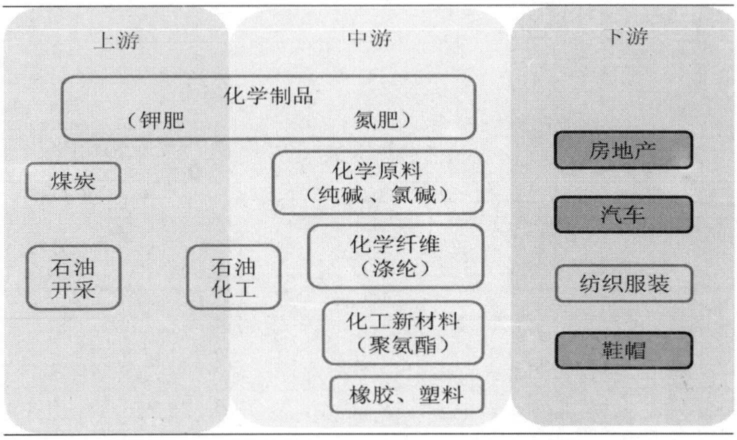

资料来源：申万研究

表1：化工产业链上的重要行业(按市值大小)

一级行业	二/三级行业	自由流通市值	A股总市值
采掘		4.3%	11.8%
	采掘服务	0.4%	0.4%
	煤炭开采	3.4%	4.6%
	焦炭加工	0.2%	0.1%
	煤炭开采	3.2%	4.5%
	石油开采	0.4%	6.7%
化工		6.3%	6.2%
	石油化工	1.0%	2.4%
	化工新材料	0.7%	0.6%
	玻纤	0.1%	0.1%
	聚氨酯	0.4%	0.3%
	其他化工新材料	0.3%	0.2%
	化学纤维	0.6%	0.5%
	氨纶	0.1%	0.0%
	涤纶	0.3%	0.3%

其他纤维	0.0%	0.0%
维纶	0.1%	0.0%
粘胶	0.1%	0.1%
化学原料	0.5%	0.4%
纯碱	0.1%	0.1%
氯碱	0.3%	0.2%
无机盐	0.1%	0.0%
化学制品	2.7%	1.9%
氮肥	0.5%	0.3%
纺织化学用品	0.2%	0.1%
氟化工及制冷剂	0.2%	0.1%
钾肥	0.3%	0.3%
农药	0.4%	0.3%
塑料	0.6%	0.4%
橡胶	0.2%	0.2%

资料来源：申万研究

1.2 盈利能力是业绩的核心、个别行业需注意规模

和整体业绩的情况一致，盈利能力也是化工产业链上各行业业绩增速的主导因素(图2)。化工产业链上大部分行业的销售利润率增速和利润增速的相关性在0.81以上(即销售利润对利润增速的解释达到90%以上)，表明利润率的变化是业绩变化的主导因素(图3)，规模(收入增速)对业绩的影响相对要弱。因此业绩分析的核心在于把握销售利润率的变化。

图2：盈利能力增速主导业绩增速(高度相关)

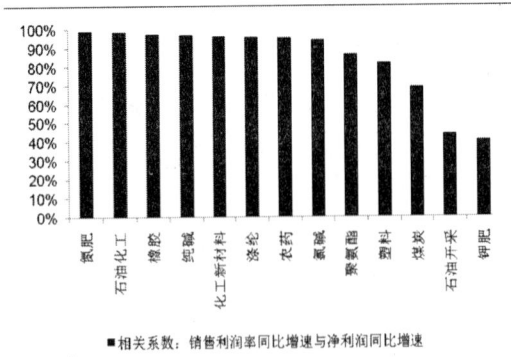

资料来源：Datastream、申万研究

图3：销售利润率和毛利率高度相关(相关性强)

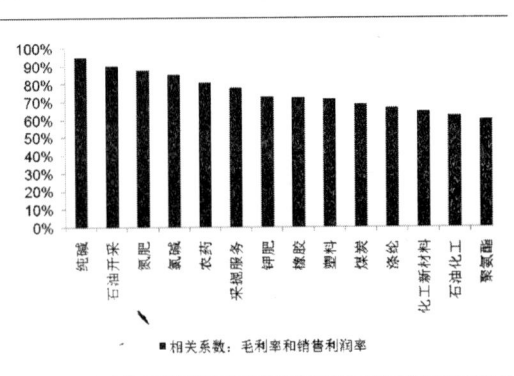

资料来源：CEIC、申万研究

石油开采和钾肥行业销售利润率增速和利润增速的相关性相对要弱一些，需要重视规模对业绩的影响。煤炭行业销售利润率增速和业绩增速的关系也比较弱，主要是因为煤炭行业的销售利润率(受到煤炭倒卖影响销售收入虚增，毛利率、销售利润率虚低)失真。煤炭产量

增速变动并不大，煤炭价格变动比较大，因此煤炭盈利能力变动也会比较较大，因此盈利能力必定是业绩变动的主导因素。

毛利率和销售利润率相关性很高，对于盈利能力的考察我们主要考察毛利率。

2.产能过剩，但未严重到抑制盈利能力空间

化工产业链产能存在一定程度的过剩，但过剩程度没有到抑制盈利能力复苏空间的程度（表2），当需求复苏时，盈利能力复苏弹性仍然很大。产能过剩程度是影响行业盈利能力的复苏空间的一个重要因素，过剩越严重，需求复苏时产能利用率上升空间越有限。比如钢铁行业，严重过剩（及成本受制于人）的产能抑制行业毛利率反弹空间，反弹无力下跌迅速的状况导致毛利率趋势下行（图5）。整体来看，化工产业链上的行业，过剩程度并不非常严重，企业盈利的弹性并没有受抑制（图4），当需求复苏时，企业盈利能力的有较大的复苏空间。其中过剩较严重的主要有草甘膦、氯碱PVC和轮胎外胎等。

上下游集中度也是影响企业盈利能力弹性的重要因素，化工行业下游集中度较低，本行业集中度相对较高，可能也是导致行业盈利能力弹性大的一个因素。

表2：产能过剩，但程度未到抑制盈利能力反弹空间的程度

	行业	产能利用率		产能(万吨)		产量(万吨)		备注
		2011	2012E	2011	2012E	2011	2012E	
化肥	合成氨	74%		6800		5053		产能过剩局面仍将持续
	尿素	81%		6619		5345		
农药	草甘膦	55%		50（有效产能）		27		集中度高
聚氨酯	聚氨酯（MDI）	89%	81%	139	169	124	137	
	聚氨酯（TDI）	70%		70		49		过剩程度相对较低
	聚氨酯（BDO）	54%		53.4	69.9	29		集中度高
	己二酸	86%	59%	78.8	135	68	80	
化纤	涤纶长丝	80%		2386	2786-2836	1913		产能集中度较高下游分散
	涤纶短纤	70-80%		1100	680	882		
氯碱	PVC	60%以下	60%以下	2200	2629			主产品PVC严重过剩
	烧碱	80%以下	80%以下	3412	3840			烧碱供需处于正常水平
纯碱	纯碱	83%		2768		2303		
橡胶	合成橡胶	98%		356	416	349		橡胶需要进口。轮胎近一半出口，且低端，过剩较严重
	橡胶轮胎外胎							

资料来源：申万研究

图 4：过剩程度尚未到抑制盈利能力反弹空间的程度	图 5：过剩及成本受控导致钢铁盈利能力复苏受限
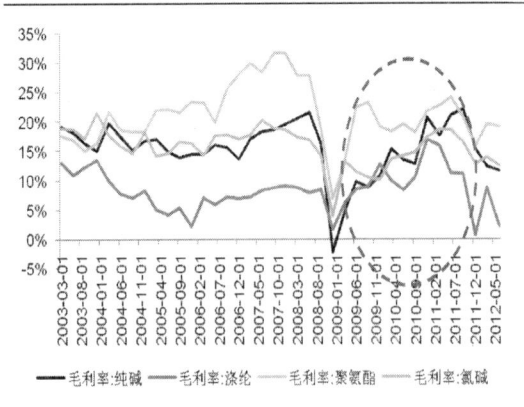	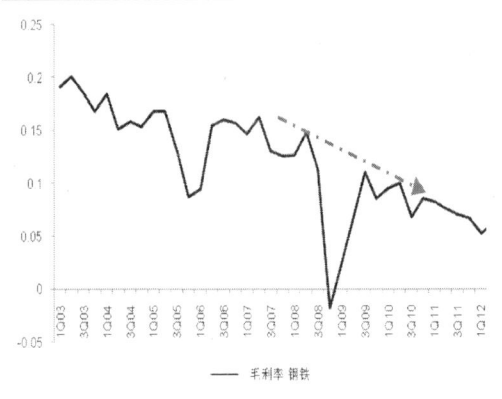
资料来源：Datastream、申万研究	资料来源：CEIC、申万研究

3.重视自上而下对盈利能力的判断

3.1 大多和经济相关性较强，自上而下能够起作用

化工产业链大部分行业处于实体经济的中游，且属于需求型中游，盈利能力和需求更相关(表3)。化工产业链上的中游行业，由于产能过剩程度相比钢铁之类的行业要轻，同时上游没有垄断性定价，其盈利能力不受成本的主导，而是受需求的主导。我们称之为需求型中游(和钢铁等成本型中游相区别)。比如，化学纤维、化学原料(氯碱、纯碱)、橡胶等行业，2003年以来其毛利率随着经济的好坏而波动。

化工产业链的上游行业主要有石油开采和煤炭，两者毛利率出现明显的分化：煤炭是典型的上游，盈利能力滞后于经济；石油开采更像成本型中游，盈利能力受益于经济上升，但是先于经济下滑。石油化工主要油中国石化决定，因此和石油开采行业类似，同属于成本型中游。

化工产业链上的钾肥和农药，下游属于稳定性行业，和经济相关性弱。因此，其行业盈利能力亦和经济有较大差异，难以自上而下判断，需要关注行业特性。

表3：大部分行业属于需求型中游，盈利能力(毛利率)和经济相关性强

		05年-08年经济周期		09年起经济周期		备注
		低点	高点	低点	高点	
	经济	3Q05	4Q07	1Q09	1Q10	
上游	煤炭	4Q05	3Q08	4Q08	2Q11	和紧密密切相关
成本型中游	石油开采			2Q08	2Q09	受经济影响大，但因油价负向影响而领先于经济
	石油化工	1Q06	2Q07	2Q08	2Q09	受经济影响大，但因油价负向影响而领先于经济
	橡胶	3Q06	4Q07	4Q08	4Q09	和经济相关性较强
	氯碱	2Q05	2Q07	4Q08	4Q10	和经济相关性较强

需求型中游	纯碱	1Q06	4Q07	4Q08	3Q11	和经济相关性较强
	涤纶		4Q07	4Q08	4Q10	和经济相关性较强
	氮肥		下滑	1Q09	1Q10	和经济相关性不强
	聚氨酯	持续上升到07年4季		4Q08	4Q10	和经济相关性逐渐增强
其他	钾肥	周期不明显		周期不明显		和经济不相关
	农药		2Q08	不明显		和经济弱相关，行业特性影响大

资料来源：申万研究

3.2 上游看价格：煤炭

煤炭行业盈利能力主要由煤价决定（图6），煤炭价格主要包括动力煤价格和焦煤价格。煤炭行业处于经济体最上游。由于成本主要是矿藏成本、开采成本（设备折旧、人工），变动不频繁，具有趋势性，因此日常的毛利率的变化主要受煤价影响。煤炭主要用于发电、冶炼和化工，因此煤炭价格主要关注动力煤价格和焦煤价格。

上游、资源属性可能觉得了煤炭行业盈利能力高点滞后于经济。如果价格上涨是因为需求上升导致的，则需求自下而上的传递规律决定了上游价格的反应滞后于经济，这种滞后反应在高点可能表现的更明显（图7）。资源属性导致的受益通胀、受益流动性也决定了煤炭价格容易在上升经济周期里成为脱缰的野马，最终滞后于经济调整。2008年和2011年就是比较好的例子。

图6：煤价决定煤炭行业盈利能力

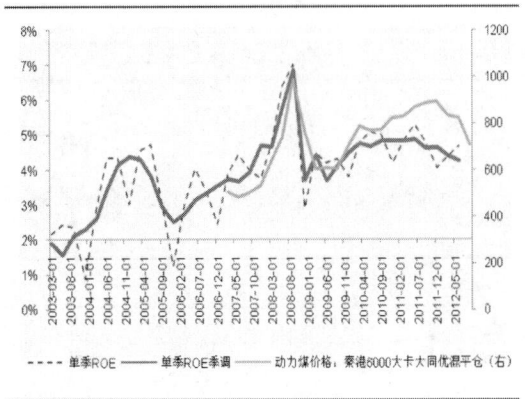

资料来源：Datastream、申万研究

图7：煤炭价格滞后于经济调整

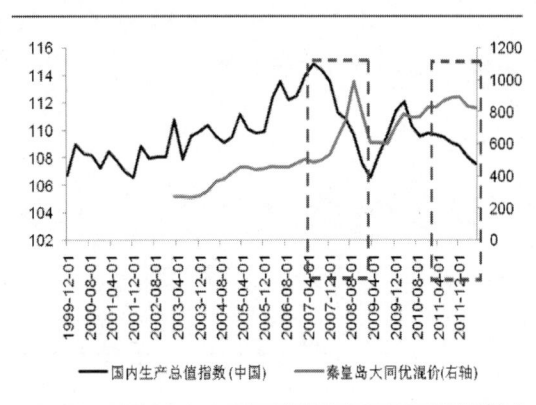

资料来源：CEIC、申万研究

煤炭价格相比石油更依赖于需求，因此和经济高度相关。判断煤价需要关注经济趋势，自上而下可以起到重要作用。从中微观角度，判断煤炭价格需要关注发电量、钢铁产量和价格的变化等等。此外，随着煤炭成为净进口行业，且有扩大趋势（图8），还需要关注海外煤炭价格的变化（图9）。

图 8：中国煤炭净进口规模逐渐增大　　　　　　　　图 9：国际煤价对国内煤价的影响逐渐增强

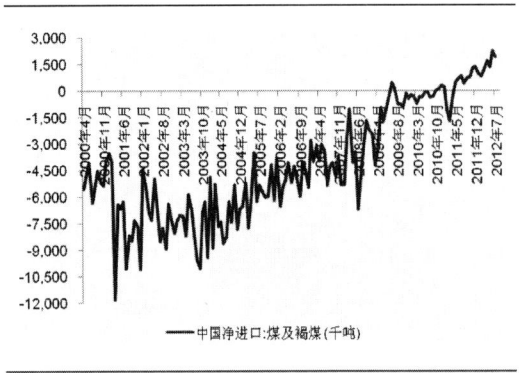 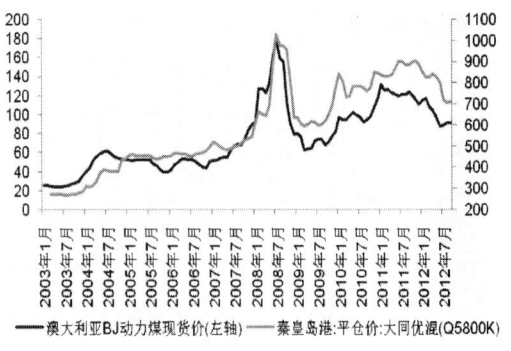

资料来源：Datastream、申万研究　　　　　　　　　资料来源：CEIC、申万研究

3.3 成本型中游注意油价变动：石油化工和石油开采

石油化工主要包括中国石化，其本质和石油开采(主要是中国石油)很相似。中国石油和中国石化业务类似，都需要进口大量石油进行石油炼化，因此石油开采和石油化工行业的盈利能力的变动基本是一致的(图10)。

图 10：石油开采和石油化工盈利能力变化趋势一致

资料来源：Datastream、申万研究

由于两个行业都需要大量进口石油，而产品价格调整因此两者的毛利率容易受到石油成本的反向影响，属于成本型行业。这种和油价的反向关系在油价波动较大时更明显(图11)。

当油价变动不剧烈时，需求对两个行业的盈利能力的影响将显现。石油开采和石油化工行业的下游分布广泛，和经济体各个方面密切相关，因此整体经济的波动可以用来衡量两个行业的需求变动。

图11：油价大幅波动则石油开采和化工盈利能力反向变动，油价平稳则经济影响显现

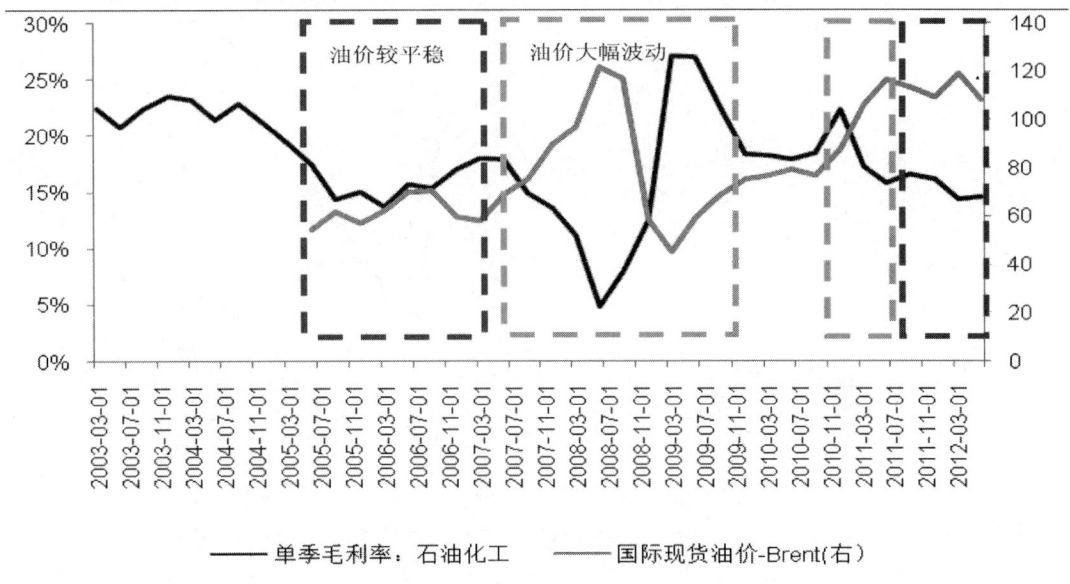

资料来源：CEIC、申万研究

3.4 需求型中游和经济相关性强、需重视自上而下

纯碱和氯碱涉及经济各领域，主要为房地产、汽车和基建投资。纯碱主要用于生产玻璃，其次是化学工业和冶金工业，玻璃的主要下游是房地产和汽车，因此纯碱下游涉及众多行业，主要的终端行业有房地产和汽车。氯碱行业的主要产品是聚氯乙烯(PVC)，同时副产烧碱。我国PVC产品分为两大部分：一是以型材、管材、板材和瓶等产品为代表的硬制品；二是以电线电缆、装饰膜、铺地材料、人造革、软管和塑料鞋等产品为主的软制品。其中硬制品约占市场的2/3，软制品占1/3。氯碱行业的主要领域为房地产和基建。

此前，纯碱和氯碱涉及的主要领域是我国经济增长主要动力，因此纯碱和氯碱行业盈利能力和经济有较强的相关性(图12)。在我国经济结构没有调整完成之前，纯碱和氯碱和经济的仍将保持较强的相关性。自上而下判断经济方向，对纯碱和氯碱行业的盈利分析预测起到较大作用。

图12：纯碱氯碱行业盈利能力和经济相关性较大

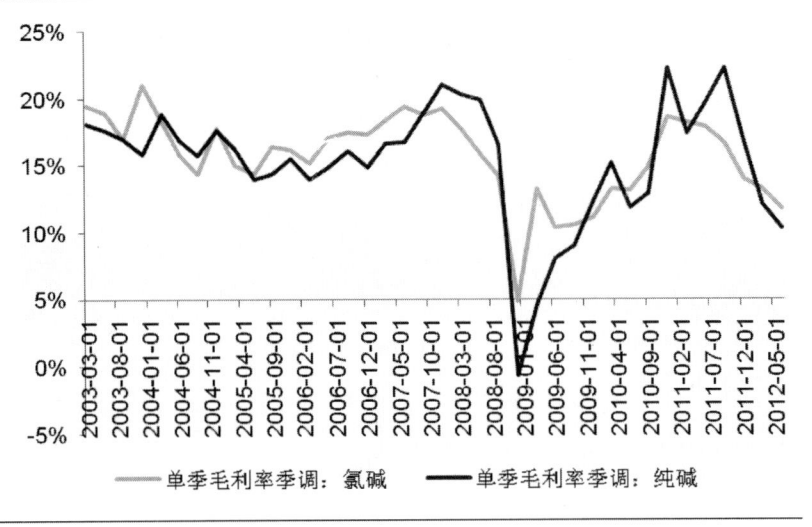

资料来源：CEIC、申万研究

对纯碱、氯碱行业盈利能力的把握还需注意供给端(限电、联合限产保价)对盈利能力的影响。由于供给过剩相对不那么严重，以及较高的集中度，在需求变化不大时，供给端的变化将带来行业价格以及盈利能力的大幅变动。2010年4季度和2011年上半年是最好的例子(图13、图14)。2010年下半年，受限电影响纯碱价格一路飙升，轻质纯碱一度达到2337元/吨，重质纯碱2429元/吨。随着用电高峰的结束，限电取消，纯碱价格迅速回落。纯碱厂家盈利能力受损，遂联手保价，纯碱价格于2011年4月开始再度回升，但最终因下游需求持续下滑，纯碱价格于2011年6月高点一路下滑。

图13：4Q10、2Q11供给下降导致纯碱价格大涨

图14：受益化肥景气，氯化铵2011年一路涨价提升行业毛利率

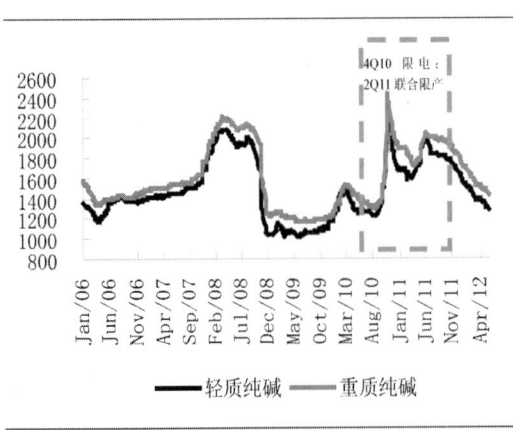

资料来源：Datastream、申万研究

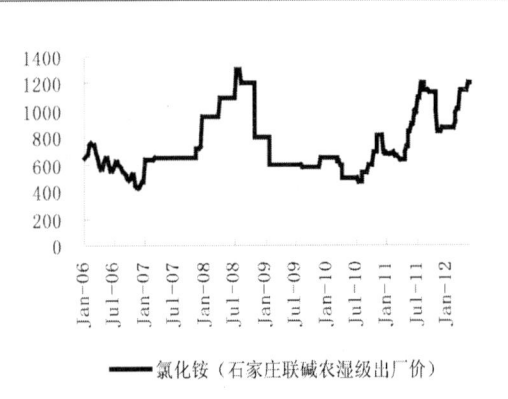

资料来源：CEIC、申万研究

涤纶行业毛利率主要受纺织服装需求影响。涤纶应用于服装、家纺及产业用纺织品三类，服装家纺占到85%左右，因此服装家纺是涤纶的主要终端需求方，其需求决定了涤纶的盈利能力走势。服装家纺属于必需消费品，其需求通常滞后于经济，因此导致涤纶行业的需求及盈利能力调整滞后于经济(图15)。

棉花和涤纶是替代品，都是主要的纺织服装原料，因此棉花价格走势影响涤纶价格以及行业盈利能力的走势(图16)。但是，两者的影响可能是相互的，在不同的情况下，需要明晰两者的因果关系。

图15：纺织服装滞后于经济导致涤纶盈利能力滞后于经济　　图16：棉花价格影响涤纶行业毛利率

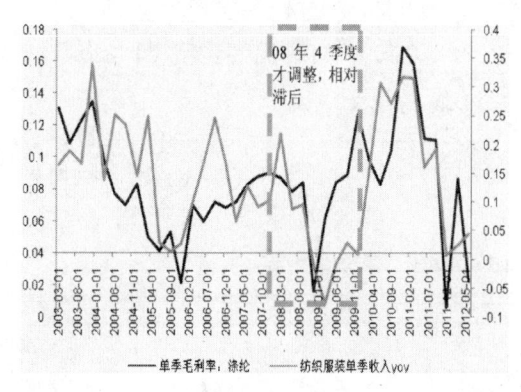
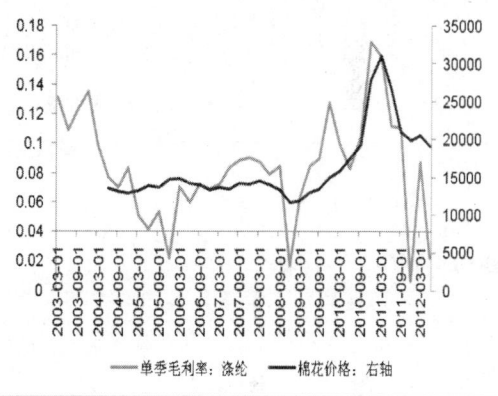

资料来源：Datastream、申万研究　　　　　　　　　　　资料来源：CEIC、申万研究

3.5 新材料关注新增应用领域

聚氨酯应用空间广阔，当前应用领域还在不断扩展，为其需求不断增加新的增长点，因此聚氨酯属于较新成长性行业。2008年以前，行业盈利能力持续上升。2010年经济危机之后，在经济已经大幅下滑情况下，行业盈利能力保持走平态势，好于一般行业。

从供给角度，整体没有明显的产能过剩问题，且集中度非常高(MDI行业中行业集中度较高，目前全球MDI的生产企业主要有7家，属于典型的寡头垄断市场)。因此聚氨酯行业盈利能力未来仍将保持较高水平，未来需关注新应用领域的扩展。我国MDI的主要应用到冰箱冰柜，合成革产品，占到近50%，近来冰箱和合成革都面临增速大幅下滑的近况(图18、图19)，短期来看，需要关注冰箱和合成革等当前主要应用领域的需求复苏情况。

图 17：纯碱氯碱行业盈利能力和经济相关性较大

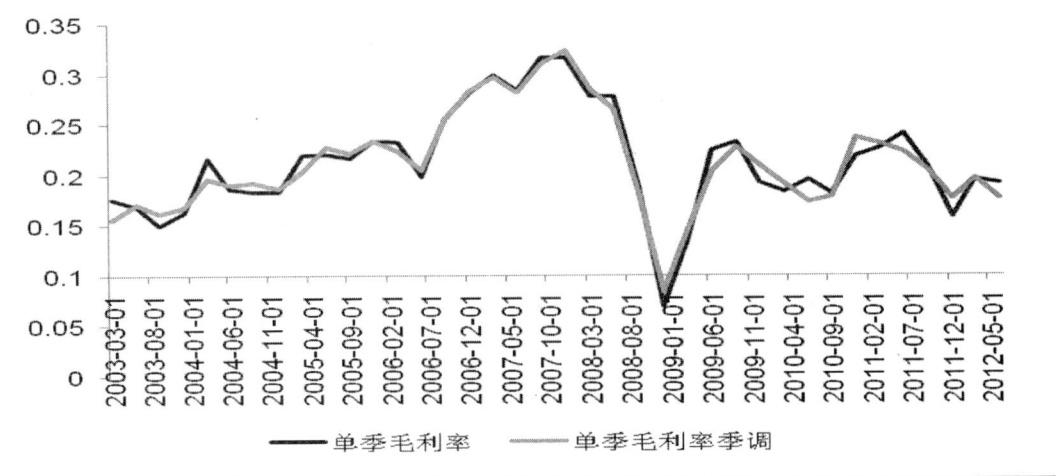

资料来源：CEIC、申万研究

图 18：合成革产能增速继续下滑

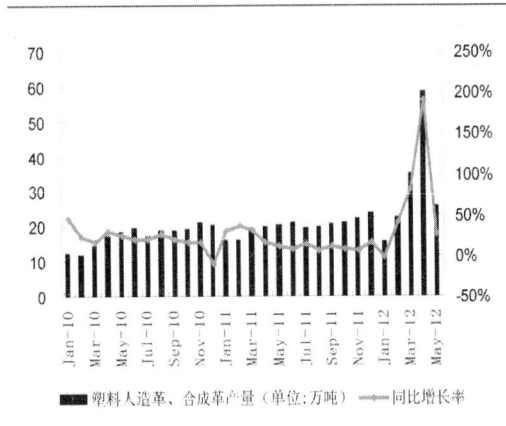

资料来源：Datastream、申万研究

图 19：冰箱产量持续下滑

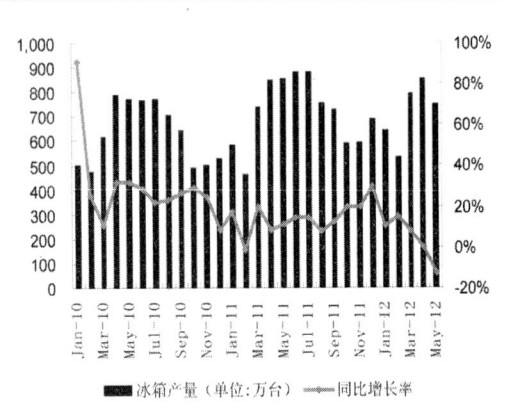

资料来源：CEIC、申万研究

第十三章

实体实验为"术",市场实验重"道"
——周期品市场与实体背离的逻辑解释和策略应对

主要内容:

周期品基本面波动最为显著。对于周期品基本面的跟踪,体系最为完整,逻辑最为清晰,研究最为深入。因此,周期品投资是实践价值投资理念的理想领域。

相比其他板块,周期品市场和实体的一致性较强,然而市场和实体的联动关系发生系统性变化,2007年后周期品出现明显分化。

A股市场的运行并不严格按照投资时钟的规律,市场自身的规律不能忽视。A股投资者是非常敬业非常勤奋的投资者,因此市场出现的每一轮行业轮动范式都会在下一次出现的时候迅速演绎。机械地套用投资时钟的结果用于判断A股市场存在一定的偏差

市场跟随对投资者对实体的预期波动。投资者认知的固有局限性决定实体与市场的背离必然出现。投资者认知存在两大缺陷,其一是认识性误差,在实体变化不明显的阶段,市场往往会被假象所迷惑,从而导致预期和现实出现明显背离。其二是系统性误差,学习效应导致市场表现和投资者预期对于特定信息的反应不断提前。

策略研究的目的在于基于现有信息判断未来市场的投资机会,因此实质上是信息到结论的分析过程。实体实验仅仅是分析框架的一条线索,而市场实验的主要解决信息到市场映射关系。

强调实体实验和市场实验的"道"、"术"之分,并不是要否定基本面跟踪判断的重要性。真正的投资决策需要操作层面的实现,因此"术"层面上的信息整合和处理是首要前提。"驱动力+信号验证"机制是进行信息搜集和处理的完整框架,是申万策略进行市场判断的逻辑基础。

所谓周期品是驱动宏观经济波动的重要行业,可分为下游可选消费(房地产、汽车、家电)、中游制造(钢铁、建材、化工、机械、电力、造纸)以及上游资源(有色、煤炭、石油)三大块。四大类行业中,周期品基本面波动最为显著,跟踪体系最为完整,分析逻辑最为清晰,研究最为深入。因此,周期品投资是实践价值投资和投资时钟的理想领域。然而,周期品基本面和市场表现的背离同样存在,看对实体不代表能够做对市场。厘清实体与市场的逻辑映射关系对于周期品投资至关重要。

与经典消费品明显不同,周期品不关注季节性变化,更关注基本面的实际运行趋势[①]。

---

① 参见策略思考篇第17章《把握行业季节性,判断市场风格转换》。

因此,周期品股价表现取决于市场对其运行趋势的判断,而判断与现实之间的差异则是导致市场与实体背离的重要原因。本文主要讨论两大问题,其一投资时钟在周期品投资领域的适用性;其二,探究市场与实体之间发生背离的原因。

1. 周期品市场与实体同样存在背离

周期行业是宏观经济的主动因,周期品基本面跟踪是判断经济周期的重要支撑。因此,市场对于周期行业的跟踪最为密切,数据最为完整,逻辑最为清晰,研究最为透彻。

1.1 周期品市场与实体一致性相对较高

在价值投资主导的市场中,周期品市场表现理应与基本面保持高度一致。历史看,周期品的市场和实体一致性普遍较高,大部分行业同向概率在60%以上(图1)。随着市场的逐步成熟以及投资时钟理念的普遍接受,2007年以后的一致性程度系统性高于前期。尽管如此,仍然存在部分周期性行业市场表现与基本面变化出现明显的不一致情况。如房地产、化学制品、石油化工、建筑材料、建筑装饰、电气设备、黑色金属和煤炭开采市场和实体的一致程度均低于60%。

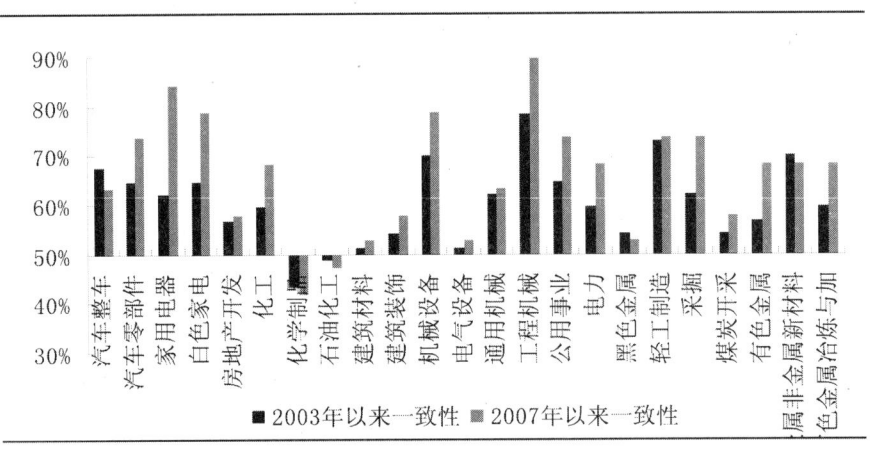

图1:周期性行业市场与实体一致性相对较高

资料来源: 万得资讯,申万研究

1.2 市场与实体背离模式发生系统性变化

市场与实体背离期间,周期性行业表现出现系统性变化(图2)。2007年以前,在实体与市场背离阶段,周期性行业上涨的概率较大,但上行比率仅仅略大于50%,绝大部分分布在50%~70%之间。然而2007年以后,周期品表现出现系统性变化。首先,经济扩张周期基本结束,周期品已经不复当年。大部分行业在实体和市场背离阶段没有明确方向,上涨的概率在50%附近。其次,某些周期品市场表现呈现出非常明显的倾向性。家用电器、工程机械在全部背离阶段呈现上涨,而黑色金属、采掘行业下跌的比率达到80%以上。

图2：周期品市场与实体背离模式发生系统性变化

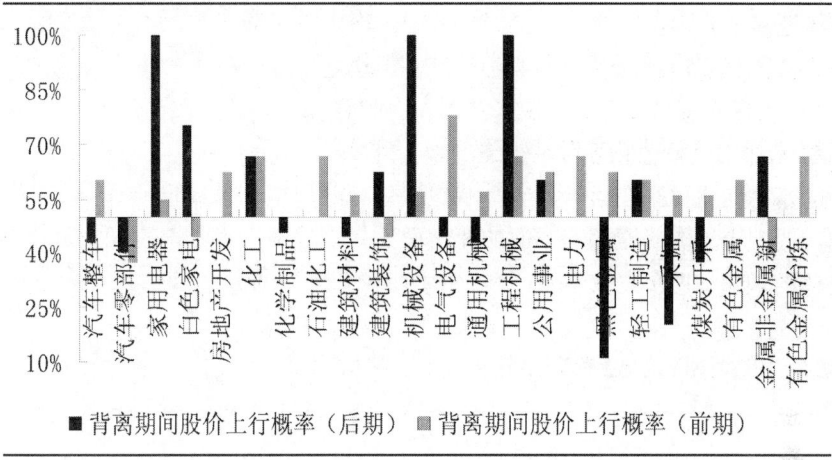

资料来源：万得资讯，申万研究

房地产和出口的双轮驱动力逐渐减弱，中国经济的扩张速度明显放缓，周期行业景气明显受到压制。经济转型的预期逐步升温，传统周期品不代表未来方向，股价表现和估值水平持续下行。机构投资者逐渐降低周期品配置，2009年下半年以来长期处于低配的状态(图3)。因此，背离期周期表现没有出现明确的方向。在经济转型过程中，周期性行业实体也面临分化(图4)，某些行业顺应经济发展趋势，能够维持较高的盈利水平实现快速成长，而某些行业逐渐沦为夕阳行业，经营状况难有起色。

图3：周期品不再是投资者青睐的品种

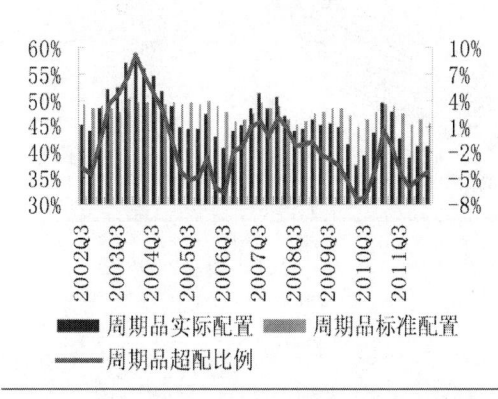

资料来源：万得资讯，申万研究

图4：周期性行业内部存在分化

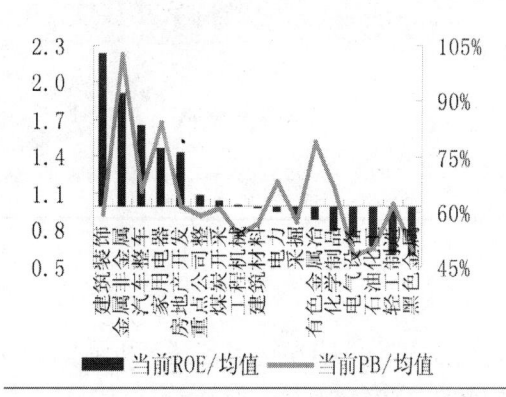

资料来源：万得资讯，申万研究

综上，周期品股价与实体联动存在如下特点。首先，相比其他板块，周期品股价和实体的一致性较强，但仍有一些品种出现较为明显的背离。其次，市场和实体的联动关系存在系统性变化。2007年之前，经济处于扩张阶段，周期品倾向上行；2007年以后，经济动力趋弱，周期品出现分化。

2. A股行业轮动与投资时钟并不完全契合

随着市场逐步成熟，价值投资理念深入人心，投资时钟在A股市场备受推崇，特别在周期股的投资方面，投资时钟已经成为必然范式(图5)。然而正如周期品市场与实体表现并非完全一致，A股市场表现与投资时钟模式并不完全契合。

投资时钟本质上是价值投资的经验总结，隐含逻辑在于行业基本面的变化带动市场表现，而行业的基本面变化存在自下游向上游层层传导的规律。投资时钟的有效性取决于两大前提。其一，股票市场的确跟随基本面的变化而变化，这是投资时钟的首要前提；其二，投资者对于实体的认知与现实大致不差，行业层面也存在自下而上的层层传导关系。

图5：投资时钟下的行业轮动遵循基本面变动规律

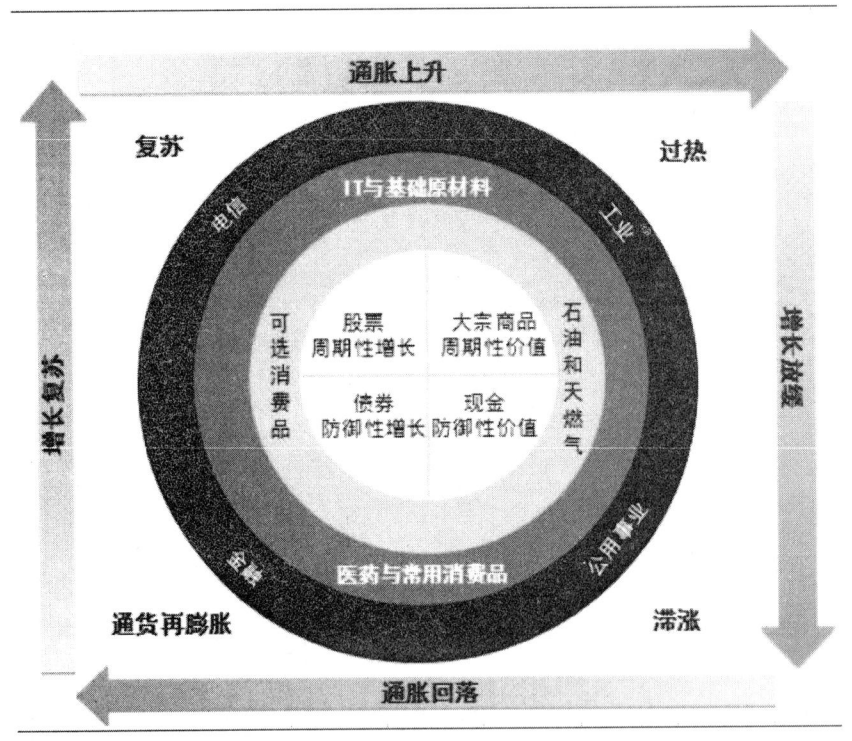

资料来源：申万研究

2005年以来我国经济经历了两轮经济周期，在两轮经济周期中，A股市场的确存在某种微妙的行业轮动规律。但是这种规律与投资时钟存在一定的偏差。首先，A股市场行业轮动并不完全跟随行业基本面的变化，市场本身的规律也至关重要。比如在复苏阶段，不仅房地产、汽车等可选消费品能够表现抢眼，如煤炭、有色、证券、保险之类的弹性品种同样能够取得不俗的表现。其次，我国经济是以出口、投资拉动的扩张性经济，因此一些周期品行业仍然处于高速成长期，如工程机械之类的品种在经济周期的各个阶段均有所表现。其三，行业轮动存在逐步加快的趋势。2005年～2008年的周期波动中，行业之间的市场轮动还存在一定的阶段性和有序性(图6)；而2009年的周期品行情，周期品行业轮动迅速完成，然后代表未来方向的必需消费和新兴成长成为市场主角(图7)。

图6:2005年-2008年经济周期,行业轮动情况

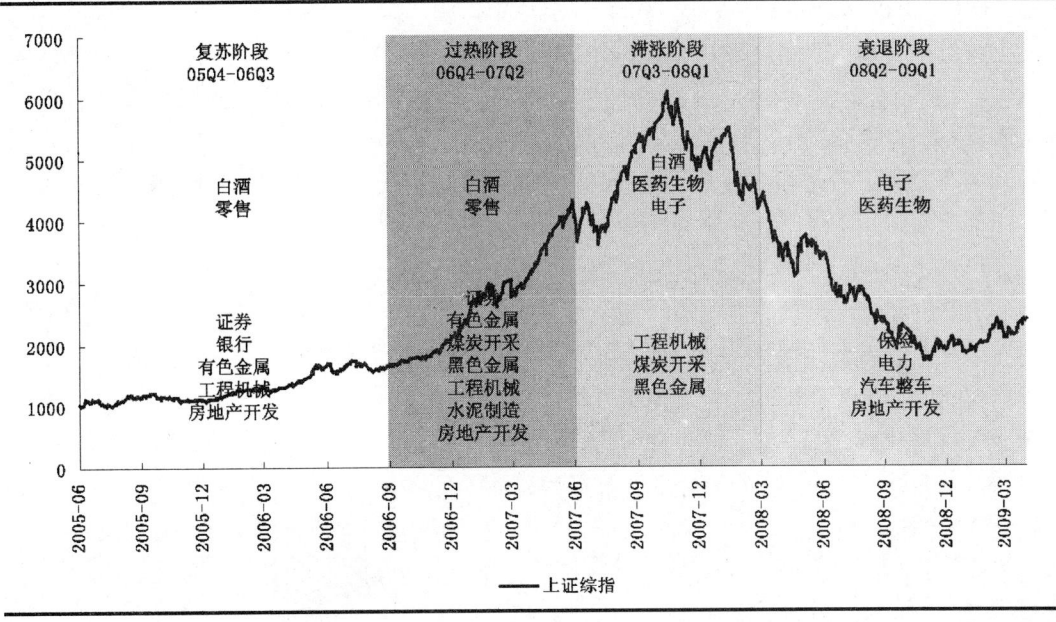

资料来源:华通人,万得资讯,申万研究

图7:2009年后经济周期与行业市场表现匹配情况

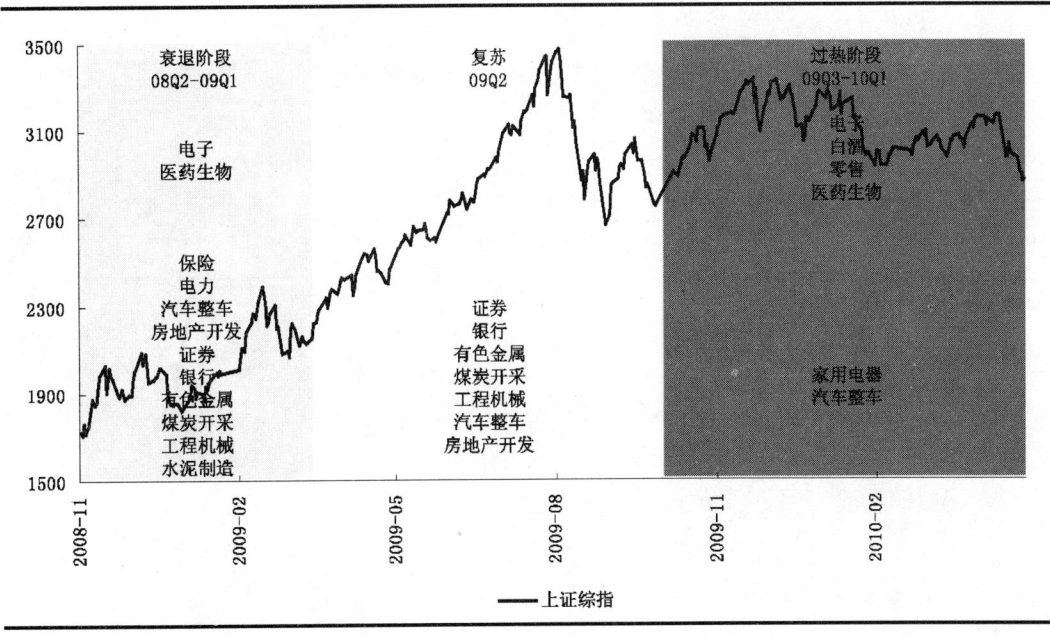

资料来源:华通人,万得资讯,申万研究

因此，从A股市场的实际表现看，投资时钟的确在一定程度上发挥作用，然而其局限性显而易见。首先，A股市场的运行并不严格按照投资时钟的规律，市场自身的规律不能忽视。同时，A股投资者是非常敬业非常勤奋的投资者，因此市场出现的每一轮行业轮动范式都会在下一次出现的时候迅速演绎。由此可见，机械地套用投资时钟的结果用于判断A股市场存在一定的偏差，A股市场特别是投资者的特点需要更加密切的关注。

3. 认知的固有局限导致市场与实体的背离

2005年以来，价值投资理念和投资时钟思维在A股市场上得到很好的实践和验证。对于市场趋势的判断，往往以判断未来经济周期走势为前提。因此，A股市场投资者致力于未来基本面趋势的判断，关注周期拐点的把握。

在策略思考篇中，我们提出策略是实体实验和市场实验的综合。实体实验解决实体经济正在发生什么，将要发生什么；而市场实验关注市场如何理解基本面，一致预期如何变化。卖方研究的核心任务是实体实验，而买方的核心任务是市场实验。基于此认识，申万策略团队致力于打造"驱动力+信号验证"机制[2]，完善实体跟踪体系。通过1年半时间的总结，形成覆盖主要周期行业的中观数据库，形成完整的周期行业景气跟踪体系，同时将经济周期的判断落实到行业层面。在"现有信息-景气判断-策略观点"的思维框架下，逻辑的第一步得到完善，按照投资时钟的经验，市场判断大概率上应该是正确的。然而正是依此体系，2011年上半年我们对于市场的判断屡屡受挫。

教训是深刻的，但经验的总结更为重要。周期品行业基本面信息最为完备，为何市场与实体仍然存在明显的背离？基于基本面的市场判断为何屡屡犯错？实体的判断是否比市场的判断更为有效？

3.1 投资者认知存在固有局限性

股市是经济的晴雨表，然而市场并不是跟随实体经济在运行。实体经济的运行状态是客观的，然而市场对此的认知却是主观的。因此申万研究所始终强调，市场不是在随实体波动而波动，而是跟随对实体的预期在波动。而一旦涉及认知和预期的问题，那么实体与市场的背离自然而然就出现了。因为主观意识对于客观现实的反映往往是有偏的，人们认知能力的局限性决定我们能够接近真相，但是不能了解真相的全部，这正是"证伪主义"能够很好解释市场的原因。

基于实体预期的市场判断存在两大局限。其一是认识性误差，在实体变化不明显的阶段，市场往往会被假象所迷惑，从而导致预期和现实出现明显背离。其二是系统性误差，学习效应导致市场表现和投资者预期对于特定信息的反映不断提前。

3.2 转型阶段是认识性误差的多发时期

在经济转型阶段，市场对于实体的判断往往会发生认识性误差。2010年以来，认识性误差表现得最为明显。随着经济的逐步复苏，大规模政策刺激后遗症的出现，市场对于经济转型出现强烈预期。在此预期带动下，投资者的持仓结构明显调整。一些代表过去的传统周期品，尽管短期内行业景气依然维持高位，股价表现已经明显颓势。2010年4月新一轮房地产

---

[2] 详见策略思考篇第18章内容。

调控开始，房地产销售增速依然维持较高的增速，然而市场对房地产的担忧开始蔓延，股价表现持续低迷(图8)。同样的情况发生在钢铁行业，2010年上半年上市公司业绩仍然处于上升阶段，但是钢铁股已经成为投资者避之不及的品种，股价表现持续低迷(图9)。因此，经济转型趋势下，实体的变化比较缓慢，但是投资者认知却大幅领先实体变化。正如在2010年，投资的力量依然拉动中国经济在原有的道路上运行，但转型方向已经是市场主流。但是进入2011年，经济转型的方向越来越明确之际，市场反而表现出"叶公好龙"的心态。

图8：2010年房地产市场表现和销售背离   图9：2010年黑色金属市场表现与基本面背离

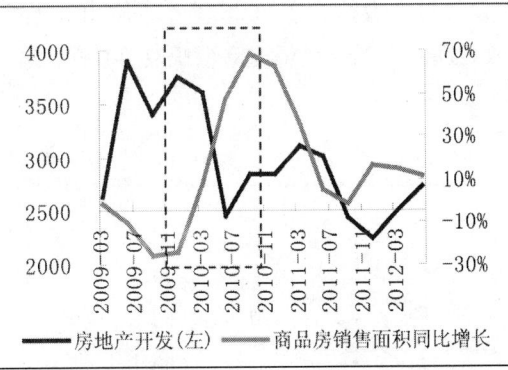 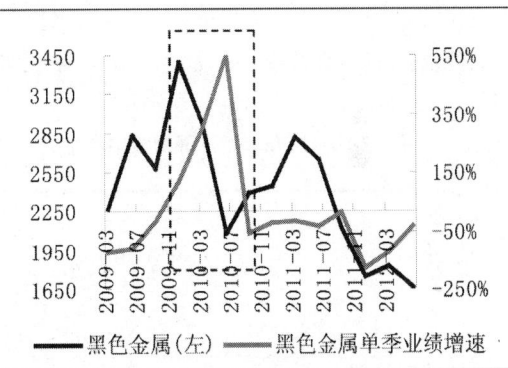

资料来源：华通人，万得资讯，申万研究　　资料来源：万得资讯，申万研究

实体未出现明确趋势变化时，投资者可能因为某些假象出现经济预期的波动，从而导致实体判断出现认知性误差。2012年的春季躁动就是由复苏假象推动的。到2011年末，宏观经济已经持续下滑一年半时间，而通胀水平也从高位回落。经济反弹和政策调整已经处于"千呼万唤难出来"的地步。2012年初，制造业企业进行正常补库存，流动性出现季节性宽松状态，两者成为经济复苏的证据(图10、图11)。市场进入复苏预期拉动的"春季躁动"行情，而实际上经济下滑趋势并没有改变。周期行业基本面的短期不规则变动，在敏感的投资者预期中将导致趋势转变的错觉，从而导致实体变化与市场表现的背离。

图10：2012年春节PMI上行幅度好于往年   图11：2012年春节当月新增信贷高于前两年

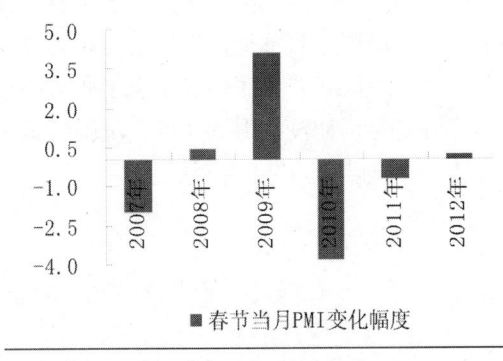 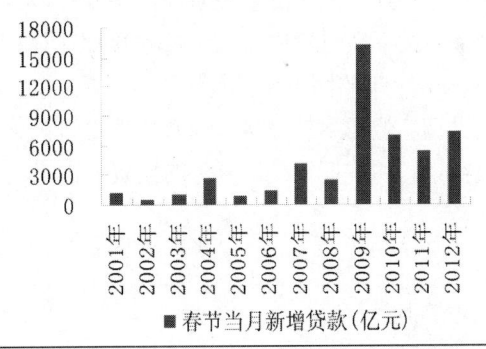

资料来源：CEIC，申万研究　　资料来源：CEIC，申万研究

3.3 学习效应导致市场与实体出现系统性偏离

投资者对市场的认识处于不断积累的过程之中，因此学习效应是进行市场判断必须考虑的因素。市场对于投资时钟的推崇，一方面得益于价值投资的主流地位，另一方面也由于2008-2009年波澜壮阔的市场波动。2008年~2009年市场跟随经济基本面所经历的大幅波动，使得很多投资者坚定了价值投资的理念，同时也使得很多投资者深受启发。最具代表意义的事件发生在2008年末2009年初。2008年9月，随着雷曼兄弟公司的倒闭，全球金融危机正式爆发，外需突然消失，海外经济收缩的影响最终传导到国内。在内外交困的局面下，决策层一方面推出大规模投资计划，另一方面开闸放水投放巨量流动性。然而经济下滑势头真实企稳发生在2009年2季度，因此真正的价值投资者很难在2008年4季度市场上涨初期就能把握住赚钱机会，甚至很多人在政策刺激初期并不相信经济能够很快复苏(图12)。

图12：2009年，基本面框架很难把握市场拐点

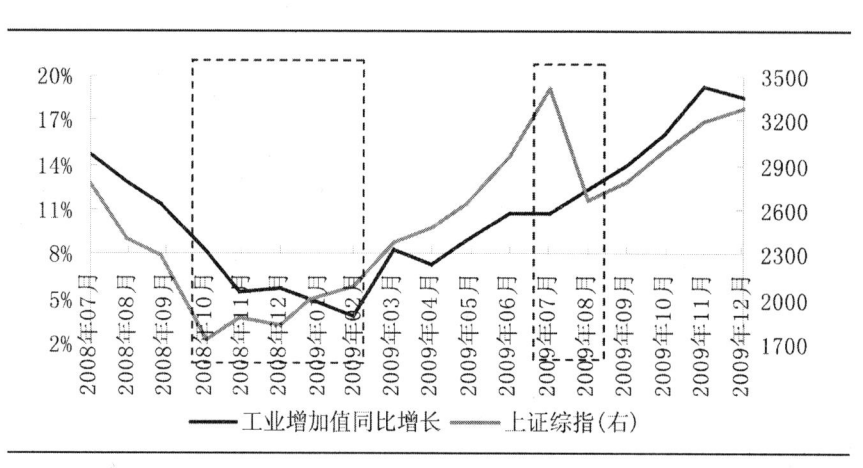

资料来源：华通人，万得资讯，申万研究

错过投资机会的经历，导致投资者深刻总结经验教训。对于投资操作来讲，致胜的关键在于前瞻性。而2008年政策刺激的经验导致投资者对于政府的力量深信不疑。因此，市场判断的着眼点从基本面转移到基本面预期，从基本面预期提前到政策措施，从政策措施提前到政策预期。发展到极致阶段，基本面越差，反而政策预期越强烈，市场更倾向于上涨。在经济持续下滑过程中，政策放松预期往往持续加强，一旦出现风吹草动，市场就开始迅速反映。2011年的两轮反弹行情均与政策预期有关(图13)，而且2010月底的确出现了政策的预调微调。然而尽管政策方面有所松动，随之而来的经济复苏预期没有得到兑现，反弹行情很快结束。那些期待经济复苏的投资者，最终获得的是失望和损失。

图13：2011年两波行情均由政策预期推动

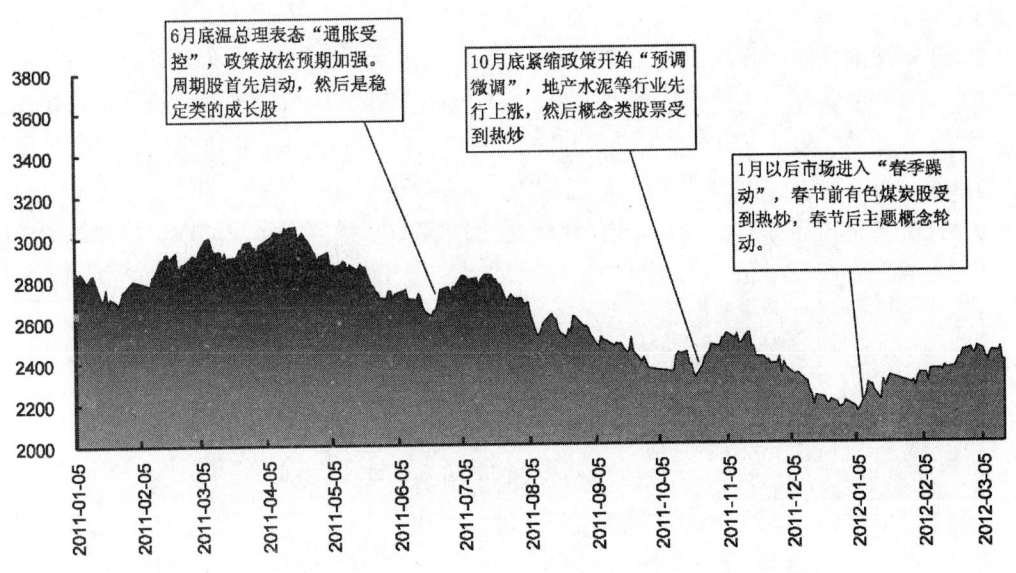

资料来源：万得资讯，申万研究

投资者的学习效应导致市场对于政策预期的反映越来越敏感，然而2011年下半年市场再次纠正了投资者行为。聪明的投资者再次跟随市场脚步，调整对于市场的判断模式。2011年的经验显示，在经济转型趋势下，政策的空间和效果正在弱化，经济周期很难在短期发生变化。因此，2012年投资者更关注经济基本面的变化，而对于政策举措则反应迟钝。2012年上半年政策放松的措施不可谓不多，降准、降息、基建投资上行纷纷兑现，然而市场对此已经比较冷淡(图14)。学习效应再一次更新了市场运行的逻辑。

图 14：2012 年市场对于政策调整的反映已经不敏感

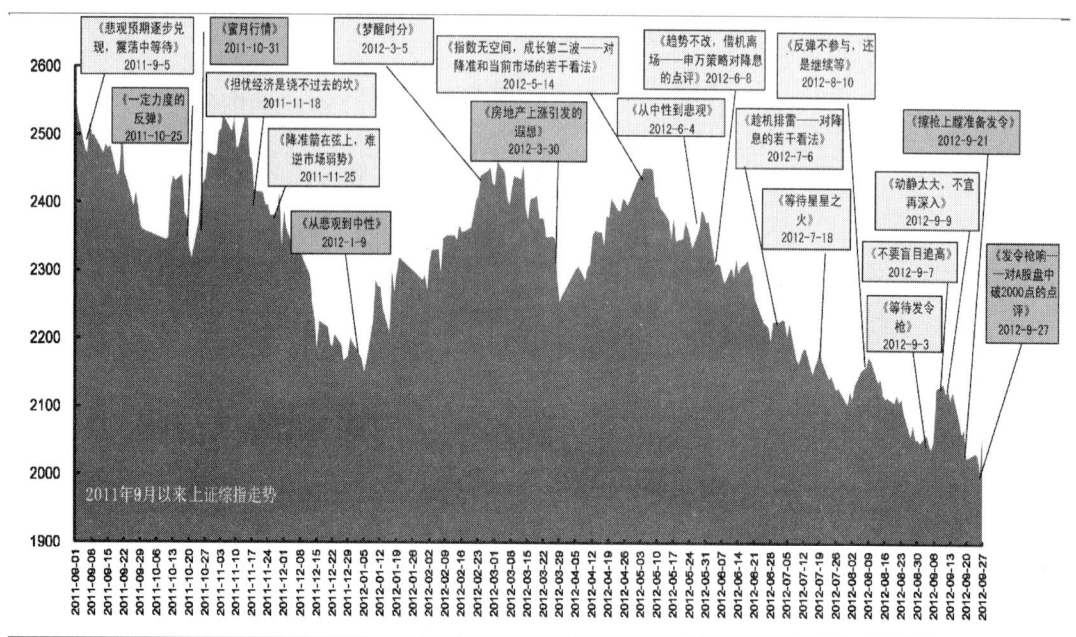

资料来源：万得资讯，申万研究

2009 年以来，投资者不断反思过去投资逻辑的得失，投资者跟随市场由慢如快，最后又由快入慢③。投资者的学习效应导致认知体系处于不断变化的过程中，这种变化往往比实体逻辑迅速，从而导致市场和实体的背离。

4. 实体实验为"术"，市场实验重"道"

投资者的固有局限性决定市场相对实体是有偏的，因此基于实体判断得出市场趋势的思维框架则需要进一步反思，实体实验和市场实验需要深刻的再认识。

4.1 实体实验是把握市场趋势的手段

实体实验和市场实验分工的观点，形成于经济周期剧烈波动的阶段。在经济波动较为明显的阶段，周期性波动是主导，数据的短期扰动相对较少，因此通过跟踪实体的微妙变化往往能够把握经济运行的趋势，而且这种认识能够通过后续的信息数据得到不断的验证④。在这种情况下，投资者能够对基本面变化趋势形成同向性观点，从而推动市场跟随基本面预期运行。实体实验在此时是把握市场趋势的有效手段。

比如 2009 年的周期股行情，首先下游行业出现复苏的信号，很快复苏得到中游行业的验证，最终经济上行周期能够持续一段时间。从季调数据看，房地产和汽车销售在 2008 年

---

③ 参见宽体策略篇第 1 章《从少林到武当——本轮经济和股市特征》。
④ 详见策略思考篇第 17 章《把握行业季节性，判断市场风格转换》。

末已经企稳，略有回升。房地产投资在2009年初出现回升态势(图15、图16)。此时敏感的投资者已经可以关注到经济复苏的趋势。

图15：2008年以来汽车产销经历两波上升周期

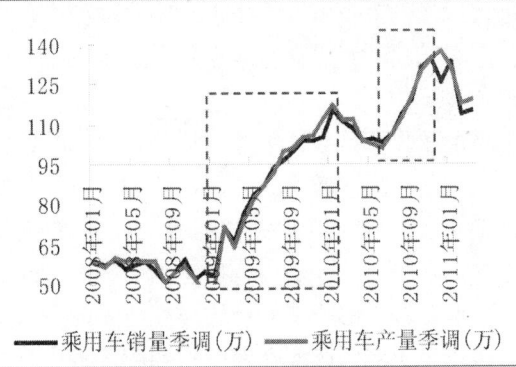

资料来源：中国汽车工业协会，申万研究

图16：2008年以来房地产销售经历两波上升

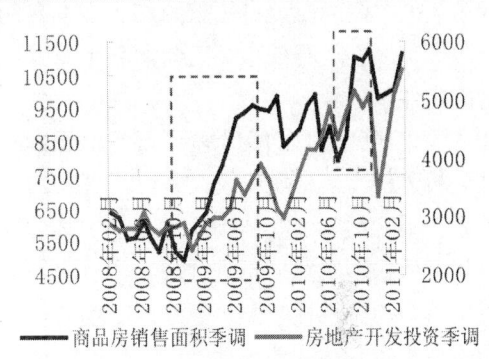

资料来源：国家统计局，申万研究

而中游行业数据的上行正是对经济复苏趋势的确认。发电量数据自2009年出开始攀升(图17)，而钢铁行业则在2008年11月份就出现上行的趋势(图18)。因此通过中观指标的层层印证，的确能够按照实体实验的方法寻找到实体的拐点，提示周期品的投资机会。

图17：发电量数据印证宏观景气向上

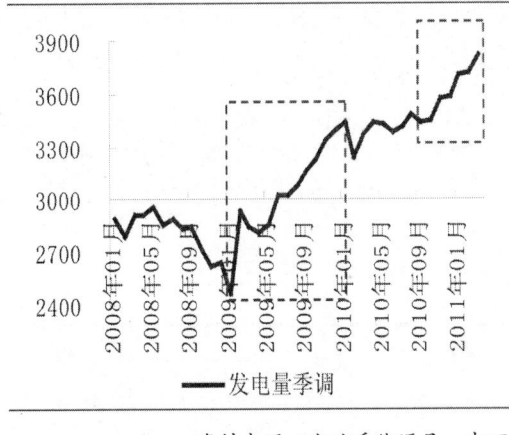

资料来源：发改委能源局，申万研究

图18：钢铁产量印证宏观景气向上

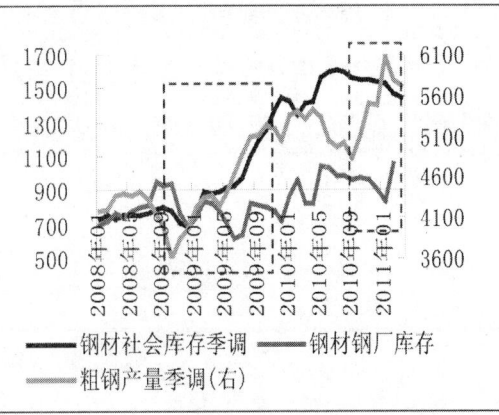

资料来源：国家统计局，申万研究

然而，一旦经济波动进入平稳期，数据层面往往会表现出很多短期扰动因素。而这些因素将导致投资者无法下判断，或者得出错误的结论，正如2011年以来经济运行的情况。因此实体实验+市场实验两步走的分析框架适用于周期波动较为显著的阶段。一旦周期波动缓和，此分析框架将显得迟钝，甚至成为市场噪声的制造者。

4.2 市场实验注重映射关系的研究

申万研究所一直强调"信息+方法+结论"的研究报告三要素。而策略研究领域，"信息—基本面判断—市场结论"也已经成为约定俗成的分析框架,正所谓策略是"实体实验"和"市场实验"的综合。然而在经济波动平稳的当前,一方面实体变化不显著,难以成为主导市场波动的力量;另一方面基本面判断准确度差,以此为基础形成的市场观点存在很大的风险。实际上,自2011年下半年年开始,经济见底复苏的判断就时而出现,但是并没有形成市场的主流意见,真正按照这一基本面判断进行操作的投资者并不多。在实际操作中,基于不确定因素进行的市场判断无异于赌博,因此市场判断的基础在于客观信息和逻辑推断中的确定性部分。

策略研究的目的在于基于现有信息判断未来市场的投资机会,因此实质上是信息到结论的分析过程。实体实验仅仅是分析框架的一条线索,而市场实验的主要解决信息到市场映射关系。不管是基于实体判断还是基于其他逻辑,最重要的目的是寻找到投资机会,关键在于寻找合适的逻辑对信息进行加工,从而得出合理的市场判断。一般而言,基本面共识带来的投资机会,持续性较强,能够为市场普遍认可,可取得较大的投资收益。而其他映射逻辑下的投资机会,往往持续性难以很好判断,投资者接受度不高。因此在经济周期变化较为明显的阶段,我们倾向于从实体实验的层面挖掘投资机会。而在周期变化不明显,把握市场核心交易逻辑,判断市场对于信息流的反应就显得尤为重要[5]。

策略判断的过程就是"客观信息-市场结论"的过程,因此策略观点是基于不断增加的信息流一步一步推进的。在此过程中选择何种分析思路是市场实验的任务,是策略判断"道"的层面。所谓基于基本面的中长期判断实质上仅仅是假设,需要未来信息流的不断验证。因此所谓的中长期判断本质上不存在,最终的结果是根据信息流不断调整而实现的。

强调实体实验和市场实验的"道"、"术"之分,并不是要否定基本面跟踪判断的重要性。真正的投资决策需要操作层面的实现,因此"术"层面上的信息整合和处理是首要前提。"驱动力+信号验证"机制是进行信息搜集和处理的完整框架,是申万策略进行市场判断的逻辑基础。

---

[5] 参见行业比较思考篇第5章《向来有之,未被重视》。